D1822995

Stefan Schröder

Zwischen Christentum und Islam

Orbis mediaevalis

Vorstellungswelten des Mittelalters Band 11

Herausgegeben von
Hans-Werner Goetz
Wilfried Hartmann
Peter Segl
Helmut G. Walther

Stefan Schröder

Zwischen Christentum und Islam

Kulturelle Grenzen
in den spätmittelalterlichen Pilgerberichten
des Felix Fabri

Akademie Verlag

Gedruckt mit Hilfe der Geschwister Boehringer
Ingelheim Stiftung für Geisteswissenschaften in Ingelheim am Rhein

Bibliografische Information der Deutschen Nationalbibliothek
Die Deutsche Nationalbibliothek verzeichnet diese Publikation in der Deutschen Nationalbibliografie;
detaillierte bibliografische Daten sind im Internet über http://dnb.d-nb.de abrufbar.

χ ISBN 978-3-05-004534-4
ISSN 1438-7889

© Akademie Verlag GmbH, Berlin 2009

Das eingesetzte Papier ist alterungsbeständig nach DIN/ISO 9706.

Alle Rechte, insbesondere die der Übersetzung in andere Sprachen, vorbehalten.
Kein Teil dieses Buches darf ohne schriftliche Genehmigung des Verlages
in irgendeiner Form – durch Photokopie, Mikroverfilmung oder irgendein
anderes Verfahren – reproduziert oder in eine von Maschinen, insbesondere von
Datenverarbeitungsmaschinen, verwendbare Sprache übertragen oder übersetzt werden.

Einbandgestaltung: Jochen Baltzer, Berlin
Druck: Druckhaus „Thomas Müntzer", Bad Langensalza
Printed in the Federal Republic of Germany

Inhalt

Vorwort

Die vorliegende Studie wurde im Wintersemester 2007/2008 am Fachbereich Gesellschaftswissenschaften der Universität Kassel als Dissertation angenommen. Für die Drucklegung wurde sie leicht überarbeitet und um aktuelle Literatur ergänzt.

Ohne die Unterstützung zahlreicher Menschen hätte diese Arbeit nicht geschrieben und zu einem erfolgreichen Abschluss gebracht werden können. Mein Dank gebührt vor allem meiner Doktormutter Frau Prof. Dr. Ingrid Baumgärtner. In allen Phasen des Projekts, beginnend mit ersten Vorarbeiten noch während des Studiums bis hin zur Drucklegung, hatte sie stets ein offenes Ohr für meine Anliegen und Fragen. Trotz ihrer vielfältigen beruflichen Verpflichtungen hat sie die Untersuchung mit großem Engagement betreut und mich immer ermutigt, Fabris monumentales Werk kritisch zu hinterfragen.

Gefördert wurde die Studie im Rahmen eines Stipendiums des DFG-finanzierten Graduiertenkollegs „Reiseliteratur und Kulturanthropologie" an der Universität Paderborn. Durch die konstruktiven Diskussionen und Gespräche auch über die Kolloquien und Workshops hinaus wurde mir ein vertiefter Einblick in die kulturwissenschaftliche Theorie und Methodik ermöglicht. Mein Dank gilt vor allem Herrn Prof. Dr. Jörg Jarnut, der die Arbeit als Zweitgutachter von Paderborner Seite uneingeschränkt gefördert hat. Frau Prof. Dr. Gisela Ecker als Sprecherin und Frau Dr. Susanne Röhl als Koordinatorin des Kollegs, die mich beide mit großer Herzlichkeit aufgenommen haben, verdanke ich vielfältige Anregungen und wichtige Impulse. Nach Auslauf des Kollegs konnte ich die Arbeit mit Hilfe eines Stipendiums des Instituts für Europäische Geschichte in Mainz abschließen. Neben den beiden Direktoren, Frau Prof. Dr. Irene Dingel und Herrn Prof. Dr. Heinz Duchhardt, möchte ich mich namentlich bei Dr. Rainer Vinke bedanken, der die Arbeit als Mentor betreut und mich jederzeit mit Rat und Tat unterstützt hat.

Nach Abgabe der Dissertation haben Herr Prof. Dr. Folker Reichert und Herr Dr. Ekkehart Rotter die Mühe auf sich genommen, das Manuskript einer kritischen Lektüre zu unterziehen. Beiden verdanke ich zahlreiche wertvolle Hinweise, die mir bei der Überarbeitung für die Drucklegung sehr zugute gekommen sind.

Herrn Prof. Dr. Hans-Werner Goetz, Herrn Prof. Dr. Wilfried Hartmann, Herrn Prof. Dr. Ludger Körntgen, Herrn Prof. Dr. Peter Segl und Herrn Prof. Dr. Helmut G. Walther danke ich sehr herzlich für die Aufnahme meiner Dissertation in die Reihe *Orbis mediaevalis* und ihre weiterführenden inhaltlichen Anregungen. Herrn Manfred Karras vom Akademie Verlag bin ich für die gute und vertrauensvolle Zusammenarbeit während der Drucklegung zu großem Dank verpflichtet. Der Geschwister Boehringer Ingelheim Stiftung für Geisteswissenschaften verdanke ich einen großzügigen Druckkostenzuschuss, der die Veröffentlichung maßgeblich beförderte.

Bedanken möchte ich mich nicht zuletzt bei vielen Freunden und Kollegen, die immer bereit waren, Ideen und Gedanken mit mir zu diskutieren, Abschnitte Korrektur zu lesen und mir aus der Verlegenheit zu helfen, wenn ich mich in der Arbeit zu verlieren drohte. Aus den gemeinsamen Erfahrungen in Kassel, Paderborn und Mainz sind dabei mancherlei Freundschaften entstanden, die ich nicht missen möchte. Mein innigster Dank gilt Frau Dr. Päivi Räisänen, die mir in dieser Zeit zu einer unverzichtbaren Wegbegleiterin geworden ist. Frau Dr. Stefanie Dick hat am Ende die Last auf sich genommen, das überarbeitete Manuskript Korrektur zu lesen. Für ihre großherzige Hilfe und die dafür geopferte Zeit bin ich zutiefst dankbar.

Gewidmet ist dieses Buch meinen Eltern Erna und Horst Schröder. Sie haben es mir ermöglicht, das Interesse an der Geschichte in einem Universitätsstudium zu verfolgen und mir in jeder Phase und in jeder Hinsicht den Rücken gestärkt. Dafür gebührt ihnen größter Dank.

I. Einleitung

Es ist die Geschichte überliefert, Graf Eberhard im Bart von Württemberg (1445–1496), der 1468 nach Palästina gepilgert war,[1] sei von einem angehenden Jerusalempilger gefragt worden, ob es trotz des Zeitaufwandes und Risikos ratsam sei, ins Heilige Land zu reisen. Eberhard habe entgegnet, es gebe drei Dinge, die so bedeutend seien, dass man einem Menschen weder zu- noch abraten könne: erstens eine Ehe ein-zugehen, zweitens einen Krieg zu beginnen und drittens eine Pilgerreise nach Jerusalem zu unternehmen. Sie könnten jeweils ein positives, aber auch negatives Ende nehmen und müssten daher von der betroffenen Person ganz allein entschieden und verantwortet werden.[2]

Bei dem Jerusalempilger handelte es sich um keinen Geringeren als den Ulmer Dominikaner Felix Fabri (1437/38–1502), dessen Reiseberichte im Mittelpunkt dieser Arbeit stehen. Mit Bezug auf den mächtigen württembergischen Landesherrn rechtfertigte er einerseits seine eigene Wallfahrt[3] ins Heilige Land, andererseits wies Fabri

---

[1] Zu dessen Fahrt siehe die umfassende Untersuchung und Edition der schriftlichen Zeugnisse von FAIX/REICHERT, Eberhard im Bart und die Wallfahrt im späten Mittelalter, und als Ergänzung ANONYMUS 1468, Eberhard im Bart. Im Folgenden werden bei der Erstnennung nur Kurztitel angeführt. Quellenzitate werden kursiv gesetzt; Zitate aus der Forschungsliteratur dagegen mit Anführungszeichen versehen. Auslassungen in einem Zitat werden nur gekennzeichnet, wenn Abschnitte innerhalb eines Zitates nicht übernommen werden. Beginnt ein Zitat nicht mit einem Großbuchstaben, wurde der Satzanfang des Quellentextes nicht für das Zitat übernommen.

[2] FABRI, Evagatorium I, S. 26: *Tandem autem contuli me ad Illustrem Principem, comitem Eberhardum de Wurtenberg, seniorem, qui pridem in his sanctis locis fuerat; [...] petens suae Magnificentiae consilia, de concepta peregrinatione parficienda [...]. Generosus autem Comes, me audito, familiari affatu respondit: Tres, inquit, sunt humani actus, quos nullus debet suadere, aut dissuadere unico. Unus est contrahere matrimonium. Alter est inire bellum. Tertius est visitare sanctum sepulchrum. Hi, inquam tres actus sunt quidem boni, sed faciliter possunt malum finem sortiri.* Zitiert auch von MEYERS, L'*Evagatorium*, S. 12. Sofern möglich, wird zusätzlich zu den Stellennachweisen der Ausgabe des von Konrad Dietrich Hassler herausgegebenen lateinischen Textes auf die entsprechende Stelle der – allerdings unvollständigen – englischen Übersetzung von Aubrey Stewart verwiesen. Vgl. FABRI, Wanderings I-II.

[3] Da die vorgeschlagene Unterscheidung von Wallfahrt als kollektivem Massenphänomen und Pilgerfahrt als individueller Reise für diese Arbeit keinen Erkenntnisfortschritt bringt, werden beide Begriffe im Folgenden synonym verwendet. Zur Unterscheidung siehe HARTINGER, Religion und Brauch, S. 99f.; FAVREAU-LILIE, Civis peregrinus, S. 322f. Anm. 4.

hiermit auf den hohen Stellenwert hin, den eine solche Reise im Leben eines Christen einnehmen sollte. Auf dem idealtypisch als Prüfung empfundenen Weg zum Wallfahrtsort hatte der Pilger über sein bisheriges Leben zu reflektieren und darüber nachzusinnen, wie er sein zukünftiges Leben gestalten wolle. Unabhängig davon, ob die Wallfahrt aus Buße oder Dankbarkeit für eine überstandene Lebenskrise unternommen wurde, stellte sie eine wichtige Zäsur im Leben dar, über deren Bedeutung man sich im Vorfeld bewusst sein musste.[4]

In Fabris Anekdote kommt zum Ausdruck, dass die Wallfahrt im Mittelalter ungeachtet aller ökonomischen und ständischen Unterschiede für alle gesellschaftlichen Gruppen eine enorm wichtige Ausdrucksform von Religiosität war.[5] Darüber hinaus wird deutlich, dass speziell die Jerusalemwallfahrt aufgrund der langen Dauer und der extremen Herausforderungen für Körper und Geist ein gefährliches Wagnis darstellte, das sorgfältig abzuwägen und zu planen war. Eine Reise ins Heilige Land galt aber auch als besonders verdienstvoll. Unter den ungezählten Wallfahrtsorten des Spätmittelalters kam Jerusalem eine besondere Bedeutung zu. Neben Rom und Santiago de Compostela bildete Jerusalem eines der drei großen Fernpilgerziele. Mit einer Reise zu einer der sogenannten „peregrinationes maiores" verknüpften sich die höchsten Erwartungen und Hoffnungen.[6] Gegenüber dem Besuch des Grabes des Apostels Jakobus im äußersten Westen Spaniens und dem geistigen Zentrum der Christenheit in Mittelitalien war eine Wallfahrt zu den Orten, an denen Christus gewirkt hatte, besonders erstrebenswert. In Jerusalem konnten die Pilger an den Stätten wandeln, an denen das Christentum seinen

---

[4]   Zu den Merkmalen einer religiösen Reise siehe KÖHLER, Die Reise als Thema der Religionsgeschichte; MEYER, Die „religiöse Reise". Einflussreich sind zudem die theoretischen Überlegungen des Ethnologen Victor Turner. Dieser spricht in Anlehnung an die Arbeiten Arnold van Genneps von der religiösen Reise als ritualisierter Bewegung mit prozessualem Charakter. Durch Übergangsrituale können drei Phasen der Reise unterschieden werden, auf der der Pilger aus der Gesellschaft ausgegliedert wird, einen Reinigungsprozess durchläuft und am Ende wieder in die Gesellschaft aufgenommen wird. Vgl. TURNER/TURNER, Image and Pilgrimage. Einführend dazu GRONOVER, Die Pilgerreise. Zum Verhältnis der mit der institutionalisierten und temporären Pilgerreise eng verwandten Vorstellung vom *homo viator*, dem Weltpilger, dessen gesamte irdische Existenz als Pilgerreise verstanden wird, siehe LADNER, Homo viator; MÜNKLER, Erfahrung der Fremde, S. 130f.

[5]   SCHMUGGE, Die Pilger, S. 19. Er stellt die nicht unbegründete These auf, der zufolge jeder Mensch im Mittelalter mindestens einmal in seinem Leben eine Pilgerfahrt zu einem der zahllosen lokalen und überregionalen Wallfahrtsorte unternommen hat. Vgl. ebd., S. 17. Siehe einführend in die reiche Forschung zum regionalen Wallfahrtswesen des Mittelalters HERBERS, Pilgerwege im Mittelalter; CAUCCI VON SAUCKEN, Pilgerziele der Christenheit. Wichtig ist nach wie vor der Ausstellungsband KRISS-RETTENBECK/MÖHLER, Wallfahrt kennt keine Grenzen, sowie SUMPTION, Pilgrimage. Zu den Formen des Pilgerwesens und dem theologischen Verständnis von Wallfahrten siehe einführend ANGENENDT, Wallfahrt; BRANTHOMME/CHELINI, Auf den Wegen Gottes; FUHRMANN, Wege und Ziele.

[6]   Zu den drei Hauptorten der christlichen Wallfahrt siehe einführend SCHMUGGE, Jerusalem, Rom und Santiago, und die Beiträge in HERBERS, Pilgerwege im Mittelalter.

Anfang genommen hatte, der Sohn Gottes für die Sünden der Menschen gestorben war und die Schöpfungsgeschichte mit der Wiederkunft Christi dereinst auch an ihr Ende gelangen würde. Für die Christen des Mittelalters war die Stadt sowohl in heilsgeschichtlicher als auch geographischer Hinsicht der Mittelpunkt der Erde.

Infolgedessen blieb Jerusalem auch nach dem Ende der Kreuzfahrerstaaten 1291 ein attraktives Wallfahrtsziel. Die Venezianer wussten aus der bestehenden Nachfrage ein profitables Geschäft zu machen und boten eine organisierte Schiffsreise an, die den Vergleich mit einer modernen Pauschalreise nicht zu scheuen braucht.[7] Auf einer Pilgergaleere brachten sie Wallfahrer aus allen Teilen Europas zu einem festen, immer um Fronleichnam und Himmelfahrt liegenden Termin nach Jaffa, dem Jerusalem am nächsten liegenden Hafen. Während des im Durchschnitt zweiwöchigen Aufenthaltes erkundeten die Pilger geführt von örtlichen Franziskanermönchen die wichtigsten heiligen Stätten in Jerusalem und Bethlehem sowie am Jordan. Diese standardisierte Form einer Jerusalemreise, die die schnellste Möglichkeit darstellte, um das Heilige Land zu erreichen, kam gegen Ende des 14. Jahrhunderts auf und hatte bis um 1530/40 Bestand. Erst die veränderten Rahmenbedingungen, vor allem nach dem durch die Osmanen herbeigeführten Ende der Mamlukenherrschaft in Palästina 1516, der osmanischen Eroberung von Rhodos 1522/23 sowie der Vertreibung des dort residierenden Johanniterordens und der Einschnitt durch die Reformation, führten dazu, dass diese Form einer straff organisierten Jerusalemreise zum Erliegen kam.[8]

Nur wenige Christen konnten allerdings die hohen Kosten einer Jerusalemfahrt tragen, welche wenigstens sechs bis sieben Monate dauerte und im Fall des Besuchs des Katharinenklosters auf dem Sinai und der Rückreise über Ägypten sogar ein ganzes Jahr in Anspruch nahm. Entgegen einer Reise etwa zu einem lokalen Wallfahrtsort oder einem der überregionalen Ziele wie Santiago und Rom, die in den Heiligen Jahren von vielen tausend Pilgern besucht wurden,[9] war die Fahrt nach Jerusalem ein exklusives Unternehmen und die „teuerste Reise der Zeit".[10] Ausgehend von den wenigen überlieferten und nicht sehr zuverlässigen Zahlen wird angenommen, dass im 15. Jahrhundert jährlich zwischen 150 bis 500 Pilger ins Heilige Land reisten, wobei sich auf den ein bis zwei pro Jahr für diesen Zweck eingesetzten venezianischen Galeeren im Durchschnitt jeweils 50 bis 60 Wallfahrer befanden.[11] Bei denjenigen, die die auf ungefähr 300 Dukaten geschätzten Gesamtkosten aufbringen konnten, handelte es sich überwiegend um

---

[7]   In der Forschung wird gerne der Vergleich zwischen dieser frühen Form einer organisierten Reise mit der Moderne gezogen. Vgl. WEISS, The Pilgrim as Tourist; DAVIS, Pilgrim-Tourism.

[8]   Vgl. REICHERT, Die Reise des Pfalzgrafen Ottheinrich, S. 84f.; HERWAARDEN, „No Status, no Brother", S. 271.

[9]   Zum Pilgeraufkommen und zu den in den Quellen genannten Zahlen siehe GANZ-BLÄTTLER, Andacht und Abenteuer, S. 4-6; SCHMUGGE, Die Pilger, S. 22f. und 26; SCHIMMELPFENNIG, Die Anfänge des heiligen Jahres von Santiago, S. 291; MIECK, Zur Wallfahrt nach Santiago, S. 489f.

[10] HUSCHENBETT, „Diu vart hin über mer", S. 140.

[11] Vgl. die Angaben von Folker Reichert in OTTHEINRICH VON DER PFALZ, Die Reise, S. 12, mit Bezug auf ASHTOR, Venezia e il pellegrinaggio, S. 213-115, und TUCCI, I servizi marittimi, S. 64f.

wohlhabende Adlige und Patrizier sowie Geistliche, die entweder über genügend Einkünfte aus Pfründen verfügten oder wie im Fall Fabris als Beichtväter engagiert worden waren.[12] Unter den Jerusalempilgern befanden sich auch nicht wenige hochadlige Fürsten, welche die Reise mit großem Gefolge und unter gewaltigem finanziellem Aufwand absolvierten.[13] Wallfahrer aus der städtischen Mittel- und Unterschicht oder der ländlichen Bevölkerung waren hingegen allenfalls in der Dienerschaft vertreten.[14]

Ein ausschlaggebendes Motiv waren neben dem Wunsch, die biblischen Stätten mit eigenen Augen zu sehen und sich vor Ort die Heilsgeschichte zu vergegenwärtigen, die im Heiligen Land in großer Zahl vergebenen Ablässe.[15] Diese waren der konkret fassbare und zählbare Lohn für die tätige Reue. Vor dem Hintergrund des für das 15. Jahrhundert konstatierten zunehmenden Bedürfnisses nach Heilssicherung gaben die Ablässe den Pilgern Gewissheit, dass ihnen durch den Besuch der heiligen Stätten ein Nachlass auf ihre zeitlichen Sündenstrafen gewährt wurde.[16] Im Gegensatz zu den übrigen Wallfahrtsformen war die Jerusalemreise nicht ausschließlich ein Ausdruck der Buße für begangene Sünden. Auch handelte es sich nur in seltenen Fällen um eine auferlegte Strafwallfahrt infolge eines verübten Verbrechens.[17] Überwiegend war es die freie Entscheidung des Pilgers, für die allerdings Adlige die Erlaubnis des Lehnsherrn brauchten

---

[12]   Die Kosten für die Überfahrt lagen ungefähr bei 40 bis 60 Dukaten pro Person, was Arnold Esch zufolge ungefähr dem zweifachen Jahresgehalt eines Handwerkermeisters oder dem mehrfachen Monatsgehalt eines Universitätsprofessors entsprach. Vgl. ASHTOR, Venezia e il pellegrinaggio, S. 216; PINTO, I costi del pellegrinaggio, S. 268; ESCH, Vier Schweizer Parallelberichte, S. 100. 300 venezianische Dukaten entsprachen ca. dem Preis eines Hauses in einer größeren Stadt, den Lebenshaltungskosten einer Familie über zehn Jahre, dem 15fachen Jahreslohn eines Handwerkermeisters oder gar dem 38fachen Jahreslohn eines Tagelöhners. Nicht einberechnet ist hierbei der – besonders für die Kaufleute ins Gewicht fallende – Verdienstausfall während der Abwesenheit. Vgl. FAVREAU-LILIE, German Empire, S. 330; JAHN, Raumkonzepte, S. 140f.

[13]   Vgl. hierzu NOLTE, Erlebnis und Erinnerung, S. 75.

[14]   FAVREAU-LILIE, German Empire, S. 321-329; DIES., Civis peregrinus, S. 323 und 331.

[15]   Zu den Motiven der Pilger siehe vor allem GANZ-BLÄTTLER, Andacht und Abenteuer, S. 221-247; SCHMUGGE, Kollektive und individuelle Motivstrukturen, S. 270-272. Ludwig Schmugge geht davon aus, dass die Wallfahrt im Spätmittelalter erst durch die Einführung des periodischen Pilgerns infolge der Heiligen Jahre und des Ablasswesens zu einer neuen Blüte gelangte. Vgl. DERS., Die Anfänge des organisierten Pilgerverkehrs, S. 69f.; DERS., Die Pilger, S. 18.

[16]   Zur Geschichte des Ablasswesens ist noch immer maßgeblich PAULUS, Geschichte des Ablasses. Ferner VOGTHERR, Seelenheil und Sündenstrafen. Zum Bedürfnis nach Heilssicherung im Spätmittelalter vgl. MOELLER, Frömmigkeit in Deutschland um 1500, dessen Aufsatz in Einzelfragen überholt sein mag, dennoch aber einen guten und profunden Überblick über die geistigen Strömungen des Spätmittelalters bietet. Vgl. auch MEUTHEN, Das 15. Jahrhundert, S. 81: „Angst vor dem ‚schlechten‘, d.h. auf das Gericht nicht vorbereiteten Tod und vor der ewigen Verdammnis als gefürchteter Folge scheint gegen Ende des Mittelalters zugenommen zu haben." Einführend siehe zudem ANGENENDT, Grundformen der Frömmigkeit; SCHREINER, Soziale, visuelle und körperliche Dimensionen mittelalterlicher Frömmigkeit.

[17]   Vgl. hierzu MEINARDUS, Mittelalterliche Heilig-Land-Pilger, S. 17.

und Bürger sowie Geistliche die Zustimmung der städtischen oder geistlichen Obrigkeit einholen mussten. Zudem war eine Bewilligung des Papstes notwendig.[18]

Mit der Reise ins Heilige Land wurden bei weitem nicht nur religiöse Interessen, sondern auch weltliche Zwecke verfolgt. Wallfahrer mit ausschließlich frommen Motiven waren nach Ansicht Marie Luise Favreau-Lilies im ausgehenden 15. Jahrhundert sogar in der Minderheit.[19] Neben der Sicherung des Seelenheils wurde dem eigenen Prestige und der Memoria einen hoher Wert zugemessen. Die Pilger durften durch eine Jerusalemfahrt auf eine Festigung ihres sozialen Status und womöglich einen Zugang zu höheren gesellschaftlichen Kreisen hoffen.[20] Der Ritterschlag in der Grabeskirche war für viele Adlige der Höhepunkt der Wallfahrt und Nachweis ihrer ritterlichen Tugenden.[21] Die Reise selbst diente als Ausweis der ökonomischen Potenz und wurde vielfach zur Pflege diplomatischer und wirtschaftlicher Beziehungen genutzt. Nicht zuletzt spielten der vorübergehende Ausbruch aus dem Alltagsleben und die Neugier auf eine abenteuerliche Reise in fremde und exotische Länder eine nicht unwesentliche Rolle bei der Entscheidung für eine Jerusalemwallfahrt.[22]

Die von Felix Fabri durch Eberhard im Bart zum Ausdruck gebrachte Forderung, die Reise solle allein zum Lob Gottes und nicht aus Leichtfertigkeit, Neugier oder Lust an profanen Dingen unternommen werden, war eine Idealvorstellung, die mit der spätmittelalterlichen Praxis nicht in Einklang stand.[23] Die Jerusalemwallfahrt des ausgehenden 15. Jahrhunderts folgte laut Friedrich Wolfzettel nicht mehr ausschließlich dem „initiatischen Paradigma" einer ‚klassischen' Pilgerfahrt, sondern nahm zunehmend einen „proto-humanistischen" Charakter einer der Grand Tour ähnlichen offenen Reise an, auf der Erfahrungen und Wissen über die Welt gesammelt werden sollten.[24]

---

[18] Vgl. FAVREAU-LILIE, German Empire, S. 333f.; DIES., Cives peregrinus, S. 336-338. Die Einwilligung des Papstes war nötig, wenn der Pilger nicht exkommuniziert werden wollte. Gegen eine Gebühr konnte sie vom päpstlichen Legaten eingeholt werden. Jedoch war der Guardian in Jerusalem berechtigt, noch nachträglich die Berechtigung zu erteilen. Nonnen waren in der Regel von Pilgerreisen ausgeschlossen; die Teilnahme von Mönchen oder Frauen an Fernwallfahrten war in der theologischen Auseinandersetzung umstritten. CARLEN, Wallfahrt und Recht im Abendland, S. 116-119 und 122-128. Vgl. auch DERS., Wallfahrt und Recht; HALM, Wallfahrt und Recht.

[19] FAVREAU-LILIE, German Empire, S. 324.

[20] Kritisch und differenzierend hierzu HERWAARDEN, Pilgrimage and Social Prestige; ZAHND, Von der Heidenfahrt zur Hofreise.

[21] Vgl. NOLTE, Erlebnis und Erinnerung. Zum Orden des heiligen Grabes und der Zeremonie des Ritterschlags siehe einführend CRAMER, Der Ritterorden vom Heiligen Grabe; GENNES, L'ordre de la Chevalerie du Saint Sepulcre.

[22] GANZ-BLÄTTLER, Andacht und Abenteuer, S. 237-247.

[23] HASSLER, Evagatorium I, S. 27: *Addit tamen prudens Comes, illam, de qua quaerebam, poregrinationem fore virtuosam, sanctam, laudabilem ac praeutilem illis duntaxat, qui divinae intuitu laudis eam assumerent, sed nimis fore periculosam illis, qui levitate ducti, aut curiositate, aut seculi pompam, aut quandam vilem ac transitoriam vanitatem finem ejus praestituerint.* Zitiert auch bei GANZ-BLÄTTLER, Andacht und Abenteuer, S. 238.

[24] WOLFZETTEL, Die offene Pilgerfahrt, S. 37f.

1. Fragestellung und Forschungsziele

Die unterschiedlichen Motive und Interessen der spätmittelalterlichen Jerusalempilger spiegeln sich in den Berichten wider, die sie auf der Basis tagebuchartiger Notizen nach ihrer Reise verfassten. Zwar wird der Beweggrund, allein um der Besichtigung der heiligen Stätten wegen die Reise auf sich genommen zu haben, am Anfang vieler Berichte explizit genannt. Auch soll die fromme Haltung und Einstellung durch die ausführliche Beschreibung des Besuchs und Gebets an eben diesen heiligen Plätzen deutlich werden,[25] um sich vor der über das gesamte Mittelalter hinweg immer wieder geübten Kritik am Wallfahrtswesen zu feien.[26] Doch beschränkten sich die Verfasser bei weitem nicht darauf, allein die mit dem religiösen Ziel verbundenen Erlebnisse, die besichtigten Reliquien und gewonnenen Ablässe festzuhalten.

Besonders in den zahlreich überlieferten Berichten aus der zweiten Hälfte des 15. Jahrhunderts wird mit ganz unterschiedlichen Intentionen und einer ebenso stark variierenden inhaltlichen Ausgestaltung und Ausführlichkeit die gesamte Reise von Anbeginn der Wallfahrt bis zur Rückkehr beschrieben. Den Lesern sollten Instruktionen und Informationen für eine eigene Jerusalemfahrt an die Hand gegeben werden. Der Bericht informierte über die Beschaffenheit und den Zustand des Heiligen Landes und konnte auf diese Weise für Kreuzzugsbestrebungen in Anspruch genommen, zugleich aber auch als belehrende Unterhaltungslektüre gelesen werden. Vor allem dokumentierten die Verfasser mit dem Bericht den Erfolg ihrer Reise mit den überstandenen Gefahren, den erworbenen Ablässen oder der Erhebung zum Ritter des Heiligen Grabes.[27] Im Vergleich zu älteren Berichten stehen daher überwiegend nicht mehr nur die heiligen

---

[25]   Dabei ist immer zu unterscheiden zwischen der inneren Einstellung und der äußeren Frömmigkeitspraxis, die sowohl eine individuelle als auch kollektive Gestalt hat und Ausdruck der gesellschaftlichen Normen ist. Die Beziehung zwischen äußerer und innerer Frömmigkeitspraxis kann in seiner Intensität sehr verschieden sein. Vgl. HAMM, Frömmigkeit als Gegenstand.

[26]   Bereits Gregor von Nyssa (335-394) sah keinen Nutzen darin, an den biblischen Plätzen zu beten, da die göttliche Gnade in Jerusalem nicht größer sei als an anderen Orten. Zudem würde die Reise eine moralische Gefährdung mit sich bringen, die insbesondere Pilgerinnen vom rechten Weg abbringen könnte. Vgl. GREGOR VON NYSSA, Über die Jerusalempilger, an Kensitor, S. 41. Zu Gregor von Nyssa und weiterer Kritik an den Jerusalemfahrten, siehe KÖTTING, Gregor von Nyssas Wallfahrtskritik; KRISS-RETTENBECK/ILLICH, Homo Viator, S. 12f. Grundlegend zum gesamten Mittelalter CONSTABLE, Opposition to Pilgrimage, und SCHREINER, 'Peregrinatio laudabilis' und 'peregrinatio vituperabilis', der besonders die kritische Einstellung gegenüber spontanen Massenwallfahrten aufarbeitet, durch die die Obrigkeit den inneren Frieden und die wirtschaftliche Entwicklung gefährdet sah. Die generelle Kritik an der Wallfahrt wird gerade in den Worten deutlich, die Fabri Eberhard von Württemberg in den Mund legt: Neugier, Leichtfertigkeit, Befriedigung weltlicher Ziele anstatt geistiger Läuterung.

[27]   Zu den Motiven für die Abfassung des Berichts siehe GANZ-BLÄTTLER, Andacht und Abenteuer, S. 248-271; GUÉRIN DALLE MESE, Égypte, S. 28-40; HUSCHENBETT, „Diu vart über mer", S. 137.

Stätten im Vordergrund, sondern es werden mit großer Detailfülle auch die unterwegs bereisten Orte und Länder beschrieben. Die Verfasser gehen ausführlich sowohl auf das fremde Aussehen und die unvertrauten Verhaltensweisen der Bewohner als auch auf die damit verbundene eigene Haltung und Einstellung ein.

Diese Beschreibungen des Fremden und Anderen werden in der vorliegenden Arbeit analysiert. Es wird untersucht, was die Pilger auf der durch einen ihnen unbekannten Raum führenden Reise als fremd und was sie als vertraut darstellen. Wo stießen sie an kulturelle Grenzen und zu welchem Zweck charakterisierten sie etwas als fremd oder anders? Welche Standpunkte nahmen sie gegenüber den alternativen Glaubensvorstellungen und Lebensentwürfen ein, mit denen sie konfrontiert wurden. Wie agierten sie in einer unbekannten und unvertrauten Umwelt und wie stellten sie ihre Reaktion auf das Fremde dar?

Untersuchungsgegenstand sind die Reisebeschreibungen Felix Fabris über seine beiden Jerusalemwallfahrten 1480 und 1483. Fabris Texte bieten sich aus zwei Gründen für diese Fragestellung an. Erstens gilt Fabri durch sein Hauptwerk, das lateinische *Evagatorium in Terrae Sanctae, Arabiae et Egypti peregrinationem*, als „Proust of the genre".[28] Der für seine Klosterbrüder verfassten Schrift kommt an Umfang und Detailreichtum kein anderer Pilgerbericht gleich. Der Lesemeister des Ulmer Dominikanerklosters hat die häufig anekdotische Wiedergabe seiner Reiserlebnisse um zahllose Exkurse theologischen, historischen, geographischen und naturkundlichen Inhalts erweitert. Dementsprechend enthält die Schrift ausführliche Stadtbeschreibungen und ethnographische Darstellungen, die reich an Fremd- und Selbstbildern sind. Fabri verarbeitete in dem monumentalen Werk „voller schweifender Gedanken und irrender Assoziationen, an denen sich Editoren und Kommentatoren die Zähne ausbeißen können",[29] praktisch das gesamte im 15. Jahrhundert zugängliche Buchwissen über die heiligen Stätten und die Regionen des Nahen Ostens. Kaum ein Forschungsbeitrag kommt ohne Verweis auf das *Evagatorium* aus, das sogar die Grundlage für einen historischen Romans mit Fabri als Hauptfigur bildete.[30]

Zum Zweiten schilderte er seine Reisen in weiteren Schriften, mit denen er andere Lesergruppen ansprechen wollte. Die ebenfalls sehr ausführliche *Eigentliche beschreibung der hin vnd wider farth zuo dem Heyligen Landt* schrieb er für ein Laienpublikum und widmete es den Adligen, die er auf seiner zweiten Wallfahrt als Beichtvater begleitet hatte. Neben diesem Werk, von dem ebenso wie vom *Evagatorium* das Autograph Fabris erhalten ist, schildert er die Jerusalemwallfahrt in einem geistlichen Pilgerführer, den er auf Bitten eines nahe Ulm liegenden Nonnenklosters verfasste. Da den Ordensfrauen eine eigene Wallfahrt ins Heilige Land verwehrt war, sollte ihnen der *Sionpilger* den Nachvollzug der Reise im Geiste ermöglichen. Schließlich ist von Fabri noch ein

---

28   HOWARD, Writers and Pilgrims, S. 38.
29   REICHERT, Wanderer, S. 77.
30   HOLMAN, Die gestohlene Zunge.

kurzes Gedicht über seine Wallfahrt im Jahr 1480 überliefert, die vermutlich seine erste literarische Verarbeitung der Erlebnisse seiner Jerusalemreisen darstellt.

Fabris Texte bieten somit eine für das Genre der spätmittelalterlichen Pilgerberichte beinahe einzigartige Möglichkeit, da an ihnen untersucht werden kann, wie das Erlebte für unterschiedliche Leserkreise aufbereitet wurde. Die Forschung hat bereits vereinzelt darauf aufmerksam gemacht, dass die Darstellungen in einzelnen Fällen voneinander abweichen und Fabri seine Beschreibungen den offenbar unterschiedlich eingeschätzten Erwartungen und Ansprüchen des jeweiligen Publikums anzupassen suchte.[31] Durch den Vergleich seiner Berichte, vor allem durch die Kontrastierung des *Evagatoriums* mit der *Eigentlichen beschreibung* soll daher herausgearbeitet werden, wie er Fremdheit konstruierte und inwiefern sich die Darstellung des Fremden in seinen Texten unterscheidet. Zudem ist der Frage nachzugehen, welche Strategien der Dominikaner anwandte, um das Fremde dem jeweils angesprochenen Leserkreis glaubhaft zu vermitteln. Welchen Beschreibungsmustern und literarischen Vorgaben musste er folgen? An welchen Punkten war es möglich, gängige gesellschaftliche Deutungen in Frage zu stellen oder sich gar über diese hinwegzusetzen?

Fremdheit hat zwei zentrale Bedeutungsdimensionen, die mit den Adjektiven ‚fremd‘ und ‚anders‘ erfasst werden können.[32] Diese stellen aber keine Synonyme dar, denn ‚fremd‘ kann jemand oder etwas sein, der oder das unbekannt bzw. neu, unvertraut oder weit entfernt ist.[33] Das Andere hingegen kann eindeutig als ‚anders‘ bezeichnet werden und bildet somit eine scheinbar klare Opposition zum Eigenen. Das Fremde geht dagegen nach Marina Münkler nur mit einer vermuteten Andersartigkeit einher und liegt jenseits der Grenze, „bis zu der man weiß, wer *gleich* und wer *anders* ist.“[34] Daraus geht erstens hervor, dass Fremdheit weder als eine Eigenschaft noch als ein objektives Verhältnis zwischen Personen oder Gruppen zu verstehen ist. Sie existiert nicht von vornherein, sondern ist das Ergebnis einer Zuschreibung, in der festgelegt wird, was jeweils zum Fremden und was zum Eigenen gehört. Besonders in Verbindung mit der räumlichen Entfernung wird Fremdheit hergestellt.[35] Das Fremde liegt außerhalb des Eigenen und ist durch Nichtzugehörigkeit und Unvertrautheit gekennzeichnet. Während die Auffassung vom Fremden als nicht zum Eigenen gehörend beinahe zwingend zur Folge hat, dass das Fremde als negativ verstandener Gegensatz der eigenen Ordnung betrachtet wird, muss die Wahrnehmung des Fremden als unvertraut nicht mit einer

---

31 Vgl. unten insbesondere Kap. II.2.
32 HAHN, Die soziale Konstruktion des Fremden, S. 142; DERS., „Partizipative“ Identitäten, S. 135.
33 KNEFELKAMP, Der Reiz des Fremden, S. 293.
34 MÜNKLER, Erfahrung des Fremden, S. 148f. Zur etymologischen Herkunft des Wortes ‚fremd‘ und weiteren Definitionen siehe ausführlich KRAGL, Die Weisheit des Fremden, S. 49-52 und 95f.; OLK, Reisen und Erzählen, S. 108f.
35 Zu Fremdheit als Zuschreibung siehe HAHN, Die soziale Konstruktion des Fremden, S. 140. Zum Ort des Fremden siehe WALDENFELS, Phänomenologie, S. 68 und 70.

Abwertung einhergehen.[36] Zweitens wird deutlich, dass das Fremde nicht in gleichem Maße fremd ist, sondern in unterschiedliche Grade eingeteilt werden kann, die eine zunehmende Differenz zum Eigenen angeben. Bernhard Waldenfels unterscheidet zwischen der ‚alltäglichen und normalen' Fremdheit, die innerhalb der eigenen Ordnung verbleibt; der ‚strukturellen' Fremdheit, die alles umfasst, was außerhalb einer bestimmten Ordnung angesiedelt ist und schließlich der ‚radikalen' Fremdheit, die außerhalb jeder Ordnung steht und Ereignisse bereithält, die nicht nur eine bestimmte Interpretation, sondern sogar die Möglichkeit einer Interpretation in Frage stellen.[37]

Durch die Untersuchung der Fremdzuschreibungen in den Texten Fabris geraten demnach auch seine Selbstzuschreibungen in den Fokus. Bezugspunkt des Fremden ist jeweils das als normal verstandene und gedeutete Eigene, von dem das Fremde und Andere abweicht. Das Fremde definiert sich somit immer über eine Aus- und Abgrenzung vom Eigenen.[38] Um dem Leser die Reiseerlebnisse, die in fremden Ländern vorherrschenden fremden Bedingungen und unvertrauten Lebensweisen anschaulich zu vermitteln, muss der Verfasser auf die bekannten Verhältnisse seiner Ausgangskultur zurückgreifen. Auf diese soziologische Erkenntnis der wechselseitigen Relation von Eigenem und Fremdem, die vor allem durch die Arbeiten Volker Sciors und Marina Münklers Eingang in die Mediävistik gefunden hat, ist in der Reiseliteraturforschung schon vor längerer Zeit hingewiesen worden.[39] Bereits Michael Harbsmeier hat festgehalten, dass Reisebeschreibungen – und damit auch die Pilgerberichte – immer eine „unfreiwillige kulturelle Selbstdarstellung" des Verfassers beinhalten. Die Auseinandersetzung mit dem Fremden könne nicht ohne bewusst wie unbewusst gegebene Hinweise auf „allgemeine Erwartungen, Einstellungen und kulturelle Selbstverständlichkeiten" erfolgen, die sowohl dem Verfasser des Berichts als auch dem Leser eigen sind.[40] Für Harbsmeier sind Reiseberichte „Zeugnisse für die spezifische Denkungsart des Autors und indirekt für die Mentalität seines Heimatlandes."[41] Infolgedessen geht aus Fabris Beschreibungen, durch seine Stellungnahmen und wertenden Beurteilungen, mit denen er Personen, Gegenstände oder Räume als fremd oder anders charakterisierte, auch hervor, was er zum Bereich des bekannten und Vertrauten zählte. Es wird deutlich, mit welchen Personen, Gruppen oder gesellschaftlichen Vorstellungen er sich identifizierte oder identifizieren wollte und wie er das Fremde im Hinblick auf die Dar-

---

36 Vgl. MÜNKLER/RÖCKE, Der *ordo*-Gedanke, S. 710-712; SCIOR, Das Eigene und das Fremde, S. 16f.

37 WALDENFELS, Phänomenologie, S. 35f.

38 Ebd., S. 69; OHLE, Das Ich und das Andere, S. 1. Auf die umfangreiche Fremdheitsforschung kann hier nicht im Einzelnen eingegangen werden. Vgl. die ausführlichen Angaben bei SCIOR, Das Eigene und das Fremde, S. 10-15 und 17-23; KRAGL, Die Weisheit des Fremden, S. 46-92.

39 SCIOR, Das Eigene und das Fremde, S. 10f.; MÜNKLER, Erfahrung des Fremden, S. 152f.

40 HARBSMEIER, Reisebeschreibungen als mentalitätsgeschichtliche Quellen, S. 6f.

41 Ebd., S. 1 und 12f.

stellung des Eigenen funktionalisiert und zur Konstruktion personaler oder kultureller ‚Identität(en)‘ eingesetzt hat.

Durch die Konfrontation mit dem Fremden wird das Eigene aber auch in Frage gestellt. Wie das Fremde nicht ohne das Eigene, so kann umgekehrt das Eigene nicht ohne Rückgriff auf das Fremde definiert werden. Die Begegnung mit dem Fremden ist daher notwendig, um das Eigene zu erkennen und Voraussetzung für die Herausbildung einer eigenen Identität. Das Fremde kann hierbei bedrohlich wirken, wenn etwa das Selbstverständnis des Eigenen angegriffen wird. Es kann aber auch verlockend erscheinen und Staunen hervorrufen, wenn positive Alternativen zum Eigenen aufgezeigt werden.[42] Fabri musste sich auf seiner Reise beständig damit auseinandersetzen, ob er das Fremde als ‚auswärtig‘ und außerhalb der Eigensphäre liegend versteht, ob er es als ‚fremdartig‘ im Kontrast zum als normal empfundenen Eigenen erklärt, ob er es als ‚unbekannt‘ im Sinne von ‚neu‘ oder sogar im Sinne von ‚unerkennbar‘ einschätzt und hierüber letztlich als ‚unheimlich‘ einstuft.[43] Im Folgenden soll danach gefragt werden, an welchen Kategorien er das Fremde und das Eigene festmachte. Wurde hierfür vornehmlich auf religiöse, ethnographische oder kulturelle Aspekte zurückgegriffen? Welche Rolle spielten institutionelle, regionale oder nationale Kriterien bei den Selbst- und Fremdzuschreibungen?

2.   Das Fremde und das Eigene im Mittelalter

Harry Kühnel hielt 1993 in einem Überblicksbeitrag zum Fremden und zum Eigenen im Mittelalter fest, dass sich das mittelalterliche Weltbild durch einen radikalen Ethnozentrismus ausgezeichnet habe, wodurch „alle Menschen außerhalb ihres Kulturkreises als Menschen ab[ge]werte[t]“ worden seien.[44] Es sei unmöglich gewesen, das Fremde anzuerkennen und neues Wissen in das traditionelle Weltbild zu integrieren. Kühnel bezog sich dabei auf Peter Brenner, der in Bezug auf die Entwicklung der Reiseberichte festgehalten hatte, dass der Umgang mit dem Fremden im Mittelalter durch die Dichotomie von christlicher und heidnischer Welt geprägt gewesen sei. Erst mit der Neuzeit, u.a. mit den Erkenntnissen durch die transatlantischen Entdeckungsfahrten, sei diese starre, soziale, kulturelle und religiöse Entgegensetzung aufgebrochen worden.[45] In der jüngeren Forschung ist dieses Bild, dem implizit die Vorstellung von einer erfahrungsfeindlichen und intoleranten mittelalterlichen Kultur gegenüber einer aufge-

---

[42]   Zum *horror alieni* und *amor alieni* siehe KNEFELKAMP, Der Reiz des Fremden, S. 295; WALDEN-
       FELS, Phänomenologie, S. 74f.
[43]   Zu den fünf Erfahrungsmodi siehe SCHÄFFTER, Modi des Fremderlebens, S. 14.
[44]   KÜHNEL, Das Fremde und das Eigene im Mittelalter, S. 415.
[45]   BRENNER, Die Erfahrung der Fremde, S. 19.

schlossenen Moderne innewohnt, korrigiert worden. So steht ihm bereits die Erkenntnis entgegen, dass die kulturelle Vielfalt gerade ein Charakteristikum des mittelalterlichen Europas gewesen ist.[46] Wie zahlreiche neuere Untersuchungen zeigen, können dementsprechend weder der Verlauf und die Formen der Kulturbegegnung im Mittelalter noch die Funktionen und Darstellungen des Fremden gegenüber dem Eigenen auf einen binären und fundamentalen Gegensatz zwischen Eigenem und Fremdem reduziert werden.[47] Das Interesse an der nach wie vor aktuellen Thematik speist sich aus der Kombination der gegenwärtigen Erfahrungen einer globalen Welt und der anhaltenden Faszination, wie gerade in der aus unserer (post-)modernen Perspektive so fremd und anders erscheinenden Welt des Mittelalters kulturelle Grenzen gesetzt, legitimiert und reflektiert wurden.[48] Die Quellengrundlage für die Erforschung des Umganges mit dem Fremden im Mittelalter bilden hierbei vor allem Reiseberichte, Chroniken und Texte im Umfeld der höfischen Literatur, da das Fremde einen fast notwendigen inhaltlichen Bestandteil dieser Schriften bildet. Folglich steht der reisende Pilger, Kaufmann oder Ritter auf seiner Aventiurefahrt, der sich in eine fremde Kultur begibt, zuweilen stärker im Zentrum als der auswärtige Gast, Exilant oder Angehörige einer ‚Randgruppe‘, der als Fremder die Eigenwelt durchstreift.[49] Im Folgenden sollen weniger streng chronologisch als vielmehr thematisch einige zentrale Ergebnisse vor allem des ersten Stranges der Fremdheitsforschung aufgegriffen werden, um die Analyse der Fremd- und Selbstbilder in den Pilgerberichten in einen breiteren Kontext einzuordnen.

Unstrittig ist die Bedeutung der christlichen Identität im Mittelalter. Der christliche Glaube spielte in allen Lebensbereichen eine immens wichtige Rolle. Gerade für den Pilger war die eigene Religion eine wichtige Kategorie, an dem das Fremde gemessen und bewertet wurde. Allerdings ist der Gegensatz zwischen Christen- und Heidentum nicht gleichzusetzen mit einem Dualismus, bei dem alles Nichtchristliche als fremd gesehen und negativ bewertet wurde. So hat Volker Scior 2002 am Beispiel hochmittelalterlicher chronikalischer Quellen herausgearbeitet, dass die Darstellung des Fremden zwar vorrangig über die religiöse Zuschreibung entwickelt wird, dies aber nicht zwingend eine Ausgrenzung und Abwertung nach sich zieht.[50] Andreas Mohr und David Fraesdorff konnten dies in ihren jeweils 2005 erschienenen Studien auf der Basis frühmittelalterlicher fränkischer Quellen und hochmittelalterlicher Hagiographien und Chroniken bestätigen.[51] Florian Kragl, der seiner ebenfalls 2005 publizierten Untersu-

---

[46] Vgl. einführend BORGOLTE, Europa; HERBERS, Europa und seine Grenzen.

[47] Für einen ausführlichen Überblick über die reichhaltige Literatur sowohl in der Mediävistik als auch in der Frühneuzeitforschung siehe KRAGL, Die Weisheit des Fremden, S. 93f.; SCIOR, Das Eigene und das Fremde, S. 11-15; STROHMEYER, Wahrnehmungen des Fremden; sowie umfassend JASPERT, Fremdheit und Fremderfahrung.

[48] Vgl. auch JASPERT, Fremdheit und Fremderfahrung, S. 32-34.

[49] Ebd., S. 43-45; KORTÜM, *Advena sum apud te et peregrinus*; SEIRING, Fremde in der Stadt.

[50] SCIOR, Das Eigene und das Fremde.

[51] MOHR, Das Wissen über die Anderen; FRAESDORFF, Der barbarische Norden.

chung über den Alexanderroman einen umfangreichen allgemeinen Teil zur Fremdwahrnehmung vorangestellt hat, macht zudem darauf aufmerksam, dass die christliche
Weltsicht wenigstens in theoretischer Hinsicht zunächst integrativ ist und von dem in
der Schöpfung gegebenen prinzipiellen Gleichheitsgrundsatz der Völker ausgeht.[52]
Dabei ist zu fragen, inwiefern dieses Modell für die Pilger eine Bedeutung hatte, wenn
sie während ihrer Wallfahrt auf Angehörige anderer Religionen trafen.

Scior konnte darüber hinaus mit Blick auf Arnold von Lübeck festhalten, dass das
Konzept der *christianitas* im 12. Jahrhundert weder alle Christen einschloss noch die
christliche Religion die einzige Kategorie zur Herstellung von Fremdheit gewesen ist.
Vielmehr wird in den Quellen einerseits zwischen lateinischen und griechisch-
orthodoxen Christen unterschieden; andererseits stellt die religiöse Devianz nur eine
mögliche Variante neben ethnischen, rechtlichen oder kulturellen Kriterien dar.[53] Auch
körperliche und materielle Zeichen sowie unterschiedliche Gebräuche werden zur Beurteilung herangezogen und müssen nicht ausschließlich negativ wahrgenommen werden.
Zum gleichen Ergebnis kam bereits Reinhold Jandesek in seinen Untersuchungen der
Berichte von Asienreisenden.[54] Für die Verfasser von Pilgerberichten wie Felix Fabri ist
daher davon auszugehen, dass sie sich ebenfalls nicht nur auf religiöse Kennzeichen
beschränken, sondern diverse durch die eigenen kulturellen Vorstellungen und Normen
geprägte Merkmale zur Bewertung des Fremden und Anderen heranziehen. Dabei soll
im Blick behalten werden, ob der Religion in den Berichten eine besondere Rolle bei
der Fremdzuschreibung zukommt oder ob sie nur ein Aspekt unter anderen ist. Ein besonderes Augenmerk ist hierbei auf die Sprache zu richten. Florian Kragl hat im Hinblick auf die literarischen Texte die noch zu überprüfende These vertreten, dass die
Sprache zur Fremdbeschreibung vermutlich für das gesamte Mittelalter nicht konstitutiv
gewesen sei.[55] Die Pilger jedoch hatten auf ihrer Reise gleich mehrere Sprachgrenzen
zu überwinden und waren so gezwungen, sich mit den sich jeweils verändernden Kom-
munikationssituationen auseinanderzusetzen.

Übereinstimmend wird davon ausgegangen, dass die räumliche Entfernung bei der
Fremdzuschreibung von besonderer Bedeutung ist.[56] Scior konnte für Adam von Bremen eine Verknüpfung zwischen einer zunehmenden räumlichen Entfernung vom gedachten Zentrum und einem zunehmenden Fremdheitsgrad feststellen.[57] Die an das
eigene Bistum angrenzenden Regionen werden als weniger fremd dargestellt als die
weiter entfernt liegenden Länder. Seiner Beschreibung liegt demnach kein binäres Konzept des Eigenen und Fremden zugrunde. Adam von Bremen differenziert vielmehr
nach verschiedenen Graden von Fremdheit. Er hat allerdings die Regionen, die er je

---

52 KRAGL, Die Weisheit des Fremden, S. 99f.
53 SCIOR, Das Eigene und das Fremde, S. 334; FRAESDORFF, Der barbarische Norden, S. 359.
54 JANDESEK, Der Umgang mit dem „Fremden", S. 97; DERS., Das fremde China.
55 KRAGL, Die Weisheit des Fremden, S. 105f.
56 Ebd., S. 106 und 144.
57 SCIOR, Das Eigene und das Fremde, S. 335.

nach Entfernung als mehr oder weniger fremd einstufte, nicht selbst bereist, sondern schöpfte sein Wissen in erster Linie aus der ihm verfügbaren Literatur.

Die Verfasser der Pilgerberichte dagegen beschreiben ihre eigene Bewegung durch den Raum, bei der sie sich immer weiter von ihrem ursprünglichen Ausgangspunkt entfernt haben. Für eine Auswertung ist dabei die Überlegung mit einzubeziehen, ob diese zunehmende räumliche Distanz mit einer sich verstärkenden Fremdzuschreibung einhergeht. Marina Münkler und Werner Röcke ordnen die Kulturbegegnung mit den Muslimen als ‚kleine Transzendenz‘ der Fremdheitserfahrung ein, da infolge der Kreuzzüge und der Reconquista bereits auf eine Jahrhunderte währende Berührung der Kulturen zurückgeblickt werden konnte. Dem stehen eine ‚mittlere Transzendenz‘ in der Begegnung mit den Mongolen und eine ‚große Transzendenz‘ gegenüber, die die am Erdrand angesiedelten monströsen Völker umfasst.[58] Vor diesem Hintergrund wird für das Mittelalter geltend gemacht, dass die Fremdheitserfahrung vor allem in Richtung Osten zugenommen habe,[59] was mit Fraesdorff noch um den negativ besetzten Norden ergänzt werden kann, der mit dem weitgehend unbekannten und von Heiden besiedelten nordöstlichen Europa ebenfalls eine Region mit einem großen Fremdheitsgrad behandelt.[60] Bei dem Vergleich der Texte Fabris mit anderen Pilgerberichten ist zu fragen, ob eine vergleichbare Abstufung erkennbar ist.

Mit den konstatierten Graden der Fremdheitserfahrung gehen verschiedene Formen des Umgangs mit dem Fremden einher. Die außerhalb des eigenen Kulturkreises lebenden Menschen wurden entgegen der Ansicht der älteren Forschung nicht ausschließlich abgewertet.[61] Gemäß Bernd Thum wurden dem Fremden durchaus bestimmte positive Eigenschaften und eine eigene Qualität zugestanden. Dies habe aber nicht bedeutet, dass es dem Eigenen gleichgestellt gewesen sei. Nach seiner These – die auf der hochmittelalterlichen höfischen Literatur basiert – wurde das Fremde in seiner Existenzberechtigung zwar grundsätzlich anerkannt, aber dennoch vor allem als potenzielle Beute

---

[58] MÜNKLER/RÖCKE, Der *ordo*-Gedanke, S. 714. Zum Terminus ‚transzendent‘ und der darauf aufbauenden Unterscheidung verschiedener Abstufungen des Fremden siehe STAGL, Grade der Fremdheit, S. 97-100.

[59] Dies ergibt sich nicht zuletzt aus dem Umstand heraus, dass der Weg nach Westen durch den Atlantik begrenzt war. Allerdings gibt es mit der Brendan-Legende auch Fremderfahrungen, die mit Reisen in den Westen verbunden sind. Vgl. KRAGL, Die Weisheit des Fremden, S. 120-124.

[60] FRAESDORFF, Der barbarische Norden, S. 360f.

[61] Nach MOHR, Das Wissen über die Anderen, ist dies schon für das Frühmittelalter festzuhalten. Die nicht nur auf kriegerischen Auseinandersetzungen, sondern auch auf Handelsaustausch und diplomatischen Kontakten basierende Kulturbegegnung trug zu einem differenzierten Bild der außerhalb des Eigenen lebenden Völker bei, das sich im Verlauf vom 8. bis 10. Jahrhundert trotz der Langlebigkeit von Stereotypen durchaus wandeln konnte. Ein weiteres Beispiel wären die Mongolen, die ursprünglich nicht nur negativ betrachtet wurden, da zunächst die Hoffnung bestand, sie als Verbündete gegen die Muslime zu gewinnen. Siehe einführend KLOPPROGGE, Ursprung und Ausprägung; SCHMIEDER, Europa und die Fremden; DIES., „…sind sie ganz normale Menschen“?; FRIED, Auf der Suche nach der Wirklichkeit.

verstanden, die man in Besitz nehmen und für sich vereinnahmen konnte.[62] Erst nach dieser „stürmischen Vereinnahmung" konnte das Fremde, laut Thum, in seiner Unvertrautheit auch als Gegenstand entweder kritischer oder bewundernder Betrachtung wahrgenommen werden.[63] Der Reiz einer begehrenswerten Ferne ist sowohl in der spätmittelalterlichen fiktionalen Literatur[64] als auch in den Ostasienberichten[65] weder ein unbekanntes noch unbeliebtes Sujet und wird mitunter dazu benutzt, einen radikalen Gegenentwurf zum Eigenen zu entwerfen, bei dem die Ideale der eigenen Kultur auf das Fremde übertragen werden. Auch Albrecht Classen kam auf der Grundlage literarischer Werke zu dem Ergebnis, dass im Vergleich zu hochmittelalterlichen Schriften gerade Texte des 15. und 16. Jahrhunderts kaum „imperialistic attitudes", sondern vielmehr ein gewisses Maß an Aufgeschlossenheit gegenüber fremden Menschen aufwiesen und gerade die Attraktivität des wundervollen Ostens betont werde.[66]

Zu fragen ist aber, ob dies auch für die Pilgerberichte gilt, da ein zu offenkundiges Interesse der Verfasser an ungewöhnlichen und kuriosen Dingen auch als Neugier ausgelegt werden konnte und sie sich in ihren Reisebeschreibungen gegenüber einer solchen Kritik absichern oder rechtfertigen mussten. Hinsichtlich der äußeren Rahmenbedingungen, von dem die Formen der Fremdbeschreibung in starker Weise geprägt sind,[67] muss für die Jerusalemreise zudem in Rechnung gestellt werden, dass die religiösen Inhalte im Vordergrund zu stehen hatten und die Darstellung der exotischen Ferne nicht das vornehmliche Ziel des Verfassers eines Pilgerberichts war. Zudem ist für Fabri im Vergleich zu anderen Berichten der historische Kontext der Kreuzzüge und der Expansion des Osmanischen Reiches zu berücksichtigen. Gerade in der spätestens seit dem späten 11. Jahrhundert intensiven militärisch und theologisch geführten Auseinandersetzung mit den Muslimen um die Vorherrschaft in Jerusalem haben sich Deutungsmuster des Fremden und Anderen entwickelt, die zugleich prägend für die Entwicklung des eigenen Selbstbildes waren.[68]

Wie Scior für die von ihm untersuchten Texte festgestellt hat, wird mit den Fremdzuschreibungen häufig der Zweck verfolgt, die Leistungen der eigenen Gemeinschaft oder seiner Repräsentanten in ein positives Licht zu setzen.[69] Schon aus diesem Grund können die in den Texten enthaltenen Bewertungen nicht pauschal als Ausdruck einer grundsätzlich toleranten oder fremdenfeindlichen Haltung begriffen werden. Das Fremde wird – wie 2006 auch Alheydis Plassmann in ihrer Habilitationsschrift am Beispiel

---

[62]   THUM, Frühformen, S. 321 und 324f.
[63]   Ebd., S. 325. Vgl. auch KRAGL, Die Weisheit des Fremden, S. 141.
[64]   CIESLIK, Fremdheitserfahrung; RÖCKE, Schreckensort und Wunschwelt; DERS., Die narrative Aneignung des Fremden.
[65]   MÜNKLER, Erfahrung des Fremden; KNEFELKAMP, Der Reiz des Fremden; JANDESEK, Der Umgang mit dem „Fremden", S. 97; DERS., Das fremde China.
[66]   CLASSEN, Medieval Europe, S. 100.
[67]   Vgl. unten Kap. I.3.
[68]   Vgl. hierzu TOMASEK/WALTHER, *Gens consilio*; WOLFZETTEL, Die Entdeckung des „Anderen".
[69]   SCIOR, Das Eigene und das Fremde, S. 337.

früh- und hochmittelalterlicher Herkunftssagen verdeutlicht hat[70] – vielmehr als Projektionsfläche für in der eigenen Kultur als negativ verstandene Verhaltensweisen genutzt und dient in diesem Zusammenhang vornehmlich dazu, die eigene kollektive Identität zu festigen und zu bewahren. Aus den von Scior analysierten hochmittelalterlichen Texten ergibt sich mithin nicht nur eine Vorstellung von dem (christlichen oder höfischen) Wertekanon, den die Verfasser für die eigene Kultur als positiv verbuchen. Es wird darüber hinaus deutlich, dass in den Selbstzuschreibungen die institutionelle Zugehörigkeit und der regionale Standort des Verfassers gegenüber einer (prä-)nationalen Teilidentität eine größere Rolle spielen.[71] Es ist zu fragen, ob dies für die spätmittelalterlichen Jerusalemberichte in ähnlicher Weise zu verzeichnen ist oder ob sich infolge der im 15. Jahrhundert aufkommenden nationalen Kollektivierungstendenzen in den humanistischen Diskursen eine Verschiebung ausmachen lässt. Zugleich ist zu berücksichtigen, in welchem Verhältnis Fabris institutionelle Teilidentität als Dominikaner, seine regionale Teilidentität als „,hereingeschmeckter' Schwabe"[72] in seiner Wahlheimat Ulm und seine nationale Teilidentität als ,Deutscher' mit schweizerischer Herkunft in seinen Texten zueinander stehen.

Die Fremdheitserfahrungen schließlich müssen dem Leser anschaulich vermittelt werden. Marina Münkler hat in ihrer im Jahre 2000 erschienenen Untersuchung der Ostasienberichte des 13. und 14. Jahrhunderts hervorgehoben, dass das Verfahren der Augenzeugenschaft für die Organisation und Vermittlung der Textinhalte schon im Mittelalter angewendet wurde und kein charakteristisches Merkmal erst der neuzeitlichen Reiseberichte darstellt. Durch die Berufung auf Augenzeugenschaft beglaubigten die Verfasser ihre Erfahrungen. Sie setzten sie aber auch ein, um das tradierte Wissen zu bestätigen, zu erweitern oder zu korrigieren. Das auf der Reise erworbene Wissen muss somit nicht zwangsläufig in einem Konflikt mit dem tradierten Wissen gestanden haben. Münkler kann in diesem Zusammenhang die Auffassung eines dem Neuen und Anderen erfahrungsfeindlichen Mittelalters gegenüber einer empirischen Erfahrungen aufgeschlosseneren Neuzeit widerlegen,[73] wenngleich zu konstatieren ist, dass die aus den Asienberichten gewonnenen geographischen Kenntnisse erst mit einer gewissen zeitlichen Verzögerung umgesetzt wurden.[74]

Allerdings ist im Hinblick auf die jüngst erschienene Studie von Georg Jostkleigrewe zur Konstruktion von Fremdbildern in erzählenden und historiographischen Quellen aus dem französischen und deutschen Raum einschränkend zu bemerken, dass erstens der Spielraum des Verfassers für eine gezielte Ausgestaltung spezifischer Fremdbilder u.a. durch Gattungskonventionen eher gering ausfallen kann und zweitens die Fremdbilder

---

[70] PLASSMANN, Origo gentis, S. 365f.
[71] SCIOR, Das Eigene und das Fremde, S. 333.
[72] REICHERT, Wanderer, S. 77.
[73] MÜNKLER, Erfahrung des Fremden, S. 233f. Vgl. hierzu auch TOMASEK/WALTHER, *Gens consilio*, S. 244f. und 261f.
[74] Vgl. BAUMGÄRTNER, Weltbild und Empirie, S. 252.

nicht eigens zum Zweck der Abgrenzung vom Anderen geschaffen worden sein müssen.[75] Gerade für die Jerusalemberichte ist zu berücksichtigen, inwiefern die Deutungsmuster der Pilger den Vorgaben durch das Genre der Reisebeschreibung unterliegen und durch die angestrebte Vermittlung der Reiseerfahrungen notwendigerweise auf Fremdbilder zurückgegriffen werden muss, ohne dass dies in jedem Fall mit einer bewussten Abgrenzung vom Anderen einhergeht.

3.   Das Fremde und das Eigene im Reisebericht

Die Festlegung, was fremd und was eigen ist, wo die „kulturellen Grenzen" verlaufen und welche „Distanzerfahrung" geltend gemacht wird,[76] ist grundsätzlich abhängig von dem Wissen des Pilgers sowie den Normen und Wertvorstellungen, die durch die eigene Kultur, den gesellschaftlichen Stand und die persönlichen Lebenserfahrungen geprägt sind. „Das Bild des Fremden […] unterliegt so von vornherein Vorstellungen, welche die eigene Kultur hervorgebracht hat."[77] In der Darstellung des Fremden gibt der Verfasser daher wenigstens ebenso viel über sich selbst und seine Kultur preis wie über den von ihm beschriebenen Sachverhalt. Zugleich werden die Fremderfahrungen und der Umgang mit dem Fremden durch diese Voraussetzungen begrenzt.[78] Die Eigenkultur gibt bestimmte Einstellungen gegenüber dem Fremden vor, die die Form und die Darstellung dieser Kulturbegegnung beeinflusst.[79] Den Beteiligten ist die Relationalität des Fremden und des Eigenen hierbei nur selten bewusst. Die Definitionen werden häufig als alternativlose, gleichsam ,naturwüchsige' Gegebenheiten angesehen.[80] Stereotype, verstanden als kulturell und kognitiv verfestigte Formeln und Überzeugungen, die der Lebensbewältigung dienen, helfen dem Pilger, sich in der fremden Umgebung zu orien-

---

[75]   JOSTKLEIGREWE, Das Bild des Anderen, S. 391f.

[76]   Vgl. OSTERHAMMEL, Kulturelle Grenzen; DERS., Distanzerfahrung. Zum Thema der Nähe und Distanz siehe auch den instruktiven Aufsatz von WEHLTE, Die Kultur des Fremden, S. 40.

[77]   BRENNER, Die Erfahrung des Fremden, S. 15. Vgl. auch OSTERHAMMEL, Distanzerfahrung, S. 31: „Repräsentationen des Fremden [sind] nie photographisch exakte ‚Bilder', sondern immer durch vorgängige Wahrnehmungsraster gebrochene Konstrukte". Für eine weitere Aufschlüsselung siehe STROHMEYER, Wahrnehmungen des Fremden, S. 34-39, der am Beispiel von Diplomaten des 16. und 17. Jahrhunderts vier Wahrnehmungsfaktoren unterscheidet: 1. Lebenswirklichkeit; 2. berufliche Aufgaben und persönliche Interessen; 3. Sozialisation, Erziehung und Bildung; 4. machtpolitische Verhältnisse und außenpolitische Interessen.

[78]   Vgl. auch BAUERKÄMPER/BOEDEKER/STRUCK, Einleitung: Reisen als kulturelle Praxis, S. 15: „Die realitätserschließenden Deutungsmuster der Reisenden stehen im Horizont ihrer subjektiven Verstehensperspektive."

[79]   Zu den von BITTERLI, Die „Wilden" und die „Zivilisierten", entwickelten Formen von Kulturbegegnung (Kulturberührung, Kulturzusammenstoß, Kulturbeziehung und Kulturverflechtung) siehe OSTERHAMMEL, Kulturelle Grenzen, S. 106f.

[80]   HAHN, „Partizipative" Identitäten, S. 135.

tieren und sich des Eigenen bewusst zu werden. Sie geben den Rahmen der Fremddarstellung vor und können die Deutungsmöglichkeiten des Verfassers besonders dann beeinflussen, wenn es sich um negative Vorurteile handelt, die zur Aufrechterhaltung des eigenen Selbst oder der ‚kollektiven Identität' bestätigt werden müssen.[81]

Darüber hinaus sind die Bedingungen zu berücksichtigen, unter denen die Auseinandersetzung mit dem Fremden stattfand. Das ‚Kontaktsystem Jerusalemwallfahrt' mit seiner im Spätmittelalter spezifischen Ausprägung einem durch Venedig und den Franziskanerorden stark gelenkten Reiseverlauf unterscheidet sich hierbei von anderen im Mittelalter bestehenden Formen der Kulturbegegnung. In den Kontaktsystemen ‚Kreuzzug', ‚(Fern-)Handel', ‚Mission' oder ‚Diplomatie' wurden jeweils andere Absichten im Umgang mit dem Fremden verfolgt sowie unterschiedliche Praktiken und Verhaltensnormen ausgebildet.[82] In Bezug auf die Fremdwahrnehmung ist hierbei u.a. zu beachten, dass die Pilger, wie bereits beschrieben, die Reise in erster Linie zum Besuch der heiligen Stätten und nicht zum Zweck eines militärischen Konfliktes, des Güteraustausches, der Bekehrung von ‚Ungläubigen' oder diplomatischer Verhandlungen unternahmen. Folglich standen jeweils verschiedene Wissensinhalte und -strukturen über das Fremde im Vordergrund. Zudem beschränkte sich der Kontakt mit dem Fremden auf einen kurzen, relativ fest umrissenen Zeitabschnitt, während dem das Fremde weder durch den Kampf vernichtet, zu Handelszwecken akkomodiert noch durch Missionsarbeit verdrängt werden musste. Folglich war auch die Reaktion des Fremden auf die Begegnung mit den Pilgern nicht ausschließlich auf eine Abwehrhaltung oder auf die Wahrnehmung ökonomischer Interessen festgelegt.

Die sowohl durch das eigene Wissen und kulturelle Deutungsmuster als auch durch den Verlauf der Kulturbegegnung geprägte Wahrnehmung des Fremden fließt in die Darstellung mit ein. Allerdings ist als eines der wichtigsten Ergebnisse der jüngeren Reiseliteraturforschung[83] festzuhalten, dass es sich bei einem Reisebericht aus wenigstens drei Gründen nicht um die direkte Umsetzung der Erlebnisse in einen Text handelt. Erstens folgt der im Anschluss an eine Reise verfasste Bericht bereits anderen Gestaltungsprinzipien als das unterwegs Notierte.[84] Die während der Fahrt gemachten Aufzeichnungen dienen nur als Gerüst, um die Erlebnisse zu einem bestimmten Zweck und im Hinblick auf ein bestimmtes Publikum zu einem in sich abgeschlossenen und nach Möglichkeit kohärenten Text zu gestalten.[85] Zweitens gleicht der Verfasser seinen Be-

---

[81]　Zur Definition von Stereotyp und Vorurteil siehe ROTH, ‚Bilder in den Köpfen', S. 23 und 33f.

[82]　Der erstmals von RITTNER, Kulturkontakte, S. 27, verwendete systemtheoretische Begriff „Kontaktsystem" wurde weitergeführt von HASSAUER, Volkssprachige Reiseliteratur, S. 271, und MÜNKLER, Erfahrung der Fremde, S. 15-20.

[83]　Vgl. einführend BRENNER, Der Reisebericht; MAURER, Neue Impulse der Reiseforschung; BAUERKÄMPER/BOEDEKER/STRUCK, Einleitung: Reisen als kulturelle Praxis. Einen Überblick über theoretische Ansätze bietet CAMPBELL, Travel Writing and its Theory.

[84]　GRIEP, In das Land der Garamanten, S. 41.

[85]　Allerdings wird im Folgenden deutlich, dass die Pilgerberichte nicht frei von Widersprüchen sind bzw. die Ausgestaltung der Tagebuchnotizen offenbar dazu führte, dass Wiederholungen im Text

richt mit anderen Reisebeschreibungen ab. Er kennt in der Regel Berichte über Fahrten zu demselben Ziel und ist vertraut mit dem Aufbau und der Struktur einer Reisebeschreibung; er orientiert sich sowohl an dem Inhalt als auch an den verwendeten rhetorischen und stilistischen Mitteln.[86] Michael Harbsmeier sieht daher in dem Verfasser mehr einen „Bastler", der sich aus den ihm zugänglichen Wissensbeständen bedient, um die eigene Darstellung auszubauen und abzusichern.[87] Dies gilt besonders für Berichte, in denen sich die Verfasser vielfach an anderen Reisebeschreibungen orientierten oder gleich ganze Passagen übernommen haben.[88] Jeannine Guérin dalle Mese kommt am Beispiel der Abhängigkeiten in Mailänder Pilgerberichten des 15. Jahrhunderts voneinander zu dem Ergebnis, dass die Texte einem „patchwork" gleichkämen.[89] Darüber hinaus zogen die Pilger auch enzyklopädische und – aus heutiger Sicht – fiktionale Werke heran und verarbeiteten das dort enthaltene Wissen über die Jerusalemreise sowie die politischen, gesellschaftlichen und geographischen Verhältnisse im Nahen Osten.[90] Schließlich ist der Reisende nicht immer auch der Verfasser. In nicht wenigen Fällen wurden die Berichte von Personen erarbeitet, die selbst gar nicht an der Reise teilgenommen hatten, sondern sich nur auf schriftliche Notizen oder mündliche Informationen stützen konnten.[91] Drittens sind die Berichte nicht als historische Texte geschrieben, als die sie heute gelesen werden. Vielmehr stehen sie in einem für die Verfasser und die anvisierten Leser jeweils aktuellen Kommunikationszusammenhang.[92] Hinter der vordergründigen Ebene der Handlung des reisenden Subjekts steht immer eine weitere (und eigentliche) Ebene des Dialoges zwischen dem Verfasser und den Adressaten. Das Schreiben über einen bestimmten Lebensabschnitt wird zu einem

---

[86] stehen blieben und nicht jeder Satz stringent auf dem vorherigen aufbaut. Aussagen zu Verhalten, Lebensgewohnheiten etc. stehen zuweilen ohne erkennbare Klassifizierung unverbunden nebeneinander. Hinzu kommt die Einarbeitung vieler unterschiedlicher Quellen, die nach verschiedenen Konzepten gestaltet sind und deren Verfasser unterschiedlichen Intentionen folgen.

DÜRR, Funktionen des Schreibens, S. 19.

[87] HARBSMEIER, Reisebeschreibungen als mentalitätsgeschichtliche Quellen, S. 16.

[88] Auch BAUERKÄMPER/BOEDEKER/STRUCK, Einleitung: Reisen als kulturelle Praxis, S. 23, heben als charakteristisches Merkmal hervor, dass Reiseberichte und Reiseführer vor allem aus Reiseberichten und Reiseführern abschreiben.

[89] GUÉRIN DALLE MESE, Io o lui?, S. 9f. Sie geht dabei von dem Bericht Gabriele Capodilestas aus, der sehr stark dem Bericht seines Mitreisenden Roberto da Sanseverino folgt, und seinerseits die Grundlage der Reisebeschreibung Santo Brascas bildet.

[90] Diese Werke basieren wiederum selbst häufig auf Reisebeschreibungen. Zu der engen Wechselwirkung zwischen den Gattungen und den Konsequenzen für die Frage nach der Annäherung an die Fremdheitserfahrung der Verfasser siehe HUSCHENBETT, Der tradierte und erfahrene Orient, bes. S. 306.

[91] Vgl. z.B. den Bericht von Joos van Ghistele. Das berühmteste Beispiel ist die von Rustichello da Pisa verfasste Reisebeschreibung Marco Polos. Zu der Problematik siehe GUÉRIN DALLE MESE, Égypte, S. 65-73.

[92] Vgl. GRIEP, In das Land der Garamanten, S. 42f. mit Verweis auf DIETZ, Der Reisebericht als Redeform. Vgl. in diesem Kontext auch besonders MARKUS, „Schreiben heißt: sich selber lesen".

kommunikativen Akt mit einem impliziten oder expliziten Du.[93] Es muss somit in Rechnung gestellt werden, dass die beschriebenen Erlebnisse zu einem bestimmten Zweck funktionalisiert worden sind.[94] Der Verfasser versucht mit seiner Aufbereitung der Reiseerlebnisse dem Leserverhalten und den Lesererwartungen zu entsprechen, wenngleich jeder Empfänger, wie schon bei Marco Polo festgehalten ist, an die entweder selbst gelesene oder ihm vorgelesene Geschichte immer unterschiedliche Vorstellungen knüpft und entsprechend anders versteht.[95]

Streng genommen ist daher der „gelebte Augenblick"[96] der Reise nicht rekonstruierbar und der Versuch, über die Darstellung auf die subjektive Einstellung des Verfassers und dessen individuelle Persönlichkeit zu schließen, kaum erfolgversprechend. Der von Hans-Werner Goetz verdeutlichte komplexe Vorgang von (sinnlicher) Wahrnehmung, Bewusstmachung, Deutung und Weitervermittlung, der von den individuellen Vorkenntnissen und Vorannahmen geprägt ist und auf dem gesamten Reservoir an Wissen, Erfahrungen, Vorstellungen und Einstellungen des Reisenden beruht, muss zwar immer bedacht werden,[97] allerdings steht dem Historiker ausschließlich der schriftliche Bericht zur Verfügung, von dem nur unter bestimmten Umständen auf die Wahrnehmungsprozesse während der Reise rückgeschlossen werden kann. Der Reisebericht ist eher als ein Medium zu betrachten, mit dem bestimmte Bilder von Menschen und Gesellschaften erzeugt werden und eine bestimmte Wirklichkeit konstruiert wird.[98] Im Sinne einer „Vorstellungsgeschichte"[99] steht nicht die Überprüfung der Reiseerlebnisse auf einen Wahrheitsgehalt oder eine historische Genauigkeit im Vordergrund, sondern die Fragen, was (und was nicht) berichtet wird, warum der Verfasser einen bestimmten Gegenstand für seine Darstellung heranzieht und auf welche Weise dieser beschrieben und beurteilt wird.[100] In vergleichbarer Weise fragt Stephen Greenblatt mit Bezug auf das Fremde,

---

[93]   DÜRR, Funktionen des Schreibens, S. 25-27; GUÉRIN DALLE MESE, Égypte, S. 73-78.

[94]   KÄSTNER, Das Gespräch des Orientreisenden, S. 295.

[95]   Vgl. hierzu HARTOG, The Mirror of Herodotus, S. 294.

[96]   GRIEP, In das Land der Garamanten, S. 54.

[97]   GOETZ, Wahrnehmungs- und Deutungsmuster, S. 30-33. Vgl. in diesem Zusammenhang auch FRIED, Gens und Regnum, bes. S. 75f. und 91f. Am Beginn der Wahrnehmungsverarbeitung steht in theoretischer Hinsicht die neurologische Leistungsfähigkeit des Gehirns. Vgl. zur Funktionsweise und der Gedächtnisleistung im Hinblick auf die Konsequenzen der Arbeit des Historikers GOETZ, Wahrnehmungs- und Deutungsmuster, S. 30; FRIED, Der Schleier der Erinnerung.

[98]   Zum Reisebericht als Medium und zur Begriffsdefinition siehe mit weiterer Literatur LANDWEHR, Die Stadt auf dem Papier durchwandern, S. 48-50.

[99]   Vgl. hierzu GOETZ, „Vorstellungsgeschichte"; DERS., Moderne Mediävistik, S. 264-276.

[100] GOETZ, „Vorstellungsgeschichte", S. 265f. Keinesfalls soll damit zum Ausdruck gebracht werden, dass die Ergebnisse der Ereignis- oder Strukturgeschichte überflüssig seien. Im Gegenteil sind sie unabdingbare Voraussetzung, um die Standpunkte und Tendenzen des Verfassers einschätzen zu können. Dementsprechend bilden sie keine Gegensätze, sondern sind als verschiedene, sich ergänzende Betrachtungsebenen zu verstehen. Vgl. DERS., Proseminar Geschichte, S. 386.

wie sich die Vorstellung vom Fremden im Beobachter manifestiert und welche Reprä-
sentationstechniken zur Vermittlung des Fremden für den Leser angewandt wurden.[101]

Dementsprechend ist auch die mit der Reise unmittelbar verknüpfte ‚Erfahrung‘ über
den Text nicht mehr zugänglich.[102] Die vor allem im Bereich der Frühen Neuzeit ange-
siedelte Forschung über Selbstzeugnisse[103] hat herausgearbeitet, dass die in Texten
‚autobiographischen‘ Inhalts geäußerten Empfindungen und Emotionen nicht a priori
als Ausdruck unmittelbar erlebter mentaler und somatischer Erfahrungen betrachtet
werden können.[104] So hält Kaspar von Greyerz mit Bezug auf Selbstpräsentationen in
Autobiographien des 16. und 17. Jahrhunderts fest, dass das ‚subjektive‘ Erfahrungspo-
tenzial nur selten greifbar ist, sondern im Wesentlichen zur Selbstinszenierung eingesetzt wird.[105] Dieser „grundlegende Unterschied zwischen den (subjektiven) Erfahrungen und ihrer (kontextualisierten) Kommunikation"[106] gilt auch für die Pilgerberichte.
Die von Friederike Hassauer vorgeschlagene Trennung zwischen dem tradierten ‚Toposwissen‘ und dem persönlich erworbenen ‚Beobachtungswissen‘ ist daher allenfalls
nur sehr eingeschränkt umsetzbar.[107] Vielmehr ist zu berücksichtigen, wie die Verfasser
ihre Reiseerfahrungen einsetzen, um die eigene Person in bestimmter Weise zu stilisieren, die Handlungen auf der Wallfahrt zu rechtfertigen oder die Erlebnisse in der Fremde zu beglaubigen. Mit Eva Kormann kann somit auch für die Pilgerberichte geltend
gemacht werden, dass nie das vollständige Autor-Ich zum Ausdruck kommt, sondern
immer nur das Ich eines Erzählers. In ihrer Arbeit über frühneuzeitliche Autobiogra-

---

[101]   GREENBLATT, Wunderbare Besitztümer, S. 11-13 und 17. Vgl. auch KRAGL, Die Weisheit des
        Fremden, S. 52.
[102]   BAUERKÄMPER/BOEDEKER/STRUCK, Einleitung: Reisen als kulturelle Praxis, S. 14.
[103]   Zu Selbstzeugnissen und den Vorteilen dieser Begrifflichkeit gegenüber der Bezeichnung „Ego-
        Dokumente" siehe besonders KRUSENSTJERN, Was sind Selbstzeugnisse?; SCHMOLINSKY, Selbst-
        zeugnisse im Mittelalter, und DIES., Selbstzeugnisse finden.
[104]   Mit Reinhart Koselleck ist Erfahrung als „gegenwärtige Vergangenheit" zu verstehen. Sie ist
        abhängig von kulturell determinierten Verhaltensdispositionen und wird mit den Normen und
        Vorstellungen der eigenen Kultur abgeglichen. Erfahrung geht immer mit kollektiver sowie indi-
        vidueller Deutung von Erlebtem und mit Sinngebung einher. Auf interpretativ-deutender Ebene
        und hinsichtlich des sozialen Handelns beeinflusst sie die Konstruktion von Wirklichkeit. Vgl.
        KOSELLECK, ‚Erfahrungsraum‘ und ‚Erwartungshorizont‘.
[105]   GREYERZ, Erfahrung und Konstruktion.
[106]   KNOBLAUCH, Kommentar, S. 334f. Grundsätzlich zum Erfahrungsbegriff in den Kulturwissen-
        schaften siehe CANNING, Problematische Dichotomien.
[107]   HASSAUER, Volkssprachige Reiseliteratur, S. 269f. „Toposwissen" und „Beobachtungswissen"
        stehen ihrer Meinung nach unverbunden nebeneinander, da das gelehrte und systematisierte Wis-
        sen in das mittelalterliche Weltbild eingebunden sei, während das in zufälligen Situationen er-
        worbene Beobachtungswissen nur den Status und die Struktur von Alltagswissen habe. Vielmehr
        ist jedoch mit JAHN, Raumkonzepte, S. 20 und 80, davon auszugehen, dass das Beobachtungswis-
        sen vom tradierten Wissen abhängig ist und von diesem gesteuert wird. Vgl. auch die Kritik an
        Hassauers Begriff des Toposwissens bei MÜNKLER, Erfahrung der Fremde, S. 231 und 284. Auch
        SCIOR, Das Eigene und das Fremde, S. 20f., lehnt eine solche Trennung der Wissensbestände ab.

phien unterscheidet sie daher neben dem „erzählenden bzw. schreibenden Ich" das „beschriebene Ich", das erlebt hat und dessen Erlebnisse im Text präsentiert werden.[108]

Dabei strebt das ‚schreibende Ich' zum einen immer an, die Erfahrungen des ‚beschriebenen Ichs' als real erlebte Wirklichkeit darzustellen.[109] Gerade die Verfasser von Reiseberichten erheben in ihren Texten per se den Anspruch, die Reise wahrheitsgemäß zu dokumentieren und den Verlauf und die Ereignisse unverfälscht wiederzugeben.[110] Zum anderen werden Fremdheitszuschreibungen auch zur Gestaltung des ‚beschriebenen Ichs' genutzt. Der Verfasser versucht die Notwendigkeit bestimmter eigener Verhaltensweisen vor dem Hintergrund des Fremden zu rechtfertigen, zu beglaubigen und nach Möglichkeit zum eigenen Vorteil zu nutzen. Er entwirft durch die Abgrenzung vom Fremden eine eigene personale und kollektive ‚Identität' oder vielmehr ‚Identitäten', da nie nur von einer stabilen und unveränderlichen Identität gesprochen werden kann.[111] Identitäten werden gewöhnlich über gleiche Eigenschaften hergestellt, die in einer konkreten und kontextabhängigen Lebenssituation bedeutsam sind. Im Reisebericht können sie beispielsweise eine „Wunsch-" oder „Sollidentität" zum Ausdruck bringen, die über Eigenschaften definiert wird, die der Verfasser selbst anstrebt oder von denen er annimmt, dass der Leser sie erwartet.[112] Diese in den Berichten zum Ausdruck kommenden Identitäten müssen dabei nicht die tatsächlichen Zugehörigkeiten des Verfassers und sein ‚Heimatbewusstsein' widerspiegeln.[113] Durch die Selbstzuschreibungen kann er auch den Anspruch auf Zugehörigkeit zu einer bestimmten ethnischen, religiösen, nationalen oder institutionellen Gruppe erheben, mit der er sich identifizieren will. Nicht nur die Wahrnehmung, sondern auch die Darstellung des Fremden ist demnach durch die „Konzeption der eigenen Identität[en]" bedingt.[114]

Reise- und Pilgerberichte stellen folglich keine „Spiegel des Fremden"[115] dar, die unverfälscht Aufschluss über die Lebensgewohnheiten oder Glaubensvorstellungen von als fremd verstandenen Personen oder Gruppen geben, mit denen die Pilger auf ihrer

---

[108] KORMANN, Ich, Welt und Gott, bes. S. 95-98.

[109] Vgl. (mit Bezug auf OPITZ, Reiseschreiber) auch WOLFZETTEL, Zum Problem mythischer Strukturen, S. 5: „Jeder Reisebericht präsentiert dementsprechend eine organisierte, konstruierte Wirklichkeit, deren Problematik auch da sichtbar wird, wo der Betrachter [d.h. der Verfasser] sie zu überspielen versucht."

[110] CAMPBELL, Travel Writing and its Theory, S. 263.

[111] Grundlegend zu personalen und kollektiven Identitäten siehe ASSMANN, Das kulturelle Gedächtnis, S. 130-144; STRAUB, Personale und kollektive Identität. Zum Nutzen, zur Verwendung in den Kulturwissenschaften und zur Kritik am „Zauberwort" Identität siehe STACHEL, Identität; WAGNER, Fest-Stellungen; GROEBNER, Der Schein der Person, S. 20f.

[112] Vgl. HERMANNS, Sprache, Kultur und Identität, S. 381-385; STACHEL, Identität, S. 402.

[113] Der Begriff Heimat wird im Folgenden trotz seiner Unbestimmtheit zuweilen verwendet und als Synonym für das Eigene gesehen. Siehe zum Begriff GOTTHARD, Vormoderne Lebensräume, S. 54; DERS., Wohin führt uns der „Spatial turn"?, S. 31.

[114] Vgl. BAUERKÄMPER/BOEDEKER/STRUCK, Einleitung: Reisen als kulturelle Praxis, S. 20, die von der Wahrnehmung ausgehen.

[115] Ebd., S. 24.

Wallfahrt in Kontakt kamen. Durch die „narrative Inszenierung" ordnet der Verfasser die Fremderfahrung und bereitet sie im Sinne einer Lenkung der Leseerwartung zu.[116] Entsprechend der Relationalität des Fremden und des Eigenen sind die Berichte aber auch keine ‚Spiegel des Eigenen', da Fremdzuschreibungen auch im Hinblick auf das Eigene funktionalisiert werden können. Sie stärken die eigene Kultur, indem der Reisende das Fremde ausgrenzt und als Bedrohung darstellt. Das Fremde kann umgekehrt aber auch in positiver Hinsicht als Gegenpol der eigenen Kultur fungieren und als begehrenswerte Ferne beschrieben werden. Das Fremde dient in diesem Fall als ideales Gegenbild, um Kritik an dem Eigenen zu üben oder Verbesserungen anzuregen. Allerdings wird im Folgenden keinesfalls davon ausgegangen, dass die Realität des Kulturkontakts hinter dem nur noch als Fiktion gedeuteten Text völlig verschwindet und Reiseberichte gar nicht mehr auf ihren möglichen Sachgehalt als Quelle über außereuropäische Welten befragt werden können.[117]

4. Die Pilgerberichte als Gegenstand der Forschung

Der Beginn der Erforschung der Pilgerberichte ist im Kontext des späten 18. und 19. Jahrhunderts zu sehen. Durch den Feldzug Napoleons nach Ägypten gewann der Nahe Osten nicht nur in politischer und geostrategischer Hinsicht wieder an Bedeutung, sondern führte auch in kultureller Hinsicht zu einem neu entfachten Interesse von Seiten Europas.[118] ‚Forschungsreisende' vor allem aus England, Frankreich, Deutschland und den Vereinigten Staaten durchforsteten die Bibliotheken und Archive nach historischen Dokumenten und überprüften die Quellenangaben vor Ort, um Aufschluss über die biblischen und vormodernen Verhältnisse zu erhalten.[119] Dabei entwarfen sie in ihren eigenen Forschungs- und Reiseberichten vielfach das Bild eines gegenüber der modernen und aufgeklärten westlichen Welt rückständigen und unzivilisierten Orients, das

---

[116] WOLFZETTEL, Zum Problem mythischer Strukturen, S. 4.
[117] Zur Frage der Fiktionalität vgl. ebd., S. 6f.; OSTERHAMMEL, Kulturelle Grenzen, S. 105.
[118] Zum politischen Kontext und zur historischen Entwicklung der Orientforschung siehe umfassend GOREN, „Zieht hin und erforscht das Land", sowie KIRCHHOFF, Text zu Land; HEACOCK, Jerusalem; HIPPLER, Reise nach Jerusalem, S. 14-36. Zu der umfangreichen Forschung über die Pilgerberichte, die hier nur in ihren Grundzügen dargestellt werden kann, vgl. GANZ-BLÄTTLER, Andacht und Abenteuer, S. 20-38; BETSCHART, Zwischen den Welten, S. 9-21; TIMM, Der Palästina-Reisebericht, S. 15-31; HUSCHENBETT, Die Literatur der deutschen Pilgerreisen; DERS., Die volkssprachigen Berichte; REICHERT, Reisen und Kulturbegegnung.
[119] Die einflussreichsten Schriften, die auf der Basis weitläufiger Expeditionen in den Orient entstanden, stammen von Carsten Niebuhr, Ulrich Jasper Seetzen und Edward Robinson. Siehe hierzu und zum Terminus „Forschungsreisende" GOREN, „Zieht hin und erforscht das Land", S. 17f. Speziell zu Carsten Niebuhrs „Arabia Felix"-Reise siehe GRIEP, In das Land der Garamanten.

trotz der Dekonstruktion durch Edward Said und der anhaltenden Debatte um die Orientalismus-These z.T. noch bis heute prägend ist.[120] Ihre Berichte erreichten auch in der breiten Bevölkerung große Popularität und regten ihrerseits wieder zu Reisen sowie literarischen Texten über einen scheinbar von der Moderne unberührten und idyllisch verklärten Raum an.[121]

Als Nestor der Erforschung der mittelalterlichen Reisebeschreibungen gilt der Schweizer Landarzt Titus Tobler (1806–1877), der mehrfach selbst Forschungsreisen ins Heilige Land unternommen und sein Leben ganz in den Dienst der „Palästinologie" gestellt hat.[122] Nach dem Urteil Reinhold Röhrichts und Georg Meisners war es das Bestreben Toblers, die Palästina-Wissenschaft als eigenständigen und gleichberechtigten Zweig der römisch-griechischen Antikenforschung zu etablieren.[123] Das Hauptwerk unter seinen zahllosen Veröffentlichungen bildet ein zweibändiges Werk über die Topographie Jerusalems, für das er die aus vielen Bibliotheken zusammengetragenen Pilgerberichte ausgewertet hatte.[124]

Zwar erkannten auch andere Palästinaforscher den historischen Wert dieser Quellen. Tobler kommt aber das Verdienst zu, neben der Edition einiger Reisebeschreibungen[125] die Berichte in einer chronologisch geordneten und kommentierten Bibliographie erstmals gezielt erschlossen zu haben. Felix Fabri charakterisierte er darin als „offene[n] kopf, gute[n] beobachter [und] sammler vieler merkwürdige[r] dinge". Zudem weist er bereits auf die Abhängigkeit Fabris vom Bericht Hans Tuchers hin, schätzt ihn aber dennoch als den „hervorragendste[n] und belehrendste[n] pilgernde[n] schriftsteller" des 15. Jahrhunderts.[126] Allerdings war Tobler nicht der Erste, der auf die Bedeutung der Pilgerberichte Fabris aufmerksam machte. Bereits 1742 hatte Franz Häberlin eine erste kurze Dissertation zum Leben und Werk Felix Fabris verfasst.[127] Ebenfalls vor Toblers Bibliographie war die vom damaligen Direktor der Ulmer Stadtbibliothek veranstaltete dreibändige Edition des *Evagatoriums* erschienen. Schon Konrad Dietrich Hassler sah in dem lateinischen Hauptwerk Fabris trotz mancher mönchischer Albern-

---

120 Vgl. SAID, Orientalism. Kritisch mit weiteren Literaturhinweisen siehe OSTERHAMMEL, Wissen als Macht; POLASCHEGG, Der andere Orientalismus; DIES., Von chinesischen Teehäusern.

121 Vgl. z.B. die Aufsehen erregende Pilgerfahrt Rudolfs von Österreich oder die von Mark Twain in satirischer Weise beschriebene Rundreise einer amerikanischen Touristengruppe. Zu Jerusalemberichten des 19. Jahrhunderts siehe einführend BRUNNBAUER, Die Darstellung der Fremde.

122 Zu Leben und Werk Toblers siehe GOREN, „Zieht hin und erforscht das Land", S. 222-243.

123 RÖHRICHT/MEISNER, Deutsche Pilgerreisen, S. III. Irrtümlich schreibt dieses Motiv HIPPLER, Die Reise nach Jerusalem, S. 25, Röhricht und Meisner selbst zu.

124 TOBLER, Zwei Bücher Topographie.

125 DERS, Descriptiones Terrae Sanctae.

126 DERS, Bibliographia geographica Palestinae, S. 54.

127 HÄBERLIN, Dissertatio. Seine Bewertung fiel hierbei wenig schmeichelhaft für Fabri aus. Vgl. ebd., § XVIII: „At enim vero haut rarom etiam deprehendes hunc ipsum Fabri hominem credulum, superstitiosum, fabulis plusquam anilibus delectatum, etymologiis mirum quantum ineptientum, in Geographia, quin imo Chronologia sapius hallucinantem […]."

heiten, erdichteter Geschichten und einem mangelhaften Latein eine wertvolle Quelle
zur Erforschung Jerusalems.[128]

Die von Tobler initiierte Erschließung und Erforschung der Pilgerberichte wurde von
dem Berliner Gymnasialdirektor Reinhold Röhricht fortgesetzt. Er sah die Gefahr gegeben, in diesem Bereich den Anschluss gegenüber der englischen und französischen
Wissenschaft zu verlieren, nachdem die Deutschen eigentlich in der Geschichtswissenschaft „allen Völkern vorangegangen, ja Lehrmeister geworden" seien.[129] Seine Intention bestand demnach vor allem darin, den deutschen Anteil an den Jerusalemfahrten
herauszuarbeiten. Dieses Interesse verband ihn mit Orientalisten, die sich 1877 im
Deutschen Palästina-Verein zusammenschlossen. In der Satzung wird ebenfalls auf die
Errungenschaften englischer Palästina-Forscher hingewiesen, denen die deutschen Gelehrten nichts Vergleichbares entgegensetzen könnten.[130]

In Eigenverantwortung oder in Zusammenarbeit mit Heinrich Meisner veröffentlichte
Röhricht zahlreiche Pilgerberichte, nicht ohne Kürzungen ihm unwichtig oder überflüssig erscheinender Passagen vorzunehmen. Daneben führte er die bibliographische Arbeit Toblers fort. Seine umfangreiche und akribische „Bibliotheca Geographica Palaestinae"[131] im Verbund mit den Verzeichnissen deutscher Jerusalempilger[132] gilt bis heute
als wichtiges Standardwerk, das trotz der mittlerweile verfügbaren modernen bibliographischen Hilfsmittel noch immer zu konsultieren ist.[133]

Tobler und Röhricht sowie die übrigen (deutschen und internationalen) Forscher, die
sich im 19. Jahrhundert an der Erschließung und Edition der Pilgerberichte beteiligten,
werteten die Berichte in erster Linie hinsichtlich der ereignisgeschichtlichen Fakten
über die Wallfahrt und die Verhältnisse im Heiligen Land aus. Dies führte nicht selten
dazu, dass die Texte unvollständig ediert wurden und der Wert des Berichts nur an der
Zuverlässigkeit der Informationen bemessen wurde. Aufgrund der überbordenden Details seines *Evagatoriums* genoss Fabri in der älteren Forschung trotz seiner „kindlich
gläubige[n] Frömmigkeit" besondere Wertschätzung.[134] 1914 entstand eine zweite Dissertation über den Dominikaner, in der Max Häussler das frühhumanistische Gedanken-
gut in Fabris Schriften herausarbeitete. Aus der Perspektive der Wilhelminischen Epo-

---

[128] Vgl. FABRI, Evagatorium I, S. 1f.

[129] RÖHRICHT, Die Jerusalemfahrten, S. 85.

[130] Vgl. GOREN, „Zieht hin und erforscht das Land", S. 325.

[131] RÖHRICHT, Bibliotheca geographica Palaestinae. Siehe zudem DERS., Zur Bibliotheca geographica
        Palestinae; MÜHLAU, Beiträge zur Kenntnis der Palästina-Literatur.

[132] Vgl. das „Verzeichnis der wichtigsten deutschen Pilger, welche nachweislich sicher oder höchst
        wahrscheinlich in der Zeit von 1300-1600 in das heilige Land gegangen sind", in: RÖHRICHT/
        MEISNER, Deutsche Pilgerreisen, S. 465-648; RÖHRICHT, Deutsche Pilgerreisen nach dem Heili-
        gen Lande; DERS., Die Deutschen im Heiligen Lande.

[133] Zu den Bibliographien siehe unten Anm. 1 in Kap. II.4.

[134] So das Urteil des Zürcher Theologen Konrad Furrers, der ein Freund Toblers und Vorstandsmit-
        glied des Deutschen Palästina-Vereins war. Vgl. FURRER, Ein Jerusalem- und Sinaipilger, S. 5.
        Zur Person vgl. GOREN, „Zieht hin und erforscht das Land", S. 324.

che heraus sah Häussler in dem gebürtigen Schweizer Fabri auch einen frühen Vertreter eines kaisertreuen und (lokal-)patriotisch gesinnten Deutschen, der in Ulm eine neue Heimat gefunden habe.[135]

Erst der Philologe Martin Sommerfeld setzte sich in einem 1924 veröffentlichten Aufsatz in differenzierterer Form mit den Pilgerberichten auseinander. Er begriff die Texte als literarische Gattung und versuchte durch den Vergleich von deutschsprachigen Jerusalempilgern des Spätmittelalters, darunter auch Fabri, gemeinsame Merkmale und Tendenzen des Genres herauszuarbeiten. Sommerfeld konstatierte eine fortschreitende Episierung der Berichte. Die Verfasser hätten die traditionelle Darstellungsform zunehmend zugunsten einer freieren und anschaulicheren Schilderung aufgegeben, die mit einem langsam ansteigenden Beginn, einem breiten mittleren Abschnitt und einem rasch abfallenden Schlussteil eine zyklische Erzählstruktur aufweise.[136]

Er interpretierte diesen Befund als Ausdruck einer zunehmenden Individualisierung, die ihre Ursache in der Verweltlichung sowohl der Reisemotive als auch der Intention für die Verschriftlichung der Erlebnisse gehabt hätte.[137] Dass sie verstärkt eigene Beobachtungen aufgenommen und diesen auch ein zunehmend größeres Gewicht eingeräumt hätten,[138] führte er auf die gesellschaftlichen Veränderungen an der Schwelle vom Mittelalter zur Neuzeit zurück. Ganz im Burckhardtschen Sinne meinte er in einigen Berichten bereits den „Abglanz welt- und kunstfreudiger Renaissance" zu erkennen, wenngleich er im Hinblick auf den Breslauer Pilger Peter Rindfleisch feststellt, dass sich selbst am Ende des 15. Jahrhunderts noch der stupide Reisebericht eines „dumpfe[n] Mensch[en]" finden lasse. Das *Evagatorium* des „fromme[n] und kenntnisreiche[n]" Fabri weise hingegen in eine neue, vom Humanismus geprägte Zeit.[139] Sommerfeld setzte somit die individuelle Mentalität des Verfassers mit der Darstellungsart und dem Ausdrucksvermögen gleich. Ähnliches gilt auch für die internationale Forschung, die insbesondere durch die 1897 erschienene Veröffentlichung der englischen Übersetzung des *Evagatoriums* auf Fabri aufmerksam wurde. Hilda Prescott verfasste auf dieser Basis in den 50er Jahren des 20. Jahrhunderts eine populärwissenschaftliche Nacherzählung der Jerusalemwallfahrten und kam zu dem Schluss, dass Fabri trotz aller Anzeichen für einen neuzeitlichen Reisebericht noch mit einem Fuß dem Mittelalter verhaftet sei.[140] Dagegen sah Donald Howard in Fabris Text die erste moderne Reisebeschreibung, die eine wirkliche Differenz zwischen der mittelalterlichen und modernen Geisteshaltung aufweise.[141]

---

[135]   Häussler, Felix Fabri.
[136]   Sommerfeld, Die Reisebeschreibungen, S. 836f.
[137]   Ebd., S. 825 und 827f.
[138]   Dies zeige sich an der kritischen Haltung einiger Pilger gegenüber Reliquien. Vgl. ebd., S. 839f.
[139]   Ebd., S. 837 (Renaissance), 844 (Rindfleisch) und 850 (Fabri).
[140]   Prescott, Once to Sinai, S. 22. Dies., Friar Felix at Large; Dies., Felix Fabris Reise.
[141]   Howard, Pilgrims and Writers, S. 38.

Sommerfelds Thesen prägten die im deutschsprachigen Raum vor allem von Seiten der Germanistik fortgeführte Forschung über die Jerusalemberichte. Allerdings wurden sie nur mit Verzögerung aufgegriffen. Zwar erlahmte das Interesse an den Texten nie ganz, doch ging die Zahl der zudem nur wenig weiterführenden Forschungsbeiträge in den folgenden Jahrzehnten stark zurück. Im Hinblick auf Fabri ist hierbei vor allem der Aufsatz von Max Ernst zu nennen, der in seiner ausführlichen Lebensbeschreibung alle bis heute bekannten Daten über Fabris Vita zusammentrug. In dessen Werken, von denen Ernst besonders auf Fabris Ulmer Stadtlob eingeht, sah er „den Geist des älteren scholastischen Humanismus" am Werk.[142] Die Dissertationen von Hans-Joachim Lepszy und Ludwig Dietze über die Reiseberichte und das Pilgerwesen des Mittelalters bestechen zwar durch ihre große Materialfülle, kommen aber kaum über den Status einer Materialsammlung hinaus. Fabris Berichte nehmen hierbei keinen großen Stellenwert ein.[143] Demgegenüber öffnete die finnische Philologin Marjatta Wis die Pilgerberichte für die Wortforschung. Sie konnte mit Bezug auf Fabri den Eingang zahlreicher Italianismen in die deutsche Sprache über die Pilgerberichte aufzeigen.[144]

Erst ab den 1970er und besonders ab den 1980er Jahren stieg das Interesse an den Pilgerberichten im Zuge der neu einsetzenden Reiseliteraturforschung stark an. Die Forschung im deutschsprachigen Raum konzentrierte sich vor allem auf die Gattungsmerkmale und auf die umstrittene Frage nach einer in den Beschreibungen zum Ausdruck kommenden Individualität und Subjektivität. Die Sommerfeldsche Interpretation der narrativen Passagen als Ausdruck individueller Mentalität wurde insbesondere von Christiane Zrenner übernommen. Sie ging in ihrer 1981 erschienenen vergleichenden Studie von westeuropäischen Berichten zwischen 1475 und 1500 sogar davon aus, dass aus den Darstellungen der Pilger auf eine gemeinsame ständische Wahrnehmung der Pilger rückgeschlossen werden kann. Ihre These, wonach geistliche Pilger ihre „ganze Aufmerksamkeit den Kirchen und Reliquien" widmeten, während sich bürgerliche und adlige Pilger mehr für „die orientalische Pracht in den Bazaren oder der Kleidung heidnischer Frauen, [...oder] für den materiellen Reichtum der Stadt Venedig" interessierten,[145] ist nicht nur für Felix Fabri unzutreffend und inzwischen mehrfach kritisiert und widerlegt worden.

Diane Strachan und Christiane Hippler bestätigten in ihren 1975 und 1987 veröffentlichten Arbeiten Sommerfeld dahingehend, dass es sich bei den Pilgerberichten um eine Textgattung mit eigenständiger Tradition und Entwicklung handele. Beide heben vor allem ein starres Gliederungsschema hervor, das infolge der Abhängigkeiten der Berichte sowohl voneinander als auch von Pilgerführern kaum individuelle Züge erkennen

---

[142] ERNST, Felix Fabri, S. 332.
[143] DIETZE, Das Pilgerwesen; LEPSZY, Die Reiseberichte des Mittelalters. Zu Kritik an Letzterem siehe auch HIPPLER, Die Reise nach Jerusalem, S. 31; BRENNER, Der Reisebericht, S. 59-62.
[144] WIS, Ricerche; DIES., Zur Bedeutung der mittelalterlichen Palästina-Pilgerberichte; DIES., Ein deutscher Palästina-Pilgerbericht als Quelle italienischer Seetermini.
[145] ZRENNER, Die Berichte der europäischen Jerusalempilger, S. 95 und 145.

ließe.[146] Hippler zufolge ist die Stereotypie das signifikanteste Merkmal dieser „bürger-lichen Kontobüchern" gleichenden Gattung. Den Pilgern sei es mehrheitlich nur darum gegangen, die erworbenen Ablässe, den Ritterschlag am Heiligen Grab sowie die über-standenen Gefahren und Strapazen zu dokumentieren, was zumeist im Stil einer „geisti-gen Buchhaltung" geschehe.[147] Die schon von der älteren Forschung oftmals bedauerte Gleichförmigkeit der Berichte wurde nun auch von literaturwissenschaftlicher Seite bemängelt.[148] Erst gegen Ende des 15. Jahrhunderts sei es Pilgern wie Felix Fabri und Arnold von Harff gelungen, dieses konventionelle Schema der Berichte zu durchbre-chen und zu überwinden.[149]

Hipplers Folgerungen wurden durch die Ergebnisse anderer Studien nicht bestätigt. Bereits Reiner Moritz war in seiner 1970 veröffentlichten Dissertationen zu dem Schluss gekommen, dass die individuelle Beschreibung und das persönliche Erlebnis ein konstituierendes Element der Pilgerberichte darstellen.[150] Zu einer ähnlichen Ein-schätzung gelangte 1982 Aleya Khattab. Für sie sind die Berichte gerade mit Blick auf die von ihr analysierten Ägyptenbeschreibungen stark autobiographisch gefärbte Zeug-nisse, die im Verlauf des Spätmittelalters infolge der Einwirkung des Humanismus immer „unmittelbarer, lebendiger und persönlicher" wurden.[151] Hinsichtlich Fabri, des-sen *Eigentliche beschreibung* sie nur berücksichtigt, bestätigt sie die Einschätzung Prescotts von einem Dualismus von mittelalterlichem und humanistischem Denken.[152] Sie widerspricht damit Eberhard Feilke, der in einer 1976 publizierten Monographie über das *Evagatorium* Fabris Hauptwerk trotz der Verarbeitung mittelalterlicher Stoffe eher dem anbrechenden Humanismus zuordnet.[153] Feilke legt den Schwerpunkt seiner Untersuchung allerdings ausschließlich auf Fabris gelehrte Exkurse. In seinem interes-santen Ansatz, auf diese Weise den spätmittelalterlichen Zeit- und Literaturströmungen in dem Werk nachzugehen, kommt Feilke aber häufig nicht über inhaltliche Zusammen-fassungen und Vermutungen bezüglich der Quellen Fabris hinaus.[154]

Auch von mentalitätsgeschichtlicher Seite wurden die Ergebnisse Hipplers in Frage gestellt. Arnold Esch konnte durch seine methodische Anregung, die Berichte von zeit-gleich reisenden Pilgern vergleichend zu untersuchen, die beträchtlichen Unterschiede in der Darstellung des täglichen Verlaufs der Reise herausarbeiten und so die höchst individuelle Umsetzung der Erlebnisse verdeutlichen.[155] Er konnte in einem weiteren

---

146 HIPPLER, Die Reise nach Jerusalem, S. 211; STRACHAN, Five Fifteenth Century German Reisebe-schreibungen, S. 148f.
147 HIPPLER, Die Reise nach Jerusalem, S. 212f.
148 Vgl. BRUNNER, Die Jerusalemfahrt, S. 4; BEHREND, Deutsche Pilgerreisen, S. 11.
149 HIPPLER, Die Reise nach Jerusalem, S. 161-173.
150 MORITZ, Untersuchungen, S. 70-89.
151 KHATTAB, Das Ägyptenbild, S. 174 und 332.
152 Ebd., S. 275.
153 FEILKE, Felix Fabris Evagatorium, S. 214.
154 Vgl. die Kritik bei HONEMANN, Rezension.
155 ESCH, Gemeinsames Erlebnis – Individueller Bericht, S. 416.

wichtigen Beitrag zudem zeigen, dass der auf verschiedenen Ebenen vorgenommene
Vergleich zwischen dem Fremden und dem Eigenen ein wesentliches Mittel darstellt,
um dem Leser die Reiseerfahrungen zu veranschaulichen.[156] Ursula Ganz-Blättler
schließlich hält Hippler in ihrer 1990 erschienen Dissertation vor, moderne philologische Qualitätsansprüche an die Pilgerberichte zu stellen, denen diese naturgemäß nicht
gerecht werden könnten, was zwangsläufig dazu führen musste, dass Hippler ihnen
Eintönigkeit und einen Mangel an persönlichen Eindrücken bescheinigte.[157]

Zwar macht auch Ganz-Blättler in dem insgesamt sehr „heterogene[n] Gesamtbild",
das sich aus den Quellen ergibt, eine „Gewichtsverlagerung" hinsichtlich der Motive
aus, welche die Beschreibungen in den Berichten farbiger werden lässt und zu vermehr-
ten individualistischen Zügen führt.[158] Diese Verschiebung bringt sie aber weniger mit
gesellschaftlichen Ursachen in Verbindung, als vielmehr mit einem im Wandel begriffenen „Selbstverständnis spätmittelalterlicher Literatur", das zur Entwicklung eines
besonderen Rollenbewusstseins beigetragen und zur Folge hatte, dass die Pilger zunehmend einen eigenen Standpunkt einnahmen.[159]

Sie trennt hiermit erstmals zwischen den Ebenen einer möglichen Wandlung in der
Mentalität der Pilger einerseits und in der Gestaltung des Berichtes andererseits, die
wiederum gesondert zu berücksichtigen literarischen Vorgaben und Konventionen
unterliege. Bestätigt wird sie von Gerhard Wolf, der zeitgleich und unabhängig von
Ganz-Blättler zu demselben Ergebnis kam. Er konstatierte eine ungenügende For-
schungslage, um auf der Grundlage der Pilgerberichte weitreichende Aussagen über die
Gattung Pilgerbericht sowie die Mentalität der Menschen des Spätmittelalters treffen zu
können. Zu wenig sei bisher untersucht worden, welche Quellen der jeweilige Verfasser
eines Pilgerberichts herangezogen habe, wie diese verarbeitet, welche Strukturprinzipien dem Text zugrunde gelegt und welche Absichten letztlich mit dem Bericht verfolgt
worden seien.[160]

---

[156]   ESCH, Anschauung und Begriff.
[157]   GANZ-BLÄTTLER, Andacht und Abenteuer, S. 30f.
[158]   Ebd., S. 332f.
[159]   Ebd., S. 299 und 333. Allerdings merkt sie an anderer Stelle an, dass sich die Pilgerberichte als
        „recht präzises ‚Fieberthermometer' für gesellschaftliche Krisensymptome" erweisen würden und
        erkennt in den Motiven für die Entscheidung zu einer Wallfahrt sowie für die Verschriftlichung
        der Erlebnisse einen Ausdruck der Krise, in der „sich ein Teil der Gesellschaft in der Umbruchs-
        zeit des 14. bis 16. Jahrhunderts offenbar befunden hat." Siehe ebd., S. 271f.
[160]   Vgl. WOLF, Die deutschsprachigen Reiseberichte des Spätmittelalters, S. 85. Er stellt sogar in
        Frage, ob die Pilgerberichte überhaupt Passagen enthalten, die individuelles Verhalten der Pilger
        widerspiegeln. Selbst die anscheinend persönliche Erlebnisse oder Emotionen referierenden Pas-
        sagen seien – abgesehen von der Frage ihrer Originalität gegenüber anderen Pilgerberichten – an
        mittelalterliche Darstellungsmittel gebunden und einer literarischen Tradition verhaftet. Gerade
        der Darstellung Fabris spricht er jegliche Individualität ab, die diesem in der Forschung von
        Sommerfeld bis einschließlich Ganz-Blättler immer wieder bescheinigt wurde. Dessen Beschrei-
        bungen würden Wolf zufolge selbst an Stellen, die den persönlichen Eindruck wiedergeben sol-
        len, meistens nur biblischen Mustern folgen. Vgl. ebd., S. 85, 93f. und 108. Wolf nimmt hiermit

Die komparatistisch angelegte Studie Ganz-Blättlers betont die im Vergleich zu den überlieferten Santiago-Berichte auffällig hohe Zahl der Jerusalemberichte, die sowohl für das große Interesse der mittelalterlichen Zeitgenossen an Nachrichten über die Heilig-Land-Reise als auch das große Bedürfnis von Pilgern stehen, ihre Wallfahrt schriftlich zu dokumentieren.[161] Zum anderen erweiterte sie das Quellenkorpus um Reisebeschreibungen aus allen westeuropäischen Ländern und konzentrierte sich bei den 40 näher untersuchten Berichten nicht mehr nur auf die von deutschen Pilgern verfassten Texte. Sie stellte fest, dass neben inhaltlichen Abweichungen durchaus gemeinsame Gattungsmerkmale vorliegen und sich auch infolge von Abhängigkeiten untereinander ähnliche Entwicklungstendenzen in den Berichten nachweisen lassen.

Ganz-Blättler machte aber vor allem auf das weite Spektrum und die höchst unterschiedliche Ausgestaltung der Pilgerberichte aufmerksam. Seit den Bibliographien Toblers und Röhrichts wurden letztlich alle Texte als Pilgerbericht begriffen, die einen Bezug zur Jerusalemwallfahrt aufweisen. Die Bandbreite der als Bericht über eine Jerusalemreise firmierenden Quellen reicht jedoch von der wenige Seiten umfassenden Auflistung der heiligen Stätten in Palästina über knappe Reiseinstruktionen bis zu Texten, die überwiegend narrative Elemente aufweisen. Aus der allgemeinen Bezeichnung geht ebenfalls nicht hervor, dass die Berichte sowohl in lateinischer Sprache als auch in den Volkssprachen abgefasst sind und dabei mitunter sogar innerhalb eines Textes zwischen den Sprachen wechseln. Sie können ähnlich einem Tagebuch, aber auch in Versform und in Einzelfällen sogar als Dialog gestaltet sein und enthalten nicht nur narrative Passagen mit der Schilderung vorgeblich persönlicher Erlebnisse und Erfahrungen, sondern auch auf anderen Quellen basierende gelehrte Exkurse, Itinerare des Reise-

---

eine extreme Haltung ein. Dem steht die in einem jüngeren Aufsatz vertretene Ansicht von Sabine Heimann-Seelbach entgegen. Sie untersucht den bislang unveröffentlichten Bericht Stephan von Gumpenbergs, der 1417 nach Jerusalem gepilgert sein soll, dessen Bericht aber nur in der gedruckten Fassung des *Reyßbuches* von Sigmund Feyerabend aus dem späten 16. Jahrhundert überliefert ist. Sie kommt zu dem Schluss, dass Gumpenberg „keiner irgendwie bereits literarisierten Konvention" folge. Vielmehr stehe die „rein physische, vom Subjekt empfundene bzw. geschaute Realität" im Vordergrund. Heimann-Seelbach bescheinigt dem Bericht insgesamt einen hohen Grad an individueller Authentizität, die subjektive Erfahrung unterliegt ihrer Meinung nicht den Zwängen feststehender Prinzipien einer Gattung. Vgl. HEIMANN-SELBACH, Subjektivität, S. 120. Ihre Einschätzungen sind allerdings mit Vorsicht zu behandeln, solange über die Herkunft und Entstehung des Berichts keine näheren Erkenntnisse vorliegen. Deutlich wird aber, wie umstritten die Frage nach der Individualität in den Berichten in der Forschung nach wie vor ist. Nach GANZ-BLÄTTLER, Andacht und Abenteuer, S. 377, und PARAVICINI, Europäische Reiseberichte I, S. 104-106, soll Gumpenberg 1449 gereist sein.

[161]   GANZ-BLÄTTLER, Andacht und Abenteuer, S. 40, ermittelte zwischen 1300 und 1540 insgesamt 262 Texte, die im Zusammenhang mit einer Jerusalemwallfahrt stehen. Demgegenüber sind lediglich 38 Berichte überliefert, die eine Pilgerfahrt nach Santiago de Compostela zum Thema haben. SCHMUGGE, Kollektive und individuelle Motivstrukturen, S. 281, kommt ohne Angaben, wie er diese Zahlen ermittelt hat, auf 447 Berichte über die Jerusalemwallfahrt und 31 Santiagoberichte zwischen 1320 und 1530.

wegs, Reiseinstruktionen, Ablasslisten und Verzeichnisse der heiligen Stätten sowie nicht zuletzt Karten, Illustrationen, Wortlisten und Alphabete fremder Sprachen.

Zwar bleibt ihr Versuch, unter Berücksichtigung der Motive für die Reise, der Intentionen für die Abfassung eines Berichts und in Anlehnung an die Studie von Jean Richard[162] eine Typologie der Pilgerberichte zu entwickeln,[163] letztlich eine „Hilfskonstruktion".[164] Wie Volker Honemann am Bericht des Hans Rot über dessen Pilgerfahrt 1440 nachgewiesen hat, sind die Berichte zumeist eine Kombination mehrerer unterschiedlicher Bestandteile und können gleichermaßen als Pilgerführer für die Organisation einer eigenen Reise oder als geistige Anleitung zum Nachvollzug der Reise in Gedanken, als Kreuzzugsaufruf oder als belehrende Unterhaltungslektüre zur Vermittlung christlicher Tugenden gelesen werden.[165] Dennoch konnte Ganz-Blättler durch diese gebrauchsfunktionale Differenzierung verdeutlichen, dass die Verfasser ihre Berichte auf die Lesererwartungen abgestimmt haben und daher – wie Gerhard Wolf unabhängig von ihr formulierte – bei der Textanalyse stärker als bisher zu berücksichtigen ist, welche Interessen die Verfasser in einer „konkreten gesellschaftlichen Situation gegenüber einem bestimmten Adressatenkreis verfolgt[en]."[166]

Die Untersuchung Ganz-Blättlers kann stellvertretend für einen Wendepunkt in der Forschung über die Jerusalemberichte seit den 1990er Jahren gesehen werden, der sich durch die Arbeiten der Historiker Arnold Esch und Ludwig Schmugge sowie der Germanisten Dietrich Huschenbett und Gerhard Wolf bereits abgezeichnet hatte. Seitdem sind sowohl im deutschsprachigen als auch im internationalen Raum[167] zahlreiche Studien zu einzelnen mit der Wallfahrt verbundenen Aspekten verfasst worden. Neben der intensiven Untersuchung einzelner Berichte wie der (fiktiven) Reisebeschreibung des

---

[162]   RICHARD, Les récits da voyage et de pèlerinage.

[163]   GANZ-BLÄTTLER, Andacht und Abenteuer, S. 248-271.

[164]   HUSCHENBETT, „Diu vart hin über mer", S. 139.

[165]   HONEMANN, Der Bericht des Hans Rot. Im Rahmen eines Würzburger Forschungsprojektes wurde die Typologie Ganz-Blättlers um den Rechenschaftsbericht, den Pilgerbericht als Hausbuch und Teil der Familiengeschichte, die Ablass-Bestätigung, die Dokumentation der Ritterschaft und die Lobrede auf den reisenden Fürsten ergänzt. Vgl. HUSCHENBETT, „Diu vart hin über mer", S. 137f.

[166]   WOLF, Deutschsprachige Reiseberichte, S. 85. Wolf erarbeitete selbst eine Typologie und unterscheidet zwischen Pilgerführer, Itinerar und literarischer Reisebeschreibung. Allerdings sind seine Begriffsdefinitionen nicht ohne Kritik geblieben. Vgl. z.B. die Anmerkungen von Randall Herz in TUCHER, Die ‚Reise ins Gelobte Land', S. 16-18.

[167]   Die Popularität der Pilgerberichtsforschung hängt offenbar auch mit der Überlieferungssituation der Berichte zusammen. Insgesamt sind vor allem deutsche, italienische und französische Beschreibungen überliefert. Siehe für die italienischen Berichte einführend ROSSEBASTIANO, Les pèlerins de Jérusalem; DIES., La vicenda umana; GUÉRIN DALLE MESE, Io o lui?; HYDE, Italian Pilgrim Literature. Für die französischen Berichte mit Schwerpunkt auf dem 16. Jahrhundert siehe RICHARD, Les récits; GOMEZ-GÉRAUD, Le crépuscule du Grand Voyage; WILLIAMS, Pilgrimages and Narratives. Aus England und Spanien sind nur wenige Berichte bekannt. Die spanische Forschung konzentriert sich zudem vornehmlich auf die Wallfahrt nach Santiago. Zur internationalen Forschung bis 1990 vgl. GANZ-BLÄTTLER, Andacht und Abenteuer, S. 32-35.

Jean de Mandeville[168] bilden das „Erlebnis" des Aufenthaltes in Venedig[169] oder die Beschreibung Jerusalems[170] wichtige Schwerpunkte, während demgegenüber die Sinai- und Ägyptenreise bislang nur wenig berücksichtigt wurden.[171] Die Wechselwirkungen zwischen den Pilgerberichten und der Kartographie sind ebenso ein immer wieder neu aufgegriffenes Forschungsfeld wie das Verhältnis zwischen den Berichten und fiktionaler Literatur.[172] Im Zuge der Residenz- und Memoriaforschung wurde sowohl das Selbstverständnis der adligen und fürstlichen Pilger ausgewertet als auch im Hinblick auf die Überlieferung heraldischer Zeichen und Graffiti.[173] Aber auch eine grundlegende Einzelanalyse verspricht noch zahlreiche weiterführende Hinweise. So konnte Frederike Timm in der jüngsten Monographie zu den Jerusalemwallfahrten neue Erkenntnisse über die Illustrationen im Bericht Bernhard von Breidenbachs erzielen und eine umfassende Neubewertung der Entstehung und Konzeption des Werkes vornehmen.[174]

Der von Folker Reichert in einem Forschungsüberblick über mittelalterliche Reiseberichte beklagte Mangel an kritischen und heutigen wissenschaftlichen Ansprüchen genügenden Editionen ist zwar bei weitem nicht behoben.[175] In den letzten Jahren sind aber nicht zuletzt durch Reichert selbst[176] sowohl für die deutschsprachigen als auch für die italienischsprachigen Berichte einige wichtige Fortschritte erzielt worden. Während die ungenügenden und teils nur schwer zugänglichen Berichte italienischer Jerusalemreisender sukzessive durch moderne Ausgaben ersetzt werden,[177] sind die neuen Editi-

---

[168] Einführend zum Bericht und der komplexen Überlieferungslage siehe BREMER/RÖHL, Jean de Mandeville; CONKLIN AKBARI, The diversity of mankind; RÖHL, Der livre de Mandeville.

[169] Vgl. u.a. CARDINI, Venezia e Veneziani; CROUZET-PAVAN, Récits, images et mythes; ROSSE-BASTIANO, Palmieri a Venezia; DENKE, Auf dem Weg ins Heilige Land; DIES., Venedig als Station und Erlebnis; RÖHL, Venise; HERBERS/SCHMIEDER, Zur Einführung.

[170] Vgl. u.a. FLICK, Jerusalem; KRÜGER, Die Grabeskirche; MORRIS, The Sepulchre of Christ; NIE-HOFF, Umbilicus mundi; PETERS, Jerusalem; RENNA, Jerusalem; RUBIN, Image and Reality; SCHEIN, Latin Hospices; DIES., La *custodia Terrae Sanctae*.

[171] Vgl. HIESTAND, Der Sinai; KÄSTNER, Nilfahrt mit Pyramidenblick; DERS., Gespräch des Orientreisenden.

[172] BAUMGÄRTNER, Reiseberichte und Karten; HUSCHENBETT, Spätmittelalterliche Berichte; DERS., Fremderfahrung; KÄSTNER, Fortunatus. Zuletzt siehe SAMSON-HIMMELSTJERNA, Deutsche Pilger.

[173] Vgl. hierzu KRAACK, Monumentale Zeugnisse; DERS., Vergessene Spuren der spätmittelalterlichen Adelsreise; DERS., Die Johanniterinsel Rhodos als Residenz; DERS., Wallfahrt und Reise im Spätmittelalter; DERS., Jerusalem als Reiseziel brandenburgischer Fürsten; DERS., Vom Ritzen; NOLTE, Erlebnis und Erinnerung; DERS., Fürsten und Geschichte; REICHERT, Ehre durch Demut; SPIESS, Reisen deutscher Fürsten.

[174] TIMM, Der Palästina-Reisebericht. Vgl. auch ROTTER, Rezension. Hinsichtlich der Intentionen leistete BOSSELMANN-CYRAN, Einige Anmerkungen, wichtige Vorarbeit.

[175] REICHERT, Reisen und Kulturbegegnung, S. 249.

[176] Vgl. FAIX/REICHERT, Eberhard im Bart; ANONYMUS 1468, Eberhard im Bart; OTTHEINRICH VON DER PFALZ, Die Reise.

[177] Vgl. hier die in den Reihen „Corpus Peregrinationum Italicarum" und „Oltramare" u.a. neu herausgegebenen Berichte von ANTONIO DA CREMA, Itinerario al Santo Sepolcro; RINUCCINI, Sanctissimo Peregrinaggio; CASOLA, Viaggio a Gerusalemme.

onen deutschsprachiger Berichte vielfach mit weitergehenden Forschungsfragen verbunden. So arbeitete Randall Herz in seiner akribischen und umfassenden Edition des
Berichts von Hans Tucher die verschiedenen Phasen von ersten Entwürfen Tuchers bis
zum verbesserten fertigen Druckmanuskript auf. Das Verdienst Gritjie Hartmanns besteht nicht nur darin, einen Text zugänglich gemacht zu haben, von dem bislang keine
Edition vorlag. Sie konnte auch detailliert die Vorlagen aufarbeiten, so dass in umfassender Form erstmals deutlich wird, wie der Verfasser Wilhelm Tzewers sich an seinen
Quellen orientiert und mit ihnen gearbeitet hat.[178]

Die nicht zuletzt durch die aktuellen Entwicklungen und Folgen der Globalisierung
und europäischen Einigung angestoßenen Fragen der Kulturbeziehungen im Verhältnis
zur jeweils eigenen Identität wurden seit den 1990er Jahren verstärkt auch auf der Basis
der Jerusalemberichte gestellt. Zunehmend richtete sich der Fokus der Forschung darauf, wie die Verfasser die fremde Wirklichkeit bewältigt und in ihren Berichten verarbeitet haben. Erste kulturwissenschaftliche Ansätze sind bereits in kurzen Aufsätzen
von Christiane Deluz und Annie Faugère greifbar. Deluz ging der Darstellung der Passage über das Mittelmeer sowie der Natur- oder Farbwahrnehmung nach;[179] Faugère
verglich die Fremddarstellung in den Berichten Ulrich Brunners, Sebald Rieters und
Arnold von Harffs miteinander, führte die Unterschiede aber ähnlich wie Claudia Zrenner auf die sozialen und ständischen Unterschiede zurück.[180]

Ganz-Blättler wiederum thematisierte neben der Frage nach dem Ich-Bewusstsein
und der fremden Tierwelt des Orients erstmals ausführlicher auch die Kulturbegegnung
am Beispiel der Muslime.[181] Das *Evagatorium* Fabris ist dabei zwar eine ihrer ergie-
bigsten Quellen, allerdings blieb aufgrund des Ansatzes, eine umfassende Vergleichs-
studie zahlreicher Pilgerberichte zu erarbeiten, trotz wichtiger Einzelbeobachtungen
kaum Raum, um Fabris Text eingehender zu behandeln. Fast zeitgleich legte Jeannine
Guérin dalle Mese 1991 eine umfassende Studie zu Reise- und Pilgerberichten vor.
Ausgehend von theoretischen Überlegungen zum Vorgehen und den Motiven der Verfasser sowie den implizierten Lesern untersucht sie die vielfältigen Facetten des Ägyp-
tenbildes vom 14. bis in das 16. Jahrhundert. Fabris *Evagatorium* stellt auch hier eine

---

[178] TUCHER, Die ‚Reise ins Gelobte Land'; TZEWERS, Itinerarius. Siehe darüber hinaus auch die üb-
       rigen Editionen in HERZ/HUSCHENBETT/SCZESNY, Fünf Palästina-Pilgerberichte.
[179] DELUZ, Pèlerins et voyageurs; DIES., Sentiment de la nature; DIES., Un monde en noir et blanc?
[180] FAUGÈRE, L'Autre et l'Ailleurs.
[181] GANZ-BLÄTTLER, Andacht und Abenteuer, S. 160-220. Das Islambild in den Pilgerberichten und
       die Darstellung der Muslime oder anderer Glaubensgruppen wurden in der älteren Forschung
       meist nur gestreift. Eine Ausnahme bilden die Arbeiten von Ahmad Haydar über das Islambild im
       Bericht Breidenbachs und von Otto Meinardus über die verschiedenen in Jerusalem angesiedelten
       christlichen Glaubensgemeinschaften. Haydar ging es vor allem um die Widerlegung der Behaup-
       tungen Breidenbachs, während das Anliegen von Meinardus in der Rekonstruktion der Größe der
       Gemeinschaften und ihrer Besitzverhältnisse in der Grabeskirche auf der Basis der Reiseberichte
       bestand. Vgl. HAYDAR, Mittelalterliche Vorstellungen; MEINARDUS, The Copts; DERS., The Copts
       in Jerusalem; DERS., The Ethopians.

der wichtigsten Quellen dar, um die Kulturbegegnung mit dem Islam und der fremden Landschaft des Vorderen Ostens zu analysieren. Allerdings werden seine übrigen Texte zur Jerusalemwallfahrt und seine Anlehnungen an Tucher oder Breidenbach kaum berücksichtigt.

Aufbauend auf diese Studien rückten Fragen nach der Wahrnehmung des Fremden zunehmend in den Fokus der Forschung. So fragte Bernhard Jahn in seiner 1993 erschienenen Arbeit nach den Raumkonzepten in Reisebeschreibungen und verglich ausgewählte Jerusalemberichte mit Texten früher Amerikareisender.[182] Andres Betschart untersuchte in seiner 1996 publizierten Monographie die Darstellungen fremder Welten anhand der in spätmittelalterlichen und frühneuzeitlichen Berichten überlieferten Illustrationen.[183] Ebenfalls 1996 erschien die Dissertation von Michael Herkenhoff, der die Darstellung außereuropäischer Welten in Inkunabeln des 15. Jahrhunderts analysierte.[184] Fabris Texte wurden in allen drei Arbeiten nur am Rande berücksichtigt. Jahn wählte als Basis seiner Untersuchung Berichte aus dem engen Umfeld von Fabri und analysierte die kognitiven Raumvorstellungen von Ludolf von Sudheim, Hans Tucher, Bernhard von Breidenbach und Dietrich von Schachten. Da Fabris Texte keine Illustrationen aufweisen, zog sie Betschart lediglich zur Klärung inhaltlicher Fragen heran. Auch Herkenhoff nutzte Fabri vornehmlich als Querverweis, um auf der Basis der gedruckten Berichte von Hans Tucher und Bernhard von Breidenbach danach zu fragen, welche Informationen sie über außereuropäische Regionen und Völker – in diesem Fall das Heilige Land und Ägypten – enthalten, aus welchen Quellen die Verfasser schöpften und inwiefern sie neues Wissen einbrachten.

Ungleich stärker beziehen sich Folker Reichert, Sylvia Schein, Dorothea French und Alexia Petsalis-Diomidis in ihren Untersuchungen auf Felix Fabri. Reichert nutzte das *Evagatorium* als bedeutende Quelle, um die Darstellung der Muslime und des Islambildes, die Beschreibung fremder Frauen und die Bezugnahme auf antike Mythen in den Pilgerberichten zu analysieren. Auch in seinem profunden Überblick zur Thematik des Reisens im Mittelalter, in dem die Kulturbegegnung auf der Basis der Asien- und Jerusalemreisen breiten Raum einnimmt, bezieht er sich häufig auf Fabri.[185] Schein und French untersuchten in mehreren Publikationen unter Einbeziehung von Fabris *Evagatorium* die Darstellungen der Muslime und Juden sowie des Heiligen Landes.[186] Sie zeichneten den Wandel in den spätmittelalterlichen Berichten hin zu immer mehr Raum beanspruchenden Bemerkungen über das Fremde und Andere nach, der zunehmend

---

[182] JAHN, Raumkonzepte. Vgl. hierzu ausführlich Kap. V.

[183] BETSCHART, Zwischen zwei Welten.

[184] HERKENHOFF, Die Darstellung außereuropäischer Welten.

[185] REICHERT, Pilger und Muslime; DERS., Mohammed in Mekka; DERS., Fremde Rollen; DERS., Wanderer. Siehe auch DERS., Erfahrung der Welt.

[186] Vgl. SCHEIN, From „Holy Geography" to „Ethnography"; DIES., La *custodia Terrae Sanctae*; DIES., Between Mount Moriah and the Holy Sepulchre; FRENCH, Pilgrimage, Ritual and Power Strategies; DIES., Journeys to the Center of the Earth; PETSALIS-DIOMIDIS, Narratives.

komplexere Darstellungsstrategien erforderte. Diese Arbeiten wurden ergänzt insbesondere von Kristian Bosselmann-Cyran und weiteren Aufsätzen von Ursula Ganz-Blättler, die den Kontakt zwischen christlich-europäischem und islamischem Kulturkreis anhand der sprachlichen Verständigung untersuchten und die dabei von Fabri zur Festigung der eigenen Identität gemachten Anmerkungen einbezogen.[187]

Neben diesen für die vorliegende Arbeit wichtigen Studien über das Fremde (und das Eigene) in den Pilgerberichten ist vor allem auf den kunsthistorischen Aufsatz von Klaus Niehr und die Beiträge von Xenja von Ertzdorff und Aryeh Grabois zu verweisen.[188] Niehr ging vor allem auf der Basis von Fabri und dem Parallelbericht von Bernhard von Breidenbach der Frage des Sehens und der Umsetzung des Gesehenen in Text und Bild nach. Zum einen stellte er fest, dass die Beglaubigung durch die eigene Anschauung gegenüber autoritativem Wissen zunehmendes Gewicht in den spätmittelalterlichen Berichten erhält. Zum anderen konstatierte er eine zunehmende Nutzung der bildlichen Darstellung von Gesehenem gegenüber einer rein textuellen Beschreibung.[189] Zwar hatte die ältere Forschung zuweilen auf die unterschiedliche Darstellung in Fabris *Evagatorium* und *Eigentlicher beschreibung* hingewiesen,[190] doch erst Ertzdorff nutzte die Möglichkeit, beide Fassungen einander gegenüberzustellen. Sie arbeitete nicht nur wesentliche Unterschiede zwischen den Texten heraus, sondern führte diese Abweichungen auch auf einen jeweils anderen Leserkreis zurück.[191] Der Schwerpunkt der monographischen Studie von Grabois liegt, ähnlich wie in seinen Einzelpublikationen, auf dem Islam- und Ägyptenbild, wobei in erster Linie die Berichte des 13. und 14. Jahrhunderts berücksichtigt werden.[192]

---

[187] BOSSELMANN-CYRAN, Dolmetscher und Dragomane; DERS., Das arabische Vokabular; GANZ-BLÄTTLER, „Und so schrieen sie in ihrer Sprache". Siehe auch ISRAEL, Mit fremder Zunge.

[188] Nicht minder wichtig sind einige Spezialstudien. Speziell über das Islambild und die Beschreibung orthodoxer Christen im *Evagatorium* veröffentlichte der ehemalige Ulmer Bibliotheksdirektor Herbert Wiegandt einen Beitrag. Dieser hatte bereits 1983 ähnlich wie Max Ernst eine ausführliche Lebensbeschreibung und Werkbetrachtung Fabris vorgenommen und zudem eine Übersetzung des *Evagatoriums* angefertigt. Er versucht die Einstellung Fabris gegenüber anderen Religionen herauszuarbeiten und gelangt zu dem Ergebnis, dass dieser den orthodoxen Griechen besonders feindlich, den Muslimen hingegen durchaus wohlwollend gegenüberstand. Ebenfalls nicht zu vergessen sind die Beiträge von Anne Simon, die ausgehend von ihrer Dissertation über die gedruckte Reisesammlung von Sigmund Feyerabend mehrere Beiträge veröffentlicht hat, welche die Darstellung des Fremden in den Berichten thematisieren. Vgl. SIMON, „Gotteserfahrung" oder „Welterfahrung"; DIES., Mit verschiedenen Augen; DIES., Ein *wild volck*; DIES., Wo Einhörner wandern; DIES., *Of smelly seas and ashen apples.*

[189] NIEHR, Wahrnehmung und Darstellung des Fremden.

[190] Vgl. z.B. FEILKE, Felix Fabris Evagatorium, S. 7 und 63-65.

[191] ERTZDORFF, „Die Ding"; DIES., „Evagatorium" und „Eygentlich beschreibung". Vgl. hierzu ausführlich Kap. II. Vgl. jüngst auch die differenzierte Studie zu Einleitung und Aufbau des *Evagatoriums* von MEYERS, L'*Evagatorium.*

[192] Vgl. GRABOIS, Islam and Muslims; DERS., Medieval pilgrims; DERS., Le pèlerin occidental; DERS., La description de l'Égypte. Vgl. auch MAYER, Rezension.

Demgegenüber ist zu konstatieren, dass einige der jüngeren Monographien über die Pilgerberichte, in denen gerade die Wahrnehmung des Fremden im Mittelpunkt stehen sollte, hinter die bereits erarbeiteten Forschungsergebnisse zurückfallen. Nicole Chareyrons auf zahlreichen Quellenzitaten basierende Untersuchung ist mehr eine populärwissenschaftliche Darstellung der spätmittelalterlichen Jerusalemreise.[193] Auch in Franco Cardinis weitausgreifender Abhandlung über die Wallfahrt ins Heilige Land, die mehr einem Überblick über die Geschichte des gesamten Mittelmeerraumes gleichkommt, wird das Fremde in wenig systematischer Form und lediglich auf der Basis von italienischen Pilgerberichten des 14. Jahrhunderts untersucht.[194] Wilhelm Fricke schließlich analysiert in seiner Dissertation zum einen eine Gruppe von Abschriften eines 1494 parallel zu Pietro Casola nach Jerusalem pilgernden Anonymus. Zum anderen geht er den fremdenfeindlichen Wertungen in den spätmittelalterlichen Berichten nach, kommt jedoch nicht über eine Aneinanderreihung der Aussagen hinaus. Der Kontext, in dem die Zitate zu lesen sind, wird ebenso wenig wie die Abhängigkeiten der Berichte voneinander berücksichtigt.[195] Gleiches gilt über weite Strecken auch für die Studie von Heike Schwab, die den unterschiedlichen Fremdwahrnehmungen methodisch durch den Vergleich von Parallelberichten beizukommen versucht. Gegenüber ihrem der Dissertation vorangehenden instruktiven Aufsatz, in dem sie die deutsche Fassung Fabris mit Bernhard von Breidenbach vergleicht,[196] werden in ihrer monographischen Arbeit aber weder die unterschiedlichen Intentionen der Verfasser noch die differenten Voraussetzungen der Darstellung des Fremden ausreichend berücksichtigt. Eine Reflexion über die mit der Beschreibung des Anderen verfolgten Absichten und über den Kontext, in dem sowohl die Berichte als auch die herangezogenen Quellenzitate stehen, erfolgt hingegen in weiten Teilen nicht. Die in den jeweiligen Berichten enthaltenen Aussagen wie z.B. über die fremden Bevölkerungsgruppen, die Religionen oder die Tier- und Pflanzenwelten bleiben meist unverbunden nebeneinander stehen.[197]

5. Methodik und Vorgehensweise

Die Ergebnisse der bisherigen Forschung zeigen, dass zur Beurteilung der Fremd- und Selbstbilder Fabris der historische und textspezifische Kontext berücksichtigt werden muss. Sie sind daher zum einen mit den charakteristischen Umständen des ‚Kontaktsys-

---

[193] CHAREYRON, Les pèlerins de Jérusalem; DIES., Pilgrims to Jerusalem.
[194] CARDINI, In Terrasanta.
[195] FRICKE, Die Itinerarien.
[196] SCHWAB, Das Andere anders sein lassen?
[197] SCHWAB, Toleranz und Vorurteil. Zudem ist zu bemängeln, dass er sich im Fall Fabris und Breidenbachs auf die wissenschaftlichen Ansprüchen nicht genügenden Textausgaben von FABRI, In Gottes Namen fahren wir, und BERNHARD VON BREIDENBACH, Die Reise, bezieht. Vgl. auch die Kritik bei TIMM, Der Palästina-Pilgerbericht, S. 30.

tems Jerusalemwallfahrt' sowie mit den Rahmenbedingungen, die sich aus den kulturellen Vorkenntnissen und literarischen Konventionen des Genres Reisebericht ergaben, in Beziehung zu setzen. Auf diese Weise wird der Einfluss des Ablaufes und der Organisation der Reise durch Venezianer und Franziskaner und die kulturell vorgeprägten Stereotypen und Vorurteile auf die Darstellung einbezogen. Hierbei ergeben sich Anhaltspunkte bezüglich der Intentionen des Verfassers, der sich im Hinblick auf die Gebrauchsfunktion seines Berichts und die Lesererwartungen auf eine bestimmte Art und Weise gegenüber dem Fremden positionierte.

Fabris Texte werden mit ausgewählten Beschreibungen der Jerusalemfahrt vor allem aus der zweiten Hälfte des 15. Jahrhunderts verglichen. Berücksichtigt werden erstens Berichte, die er selbst als Quelle für die eigene Darstellung nutzte. Hierdurch kann in der Untersuchung die Frage in den Blick genommen werden, auf welche Weise und in welchem Umfang sich Fabri an die Aussagen anderer Pilger anlehnte. Hält er sich an die durch ältere Texte vorgegebenen Deutungsmuster oder bewertet er die persönlich gewonnenen Anschauungen und Erfahrungen höher? Zweitens werden Berichte herangezogen, die von Pilgern verfasst wurden, die parallel zu Fabri – teils sogar in derselben Reisegruppe – eine Jerusalemreise unternahmen. Somit wird die bereits von Rosamund J. Mitchell angedeutete, aber erst durch Arnold Esch methodisch ausgeformte Möglichkeit genutzt, die Darstellungen eines unter den gleichen äußeren Bedingungen und zur selben Zeit erlebten Ereignisses gegeneinander lesen zu können.[198] Durch die Gegenüberstellung wird deutlich, wie groß die Abweichungen in der Beschreibung und der Bewertung sein können. Zudem lassen sich Rückschlüsse auf die Funktionen ziehen, die die Verfasser mit ihrer Darstellung intendierten.

Darüber hinaus werden drittens weitere Berichte zeitgenössischer Pilger berücksichtigt. Wie Fabri nahm die große Mehrheit der Wallfahrer des ausgehenden 15. Jahrhunderts das Angebot der venezianischen Pauschalreise in Anspruch. Die Verfasser orientierten sich bei der Verschriftlichung der Erlebnisse zudem z.T. an denselben Quellen. Hierdurch gibt es nicht nur hinsichtlich des Reiseweges und des Verlaufes der Wallfahrt zahlreiche Übereinstimmungen mit Fabri, sondern die Verfasser folgen bei ihrer Darstellung des Fremden auch ähnlichen Beschreibungs- und Deutungsmustern. Dadurch bietet sich die Möglichkeit, die Analyse der Texte des Dominikaners auf eine breitere Basis zu stellen und zu überprüfen, ob und in welcher Weise sich seine Konzepte der Fremd- und Selbstzuschreibungen von anderen Pilgern unterscheiden oder ob trotz der unterschiedlichen regionalen Herkunft der jeweiligen Verfasser Überschneidungen und Gemeinsamkeiten überwiegen.

Neben den drei Berichten des ausgehenden 13. und 14. Jahrhunderts, die für Fabri zentrale Quellen darstellten sowie den sechs Parallelberichten, die zu den Reisen 1480

---

[198] Mitchell verglich die drei überlieferten Berichte der Jerusalemfahrt 1458 miteinander. Vgl. MITCHELL, The Spring Voyage. Esch setzte sich mit den jeweils vier Berichten der Jerusalemreisen 1480 und 1519 auseinander. Vgl. ESCH, Gemeinsames Erlebnis – Individueller Bericht, bes. S. 386; DERS., Vier Schweizer Parallelberichte.

und 1483 vorliegen, wurden aus der Vielzahl der aus dem Zeitraum zwischen 1450 und 1500 überlieferten Reisebeschreibungen diejenigen ausgewählt, welche sich ähnlich wie Fabris Texte durch große narrative Passagen auszeichnen und sich aufgrund inhaltlicher Parallelen besonders für einen Vergleich eignen. Der Schwerpunkt liegt dabei vor allem auf den gut dokumentierten Berichten deutsch- und italienischsprachiger Verfasser, die alle gesellschaftlichen Gruppen der Jerusalemwallfahrer repräsentieren. Einbezogen werden aber auch Beschreibungen von Pilgern aus beinahe dem gesamten westeuropäischen Raum.[199] Für diese Vergleichsberichte wird in einem der Einleitung folgenden Grundlagenkapitel jeweils eine kurze Einführung mit Informationen zu Verfasser, inhaltlicher Ausrichtung und Überlieferung des Berichts sowie dem Verhältnis zu Fabris Texten geboten. Im Mittelpunkt des Kapitels steht indes das Leben und Werk des Ulmer Mönches. Nach einem kurzen Abriss der Vita und einem Überblick über den Verlauf seiner Wallfahrten 1480 und 1483 werden seine Reisebeschreibungen im Einzelnen vorgestellt, auf ihre Gebrauchsfunktion hin analysiert und die Unterschiede in Aufbau und inhaltlicher Gestaltung aufgezeigt.

Darauf aufbauend erfolgt die Untersuchung der Fremd- und Selbstbilder Fabris in drei großen Abschnitten, denen jeweils eine Einleitung zur Konkretisierung der Fragestellung vorangestellt ist und die mit einer Zusammenfassung der zentralen Ergebnisse schließen. Im ersten Kapitel stehen die in den Pilgerberichten grundsätzlich sehr detaillierten Stadtbeschreibungen im Zentrum. In den Quellen kommt Jerusalem als Hauptziel und Höhepunkt der Reise besondere Aufmerksamkeit zu. Aber auch die Aufenthalte in Venedig und Kairo werden gerade in Fabris Texten ausführlich geschildert, da sich dort eine z.T. mehrwöchige Reiseunterbrechung ergab. Durch den Vergleich der Stadtbeschreibungen und die Analyse der jeweiligen Fremdbilder kann der Frage nachgegangen werden, ob sich verschiedene Fremdheitsgrade zwischen dem christlichen Venedig sowie dem muslimischen Jerusalem und Kairo nachweisen lassen. Besonderes Augenmerk liegt auf den von Fabri angewandten Darstellungsstrategien, mit deren Hilfe dem Leser das Gesehene und Erfahrene anschaulich und glaubwürdig vermittelt werden sollte.

Nicht nur die topographische Lage, die profanen und sakralen Gebäude oder die Wirtschaftskraft der Städte wurden von den Pilgern beurteilt. Sie setzten sich auch intensiv mit den Bewohnern auseinander und beschrieben deren Aussehen und Verhaltensgewohnheiten. Im zweiten übergeordneten Abschnitt wird daher näher auf die Kulturbegegnung eingegangen. Zum einen wird analysiert, welche Auswirkungen die Form

---

[199] Nicht alle Reisebeschreibungen können dabei in gleicher Weise berücksichtigt werden. Die Einbeziehung der in Inhalt und Umfang sehr unterschiedlichen Berichte hängt jeweils von den analysierten Inhalten in Fabris Texten ab. Zu einzelnen Autoren siehe Kap. II. Ein Ausbau der Quellenbasis wäre durchaus möglich, würde aber den Rahmen dieser Arbeit übersteigen. Zudem liegen von einigen Berichten nur ungenügende oder schwer zugängliche Editionen vor. Ohnehin in wesentlich geringerer Zahl überliefert (oder wissenschaftlich erforscht?), liegen aus der zweiten Hälfte des 15. Jahrhunderts kaum englische und keine spanischen Pilgerberichte vor.

des Kulturkontakts auf die Darstellung hatte. Zum anderen wird untersucht, anhand welcher Kriterien wie z.B. der Religion, der ethnischen Herkunft oder den Sitten und Gebräuchen einzelne Personen oder Gruppen beschrieben und gegebenenfalls als fremd charakterisiert werden, woraus sich infolge der Relationalität des Fremden und des Eigenen Erkenntnisse über die Selbstbilder Fabris und seine Ausgangskultur ergeben. Sowohl in Fabris Texten als auch in den Vergleichsberichten sind analog zu den Stadt-darstellungen ausführliche Schilderungen über die Venezianer bzw. Italiener und die Muslime enthalten. Mit den Juden wird zudem eine Gruppe in die Analyse einbezogen, die zwar in religiöser Hinsicht den Pilgern fremd, durch die Kulturkontakte innerhalb der eigenen Gesellschaft aber auch vertraut war.

Im Hinblick auf das Fremde und das Eigene werden in einem dritten Abschnitt schließlich die Landschaftsbeschreibungen in den Pilgerberichten untersucht. Dabei steht vor allem die Darstellung der Mittelmeerpassage, der Reise durch das Heilige Land, durch Ägypten sowie die Wüste Sinai im Blickpunkt. Bei der Überwindung die-ser Naturräume, die einen wesentlichen Teil der Reisezeit in Anspruch nahm, wurden die Pilger mit ungewohnten klimatischen Bedingungen konfrontiert, sie mussten nicht wenige lebensbedrohliche Situationen überstehen und lernten eine fremde bis exotische Fauna und Flora kennen.

II. Spätmittelalterliche Jerusalempilger und ihre Berichte

Die Fremd- und Selbstbilder in den Pilgerberichten können nicht ohne Berücksichtigung der Motive der Verfasser für die Jerusalemwallfahrt, ihrer Intentionen für die Verschriftlichung der Reiseerlebnisse und ihrer Erzählperspektiven analysiert werden. Wie unterschiedlich die Ereignisse in den Berichten aufbereitet wurden, zeigt sich besonders an dem Werk Felix Fabris. Nach einem kurzen Überblick über seine Vita und den Verlauf der Pilgerreisen 1480 und 1483 wird in diesem Kapitel erstens eine Einführung in Inhalt, Aufbau, Überlieferung und Gebrauchsfunktion seiner Berichte geboten. Um sowohl Fabris Texte als auch seine Wahrnehmungs- und Deutungsmuster in einen breiteren Kontext zu stellen und beurteilen zu können, sind Vergleiche mit anderen Pilgerberichten notwendig. Durch die Gegenüberstellung der Werke Fabris mit den Schriften anderer Wallfahrer werden Gemeinsamkeiten und Unterschiede in der Darstellung sowie Bewertung des Fremden sichtbar. Erst so können die zahlreichen Entlehnungen beispielsweise aus den Texten von Burchard von Monte Sion oder von Bernhard von Breidenbach aufgedeckt und Rückschlüsse auf die Originalität von Fabris Vorgehensweise gezogen werden. Daher werden in einem zweiten Schritt die für den Vergleich zentralen Pilgerberichte mittels biographischer Skizzen sowie einführenden Angaben zu den inhaltlichen Schwerpunkten und der Verbreitung der Texte vorgestellt.

Längst nicht alle der zahlreich überlieferten Pilgerberichte können an dieser Stelle einbezogen werden.[1] Angesichts der großen Bandbreite von Themen, die Fabri vor allem in seinem *Evagatorium* behandelt, ist eine Beschränkung auf nur einige wenige Texte nicht zielführend. Sowohl eine Auswahl nach einem festen zeitlichen Rahmen –

---

[1] Vgl. die bibliographischen Angaben bei GANZ-BLÄTTLER, Andacht und Abenteuer, S. 355-420; PARAVICINI, Europäische Reiseberichte I-III (deutsche, französische und niederländische Reiseberichte), und für die deutschen Pilger auch das VL. Allerdings sind besonders in PARAVICINI, Europäische Reiseberichte I, viele Fehler enthalten. Vgl. BOSSELMANN-CYRAN, Rezension; JAHN, Rezension. Siehe in Einzelfällen ferner TOBLER, Bibliographica geographica Palaestinae; RÖHRICHT/MEISNER, Deutsche Pilgerreisen, S. 547-648; RÖHRICHT, Bibliotheca geographica Palaestinae; DERS., Die Deutschen im Heiligen Land; DERS., Deutsche Pilgerreisen; AMAT DI SAN FILIPPO, Biografia dei Viaggiatori Italiani; DERS., Biografia dei Viaggiatori Italiani colla Bibliografia; DAVIDSON/DUNN-WOOD, Maryjane, Pilgrimage in the Middle Ages; GOLUBOVICH, Biblioteca Bio-Bibliografica; MÜLLER, Prosographie; THOMSEN, Die Palästina-Literatur; SCHUR, Jerusalem; YERASIMOS, Les voyageurs.

was bedeuten würde, alle Berichte aus diesem Zeitfenster ungeachtet ihrer inhaltlichen Qualität und Nutzbarkeit heranzuziehen – als auch eine Eingrenzung beispielsweise auf deutschsprachige Reisebeschreibungen oder lediglich auf die zu Fabri vorliegenden Parallelberichte erscheint demnach nicht sinnvoll.

Infolgedessen werden Berichte zum Vergleich herangezogen, die inhaltliche Überschneidungen zu Fabris Texten aufweisen, sei es, dass er sie erstens als Quellen für seine eigene Darstellung nutzte, dass sie zweitens von Pilgern verfasst wurden, die zur selben Zeit wie Fabri nach Jerusalem pilgerten und gemeinsam erlebte Situationen aus einer anderen Perspektive schildern oder dass sie drittens aufgrund des genormten Ablaufs der Reise sowie der Konventionen des Genres parallele Aussagen über das Fremde enthalten und daher womöglich auf eine gemeinsame Quellengrundlage zurückgehen. Gemäß diesen drei Quellengruppen wird eine Übersicht über Leben und Werk der Verfasser geboten, deren Beschreibungen besonders häufig mit Fabri kontrastiert werden.[2] Bereits diese Vorinformationen zeigen sowohl die Parallelen als auch die Unterschiede zu Fabris Texten auf.

1. Leben und Werk des Dominikaners Felix Fabri

1.1 Vom Basler Novizen zum Lesemeister in Ulm: Die Vita Felix Fabris

Felix Schmid (1437/38–1502), der sich selbst latinisierend Fabri[3] nannte, entstammte einer angesehenen Zürcher Familie.[4] Nach dem frühen Tod des Vaters Jos Schmid, der 1443 im Alten Zürichkrieg fiel,[5] verbrachte er seine Jugendjahre zum einen in Diessenhofen bei Schaffhausen, wo sich seine Mutter erneut verheiratete, und zum anderen auf Schloss Kyburg nahe Winterthur bei seinem Großonkel, dem Landvogt Oswald

---

[2]   Insbesondere aus der Gruppe der zwischen 1450 und 1500 gereisten Pilger können nicht alle Verfasser in der ihnen gebührenden Breite aufgeführt werden. Auf die nur für einzelne Passagen herangezogenen Texte und Verfasser wie Martin Ketzel, Peter Fassbender oder Bernardino di Nali werden bei ihrer erstmaligen Erwähnung weiterführende Informationen gegeben.

[3]   Korrekterweise müsste es eigentlich ‚Faber' heißen, doch verwendet Fabri ausschließlich die Genetivform, selbst wenn es aufgrund der Satzstruktur eines Nominativs bedürfte.

[4]   Zur Biographie Fabris vgl. die ausführlichen Angaben bei HÄBERLIN, Dissertatio, § II-IX, S. 3-20; BREHM, Der Ulmer Dominikaner, S. 65-71; HÄUSSLER, Felix Fabri, S. 1-6; ERNST, Felix Fabri, S. 323-328. Auf jenen Angaben beruhen im Wesentlichen die Lebensbeschreibungen von HANNE-MANN, Felix Fabri, Sp. 682-689; FABRI, Die Sionpilger, S. 53-56; ERTZDORFF, „Die Ding", S. 221-225; GANZ-BLÄTTLER, Andacht und Abenteuer, S. 75f.; HERBERS, Felix Fabris „Sionpilgrin", S. 197f.; SCHWAB, Toleranz und Vorurteil, S. 37-40; WIEGANDT, Felix Fabri, S. 1-5.

[5]   Er fiel vermutlich zusammen mit dem Zürcher Bürgermeister und Onkel Fabris, Rudolf Stüssi, in der Schlacht bei St. Jakob an der Sihl.

Schmid.[6] 1452 trat Fabri in das Dominikanerkloster in Basel ein. Sein Noviziat und seine theologischen Studien absolvierte er zusammen mit Jakob Sprenger, dem nachmaligen (Mit-)Verfasser des *Malleus maleficarum* (dt. Hexenhammer).

Möglicherweise war er bereits unter den ersten Mönchen, die 1465 im Gefolge des Heinrich Schretz nach Ulm entsandt wurden, um den dortigen Konvent der Dominikaner bei der Durchführung der Klosterreform zu unterstützen. Fabri gehörte der Observanzbewegung an, die Ende des 14. Jahrhunderts einsetzte und ihren Höhepunkt in der zweiten Hälfte des 15. Jahrhunderts erreichte. Das Ziel der Observanten bestand vor allem in der Wiederbelebung des Armutsgebots, da sich der Dominikanerorden nach ihrer Ansicht von seinen ursprünglichen Idealen und Aufgaben abgewandt hatte. Mit den Stichwörtern Armut, Keuschheit und Gehorsam – den sogenannten *vota substantialia* – wurde die Rückkehr zu den Ursprüngen propagiert, die sich u.a. in der Verschärfung der Klausur, einem einheitlichen Habit, diszipliniertem Verhalten und einer demütigen, bescheidenen Lebensweise ausdrückten.[7]

In der Reichsstadt Ulm drängten die Stadtväter auf Betreiben der Landgrafen Ulrich und Eberhard von Württemberg auf die Reform der ansässigen Dominikaner und Franziskaner.[8] Die treibende Kraft war offenbar der Dominikaner und Gelehrte Ludwig Fuchs, der selbst einer Ulmer Familie entstammte.[9] Der von Fabri hochgeschätzte Prior des Klosters bat zur Einführung der Observantenregel um Mithilfe reformierter Mönche aus Basel, das zu den Zentren der Reformbewegung gehörte und in dem mit Johannes Nider, Johannes Meyer und Johannes Kreuzer bedeutende Protagonisten der Reform wirkten.[10] Fabri, der sich wohl ab 1468, spätestens aber ab 1474 dauerhaft in Ulm aufhielt,[11] nahm dort bis zu seinem nicht exakt datierbaren Tod vermutlich am 14. März des Jahres 1502[12] als Subprior, Lesemeister und Generalprediger wichtige Positionen

---

[6] Nach KHATTAB, Das Ägyptenbild, S. 33, und FEILKE, Felix Fabris Evagatorium, S. 1, soll es sich dagegen um ein Schloss mit demselben Namen in Österreich handeln.

[7] Zur Observanzbewegung siehe HILLENBRAND, Die Observanzbewegung; WEINBRENNER, Klosterreform im 15. Jahrhundert; NEIDIGER, Der Armutsbegriff; SCHMIDT, Johannes Kreuzer; SCHREINER, Dauer, Niedergang und Erneuerung.

[8] Vgl. STIEVERMANN, Die württembergischen Klosterreformen, S. 86f.; FRANK, Franziskaner und Dominikaner, S. 124-127; GEIGER, Die Reichsstadt Ulm, S. 92-104.

[9] Zur Person siehe RUH, Fuchs, Sp. 998f.; TÜCHLE, Beiträge zur Geschichte, S. 196f.

[10] Zu Basel siehe HILLENBRAND, Die Observanzbewegung, S. 236f., und NEIDIGER, Stadtregiment, S. 543-545.

[11] HANNEMANN, Felix Fabri, Sp. 683, und WIEGANDT, Felix Fabri, S. 4f., gehen von 1468 aus. FRANK, Franziskaner und Dominikaner, S. 126, gibt 1474 für den dauerhaften Verbleib an.

[12] Nach der schwer lesbaren Inschrift einer 1734 bei Grabungen aufgefundenen beschädigten und heute nicht mehr erhaltenen Grabplatte könnte statt März auch Mai gelesen werden. Vgl. die Transkription bei HÄBERLIN, Dissertatio, § IX, S. 20, und WIEGANDT, Felix Fabri, S. 4: *anno Dni MCCCCCII die 14. marcii obiit venb. fr. Felix Fabri Sacrae Theol ... annis lector qui ... 4 [annis] fructuose praedicavit in hoc conventu RIP.* Zur Diskussion über das genaue Sterbedatum siehe darüber hinaus HÄUSSLER, Felix Fabri, S. 2; SCHWAB, Toleranz und Vorurteil, S. 39. Der Herausgeber der *Sionpilger*, Wieland Carls, verweist auf die in der Staatsbibliothek zu Berlin

ein, obwohl er keine akademischen Grade erlangt hatte.[13] Neben seinen beiden Pilgerfahrten ins Heilige Land 1480 und 1483 unternahm Fabri im Auftrag seines Ordens
weitere Reisen, die ihn u.a. nach Rom (1476), Colmar (1482), Nürnberg (1485 oder
1486) und Venedig (1486 oder 1487) führten.[14]

Fabri tritt nicht allein als Autor seiner Pilgerberichte in Erscheinung. Bei dem Ulmer
Drucker Johannes Zainer arbeitete er als Korrektor und Registermacher. Für die 1482
bei dem Augsburger Drucker Anton Sorg erschienene erste deutsche Druckausgabe der
Schriften des Dominikaners und Mystikers Heinrich Seuse (1295–1366), der seine letzten Lebensjahre im Ulmer Kloster verbrachte, soll Fabri die Zusammenstellung der
Texte besorgt haben.[15] Seine Fähigkeiten als Prediger haben ihn bei seinen Zeitgenossen weit über die Grenzen seines Klosters hinaus bekannt gemacht.[16] Von seinem Pre-
digtwerk, von dem angenommen wird, dass es einen beträchtlichen Umfang hatte,
scheint nur ein geringer Teil überliefert zu sein. Doch nach den in jüngerer Zeit erfolgten neuen Funden können derzeit insgesamt 23 Predigten aufgrund direkter Verweise
oder wenigstens stilistischer Gemeinsamkeiten Fabri zugeordnet werden.[17] Dem stehen
bislang nur zwei überlieferte theologische Traktate Fabris gegenüber.[18]

Eigentlich als zwölftes und abschließendes Kapitel seiner Beschreibung der Jerusalemreise im *Evagatorium* geplant, erwuchsen aus der Schilderung seiner Wahlheimat
Ulm und des Schwabenlandes zwei eigenständige Abhandlungen, die dem Genre des
Städte- bzw. Länderlobes zugeordnet werden können.[19] Das größte Werk Fabris stellen
aber die verschiedenen literarischen Bearbeitungen der Heilig-Land-Fahrt dar. Seine
gute Beobachtungsgabe gepaart mit dem Ehrgeiz, die eigene Reise in aller Ausführlich-

---

13   verwahrte Abschrift der *Eigentlichen beschreibung* aus dem 16. Jahrhundert, in der der Todestag
    ebenfalls mit dem 14. März 1502 angegeben ist. Vgl. FABRI, Die Sionpilger, S. 55f.

13   Nach FRANZ, Franziskaner und Dominikaner, S. 127 und Anm. 100, erhielt Fabri 1478 die Er-
    laubnis, in Tübingen zu studieren. Fabri hat davon aber scheinbar nie Gebrauch gemacht.

14   Die Reisen sind nur durch Fabris *Evagatorium* belegt. Vgl. BREHM, Der Ulmer Dominikaner, S.
    66; FABRI, Die Sionpilger, S. 55. Als Pilger unternahm Fabri zudem eine Wallfahrt nach Aachen,
    für die er im *Evagatorium* einmal das Jahr 1467, einmal 1468 angibt. Vgl. FABRI, Evagatorium I,
    S. 470 und Evagatorium II, S. 245; DERS., Wanderings I, S. 591 und Wanderings II, S. 278.

15   Vgl. FABRI, Die Sionpilger, S. 57; PREGER, Briefbücher, S. 413f.

16   Siehe HÄUSSLER, Felix Fabri, S. 99-102; SCHNEIDER, Fabri als Prediger, S. 457; KLINGNER, *Just
    say happily*, S. 43 und 55f.

17   KLINGNER, *Just say happily*, S. 44f.; SCHNEIDER, Fabri als Prediger, S. 457-468; FABRI, Die Sion-
    pilger, S. 57; HANNEMANN, Felix Fabri, Sp. 684 und 435.

18   FABRI, Die Sionpilger, S. 58; HANNEMANN, Felix Fabri, Sp. 684f.; EIS, Altgermanistische Beiträ-
    ge, S. 157-159. Zum Traktat ‚Von dem Regiment der andächtigen Witwen' vgl. KRUSE, Witwen,
    S. 50-67.

19   Vgl. Ulm, StB, Hs. 19555-3, olim 6718-1, und die Edition FABRI, Tractatus. Vgl. hierzu HÄUSS-
    LER, Felix Fabri, S. 4; VEESENMEYER, Prolegomena, S. 29-40; ERNST, Felix Fabri, S. 343-365;
    WIEGANDT, Felix Fabri, S. 16-24; BINDER, Descriptio Sueviae, S. 187f. Das Autograph von Fabri
    gelangte gemäß ERNST, Felix Fabri, S. 364, und WIEGANDT, Felix Fabri, S. 9, im Jahr 1933 wie-
    der in den Besitz der StB Ulm.

keit zu dokumentieren, münden in einer akribischen und bis in kleinste Details reichenden Beschreibung der spätmittelalterlichen Jerusalemwallfahrt.

1.2 Motive für die Jerusalemfahrt und Verlauf der Reisen 1480 und 1483

Im *Evagatorium*, dem Hauptwerk über seine Wallfahrt ins Gelobte Land, führt Fabri aus, warum er zweimal nach Jerusalem pilgerte: Von seiner ersten Wallfahrt 1480 sei er äußerst unzufrieden nach Ulm zurückgekehrt. Der lediglich neun Tage dauernde Aufenthalt in Jerusalem sei viel zu kurz und unzureichend gewesen. In der großen Hast, in der die Pilger von einer heiligen Stätte zur nächsten geeilt seien, um das Besuchsprogramm erfüllen zu können, sei keine Gelegenheit geblieben, sich intensiv mit der Bedeutung der einzelnen Orte auseinander zu setzen. Aufgrund der knapp bemessenen Zeit habe der Aufenthalt in Jerusalem nur ein vages Bild hinterlassen. Infolge jener flüchtigen Eindrücke komme es ihm daher so vor, als ob er nach seiner Wallfahrt nun weniger über die heiligen Orte wisse als zuvor.[20]

In der *Eigentlichen beschreibung*, der deutschsprachigen Version seiner Reiseerlebnisse, kommt er zu dem ernüchternden Schluss, dass er *ein vnnützi blindi fart hatt getan [...]*.[21] Das im *Evagatorium* unter Berufung auf das Vorbild des heiligen Hieronymus angegebene Ziel, gerade durch die Wallfahrt ein tieferes Verständnis für die heiligen Schriften zu erlangen, um sein Predigeramt besser versehen zu können, wurde somit verfehlt.[22] Die in der deutschen Fassung hervorgehobene *fast grosi begird*, die heiligen Stätten *ze besůchen vnd zebesechen*, die aus dem steten und langen Studium der heiligen Schriften erwachsen sei, erfüllte sich für ihn demnach auf eine ganz andere Weise, als er es sich vorgestellt hatte.[23] Zu seiner Enttäuschung trug überdies bei, dass sich der Wunsch nach einer Weiterreise zum Sinai, um das am Fuß des Mosesberges gelegene Katharinenkloster zu besuchen, nicht verwirklichen ließ.

Der Dominikaner absolvierte auf seiner ersten Pilgerfahrt nur das ‚Standardprogramm' der von venezianischen Patriziern organisierten Pauschalreise. Fabri war – wie er in einer gedrängten Zusammenfassung der ersten Reise schreibt, die sowohl im *Evagatorium* als auch in der *Eigentlichen beschreibung* einen Prolog zur ausführlich geschilderten zweiten Wallfahrt darstellt[24] – am 14. April 1480 nach einer Abschiedspredigt mit dem Adligen Georg von Stein aus dem heimatlichen Ulm aufgebrochen und

---

[20] FABRI, Evagatorium I, S. 61; DERS., Wanderings I, S. 48f. Vgl. hierzu ausführlicher PETSALIS-DIOMIDIS, Narratives, S. 91-96.

[21] Dessau, StB, Hs. Georg 238, fol. 8v. Auszüge werden im Folgenden buchstabengetreu wiedergegeben. Lediglich übergeschriebene Buchstaben, die Umlaute anzeigen, werden in „ae", „oe" etc. aufgelöst. Die Interpunktion wird nach modernen Grundsätzen gehandhabt.

[22] FABRI, Evagatorium I, S. 25f.

[23] Dessau, StB, Hs. Georg 238, fol. 3v.

[24] FABRI, Evagatorium I, S. 24-60; DERS., Wanderings I, S. 7-47; Dessau, StB, Hs. Georg 238, fol. 3v-8v.

schiffte sich nach Überquerung der Alpen in Venedig ein.[25] Die Passage durch das Mittelmeer stand unter dem Schatten der drohenden Belagerung von Rhodos, dem Sitz des Johanniterordens, durch die Osmanen. In großer Furcht und auf einem südlicheren Kurs als üblich gelangten die auf der Galeere des Patrons Agostino Contarini segelnden Pilger glücklich nach Jaffa. Über den kurzen Aufenthalt in Palästina macht Fabri abgesehen von dem Ritterschlag Georgs von Stein am Heiligen Grab kaum weitere Angaben. Nur einmal sei ihnen erlaubt worden, über den Ölberg zu wandern. Die heiligen Stätten Bethaniens und Bethlehems seien ebenfalls nur einmal besucht worden.[26] Aus den Parallelberichten über die Reise geht jedoch hervor, dass die Pilger von Jerusalem aus die vorgesehenen Tagesausflüge nach Bethlehem sowie zum Jordan unternahmen und sich der Aufenthalt im Heiligen Land insgesamt im üblichen Rahmen bewegte.[27] Die Rückfahrt überlebten viele der entkräfteten und zusätzlich von Wassermangel und Stürmen gepeinigten Pilger nicht. Bei dem Zwischenstopp auf dem diesmal angesteuerten Rhodos konnten sie die Spuren des gerade abgewehrten Angriffs des türkischen Heeres besichtigen. Zurück in Venedig lag Fabri nach eigener Aussage 15 Tage lang krank danieder, so dass sein Reisegefährte Georg von Stein und andere deutsche Pilger ohne ihn in Richtung Heimat aufbrachen. In Begleitung eines Kaufmanns trat er schließlich die Rückreise nach Ulm an und erreichte sein Ziel am Festtag des heiligen Othmar desselben Jahres.[28]

Nach seiner Heimkehr fühlte Fabri seiner eigenen Aussage zufolge das brennende Verlangen, nach Palästina zurückzukehren. Bereits beim Abschied aus Jerusalem 1480 habe er einen Eid abgelegt, so schnell wie möglich zu einer zweiten Wallfahrt aufzubrechen.[29] Seine Bewertung der ersten Reise fällt auch deshalb so negativ aus, weil er nur so die Notwendigkeit einer zweiten Reise begründen konnte.[30] Denn zur Umsetzung des Plans war – abgesehen von der Frage der Finanzierung – die Zustimmung des Priors notwendig. Gab Ludwig Fuchs zur ersten Fahrt noch bereitwillig seine Erlaubnis, so scheute sich Fabri, den von seinen erneuten Reiseplänen sicher nicht erfreuten Prior in Kenntnis zu setzen. Die Furcht vor dessen möglicherweise negativer Reaktion in Form einer Schuldzuweisung, die Klosterruhe zu stören, dem Laster der Neugier verfallen

---

[25] Die Finanzierung der Reise sicherten vermutlich Ulmer Bürger und der Vater Georgs von Stein, möglicherweise auch Eberhard im Bart. Vgl. ERNST, Felix Fabri, S. 336; HELLMANN, Eine Pilgerreise ins Heilige Land, S. 264.

[26] Vgl. FABRI, Evagatorium I, S. 61; DERS., Wanderings I, S. 48.

[27] Siehe hierzu ESCH, Gemeinsames Erlebnis – Individueller Bericht.

[28] Laut Aubrey Stewart soll Fabri demnach am 25. Oktober in Ulm angekommen sein. Vgl. FABRI, Wanderings I, S. 46. Dabei handelt es sich um den Gedenktag der Translation der Reliquien des Heiligen nach St. Gallen. Nach dem katholischen Festkalender wird des heiligen Othmars dagegen an seinem Todestag, dem 16. November, gedacht.

[29] FABRI, Evagatorium I, S. 42: *Ab ea namque hora, qua tempus nostrum aderat recedendi a civitate sancta, proposui, juravi et statui me quantocyus reversurum, et illam sanctam peregrinationem tanquam praeambulum futurae habui.* DERS., Wanderings I, S. 24.

[30] Vgl. auch PETSALIS-DIOMIDIS, Narratives, S. 93.

oder wankelmütig zu sein,[31] veranlassten ihn dazu, nicht den direkten Weg zu gehen, sondern seinen Prälaten vor vollendete Tatsachen zu stellen.

Fabris Vorgehen, dessen Gelingen er nicht ohne Stolz schildert, offenbart eine gewisse Verschlagenheit. Zunächst erreichte er auf einer Kapitelversammlung in Colmar 1483 vom Ordensgeneral der Dominikaner die schriftliche Bewilligung für eine erneute Pilgerfahrt. Darüber hinaus beauftragte er einen befreundeten Dominikaner, der auf dem Weg nach Rom in Ulm Station machte, beim Papst die erforderliche Lizenz zu erbitten, was ebenfalls gelang.[32] Mit diesen beiden Dokumenten in der Hinterhand nahm er Kontakt zu einer Gruppe von Adligen auf, die eine Pilgerfahrt nach Jerusalem vorbereiteten. Als diese nun bei Ludwig Fuchs vorsprachen und um die Begleitung Fabris in der Funktion eines Kaplans baten, verweigerte der Prior auch nach wiederholtem Drängen der Adligen sowie dem um Unterstützung gebetenen Ulmer Magistrat seine Einwilligung und verwies auf die zunächst einzuholende Genehmigung durch den Papst und die Obrigkeiten des Ordens. Erst in diesem Moment präsentierte Fabri seiner Darstellung im *Evagatorium* zufolge die ohne Wissen des Priors zusammengetragenen Papiere.[33] Ludwig Fuchs blieb somit keine andere Möglichkeit, als dem Ersuchen der Adligen stattzugeben und Fabri für die Reise freizustellen.[34]

Auf diese Weise konnte Fabri im Jahr 1483 sein Gelübde erfüllen und als Kaplan im Gefolge der Adligen Hans Werner von Zimmern, Heinrich von Stöffel, Hans Truchseß von Waldburg und Ber von Rechberg von Hohenrechberg erneut nach Jerusalem pilgern.[35] Diese finanzierten ihm die Wallfahrt und ermöglichten ihm mit einem weiteren Geldbetrag auch die Sinaireise. Dennoch war er in Alexandria auf die Unterstützung Bernhards von Breidenbach angewiesen, der ihm die Passage zurück nach Venedig bezahlte. In Venedig lieh er sich schließlich Geld von einem Ulmer Kaufmann, um die Rückreise nach Deutschland bestreiten zu können.[36]

Zu dieser zweiten Wallfahrt brach Fabri wiederum an einem 14. April auf. Der Weg führte ihn zunächst nach Innsbruck, wohin die adlige Reisegesellschaft bereits abgereist

---

[31] FABRI, Evagatorium I, S. 62: *Verebar de hoc facere mentionem Reverendo Patri Magistro Ludovico Fuchs, licet esset mihi familiarissimus, et secretorum meorum conscius; cui etiam occulta conscientiae meae sine metu audebam committere: Propositum tamen meum redeundi in Jerusalem non audebam suae Paternitati revelare, ne eum perturbarem, et ne ipse et alii audientes, in me scandalizarentur, judicantes me instabilem et monastica quite impatientem; aut forte diabolicis incitamentis vexatum, aut vitio curiositatis infectum, aut levitate motum [...]*. DERS., Wanderings I, S. 49.

[32] FABRI, Evagatorium I, S. 62f.; DERS., Wanderings I, S. 50f.

[33] FABRI, Evagatorium I, S. 64f.; DERS., Wanderings I, S. 53f.

[34] In seiner *Eigentlichen beschreibung* erwähnt Fabri dagegen nur kurz die Unstimmigkeiten mit dem Prior. Hier sind es der Bürgermeister und seine Räte, die zur Unterstützung der Adligen bei Ludwig Fuchs vorsprechen bzw. auf ihn eindringen und so entscheidenden Einfluss darauf nahmen, den Prior zum Umdenken zu veranlassen. Vgl. Dessau, StB, Hs. Georg 238, fol. 10r.

[35] Für biographische Informationen zu den Reisegefährten vgl. die Angaben bei ERTZDORFF, „Evagatorium" und „Eygentlich beschreibung", S. 61.

[36] FABRI, Evagatorium III, S. 172 und 388f.; Dessau, StB, Hs. Georg 238, fol. 205v-206r und 227v.

war, weil sie bei Herzog Sigismund von Österreich die Erlaubnis für die Heilig-Land-
Fahrt einzuholen hatte und um Empfehlungsschreiben für die Reise nach Venedig bitten
wollte. Nach der Überquerung der Alpen über den Brenner-Pass konnte er die Gruppe
in Sterzing einholen. Neben den vier Adligen gehörten der Reisegesellschaft noch Bal-
tasar Büchler, nach Fabri ein erfahrener Mann, der als Ratgeber fungierte und die Reise
koordinierte, der musikalisch begabte Bartscherer Artus, der kampferprobte Diener
namens Johannes bzw. Schmidhans, der Koch Peter, der Dolmetscher Ulrich Kramer
von Ravensburg, der Diener und Schulmeister Johannes aus Babenhausen und der als
Diener angestellte Bürger Konrad Beck aus Mengen an, der ebenfalls einen Pilgerbericht über die Reise verfasste, was aus Fabris Texten selbst nicht hervorgeht.[37]

In Venedig wurde 1483 die Wallfahrt ins Heilige Land gleich auf zwei Galeeren angeboten. Die Reisegesellschaft um Felix Fabri entschied sich für das Schiff des Piero
Lando, während die Gruppe um den Verfasser des Parallelberichtes, Bernhard von
Breidenbach, die Passage auf dem Schiff des Agostino Contarini buchte. Fabri macht
keine Angaben über den Preis, der für die Überfahrt zu entrichten war. In der *Eigentlichen beschreibung* vermerkt er, dass er lieber nichts über die Kosten der Reise sagen
wolle, um angesichts der großen Ausgaben keine nachfolgenden Jerusalempilger von
einer möglichen Wallfahrt abzuschrecken.[38] Die knapp vierwöchige Überfahrt entlang
der Dalmatinischen Küste, über Kreta, Rhodos und Zypern, verlief vergleichsweise
ohne größere Komplikationen. Fabri hebt den im Gegensatz zu den Erlebnissen der
ersten Reise stehenden großen Frieden und die gute Kameradschaft unter den Pilgern
hervor.[39] Am 1. Juli kam die Küste des Heiligen Landes in Sicht, was unter den Wallfahrern große Freude und Erwartungen auslöste. Nach den üblichen Verzögerungen bei
der Einreise – sie mussten fünf Tage warten, bis sie an Land gehen durften – und der als
diskriminierend empfundenen Zwangseinquartierung im sogenannten St. Peterskeller in
Jaffa, in dem sie sich wie Vieh eingepfercht fühlten, aber einen Teilablass erhielten,[40]
erreichten die Pilger am 12. Juli endlich Jerusalem.

Hier traf Fabri den Franziskanermönch Paul Walther von Guglingen, der nach seiner
Ankunft im Jahr zuvor bei den Ordensbrüdern auf dem Sionsberg geblieben war. Er
schloss sich, nicht ganz freiwillig, der Pilgergruppe an, die von Jerusalem aus die Wei-

---

[37] FABRI, Evagatorium I, S. 85; DERS., Wanderings I, S. 81f.; Dessau, StB, Hs. Georg 238, fol. 9v-
10r. Auch Konrad Beck listet die Reisegruppe aus Schwaben auf. Vgl. BECK, Pilgerfahrt, S. 94.

[38] Dessau, StB, Hs. Georg 238, fol. 13r: *wie tür aber wir verdingt wurdint vnd wz kostes vnd geltz
vff die fart gang mit allen dingen, wil ich nüt schreiben, wen kann einer wol dingen, so fart er
dester woelfier. Es ist vff der fart dess geltz vsz geben so vil, soelt ich die summ setzen, so mech-
tint ettlich from edellüt arschrecken vnd der heilgen fart ab stan. Der Satz *wil ich [...] dester
woelfier* ist eine Randbemerkung Fabris. Hierfür wurde der Satz *stat am end geschriben jn der
register der expens* durchgestrichen. Offenbar hat Fabri zunächst geplant, eine Aufstellung der
Kosten an das Ende des Berichts zu stellen, diesen Plan aber später verworfen.

[39] Vgl. FABRI, Evagatorium I, S. 160; DERS., Wanderings I, S. 177f.

[40] FABRI, Evagatorium I, S. 195; DERS., Wanderings I, S. 224. Siehe auch REICHERT, Pilger und
Muslime, S. 10.

terreise nach Ägypten plante, um das Katharinenkloster auf dem Sinai zu besuchen. Während die Adligen nach dem Besuch der heiligen Stätten Bethlehems und des Jordans sowie dem Ritterschlag am Grab Jesus mit dem Pilgerschiff wieder die Heimfahrt antraten, reiste Fabri zusammen mit einigen Wallfahrern aus der Reisegruppe um Bernhard von Breidenbach in Jerusalem am 24. August zum Sinai weiter. Somit konnte er bei seiner zweiten Wallfahrt auf einen etwa sechswöchigen Aufenthalt in der Heiligen Stadt zurückblicken. Für die Weiterreise schlossen sie mit mamlukischen Reiseführern einen weiteren Vertrag ab, in dem Kosten und Bedingungen für die Fahrt zum Sinai niedergelegt wurden. Nach dem Besuch von Hebron und Gaza durchquerten die Pilger die Wüste der Sinaihalbinsel.

Am 23. September erreichte die Karawane den Horeb, an dessen Fuß das Katharinenkloster liegt, nachdem sich Fabri zuvor bei einem Ausflug in der Sandwüste beinahe verirrt hätte.[41] Während des mehrtägigen Aufenthaltes besichtigen sie ausführlich das Kloster und erklommen den Gipfel des Berges, auf dem Moses die Gesetzestafeln erhalten haben soll. Am 8. Oktober und nach einer beschwerlichen Wüstenreise trafen die Pilger in Kairo, der Hauptstadt der Mamluken, ein. Nach dem Aufenthalt und der Besichtigung der Stadt fuhren sie auf dem Nil nach Alexandria weiter, von wo sie am 14. November mit einer venezianischen Handelsgaleere die Rückfahrt antraten. Infolge Gegenwinds und schwerer Stürme kam die Galeere jedoch erst am 8. Januar 1484, also erst nach sieben Wochen auf See, in Venedig an. Von dort aus reiste Fabri in Begleitung von Ulmer und Augsburger Kaufleuten trotz des Winters bald in Richtung Ulm weiter, das er schließlich am 29. Januar erreichte.

2. Die Berichte Fabris und ihre Gebrauchsfunktion

2.1 Das *Evagatorium in Terrae Sanctae, Arabiae et Egypti peregrinationem*

Über die zweite Wallfahrt, die aufgrund des Besuches des Katharinenklosters auf dem Sinai erheblich länger dauerte, schrieb Fabri nach seiner Rückkehr den umfassendsten Pilgerbericht überhaupt, dem er nicht umsonst den Titel *Evagatorium*, ‚Abschweifung‘, gab. Das ganze Unternehmen habe ihn in einem Maß von nützlicheren Studien abgehalten und der Zerstreuung ausgesetzt, dass dem Bericht ein Titel wie Pilgerfahrt, Itinerar oder Reise nicht angemessen gewesen wäre. Darüber hinaus trage der gewählte Titel der angeblich konfusen Abfolge und Uneinheitlichkeit der Darstellung Rechnung.[42]

---

41 Vgl. das Kapitel *Gravis et singularis casus F. F. F.* in FABRI, Evagatorium II, S. 420-423; DERS., Wanderings II, S. 506-511.

42 FABRI, Evagatorium I, S. 3f.: *Testis enim mihi Deus est, quod si scivissem, me ex hac peregrinatione ad tantam evagationem mentis et corporis implicandum fuisse, nequaquam eam, quantumcunque sanctam, aggressus fuissem, quia, proh dolor, nimis a studio utiliori alienatus et*

Tatsächlich verarbeitete Fabri, dessen Bescheidenheit ein literarischer Topos ist, nicht nur seine Reiserlebnisse und alle wissenswerten Informationen, die die eigene Wallfahrt betrafen. Er ergänzte sie um zahlreiche Anekdoten sowie um umfangreiche Exkurse theologischer, historischer, philosophischer und naturkundlicher Art. Nach dem Urteil Arnold Eschs handelt es sich um einen Bericht von geradezu „schrecklicher Vollständigkeit."[43] Fabri nutzte alle ihm zugänglichen Quellen. Besonders die gut bestückte Bibliothek des eigenen Klosters, die ihm als Lesemeister bestens vertraut war, hat er für seinen Bericht herangezogen.[44] Seine Angabe, sämtliche ihm zugänglichen Werke über die Geschichte und Topographie Palästinas, darunter auch die Reisebeschreibungen von mehreren anderen Wallfahrern, zur Vorbereitung seiner zweiten Reise studiert zu haben, entspricht durchaus den Tatsachen.[45]

Fabris *Evagatorium* ist im Autograph erhalten und wird in der Stadtbibliothek Ulm aufbewahrt.[46] Es umfasst zwei Codices mit 294 bzw. 264 Folioseiten, die einige wenige verzierte Initialen und Skizzen aufweisen. Am Beginn des zweiten Bandes befindet sich ein Register, das nach einem von anderer Hand geschriebenen Vorwort auf einen gewissen Frater Heinrich Wild zurückgeht und von einem anderen Klosterbruder korrigiert worden sein soll.[47] Eine genaue Datierung des Opus, an dem Fabri mehrere Jahre gearbeitet haben muss, ist nicht möglich. Wieland Carls plädiert für den Zeitraum zwischen 1484 und 1488.[48] Xenja von Ertzdorff nimmt dessen ungeachtet an, dass der Dominikaner bis 1495 am *Evagatorium* geschrieben haben könnte.[49] Fabri fügte in seinem Autograph zahlreiche Randbemerkungen ein und ergänzte seinen Bericht um neue, ihm erst zu einem späteren Zeitpunkt zugängliche Informationen, so dass die Annahme eines Bearbeitungszeitraumes über 1488 hinaus durchaus möglich ist. So arbeitete er die Geschichte Venedigs von Marcantonio Sabellico und die *Cribratione Alkorani* des Ni-

---

    disctractus factum sum. Idcirco decrevi, hunc librum non Peregrinatorium, nec Itinerarium, nec
    Viagium, nec alio quovis nomine intitulare, sed EVAGATORIUM Fratris Felicis juste dici, nomi
    nari, et esse statui. Ex quo titulo, materia confusa et diversa libri, et compositionis indispositio et
    distractio patesceret. Zu Aufbau und zu Fabris Intentionen siehe im Folgenden Ertzdorff, „Die
    Ding"; Dies., „Evagatorium" und „Eygentlich beschreibung"; Meyers, L'*Evagatorium.*

[43]   Esch, Gemeinsames Erlebnis – Individueller Bericht, S. 391.

[44]   Im Manuskript der vollständigen Übersetzung des *Evagatoriums* von Herbert Wiegandt und
    Herbert Krauß wurde aus den von Fabri selbst genannten Autoren und Werken ein Quellenregis
    ter erarbeitet. Vgl. Fabri, Evagatorium über die Pilgerreise, S. 1065-1083. Dies bedeutet nicht,
    dass Fabri die Quellen tatsächlich genutzt hat. Zur Bibliothek des Dominikanerklosters, dessen
    Bestände nach der Aufhebung des Konvents 1531 teilweise in die StB Ulm überführt wurden,
    siehe Greiner, Ulms Bibliotheken, S. 77-79; Breitenbruch, Die Inkunabeln, S. 21f. und 24-26.

[45]   Vgl. Fabri, Evagatorium I, S. 62: *Ideo omnia quae ad manum venerunt de istis perlegi: collegi*
    etiam omnia peregrinalia militum, et libellos peregrinorum, et terrae sanctae descriptiones,
    eaque perlegi [...]. Ders., Wanderings I, S. 50. Siehe auch Fabri, Evagatorium I, S. 2.

[46]   Ulm, StB, Hs. 19555-1,2. Eine Handschriftenbeschreibung steht noch aus.

[47]   Ulm, StB, Hs. 19555-2, fol. 3r-30v. Das Vorwort ebd., fol. 2v.

[48]   Fabri, Die Sionpilger, S. 59.

[49]   Ertzdorff, „Die Ding", S. 261.

kolaus von Kues, die beide nicht vor 1487 bzw. 1488 gedruckt wurden, erst zu einem späteren Zeitpunkt ein.[50]

Gewidmet ist der in Mittellatein verfasste Bericht seinen Klosterbrüdern, die ihn bei seinem Aufbruch, als er bereits zu Pferde saß, inständig darum gebeten haben sollen, alles Gesehene ganz genau aufzuzeichnen.[51] Dieser Aufforderung kam er nur zu gerne nach: Kein Tag auf seiner Wallfahrt sei vergangen, an dem er sich keine Notizen gemacht habe. Zu jeder Zeit habe er festgehalten, was er gesehen habe, sogar bei stürmischer See, beim Durchqueren der Wüste auf dem Rücken eines Esels oder Kamels oder des Nachts, wenn seine Gefährten geschlafen hätten.[52]

Seine Intention legte Fabri in einem an den Anfang gestellten Brief an die Mönche des Ulmer Konvents dar. Danach wollte er mit dem *Evagatorium* den Mönchen einerseits die Möglichkeit bieten, seine Reise in allen Einzelheiten nachzuvollziehen. Besonders in freien Stunden, wenn die Gefahr des Müßiggangs droht, sollten sie in seinem Bericht lesen, um sich die Orte und Ereignisse der Heilsgeschichte zu vergegenwärtigen.[53] Da er um die disziplinierte Haltung seiner Ordensbrüder wisse und sie auch aus kleinen und geringen Dingen Nutzen für ein tugendhaftes Leben ziehen könnten, habe er zur Auflockerung auch Kindliches, Anekdotisches und Scherzhaftes unter das Heilige und Ernste gemischt.[54] Andererseits sollte sein Bericht nicht nur eine unterhaltende Funktion haben. Mit der Schilderung verfolgte Fabri auch die Absicht, den Mönchen moralische und pädagogische Fingerzeige zu geben und ihnen in seinen Exkursen gelehrtes und durch ihn empirisch überprüftes Wissen zu vermitteln. Mit Hilfe seiner Beschreibung der heiligen Stätten sollte es ihnen ermöglicht werden, sowohl ein tieferes Verständnis für die Erzählungen der Bibel zu erlangen als auch die staunende Seele und

---

50   Im Folgenden wird angegeben, ob es sich bei den Belegstellen um eine Randbemerkung handelt.

51   FABRI, Evagatorium I, S. 67: *Porro me in equo sedente omnes fratres circumstantes obnixe petierunt, ut loca sancta diligenter notarem, et conscriberem ad eosdemque deferrem, ut et ipsi, etsi non corpore, mente tamen possent circa loca sancta recreari: quod et fratribus promisi.* DERS., Wanderings I, S. 58.

52   FABRI, Evagatorium I, S. 66: *Non enim praetermisi nec unum diem in itinere existens, quin aliquid scriberem, etiam in mari tempore tempestatum, in terra sancta, et per desertum saepe scripsi sedens in asino, vel in camelo, vel noctibus, quando alii dormiebant, ego sedi et visa in scriptis deduxi.* DERS., Wanderings I, S. 56.

53   FABRI, Evagatorium I, S. 4: *Accipite ergo, mei desideratissimi, hunc vobis promissum fratris Felicis Evagatorium, et pro solatio duntaxat in eo legite. [...] Sed vobis eum tribuo, ut tempore remissionis fructuosioris studii et vacatiarum diebus pro vitando otio et recreatione sumenda, cum hilari jucunditate eum, si vacat, legatis.* Vgl. auch ERTZDORFF, „Die Ding", S. 229f.; DIES., „Evagatorium" und „Eygentlich beschreibung", S. 57f.; HÄUSSLER, Felix Fabri, S. 78.

54   FABRI, Evagatorium I, S. 4: *Scio enim vestrum tam ordinatum affectum, ut non solum res grandes et gesta sancta sint vobis virtutum materia, sed etiam res parvae et exiguae, et facta puerilia sint vobis aedificatoria. Ideo audentius inter magna et vera, sancta et seriosa, nonnumquam inserui puerilia, apogrypha, et facetica, cum intentione tamen numquam falsa, aut mendacia, aut irrationabilia, aut sacrae scripturae contraria, vel bons moribus non convenientia.* Vgl. auch ERTZDORFF, „Die Ding", S. 230; DIES., „Evagatorium" und „Eygentlich beschreibung", S. 58.

den neugierigen Geist zufrieden zu stellen.[55] Dagegen verstand er seinen Bericht nicht als Reiseinstruktion für nachfolgende Jerusalempilger. Auf Angaben über die kaum präzise zu bemessenden Entfernungen zwischen den besuchten Orten und über die entstandenen Kosten wollte er bewusst verzichten.[56]

Verschiedentlich wurde seine lateinische Fassung dahingehend interpretiert, sie sei zum Zweck geschrieben worden, andere Mönche von einer Wallfahrt ins Heilige Land abzuhalten. Zwar betont Fabri die Nöte, Hindernisse und Gefahren der Reise, die den Klosterbrüdern die Vorzüge des monastischen Lebens aufzeigen und ein Umherschweifen nicht erstrebenswert erscheinen lassen soll.[57] Sein Verweis auf die durchlittenen Mühen steht aber in Zusammenhang mit der Begründung seiner Titelwahl und soll vielmehr den Erfolg und den Nutzen seiner Leistung unterstreichen. Im Gegenteil ist zu konstatieren, dass Fabri der Meinung war, dass eine selbstverständlich nur mit Einverständnis der Ordensoberen erfolgte Reise überaus lohnenswert sein konnte. So könne das Leben zum Besseren gelenkt und Erfahrungen in nützlichen Dingen erworben werden. Besonders das Amt eines Predigers bedürfe eines sowohl in den Schriften kundigen als auch im Leben erfahrenen Mannes.[58] Dennoch war sich Fabri des Gebots der *stabilitas loci* wohl bewusst. In Kenntnis der in Teilen kritischen Haltung der kirchlichen Obrigkeit zum Wallfahrtswesen suchte er die Notwendigkeit seiner Wanderungen stets mithilfe biblischer oder gelehrter Autoritäten zu begründen.[59]

---

[55]   FABRI, Evagatorium I, S. 4: *Quin imo non mediocrem intellectum sacrae scripturae, et multarum ambiguitatum dabit hujus evagatorii lectio, et animum admirantem, et mentem curiosam in multis quietabit.*

[56]   FABRI, Evagatorium I, S. 4f.

[57]   FABRI, Evagatorium I, S. 3: *Insuper conscripsi diligenter pericula, quae in mari magno in utraque peregrinatione sustinui, et angustias, quas per desertum perpessus sum, et tribulationes diversas [...], ut vestrae Charitati magis placere incipiat monastica quies, claustri stabilitas, regularis disciplina et obedientiae labor, discursus et evagatio vilescat.* Auf diese Stelle beziehen sich vermutlich ERNST, Felix Fabri, S. 336, und WOLF, Die deutschsprachigen Reiseberichte, S. 94f., für ihre Ausführungen. Die von HUSCHENBETT, Literatur der deutschen Pilgerreisen, S. 43, angegebene Passage für eine Argumentation gegen das Reisen von Personen geistlichen Standes ist ebenfalls nicht überzeugend. Fabri bringt an dieser Stelle nur seine Empörung über das ungebührliche Verhalten der Priester in der Grabeskirche zum Ausdruck. Vgl. FABRI, Evagatorium I, S. 312f.; DERS., Wanderings I, S. 383.

[58]   FABRI, Evagatorium I, S. 24f.: *EVAGARI et discurrere per mundum, quamvis sit contra Monachi et Religiosi rationem, quia Monachus religiosus, quasi manens religatu sdicitur; tamen evagari cum licentia et obedientia suorum superiorum per mundum, per terram et mare, ad loca, ubi intellectus illuminatur, affectus inflammatur, vita in melius emendatur, meritum augmentatur, et experientia rerum utilium acquiritur, nemo est, qui sentiat, talem evagationem religioso non convenire, maxime tamen si religiosus talis sit in officiis, quae congruenter expedire nequit, nisi multarum rerunt experientia sit edoctus: sicut est officium praedicationis, quod utique virum intelligentem scripturas, expertum et imperterritum, requirit.*

[59]   Zur *stabilitas loci* siehe LANDOLT, Mobilität und Verkehr, S. 496. Zur kritischen Einstellung der Kirche besonders gegenüber populären Wallfahrtsorten wie Wilsnack und Niklashausen vgl.

Fabri regte im *Evagatorium* selbst an, seinen Bericht zu verbreiten und auch den Mönchen anderer Klöster bekannt zu machen. Ausdrücklich benannte er einige ihm besonders am Herzen liegende Konvente, die seine Reisebeschreibung erhalten sollten. In seiner Aufzählung berücksichtigt er sowohl das Kloster der Dominikaner in Basel, in dem er erzogen und in die Heilige Schrift eingeführt worden war, als auch das Benediktinerkloster Elchingen, zu dessen Abt Paulus I. Kast er offenbar gute Beziehungen hatte.[60] Selbst den in Ulm ansässigen Franziskanern sollte sein Bericht zugänglich gemacht werden, damit die Standhaftigkeit der jungen Mönche durch die Lektüre gefestigt würde und sie in ihrer Frömmigkeit und Kontemplation Fortschritte erzielen sollten.[61]

Die im Text explizit enthaltene Aufforderung, den Bericht über Ulm hinaus anderen Mönchen zur Verfügung zu stellen, hat offenbar dazu beigetragen, dass sich neben dem in Ulm verwahrten Autograph Fabris einige Abschriften des *Evagatorium* erhalten haben.[62] Vollständig überliefert ist sein lateinischer Bericht in einem in München aufbewahrten Exemplar aus dem vorgenannten Benediktinerkloster Elchingen,[63] in einer auf das späte 15. Jahrhundert datierten Abschrift in Dresden und einer mit dem Datum 1509 versehenen Handschrift in Ulm.[64] Dazu erstellte Hartmann Schedel um 1508/09 eine weitere Kopie, die er mit Miniaturen ausstattete.[65] Neben diesen zeitlich dem Autograph sehr nahe stehenden Abschriften werden in Ulm zwei Manuskripte, in Hamburg eine

---

SCHREINER, ‚Peregrinatio laudabilis‘ und ‚peregrinatio vituperabilis‘; ZIKA, Hosts, Processions and Pilgrimages, S. 48-59.

[60] FABRI, Evagatorium I, S. 5: *Eodem modo mihi placet, ut hoc meum Evagatorium communicetis aliis nostri ordinis fratribus; praecipue autem fratribus mihi singularissime dilectis Conventus Basileensis, inter quos a puero educatus, et in religione et sacris literis instructus sum. [...] Communicetis etiam rogo Venerabilibus et Religiosis Dominis et Patribus meis in insigni Monasterio Elchingen, sub generoso Patre et Domino, Domino Paulo Kast, Abbate dignissimo degentibus, Ordinis S. Benedicti.* Zum Kloster Elchingen siehe HEMMERLE, Die Benediktinerklöster in Bayern, S. 87-90.

[61] FABRI, Evagatorium, S. 5: *Sed religiosis et reverendis confratribus nostris Minoribus Ulmae, vobiscum commorantibus, quaeso communicetur, ut et juvenes eorum legendo Evagatorium in stabilitate firmentur, et ex descriptione sanctorum locorum scripturam sacram lucidius intelligant, et in devotione et contemplatione magis proficiant.* Vgl. auch WIEGANDT, Felix Fabri, S. 11.

[62] Ein präziser Nachweis der Abschriften und eine Untersuchung des jeweiligen Verhältnisses zum Original stehen noch aus. Die Angaben bei TOBLER, Bibliographia Geographica Palestinae, S. 53f.; RÖHRICHT, Bibliographia Geographica Palestinae, S. 130f.; PARAVICINI, Europäische Reiseberichte I, S. 211f., bedürfen einer Überprüfung und Aktualisierung.

[63] München, BSB, clm 2826, 288 et 301 Bl., 2°, 1488. Im Handschriftenkatalog wird die von einem Johannes Nuer (Nuwer) im Benediktinerkloster Elchingen angefertigte Abschrift auf 1488 datiert. Vgl. HALM/LAUBMANN, Catalogus codicum Latinorum 3/2, S. 43.

[64] Dresden, SLB, A 71, Papier, 265 Bl., 15. Jh. Vgl. Katalog der Handschriften 1, S. 31. Ulm, StB, Hs. H Schad 66/Hs. Wachter (vormals Hs. 13894), 406 Bl., 4°, 1509.

[65] München, BSB, clm 188/189, 345-346 Bl., 2°, lat., 1508-1509. Vgl. HALM/LAUBMANN, Catalogus codicum Latinorum 3/1, S. 40; HERNAD, Graphiksammlung, S. 40f., 70-72, 138f. (Nr. 2), 159f. (Nr. 15) und 317f. (Nr. 119). Ein 1867 ausgelöster Kupferstich (Wappen mit Adler) befindet sich heute in München, Staatliche Graphische Sammlung, Inv. Nr. 174028.

weitere vollständige Kopie aus dem 16. und 18. Jahrhundert verwahrt.[66] Fragmente eines weiteren Exemplars sind in einer Stuttgarter Sammelmappe erhalten.[67]

Gedruckt worden ist das *Evagatorium* erst im 19. Jahrhundert. Die in den Jahren 1843 bis 1849 veröffentlichte dreibändige Ausgabe des Philologen Konrad Dietrich Hassler stellt die bislang einzig vollständige Edition des lateinischen Berichts dar.[68] Sie basiert auf dem Autograph des Ulmer Dominikaners, wobei die Nummerierung der Folioseiten des Originals, die Absatzeinteilung und Versetzung des Registers an das Ende nahelegen, dass sich Hassler an der Ulmer Abschrift des 18. Jahrhunderts orientierte. Die Randbemerkungen Fabris, die er so abfasste, dass sie sich in den Gesamttext einfügen, sind von Hassler weitgehend nicht als solche gekennzeichnet. Auch aus diesem Grunde ist eine kritische Edition wünschenswert, in der zudem die Quellen Fabris und die Abhängigkeiten von anderen Pilgererberichten nachzuweisen wären.[69]

Die große Bedeutung des *Evagatoriums* spiegelt sich auch in der großen Zahl der vorliegenden Übersetzungen wider, die aber überwiegend nicht den gesamten Text bieten. Eine französische Übertragung wurde von Nicole Chareyron und Jean Meyers erstellt.[70] Die Reise Fabris durch Ägypten hat Jacques Masson ebenfalls in französischer Sprache publiziert.[71] Eine Auswahl ins Deutsche übersetzter Passagen des *Evagatoriums* gab Herbert Wiegandt, basierend auf einem unveröffentlichten Manuskript einer Gesamtübersetzung, heraus.[72] Aubrey Stewart überführte einen Großteil der Reisebeschreibung ins Englische, wodurch Fabris Werk im angloamerikanischen Raum bekannt wurde. Die Ausgabe, die jedoch nicht die Vorrede Fabris enthält, endet mit seiner Beschreibung der Wüste und des Roten Meeres.[73]

---

[66] Ulm, StB, Hs. H Schad 67 (Hs. 13895), 484 Bl., 4°, 4. V. 16. Jh., und Ulm, StB, Hs. H Fabri 2 u. 3 (Hs. 13894), 341 Bl., 2°, 1707. Hamburg, SUB, Cod. geogr. 54, 1039 Seiten, 2°, 1713. Bei dem Hamburger Manuskript handelt es sich um eine im Auftrag von Zacharias Conrad von Uffenbach erstellte Abschrift. Die Vorlage soll nach Pitiscus, Codd. Ms. geogr., fol. 34, ein Codex des Ulmer Patriziers und Dellmensinger Bürgermeisters Raymundus Krafft gewesen sein, womit vielleicht die Dresdener Handschrift gemeint ist, die vormals Bestandteil seiner Privatbibliothek war. Vgl. Katalog der Handschriften 1, S. 31. Zu Krafft siehe Greiner, Ulms Bibliotheken, S. 105f.

[67] Stuttgart, HSA, Hs. 236, Fragmentsammelmappe. Vgl. Klein, Handschriften der Sammlung J 1, S. 253f. Eine weitere ehemals im Stadtarchiv Meersburg verwahrte Abschrift, bei der es sich um einen alemannisch-schwäbischen Auszug aus dem *Evagatorium* gehandelt haben soll, ist verschollen. Vgl. Röhricht/Meisner, Deutsche Pilgerreisen, S. 573f.; Röhricht, Bibliographia Geographica Palestinae, S. 130; Tobler, Bibliographia Geographica Palestinae, S. 54; Paravicini, Europäische Reiseberichte I, S. 211f.

[68] Fabri, Evagatorium I-III.

[69] Vgl. auch Reichert, Reisen und Kulturbegegnung, S. 235f.

[70] Chareyron/Meyers, Les errances de Frère Félix.

[71] Masson, Voyage en Egypte de Felix Fabri.

[72] Fabri, Galeere und Karawane. Die von Herbert Wiegandt und Herbert Krauß erarbeitete Gesamtübersetzung wird in der StB Ulm aufbewahrt (Ulm, StB, B1 1171, 1-2).

[73] Fabri, Wanderings I-II. Darüber hinaus sind eine italienische und deutsche Übersetzung der Venedigbeschreibung und Reise Fabris durch Tirol publiziert worden. Vgl. Zasso, Venezia nel MCDLXXXVIII; Garber, Reisen des Felix Faber durch Tirol.

2.2 Die *Eigentliche beschreibung der hin vnd wider Fahrt zu dem Heyligen Land*

Für die adligen Pilger, die ihn als Kaplan engagierten und die Finanzierung seiner zweiten Reise übernahmen, verfasste Fabri eine frühneuhochdeutsche Version seiner Reiserlebnisse, die aber, wie bereits Wieland Carls anmerkte, nicht als eine „Kurzfassung" des *Evagatoriums* zu begreifen ist.[74] Vielmehr handelt es sich um eigenständiges Werk, das die Ritter an die Pilgerfahrt und ihren Ritterschlag am Heiligen Grab erinnern sollte. Im *Evagatorium* hält er fest, dass sie ihn bereits beim Abschied in Jerusalem darum gebeten hatten, er möge seine weitere Reise für sie beschreiben, da sie die Wallfahrt zum Sinai nicht mit ihm fortsetzten.[75]

Diese Bitte griff Fabri im Vorwort der deutschen Version seiner Reisebeschreibung, die sich ebenfalls als Autograph erhalten hat, auf.[76] Laut diesem Text, dem im 16. Jahrhundert der Titel *Eigentliche beschreibung der hin vnnd wider farth zu dem Heyligen Landt gen Jerusalem vnd furter durch die grosse Wüsteney zu dem Heiligen Berg Horeb* gegeben wurde,[77] sei Fabri der beim Abschied in Jerusalem an ihn gerichteten Bitte nachgekommen, seine Erlebnisse in deutscher Sprache festzuhalten.[78] Dennoch wendete sich Fabri mit der *Eigentlichen beschreibung* nicht nur an die vier Adligen, die ihn als Kaplan mit auf die Pilgerfahrt genommen hatten. Er wollte mit seinem Werk einen größeren Leserkreis erreichen. Fabri begründete die Abfassung damit, dass ihn auch viele weitere Personen, adlige und nichtadlige, geistliche und nichtgeistliche, Männer wie Frauen, dazu gedrängt hätten, seine Erlebnisse niederzuschreiben. Daher habe er aus seinem *Evagatorium*, das er der Erinnerung halber für sich selbst verfasst habe,

---

[74] FABRI, Die Sionpilger, S. 20. Als Kurzfassung wird es beispielsweise bei GANZ-BLÄTTLER, Andacht und Abenteuer, S. 76, oder HANNEMANN, Felix Fabri, Sp. 687 bezeichnet.

[75] FABRI, Evagatorium II, S. 102: *et rogaverunt, ut Deum, pro ipsis orarem in locis sanctis existens ed quod loca illa diligenter considerarem et conscriberem.* DERS., Wanderings II, S. 96f. Vgl. auch ERTZDORFF, „Evagatorium" und „Eygentlich beschreibung", S. 59.

[76] Dessau, StB, Georg. Hs. 238, 8°, 232 Bl., 15. Jh. Vgl. PENSEL, Verzeichnis der altdeutschen Handschriften, S. 187-189.

[77] So der Titel des Druckes von 1557, der im Folgenden zur Kennzeichnung der Reisebeschreibung übernommen wird. Vgl. FEILKE, Felix Fabris Evagatorium, S. 349f. Zur Begrifflichkeit des Wortes *eigentlich* im Sinne von authentisch und glaubhaft siehe NIEHR, Wahrnehmung und Darstellung des Fremden, S. 275.

[78] Dessau, StB, Georg. Hs. 238, fol. 1r: *Edlen wolgebornen gnedigen herren vnd trewen walbrüdern vnd lieben sùn; jch hab nùt vergassen, dz ir an mich begerten [...] iweren ledsten ab scheid von mir jn der heilgen stat jerusalem vff dem wirdigen berg syon, das ich die heiligen stett von jerusalem fürbas hin bys zù sant katherina, vnd von danna wider bys heim jn vnser land welt beschriben, as ich den ga than hatt von vnsern landen vs bÿ gen jerusalem [...]. Hierin gnedigen herren so bin ich dem nach komen vnd hab jn tùtsch beschriben all heilg stett wir wisset vnd vm stend der lantschaften vnd zù fallen sachen vns pilgrim begegnet von vnsren landen vber mer bys gen jerusalem.*

diese deutsche Version erstellt.[79] Während er in der lateinischen Version behauptet, sie für seine Klosterbrüder geschrieben zu haben, so verschweigt er dies in der *Eigentlichen beschreibung* und deklariert dort das *Evagatorium* lediglich als private Niederschrift seiner Erinnerungen. Xenja von Ertzdorff vermutet, Fabri wollte damit eine Konkurrenz zwischen deutscher und lateinischer Ausgabe vermeiden.[80]

Zusätzlich zu dieser in Pilgerberichten häufig zu findenden Begründung, einer Aufforderung von Freunden oder anderen Interessierten nachzukommen,[81] hatte Fabri noch einen anderes Publikum im Blick. Ihm sei bewusst, dass sein Bericht auch von den *kindern vnd husfrouwen* sowie den *dieneren, knechten vnd megten* seiner Reisegefährten *vor gelesen* werde. Darüber hinaus ließe sich nicht vermeiden, dass die Schrift weiteren Personen geistlichen oder weltlichen Standes zugänglich sei.[82] Er ging demzufolge davon aus, dass sein Bericht eine weite Verbreitung erfahren und einen ihm nicht mehr persönlich bekannten Leserkreis erreichen würde. Zudem hatte er die im Mittelalter weithin üblichen Gewohnheiten im Auge, nach der das Lesen im Stillen eher die Ausnahme darstellte. So berücksichtigte er, dass die *Eigentliche beschreibung* in den Haushalten in erster Linie vorgelesen werde und die gesamte Familie einschließlich der Dienerschaft von seinen bzw. den Erlebnissen der adligen Reisegefährten erfahren würde.

Ein solcher Adressatenkreis bedingte aber eine andere inhaltliche Konzeption. Fabri konnte nicht ohne weiteres persönliche und vielleicht sogar kompromittierende Ereignisse aufnehmen. Zudem waren die Erfahrungen der Reisenden ohne erläuternde Kommentare nicht immer nachvollziehbar. Um auch den Lesern bzw. Hörern, die nicht an der Wallfahrt teilgenommen hatten, ein Verständnis zu ermöglichen, musste er weiter ausholen. Selbst auf die Gefahr hin, dass seine erfahrenen Auftraggeber den Pilgerbericht für überflüssig erachten oder gar als lästig empfinden könnten, habe er die Wallfahrt in aller Ausführlichkeit beschrieben und viele Ergänzungen zu den heiligen Stätten eingefügt, damit auch die Unkundigen Tröstung und Belehrung finden könnten.[83]

---

79 Dessau, StB, Georg. Hs. 238, fol. 3r-v: *Da haben mich an gelanget vil gůter lùt edel vnd vnedel, gaistlich vnd weltlich beder geschlecht frouwen vnd man. Das ich ein biöchli machti von der heilgen pilgerfart vnd von den heilgen stetten [...]. Also bin ich denen gůten lùten ze willen worden vnd jna dz nachgendt biöchli gemacht vss minem latinschen bůch, dz ich für mich selbs hab gemacht zů einer gedechtnisz der heilgen stetten die ich gesechen hab.*

80 ERTZDORFF, „Evagatorium" und „Eygentlich beschreibung", S. 60.

81 Vgl. z.B. die Berichte von Konrad Grünemberg oder Pietro Casola. Zwar ist dies durchaus ein literarischer Topos (vgl. HARBSMEIER, Wilde Völkerkunde, S. 125), doch zeigt die breite Überlieferung von Reiseberichten das große Interesse an den in der Fremde gemachten Erfahrungen.

82 Dessau, StB, Georg. Hs. 238, fol. 1v: *aber so ich vir war weis, dz diss biechli komen wirt iwern kindern vnd husfrouwen, iwern dieneren, knechten vnd megten jn die hendt vnd wirt iweren pureren vnd eignen lúten vor gelesen, so hab ichs dester lennger gemacht. Es wirt ouch noch witer komen, ich welt oder ich welt nút, jn die stett vnd jn die clöster geistlichen vnd weltlichen múnchen vnd closterfrouwen.* Vgl. auch STRACHAN, Five Fifteenth Century German Reisebeschreibungen, S. 103.

83 Dessau, StB, Georg. Hs. 238, fol. 1v: *vnd hab die pilgerfart beschriben von einer tagreyss zů der andren vnd langer um red vnd vil worten, die `vch vnd ander arfarnen lùt fellicht `vberflùssig*

Durch diese geschickte Wendung wollte er seine Reisebeschreibung aufwerten. Er brauchte sich nicht nur auf die Begebenheiten der Reise zu beschränken und war nicht auf die Rolle eines bloßen Chronisten festgelegt, die ihn ohnehin kaum ausgefüllt hätte, sondern konnte mit seinen zusätzlichen Erläuterungen auch moralische oder pädagogische Absichten verfolgen. Auch das Vergnügen sollte nicht zu kurz kommen. Damit die *Eigentliche beschreibung* nicht zu langweilig gerate, habe er auch *kintlich lechterlich sachen*, die sich auf der Reise zugetragen hätten, sowie *schimpflich fabel* aufgenommen. Auf diese Weise habe er erreichen wollen, dass insbesondere die *kind, jung lùt, knaben vnd dochtren* umso mehr Gefallen an seinem Bericht fänden.[84]

Hinsichtlich des geeigneten Zeitpunktes der Lektüre und des Verständnisses als Reisebeschreibung machte Fabri ähnliche Aussagen wie im *Evagatorium*. Wie er in seiner lateinischen Version angibt, sei auch die *Eigentliche beschreibung* dann in die Hand zu nehmen, wenn man müßig gehe oder sich die Reise ins Gedächtnis rufen möchte. Nicht geeignet ist es für die Stunden, in denen man einer ernsthaften Beschäftigung nachzugehen habe.[85] Auch in der deutschen Version wollte er bewusst keine Angaben zu Entfernungen, Ausgaben oder den notwendigen Vorbereitungen machen. Dafür stünden andere Pilgerbücher zur Verfügung, die zwar kürzer ausfielen als seine Schrift, aber dennoch viele hilfreiche Informationen enthielten.[86] Allerdings ließ er sich den Hinweis nicht entgehen, dass, wenn man viel *gaudentz* erleben wolle, man besser mit höheren Ausgaben rechnen solle.[87]

Bei dem heute in Dessau aufbewahrten Autograph Fabris handelt es sich wahrscheinlich nicht um eine für einen repräsentativen Zweck ausgefertigte Handschrift. Das Schriftbild ist zwar überwiegend leserlich geschrieben, zeichnet sich aber nicht immer durch große Sorgfalt aus. An vielen Stellen sind Änderungen vorgenommen worden. In den meisten Fällen korrigierte Fabri Schreibfehler, vereinzelt veränderte er auch den Gedankengang während des Schreibens und nahm entsprechende Umstellungen vor. So hat Fabri nach der Niederschrift einzelne Stellen nochmals verworfen und ganze Absätze oder Seiten gestrichen.[88] Dennoch vermutet Fransjosef Pensel, dass das Manuskript

---

werden duncken vnd verdrossen. Aber ich hab mit fliss die ding eigenlich vnd mit vil worten beschriben von desswegen, dz die vnarfarnen ouch trostung vnd vnderrichtung da nemin vnd iren verwundren dester bas zum end kommin [...]. Vgl. auch STRACHAN, Five Fifteenth Century German Reisebeschreibungen, S. 103.

[84] Dessau, StB, Georg. Hs. 238, fol. 2r. Vgl. STRACHAN, Five Fifteenth Century German Reisebeschreibungen, S. 103f.; FABRI, Die Sionpilger, S. 20; ERTZDORFF, „Evagatorium und „Eygentlich beschreibung", S. 59.

[85] Dessau, StB, Georg. Hs. 238, fol. 2r: *wen min meinung ist nùt, dz iemen dz biöchli lesin jn denen stunden so man ernsthaftig sol sin vnd mit tapferen sachen sol um gan. Aber so ein mensch sonst miesig gieng vnd zitt verluri oder so ein ritter dess heilgen grabs wölt sin wallfart wider jn die gedechtnùsz bilden, so mag er jn disem biöchli lesen.* Vgl. auch STRACHAN, Five Fifteenth Century German Reisebeschreibungen, S. 104.

[86] Dessau, StB, Georg. Hs. 238, fol. 2v.

[87] Dessau, StB, Georg. Hs. 238, fol. 2v.

[88] Siehe z.B. Dessau, StB, Georg. Hs. 238, fol. 7r.

(womöglich nach Fabris Tod oder nach Aufhebung des Ulmer Klosters) ein Geschenk an Fürst Georg III. von Anhalt (1507–1533) gewesen sein könnte und so nach Dessau gelangte.[89] Eine genaue Datierung kann ebenso wenig wie bei der lateinischen Version vorgenommen werden. Der zweimalige Verweis auf das Jahr 1484 bezieht sich jeweils nur auf das Datum der Rückkehr nach Ulm.[90] Auch kann die Annahme, Fabri hätte das Buch bereits im Jahr seiner Rückkehr abgeschlossen,[91] nicht zutreffen, da er sowohl im Vorwort als auch mehrfach innerhalb des Textes auf das *Evagatorium* verweist und als Grundlage für die deutsche Version ausgibt.

Auch die *Eigentliche beschreibung* ist zusätzlich zu dem Original in mehreren Abschriften überliefert, deren Verhältnis zueinander bislang nicht untersucht wurde.[92] Zeitlich am nächsten steht vermutlich eine in Ulm befindliche Handschrift, die auf der letzten Folioseite die Jahreszahl 1494 aufweist.[93] Sie muss in enger Beziehung zu einer von Häberlin aufgeführten, ehemals auch in Ulm verwahrten Abschrift gestanden haben.[94] Erhalten ist davon nur noch das Titelblatt, das um 1488 entstanden sein dürfte.[95] In beiden wird der Dominikaner nicht wie sonst üblich mit seinem latinisierten Namen Fabri, sondern als Felix Schmid aus Zürich bezeichnet.[96] Weitere Abschriften aus dem frühen 16. Jahrhundert werden in Kalocsa (1512), Berlin (1522), Darmstadt (16. Jh.) und Stuttgart (Anfang 16. Jh.) aufbewahrt.[97] Bei dem Stuttgarter Exemplar handelt es sich nicht um eine Übersetzung aus dem *Evagatorium*, sondern um einen Auszug aus

---

[89]   PENSEL, Verzeichnis der altdeutschen Handschriften, S. 188.

[90]   Dessau, StB, Georg. Hs. 238, fol. 3r: *Datum vss vlm anno domini 1·4·8·4· nach dem as ich wider gen vlm kam von der heilgen statt jerusalem vnd sant katherina.* Ebd., fol. 232r: *Also endet sich dz pilgerbiechli anno 1·4·8·4 am vorgeschribnen tag.*

[91]   So bei HANNEMANN, Felix Fabri, Sp. 687, und PARAVICINI, Europäische Reiseberichte I, S. 211. Vgl. dagegen FABRI, Die Sionpilger, S. 59.

[92]   Die ausführlichsten Anmerkungen hierzu bei FABRI, Die Sionpilger, S. 59-61.

[93]   Ulm, StA, cod. Fabri 5, 199 Bl., 1494. Bei PARAVICINI, Europäische Reiseberichte I, S. 211, fälschlich als Hs. H Fabri 5 verzeichnet.

[94]   HÄBERLIN, Dissertatio, § XI, S. 22f. Vgl. hierzu FABRI, Die Sionpilger, S. 60.

[95]   Berlin, Kupferstichkabinett, Nr. 4072, Titelblatt, Süddeutsch, um 1488. Vgl. WESCHER, Beschreibendes Verzeichnis, S. 218.

[96]   Ulm, StA, cod. Fabri 5, fol. 1: *Als man zalt nach cristi geburt m iiii lxxx Jar, do hab ich Brüder felix Schmid von Zürch prediger ordens priest vnd lesmaister vnd prediger zů vlm erworben vrlob von vnserm herlich pater, dem Papst [...].* Vgl. für das Incipit des Titelblattes in Berlin und desjenigen der verlorenen Ulmer Handschrift: FABRI, Die Sionpilger, S. 60. Möglicherweise ist die von Häberlin genannte Abschrift auch mit Ulm, StA, cod. Fabri 5, identisch, so dass das Titelblatt aus diesem Manuskript ausgelöst wurde.

[97]   Kalocsa, Kathedralbibliothek, Ms. 323 (alte Sign. 4873), 135 Bl., 1512. Sie enthält nur den ersten Teil der Wallfahrt bis zur Abreise aus Jerusalem nach Ägypten. Vgl. PERTZ, Archiv der Gesellschaft 6, S. 135f.; Vizkelety, Beschreibendes Verzeichnis, S. 210f. Berlin, StaBi, Ms. Germ. Fol. 1266, 356 u. 358 Bl., 1522. Vgl. DEGERING, Kurzes Verzeichnis 1, 1970, S. 66. Darmstadt, ULB, Hs. 3961. Bei PARAVICINI, Europäische Reiseberichte I, S. 211, irrtümlich Darmstadt, StA.

der *Eigentlichen beschreibung*.[98] Mit dieser Abschrift sind Textzeugen in Eichstätt und Wolfenbüttel eng verbunden.[99] Spätere Kopien, die im Einzelnen noch auf ihren Gehalt zu untersuchen sind, befinden sich in Wolfenbüttel, München und Wien.[100] Neben der handschriftlichen Überlieferung wurde das Werk Fabris im 16. Jahrhundert mehrmals gedruckt. Vermutlich über die 1556 und 1557 erschienenen Drucke[101] wurde der Frankfurter Verleger Sigmund Feyerabend auf die *Eigentliche beschreibung* aufmerksam und nahm sie zusammen mit zahlreichen weiteren Pilgerberichten des 15. und 16. Jahrhunderts in sein *Reyßbuch deß heyligen Lands* auf.[102]

2.3 Die *Sionpilger*

Bei der dritten, umfangreichen schriftlichen Verarbeitung der Reiseerlebnisse handelt es sich um die Beschreibung einer *gaistlich bilgerfahrt gen Iherusalem*.[103] Jeder gute Christ, so Fabri, der dem klerikalen Stand angehört, *begert von gantzem hertzen das hailig land ze sehen · vnd die edlen fußtritt siner hailigkait ze küssen*.[104] Da dies aber gerade Klosterfrauen verwehrt war, verfasste er auf Bitten eines Nonnenklosters die *Sionpilger*. Dieser Pilgerführer sollte es ihnen ermöglichen, die Wallfahrt nach Jerusalem im Geiste und versunken im Gebet nachzuvollziehen.[105] Gemäß dem Vorwort einer

---

[98] Stuttgart, Württembergische Landesbibliothek, HB I 26 (Weingarten G 32), Deutsche Sammelhandschrift, 247 Bl., Anfang 16. Jh., fol. 75r-184v. Vgl. AUTENRIETH/FIALA, Handschriften der ehem. Hofbibliothek Stuttgart 1,1, S. 40-42.

[99] Eichstätt, UB, Eigentum des Freistaates Bayern, Cod. st 676 (4° 55), I, ev. 16. Jh., fol. 1r-198v; Wolfenbüttel, HAB, Cod. Guelf. 18. 14. Aug., 4°, 16. Jh., 270 Bl., fol. 1r-168r. Vgl. HEINEMANN, Die Augusteischen Handschriften 7/4, S. 247; HERZ, Die ‚Reise ins Gelobte Land', S. 137-141; FABRI, Die Sionpilger, S. 60f.

[100] Wolfenbüttel, HAB, Hs. 44. 11. Aug. fol., Sammelhandschrift, 17. Jh., 572 Bl., fol. 219r-307v. Vgl. HEINEMANN, Die Augusteischen Handschriften 6/3, S. 259-261. München, clm 1016, 16. Jh., fol. 74r-82v (Auszug aus der Sinaibeschreibung); München, clm 1275, (17./18. Jh.), fol. 1r-197r. Wien, ÖNB, cvp 2906 [Hist. Prof. 442], Sammelhandschrift, 15. Jh., fol. 144v-185v. Vgl. MENHARDT, Verzeichnis, S. 607f. Nach HANNEMANN, Felix Fabri, Sp. 687, soll es sich hingegen um einen Auszug aus dem Bericht Ludolfs von Sudheim handeln.

[101] Vgl. VD 16, Nr. F 136 und 137. Inhaltlich stimmen die beiden Drucke fast völlig überein. Hierzu FEILKE, Felix Fabris Evagatorium, S. 349f. Basierend auf dem ersten Druck von 1556 erschienen 1964 und 1990 zwei gekürzte Fassungen in einer neuhochdeutschen Übertragung. Vgl. ROOB, Die Pilgerfahrt des Bruders Felix Faber; SOLLBACH, In Gottes Namen fahren wir.

[102] FEYERABEND, Reyßbuch des heyligen Lands, fol. 122v-188r. Vgl. SIMON, Sigmund Feyerabend's *Das Reyßbuch*, S. 17f.

[103] FABRI, Die Sionpilger, S. 86.

[104] FABRI, Die Sionpilger, S. 77.

[105] Zur Textgruppe über die geistliche Pilgerfahrt sowie zu Vorläufern und Schriften in der Nachfolge Fabris siehe FABRI, Die Sionpilger, S. 22-51, sowie RAPP, Spiritualität in elsässischen Frauenklöstern, S. 356f. Letzterer erwägt die Möglichkeit, dass ein Pilgerführer, den Johannes Gerson für ein Dominikanerinnenkloster in Straßburg verfasste, Fabri als Vorbild gedient haben könnte.

heute verlorenen Abschrift wünschten die Nonnen keine Erzählung der tagtäglichen Reiseerlebnisse und keine ausführliche Beschreibung aller durchwanderten Länder und Städte wie im *Evagatorium*. Damit die Andacht und das Gebet ganz im Zentrum stehen konnten, sollte der Schwerpunkt nicht auf irdischen und profanen Dingen, sondern auf den heiligen Stätten des Gelobten Landes liegen. Die Klosterfrauen sollten unterstützt werden, durch geistige Übungen dem himmlischen Jerusalem näher zu kommen.[106] Fabri tat sich mit dieser Vorgabe, die ihm *ze hoch und ze gaistlich* erschien, zunächst schwer. Erst nach dem Hinweis, sich an einem Traktat Bonaventuras über die *wegfertigkait dess gemietz in got* zu orientieren, vermochte er die Schrift im Sinne der Klosterfrauen zu erstellen.[107]

Dennoch griff er auf die Erfahrungen seiner eigenen Wallfahrten zurück und verband sie mit spirituellen und moralischen Bemerkungen. Dabei führte Fabri die Nonnen auf ihrer imaginären Reise nicht nur nach Jerusalem, sondern auch zu den beiden anderen großen christlichen Wallfahrtsorten, nach Rom und Santiago de Compostela.[108] Er integrierte zudem bedeutende Heiligtümer wie das englische Canterbury oder Lough Dergh in Irland, an dem der heilige Patrick seine Visionen des Fegefeuers erlebte.[109] Ausgangspunkt der Wallfahrten ist jeweils Ulm. Dort sollten sich die Pilgerinnen aus verschiedenen dominikanischen Frauenklöstern der Region versammeln und zunächst die Kirchen und heiligen Stätten der Stadt besuchen.[110]

Zu den *Sionpilgern* siehe zudem HERBERS, Felix Fabris „Sionpilgrin", S. 200; DERS., „Wol auf sant Jacobs straßen!", S. 139-143; CLASSEN, Imaginary Experience.

[106] Hier nach dem Vorwort der verlorenen Berliner Handschrift, das gegenüber dem Vorwort in der von Carls edierten Ulmer Handschrift ausführlichere Informationen über die Textentstehung gibt. Vgl. FABRI, Geistliche Pilgerfahrt, S. 282: *aber die closter leut haben von im wellen haben sein pilgerfart in dem usseren ruhen wandel, von ainer tagraiss zu der andern, on all in zug der hohen vernifftigen speculacion, mit bestimung der hailigen stetten, des hailtums und des ablas, so wellen sey in ir ruw und in irm closterleben stet beleiben und mit ettwaz iebungen tugentsamlich pilgrin des hailigen lands werden und die pilgerfart miess ina sein ain beraitschafft uff die wegfertigung des gemietz in got, von der Sant Bonaventura redt.*

[107] FABRI, Geistliche Pilgerfahrt, S. 282. Auch zitiert von HUSCHENBETT, Literatur der deutschen Pilgerreisen, S. 43f. Abweichend interpretiert GANZ-BLÄTTLER, Andacht und Abenteuer, S. 258, die nicht ganz eindeutige Formulierung. Demnach habe Fabri zunächst die Klosterfrauen auf die Schrift Bonaventuras verwiesen, diese hätten aber darauf bestanden, dass er die geistliche Pilgerfahrt auf der Basis seiner eigenen Reiseerfahrungen ausarbeiten sollte. Zu dem im Vorwort der Abschrift geäußerten angeblichen großen Interesse der Dominikanerinnen, die aus großer Entfernung angereist seien, um aus der Schrift zu hören, siehe die Kritik bei EHRENSCHWENDTNER, Die Bildung der Dominikanerinnen, S. 264.

[108] Entgegen der Vermutung u.a. von GANZ-BLÄTTLER, Andacht und Abenteuer, S. 76, beruht die Beschreibung der Santiagoreise nicht auf realen Erfahrungen. Vgl. FABRI, Die Sionpilger, S. 24.

[109] Zum Reiseweg vgl. HERBERS, Felix Fabris „Sionpilgrin", S. 205-212.

[110] FABRI, Die Sionpilger, S. 84: *Vnd seind komen gen <u>Vlm</u> · Von sant maria Magdalena ze **Pfortzhain** · Von maria fal ze **Stainhain** von Rúti vnder **Wildberg** von **Wÿler** bÿ esslingen · Von **Gnadenzell** ze Offenhussen · Von **kirchen** · Vnder deck von **Gotteszell** · bÿ gmind Von **Medlingen** · in*

Die *Sionpilger* richteten sich demnach primär an Personen geistlichen Standes und weiblichen Geschlechts, die die Wallfahrt im Geiste nachvollziehen wollten. In zwanzig Regeln definierte Fabri eingangs die Unterschiede zwischen realen und geistigen Pilgern.[111] Auch innerhalb des Textes stellte er den Pilgerinnen des Öfteren die ‚Ritterpilger‘ gegenüber, um auf die gebührende Verhaltensweise für eine Wallfahrt im Geiste aufmerksam zu machen. Die Pilger einer realen Wallfahrt dienten dabei zumeist als Antitypus. Im Mittelpunkt stehen jedoch die heiligen Stätten und die mit ihnen verknüpften biblischen Geschehnisse. Die einzelnen Etappen und äußeren Umstände der Reise spielen demgegenüber nur eine untergeordnete Rolle. Die Tagesreisen richten sich nicht nach realen Bedingungen; einige Teilstrecken legen die Klosterfrauen wortwörtlich im Fluge zurück.[112]

Im Gegensatz zum *Evagatorium* und der *Eigentlichen beschreibung* liegt von den *Sionpilgern* nicht mehr das Autograph Fabris vor. Von diesem kontemplativen Pilgerführer sind lediglich vier Abschriften und eine Kurzfassung bekannt.[113] Eine dieser Kopien ist seit dem Zweiten Weltkrieg verschollen und vermutlich verloren.[114] Alle sind im Zeitraum zwischen 1493 und 1495 entstanden, so dass Fabri die *Sionpilger* parallel oder kurz nach den anderen Reisebeschreibungen verfasst haben dürfte.

2.4 Das gereimte Pilgerbüchlein

Der Beginn des *Evagatoriums* und der *Eigentlichen beschreibung*, in denen Fabri eine geraffte Zusammenfassung seiner ersten Pilgerreise gibt, stellen nicht seine einzigen Zeugnisse über den Jerusalemaufenthalt im Jahr 1480 dar. Er verfasste außerdem ein Reimgedicht, das in einer auf das Jahr 1482 datierten Abschrift überliefert ist.[115] 1064

---

*der guldin aw · Von **Medingen** · vndar witteslingen.* Die Aufzählung lässt möglicherweise Rückschlüsse zu, in welchen Klöstern Fabri predigte.

[111] FABRI, Die Sionpilger, S. 78-84. Vgl. hierzu HERBERS, Felix Fabris „Sionpilgrin“, S. 202-204.

[112] FABRI, Die Sionpilger, S. 289: **Die Clxxj tagraiß ist groß vnd wÿtt Die ain ritter bilgrin nit moecht in vil tagen verbringen Also das er iiij oder · v tag muest haben Das ain Sÿon bilgrin in aim tag erloufft Wenn si fliegent dau hin Daurumb das es die lút wundret Vnd sprechen Qui sunt isti qui ut nubes volant et quasi columbe ad fenestras suas.** Siehe auch ebd., S. 25, mit Hinweisen auf weitere Textstellen.

[113] Ulm, StA, Cod. 9727, Ulm 1493; Stuttgart, Württembergische Landesbibliothek, Cod. theol. Et phil. 4° 143, Ulm 4. V. 1494; Wien, Schottenstift, Cod. 413 (Hübl 248), Medingen (bei Wittislingen) 3. V. 1495. Zu diesen siehe FABRI, Die Sionpilger, S. 63-72. Die Kurzfassung ist in einem Gebetbuch überliefert (Innsbruck, Tiroler Landesmuseum, Ferdinandeum, Cod. FB 3172, fol. 82r-102v). Vgl. hierzu GÄRTNER, Ein unbekanntes Fragment, S. 209; FABRI, Die Sionpilger, S. 43f. und 552-562 (Edition); HUSCHENBETT, Rezension, S. 367.

[114] Die verlorene Abschrift von 1494 wurde ehemals im Königlichen Museum zu Berlin aufbewahrt und ist nur in Auszügen veröffentlicht. Vgl. FABRI, Geistliche Pilgerfahrt, S. 278-296.

[115] München, BSB, cgm 359, fol. 1r-27r. Vgl. die Edition FABRI, Gereimtes Pilgerbüchlein. BECHSTEIN, Rezension, S. 370-376, übt scharfe, in Teilen aber unberechtigte Kritik an dieser Ausgabe.

Verse schildern die Erlebnisse seiner ersten Wallfahrt. Die Verfasserschaft Fabris geht aus mehreren Versen, in denen der Name *Felix* oder sein Kürzel *f. f. f.* erscheint, eindeutig hervor.[116] Beschrieben werden vor allem die aufgesuchten heiligen Stätten Palästinas, wobei nichts auf die in der lateinischen und deutschen Version geäußerte Unzufriedenheit Fabris hindeutet. Akzentuiert sind daneben auch die Gefahren, die die Pilger auf ihrer Fahrt durch das von der türkischen Flotte beherrschte östliche Mittelmeer zu bestehen hatten. Er begründete die Abfassung des Gedichts damit, dass die Taten, die zu Ehren Gottes unternommen würden, allen Menschen, sowohl Laien als auch Geistlichen, kundgetan werden sollten. Daher sei auch von der tapferen Pilgergesellschaft aus Deutschland zu berichten, die 1480 das Heilige Grab besucht habe.[117]

2.5 Fabris Reisebeschreibungen im Vergleich

Aus der Gegenüberstellung der Pilgerberichte Felix Fabris wird deutlich, dass die für einen unterschiedlichen Rezipientenkreis konzipierten Versionen verschiedene Absichten verfolgten. Entsprechend unterschiedlich sind Aufbau und Inhalt.

Dies zeigt sich beispielsweise bei einem Vergleich der Beschreibungen seiner ersten Wallfahrt, dem gereimten Pilgerbüchlein und der zusammenfassenden Darstellung zu Beginn des *Evagatoriums* und der *Eigentlichen beschreibung*. Auch wenn das Reimgedicht Fabris lediglich in einer Abschrift überliefert ist und nicht rekonstruiert werden kann, für welchen Anlass und für wen er es verfasst hat, wird doch deutlich, dass es in erster Linie Zeugnis über die Jerusalemfahrt 1480 ablegen sollte. Der erfolgreiche Besuch der heiligen Stätten steht im Mittelpunkt der Darstellung. Bezug genommen wird aber ebenso auf die Gefahren und Mühen der Wallfahrt. Dabei hob er das – im Gegensatz zu dem laut Fabri feigen Verhalten der französischen Pilger – äußerst tapfere Auftreten der deutschen Pilger gebührend hervor.[118] Im Unterschied zur lateinischen und deutschen Version tritt Fabri als handelnder Akteur kaum in Erscheinung; im Vordergrund steht die gesamte Pilgergruppe. Für das Missfallen des Dominikaners an der Kürze und Oberflächlichkeit des Besuchs ist im Reimgedicht folglich kein Raum.

Auch TOBLER, Bibliographia geographica Palestinae, S. 55, merkt an, dass ein „korrekterer text" herausgegeben werden sollte.

[116] FABRI, Gereimtes Pilgerbüchlein, S. 22 (782), 27 (982) und 29 (1064). RÖHRICHT/MEISNER, Deutsche Pilgerreisen, S. 50, schreiben die metrische Bearbeitung dem Kopisten Johannes Dillinger zu.

[117] FABRI, Gereimtes Pilgerbüchlein, S. 3: *Was die êr Gots bringet, das sol sîn offenbar: | man sols sagen vnd singen allen menklîch klar, | der welt vnd auch den gaistlîchen, | dasz sy werdint inna, | dasz Got wâr ist ir end. | Got wellint wir arfinden, dasz er vns gnaud verlîch, | dasz wir migint singen in rom vnd hôhem brîs | der starcken fromen bilgerschaft, | die sich von Titschland schwinget vnd bsûcht das holig grab.*

[118] Siehe hierzu die Angaben in Kap. IV.2.

Fabri nutzte seine gereimte Fassung jedoch zu einer Kritik an den herrschenden Zuständen in der Heimat. Auf der Rückreise von Venedig nach Ulm hatte er einige Jerusalempilger wiedergetroffen, die von Räubern all ihrer Habe beraubt worden waren. Voller Empörung klagt Fabri, dass nachdem die Pilger ihre lange und gefährliche Wallfahrt durch fremdes, von den ‚Ungläubigen' beherrschtes Land glücklich überstanden hatten, ihnen nun ausgerechnet in seiner schwäbischen Heimat von Glaubensbrüdern Leid angetan wurde.[119] In der korrespondierenden Passage im *Evagatorium* und der *Eigentlichen beschreibung* sah er hingegen von Kritik ab. Besonders in der lateinischen Version steht seine eigene Person im Vordergrund, indem er die Erleichterung darüber zum Ausdruck bringt, nicht das Angebot dieser Pilger angenommen zu haben, mit ihnen zusammen zu reisen.[120]

Mit dem lateinischen *Evagatorium* und der deutschen *Eigentlichen beschreibung*, die die Erlebnisse der zweiten Reise ausführlich wiedergeben, verfolgte Fabri vergleichbare Intentionen. Seine Reisebeschreibungen sollten vor allem der Unterhaltung und der Belehrung dienen. Dem erfahrenen Leser sollte dabei die eigene Wallfahrt in Erinnerung gerufen und dem unkundigen Leser lehrreiche Informationen über die Reise und das Gelobte Land geboten werden.[121] Es ging ihm vor allem darum, nicht einfach seine eigenen und die Erlebnisse seiner Reisegefährten aufzuzeichnen. Er verstand die Darstellung als Ratgeber für alle Lebenslagen. Die Schilderungen der Erlebnisse und das Studium der Exempel sollten dem Leser Anstöße geben, über sein eigenes Verhalten zu reflektieren und Nutzen aus den Erfahrungen anderer zu ziehen. Zwar erkannte Fabri, dass seine Berichte gelehrten Abhandlungen entsprechen und es nutzbringendere Tätigkeiten als die Lektüre seiner Texte geben kann, aber er sieht sie als eine sinnvolle Möglichkeit, dem Müßiggang wirksam entgegenzutreten. Beide Versionen waren seiner Ansicht nach auch nicht als Pilgerführer zu verstehen. Für Informationen über die Kosten und notwendigen Vorbereitungen waren andere Pilgerbücher zu konsultieren, aus denen ein zukünftiger Jerusalemreisender alles Wissenswerte erfahren kann. Fabri grenzte sich damit klar von den Reiseinstruktionen und Itineraren ab und wollte seine Berichte nicht auf den Status eines bloßen Reisehandbuchs reduziert wissen.

Evagatorium und *Eigentliche beschreibung* unterscheiden sich jedoch hinsichtlich des Adressatenkreises. Während sich die lateinische Fassung an die Ordensbrüder, also Leser aus dem geistlichen Stand wendete, richtete sich die deutsche Fassung vornehmlich an seine adligen Reisegefährten und an ein Laienpublikum. Aus diesem Grund

---

[119] FABRI, Gereimtes Pilgerbüchlein, S. 29: *Dô das der bilgri hôrte, dô ward er ganz erzirnt, | sîn brieder er wol trôste und sprâch: nu zwîflent nit: | dô wirt schwêr rauch von Got gân ab, | dasz von christen lyten gschêcht wirt das heilig grab. | Im gsang musz ich das clagen und machen offenbar, | das wir mit frid sind gfaren durch fremdi land bis har, | in hoide, den Tircken, Kriechen land, | ists uns basz argangen, denn in dem schwaben land.*

[120] Dort ist von vier englischen Pilgern die Rede. In der deutschen Fassung spricht Fabri von fünf Niederländern. Vgl. FABRI, Evagatorium I, S. 59; DERS., Wanderings I, S. 46; Dessau, StB, Georg. Hs. 238, fol 8v.

[121] Vgl. ERTZDORFF, „Evagatorium" und „Eygentlich beschreibung", S. 60.

unterscheiden sich die lateinische und deutsche Version in vielerlei Hinsicht, am offenkundigsten im Umfang. Fabri verzichtete in der deutschen Version weitgehend auf die Exkurse, die im *Evagatorium* weiten Raum einnehmen. Mit der *Eigentlichen beschreibung* strebte er keine enzyklopädische Vollständigkeit an. Die Vermittlung gelehrten Wissens ist einem theologisch vornehmlich ungeschulten Leserkreis angepasst.[122] Im Mittelpunkt steht die Wiedergabe des Verlaufs der Wallfahrt, die durch umfangreiche theoretische Abschnitte immer wieder unnötig unterbrochen worden wäre.[123] Auch in Bezug auf die Rezeption unterscheiden sich die beiden Reisebeschreibungen. Während das *Evagatorium* erst im 19. Jahrhundert gedruckt wurde und erst so die herausragende Stellung Fabris in der Forschung begründete, weckte die handlichere *Eigentliche beschreibung* bereits im 16. Jahrhundert das Interesse. Obwohl sie im Vergleich zur lateinischen Version ungleich kürzer ist, enthält sie gegenüber anderen Pilgerberichten nicht weniger Informationen. Der mitreißende und persönliche Stil Fabris machte sie interessant genug, um mehrfach gedruckt zu werden und Eingang in die große Reisesammlung von Feyerabend zu finden. Infolge dieser mehrfachen Wiederauflage wurde Fabris deutsche Fassung einem noch größerem Lesepublikum bekannt.[124] Xenja von Ertzdorff hat darüber hinaus beim Vergleich der lateinischen und deutschen Version der Reisebeschreibungen festgestellt, dass der Dominikaner eine jeweils andere Erzählhaltung einnimmt. Fabri nähere sich in der *Eigentlichen beschreibung* seinem Predigtstil an und gebe persönliche Erfahrungen und emotionale Eindrücke mit einer größeren Distanz wieder als im *Evagatorium*.[125]

Außer in der Darstellungsform unterscheiden sich beide Versionen auch inhaltlich deutlich voneinander. Dies ist nicht allein dem größeren Umfang des *Evagatoriums* zuzuschreiben. So werden die Reise nach und der Aufenthalt in Venedig, dem Ausgangspunkt der Überfahrt ins Gelobte Land, in der deutschen Fassung nur summarisch wiedergegeben. Auch die Heimfahrt schildert Fabri lediglich in knappen, tagebuchartigen Einträgen, während er in der lateinischen Fassung ausführlich auf die Geschichte und Besonderheiten der besuchten Länder eingeht. Für den Leser der *Eigentlichen beschreibung* sind die Orte zum Auftakt und zum Ende der Reise von geringem Interesse. Es genügte Fabri, nur jene Dinge festzuhalten, die den weiteren Verlauf der Wallfahrt beschleunigten oder verzögerten. Besonders für die Phase nach der Abfahrt aus Ägypten gilt, dass alles Wesentliche zu den Etappen bereits gesagt ist. Für die Leser des *Evagatoriums* nahm Fabri hingegen an, dass ihr Interesse nicht dem Reiseverlauf und den

---

[122]   FEILKE, Felix Fabris Evagatorium, S. 7, sieht gerade in den Exkursen den Reiz von Fabris Werk. Dies veranlasst ihn zu dem Urteil, dass es sich bei der deutschen Version lediglich um eine „lapidare Reisebeschreibung" handele.

[123]   ERTZDORFF, „Evagatorium" und „Eygentlich beschreibung", S. 60.

[124]   Einen Hinweis auf die Rezeption durch andere Pilger findet sich im Bericht über die Wallfahrt des Ludwig Tschudi im Jahr 1519. Allerdings ist der Bericht sowohl von seinem Bruder als auch von seinem Urenkel für die Drucklegung 1606 stark überarbeitet worden. Vgl. ESCH, Vier Schweizer Parallelberichte, S. 358.

[125]   ERTZDORFF, „Evagatorium" und „Eygentlich beschreibung", S. 85.

heiligen Stätten erschöpft war. Er setzte bei dem gelehrten Publikum den Wunsch voraus, geographische, historische, mythologische oder botanische Details erfahren zu wollen. Da die Fülle der verfügbaren Informationen bei der Darstellung der Hinreise nicht verarbeitet werden konnte, verweist er für die Beschreibung einzelner Orte mehrfach auf die Heimfahrt, wo weitere Auskünfte eingearbeitet sind. Auf diese Weise gelang es ihm, auch für die Rückreise den Spannungsbogen aufrechtzuerhalten und dem Leser immer wieder neue und aufschlussreiche Details zu vermitteln.

Ihm persönlich widerfahrene Ereignisse fanden in erster Linie im *Evagatorium* Aufnahme. Daher wird die Reise Fabris von Ulm nach Innsbruck, dem mit seinen Pilgergefährten vereinbarten Treffpunkt, in der *Eigentlichen beschreibung* nicht erwähnt. Für adlige Leser, deren Identifikationsfiguren bereits vor Fabri zum Hof Herzog Sigismunds abgereist waren, waren solche Details nicht interessant. Ähnliches gilt auch für den Landausflug Fabris, als die Galeere in einer kleinen Bucht an der dalmatinischen Küste ankerte. Der Dominikaner nutzte die Gelegenheit, um Kräuter und Pflanzen zu sammeln. Nach botanischen Erläuterungen insbesondere zum Mönchspfeffer betont er im *Evagatorium*, er habe sich aus den gesammelten Kräutern einen Salat zum Abendessen bereitet und sei davon durchaus angetan gewesen.[126] In der *Eigentlichen beschreibung* hält Fabri lediglich allgemein fest, dass in den dortigen Bergen und Tälern viele *wolgeschmackter krütter, besunder der kleinen edlen salbeien* wachsen.[127]

Umgekehrt vermerkte er in der deutschen Version auch Ereignisse, die er für seine Klosterbrüder als unerheblich erachtete. Als die Galeere in den Hafen der Stadt Candia auf Kreta einfuhr und dem Brauch nach durch Salutschüsse begrüßt wurde, verletzte sich einer der Ritter aus Fabris Reisegesellschaft durch die unkontrollierte Zündung einer Kanone so schwer am Bein, so dass *er vil tag dar nach hincken müst*.[128] Fabri hielt das unverschuldete Missgeschick des Ritters aus zwei Gründen fest. Zum einen ist es für die kollektive Erinnerung der Gruppe eine wichtige Begebenheit, die nicht nur wegen der Schmerzen und eventueller Narben am Körper des Betroffenen, sondern auch wegen des Schreckens im Gedächtnis aller haften blieb. Zum anderen strukturiert dieses Ereignis den Reiseverlauf, denn es hilft, die Erinnerung an die lange Schiffsreise mit ihren vielen Stationen in eine chronologische Ordnung zu bringen.

Ein weiterer Unterschied zwischen dem *Evagatorium* und der *Eigentlichen beschreibung* besteht darin, dass Fabri in der deutschen Fassung alle Vorkommnisse, die seinen adligen Reisegefährten missfallen könnten oder sie in ein schlechtes Licht setzen würden, ausblendete oder vorsichtiger formulierte. So kritisiert er beispielsweise im *Evagatorium* deutlich schärfer das Verhalten einiger adliger Pilger in der Grabeskirche, die sich trotz des Verbotes Sekundärreliquien sichern wollten, indem sie mit Werkzeugen

---

[126] FABRI, Evagatorium I, S. 158; DERS., Wanderings I, S. 175.
[127] Dessau, StB, Georg. Hs. 238, fol. 19v.
[128] Dessau, StB, Georg. Hs. 238, fol. 23v.

Steine von den heiligen Stätten abschlugen.[129] An anderer Stelle des *Evagatoriums*
beanstandet er die Leichtgläubigkeit der Pilger, die dem Jordanwasser magische Kräfte
zuschrieben. In der *Eigentlichen beschreibung*, in der deutlich wird, dass auch seine
adligen Gönner dort ihre mitgebrachten Glöckchen weihen, hält er sich mit Kritik dagegen zurück.[130]

Ebenfalls erwähnt Fabri in der *Eigentlichen beschreibung* nicht, dass sich auch eine
Frau unter den Wallfahrern aufhielt. Alle Pilger hatten sich reisefertig auf der außerhalb
der Lagune ankernden Galeere des venezianischen Patriziers Piero Lando eingefunden
und bei starkem Wellengang in sehnsüchtiger Erwartung der Abfahrt bereits die zweite
Nacht an Bord verbracht. Der Patron zog es dagegen vor, nochmals in seinem heimischen Palazzo zu nächtigen und kehrte erst am folgenden Tag mit zusätzlichen Passagieren zurück, unter denen sich auch die Frau eines flämischen Wallfahrers befand. In
der deutschen Fassung richtet sich der Zorn der Pilger aus mehreren Gründen auf den
Patron: Zum einen hatte er die Pilger ohne Speise oder ihnen die Möglichkeit zu geben,
sich selbst zu verköstigen, *vff dem mer jm ellend* zurückgelassen. Zum anderen mussten
sie die Nacht auf der schwankenden Galeere ausharren, so dass die seekranken Pilger
am Morgen danach *allsamet bloed vnd schwindlig, vnlustig ze essen und ze trincken*
waren. Drittens nutzte der Patron die aufklarende Wetterlage nicht postwendend zur
Abreise, sondern warb stattdessen weitere Passagiere an, so dass es auf dem Schiff *eng
vnd vol lùten* wurde.[131]

Von der Präsenz einer Frau erfahren nur die Leser des *Evagatoriums*. Danach waren
die Pilger in erster Linie wegen der Mitnahme des Weibes über den Patron verärgert,
zumal sich der erste Eindruck, es handele sich um eine ruhelose und überaus neugierige
Person, auch noch bestätigte. Anstatt sich – wie es der Sitte gebührte – vornehmlich in
der Kabine aufzuhalten und sich von der Männergesellschaft abzusondern, sei sie ständig auf dem Schiff herumgelaufen und habe begierig alles sehen und hören wollen.
Folglich sei sie bei den Pilgern äußerst verhasst gewesen.[132]

Fabri hat dies in der *Eigentlichen beschreibung* nicht nur verschwiegen, um seinen
adligen Reisegefährten die unangenehme Erinnerung an jene Frau zu ersparen, die sich
seiner Charakterisierung zufolge mit albernem Geschwätz und vorlauten Einmischun-
gen in noch so belanglose Angelegenheiten äußerst unbeliebt gemacht hatte.[133] Durch
die Erfahrungen auf seiner ersten Wallfahrt hatte er bereits, erfahren, dass die Teilnahme von Frauen bei den standesbewussten Adligen ein steter Konfliktherd war. Denn in
der Tradition der Kreuzfahrer suchten sie mit der prestigeträchtigen und abenteuerli-

---

[129]   Vgl. FABRI, Evagatorium II, S. 97; DERS., Wanderings II, S. 90f.; Dessau, StB, Georg. Hs. 238,
        fol. 96v-97r. Vgl. hierzu ausführlich SCHRÖDER, Reiseandenken aus Jerusalem, S. 95.
[130]   FABRI, Evagatorium II, S. 41-44; DERS., Wanderings II, S. 19-23; Dessau, StB, Georg. Hs. 238,
        fol. 87r. Vgl. hierzu SCHRÖDER, Reiseandenken aus Jerusalem, S. 97.
[131]   Dessau, StB, Georg. Hs. 238, fol. 15v-16v.
[132]   FABRI, Evagatorium I, S. 149f.; DERS., Wanderings I, S. 166f.
[133]   FABRI, Evagatorium I, S. 169; DERS., Wanderings I, S. 190.

chen Reise ihre Tapferkeit unter Beweis zu stellen, um als Lohn den Ritterschlag am Heiligen Grab entgegen nehmen zu können.[134] Dieses Selbstverständnis ließ sich weder aus der eigenen noch aus der Perspektive der Daheimgebliebenen aufrechterhalten, wenn Frauen dieselben Gefahren und Strapazen auf sich nahmen und gar besser meisterten als die stolzen Ritter, die sich auf den Spuren Gottfrieds von Bouillons sahen.[135]

Ertzdorff konnte in ihrer Gegenüberstellung herausarbeiten, dass bestimmte Ereignisse in den beiden Fassungen von Fabri anders gewichtet werden. Als Beispiel führt sie seine Beschreibung der wundersamen Reliquie in dem auf dem zyprischen Kreuzberg gelegenen Kloster an.[136] Nach einer unter den Pilgern verbreiteten Legende sollte das dort verehrte Kreuz des Schächers Dysmas freischwebend in der Luft stehen. Im *Evagatorium* schildert Fabri die Position des Kreuzes in einer Kapelle der Klosterkirche, in der es trotz Plünderung und Zerstörung des Konventes unverrückbar bis zum heutigen Tag stehe: Die beiden Enden des Querbalkens sowie der Fuß des Kreuzes seien in Wandöffnungen eingelassen, deren Größe nicht im Verhältnis zu der Dicke des Balkens stünden und den Augenschein erweckten, dass das Kreuz die umgebende Mauer nicht berühre.[137] Aus Furcht vor dem Schöpfer traute sich Fabri jedoch nicht, zur genaueren Untersuchung näher heranzutreten. Er sei auf diesen Berg gestiegen, um das Kreuz zu verehren und nicht, um Gott zu versuchen.[138] Aus der Darstellung der *Eigentlichen beschreibung* geht hervor, dass sich das Wunder einer Sage nach in einer fernen Vergangenheit ereignet habe. Da der Reliquie jedoch nicht genug Ehrerbietung entgegengebracht worden wäre (*nit billich er ward erbotten*), sei das Kreuz mittlerweile *harab gesunken vnd gestelt an dz ort do es iezt stat*. In der Bevölkerung sei dennoch umstritten (*vil disputieres darum*), ob das Kreuz nun *stand, kleb oder schweb oder hang*. Nach vorherrschender Meinung schwebe es noch immer in der Luft, da niemand mit Armen oder Füßen ertasten könnte, ob tatsächlich eine Verbindung bestünde. Während er gemäß dem *Evagatorium* aus Angst, Gott zu erzürnen, vor einer Überprüfung zurückschreckte, verzichtete er laut der deutschen Version auf eine Erkundung des wahren Sachverhaltes, damit er nicht *ze curios vnd ze virwitzig* erschien.[139]

Fabri nahm in seinen Reisebeschreibungen unterschiedliche Bewertungen des vermeintlichen Wunders vor. In beiden Versionen verhinderte die nicht durchgeführte Überprüfung ein eindeutiges Urteil. Durch den Verweis auf die Diskussionen über die

---

[134] Auch 1480 fuhren einige Frauen auf Fabris Galeere nach Jaffa. Er berichtet, dass es einige hochmütige Adlige als Schande empfanden, sich mit den Frauen auf die Wallfahrt zu begeben. Erst nach vielen Diskussionen hätten sich die Besonnenen unter den Rittern durchgesetzt. Vgl. FABRI, Evagatorium I, S. 31; DERS., Wanderings I, S. 11.

[135] Zu diesem Aspekt der Jerusalemwallfahrt und Fabris Beschreibung siehe GANZ-BLÄTTLER, Andacht und Abenteuer, S. 327-329; CRAIG, ,Stronger than men', S. 163-165.

[136] ERTZDORFF, „Evagatorium" und „Eygentlich beschreibung", S. 81-83. Siehe auch MEYERS, Merveilleux, S. 447f.

[137] FABRI, Evagatorium I, S. 174; DERS., Wanderings I, S. 197.

[138] FABRI, Evagatorium I, S. 175; DERS., Wanderings I, S. 198.

[139] Dessau, StB, Georg. Hs. 238, fol. 29r.

Echtheit in der *Eigentlichen beschreibung* ist Fabri in seiner Beurteilung jedoch weitaus zurückhaltender und skeptischer als im *Evagatorium*. Hier ist es auf den Status einer Sage zurückgestuft, die zwar immer noch eine große Überzeugungskraft auf die lokal ansässige Bevölkerung ausübt, aber der fernen Vergangenheit angehört. Freilich lässt auch die lateinische Fassung eine gewisse Distanz Fabris zu dem Wunder erkennen. Da er dort jedoch nur seine Beobachtung mitteilt, nach der das Kreuz keinen Kontakt zu der umgebenden Mauer zu haben schien, und ihn seine religiöse Scheu von einer Erforschung abhielt, gewinnt der Leser den Eindruck, das Wunder müsse wahr sein.[140]

Aus diesen wenigen Beispielen zeichnet sich bereits ab, dass Fabri seine verschiedenen Reisebeschreibungen auf ein bestimmtes Publikum hin abstimmte. Der Dominikaner verarbeitete seine Reiseerlebnisse nicht unreflektiert, sondern wählte aus, welche Informationen für den jeweiligen Leserkreis interessant, unterhaltsam oder von Nutzen sein könnten. Besonders deutlich wird dies in der Gegenüberstellung des lateinischen *Evagatoriums* mit der deutschen *Eigentlichen beschreibung*. Auf gelehrte Abhandlungen, mit denen er Mönche seines Klosters zu belehren sucht und zugleich seine eigene Belesenheit unterstreicht, hat er in der vornehmlich für Laien konzipierten deutschen Fassung verzichtet, um sie nicht mit langatmigen Exkursen zu langweilen oder zu überfordern. Gegenüber seinen Klosterbrüdern konnte er Missstände viel offener ansprechen, während er sich gegenüber seinen adligen Auftraggebern sowie einem für ihn unüberschaubaren weiteren Leserkreis mehr Zurückhaltung auferlegen musste und heikle Dinge lieber außen vor ließ. Daher durfte er es sich in der deutschen Fassung nicht erlauben, das Verhalten der Adligen beim Glücksspiel als töricht zu brandmarken. Wie Ertzdorff zeigen konnte, hielt sich Fabri in seiner *Eigentlichen beschreibung* auch mit seiner persönlichen Überzeugung stärker zurück. Dies wirkt sich auf die Schilderung der Reiseerlebnisse aus und führt bei der Beschreibung des Wunders vom Kreuz des guten Schächers zu einer anderen Bewertung. An diesem Beispiel wird deutlich, dass er zumindest gelegentlich auch das Fremde und Andere im Hinblick auf das anvisierte Zielpublikum unterschiedlich darstellte.

---

[140] ERTZDORFF, „Evagatorium" und „Eygentlich beschreibung", S. 83. In den *Sionpilgern* verweist Fabri nur auf das *Evagatorium* und die *Eigentliche beschreibung*. FABRI, Die Sionpilger, S. 104.

3.   Pilgerberichte als Quellen Fabris

3.1   Burchard von Monte Sion (ca. 1283)

Der vermutlich aus Barby in der Nähe von Magdeburg stammende Dominikaner Burchard von Monte Sion hielt sich um 1283 im Heiligen Land auf, also wenige Jahre vor dem Fall von Akkon.[141] Diese Stadt wählte er als Ausgangspunkt, um geordnet nach den Himmels- und Windrichtungen die heilsgeschichtlich relevanten Orte Syriens und Palästinas zu beschreiben. Im Mittelpunkt steht eine ausführliche Betrachtung Jerusalems.[142] Burchard konzentriert sich in seiner systematischen Beschreibung vor allem auf die Topographie des Landes und die Lage der heiligen Stätten. In den abschließenden Kapiteln gibt er jedoch auch einen Überblick über Fauna und Flora und stellt die im Heiligen Land lebenden christlichen Konfessionen und Bevölkerungsgruppen vor.

Burchards Text hat maßgeblichen Einfluss auf die Beschreibungen späterer Pilger ausgeübt. Zwei Redaktionsphasen seines hinsichtlich Entstehung und Überlieferungsgeschichte noch wenig untersuchten Berichts lassen sich unterscheiden, wobei Burchard möglicherweise zunächst eine erste kürzere Fassung verfasste, diese in einem zweiten Arbeitsgang deutlich ausbaute und ihr offenbar auch Kartenmaterial beifügte.[143] Wenigstens 93 überlieferte Handschriften seiner lateinischen Beschreibung des Heiligen Landes zeugen von einer weiten Verbreitung im Spätmittelalter. Dabei wurde sein Bericht auch ins Deutsche und Französische übertragen und ist noch Bestandteil der gegen Ende des 16. Jahrhunderts von Sigmund Feyerabend herausgegebenen Reisesammlung.[144] Burchards Text ist zudem interpoliert in das *Rudimentum novitiorum*, einer 1475 gedruckten Weltchronik, und ging hierüber auch in den Pilgerbericht Bernhards von Breidenbach ein.[145] Felix Fabri gibt an, den populären Bericht Burchards auf seiner Reise mitgeführt zu haben und kennzeichnet ihn somit als eine seiner wichtigsten Quellen.[146] Fabri orientierte sich in erster Linie bei der Darstellung Jerusalems an Burchards Text, distanziert sich aber verschiedentlich auch von dessen Aussagen.

---

[141]   Vgl. hierzu SCHNEIDER, Burchardus de Monte Sion, Sp. 1117f.; TZEWERS, Itinerarius, S. 38.

[142]   Siehe ROTERMUND, Das Jerusalem des Burchard vom Berge Sion.

[143]   Die längere Fassung wurde von Laurent ediert, auf dessen Basis Aubrey Stewart eine englische Übersetzung anfertigte. Vgl. BURCHARD VON MONTE SION, Descriptio Terrae Sanctae; DERS., A Description of the Holy Land. Von der kürzeren Fassung, die in einem Druck aus dem 18. Jahrhundert überliefert ist, liegt keine Edition vor. Vgl. hierzu TZEWERS, Itinerarius, S. 38. Zu der Frage der Karten bei Burchard siehe zuletzt BAUMGÄRTNER, Reisebericht und Karten, S. 108f.

[144]   Zur Überlieferung siehe BURCHARD VON MONTE SION, Descriptio Terrae Sanctae, S. 5-18. Zur Ausgabe im Druck Feyerabends siehe SIMON, Sigmund Feyerabend's *Das Reyßbuch*, S. 26f.

[145]   Vgl. hierzu HERKENHOFF, Die Darstellung außereuropäischer Welten, S. 100-111 und 190-194. Zur Verwendung von Burchards Bericht durch Breidenbach vgl. JAHN, Raumkonzepte, S. 87-92.

[146]   FABRI, Evagatorium I, S. 382f.: *Et de hoc facit mentionem Frater Burcardus, Ordinis praedicatorii, qui ante CC. Annos multis temporibus in terra sancta deguit, et ipsam terram sanctam per*

3.2   Wilhelm von Boldensele (1334–1336)

Wilhelm von Boldensele (gest. um 1339), als Sohn eines Stiftsministerialen und Kammerdieners des Bremer Erzbischofs unter dem Namen Otto de Nyenhusen geboren, war bis 1330 Dominikanermönch in Minden. Nach dem eigenmächtigen Verlassen seines Klosters, für das er an der Kurie in Avignon die Absolution erhielt, suchte er unter dem Familiennamen seiner Mutter fortan die Nähe verschiedener Kardinäle.[147] Zwischen 1334[148] und 1336 bereiste Wilhelm den Nahen Osten. Wohl von Konstantinopel aus gelangte er per Schiff nach Alexandria und Kairo, um von dort aus zum Sinai und ins Heilige Land zu pilgern und schließlich Galiläa und Damaskus zu besuchen. Ob er von Beirut aus auf einer Handelsgaleere die Rückreise antrat oder den Landweg wählte, ist unklar.[149]

Sein Bericht fand eine weite Verbreitung. Er ist in mindestens 27 lateinischen Handschriften überliefert und wurde zudem ins Französische übersetzt.[150] Vor allem Ludolf von Sudheim nutzte ihn für seine eigene Darstellung. Aber auch Fabri orientierte sich u.a. bei seiner Beschreibung der Pyramiden an Wilhelms Bericht, ohne den Verfasser namentlich zu nennen. Dabei übernahm Fabri dessen kritische Haltung gegenüber vermeintlich göttlichen Wundern. Wilhelm von Boldensele erklärt z.B. die ,weinenden Säulen' in der Grabeskirche als natürliches Phänomen, äußert sich kritisch gegenüber einem angeblichen Marienwunder in Damaskus oder widerlegt die traditionelle Auffassung, dass Elefanten über keine Kniegelenke verfügen. Er bewertet die persönliche Anschauung in einigen Fällen höher als die in der gelehrten Literatur vertretenen Ansichten, was sich Fabri besonders im *Evagatorium* zunutze macht.

3.3   Ludolf von Sudheim (1336–1341)

Ludolf von Sudheim wirkte als Geistlicher in der Diözese Osnabrück und bereiste nach eigenen Angaben von 1336 bis 1341 im Dienst eines Ritters des Königs von Armenien

---

totum lucide et clare descripsit [...]. [...] quousque ostendi eis descriptionem fratris Burcardi, quam mecum habui [...]. DERS., Wanderings I, S. 477f. Zum Kontext dieser Stelle vgl. Kap. III.2.

[147]   BULST-THIELE/WORTSBROCK, Wilhelm von Boldensele, Sp. 1092f.; GANZ-BLÄTTLER, Andacht und Abenteuer, S. 46; PARAVICINI, Europäische Reiseberichte I, S. 31-36.

[148]   Nach BULST-THIELE/WORTSBROCK, Wilhelm von Boldensele, Sp. 1092, zwischen 1332 und 1336.

[149]   In ebd., Sp. 1093, wird für den Seeweg plädiert. Nach GANZ-BLÄTTLER, Andacht und Abenteuer, S. 46, reiste er über Konstantinopel zurück.

[150]   WILHELM VON BOLDENSELE, Des Edelherren Reise. Eine nur in Manuskriptform vorliegende Untersuchung und Edition gab Christiane Deluz heraus. Vgl. WILHELM VON BOLDENSELE, Liber de quibusdam ultramarinis partibus. Siehe hierzu SCHNATH, Neues über Wilhelm von Boldensele. Eine deutsche Übersetzung wurde von Ferdinand Khull herausgegeben. Vgl. WILHELM VON BOLDENSELE, Ottos von Neuhaus Pilgerfahrt. Zur Überlieferung BULST-THIELE/WORTSBROCK, Wilhelm von Boldensele, sowie BECKERS, Der Orientreisebericht.

den Nahen Osten.[151] Sein dem Paderborner Bischof Balduin von Steinfurt gewidmeter Pilgerbericht ist aber keine Reisebeschreibung im eigentlichen Sinne.[152] Vielmehr handelt es sich um eine Abhandlung über den gesamten Mittelmeerraum, bei der die Reihenfolge der beschriebenen Länder und Städte keinen Rückschluss auf die Chronologie und den Verlauf der Reise zulässt.[153] Ungeklärt sind die Fragen, in welchem Verhältnis zwei sich inhaltlich unterscheidende lateinische Redaktionen und die zahlreich erhaltenen niederdeutschen und hochdeutschen Fassungen zueinander stehen[154] sowie zweitens, ob Ludolf seinen Bericht zunächst auf Latein oder auf Deutsch verfasst hat.[155]

Zu erheblichen Teilen und in einigen Abschnitten sogar wörtlich basiert Ludolfs Bericht auf der Reisebeschreibung von Wilhelm von Boldensele. Doch gewinnt Ludolfs Text durch zahlreiche Ergänzungen und Kürzungen gegenüber Wilhelms Schilderungen Eigenständigkeit. Ludolfs Bericht erlangte nicht nur eine weite handschriftliche Verbreitung, sondern stellt auch den ersten gedruckten Reisebericht dar, der 1468 veröffentlicht wurde. Im 15. Jahrhundert erschienen insgesamt sechs Drucke, darunter allein im Jahr 1477 drei oberdeutsche Ausgaben von jeweils verschiedenen Augsburger Druckern.[156] Für Fabri, aber auch für andere Pilger, stellte Ludolfs Bericht daher eine wichtige Quelle dar, aus der er vor allem für seine gelehrten Exkurse schöpfte. So geht u.a. Fabris Beschreibung der Geographie des Mittelmeerraumes, der Gefahren einer Seereise und des Balsamgartens zu wesentlichen Teilen auf Ludolf von Sudheim zurück.[157]

---

[151] Über seine Person ist abgesehen von den im Bericht enthaltenen Angaben nichts weiter bekannt. Vgl. LUDOLF VON SUDHEIM, Reise ins Heilige Land, S. 4-6; SCHNATH, Drei niedersächsische Sinaipilger, S. 467-469; BULST-THIELE, Ludolf von Sudheim, Sp. 984f.; zuletzt GIERSCH/SCHMID, Rheinland – Heiliges Land, S. 106-123, und TZEWERS, Itinerarius, S. 48f.

[152] Der Arbeit zugrundegelegt ist die nach wie vor die maßgebliche Ausgabe LUDOLF VON SUDHEIM, De Itinere Terrae Sanctae liber. Eine Edition der niederdeutschen Version besorgte Ivar von Stapelmohr, eine Edition der gekürzten Redaktion von Nicolaus von Huda gab G. A. Neumann heraus. Vgl. LUDOLF VON SUDHEIM, Reise ins Heilige Land; DERS., De Itinere Terre Sancte.

[153] JAHN, Raumkonzepte, S. 35, geht von einer geographischen Ordnung von Ludolfs Reisebeschreibung aus und widerspricht damit HUSCHENBETT, Die Literatur der deutschen Pilgerreisen, S. 38, der von Ludolfs Abfolge auf eine heilsgeschichtliche Topographie schließt.

[154] Gemäß LUDOLF VON SUDHEIM, Reise ins Heilige Land, S. 18-20, sind 25 Handschriften der längeren lateinischen und vier Handschriften einer gekürzten und von dem Zisterzienser Nicolaus von Huda kompilierten Handschrift überliefert. Hinzu kommen acht niederdeutsche und sieben hochdeutsche Fassungen. Siehe auch SCHNATH, Drei niedersächsische Sinaipilger, S. 468; BULST-THIELE, Ludolf von Sudheim, Sp. 985; PARAVICINI, Europäische Reiseberichte I, S. 36-44.

[155] Während Neumann davon ausgeht, dass Ludolf seinen Bericht zumindest parallel auch in Deutsch verfasst habe und dieser Grundlage einer lateinischen Übersetzung und Bearbeitung geworden sei, ist mit Stapelmohr wohl davon auszugehen, dass Ludolf zunächst auf Latein schrieb, sein Bericht aber recht bald ins Deutsche übertragen wurde. Vgl. LUDOLF VON SUDHEIM, Reise ins Heilige Land, S. 6-8; DERS., De Itinere Terre Sancte, S. 305-328; RICHARD, Récits, S. 41.

[156] LUDOLF VON SUDHEIM, Reise ins Heilige Land, S. 17f.; HERKENHOFF, Die Darstellung außereuropäischer Welten, S. 52f.

[157] Vgl. die Angaben in Kap. V.

4.   Weggefährten nach Jerusalem: Die Parallelberichte

4.1   Anonymus von Paris (1480)

Über die Wallfahrt 1480 liegen zu Fabris Texten insgesamt vier Parallelberichte vor. Neben Fabri verfassten ein französischer Anonymus, Pierre Barbatre, Santo Brasca und Georg von Gumppenberg je eine Reisebeschreibung.[158] Über den Namen und Stand des französischen Anonymus liegen keine gesicherten Erkenntnisse vor. Arnold Esch schließt aufgrund der häufigen Hinweise auf Paris, dass der Pilger dort seine Heimat gehabt haben könnte.[159] Auch sein Itinerar des Reiseweges startet von Paris aus. Der 1517 gedruckte Bericht sollte ausdrücklich Leser ansprechen, die für eine eigene Pilgerreise Anregungen und Informationen suchten.[160] Dem Vorwort zufolge will der Verfasser seine Aufzeichnungen nicht durch gelehrte Literatur vervollständigen, sondern die Reise so schildern, wie sie sich seinen Augen dargeboten hat.[161] Diesem Bescheidenheitstopos folgend beschreibt er die einzelnen Stationen der Reise recht eingehend, ohne ihnen zusätzliche historische oder andere wissenswerte Angaben hinzuzugeben. Der Schwerpunkt seines Berichts liegt einerseits auf der Beschreibung Venedigs, andererseits auf den heiligen Stätten Jerusalems. Dabei gibt er keinen Hinweis auf die Kürze des Aufenthaltes und die gedrängte Eile, die Fabri für die Wallfahrt 1480 moniert. Die Rückreise wird nur in kurzen Worten geschildert, bevor ein zweites Itinerar von Chioggia bei Venedig bis Paris die Entfernungen des letzten Reiseabschnitts angibt.

4.2   Pierre Barbatre (1480)

Der Geistliche Pierre Barbatre stammte aus Vernon in der Normandie und unternahm seine Wallfahrt im Alter von 55 Jahren. Sein umfangreicher Bericht über die Reise ist in einer erst 1972 wiederentdeckten Handschrift erhalten, bei der es sich wohl um das Autograph des Verfassers handelt.[162] Seine Aufzeichnungen dienten offenbar vor allem der eigenen Erinnerung und haben „keinen erkennbaren Adressaten".[163] Wie der Pariser

---

[158]   Nicht berücksichtigt wird der Bericht Georgs von Gumppenberg, dessen gedrängte Zusammenfassung der Reise in keiner vollständigen Edition vorliegt und für einen Vergleich mit Fabri kaum weitere Erkenntnisse bringt. Vgl. RÖHRICHT/MEISNER, Deutsche Pilgerreisen, S. 115-119.

[159]   ESCH, Gemeinsames Erlebnis – Individueller Bericht, S. 391; PARAVICINI, Europäische Reiseberichte II, S. 102-106.

[160]   Vgl. die Edition von Charles Schefer: ANONYMUS 1480, Le voyage.

[161]   ANONYMUS 1480, Le voyage, S. 2: *non pas maniere de cosmographie ou aultres descriptions artificielles, mais simple-ment et ainsi que les choses se sont offertes [...]*.

[162]   BARBATRE, Le voyage. Zum Manuskript ebd., S. 80f.

[163]   ESCH, Gemeinsames Erlebnis – Individueller Bericht, S. 390; PARAVICINI, Europäische Reiseberichte II, S. 106-108.

Anonymus behandelt auch Barbatre ausführlich den Aufenthalt in Venedig und die Hinreise nach Jerusalem. Dabei zeigt sich ein „auffallendes Interesse und seine besondere Begabung" für architektonische Beschreibungen.[164] Häufig nennt er bauliche Details von Gebäuden und vergleicht diese mit Bauwerken in der Heimat.

Höhepunkt des Berichts sind die detaillierten Schilderungen der heiligen Stätten, während die Rückreise in etwas kursorischen Worten geschildert wird und mit der Ankunft in Venedig endet. Häufig stimmt Barbatres Text mit den Beschreibungen des Pariser Anonymus überein. Gerade aus der beinahe wörtlichen Übereinstimmung in der Schilderung besonderer Ereignisse ihrer Reise schließt Arnold Esch, dass sie ihre Aufzeichnungen ausgetauscht haben und die Ähnlichkeit nicht auf eine unabhängig voneinander benutzte gemeinsame Vorlage zurückgeht.[165]

4.3   Santo Brasca (1480)

Ein weiterer Parallelbericht ist von dem Mailänder Santo Brasca (1444/45–1522/23) überliefert. Seit 1464 stand er im Dienst der Sforza und machte zusammen mit seinem Bruder Erasmo eine steile Karriere. In den neunziger Jahren des 15. Jahrhunderts nahm Brasca viele diplomatische Missionen für Mailand wahr. Mehrmals führten ihn Aufträge an den Hof Maximilians I.[166]

Seinen in *volgare* verfassten Bericht widmete er dem herzoglichen Schatzmeister Antonio Landriano, der laut Brasca aufgrund seiner vielen Pflichten nicht selbst eine Wallfahrt nach Jerusalem in Angriff nehmen konnte.[167] Das Grundgerüst des Textes bildet die Beschreibung des 1458 nach Jerusalem gepilgerten und ebenfalls aus Mailand stammenden Gabriele Capodilesta.[168] Santo Brasca übernahm vor allem die von Capodilesta verzeichneten Gebete und Gesänge, die an den heiligen Stätten gesprochen wurden bzw. die für den Leser des Textes bei seinem geistigen Nachvollzug der Reise bestimmt waren.[169] Brasca baute Capodilestas Aufzeichnungen aber um zahlreiche eigene Beobachtungen aus und fügte seinem Bericht am Ende einige praktische Reisetipps bei,

---

[164]   ESCH, Gemeinsames Erlebnis – Individueller Bericht, S. 393.

[165]   Ebd., S. 394.

[166]   Zur Vita siehe MOMIGLIANO LEPSCHY, Brasca; AMAT DI SAN FILIPPO, Biografia dei Viaggiatori Italiani colla Bibliografia, S. 167f.

[167]   BRASCA, Viaggio in Terrasanta, hier S. 45: *Ad Magnificum Dominum Antonium Landrianum Ducalem Thesaurarium generalem [...] adciò che non possendo epsa per le grandissime sue occupatione publice et private venire al personal vedere et conoscimento di tanto delectabile fructo, ella possa a le volte in le vcatione de suoi impedimenti, legendo quelo, prenderne consolatione et atribuirlo a la personal visitatione.*

[168]   Zum Text Capodilestas siehe die Edition in ebd., S. 165-241. Zur Sprache Santo Brascas siehe MOMIGLIANO LEPSCHY, Santo Brasca: The Language of his Viaggio.

[169]   Zum Verhältnis der Berichte zueinander siehe BRASCA, Viaggio in Terrasanta, S. 32-38.

die ein Indiz dafür sind, dass der 1494 nach Jerusalem gepilgerte Pietro Casola den 1481 gedruckten Bericht Brascas kannte und für seine Aufzeichnungen nutzte.[170]

4.4   Paul Walther von Guglingen (1481–1484)

In Begleitung eines weiteren Mitbruders brach der Franziskaner Paul Walther von Guglingen 1481 zu einer Jerusalemwallfahrt auf. Über seine Person ist außer den wenigen biographischen Angaben, die er in seinem Bericht selbst gibt, nichts bekannt. Danach trat er 1440 dem Chorherren-Orden vom Heiligen Grab bei und schloss sich nach 18 Jahren der Observantenbewegung der Franziskaner an.[171] 1482 erreichte er das Heilige Land und verbrachte beinahe ein Jahr bei seinen franziskanischen Ordensbrüdern im Jerusalemer Sionskloster. Gern wäre er dort für den Rest seines Lebens geblieben, doch forderte der Guardian ihn auf, nach Europa zurückzukehren, um am burgundischen Hof für die Sache der Franziskaner in Jerusalem zu werben.[172] Zusammen mit Felix Fabri und Bernhard von Breidenbach pilgerte er zum Katharinenkloster auf dem Sinai und kehrte anschließend mit ihnen nach Europa zurück.

Sein Bericht, der nur in einem lateinischen Manuskript überliefert ist, besteht aus zwei Teilen. Erstens bietet Paul Walther eine ausführliche Beschreibung der Wallfahrt, die auf dem Rückweg in Richtung Burgund abbricht. Zweitens schließt er eine Reihe von historischen und theologischen Exkursen an, in denen er sein Wissen verarbeitete, das er bei seinen Studien in diversen Klosterbibliotheken, darunter auch in Jerusalem, erworben haben will.[173] Vereinzelt sind seinem Bericht Skizzen und Zeichnungen beigefügt. Die Besonderheit bei Paul Walther besteht aus Wortlisten und Tabellen mit Alphabeten verschiedener Sprachen. Die Quellen, aus denen er hierbei schöpfte, und das Verhältnis zu Bernhard von Breidenbach, der Paul Walthers Bericht wohl nutzte, sind nicht letztgültig geklärt.[174] Im Vergleich zu den meisten übrigen Pilgerberichten fällt zudem seine sehr häufige Verwendung der direkten Rede auf. Vor allem die Beschreibung der Ägyptenreise Paul Walthers bietet eine wertvolle Ergänzung zur Darstellung Fabris. In einigen Fällen haben die beiden Pilger ihre Aufzeichnungen möglicherweise ausgetauscht. Sie weisen allerdings auch deutliche Abweichungen auf.

---

[170]   In den Jahren 1497 und 1519 erschienen weitere Drucke. Siehe BRASCA, Viaggio in Terrasanta, S. 35.

[171]   BOSSELMANN-CYRAN, Walther, Sp. 655; PARAVICINI, Europäische Reiseberichte I, S. 195-197.

[172]   PAUL WALTHER VON GUGLINGEN, Itinerarium in Terram Sanctam, hier S. 171f.

[173]   In der Edition von Sollweck sind diese Exkurse nur in stark gekürzter Form enthalten. Eine Neuedition bereitet Dr. Andreas Mohr (Mainz) vor. Eine Handschriftenbeschreibung liefert BOSSELMANN-CYRAN, Das arabische Vokabular, S. 161f.

[174]   Vgl. hierzu ausführlich BOSSELMANN-CYRAN, Das arabische Vokabular.

4.5 Bernhard von Breidenbach (1483)

Ein Parallelbericht zur Reise 1483 ist von Bernhard von Breidenbach (um 1434/1440–1497) überliefert. Der Doktor der Rechte und Domdekan von Mainz gehörte zur Reisegesellschaft um den erst 18jährigen Grafen Johann von Solms-Lich,[175] die sich entgegen der Reisegesellschaft der schwäbischen Ritter mit ihrem Beichtvater Fabri nicht für Piero Landos Schiff, sondern für die Galeere Agostino Contarinis entschied. Mit der Ankunft in Jaffa gehörten Breidenbachs und Fabris Gesellschaft aber fortan derselben Pilgergruppe an. Fabri fand in ihnen darüber hinaus Gefährten für die Sinai- und Ägyptenreise.

Eine Veröffentlichung der Reiseerlebnisse war von Breidenbach, der auch Verfasser einer Reiseinstruktion für den Grafen Ludwig von Hanau-Lichtenberg ist,[176] offenbar von Anfang an geplant. Der nach wie vor nur in einer ungenügenden Teiledition und einer italienischen Übersetzung[177] vorliegende Bericht Breidenbachs erlangte weite Verbreitung und wurde bis 1522 zwölfmal gedruckt und in zahlreiche Sprachen übersetzt.[178] Der in lateinischer Sprache verfasste Erstdruck erschien bereits zwei Jahre nach der Reise und wurde auf der parallel zur Königswahl Maximilians I. in Frankfurt veranstalteten Frühjahrsmesse vorgestellt. Eine deutsche Übersetzung mit leichten Varianten erfolgte nur wenige Monate später.[179] Breidenbach, der der Königswahl persönlich beiwohnte, konnte darauf hoffen, unter den anwesenden Adligen und Patriziern zahlreiche interessierte Leser und Käufer zu gewinnen.

Mit seinem Text, dessen wichtigste Quellen die Berichte Hans Tuchers und Paul Walthers sind,[180] verknüpfte er verschiedene Intentionen. Erstens wollte er die innenpolitischen Reformbestrebungen seines Förderers, Berthold von Henneberg, unterstützen,

---

[175] Zur Biographie Breidenbachs siehe vor allem FUCHS, Die Mainzer Frühdrucke, S. 35f.; SCHNEIDER, Die Reise nach Jerusalem, S. 11f., und zuletzt TIMM, Der Palästina-Pilgerbericht, S. 53-60, die aufgrund neuer Quellen Geburtsjahr und Vita Breidenbachs genauer fassen kann. Vgl..

[176] Vgl. BERNHARD VON BREIDENBACH, Die Reiseinstructionen. Graf Ludwig pilgerte 1484 nach Jerusalem und verfasste hierüber ebenfalls einen Pilgerbericht. Siehe ANONYMUS 1484, Die Jerusalemfahrten.

[177] Vgl. BERNHARD VON BREIDENBACH, Die Reise ins Heilige Land; BERNHARD VON BREIDENBACH, Peregrinationes. Un viaggiatore del Quattrocento.

[178] Sie hierzu die Aufstellung bei DAVIES, Bernhard von Breydenbach, und HERKENHOFF, Die Darstellung außereuropäischer Welten, S. 180-185. Die Angaben bei PARAVICINI, Europäische Reiseberichte I, S. 201-209, sind äußerst unzuverlässig. Vgl. dazu die Korrekturen bei BOSSELMANN-CYRAN, Rezension. Eine Edition der spanischen Druckausgabe besorgte Pedro Tena Tena. Vgl. BERNHARD VON BREIDENBACH, Viaje de la Tierra Santa. Vgl. TENA TENA, La peregrinaciòn.

[179] Eingesehen wurden zwei in der Universitätsbibliothek Göttingen aufbewahrte Exemplare des jeweiligen Erstdruckes (4 ITIN I, 2295 INC; 4 ITIN I, 2293/m INC). Zitiert wird nach der deutschen Übersetzung, die weitgehend mit der lateinischen Ausgabe übereinstimmt. Wenn Abweichungen vom lateinischen Text vorliegen, wird dies kenntlich gemacht. Vgl. BERNHARD VON BREIDENBACH, Die heyligen reyßen; DERS., Peregrinatio.

[180] Siehe mit weiterer Literatur TIMM, Der Palästina-Pilgerbericht, S. 80-97.

der 1485 zum Erzbischof von Mainz gewählt wurde. Breidenbach verteidigt in seinem Vorwort das im Jahr zuvor erlassene Zensuredikt Bertholds und kritisiert auf drastische Weise die Missstände der zeitgenössischen Literaturpraxis.[181] Zweitens stellt sein Bericht einen Aufruf zu einem Kreuzzug und der Rückeroberung des Heiligen Landes dar. Innenpolitisch sollte damit ein weiteres Ziel Bertholds unterstützt werden, der der politischen Zersplitterung des Reiches und den partikularen Interessen der Fürsten entgegentreten wollte.[182] Gerade mit der anstehenden Wahl Maximilians verknüpften sich große Hoffnungen auf eine Stabilisierung und Einigung des deutschen Adels. Durch die rechtzeitige Veröffentlichung des Berichts zur Königswahl sollten die Entscheidungsträger im Reich direkt angesprochen werden.[183]

Diesem Ziel folgend werden die außenpolitischen Gefahren durch Osmanen und Sarazenen stark hervorgehoben und die Muslime und orthodoxen Christen auf extreme Weise diffamiert. Breidenbachs Reiseerlebnissen bilden gleichsam einen Rahmen, um in ausführlichen, gelehrten und thematisch gegliederten Exkursen auf den beklagenswerten Zustand des Heiligen Landes und die bösartigen Absichten der ‚Ungläubigen‘ aufmerksam zu machen sowie die Leser zu mahnen, zu christlicher Eintracht zurückzufinden und all ihre Kraft gegen die äußeren Gefahren zu richten.[184] Diese aus diversen Quellen kompilierten Exkurse verfasste Breidenbach nicht selbst. Sie gehen auf den Dominikaner und Theologieprofessor Martin Rath zurück. Breidenbach selbst verliert hierüber in seinem Bericht kein Wort. Vielmehr wird dies von Fabri vermerkt, der Rath sogar als Autor des gesamten Werkes betrachtet.[185]

Zu der weiten Verbreitung des Werkes trugen indes weniger die gelehrten Exkurse, sondern die zahlreichen Illustrationen von Städten, Menschen und Tieren bei. Diese großformatigen und äußerst realistisch wirkenden Abbildungen waren im Buchdruck

---

[181] Hierzu WEINMAYER, Studien zur Gebrauchssituation, S. 171-179; TIMM, Der Palästina-Pilgerbericht, S. 330-332.

[182] TIMM, Der Palästina-Pilgerbericht, S. 336-351. Ausführlich bereits hierzu auch BOSSELMANN-CYRAN, Einige Anmerkungen, bes. S. 103-112.

[183] Die zahlreichen flüchtigen Fehler des Erstdrucks sind ein Indiz, dass unter großem Zeitdruck gearbeitet wurde. Vgl. TIMM, Der Palästina-Pilgerbericht, S. 350.

[184] Zu Komposition des Werkes siehe TIMM, Der Palästina-Pilgerbericht, S. 72-80; ROHRBACHER, Bernhard von Breydenbach.

[185] FABRI, Evagatorium I, S. 347 und 353: *Si cui autem placet aliquid de his videre, legat peregrinale domini decani moguntinensis ecclesiae, quod loco sui confecit venerabilis sacrae theologiae professor egregius, Pater Martinus Röth, Conventus phorcemensis Ordinis Praedicatorum, qui, uti vir doctus, multa de erroribus habitantium in Jerusalem gentium accurate disseruit per longum in eodem peregrinali. [...] Bernhardus de Braitenbach, qui nullis parcens sumtibus pro ordinata compositione sui peregrinalis sive itinerarii induxit venerabilem magistrum, illuminatum theologum et ornatum rhetorem, videlicet patrem Martinum Roth, Ordinis Praedicatorum, quod praefati domini itinerarium ornato et compto stilo composuit, et gentium diversitatem habitantium in Jerusalem cum erroribus et perversitatibus et moribus clare descripsit [...].* DERS., Wanderings I, S. 431 und 438. Vgl. FUCHS, Die Mainzer Frühdrucke, S. 47; TIMM, Der Palästina-Pilgerbericht, S. 95.

bis dato völlig unbekannt. Breidenbach setzt das Medium Bild gezielt als Informationsquelle ein, die eine textliche Beschreibung ersetzen kann.[186] Verfertigt wurden sie von dem eigens für die Reise engagierten Utrechter Maler Erhard Reuwich,[187] der auf der Reise Skizzen anfertigte, vielfach aber auch Vorlagen verwendete, die er beispielsweise in Venedig erwarb oder kopieren konnte.[188] Fabri äußert sich sehr lobend über die Illustrationen.[189] Wie die späteren Jerusalempilger Konrad Grünemberg oder Arnold von Harff kannte und nutzte auch Fabri Breidenbachs Bericht für seine eigene Darstellung. Besonders für die *Eigentliche beschreibung* lehnt sich Fabri wiederholt inhaltlich sehr eng an Breidenbachs Text an, während er diesen im *Evagatorium* mehr als Vorbild für die formale Strukturierung als für eine wörtliche Übernahme nutzt. Fabri betrachtet Breidenbachs Bericht als sehr anschauliche Beschreibung der gemeinsamen Reise. Die gelegentlichen Abweichungen in der Chronologie der Ereignisse zwischen seiner eigenen Darstellung und der Breidenbachs betrachtet er als unbedeutendes Resultat der Gliederung des Stoffes während des Schreibprozesses.[190]

4.6 Konrad Beck (1483)

Konrad Beck (1437–1512) gehörte als Diener des Hans Truchseß von Waldburg zur selben schwäbischen Reisegesellschaft wie Felix Fabri.[191] Während Fabri in der *Eigentlichen beschreibung* angibt, Beck sei ein Bürger aus Memmingen, so geht aus dessen Bericht hervor, dass er aus Mengen stammte. Fabri bezeichnet Beck als ehrlichen und geflissentlichen Menschen.[192] Bei der einzig erhaltenen Handschrift – dem sogenannten

---

186 Zum Text-Bild-Verhältnis vgl. TIMM, Der Palästina-Pilgerbericht; BETSCHART, Zwischen zwei Welten; NIEHR, Wahrnehmung und Darstellung des Fremden.

187 Zur Person Reuwich vgl. TIMM, Der Palästina-Pilgerbericht, S. 287-313. In der Gruppe der Sinaipilger führt Fabri Reuwich als Diener des Grafen von Solms auf. FABRI, Evagatorium II, S. 107; DERS., Wanderings II, S. 104.

188 Vgl. hierzu ausführlich TIMM, Der Palästina-Pilgerbericht. An älterer Literatur siehe BETSCHART, Zwischen zwei Welten; ADLER, Reuwichs Illustration zum Pilgerbericht; CRAMER, Meister der Farbe und des Stiftes; LEHMANN-HAUPT, Die Holzschnitte der breydenbachschen Pilgerfahrt.

189 Vgl. FABRI, Evagatorium I, S. 329; DERS., Wanderings I, S. 406.

190 Dabei zieht er eine Analogie zu den Abweichungen in den Evangelien. FABRI, Evagatorium II, S. 18: *et ibi videbitur clare de omnibus antedictis, videbit etiam brevius verba alia, quae ego multis expressi, et concordantiam ipsius peregrinatorii et mei evagatorii inveniet, demto, quod ego ex industria, coactus ratione, quandoque mutavi dies, in quo nulla vis aut discordantia, cum etiam apud evangelistas hoc factum fuisse constet legenti scripturas.* DERS., Wanderings I, S. 629.

191 HUSCHENBETT, Beck, Sp. 656f.; PARAVICINI, Europäische Reiseberichte I, S. 199-201.

192 FABRI, Evagatorium I, S. 85: *Conradus Beck, vir honestus et providus, civis de Merengen, qui Dominorum provisor fuit et procurator.* DERS., Wanderings I, S. 82. In der deutschen Version ist lediglich Name und Herkunft verzeichnet. Vgl. Dessau, StB, Hs. Georg 238, fol. 10r.

Bartkodex – handelt es sich um das Autograph, das Beck kurz nach der Wallfahrt verfasste und wohl zur eigenen Erinnerung bzw. für die Familie bestimmt war.[193]

Beck beschreibt die Reise in anschaulichen Worten und erwähnt an einigen Stellen Details, die von Fabri nicht verzeichnet sind. Beispielsweise nennt er die Summe, die die Adligen für Einkäufe für die Seereise aufwendeten oder den Betrag, den sie dem Wirt der Herberge in Venedig zahlen mussten.[194] Auch hält er einige nur ihm widerfahrene Begebenheiten fest, obwohl sie ihn nicht immer in einem günstigen Licht zeigen. So musste er für ein im Arsenal berührtes oder stibitztes Stück Zwieback als Ehrstrafe auf einem Esel um die Backöfen reiten.[195] Zum Abschluss seines Berichts deutet er an, dass er nach seiner Rückkehr in Konflikt mit dem Stadtrat geriet und sogar in Kerkerhaft genommen wurde.[196] Konrad Becks Bericht ist besonders wertvoll für die Auflistung der Wallfahrer, die im Jahr 1483 nach Jerusalem pilgerten. Am Ende seines Berichts zählt er anscheinend vollständig alle Pilger auf, die sich an Bord der Galeere Piero Landos befanden und kommt auf insgesamt 102 Pilger aus verschiedenen europäischen Ländern.[197]

5.   Vergleichsberichte zu Fabri von 1450 bis 1500

5.1   Jean und Anselme Adorno (1470)

Vater Anselme (1424–1483) und Sohn Jean Adorno (1444–1512) setzten mit ihrer Jerusalemreise 1470 eine Familientradition fort. Schon der Stammvater der Familie Adorno, Oppicino, der sich aus Genua kommend um 1269 in Brügge niedergelassen hatte, pilgerte ebenso ins Heilige Land wie der Vater und Onkel von Anselme Adorno.[198] Anselme stand in Diensten Karls des Kühnen von Burgund und bekleidete in Brügge u.a. als Bürgermeister hohe Ämter. Nach dem Tod seines Gönners wurde er wegen angeblich schlechter Haushaltsführung zusammen mit weiteren Stadträten angeklagt. 1477 gelang ihm die Flucht an den Hof des schottischen Königs Jakob III., für den er diplo-

---

193   Vgl. BECK, Pilgerfahrt. Zur Handschrift ebd., S. 2 (deutsche Zusammenfassung); VIZKELETY, Beschreibendes Verzeichnis II, S. 77f. Nach Becks Tod blieb die Handschrift im Familienbesitz und wurde 1550 von dessen Enkel neu gebunden. Dabei fügte er dem Manuskript unter einem Marienglas einige Barthaare zu, die von Becks Pilgerbart stammen sollen und denen das Manuskript die Bezeichnung ‚Bartkodex‘ verdankt.
194   BECK, Pilgerfahrt, S. 60.
195   BECK, Pilgerfahrt, S. 61.
196   BECK, Pilgerfahrt, S. 93.
197   BECK, Pilgerfahrt, S. 93-96. Allerdings führt er auch die Reisegruppe um Bernhard von Breidenbach auf, die auf der Galeere von Agostino Contarini fuhren.
198   Pieter und Jacob Adorno stifteten nach ihrer Rückkehr eine 1429 geweihte Jerusalemkapelle in den Abmessungen der Aedicula. Vgl. SCHNEIDER, *Peregrinatio Hierosolymitana*.

matische Dienste leistete, bevor er bei einem Mordanschlag sein Leben ließ. Jean Adorno absolvierte in Pavia ein Studium der Rechte und der Notariatskunst. Diplomatische Missionen im Dienst von Kardinal Philibert Hugonet führten ihn anschließend wiederholt nach Rom und Neapel. Ab 1488 war er Kanoniker im Stift St. Pierre in Lille.[199]

Jean und Anselme Adorno hielten die venezianische Pilgergaleere aufgrund der drangvollen Enge für einen Hort von Krankheiten. Sie entschieden sich daher dafür, von Genua aus mit einem Handelsschiff das Mittelmeer zu überqueren und gelangten über Tunis und Kreta nach Alexandria. Nach der Station in Kairo pilgerten sie in umgekehrter Richtung zum Sinaikloster und nach Jerusalem. Nach einem Aufenthalt in Damaskus kehrten sie auf einer Handelsgaleere von Beirut aus zurück nach Europa. Jean Adorno verfasste im Auftrag seines Vaters auf Basis der unterwegs gemachten Notizen den lateinischen Bericht, der dem schottischen König gewidmet ist und diesem von Anselme Adorno überbracht wurde. Hiervon weicht ein zweites erhaltenes lateinisches Manuskript ab, in dem Jean Adorno gegen Ende seines Lebens die Reisebeschreibung überarbeitete und um einige persönliche Erinnerungen erweiterte.[200] Die Reise wird in aller Ausführlichkeit und unter Benutzung weiterer Pilgerberichte wie z.B. von Jean de Mandeville oder Wilhelm von Boldensele geschildert. Ausdrücklich nimmt Jean im Prolog auf Marco Polo Bezug und würdigt diesen als *nobilissimi animi vir optimus atque prudens*.[201] Nicht allein die heiligen Stätten waren das Ziel der Unternehmung. Die Pilgerfahrt sollte mehr eine Bildungsreise sein und zum Wissen über die verschiedenen Länder und Meere und die vielfältigen Bräuche der Menschen beitragen. Entsprechend häufig wird auf das Aussehen und die Lebensgewohnheiten z.B. der Muslime in Nordafrika und Ägypten eingegangen, wenngleich am Ende in Anspielung auf die Auffassung der ,contemptus mundi' das ernüchternde Ergebnis steht, dass die umgebende Welt voller Trug und Versuchungen, nichts an ihr ewig und von Dauer, sondern alles wankelmütig und vergänglich sei.[202]

---

[199] Vgl. ADORNO, Itinéraire, S. 7-9; GANZ-BLÄTTLER, Andacht und Abenteuer, S. 70f. und 288f.; PARAVICINI, Europäische Reiseberichte III, S. 108f.

[200] ADORNO, Itinéraire, S. 19f.; PARAVICINI, Europäische Reiseberichte III, S. 110-112. Ein drittes, auf flämisch verfasstes Manuskript soll eine Übersetzung von Adorno sein, während aber auch die These vertreten wird, dass es sich um einen Parallelbericht eines flandrischen Reisegefährten handele. Vgl. GANZ-BLÄTTLER, Andacht und Abenteuer, S. 71.

[201] ADORNO, Itinéraire, S. 28.

[202] ADORNO, Itinéraire, S. 30: *Quos vel corpore vel spiritu viatores, serenissime Rex, miles tuus, Ancelmus Adournes qui, etsi rerum experientia sat eluceret, in cognoscendo diversarum terrarum ac marium situs multosque hominum ritus novissime imitatus est [...].* Ebd., S. 424: *Ubi multas regiones locorumque situs parvulosque diversorum populorum ritus intime cum atteritu perpendissemus, passim mundum fallacem, illecebris plenum et imbecillum, nichil in eo perpetuum, durabile, sed labile transitoriumque fore.* Vgl. GANZ-BLÄTTLER, Andacht und Abenteuer, S. 247.

5.2   Alessandro di Filippo Rinuccini (1474)

Alessandro di Filippo Rinuccini (1431–1494) entstammte einer der reichsten und einflussreichsten Familien von Florenz. Als Spross dieser im Handel und Bankwesen tätigen Familie erhielt er eine kaufmännische, wohl aber auch humanistische Ausbildung und arbeitete vermutlich als Gutsverwalter bei Piero de' Medici und Gerozzo de' Pigli. Nur zwei Jahre nach seiner Wallfahrt wandte er sich aber einer geistlichen Laufbahn zu und trat 1476/77 dem Kloster San Marco in Florenz bei. Belange des Klosters führten ihn wiederholt an die Kurie in Rom.[203]

Ursprünglich wollte Rinuccini bereits 1473 nach Jerusalem pilgern. In Venedig musste er aber feststellen, dass sich die Abfahrt der Galeere auf unbestimmte Zeit verzögerte. Offenbar verärgert über die hohen Herbergskosten bei gleichzeitigem schlechtem Service, kehrte er nach Beratung mit Freunden nach Florenz zurück.[204] Erst im darauffolgenden Jahr pilgerte er ins Heilige Land und absolvierte dort das übliche Programm des venezianischen Pauschalangebots. Sein Bericht ist in zwei Handschriften überliefert, die in Florenz und Mailand aufbewahrt werden. Während die Handschrift in Florenz wohl kurz nach der Reise, aber möglicherweise nicht von Rinuccini selbst, sondern einem Mitbruder des Klosters geschrieben wurde, handelt es sich bei der Handschrift in Mailand um eine wenige Jahre später entstandene Abschrift.[205]

Der Bericht, der somit für die Klosterbrüder bestimmt war, setzt sich aus mehreren Teilen zusammen. Einer ausführlichen Reisbeschreibung folgen eine Auflistung der an den heiligen Stätten rezitierten Gesänge und Gebete und eine Aufzählung der im Heiligen Land vergebenen Ablässe. Darauf werden Länder, Städte und heilige Stätten nochmals in der Reihenfolge der Reise aufgeführt und mit topographischen und historischen Bemerkungen detailliert beschrieben. Dabei fließen bissige Kommentare über die Muslime sowie andere nichtchristliche Glaubensgemeinschaften ein. Den Abschluss bildet ein ausführliches Itinerar der Wegstrecke zwischen Florenz und Jerusalem und den Entfernungen zwischen den heiligen Stätten.

5.3   Wilhelm Tzewers (1478)

Wilhelm Tzewers (um 1420–1512) erwarb während seines Studiums in Erfurt verschiedene akademische Grade und wurde dort zum Priester geweiht. An der erst kurz zuvor gegründeten Universität Basel promovierte er zum Doktor der Theologie. Bis 1472 war er mehrfach Rektor und Dekan der theologischen Fakultät. In Nachfolge des Dominika-

---

[203] Vgl. RINUCCINI, Sanctissimo Peregrinaggio, hier S. 17-19.
[204] RINUCCINI, Sanctissimo Peregrinaggio, S. 42: *Di poi stetti in sulla hosteria in Vinegia giorni sei, chon grande spesa e disagio, male servito, a aspettare il passaggio della ghaleo di porto Giaffo, la quale non sendo in ordine né in punto da partire, consigliato da più merchatanti fiorentini et viniziani nostro amici, me ne ritornai a Firenze [...]*.
[205] RINUCCINI, Sanctissimo Peregrinaggio, S. 30-33.

ners Johannes Kreuzer übte er bereits von 1465 an das Amt des Münsterpredigers in Basel aus und konzentrierte sich von 1472 bis 1482 ganz auf diese Tätigkeit. 1484 kehrte er in seine Heimatstadt Aachen zurück, wo er schon seit 1474 eine Domherrenstelle innehatte.[206]

Der in drei Handschriften überlieferte Bericht über seine 1477 angetretene Pilgerfahrt zerfällt in zwei große Teile.[207] Im ersten Teil beschreibt Tzewers nach einigen Reiseinstruktionen und Hinweisen auf den Vertrag mit dem venezianischen Kapitän der Pilgergaleere den Verlauf der eigenen Wallfahrt, bei der eine Landung in Jaffa aufgrund dreier dort vor Anker liegender osmanischer Schiffe nicht möglich war. Die Galeere legte nach einem erneuten Stopp auf Zypern schließlich in Beirut an. Von dort reiste Tzewers mit einigen Pilgern auf kleineren Schiffen entlang der Küste zurück nach Jaffa und konnte schließlich die heiligen Stätten Jerusalems besuchen. Nach einem Aufenthalt in Damaskus kehrte er mit einer Handelsgaleere nach Venedig zurück.

Der zweite Teil seines Berichts ist eine gelehrte Beschreibung des Heiligen Landes, die kaum mehr Bemerkungen zu seiner Wallfahrt enthält. Im Mittelpunkt steht dabei die Stadt Jerusalem mit den bedeutendsten heiligen Stätten der Grabeskirche und des Tempelbergs. Hierzu verarbeitete er zahlreiche Quellen, deren wichtigste neben dem Bericht Burchards von Monte Sion die *Topographia terrae promissionis* des Franziskaners Alessandro Ariosto war. Tzewers traf vermutlich in Jerusalem mit Ariosto zusammen, der sich als päpstlicher Missionar im Orient aufhielt und später als Kreuzzugsprediger in Italien wirkte. Dessen geographisch strukturierte Heilig-Land-Beschreibung diente Tzewers als Vorlage für die Gliederung und inhaltlichen Ausgestaltung des zweiten Teils seines Berichts.[208]

5.4 Hans Tucher und Sebald Rieter (1479)

Die Nürnberger Patrizier Hans Tucher (1428–1491) und Sebald Rieter junior (1444–1488) pilgerten 1479 nach Jerusalem. Sie waren vermögende Kaufleute, die in ihrer Heimatstadt hohe Ämter bekleideten.[209] Tucher, Oberhaupt einer einflussreichen Handelsfamilie, war Mitglied des Stadtrates und übte nach seiner Rückkehr 1480 bis zu seinem Tod das Amt des älteren Bürgermeisters aus. Rieter gehörte dem Inneren Rat an und vertrat infolge seiner guten Beziehungen zum Königshof verschiedentlich die Nürnberger Interessen auf diplomatischen Missionen. Beide führten über ihre Pilgerreise ins Heilige Land und nach Ägypten ein Tagebuch, dass sie untereinander abgli-

---

[206] Zur Vita siehe die Angaben von Gritje Hartmann in Tzewers, Itinerarius, S. 21f. Vgl. zudem Giersch/Schmid, Rheinland – Heiliges Land, S. 135f.

[207] Zur Überlieferung siehe Tzewers, Itinerarius, S. 58-65.

[208] Tzewers, Itinerarius, S. 43-45.

[209] Zu den biographischen Daten siehe die ausführlichen Angaben in Tucher, Die ‚Reise ins Gelobte Land', S. 676f. und 680f. Die Ausgabe von Randall Herz löst das bisher in der Forschung benutzte Faksimile eines 1484 veröffentlichten Druckes von Tucher ab. Vgl. Tucher, Das Reisebuch.

chen.[210] Während Rieters Reisebeschreibung für das interne Familienbuch bestimmt war, in dem schon sein Vater und Großvater ihre (kürzeren) Aufzeichnungen über deren Jerusalemwallfahrten niedergelegt hatten,[211] plante Tucher bereits frühzeitig, seine Aufzeichnungen nach der Heimkehr zu veröffentlichen. Darauf weisen bereits die auf der Reise geschriebenen und in die Heimat gesandten Briefe hin.[212]

Wie Breidenbach erkannte er die publizistischen Möglichkeiten des Buchdrucks, mit denen eine überregionale Verbreitung erreicht und ein Prestigegewinn zu erzielen war.[213] Sein Bericht sollte sowohl dokumentieren, was er *sichtiglich vnd eigentlich gesehen, erfaren vnd erkundigt* habe, als auch dem nachfolgenden Pilger zahlreiche hilfreiche und wissenswerte Tipps für eine eigene Reise an die Hand geben.[214] Dem Bericht sind u.a. die Verträge für die Mittelmeerpassage und Sinaireise, Anweisungen für die notwendigen Reiseutensilien und medizinische Rezepte beigefügt.

Aufgrund der wohl für die mittelalterliche Reiseliteratur einmaligen Quellenlage kann die Entstehung des Berichts angefangen von den Briefen über die verschiedenen Redaktionsstufen bis hin zur Fertigstellung des Druckmanuskripts recht genau verfolgt werden.[215] Mit der ersten, 1482 in Augsburg von Johann Schönsperger erstellten fehlerhaften Druckausgabe war Tucher allerdings nicht zufrieden[216] und gab einen Neudruck in Auftrag, der bereits wenige Monate später in Nürnberg von Konrad Zeninger verwirklicht wurde.[217] Bis 1486 folgten noch vier weitere Druckausgaben.[218]

Infolge dieser zahlreichen Auflagen und der ebenso vielfältigen handschriftlichen Überlieferung, erlangte Tuchers Bericht eine weite Verbreitung im deutschsprachigen Raum und wurde von vielen nachfolgenden Pilgern zur Information oder für die Abfassung ihrer eigenen Berichte genutzt.[219] Zu diesen gehört neben Bernhard von Breidenbach auch Felix Fabri, der Tuchers Bericht bei seiner Wallfahrt mitgeführt und dessen Aufzeichnungen vor Ort überprüft und für korrekt befunden haben will. Fabri war ins-

---

[210]   Zum Verhältnis der Berichte zueinander siehe TUCHER, Die ‚Reise ins Gelobte Land‘, S. 250-256.

[211]   RIETER, Das Reisebuch, S. 36-149.

[212]   In einem Brief an seinen Bruder Endres, den Tucher wenige Tage nach seiner Ankunft verfasste, beschreibt er bereits ausführlich die heiligen Stätten und die Grabeskirche. Vgl. HERZ, Briefe Hans Tuchers.

[213]   WEINMAYER, Studien zur Gebrauchssituation, S. 151-157.

[214]   TUCHER, Die ‚Reise ins Gelobte Land‘, S. 340f.

[215]   Hierzu nahm er die Hilfe des Ratsschreibers Jörg Spengler in Anspruch, der vor allem stilistische Verbesserungen vornahm. Vgl. TUCHER, Die ‚Reise ins Gelobte Land‘, S. 211-222.

[216]   Die Vorgaben Tuchers wurden ungenügend umgesetzt. Zudem wies der Druck zahlreiche Mängel auf. Siehe TUCHER, Die ‚Reise ins Gelobte Land‘, S. 229-236.

[217]   TUCHER, Die ‚Reise ins Gelobte Land‘, S. 237-241.

[218]   Zur Drucküberlieferung vgl. TUCHER, Die ‚Reise ins Gelobte Land‘, S. 241-250; HERZ, Studien zur Drucküberlieferung; HERKENHOFF, Die Darstellung außereuropäischer Welten, S. 166-168.

[219]   Randall Herz nennt die Zahl von 15 Autoren, die bei der Abfassung ihres Berichts Tucher benutzten. Vgl. TUCHER, Die ‚Reise ins Gelobte Land‘, S. XV; HERKENHOFF, Die Darstellung außereuropäischer Welten, S. 171.

besondere von Tuchers detaillierter Beschreibung der Grabeskirche angetan, übersetzte sie ins Lateinische und integrierte sie in sein *Evagatorium*.[220]

5.5 Joos van Ghistele (1481)

Der Ritter Joos van Ghistele (1446–1516) aus Gent bekleidete als Berater entweder am Hof von Maximilian I. und dessen Sohn Philipp dem Schönen oder am Hof Philipps des Guten von Burgund sowie als Vorsitzender der Schöffen in Gent hohe Ämter.[221] Von 1481 bis 1484 bereiste er in Begleitung seines Neffen und des Geistlichen Jan van Quisthout den Vorderen Orient. Nach dem Besuch Jerusalems, wo er mit Paul Walther von Guglingen zusammentraf,[222] führte sie ihr Weg zunächst nach Ägypten. Von dort aus pilgerten sie zum Katharinenkloster auf dem Sinai, um von Aden am Roten Meer wieder nach Alexandria zurückzukehren. Nach einer Reise durch Syrien und Persien und diversen vergeblichen Versuchen, weiter nach Osten vorzudringen und möglicherweise das Land des Priesterkönigs Johannes zu erreichen, kehrten sie von Tripolis aus wieder nach Venedig zurück.

Den in drei Handschriften und drei Druckausgaben aus dem 16 Jahrhundert überlieferten Bericht über seine Reise hat Ghistele nicht selbst verfasst.[223] Vermutlich auf der Basis von Tagebuchaufzeichnungen oder mündlichen Erzählungen von Ghistele oder seiner Begleiter fertigte Ambrosius Zeebout den Bericht an. Zeebout, der in späteren Jahren der Kaplan Ghisteles war, nahm selbst nicht an der Reise teil. In seinem Werk beschränkte er sich nicht auf die Wiedergabe der Reiseerlebnisse, sondern fügte zahlreiche Kapitel mit Beschreibungen der durchreisten Länder, der Sitten und Glaubensvorstellungen fremder Völker sowie historischen und naturkundlichen Exkursen hinzu.[224] Ähnlich wie bei Fabri und Breidenbach handelt es sich demnach nicht allein um einen Reisebericht, sondern um ein enzyklopädisches Werk mit dem Anspruch, alles Wissenswerte über die Länder des Ostens in sich zu vereinen. Hierfür trug Zeebout eine große Zahl verschiedener Quellen zusammen, die auch Fabri für sein *Evagatorium* heranzog.[225] Dies führt in Einzelfällen zu einer sehr ähnlichen Darstellung. Bei der Erläuterung des periodischen Nilhochwassers oder der Geschichte um die Versetzung eines

---

[220] FABRI, Evagatorium I, S. 327f.; DERS., Wanderings I, S. 404. Vgl. Kap. III.2.

[221] Zu Person (mit teilweise abweichenden Angaben), Bericht und Reiseroute siehe ZEEBOUT, Tvoyage, S. XII-XVIII; BEJCZY, Between Mandeville and Columbus, S. 85f.; DIJK, Die Beschreibung, S. 263f.; PARAVICINI, Europäische Reiseberichte III, S. 131-138; YERASIMOS, Les Voyageurs, S. 118f.; ZRENNER, Die Berichte der europäischen Jerusalempilger, S. 70.

[222] PAUL WALTHER VON GUGLINGEN, Itinerarium in Terram Sanctam, S. 141 und 149-151.

[223] Zur Überlieferung siehe ZEEBOUT, Tvoyage, S. XLVIII-LII; DIJK, Die Beschreibung, S. 263.

[224] Zur Komposition und der Rolle Zeebouts siehe DIJK, Die Beschreibung, S. 265 und 270f.

[225] Vgl. die Aufstellung bei ZEEBOUT, Tvoyage, S. XIX-XL. An Pilgerberichten nutzte er u.a. Burchard von Monte Sion, Ludolf von Sudheim, Jean de Mandeville, Jean Adorno und Bernhard von Breidenbach.

Berges in Kairo schöpften sie unabhängig voneinander offenbar aus einer gemeinsamen Vorlage.[226]

5.6   Francesco Suriano (1481–1484)

Der Venezianer Francesco Suriano (1450 – ca. 1529) verbrachte einen Großteil seines Lebens im Heiligen Land. Wenigstens zweimal, von 1493 bis 1496 und von 1512 bis 1515 war er Guardian des Franziskanerklosters in Jerusalem. In dieser Funktion empfing Suriano die aus Europa eintreffenden Pilger und hatte für deren Sicherheit zu sorgen. Seine wohl schon in der Jugend erworbenen Kenntnisse der arabischen Sprache erleichterten dabei die Verständigung mit den Mamluken.[227] Die erste Fassung seines Berichts entstand nach einem dreijährigen Aufenthalt im Franziskanerkonvent in Beirut, von wo er mehrmals nach Jerusalem reiste. 1514 wurde die erste Fassung überarbeitet und für die Druckfassung 1524 abermals ergänzt.[228]

Im Gegensatz zu den übrigen Berichten gestaltete er seinen Pilgerbericht nicht in Form eines Tagebuchs. Es ist vielmehr ein fiktiver Dialog zwischen Suriano und seiner Schwester, einer Nonne des Klosters Santa Lucia in Foligno. Auf ihre Fragen hin gibt Suriano Auskunft über die Gestalt der heiligen Stätten in und um Jerusalem einschließlich der dort zu erwerbenden Ablässe, über die geographische Lage und Geschichte Jerusalems, über die Bewohner und Tier- und Pflanzenwelt. Sein Bericht, dessen Vorlage u.a. der Bericht von Niccolò da Poggibonsi gewesen sein dürfte, sollte dem Leser den Nachvollzug der Reise in Gedanken ermöglichen; ist aber zugleich auch eine gelehrte Abhandlung über die Verhältnisse im Nahen Osten.

5.7   Antonio da Crema und Konrad Grünemberg (1486)

Der in Mantua geborene Antonio da Crema (1435–1489) stand in Diensten der Gonzaga. Sein guter Ruf als Richter bescherte ihm 1479 einen Ruf zum Podestà in Lucca. Aus Furcht vor der grassierenden Pest übte er diesen Posten aber nur sechs Monate aus und kehrte nach Mantua zurück, was zu rechtlichen Streitigkeiten um ausstehende Gehaltszahlungen führte. 1481 bestimmte ihn der Herzog von Mantua zum Podestà von Sermide.[229] Anstoß für seine Wallfahrt seien die Predigten eines Augustineremiten während

---

[226]   Vgl. Kap. III.3 und V.2.
[227]   Zu seiner Person siehe SURIANO, Treatise, S. 1-11. Die nur in geringer Stückzahl publizierte Edition von SURIANO, Francesco, Il trattato di Terra Santa e dell'Oriente di Frate Francesco Suriano, Missionario e Viaggiatore del Secolo XV (Siria, Palestina, Arabia, Egitto, Abessinia ecc.), hg. v. Girolamo GOLUBOVICH, Mailand 1900 war mir nicht zugänglich. Zur Vita siehe zudem GANZ-BLÄTTLER, Andacht und Abenteuer, S. 81f.
[228]   SURIANO, Treatise, S. 15f.
[229]   ANTONIO DA CREMA, Itinerario al Santo Sepolcro, S. 7-11. Vgl. hierzu auch NORI, Crema.

der Fastenzeit 1486 gewesen, der für seine biblischen Auslegungen häufig auf eine eigene Jerusalemreise verwiesen habe.[230] Hierdurch angespornt pilgerte er noch im selben Jahr ins Heilige Land.

In dem Herzog Francesco Gonzaga gewidmeten Bericht, der in einer einzigen mit Miniaturen ausgestatteten und sorgfältig gearbeiteten Handschrift überliefert ist, kommt die humanistische Bildung Antonio da Cremas zum Ausdruck. Besonders in seiner Darstellung der Schiffsreise entlang der Mittelmeerinseln spielt er häufig auf die klassischen antiken Schriftsteller Ovid und Vergil oder die naturkundlichen und enzyklopädischen Schriften von Plinius, Strabon und Pomponius Mela an.[231] Sein Bericht ist weniger ein klassischer Pilgerbericht, in dem allein die heiligen Stätten im Mittelpunkt stehen, sondern soll ähnlich Petrarcas Büchlein über die Reise zum Heiligen Grab ein literarischer Pilgerführer sein,[232] dessen Lektüre zur lehrreichen Unterhaltung dient. Gleichzeitig verdeutlicht Antonio da Crema durch seinen eleganten Umgang mit den Schriften seine große Gelehrsamkeit.

Zur Pilgergruppe des Jahres 1486 gehörte auch der Konstanzer Konrad Grünemberg (gest. 1494). Grünemberg gelang 1465 mit dem von Kaiser Friedrich III. erlaubten Übertritt von den Zünften zu den Geschlechtern ein sozialer Aufstieg ins Patriziat. 1474 ist er erstmals und von 1483 bis zu seinem Tod ständiges Mitglied im großen Rat der Reichsstadt Konstanz.[233] Abgesehen von seinem Reisebericht tritt Grünemberg als Verfasser einer österreichischen Wappenchronik und eines Wappenbuchs in Erscheinung, das beinahe 2000 farbige und mit Legenden versehene heraldische Zeichen enthält.[234]

Sein Pilgerbericht selbst ist in zwei Manuskripten überliefert, die offenbar einige Abweichungen aufweisen.[235] Beigefügt sind seiner Darstellung zahlreiche Federzeichnungen, bei denen die Abbildungen Ehrhard Reuwichs aus dem Bericht des Bernhard von Breidenbach als Vorlage dienten.[236] Wie schon bei Antonio da Crema enthält auch Konrad Grünembergs Bericht nicht selten Reminiszenzen auf antike Autoren. Frei nach dem griechischen Philosophen Archytas von Tarent gibt er als Grund für die Verschriftlichung seiner Erlebnisse in Form eines Tagebuchs an, dass es wenig Freude bereite, *Natur und Ansehn der ganzen Welt, auch der Gestirne Schönheit* zu schauen, wenn man anschließend niemandem davon erzählen könne. Daher wolle auch er seinen zu Hause gebliebenen Freunden von seiner Wallfahrt berichten, einschließlich des *Seltsamen,*

---

[230] ANTONIO DA CREMA, Itinerario al Santo Sepolcro, S. 30.

[231] Zu der Handschrift und Quellen Antonio da Cremas siehe ANTONIO DA CREMA, Itinerario al Santo Sepolcro, S. 20-25. Zur Sprache siehe BONGRANI, Sulla lingua.

[232] Mit dem Unterschied, dass Petrarca selbst nie nach Jerusalem pilgerte. Vgl. PETRARCA, Reisebuch zum Heiligen Grab.

[233] Siehe STELZER, Grünenberg (Grünemberg), Sp. 288-290; GANZ-BLÄTTLER, Andacht und Abenteuer, S. 80; PARAVICINI, Europäische Reiseberichte I, S. 227-230; ZRENNER, Die Berichte der europäischen Jerusalempilger, S. 80f.

[234] STELZER, Grünenberg (Grünemberg), Sp. 289.

[235] Vgl. hierzu HIRHAGER, Konrad Grünembergs Pilgerfahrt, S. 257.

[236] Vgl. BETSCHART, Zwischen zwei Welten, S. 48f. und 300-309.

Gefälligen und Wunderbarlichen, das ihm unterwegs widerfahren sei.[237] Dass Grünemberg seinen Blick hierbei nicht allein auf die heiligen Stätten richtete, sondern die Reise bewusst zur neugierigen Erkundung fremder Sitten nutzte, wird an verschiedenen Stellen seines Berichts deutlich und sogar explizit gemacht: *Item wir Unersättlichen in unsrer Begiede, fremde seltsame Dinge zu sehen, ließen nicht ab, ihnen nachzufolgen [...].*[238] Die Schwerpunkte in seinem Bericht, der nur in einer hochdeutschen Übertragung vorliegt,[239] liegen auf der Beschreibung des Aufenthaltes in Venedig und der Hinreise nach Jerusalem. Die Rückreise wird nach einem Exkurs über die in Palästina herrschenden Mamluken und den Islam hingegen nur summarisch beschrieben.

5.8   Dietrich von Schachten (1491)

Der Geheimrat und mehrmalige Amtmann von Grebenstein und Gieselwerder, Dietrich von Schachten (gest. 1503) gehörte zu dem großen Gefolge, das den Landgrafen Wilhelm I. von Hessen auf dessen Wallfahrt begleitete. Von Schachten gibt an, seinen Bericht nicht aus *hoffartt* oder zu seinem *rhumb* geschrieben zu haben, *sondern mir zu einer gedechtnis undt kurzweil*.[240] Dieser Angabe zufolge war der Bericht zu seiner persönlichen Erinnerung verfasst und eher für seine Familie und nicht für ein breites Publikum bestimmt. Dennoch hat sein Bericht den Charakter einer fürstlichen Hofberichterstattung.[241]

Ausführlich beschreibt Dietrich von Schachten die zuvorkommende Behandlung, die seinem Dienstherrn in Venedig, am Vatikan und an diversen Fürstenhöfen zuteil wurde. Wilhelm I. nutzte die Wallfahrt zur diplomatischen Kontaktpflege und nahm an Turnieren und Tänzen sowie dem Karneval in Venedig teil. Sein in einer Abschrift aus dem frühen 17. Jahrhundert überlieferter Bericht[242] zeichnet sich insbesondere durch die ausführliche Beschreibung Venedigs aus. Lohnenswert für einen Vergleich mit Fabri sind vor allem seine Stellungnahmen zur venezianischen Verfassung und seine kritischen Bemerkungen zur Mode der Venezianerinnen. Aber auch zu Kleidung und Aussehen der Mamluken nimmt Dietrich von Schachten ausführlich Stellung.

---

237   GRÜNEMBERG, Ritter Grünembergs Pilgerfahrt, S. 13.
238   GRÜNEMBERG, Ritter Grünembergs Pilgerfahrt, S. 34. Das Zitat steht im Kontext der Beschreibung einer nach orthodoxem Ritus gefeierten Hochzeit in Zara, der die Pilger beiwohnten.
239   Eine kritische Edition bereitet Andrea Denke (Stuttgart) vor.
240   DIETRICH VON SCHACHTEN, Beschreibung, S. 166. Zum Bericht siehe HUSCHENBETT, Dietrich von Schachten, Sp. 146; PARAVICINI, Europäische Reiseberichte I, S. 240-242. Zur Person siehe DEMANDT, Der Personenstaat der Landgrafschaft Hessen II, S. 727-729.
241   JAHN, Raumkonzepte, S. 37f.
242   DIETRICH VON SCHACHTEN, Beschreibung, S. 163f.

5.9   Pietro Casola und ein anonymer deutscher Parallelbericht (1494)

Pietro Casola (um 1427–1507) entstammte einer angesehenen Mailänder Familie.[243] Zwischen 1460 und 1476 war er Mitglied der ständigen Gesandtschaft an der Kurie in Rom sowie ab 1476 bis wenigstens 1504 Kanoniker an der Mailänder Kirche San Ambrogio Maggiore und Ordinarius am Dom zu Mailand. Abgesehen von seinem Pilgerbericht erscheint Casola, der über gute Kontakte zum Mailänder Hof verfügte und ein herzliches Verhältnis zum Mailänder Erzbischof Guideantonio Arcimboldi pflegte, als Verfasser und Herausgeber mehrerer Werke über das Ambrosianische Ritual.[244]

Von seinem Bericht ist nur ein wahrscheinlich von eigener Hand geschriebenes Manuskript überliefert, dessen erste Seite und ein Teil der Beschreibung seines Aufenthaltes auf Kreta verloren sind.[245] Seine umfassenden Bericht verfasste der zur Zeit der Reise bereits ca. 67 Jahre alte Casola nach eigenen Angaben auf Wunsch einiger Bekannten, wobei die vielen Details zeigen, dass er schon während der Reise Tagebuch führte.[246] Für eine breite Öffentlichkeit war der Bericht jedoch nicht bestimmt.[247] Aufbauend auf den Reisebeschreibungen von Santo Brasca und vermutlich Girolamo Castigliones[248] schildert Casola seine Wallfahrt mit bildhaften und vor allem kritischen Worten. Häufig sind seine Schilderungen mit einer gehörigen Portion Witz und Ironie unterlegt. Außer Fabri im *Evagatorium* äußert sich kein weiterer Pilger so scheinbar unverblümt über die ihm auf der Reise begegnenden Menschen. Casola weiß großherzig zu loben, aber auch scharfzüngige Kommentare abzugeben.

Gegenüber der Wortgewalt Casolas wirkt der Parallelbericht eines deutschen Pilgers geradezu bescheiden. Aufgrund der vielen plastischen Details der Wallfahrt ist das Ur-

---

[243] Zur Vita Rossi Minutelli, Casola; Ganz-Blättler, Andacht und Abenteuer, S. 83; Zrenner, Die Berichte der europäischen Jerusalempilger, S. 93f. (Letztere beide geben irrtümlicherweise Venedig als Gesandtschaftsaufenthalt an).

[244] Casola widmete Arcimboldi beispielsweise sein *Breviario Ambrosiano*. Zum Ambrosianischen Ritual und der Hofkapelle der Sforzas siehe Bailey, Antiphon and Psalm; Merkley/Merkley, Music and Patronage in the Sforza Court.

[245] Grundlage ist die neue Edition des Textes von Anna Paoletti, wobei die englische Übersetzung und Kommentierung von Mary Margaret Newett zahlreiche weitergehende Informationen aufweist. Vgl. Casola, Viaggio a Gerusalemme; Ders., Pilgrimage.

[246] Casola, Viaggio a Gerusalemme, S. 278: *Se a notare questo viagio, fosse stato tropo longo prego li lectori me habiano per excusato, imperò che quili me ne hano pregato l'hano voluto cossì.* Ders., Pilgrimage, S. 345.

[247] Erst im 19. Jahrhundert wurde der Bericht erstmals anlässlich der Hochzeit eines Mitgliedes der Familie Trivulzio veröffentlicht. Grund ist Casolas Freundschaft zu Francesco Trivulzio, eines später seliggesprochenen Franziskanermönchs und berühmten Predigers, der auf der Rückreise starb. Vgl. Casola, Viaggio. Siehe hierzu Sagredo, Nota sul viaggio di Pietro Casola.

[248] Girolamo Castiglione pilgerte vermutlich 1486 nach Jerusalem. Sein mehrfach gedruckter Bericht geht aber in weiten Teilen auf Niccolò da Poggibonsi zurück. Siehe Palma, Castiglione. Zur Abhängigkeit von Brasca siehe Casola, Pilgrimage, S. 9-13.

teil Arnold Eschs, es sei ein Bericht „von ganz gewöhnlichem Mittelmaß",[249] jedoch nicht gerecht.[250] Der Verfasser des in sechs Handschriften aus dem frühen 17. Jahrhundert überlieferten Berichts ist nicht bekannt.[251] Dem Kopist einer der erhaltenen Abschriften zufolge handele es sich um den *Wahrhaffte[n] Extract unnd Beschreibung* der Reise des *Herren Rheinhardi Freiherren zue Bemmelberg* ins Heilige Land, der durch den Schreiber in eine *rechtmeßige Ordtnung widerumben verneuuerett* worden sei.[252]

Es handelt sich um eine recht ausführliche Schilderung der Wallfahrt einer Gruppe von Ministerialen um Reinhard von Bemmelberg und Konrad von Parsberg, die in jeweils zwei Abschriften als Protagonist der Reise genannt und als Mitglied des Johanniterorden bezeichnet werden.[253] Der Schwerpunkt liegt auf den heiligen Stätten Jerusalems und dem Besuch der Reliquien in Venedig. Deutlich beeinflusst ist der Bericht von Hans Tucher. Der Verfasser hat sich anscheinend nicht nur an den Reiseinstruktionen Tuchers orientiert, um in Venedig die benötigten Reiseutensilien einzukaufen, sondern übernimmt auch Teile von dessen Reisebeschreibung.

5.10 Arnold von Harff (1496–1498)

Die zwei Jahre während Reise Arnolds von Harff (1471–1505) ist nicht nur eine Wallfahrt zu allen bedeutenden christlichen Pilgerzentren. Zwar betont er im Vorwort seines Berichts die religiöse Intention seiner Unternehmung, beschrieben wird aber eine Aben-

---

[249] ESCH, Gemeinsames Erlebnis – Individueller Bericht, S. 413.

[250] Der Bericht wurde jüngst auf der Basis der Abschrift G (Gießen, UB, Handschrift Nr. 165, 4°) in einer Studienausgabe ohne kritischen Apparat herausgegeben. Vgl. ANONYMUS 1494, Die Reise. Eine fragmentarische erhaltene Abschrift wurde bereits im 19. Jahrhundert publiziert. Vgl. DERS., Eine Pilgerfahrt. Die fragmentarische Handschrift setzt erst mit dem 98. Tag der Reise und der Beschreibung des Aufenthaltes in Jerusalem ein und bricht inmitten des Eintrages des 178. Reisetages ab, als sich die Pilger auf der Galeere kurz vor der Ankunft in Venedig befanden. Zu den Handschriften siehe FRICKE, Die Itinerarien, S. 21-27.

[251] Zu den in der Forschung vorgenommen verworrenen Zuschreibungen an Ludwig von Greiffenstein und der komplizierten Überlieferungslage siehe die Korrekturen von DELFS, Der Verfasser. Bereits STOLZ, Die Heiliglandfahrt Ludwigs von Württemberg, konnte nachweisen, dass Greiffenstein 1493 nach Jerusalem pilgerte. Dennoch werden die Handschriften bei PARAVICINI, Europäische Reiseberichte I, S. 255-258, als Parallelberichte geführt und ins Jahr 1493 verlegt. Missverständlich, da ebenfalls von Parallelberichten gesprochen wird, ist auch der Artikel im VL von HUSCHENBETT, Ludwigs von Greiffenstein Pilgerfahrt, Sp. 1015. Auch der jüngst von HASECKER, Die Johanniter, S. 40-51, ins Spiel gebrachte Prior des Johanniterordens, Rudolf von Werdenberg, kommt wohl als Verfasser nicht in Frage. Vgl. DELFS, Der Verfasser, S. 45-50.

[252] ANONYMUS 1494, Die Reise, S. 133. Möglicherweise handelt es sich bei dem Kopisten um den Münchner Schreiber Christoph Tegernseer. Vgl. DELFS, Der Verfasser, S. 50-55.

[253] Vgl. hierzu FRICKE, Die Itinerarien, S. 15. Die Familie der von Parsberg stand in Diensten der bayerischen Herzöge, während Reinhard von Bemmelberg als Amtmann den hessischen Landgrafen diente. Vgl. DELFS, Der Verfasser; JEHLE, Parsberg; FRICKE, Die Itinerarien, S. 23f. und 81f.

teuerreise durch die gesamte bekannte Welt.[254] Sie führte den 25 Jahre alten Sohn eines niederrheinischen Landvogtes[255] zunächst nach Rom, bevor er von Venedig aus auf einer Handelsgaleere nach Alexandria gelangte. Von Kairo aus pilgerte er zum Katharinakloster auf dem Sinai. Von dort aus will Arnold von Harff zunächst nicht in die heilige Stadt der Christen gereist sein, sondern in die heilige Stadt der Muslime nach Mekka. Seinen Angaben zufolge ging es weiter in das afrikanische Königreich Moabar, von wo er den Indischen Ozean überquerte und Ceylon und Indien mit dem Grab des Apostels Thomas besuchte. Auf dem Rückweg habe er Madagaskar gestreift und auf der Suche nach dem Paradies die Quellen des Nils gefunden, bevor er schließlich nach Kairo zurückgekehrt sei. Erst jetzt habe er eine Wallfahrt nach Jerusalem unternommen und sei anschließend nach Konstantinopel weitergereist, um über den Balkan wieder Italien zu erreichen. Dort trat er gemäß seinem Bericht aber nicht die Heimreise an, sondern pilgerte nach Santiago de Compostela und weiter zum Mont Saint-Michel. In Paris schließlich wurde er von König Ludwig XII. zum Ritter geschlagen.[256]

Sein Bericht ist somit deutlich der Reisebeschreibung Jean de Mandevilles nachempfunden. Weiter als bis zum Sinai ist Arnold von Harff nicht gekommen. Dennoch sind seine literarischen Zusätze keineswegs bedeutungslos und nicht als Ausbund der „Fantasie und Fabulierfreude" des Verfassers zu sehen.[257] Harff bestätigt vielmehr das gelehrte Wissen der Zeit durch seine vorgebliche persönliche Anschauung und schildert dem Leser somit auf anschauliche Weise die Vielfalt der göttlichen Schöpfung. Trotz der Kompilation seines Berichts aus Mandeville, Tucher, Breidenbach und weiteren Quellen sind viele seiner Bemerkungen originell. So zeigt die Erörterung der Frage nach den Nilquellen, dass er seine Reisebeschreibung bewusst dazu einsetzte, sich in die schon in der Antike geführte Diskussion um den Ursprung des Flusses einzuschalten und eine Gegenposition zu herkömmlichen Anschauungen einzunehmen. Auch stellt seine Beschreibung der politischen Verhältnisse in Ägypten eine wichtige historische Quelle dar.[258] Da er auf seinem Weg nach Jerusalem nicht in einem Pilgertross reiste, sondern sich meist in kleinen Gruppen von Kaufleuten bewegte, hatte er einen direkteren Kontakt zu den Menschen, die ihm auf der Reise begegneten. Vergleichbar zu Fabri rückt Harff immer wieder seine eigene Person in den Vordergrund. Am eigenen Leib erfahrene Begebenheiten sollen die Glaubwürdigkeit seiner Reisebeschreibung erhöhen,

---

[254]   ARNOLD VON HARFF, Die Pilgerfahrt, hier S. 2. Neben einer englischen und teilweisen italienischen Übersetzung ist zuletzt auch eine neuhochdeutsche Übertragung erschienen. Vgl. DERS., The Pilgrimage; DERS., Viaggio in Italia; DERS., Rom – Jerusalem – Santiago.

[255]   Zur Person und Bericht siehe GANZ-BLÄTTLER, Andacht und Abenteuer, S. 85; HONEMANN, Arnold von Harff; KOHLER, Arnold von Harff, S. 2-29; KOKOTT, Der Pilgerbericht; YERASIMOS, Les voyageurs, S. 122f.

[256]   Zur Reise nach Santiago siehe CLASSEN, Südwesteuropäische Grenzüberschreitungen, S. 42-44.

[257]   BECKERS, Die Reisebeschreibung, S. 53.

[258]   Vgl. GROTZFELD, Arnold von Harffs Aufenthalt in Kairo.

für die er auch zahlreiche, von Breidenbach und der Druckausgabe Mandevilles inspirierte Illustrationen und Wortlisten fremder Sprachen beifügte.[259]

Arnold von Harff widmete den Bericht seinem Dienstherren, Wilhelm IV. von Jülich und Berg, und dessen Gemahlin Sybille. Der Text, der diesen als Pilgerführer für eine eigene Wallfahrt dienen sollte,[260] ist in wenigstens 15 Handschriften überliefert, die von einer nicht geringen Rezeption zeugen.[261] Allerdings sind die drei von dem Herausgeber Ewald von Groote benutzten Manuskripte, von denen der sogenannte Codex A den ältesten bekannten Textzeugen darstellt, nach wie vor verschollen.[262]

---

[259]   Zu den Illustrationen siehe BETSCHART, Zwischen zwei Welten, S. 50f. und 309-318; HONEMANN, Die Heiligen. Erstmals in Farbe sind die Federzeichnungen wiedergegeben in ARNOLD VON HARFF, Rom – Jerusalem – Santiago. Zu den Wortlisten siehe BECKERS, Zu den Fremdalphabeten; BOSSELMANN-CYRAN, Das arabische Vokabular des Paul Walther, S. 158-160; ELSIE, The Albanien Lexicon; STUMME, Das arabische und das türkische; SIEWERT, Das bretonische Glossar.

[260]   ARNOLD VON HARFF, Die Pilgerfahrt, S. 2: *So doch darvmb hane ich mich weder gemoyt ind geflissen vrrer beyder vurstliche gnaden zo eren ind walbeuallen dese pylgrymmacien wye ich die vollenbraicht haue die gruntlich off zo schryuen ind dae van eyn boich zo maichen, off vre vurstliche gnaden in der meynonge wurde dese pylgrymmacien zo vollenbrengen, dat dan vre vurstliche gnaede in disem boiche mit mir zo wyllen eyn guede wegewijsonge vinden moechte.*

[261]   Zur Überlieferung siehe besonders JORGENSEN/FERRÉ, Die handschriftlichen Verhältnisse. Darüber hinaus BECKERS, Neues zur Reisebeschreibung; DERS., Zur Reisebeschreibung; HONEMANN, Zur Überlieferung; JORGENSEN, Die Bodleian Handschrift; PARAVICINI, Europäische Reiseberichte I, S. 273-281; ARNOLD VON HARFF, Rom – Jerusalem – Santiago, S. 16-18.

[262]   Laut BECKERS, Neues zur Reisebeschreibung, S. 104, gibt es aber Indizien für einen möglichen Verbleib dieser Handschriften. Vgl. BECKERS/HONEMANN, Zu einer Neuausgabe.

III. Fremde Städte

Für den Landweg nach Venedig, dem Ausgangspunkt der Seereise, nutzten die Pilger die zentralen Handelsstraßen und streiften infolgedessen viele oberdeutsche und nord-italienische Städte. Die große Mehrheit der Pilger aus den deutschen Gebieten nahm den Weg über den Brenner. Fabri wählte für seine Wallfahrt 1483 die Route über Memmingen, Kempten, Innsbruck, Bozen, Trient und Treviso. Die Reisegesellschaft um den hessischen Landgrafen Wilhelm I. reiste im Jahr 1491 ausgehend von Kassel über Marburg, Frankfurt, Heidelberg, Stuttgart und Nürnberg nach Augsburg. Von dort zogen sie auf derselben Route wie Fabri nach Venedig.[1] Bernhard von Breidenbach empfahl in seinen für Graf Philipp den Jüngeren von Hanau-Münzenberg verfassten Reiseinstruktionen ebenfalls die Strecke über den Brenner und vermerkte die zuverlässigen Herbergen entlang der Strecke.[2]

Während der Passage über das Mittelmeer wurden ebenfalls immer wieder Städte angesteuert. Die Pilgergaleere ging, sofern es die Wind- und Wetterverhältnisse erlaubten, u.a. in Parenzo, Zara (Zadar), Ragusa (Dubrovnik), Korfu, Modon, Candia (Chania) auf Kreta, Rhodos sowie in Paphos und Limassol auf Zypern vor Anker. In den meisten Fällen war der Aufenthalt von kurzer Dauer. Die Städte waren überwiegend Zwischenstationen, in denen die Nahrungsvorräte, im Fall der Schiffsreise auch die Bestände an Trinkwasser oder Brennholz ergänzt wurden. Der Aufenthalt bot den Pilgern zudem eine Abwechslung des Reisealltags. Der Besuch von Kirchen und heiligen Plätzen ermöglichte ihnen, sich auf das Ziel der Reise einzustimmen und bereits die ersten Ablässe der Wallfahrt zu gewinnen. Durch den Besuch der profanen Sehenswürdigkeiten verschafften sie sich Zerstreuung und konnten neue Kraft für die folgende Wegstrecke schöpften.

Der Aufenthalt in einer Stadt stellte demnach ein besonderes Erlebnis dar. Nirgends konnten die Pilger auf so engem Raum eine im Vergleich zur Heimat mitunter andere Architektur, differente Sozialstrukturen und fremde Sitten und Gebräuche erleben wie in einer Stadt. Die dort gesammelten Erfahrungen wurden von ihnen als repräsentativer

---

[1] DIETRICH VON SCHACHTEN, Beschreibung, S. 166-170.
[2] BERNHARD VON BREIDENBACH, Die Reiseinstructionen, S. 124-127.

Ausschnitt für das gesamte durchreiste Land gewertet.[3] In diesen Zentren der politischen Herrschaft, der wirtschaftlichen Aktivität oder der Bildung „konkretisieren sich die Vorstellungen sozialer Siedlungs- und Ordnungsformen."[4]

Die Stadtbeschreibungen nehmen folglich in den Pilgerberichten und in Reiseberichten generell breiten Raum ein. Die Länge des Aufenthaltes und die Bedeutung des Ortes korrelieren dabei in der Regel mit dem Umfang der Beschreibung. Abgesehen von Jerusalem, dem Ziel und Höhepunkt der gesamten Reise, trifft dies vor allem auf Venedig und Kairo zu. In allen drei Städten hielten sich die Pilger wenigstens zwei Wochen auf. Dadurch bestand die Gelegenheit, sie intensiv zu erkunden und viele Informationen topographischer, politischer, sozialer und wirtschaftlicher Art zu sammeln. Die Beschreibungen der Pilger sind jedoch nicht allein eine wichtige Quelle für die Sozialgeschichte, indem sie einen Einblick in die Gestalt und Besonderheiten einer Stadt zu einem bestimmten Zeitpunkt bieten.[5] Vielmehr ist zu berücksichtigen, dass der Blick der Pilger nicht unverstellt und unbeeinflusst von äußeren und inneren Umständen gewesen ist. Wenigstens vier Faktoren, die den Prozess der Wahrnehmung und Darstellung beeinflussten, können unterschieden werden. Die Schilderungen der Pilger waren erstens abhängig von der z.T. eingeschränkten Bewegungsfreiheit während des Aufenthaltes. Zweitens bestand das Ziel der städtischen Elite darin, ihre Stadt mit einer bestimmten Image zu versehen, das auswärtige Besucher beeindrucken und in ihrer Meinung beeinflussen sollte. Drittens verfolgten die Pilger mit ihrer Darstellung bestimmte Intentionen und gingen im Hinblick auf das anvisierte Lesepublikum nur auf bestimmte Aspekte der Stadt ein. Dabei lehnten sie sich viertens an das literarische Genre des Städtelobes an, wobei bestimmte Konventionen zu beachten waren.

1. Eingeschränkte Bewegungsfreiheit

Nur selten konnten die Pilger die Stadt auf eigene Verantwortung und ohne Begleitung erkunden. Am ehesten war dies noch in Venedig möglich, doch standen ihnen auch hier städtische Dolmetscher zur Seite. In Jerusalem wurde in der Regel die gesamte Reisegruppe durch Ortskundige durch die Stadt geleitet, die als Reiseführer, Beschützer und Dolmetscher stets auch eine kontrollierende und überwachende Funktion ausübten. Oftmals wählten diese Führer aus, welche Stätten angesteuert und besichtigt wurden. Sie nahmen auf diese Weise gezielt Einfluss auf die Wahrnehmung des in der Regel ortsfremden Pilgers. Dies galt auch für den Aufenthalt in Kairo, währenddessen die Wallfahrer im Haus des obersten Dolmetschers untergebracht waren und ohne dessen Erlaubnis kaum das Gebäude verlassen durften.

---

[3]   Zur Analogie der Stadt als *theatrum mundi* vgl. die kritischen Bemerkungen bei HENNINGSEN et al., Einleitung, S. 9.
[4]   LANDWEHR, Die Stadt auf dem Papier durchstreifen, S. 53.
[5]   THEUERKAUF, *Accipe Germanam pingentia carmina terram*, S. 90.

2. Das Image einer Stadt

Das Bestreben der politischen Entscheidungsträger und der wirtschaftlichen Elite – meist handelte es sich um denselben oder zumindest um einen vielfach verschränkten Personenkreis – lag darin, gezielt ein bestimmtes Image ihrer Stadt zu generieren.[6] Indem bestimmte Plätze als Medien zur Durchsetzung, Vermittlung und Konservierung von identitäts-relevantem Wissen genutzt wurden, sollte die mit dem Ort verknüpfte innerstädtische kollektive Erinnerung strukturiert und an die lokalen sozialen und politischen Gegebenheiten angepasst werden.[7] Dabei war das sich jeweils bietende Bild das Produkt des Selbstverständnisses der Bewohner. Die Pilger wurden während ihres Besuches mit dieser spezifischen Kultur und Identität der Stadtbewohner konfrontiert, was zu einer Veränderung oder Vertiefung der durch das eigene Wissen in Teilen bereits vorstrukturierten Sicht auf die Stadt führen konnte.

Nach Gabriele B. Christmann wird eine städtische Identität u.a. durch eine materielle Vergegenständlichung, beispielsweise einer repräsentativen Architektur gerade des öffentlichen Raumes erreicht.[8] Einzelnen Plätzen wird eine symbolische Funktion zugesprochen, die sie zu „Lieux de mémoire" oder „Erinnerungsorten" aufwertet, um über Generationen hinweg identitätsstiftend zu wirken.[9] Der Ruf und die Reputation der Stadt, die in den Köpfen ihrer Bewohner wie auch ihrer Besucher lebt,[10] sollte nach Möglichkeit Zeugnis ablegen von der politischen, militärischen und wirtschaftlichen Macht, der Frömmigkeit und dem Reichtum ihrer Bewohner. Durch solch städtebauliche und kulturelle Handlungen sollten die kollektive Identität gefestigt und auswärtige Besucher beeindruckt werden.

3. Das Städtelob als literarisches Vorbild

In seiner Stadtbeschreibung verarbeitete der Pilger nicht nur die vor Ort gewonnenen Informationen. Auch das bereits im Vorfeld der Reise erworbene und das während des Prozesses der Verschriftlichung hinzugezogene Wissen über die Stadt flossen in die Darstellung mit ein. Hierbei fällt auf, dass die Stadtbeschreibungen meist nach einem ähnlichen Schema aufgebaut waren. Ein Beispiel hierfür ist der Mailänder Kanoniker Pietro Casola. Die auf dem Weg nach Venedig besuchten Städte beschrieb er nach einem festen Muster unter Angaben des Ursprungs der Stadt, ihrer Lage und Größe, der

---

[6] Vgl. in diesem Kontext die Anmerkungen zum Begriff „Inszenierung" in HENNINGSEN et al., Einleitung, S. 8f. Es wäre zu überlegen, ob diese Formulierung trotz ihrer pejorativen Konnotation auch auf die mittelalterliche Stadt anwendbar ist.

[7] Vgl. hierzu auch ASSMANN, Das kulturelle Gedächtnis, S. 38f. und 59f.

[8] CHRISTMANN, Dresdens Glanz, S. 47 und 49f.; DIES., Städtische Identität, S. 12. Sie unterscheidet hierbei drei (kommunikative) Handlungen, die eine städtische Identität und Stadtkultur ausmachen und differenziert zwischen materiellen, teils materiellen und teils immateriellen, sowie immateriellen Objektivierungen.

[9] NORA, Les lieux de mémoire; Vgl. zur deutschen Begrifflichkeit FRANÇOIS/SCHULZE, Einleitung, S. 17f.

[10] GAUSEMANN, „Ein Bild von einer Stadt", S. 158.

Befestigung und ihrer Sehenswürdigkeiten. Zudem äußerte er sich zur Versorgung mit Alltagsgütern, zum Handelsvolumen und zur Wirtschaftskraft, obwohl davon auszugehen ist, dass die Leser seines Berichts über die Mailand benachbart gelegenen Städte Brescia, Verona, Vicenza und Padua bereits ein vergleichbares Wissen besaßen.[11] Mit ganz ähnlichen Kategorien charakterisierte Casola aber auch das an der dalmatinischen Küste gelegene Ragusa, von dem vorausgesetzt werden darf, dass es dem Leser nicht in gleicher Weise vertraut war. Obwohl der Aufenthalt in der nicht mehr als zwei Tage in Anspruch nahm, beschrieb Casola in einem Exkurs ausführlich Kirchen und Klöster, ging bezüglich des Gouverneurspalastes auf die Verfassung der Stadt ein und gab einen Überblick über die Hafenanlage, die Wasserversorgung, das Weinangebot sowie über die Kleidermode der Einwohner.[12]

Offensichtlich orientierte sich Casola an dem Genre der *Laudes urbium*. Als Teilgebiet der Rhetorik war das Städtelob bereits in der Antike entwickelt worden und hatte feststehende Kategorien ausgebildet, um eine Stadt in angemessener Weise zu würdigen. Bereits dem im 4. Jahrhundert vor Christus lebenden Dichter Menandros (oder Menander) zufolge sollte das Lob Angaben zur Topographie, zur Einbettung der Stadt in das Umland, zur Geschichte, zu den politischen und wirtschaftlichen Einrichtungen und dem Erscheinungsbild der Bürger enthalten.[13] Die literarische Gattung war auch im Spätmittelalter weit verbreitet, wobei die aus der Antike übernommenen Formen vom 12. Jahrhundert an z.T. ersetzt, überformt und um neue Aspekte erweitert wurden.[14]

Vergleichbare Beispiele zu Casola finden sich in zahlreichen Pilgerberichten. Felix Fabri hat mit seinem Hymnus auf die Wahlheimat Ulm und das Land Schwaben selbst ein klassisches Städte- und Länderlob verfasst. Im *Evagatorium* und teilweise auch in der *Eigentlichen beschreibung* lehnte sich der Dominikaner ebenfalls an den vorgegebenen Rahmen des Genres an und ging in systematischer Weise auf die Größe, Geschichte, Verfassung, kulturelle Eigenheiten oder die Wirtschaftskraft einer Stadt ein. Besonders für Venedig, Jerusalem und Kairo versuchte er, eine thematisch geordnete Beschreibung zu liefern, die weit mehr Informationen für die Leser bereitstellt und weit über seine eigenen Beobachtungen und Erfahrungen hinausgeht. Dazu arbeitete er Informationen aus anderen Pilgerberichten, aber auch aus chronikalischen und enzyklopädischen Werken in seine Darstellung ein.

---

[11]   Die Städte waren jeweils innerhalb einer Tagesreise zu erreichen. Casola startete am 15. Mai 1494 und kam am Abend des 20. Mai in Venedig an. Vgl. CASOLA, Viaggio a Gerusalemme, S. 77-83; DERS., Pilgrimage, S. 118-123.

[12]   Vgl. CASOLA, Viaggio a Gerusalemme, S. 125-132; DERS., Pilgrimage, S. 172-180.

[13]   CLASSEN, Die Stadt im Spiegel, S. 65f.; ARNOLD, Städtelob und Stadtbeschreibung, S. 250f. Vgl. auch ZRENNER, Jerusalempilger, S. 109, mit Bezug auf Dionysios von Halikarnassos.

[14]   Vgl. hierzu CLASSEN, Die Stadt im Spiegel, S. 64f.; ARNOLD, Städtelob und Stadtbeschreibung, S. 250; FOUQUET, Mit dem Blick des Fremden, S. 47f.; THEUERKAUF, *Accipe Germanam pingentia carmina terram*, S. 106-109; KLEINSCHMIDT, Textstädte, S. 75. Vgl. insgesamt KUGLER, Die Vorstellung der Stadt. Speziell zum Spätmittelalter auch SCHMIDT, Mittelalterliches und humanistisches Städtelob.

4. Intentionen der Verfasser der Pilgerberichte

Zu berücksichtigen ist darüber hinaus, dass die Stadtbeschreibung im Bericht eine besondere Bedeutung hat und im Hinblick auf die anvisierte Leserschaft eine bestimmte Funktion ausübt. Ebenso wie für den Reisenden der Aufenthalt in der jeweiligen Stadt eine willkommene Abwechslung vom Reisealltag war, so stellte die Stadtbeschreibung für den die Reise nachvollziehenden Leser eine Auflockerung des Berichts dar. Die Strukturierung in Form eines Tagebuchs ist, wie Anne Simon anmerkt, nicht nur eine Folge der täglichen Reisenotizen, sondern hat die Aufgabe, den Leser in den Fortgang der Ereignisse einzubinden, ihn mental und emotional teilhaben zu lassen.[15] Gerade aber die Unterbrechung der Beschreibung des weiteren Verlaufs der Reise konnte als Wegmarke zur räumlichen und zeitlichen Orientierung genutzt werden. Die Stadtbeschreibungen strukturieren den Bericht und helfen dem Leser, die beschriebenen Erlebnisse und Angaben besser einordnen und verarbeiten zu können. Nicht selten ist die Beschreibung der Stadt als Exkurs im Text gekennzeichnet, sodass die Sonderstellung der Stadt im Pilgerbericht noch stärker in den Vordergrund tritt.

Für den Verfasser wiederum bot sich die Möglichkeit, sowohl seinen gesellschaftlichen Rang als auch seine Gelehrtheit in entsprechender Weise darzustellen. In der von ihm beschriebenen sozialen Interaktion mit den Bewohnern, dem Grad der Aufmerksamkeit, die ihm als Pilger oder aufgrund seiner sozialen Stellung entgegengebracht wurde, spiegeln sich das eigene Selbstverständnis und die eigenen Erwartungen wider. Durch die Aufbereitung des über die Stadt erlangten Wissens bewies der Verfasser zudem seine Bildung und konnte gegenüber dem Leser eine belehrende Position einnehmen. Dabei verfolgte er mit seiner Beschreibung mitunter das Ziel, dem Leser ein positives Beispiel über eine wohlgeordnete Kommune mit vorbildlich handelnden Bewohnern zu geben oder sich zur Festigung der eigenen Überzeugungen und Identität von den vorgefundenen, angeblich unzumutbaren Zuständen einer Stadt zu distanzieren.

Unter Berücksichtigung dieser vier Faktoren werden im Folgenden Fabris Beschreibungen von Venedig, Jerusalem und Kairo untersucht. Es soll ermittelt werden, welche Schwerpunkte er sowohl in seinen verschiedenen Versionen als auch im Vergleich zu anderen Verfassern setzte. Sofern die Quellen, aus denen er schöpfte, eruiert werden können, ist auch nach dem Umgang mit den von ihm herangezogenen Vorlagen zu fragen. Welchen Stellenwert misst Fabri den Aussagen in den Quellen gegenüber seinen eigenen Beobachtungen bei? Wie stellt sich das Verhältnis zwischen schriftlichen und mündlichen Quellen dar? Dabei wird der Blick auch darauf zu richten sein, wie die Erfahrungen dem zeitgenössischen Leser, der die Stadt nicht aus eigener Anschauung kannte, vermittelt und beglaubigt wurden. Erst auf dieser Basis kann man sich der Frage annähern, wie Fabri anhand der Stadtbeschreibungen Abgrenzungen zwischen dem Eigenen und Fremden vornahm und zu welchem Zweck er Fremdes als unbekannt,

---

[15] SIMON, *Of smelly seas*, S. 208.

exotisch oder bedrohlich dargestellt wird. Zuletzt ist zu fragen, ob zwischen Venedig, Jerusalem und Kairo Unterschiede im Grad der Fremdheit festgestellt werden können. Stellte Fabri das zum christlich-lateinischen Kulturkreis gehörende Venedig mit seinen engen Handelsverbindungen nach Oberdeutschland als bekannt und vertraut dar, während er das islamisch-arabische Kairo als fremd bewertete? Wurde Jerusalem als Ursprungsort des christlichen Glaubens zum Bereich des Eigenen gezählt oder aufgrund der mamlukischen Herrschaft als fremd betrachtet?

1.   Venedig

Die Handelsmetropole an der Adria hatte für die Jerusalempilger des 15. Jahrhunderts aus zwei Gründen eine große Bedeutung: Zum einen hatten die Venezianer an der Organisation und Durchführung der Wallfahrt maßgeblichen Anteil, zum anderen war der Aufenthalt in Venedig ein außergewöhnliches Erlebnis.[16] Mit ihrem Pauschalangebot einer Passage ins Heilige Land inklusive Führung zu den heiligen Stätten hatten die Venezianer ein profitables Geschäft entwickelt. Die Pilger nutzten den Vorteil, Jerusalem auf direktem Wege und ohne großen Zeitverlust zu erreichen. Die von Venedig beherrschten Territorien in der östlichen Adria versprachen eine einigermaßen sichere Überfahrt. Zugleich wurde den Pilgern ein Großteil der weiteren organisatorischen Planung abgenommen. Venedig stellte infolgedessen für die Mehrheit der Jerusalemwallfahrer das erste große Etappenziel dar.[17] Die Venezianer ihrerseits zogen nicht nur aus den Einnahmen der Schiffsreise finanziellen Nutzen, sondern auch aus dem Verkauf der Reiseutensilien, welche die Pilger zumeist erst in Venedig erwarben. Somit profitierten die Händler der Stadt ebenso von den auswärtigen Besuchern wie die Gastwirte, in deren Herbergen die Pilger bis zu ihrer Abreise logierten.

Der Aufenthalt dauerte meist länger, als von den Pilgern erwartet und erhofft wurde. Nicht selten verzögerte sich die Abreise, da die Verproviantierung und Bewaffnung der Galeere noch nicht abgeschlossen war. Zudem wartete der Patron häufig auf weitere Reisende, um durch eine bessere Auslastung des Schiffes die Gewinnmarge zu vergrößern. Aus den Berichten geht hervor, dass die Pilger auf diese lange Frist nicht eingestellt waren. Pietro Casola stellte bei seiner Ankunft 1494 fest, dass er seine Heimatstadt Mailand in viel zu großer Eile verlassen hatte.[18] Er musste ebenso wie Dietrich von Schachten drei Jahre zuvor insgesamt 14 Tage auf die Weiterreise warten.[19] Hans

---

16 DENKE, Auf dem Weg ins Heilige Land, S. 107f. Vgl. jüngst auch HERBERS/SCHMIEDER, Zur Einführung, sowie die weiteren in dem Sammelband enthaltenen Beiträge.
17 CROUZET-PAVAN, Récits, images et mythes, S. 491, spricht von einem „halte obligatoire".
18 CASOLA, Viaggio a Gerusalemme, S. 83; DERS., Pilgrimage, S. 124.
19 DIETRICH VON SCHACHTEN, Beschreibung, S. 176.

Tucher verbrachte 1479 mehr als drei Wochen[20] in der Stadt und der Luzerner Kaufmann Hans Schürpff berichtet von seiner 1497 unternommenen Wallfahrt gar von einem siebenwöchigen Aufenthalt in der Stadt.[21] Auch die Reisegesellschaft um Felix Fabri verweilte 1483 über einen ganzen Monat in Venedig.[22] Venedig wurde so zu einem „Wartesaal für die Fremden", die sich in vielen Fällen ebenso lang oder sogar länger in Venedig aufhielten als in Jerusalem, dem eigentlichen Ziel der Reise.[23]

Infolge der langen Wartezeit blieb ausreichend Zeit, sich mit den Sehenswürdigkeiten vertraut zu machen. Die zahlreichen Kirchen und Klöster mit ihren kostbaren Reliquien stimmten die Wallfahrer auf das Gelobte Land ein. Vielfach waren diese heiligen Überreste mit der Passionsgeschichte verbunden. Durch den Besuch der Heiligtümer und die Teilnahme an den prachtvollen Prozessionen an Himmelfahrt oder Fronleichnam gewannen die Pilger schon vorab eine Vorstellung von den in Palästina aufgesuchten biblischen Schauplätzen. Bereits hier konnten sie Ablässe erwerben und so den ersten himmlischen Lohn für ihre Reise verbuchen. Darüber hinaus versprach der Aufenthalt viele interessante Erlebnisse. Die außergewöhnliche Topographie der Stadt mit ihren prunkvollen, auf Holzpfählen errichteten Palästen, der Dogenpalast und das Arsenal als die politischen und militärischen Zentren der Stadt regten die Pilger zum Staunen, aber auch zur Kritik an. Zudem war Venedig für die Pilger „la vera porta dell' Oriente".[24] Die Vielfalt und der Überfluss an kostbaren und exotischen Waren ließ sie erahnen, was ihnen auf der Reise alles begegnen würde.

Der lange Aufenthalt und die Vielzahl der Erlebnisse spiegeln sich in den Texten der Pilger wider. Venedig wird in vielen Berichten sehr detailliert dargestellt. Besonders im *Evagatorium* gibt Fabri eine umfassende Stadtbeschreibung, wobei er gelegentlich auf Ereignisse während seiner Teilnahme an dem 1486 oder 1487 in Venedig tagenden Ordenskapitel Bezug nimmt. Der Schwerpunkt der in Form eines Tagebuchs festgehaltenen Erlebnisse während der Wartezeit liegt auf den besuchten Kirchen und Klöstern. Fabri äußert sich aber auch mehrmals zum Stand der Reisevorbereitungen und berichtet ausführlich über den Empfang beim Dogen sowie über die Besichtigung des Arsenals.

Nach einer eher kursorischen Beschreibung des Aufenthaltes in Venedig auf der Heimreise schließt sich hingegen eine umfangreiche und systematische Stadtbeschrei-

---

[20]   TUCHER, Die ‚Reise ins Gelobte Land', S. 344.
[21]   WÄCHTER, Hans Schürpff, S. 3. Zu Person und Bericht von Hans Schürpff siehe SCHMID, Hauptmann Hans Schürpf; GANZ-BLÄTTLER, Andacht und Abenteuer, S. 87f. Der Bericht stammt in seiner überlieferten Form nicht von Schürpff selbst, sondern wurde 1498 von einem sonst unbekannten Peter Wächter nach den nicht mehr erhaltenen Aufzeichnungen Schürpffs niedergeschrieben. Im Mittelpunkt stehen die heiligen Stätten Jerusalems. Dagegen enthält der Bericht Schürpffs fast keine Bemerkungen zu den Muslimen oder den übrigen im Heiligen Land vertretenen Glaubensgemeinschaften.
[22]   FABRI, Evagatorium I, S. 93; DERS., Wanderings I, S. 92.
[23]   GANZ-BLÄTTLER, Andacht und Abenteuer, S. 161. Vgl. auch DAVIS, Pilgrim-Tourism, S. 122.
[24]   CARDINI, Venezia e veneziani, S. 168.

bung an.[25] Nicht in Form einer Wiedergabe der chronologischen Ereignisse, sondern in
13 thematisch gegliederten Kapiteln geht er auf die Topographie Venedigs, die sakralen
und profanen Bauwerke sowie auf die Geschichte und politische Verfassung der Stadt
ein. Für dieses an das literarische Genre des Städtelobes angelehnte Kapitel griff er nur
bedingt auf persönliche Erlebnisse zurück. Wie er selber anmerkt, handelt es sich bei
diesem eingeschobenen Exkurs um eine Kompilation von eigenen Erfahrungen, Informationen aus mündlichen Erzählungen und diversen schriftlichen Quellen.[26] In erster
Linie stützte sich Fabri auf die erstmals 1483 gedruckte Weltchronik des Augustiner-
eremiten Jacobus Philippus de Bergamo.[27] Da sich die meisten der im *Supplementum
chronicarum* verzeichneten Ereignisse auf Norditalien und insbesondere auf den venezianischen Herrschaftsbereich beziehen, stand ihm eine Quelle mit vergleichsweise
detaillierten Angaben zur Verfügung. Darüber hinaus orientierte er sich an Bernhard
von Breidenbach, der seiner Schilderung eine *lobsam red* über Venedig hinzufügte.[28]
Dagegen ist ihm die von Marcantonio Sabellico verfasste und 1487 gedruckte venezianische Chronik offenbar erst nach der Niederschrift seines Berichts bekannt geworden.[29] In zahlreichen Randbemerkungen arbeitete Fabri die neu gewonnenen Informationen nachträglich ein.

   Aufgrund der vielen gedanklichen oder wörtlichen Entlehnungen sind Fabris Aussagen nur bedingt als auf dem eigenen Augenschein basierenden Beschreibungen zu verstehen und können auch im Vergleich zu den Lobpreisungen venezianischer Verfasser
kaum als ungetrübt oder unverstellt bezeichnet werden.[30] Zwar war Fabri nicht an die
Konventionen gebunden, die von den im Auftrag Venedigs arbeitenden Literaten erfüllt
werden mussten, und konnte sich im Gegensatz zu diesen durchaus einen kritischen
Blick auf die Stadt erlauben. Doch schrieb auch er seinen Text im Hinblick auf ein bestimmtes Publikum, auf dessen Erwartungen und Ansprüche Rücksicht zu nehmen war.
Vor diesem Hintergrund vermittelte er seinen Lesern ein bestimmtes Bild der Stadt, das
nicht nur positiv ausfällt. Sein das Städtelob einleitender Satz, in dem er Venedig als die

---

[25]   Vgl. das Kapitel *Nobilissimae urbis Venetianae fidelis descriptio [...]* in: Fabri, Evagatorium III,
       S. 399-436. Vgl. die italienische Übersetzung in: Ders., Venezia nel MCDLXXXVIII.

[26]   Fabri, Evagatorium III, S. 399: *vel potius circumscriptio, quam ex diversis collegi descrip-
       tionibus, et nonulla auditu didici et multa experientia propria accepi.*

[27]   Jacobus Philippus de Bergamo, Supplementum chronicarum. Das Werk erlebte mehrere Aufla-
       gen. Benutzt wurde ein Exemplar der 1490 in Venedig gedruckten Auflage, das in der StB Ulm
       verwahrt wird. Vgl. Breitenbruch, Inkunabeln, S. 180f. Zu Jacobus siehe Megli Frattini, Fo-
       resti, S. 801-803.

[28]   Bernhard von Breidenbach, Die heyligen reyßen, fol. 13r-16v; Ders., Peregrinatio, fol. 10v-
       12v.

[29]   Sabellico, Rerum Venetarum. Zu Person und Werk siehe Tateo, Coggi, S. 510-515; Gilbert,
       Biondo, Sabellico, and the beginnings.

[30]   Vgl. dagegen Caracciolo Aricò, Venezia nelle relazioni di Viaggio, S. 53 („È una letteratura in
       tono minore certo, ma va dritta al cuore delle situazioni, senza infingimenti o trasfigurazioni.")
       und 57 („Non pilotate, invece, sono le valutazioni del frate tedesco Felix Faber, in sosta a Venezia
       per imbarcarsi al viaggio di Gerusalemme nel 1488 [sic!]").

anmutigste und köstlichste Stadt inner- wie außerhalb der christlichen Welt bezeichnet,[31] kann nicht als programmatisch für seine gesamte Darstellung gesehen werden.[32]

Gegenüber dem *Evagatorium* geht Fabri in seinen übrigen Texten nur vergleichsweise kurz auf Venedig ein. In der *Eigentlichen beschreibung* steht die Dokumentation der Erlebnisse während des Aufenthaltes im Vordergrund. Viele der im *Evagatorium* beschriebenen Episoden werden in der deutschen Fassung nur angedeutet. In seinem Reimgedicht und den *Sionpilgern* streift er die Stadt nur kurz, wobei in beiden Schriften dennoch die Bedeutung Venedigs für den Pilgerverkehr ersichtlich wird.[33]

1.1 Zwischen Staunen und Unbehagen: die Topographie Venedigs

Die ungewöhnliche und einzigartige Lage Venedigs wird in vielen Pilgerberichten hervorgehoben.[34] Fabri streicht dies vor allem im *Evagatorium* heraus, während er in der *Eigentlichen beschreibung* lediglich bei der Ankunft in der Stadt darauf eingeht. Dabei ist er einer der ersten Reisenden, der in seinen Berichten die Einfahrt in die Lagune überhaupt thematisiert.[35] Nachdem die Reisegesellschaft auf einer Barke die Brenta herabgefahren war, erreichten sie endlich *dz gesaltzen mer wasser* und erblickten am Horizont die *jm tiefen mer* gelegene *wirdig stat veneti*.[36] In seinem lateinischen Bericht wird der erste Anblick der Handelsmetropole als ein ganz besonderes Erlebnis dargestellt. Neben der besonderen Lage der inmitten des Meeres liegenden Stadt hebt er hinsichtlich der prächtigen Kirchen, Häuser und Paläste auch gleich ihre Größe, ihre Erhabenheit und ihren Reichtum hervor.[37] Fabri gibt sich erstaunt, dass die Fundamente der

---

[31] FABRI, Evagatorium III, S. 399: *Venetiana urbs est venustior et pretiosior cunctis civitatibus, quas ego vidi, tam in Christianitate quam extra, nec vidi quidquam mirabilius hac urbe, nihil curiosius perspexi [...].*

[32] Vgl. dagegen PUPPI, Verso Gerusalemme, S. 66.

[33] FABRI, Gereimtes Pilgerbüchlein, S. 5; DERS., Die Sionpilger, S. 94-96.

[34] Vgl. z.B. CLAES VAN DUSEN, Waerachtighe Beschrijvinge S. 196; ARNOLD VON HARFF, Die Pilgerfahrt, S. 46. Weitere Nachweise bei CROUZET-PAVAN, Récits, images et mythes, S. 512f.

[35] Nach CROUZET-PAVAN, Récits, images et mythes, S. 512-514, sind erste Hinweise auf die geographische Lage Venedigs erst Ende des 15. Jahrhunderts zu finden. Das Wort Lagune war Fabri zwar bekannt; anhand der erst vor dem Lido ankernden Pilgergaleere war den Wallfahrern zudem die geringe Tiefe der Gewässer um Venedig bewusst, doch wurde die Lagune nicht als ein vom Meer abgesonderter Bereich verstanden. Vgl. FABRI, Evagatorium III, S. 398; GRÜNEMBERG, Ritter Grünembergs Pilgerfahrt, S. 31. Zur Deutung Venedigs als Stadt im Meer in französischen Berichten siehe CLADDERS, Französische Venedig-Reisen, S. 74 und 80f.

[36] Dessau, StB, Hs. Georg 238, fol. 10r. Mit ähnlichen Worten, noch bereichert durch das Detail der Fahrt durch die Schilffelder am Rand der Lagune, beschreibt er auch in seinem geistlichen Pilgerführer und in seinem Gedicht die Ankunft in Venedig. Vgl. FABRI, Die Sionpilger, S. 94; DERS., Gereimtes Pilgerbüchlein, S. 5.

[37] FABRI, Evagatorium I, S. 83; DERS., Wanderings I, S. 79. Zitiert auch von BART ROSSEBASTIANO, Palmieri a Venezia, S. 11; PALM, Pilgerwesen, S. 195f.

schwergewichtigen, hoch aufragenden Bauwerke der von ihm mit dem Attribut der Herrscherin über das Meer bezeichneten Stadt tatsächlich im Wasser liegen.[38]

Schon dieser erste Eindruck vermittelte dem Leser, dass sich Venedig durch seine besondere Lage von allen anderen Städten unterscheidet. Fabri verdeutlicht dies noch mit seinen wiederholten Hinweisen auf Boote als scheinbar unentbehrliche Fortbewegungsmittel. Per Ruderboot erreichte die Gruppe um den Dominikaner über den Canal Grande direkt die Herberge, auf einem Nachen wurden die meisten Strecken zurückgelegt. Häufig verwendet er im *Evagatorium* die Wendungen *navigavi* bzw. *navigavimus*, um Fahrten durch die Kanäle oder durch die Lagune anzuzeigen. Dietrich von Schachten und weitere deutsche Pilger teilen die Ansicht Fabris und halten fest, dass man *nichtt vonn einem hausse zu dem andernn zu fuesse* gehen könne, sondern immer auf ein Schiff angewiesen sei.[39]

Während somit in Fabris Texten und in vielen deutschen Berichten die ‚strukturelle‘ Fremdheit Venedigs betont wird, nimmt Pietro Casola eine gegenteilige Haltung ein. Er räumt mit der Vorstellung auf, sich dort nur per Boot fortbewegen zu können, denn alle Orte seien auch zu Fuß zu erreichen. Nur wenn man sich den Strapazen eines Fußmarsches nicht aussetzen wolle, könne man eines der zahlreichen Boote mieten. Dies verursache keine größeren Kosten, als sich andernorts ein Pferd zu leihen.[40] Die Topographie Venedigs stellt sich für ihn demnach weit weniger außergewöhnlich dar, als es die Pilger aus Ländern nördlich der Alpen beschreiben.

Ob diese unterschiedlichen Einschätzungen auf die geographische Nachbarschaft des aus Mailand stammenden Casola zurückzuführen ist oder ob er bewusst das exotische Fremdbild einer nur über Wasserstraßen befahrbaren Stadt korrigiert, geht aus seiner knappen Bemerkung nicht hervor. Fabri hingegen belässt es nicht dabei, nur auf die ungewöhnliche Lage Venedigs hinzuweisen. Er geht weit über die Darstellung anderer Pilgerberichte des 15. und 16. Jahrhunderts hinaus, indem er die aus der Lage resultierenden Konsequenzen für Bewohner beurteilt.[41] Dabei zeichnet er allerdings nicht das

---

[38]   FABRI, Evagatorium I, S. 83: *Et erat nobis stupor videre tam gravissimas moles et altas structuras in aquis constitutas.* DERS., Wanderings I, S. 79.

[39]   DIETRICH VON SCHACHTEN, Beschreibung, S. 171. Vgl. auch ARNOLD VON HARFF, Die Pilgerfahrt, S. 46. Der mutmaßliche Verfasser des Berichts über die Pilgerfahrt des Herzogs Alexander von Zweibrücken 1495, der Geheimschreiber Johann Meisenheimer, hält darüber hinaus fest, dass viele Venezianer ihren Nahrungserwerb allein durch den Personentransport mit Booten verdienen. Auch hierdurch werden die gänzlich andersartigen Bedingungen in der Stadt betont. Vgl. MEISENHEIMER, Die Reise des Grafen Johann Ludwig, S. 62. Zu dem Bericht, dessen Besonderheit in äußerst genauen Zeitangaben, häufigen Werturteilen und dem ausführlich beschriebenen Venedigaufenthalt besteht, siehe ILLING, Alexanders […] Jerusalemreise, Sp. 212f.; GIERSCH/SCHMID, Rheinland – Heiliges Land, S. 183-188; PARAVICINI, Europäische Reiseberichte I, S. 268-270.

[40]   CASOLA, Viaggio a Gerusalemme, S. 84: *chi anche non vole durare la fatica pò per aqua, e pregato e con poca spexa e manco che non farebbe altroe andare a cavalo.* DERS., Pilgrimage, S. 125.

[41]   Vgl. CLADDERS, Französische Venedig-Reisen, S. 80, die erst in Berichten von Ende des 17. Jahrhunderts verstärkt ausführliche Beschreibungen der Lage Venedigs findet.

Bild einer aufgrund ihrer Andersartigkeit faszinierenden Stadt, sondern verweist auf die Nachteile und Gefahren, die durch die unmittelbare Nähe zum Meer entstehen.

Fabri betrachtet die Lage der Stadt im *Evagatorium* explizit aus der Perspektive der Fremden, die weder dort geboren noch aufgewachsen sind. Selbst wenn Venedig eine wunderschöne Stadt sei und dort alle Dinge der Welt im Überfluss zur Verfügung stän-den, stelle es für den Fremden keine Freude dar, längere Zeit in der Stadt zu verwei-len.[42] Man würde dort immer in einer gewissen Angst und Besorgnis leben. Wie er beo-bachtet haben will, sei die Angst bei einigen Besuchern sogar so groß, dass sie weder schlafen noch ruhen könnten.[43] Er unterscheidet demnach zwischen zwei vollkommen verschiedenen Lebensräumen, die einander so fremd sind, dass ein aus dem Landesin-neren stammender Reisender nicht dauerhaft in der Stadt leben kann.

Fabri gibt verschiedene Ursachen für die Ängste der Fremden an, doch macht er vor allem den nachgiebigen Boden hierfür verantwortlich. In einer rhetorischen Frage be-merkt er, wenn schon auf festem Boden Häuser einstürzten, könne der Verfall von Bau-ten, die auf schlammigen Grund errichtet seien, nicht verwundern. Täglich würden in Venedig Mauern und Häuser einstürzen und häufig Menschen unter sich begraben. Zudem seien während der Fahrt durch die Kanäle zahlreiche schiefe Häuser zu sehen, die dem Anschein nach sofort einzustürzen drohten. Sogar der von ihm als höchster Turm der Stadt eingeschätzte Campanile der Markuskirche stehe ein wenig schief.[44]

Für diese Bemerkungen gibt es keine Entsprechung in anderen zeitgenössischen Pil-gerberichten. Lediglich der bereits im 14. Jahrhundert nach Jerusalem pilgernde Nic-colò da Poggibonsi vermerkt, dass es infolge der schlechten Fundamente neben den vielen *case bellissime* auch schiefstehende Türme gebe.[45] Darüber hinaus verdeutlicht Fabri das Gefühl des Unbehagens an der eigenen Person. In der Stille der Nacht sei das Rauschen und Tosen des gerade einmal 60 Treppenstufen vom Schlafdomizil entfernten Meeres so beängstigend gewesen, dass er häufig keinen Schlaf gefunden habe.[46] Als einziger unter den Verfassern eines Pilgerberichts weist er auf die Gefahren durch das Hochwasser hin und schildert einen Fall aus dem vorangegangenen Jahr, bei dem die Wassermassen bis in die kleinsten Kanäle vorgedrungen und zahllose Boote versunken

---

[42] FABRI, Evagatorium III, S. 397: *licet enim urbs Ventiana sit pulchra et mirabilis et omnium rerum mundi sit ibi abundantia, tamen illi, qui in ea nati et enutriti non sunt, longas ibi habent horas, nec morari ibi diutius delectat [...].*

[43] FABRI, Evagatorium III, S. 397.

[44] Was ihn nicht davon abgehalten habe, diesen oft zu besteigen. FABRI, Evagatorium III, S. 397f.

[45] NICCOLÒ DA POGGIBONSI, Libro d'Oltramare, S. 34.

[46] Fabri, Evagatorium III, S. 397: *nam ego ipse nonnumquam timore affectus fuit: ibi enim non auditur folium de arbore cadere, sed tantum strepitus et fragor maris ab extra, praecipue nocti-bus, dum omnia in silentio sunt, quod non vitiose timet homo. Solebam frequentius in mediis noctibus surgere et in altanam ascendere ad orationem, ubi quandoque prae confusione sonitus maris non poteram manere.* DERS., Evagatorium I, S. 83: *Exivimus ergo de barca, et de mari per lapideos gradus circiter LX.* DERS., Wanderings I, S. 79. Vgl. auch DENKE, Venedig als Station und Erlebnis, S. 175.

seien.[47] Für den *terrigenam*, den ‚Erdgeborenen‘, sei die tägliche Unberechenbarkeit des Meeres furchterregend.[48] Nicht nur alle Fremden würden ihm zufolge aus diesem Grund den Ort so schnell wie möglich wieder verlassen, auch er selbst habe nach der Rückkehr von seiner Wallfahrt *cum magno desiderio* die Abreise aus Venedig zurück in die Heimat erwartet.[49]

Fabris Fremdbild ist an dieser Stelle negativ konnotiert. Er skizziert in jener Passage das Bild einer Stadt, die umgeben ist von einem fremden und bedrohlichen Element. Hinter den glänzenden Fassaden werden für ihn bei genauerem Hinsehen baufällige und einsturzgefährdete Konstruktionen sichtbar. Er relativiert damit nicht nur die Superlative, mit denen die einzigartige Lage Venedigs gerade in den offiziellen Darstellungen venezianischer Chronisten umschrieben wurde.[50] Fabri verneint darüber hinaus die Schutzfunktion des Wassers, die wichtiger Bestandteil des um die Stadt kreierten Mythos war. Die Lagune fungierte als „protective cocoon", durch den die Existenz und Unabhängigkeit der Stadt seit ihrer Gründung gewahrt wurde.[51] Gemäß dem Mythos war Venedig durch seine Lage vor jeglichen Feinden geschützt und uneinnehmbar.

Daher bedurfte sie auch keinerlei Mauern, was Fabri an anderer Stelle des *Evagatoriums* selber wieder aufgreift. In seinem Städtelob stellt er Venedig als eine nur über das Wasser zugängliche Stadt dar, deren Bollwerk die Flut sei.[52] Die fehlende Notwendigkeit von Befestigungsanlagen für die uneinnehmbare Stadt ist für ihn einer von sieben Gründen, durch die sich Venedig vor allen anderen Städten auszeichnet.[53] Darüber hinaus habe die regelmäßige Abfolge von Ebbe und Flut einen positiven Effekt auf die Bewohner. Da aller Dreck ins Meer geschwemmt werde, sei die Stadt frei von Schmutz

---

47   FABRI, Evagatorium III, S. 398.
48   FABRI, Evagatorium III, S. 398: *Formidulosum etiam reddunt terrigenam cottidiana nova, quae maritimis regionibus accidunt ex maris frequenti immutatione [...]*.
49   FABRI, Evagatorium III, S. 398.
50   Vgl. CARACCIOLO ARICÒ, Venezia nelle relazioni di viaggio, S. 57-59.
51   CROUZET-PAVAN, An Ecological Understanding, S. 40f.
52   FABRI, Evagatorium III, S. 400. In seinem geistlichen Pilgerführer formuliert Fabri den Gedanken noch ausdrücklicher. Venedig sei *aun bollwerck vnd rinckmur*, denn das *mer ist der statt grab, bollwerck brustgwer vnd rinckmur*. Vgl. FABRI, Die Sionpilger, S. 94. In Teilen handelt es sich dabei um ein dem römischen Regierungsbeamten Cassiodorus zugeschriebenes antikes Zitat. Fabri dürfte hiervon durch das *Supplementum chronicarum* Kenntnis gehabt haben. Vgl. JACOBUS PHILIPPUS DE BERGAMO, Supplementum chronicarum, fol. 148r. Diese Wendung gilt in der venezianischen Historiographie als eines der frühesten Zeugnisse der Stadtgeschichte. Vgl. DANDOLO, Chronica, S. 69f. Cassiodorus rühmt allerdings lediglich die einfache Lebensweise und den edlen Charakter der Lagunenbewohner. Vgl. hierzu LANE, Seerepublik Venedig, S. 19-21.
53   Vgl. die sechste von ihm angeführte Besonderheit. FABRI, Evagatorium III, S. 402f. Auch anderen Pilgern fiel die fehlende Ummauerung der Stadt auf. Vgl. CROUZET-PAVAN, Récits, images et mythes, S. 514. Die Uneinnehmbarkeit der Stadt durch ihre Lage in der Lagune wurde zu einem Topos der Venedigbeschreibung. Siehe CLADDERS, Französische Venedig-Reisen, S. 88f. Sie wurde von venezianischer Seite spätestens seit dem 15. Jahrhundert ebenfalls proklamiert. Vgl. SANUDO, De origine, S. 20; DERS., Praise, S. 4.

und Gestank.[54] Infolge des festen, von der Natur vorgegebenen Rhythmus, sei die Lebensweise der Menschen zudem durch ein hohes Maß an Disziplin und Harmonie geprägt. Ob bei ihren gewöhnlichen Alltagstätigkeiten, beim Trinken oder gar bei der Prostitution, all dies vollziehe sich im Gegensatz zu Kairo ohne jegliche Konfusion. Die Bewohner Venedigs lebten dementsprechend in großer Harmonie und gingen äußerst gesittet miteinander um.[55]

In Fabris *Evagatorium* stehen sich demnach zwei entgegengesetzte Sichtweisen Venedigs gegenüber. In seinem systematisch angelegten Städtelob folgt er den Vorgaben aus seinen schriftlichen Quellen. Er übernimmt deren verherrlichendes Bild der schützenden Lagune und betont die disziplinierende Wirkung und reinigende Kraft des Meeres, vielleicht um direkt ein Gegenbeispiel zum muslimische Kairo zu bilden. Aus dieser Perspektive ruft die Andersartigkeit Venedigs Staunen hervor. Aus der als eigene Erfahrung deklarierten Sicht entwirft er hingegen das Bild eines höchst gefährdeten Venedigs. Das Wissen um die instabilen Fundamente und die Unberechenbarkeit des Meeres macht seiner Meinung nach die Furcht zu einem steten Begleiter.[56] Diese Rahmenbedingungen haben zur Folge, dass ein Fremder wie er sich niemals dauerhaft in Venedig aufhalten könne. Gleich ist beiden von Fabri vertretenen Positionen nur die Einzigartigkeit der Lage der Stadt, auf deren Basis Venedig von ihm in beiden Fällen nicht mehr der vertrauten Eigensphäre, sondern einem ‚strukturell' fremden Raum zugerechnet wird.

1.2   Reliquien und Kirchen als Ausdruck der Frömmigkeit der Venezianer

Mit der Frage konfrontiert, wie der volle Monat, den die Reisegruppe bis zur Abfahrt der Galeere in Venedig ausharren musste, sinnvoll genutzt werden könne, formuliert Fabri in einer stilisierten Ansprache die Erwartungen an einen Jerusalempilger, der in Venedig auf die Weiterreise wartet. Er schlägt vor, an jedem Tag des Monats eine

---

[54]   FABRI, Evagatorium III, S. 404.

[55]   FABRI, Evagatorium III, S. 403f.: *nec est numerus hominum per vicos currentium et recurrentium, per canalia navigantium, in palatio S. Marci stantium, in foro Rivialto confabulantium, in fontico et alibi negotiantium, [...] in tabernis comedentium et bibentium, in theatris ludentium, in occultis locis se ludis depauperantium, [...] in prostibulis multis scortantium, in carceribus pro suis culpis swalentium [...]; sine autem confusione [...]. Aestimo enim me vidisse totum universum in duplici speculo, secundum mundi duplicem considerationem. Consideratur enim mundus primo sub quadam confusione, secundo sub quodam ordine. Primo modo vidi mundum Cayri, secundo modo vidi eum Venetiis, in qua ordinatissime convivunt homines et mundissime cohabitant [...].*

[56]   Jenseits der Außendarstellung und Förderung des Mythos von der schützenden Funktion des Wassers setzte man sich intern intensiv mit den Folgen der Lage in der Lagune auseinander. Einerseits versuchte man durch zahlreiche Maßnahmen, die Lagune zu erhalten und z.B. die Schlammablagerungen einzugrenzen, durch die immer weniger frisches Wasser in die Lagune gelangte. Andererseits sah man durch das Wasser gerade im 15. Jahrhundert auch zunehmend den Bestand der Stadt gefährdet. Vgl. CROUZET-PAVAN, An Ecological Understanding, S. 49-53.

‚Wallfahrt' zu einer der zahlreichen Kirchen zu machen und die dort verwahrten Reliquien aufzusuchen. Laut Fabri sei dies die einzige Möglichkeit zum Zeitvertreib, da die
Pilger, eingeschlossen von Wasser, weder blühende Gärten noch schattiger Haine besuchen könnten und es für einen Pilger unpassend sei, sich Vergnügungen wie Jagdaus-
flügen, Turnieren und Tänzen hinzugeben. Vielmehr sei es geboten, durch den Besuch
der Reliquien die *rosas et lilia virtutum, gratiarum et indulgentiarum* zu sammeln.[57]

Fabri charakterisiert Venedig demnach als einen Ort, dem es durch die Lage in der
Lagune an Plätzen mangele, die dem Genuss oder der Zerstreuung vorbehalten sind.
Der Besuch der Kirchen sei die angemessene Aktivität, um die Wartezeit zu überbrü-
cken. Zugleich bringt er aber mit Verweis auf Rosen und Lilien als Sinnbild für die
christlichen Tugenden, für die Seelenreinheit, Liebe oder Unschuld auch deutlich zum
Ausdruck, dass die Pflicht eines Pilgers vor allem darin bestehe, sich mittels der in Venedig liegenden bedeutenden Reliquien auf den Besuch Jerusalems einzustimmen. Diese Haltung zeigt sich auch in Fabris *Sionpilgern*. Hier suchen die pilgernden Nonnen
allein die Kirchen und Klöster Venedigs auf, gewinnen die dort vergebenen Ablässe
und verweilen ansonsten in frommer Andacht in einem Kloster, bis die Pilgergaleere in
See sticht.[58]

Gemäß dieser, wie Fabri im *Evagatorium* zugesteht, nur bedingt umgesetzten Normvorstellung,[59] liegt der Schwerpunkt seiner Venedigbeschreibung auf den sakralen Institutionen der Stadt. Sie unterscheidet sich hierbei nicht von den Vergleichsberichten, in
denen ebenfalls vornehmlich der Besuch der Kirchen und Klöster im Vordergrund stehen. Als Handelsmetropole[60] und als zentralem Umschlagplatz zwischen Europa und
dem Orient bot Venedig zwar die Gelegenheit zur Betrachtung erster „Wunder[] des
Ostens",[61] so dass es *edlen lùten vnd andren, die gern vil wuders arfürint, nit vnitz* sei,
eine Weile in Venedig zu verweilen, da sich dort *vil wunderlicher sachen vnd vil selcz-*

---

57   FABRI, Evagatorium I, S. 93; DERS., Wanderings I, S. 92. Zitiert auch bei CROUZET-PAVAN,
       Récits, images et mythes, S. 497.
58   FABRI, Die Sionpilger, S. 94-96.
59   Im *Evagatorium* räumt er ein, dass Streifzüge durch Venedig aus Neugier oder gar noch schlim-
       meren Beweggründen durchaus stattgefunden hätten, er sie aber in seinem Bericht lieber überge-
       hen wolle. Vgl. FABRI, Evagatorium I, S. 106f.; DERS., Wanderings I, S. 110.
60   Auf die Beschreibung Venedigs als Handelsstadt kann hier nicht im Einzelnen eingegangen wer-
       den. Generell wird Venedig als eine durch den Handel unfassbar reiche Stadt charakterisiert, was
       vor allem an den zahlreichen auf den Märkten angebotenen Alltagswaren und weniger an den Lu-
       xusgütern verdeutlicht wird. Allerdings enthalten die Berichte kaum detailliertere Angaben über
       die wirtschaftlichen Zusammenhänge. CROUZET-PAVAN, Récits, images et mythes, S. 518, vermu-
       tet, dass der Grund für die nur seltene Erwähnung des Rialto-Bezirks in den dort nicht vorhande-
       nen bedeutenden Monumenten liegt.
61   REICHERT, Erfahrung der Welt, S. 71. Fabri erwähnt wie Konrad Beck und Paul Walther von
       Guglingen einen Elefanten, der als Jahrmarktsattraktion Aufsehen erregte. FABRI, Evagatorium I,
       S. 99; DERS., Wanderings I, S. 100; Dessau, StB, Hs. Georg 238, fol. 14v; BECK, Pilgerreise, S.
       61; PAUL WALTHER VON GUGLINGEN, Itinerarium in Terram Sanctam, S. 54f. Vgl. hierzu DENKE,
       Venedig als Station und Erlebnis, S. 181; BART ROSSEBASTIANO, Palmieri a Venezia, S. 13.

ner ding verloufent.[62] Dennoch werden in erster Linie die zahlreichen Kirchen und dort verehrten Reliquien beschrieben.

Fabri greift hierbei vor allem auf die Berichte von Hans Tucher und Bernhard von Breidenbach zurück, die die in Venedig verehrten Reliquien detailliert auflisten.[63] Allerdings geht er weit über diese Vorlagen hinaus. Während sich der zusammen mit ihm reisende Konrad Beck auf die Nennung einiger ausgewählter Kirchen beschränkt,[64] strebt Fabri an eine genaue Dokumentation der ausgesuchten *lxxii pfarrkyrchen* und Klöster Venedigs an.[65] Nach seiner Darstellung besichtigten die Pilger täglich gleich mehrere Kirchen, in denen sie der Messe beiwohnten und mit persönlichen Gegenständen die dort verwahrten Reliquien berührten.[66] Gewissenhaft zählt er im *Evagatorium* die Gotteshäuser namentlich auf, doch angesichts der großen Zahl wurde auch er mehr als einmal überdrüssig, alle im Einzelnen zu nennen.[67] In seinem systematischen Städtelob kommt er hinsichtlich der sakralen Bauwerke zu dem Ergebnis, dass es in *tota Christianitate* keine Stadt mit mehr Kirchen gebe als Venedig. Es sei erstaunlich, diese Vielzahl an Kirchen, Pfarreien, Klöstern und Kapellen zu sehen.[68]

Die „peregrinatio vénitienne"[69] geriet somit zu einer „Vorwegnahme"[70] des Besuchs der heiligen Stätten Palästinas. Die Kirchen Venedigs mit ihren unzähligen Heiligtümern stellen den Auftakt der Jerusalemreise dar, denn „so viele Objekte seiner frommen Erbauung fand [der Pilger] zuhause nirgends".[71] Die Venezianer hatten sich im Lauf ihrer Geschichte intensiv und erfolgreich darum bemüht, den nach Rom umfangreichsten und bedeutendsten Reliquienschatz zusammenzutragen.[72] Insbesondere nach der Plünderung Konstantinopels 1204 wurden neben ungezählten Spolien viele Überreste

---

62   Dessau, StB, Hs. Georg 238, fol. 13v.

63   TUCHER, Die ‚Reise ins Gelobte Land', S. 344-347. Der Herausgeber Randall Herz vermutet, dass Tucher für seine Auflistung auf einen in Venedig erhältlichen schriftlichen Katalog der Reliquien zurückgriff. BERNHARD VON BREIDENBACH, Die heyligen reyßen, fol. 12r-v; DERS., Peregrinatio, fol. 9v-10r.

64   BECK, Pilgerreise, S. 61-63.

65   Dessau, StB, Hs. Georg 238, fol. 13v; FABRI, Evagatorium III, S. 423. Die Zahl der Kirchen wird in den Berichten häufig mit 72 angegeben. Vgl. ARNOLD VON HARFF, Die Pilgerfahrt, S. 53; TZEWERS, Itinerarius, S. 84. Siehe auch DENKE, Auf dem Weg ins Heilige Land, S. 111.

66   FABRI, Evagatorium I, S. 94; DERS., Wanderings I, S. 93f. Zur Bedeutung der Kontaktreliquien mit Literaturhinweisen vgl. SCHRÖDER, Reiseandenken aus Jerusalem.

67   FABRI, Evagatorium I, S. 102; DERS., Wanderings I, S. 104. Zitiert auch von DENKE, Auf dem Weg ins Heilige Land, S. 111f. Vgl. auch FABRI, Evagatorium I, S. 103; DERS., Wanderings I, S. 106.

68   FABRI, Evagatorium III, S. 416: *Stupendum profecto est videre multitudinem ecclesiarum collegiatarum, parochialium, monasteriorum et capellarum. Non credo, quod in tota Christianitate in aliqua una civitate sint tot ecclesiae sicut Venetiis.*

69   CROUZET-PAVAN, Récits, images et mythes, S. 508 und 512.

70   SIMON, „Gotteserfahrung" oder „Welterfahrung", S. 178.

71   RÖSCH/RÖSCH, Venedig im Spätmittelalter, S. 47.

72   Ebd., S. 47.

von Heiligen nach Venedig überführt.[73] Die hohe Zahl der als heilig verehrten Überreste sollte einerseits dazu beitragen, dass sich Venedig auf den Schutz und die Fürbitte von vielen Heiligen berufen konnte. Andererseits sollte bei auswärtigen Besuchern die Assoziation geweckt werden, dass die Venezianer besonders fromm sein müssen. Die Anzahl an bedeutenden und wertvollen Reliquien war nach dem Städtelob ein Maßstab für die Gottesfürchtigkeit der Bewohner einer Stadt.[74] Zuletzt erschlossen die Pilger über den Besuch der Kirchen die Topographie der Stadt. Die vertrauten biblischen Geschehnisse wurden mit den fremden Örtlichkeiten Venedigs in Beziehung gesetzt.

Fabri, der sich der Herkunft und Ursache für die hohe Anzahl an bewundernswerten Heiligtümern durchaus bewusst war,[75] legt wie viele andere Verfasser Wert darauf,[76] diese Reliquien möglichst vollständig aufzuführen. Besonders akribisch listet der 1495 gereiste Augsburger Domkanoniker Wolf von Zülnhart jeden einzelnen in den Kirchen bewahrten heiligen Gegenstand auf und erwähnt bisweilen sogar auch die Reliquiare.[77] Mit dem Besuch und der Beschreibung der Reliquien dokumentierten die Verfasser, bereits vor dem Erreichen Jerusalems als eigentlichem Höhepunkt ihrer Pilgerrolle gerecht geworden zu sein. Hervorgehoben werden besonders die unversehrten Körper der von Konstantinopel überführten heiligen Lucia,[78] die nach dem Eindruck einiger Pilger kaum Verwesungsmerkmale aufwies,[79] der heiligen Barbara im *monasterio Acrusecherii*,[80] deren Echtheit von dem Breslauer Kaufmann Peter Rindfleisch angezweifelt wur-

---

[73]   Vgl. ZETTLER, Politische Dimensionen, S. 558f.; CASSANELLI, Kunstdiebstähle.

[74]   SCHMIDT, Städtelob, S. 122. Zu der Strategie, die Außenwirkung einer Stadt mittels der Translation von Reliquien und deren Einbindung in städtische Zeremonien zu erhöhen, siehe HAVERKAMP, „Heilige Städte" im Hohen Mittelalter, S. 136.

[75]   FABRI, Evagatorium III, S. 429: *Ex quo enim facti sunt potentes terra et mari, omnia Sanctorum corpora, quae habere poterant, in suam transtulerunt urbem [...].* Dessau, StB, Hs. Georg 238, fol. 13v: *Den as die venediger die lender jn dem mer wit vnd breit habent gewunen wo sÿ heltum fundent dz fürtent sÿ mit jna in ir stat also dz si venedi vol heiltumb habent gemachet vnd vol kyrchen vnd clèster.* Vgl. auch CROUZET-PAVAN, Récits, images et mythes, S. 508.

[76]   Eine Ausnahme stellt der Bericht von Pietro Casola dar, der die Reliquien Venedigs lediglich am Rande streift und vielmehr die Kirchen selbst beschreibt.

[77]   Vgl. WOLF VON ZÜLNHART, Die Pilgerreise, S. 69-72 und 75f. Zum nur in einer Handschrift vorliegenden Bericht Zülnharts, der in seinen vermutlich von Hans Tucher beeinflussten Beschreibungen häufig von der deutschen in die lateinische Sprache wechselt, siehe HERZ, Wolf von Zülnhart, Sp. 1307f.; HUSCHENBETT, Berichte über Jerusalem-Pilgerfahrten, S. 257-259; PARAVICINI, Europäische Reiseberichte I, S. 270-272. Santo Brasca verlegt sich am Ende seiner Venedigbeschreibung darauf, nur noch die Reliquien aufzulisten. BRASCA, Viaggio in Terrasanta, S. 50f. Siehe auch DENKE, Auf dem Weg ins Heilige Land, S. 112.

[78]   Die gleichnamige Kirche musste im 19. Jahrhundert dem Bahnhof Santa Lucia weichen. Vgl. FRANZOI/DI STEFANO, Le Chiese, S. 100-102; ZORZI, Venezia scomparsa, S. 345f. Die Reliquie wird heute in der Kirche San Geremia bewahrt. Vgl. NIERO, Reliquie e corpi di Santi, S. 198f.

[79]   Vgl. ANONYMUS 1494, Die Reise, S. 144; TUCHER, Die ‚Reise ins Gelobte Land', S. 346; RIETER, Das Reisebuch, S. 38. Vgl. auch DENKE, Venedig als Station und Erlebnis, S. 126f.

[80]   An Stelle der Klosteranlagen erhebt sich heute die Kirche Santa Maria Assunta dei Gesuiti. Zu dem von FABRI, Evagatorium I, S. 89, und III, S. 429 als *Acrusecherii* oder *a cruschechirii* ver-

de,[81] des im Kloster San Zaccaria verehrten heiligen Zacharias[82] und der heiligen Helena, deren Leib im Kloster Sant' Elena aufgebahrt lag.[83] Diesen Reliquien wurde eine besonders starke Wirkmächtigkeit nachgesagt, da die Unversehrtheit des Körpers als Auszeichnung durch Gott galt und von den Gläubigen als ein Zeichen außerordentlicher Heiligkeit interpretiert wurde.[84] In seiner in der *Eigentlichen beschreibung* enthaltenen Liste der Heiligtümer führt Fabri die unversehrten Körper, die er *liphaftig ligen* gesehen haben will, dementsprechend an erster Stelle auf.[85]

Zu den von Fabri in der deutschen Fassung genannten Heiligen, deren ungeteilten Körper er gesehen habe, gehört überraschenderweise auch der Evangelist Markus.[86] In den übrigen spätmittelalterlichen Pilgerberichten wird die sterbliche Hülle des Stadtpatrons, die die wertvollste Reliquie darstellte und eine überragende Rolle für das Selbstverständnis der Bewohner spielte,[87] hingegen meist übergangen. Da die Markusreliquie im Gegensatz zu den übrigen Heiligtümern nicht öffentlich gezeigt wurde, haben ihr die Pilger Andrea Denke zufolge nur eine geringe Bedeutung zugemessen.[88] Fabri scheint den Evangelisten in seiner Auflistung nur der Vollständigkeit zu nennen, denn im *Evagatorium* kommt er zu einem gegensätzlichen Ergebnis. In seiner lateinischen Version plädiert Fabri nach ausführlicher Erörterung verschiedener und widersprüchlicher Überlieferungsstränge für die Tradition,[89] nach der der heilige Markus seine letzte Ruhestätte

---

ballhornten Orden der *Crociferi* („Kreuzträger") und den Schwierigkeiten auch anderer deutscher Pilger mit diesem Namen vgl. DENKE, Venedig als Station und Erlebnis, S. 126f.

[81] Vgl. RINDFLEISCH, Wallfartt, S. 322; DENKE, Venedig als Station und Erlebnis, S. 126. Zum Bericht Rindfleischs, der eine Mischung aus Pilgerführer und Reisebericht darstellt und eine Liste mit notwendigen Utensilien und erworbenen Devotionalien enthält, mit denen er seine Frömmigkeit dokumentierte und sie als Geschenk für Verwandte, Freunde oder Geschäftspartner einsetzen konnte, siehe HONEMANN, Rindfleisch, Sp. 80; PARAVICINI, Europäische Reiseberichte I, S. 272f.

[82] Zu San Zaccaria siehe FRANZOI/DI STEFANO, Le Chiese, S. 390-403.

[83] Zu Sant' Elena, das im 15. Jahrhundert auf einer noch nicht mit dem Sestiere di Castello verbundenen Insel lag, siehe FRANZOI/DI STEFANO, Le Chiese, S. 534f.; ZORZI, Venezia scomparsa, S. 499-503.

[84] Zum unverwesten Leib siehe ANGENENDT, Corpus incorruptum.

[85] Dessau, StB, Hs. Georg 238, fol. 13v-14r.

[86] Dessau, StB, Hs. Georg 238, fol. 14r.

[87] Zum Markuskult in Venedig siehe FRITSCH, Der Markuskult; ZETTLER, Politische Dimensionen; OSBORNE, Politics; MUIR, Civic Ritual, S. 78-92.

[88] DENKE, Venedig als Station und Erlebnis, S. 133; DIES., Auf dem Weg ins Heilige Land, S. 113. Ähnlich auch CROUZET-PAVAN, Récits, images et mythes, S. 500. TZEWERS, Itinerarius, S. 82, hält z.B. in seinem Bericht fest, dass er zwar die vielen Kostbarkeiten des Kirchenschatzes von San Marco besichtigt, allerdings keine Reliquien gesehen habe. Lediglich Bernhard von Breidenbach und Paul Walther von Guglingen erwähnen die Markusreliquie in ihrer Auflistung der Heiligtümer der Stadt. Vgl. BERNHARD VON BREIDENBACH, Die heyligen reyßen, fol. 12v; DERS., Peregrinatio, fol. 10r; PAUL WALTHER VON GUGLINGEN, Itinerarium in Terram Sanctam, S. 52.

[89] Laut einer Version der mündlichen Erzählungen habe der Stadtpatron aus Enttäuschung über die ungastliche Politik des Dogen Pietro Candiano IV. (959-976) gegenüber den in der Stadt lebenden Fremden Venedig den Rücken gekehrt. Dies habe zu einem Aufruhr gegen den Dogen, nach Fabri

nicht in Venedig, sondern auf der Insel Reichenau gefunden habe. Entscheidend ist ein Hinweis, den Fabri offenbar nach Fertigstellung des *Evagatoriums* in der Bibliothek des Dominikanerklosters in Esslingen entdeckt hatte. Gemäß einer später hinzugefügten Randbemerkung habe er dort eine Pergamenthandschrift eingesehen, die von der Überführung des heiligen Markus von Venedig zur Reichenau durch den Veroneser Bischof *Ratolphus* Zeugnis ablege.[90]

Dieser schriftlichen Quelle scheint Fabri den Vorzug zu geben, obwohl er in derselben Glosse auch ausführlich die in der Chronik der Stadt Venedig von Marcantonio Sabellico proklamierte venezianische Version der Markuslegende einschließlich der Translation des Leichnams von Alexandria und der wundersamen Wiederauffindung der Gebeine im Jahr 1094 referiert.[91] Dass Sabellico nirgends auf eine Überführung der Überreste des Evangelisten auf die Reichenau hinweist oder auch nur die Möglichkeit in Betracht zieht, dass sie nicht in Venedig verblieben sein könnten, thematisiert Fabri nicht. Er bezieht beide Traditionen nicht aufeinander, bekräftigt am Ende seines Einschubs jedoch, dass in späterer Zeit ein Doge die Markusreliquien dem Veroneser Bischof überlassen habe.[92]

Für die Bewertung Venedigs als eine durch eine Vielzahl an Reliquien geheiligte Stadt und der impliziten Folgerung einer großen Frömmigkeit der Bewohner ändert dies letztlich nichts. Fabri zeigt durch die intensive Auseinandersetzung im *Evagatorium* mit

---

ein hitzköpfiger Mensch, geführt, der mitsamt seiner Familie abgesetzt und ermordet worden sei, während sich der Evangelist auf wunderbare Weise auf der Reichenau im Bodensee eine neue Grablege gesucht habe. Nach einer anderen Erzählung sei der Leichnam von einigen Mönchen auf der Flucht aus Venedig zum Bodensee mitgenommen worden. FABRI, Evagatorium III, S. 417f. Zum Aufstand gegen Pietro Candiano IV. siehe RÖSCH, Venedig, S. 43; ZORZI, Venedig, S. 54f.

[90] FABRI, Evagatorium III, S. 418: *Sed tandem in libraria nostrorum fratrum in Eslingen reperi antiquam chronicam in pergameno scriptam, in qua sic habetur de translatione corporis S. Marci: corpus S. Marci evangelistae sub nomine Valentis martyris Ratolphus Veronensis episcopus a duce Venetiae impetravit et cum corpore Genesii martyris in Augiam insulam attulit.* Vgl. Ulm, StB, Hs. 19555-2, fol. 216v. Fabri bezieht sich hier vermutlich auf ein Exemplar der Schrift *De miraculis et virtutibus Sancti Marci evangelistae.* In dem wohl im 10. Jahrhundert entstandenen und in mehreren Handschriften überlieferten Werk eines anonymen Verfassers wird die Geschichte der Translation der Markusreliquien durch Bischof Ratolt, des legendären Begründers von Radolfzell, geschildert. Diverse Wundergeschichten sollen die Echtheit der Gebeine bezeugen. Vgl. hierzu BERSCHIN/KLÜPPEL, Der Evangelist Markus auf der Reichenau, S. 9-15, mit Edition S. 36-57. Allerdings ist wenigstens in einer Handschrift der *Legenda aurea* die Heiligenvita des Markus um die Translation von Venedig zum Bodensee erweitert worden. Vgl. ebd., S. 22f.

[91] Fabri würdigt Sabellico dabei als ausgezeichneten Gelehrten, der die Markuslegende sehr klar und aschaulich geschildert habe. FABRI, Evagatorium III, S. 419; SABELLICO, Rerum Venetarum, fol. 19v-20r. Über die sogenannte ‚Apparitio‘ der Markusreliquien könnte Fabri auch durch die *Legenda Aurea* gewusst haben. Nach der teilweisen Zerstörung der Kirche infolge der Unruhen im Jahr 976 herrschte über den Verbleib der Reliquie zunächst Unklarheit. Vgl. JACOBUS DE VORAGINE, Die Legenda Aurea, S. 310f.; MUIR, Civic Ritual, S. 86f.; ZETTLER, Politische Dimensionen, S. 565-567; DALE, Stolen property.

[92] FABRI, Evagatorium III, S. 419.

den komplexen und sich überlagernden Erzählungen und Legenden um den Evangelisten Markus, die er dem Laienpublikum der deutschen Fassung vorenthält, zum einen seine Gelehrsamkeit an, ohne weder die venezianische Überlieferung noch die auf der Reichenau proklamierte Version der Translation kritisch zu hinterfragen. Zum anderen untermauert er durch das Bemühen, alle Möglichkeiten zur Überprüfung des Sachverhalts ausgenutzt zu haben, die Glaubwürdigkeit seines Berichts.

Doch nicht nur über die Zahl und Bedeutung der Reliquien wird der Eindruck der Gottergebenheit der Venezianer vermittelt, sondern auch über die ausführlich beschriebene reiche materielle Ausstattung der Kirchenbauten.[93] Pietro Casola stellt diesen Zusammenhang explizit her und setzt das Bekannte und Eigene mit dem Fremden in Beziehung. Nach dessen Ansicht sei noch die ärmste Pfarrei in Venedig prunkvoller ausgestattet als die schönste Kirche Mailands. Auf seine Erfahrung aus zahlreichen Reisen rekurrierend, kommt er zu dem Ergebnis, dass es hinsichtlich der Pracht der Kirchen keine vergleichbare Stadt gebe.[94] Gott müsse den Venezianern besonders wohlgesonnen sein, wenn dieser in all den Kirchen so eifrig verehrt werde.[95]

Fabri fällt im *Evagatorium* kein vergleichbares Gesamturteil über die Kirchen Venedigs, weist aber häufig auf deren Schönheit hin, die ihm als Zeichen des Wohlstandes und Reichtums gelten.[96] Die Gottesfürchtigkeit der Venezianer verdeutlicht er an Santa Maria dei Miracoli.[97] Am Beispiel dieser Kirche betont er sowohl die fast unglaublichen

---

[93]   Die architektonische Gestalt oder die künstlerischen Aspekte der Kirchen werden demgegenüber nur selten ausführlicher thematisiert. Vgl. zu dieser Thematik TAMMEN, Kunsterfahrungen.

[94]   CASOLA, Viaggio a Gerusalemme, S. 93f.; DERS., Pilgrimage, S. 137f..

[95]   CASOLA, Viaggio a Gerusalemme, S. 95: *E questo me fa stare in grande opinione che Veneziani debbeno essere molto guardati da Dio, in le loro facende, imperò che sono molto soliciti cerca el culto divino in tute le sue giesie.* DERS., Pilgrimage, S. 138. Vgl. auch ebd., S. 365f. Anm. 37, den Verweis auf Philippe de Commynes, der denselben Eindruck mit fast den gleichen Worten umschreibt. Vgl. COMMYNES, Memoiren, S. 327. Nicht zuletzt deshalb entschuldigt sich Casola bereits eingangs der Stadtbeschreibung bei seinen mailändischen Mitbürgern, die eine solche Hochschätzung der rivalisierenden Republik Venedig vielleicht als Kränkung auffassen könnten. Vgl. CASOLA, Viaggio a Gerusalemme, S. 83f.; DERS., Pilgrimage, S. 125.

[96]   Fabri verdeutlicht dies an dem Überfluss an Gold, Silber und Edelsteinen, der in jeder Kirche und jedem Kloster zu finden sei und an seiner Auflistung der kostbaren und exotischen Pretiosen des Schatzes von San Marco. Vgl. FABRI, Evagatorium III, S. 430f. Zum Schatz, bei dessen Aufzählung Fabri die Berichte Tuchers und Breidenbachs nutzt, siehe DENKE, Venedig als Station und Erlebnis, S. 137f.; RÖHL, Venise, S. 97f.; CASSANELLI, Kunstdiebstähle.

[97]   Fabri betont in seiner Beschreibung der Markuskirche, deren Mosaike er als die prachtvollsten der Welt bezeichnet, weniger die innere und äußere Gestaltung, sondern widmet sich besonders zwei Mosaiken, auf denen der heilige Franziskus und der heilige Dominikus bereits lange vor ihrer Geburt als Ordensgründer dargestellt seien. Der von Antoninus Florentinus übernommenen Legende lag die verbreitete Tradition zugrunde, dass das Bildprogramm von San Marco von dem Mystiker Joachim von Fiore gestaltet wurde. Dank dessen prophetischer Gabe seien Personen abgebildet worden, die noch gar nicht geboren seien. Vgl. FABRI, Evagatorium III, S. 420-423; ANTONINUS FLORENTINUS, Chronicon III, fol. 189v; REEVES, The Influence, S. 96-100; DEMUS, The Mosaics of San Marco I, S. 256-258; NIERO, Das Bebilderungsprogramm, S. 69f.

baulichen Fortschritte, die in kurzer Zeit erzielt worden seien als auch die sich bereits abzeichnende außergewöhnliche Schönheit. Zum Zeitpunkt seiner ersten Reise sei an diesem Ort lediglich ein wunderwirkendes Portrait der Jungfrau Maria verehrt worden, das verstärkt Menschen angezogen habe.[98] Nur drei Jahre später entstehe dort eine Kirche, die Staunen hervorrufe und deren Baukosten kein *princeps Alemanniae* aufbringen könne.[99]

Dabei besteht sein eigentliches Anliegen darin, durch die Beschreibung der Kirche auf einen für ihn erheblichen Missstand in der Heimat hinzuweisen. Denn an dem Bau von Santa Maria dei Miracoli werde ersichtlich, mit welch großem Engagement und finanziellem Aufwand die Venezianer jedweden geistlichen Orden fördern. In der Heimat werde dagegen ein ganz anderer Standpunkt vertreten. Laut Fabri würden die städtischen Niederlassungen der Bettelorden als übermäßige finanzielle Belastung angesehen, so dass anstatt frommen Mönchen lieber reichen Juden das Aufenthaltsrecht gewährt werde. Die Venezianer hingegen würden den Juden den Zugang zur Stadt verwehren, die verfallenen Konvente erneuern und sogar immer neue Klöster und Kirchen erbauen, um sich Segen und Glück für ihre Stadt zu sichern.[100]

Fabri nutzt demnach den Kirchenbau von Santa Maria dei Miracoli dazu, die Gottesfürchtigkeit der Venezianer als leuchtendes Beispiel darzustellen, an dem sich seine Landsleute orientieren sollen. Indem er sich antijüdischer Vorurteile bedient, bringt Fabri zum Ausdruck, dass es allein auf den himmlischen Lohn ankommt, der gerade durch die seelsorgerische Tätigkeit der Mönche erreicht werden kann. Dagegen kommt es für ihn einer Sünde gleich, Juden in der Stadt zu dulden, denen immer wieder zum Vorwurf gemacht wurde, Christen durch Wucherzinsen zu schädigen. Der Dominikaner steht hier in der Tradition der judenfeindlichen Agitation der Bettelorden. Das Vorurteil des jüdischen Wucherers diente im 15. Jahrhundert häufig als Vorwand, die Juden aus

---

[98] FABRI, Evagatorium I, S. 99; DERS., Wanderings I, S. 101. Die Kirche wurde von Pietro Lombardo in ungewöhnlich kurzer Zeit zwischen 1481-1489 errichtet. Vgl. LORENZETTI, Venice, S. 335-337; FRANCOI/DI STEFANO, Le Chiese, S. 162-167; HUSE/WOLTERS, Venedig, S. 90-94.

[99] FABRI, Evagatorium III, S. 427.

[100] FABRI, Evagatorium III, S. 427: *Longe alterius mentis sunt cives nostri in Alemannia, qui aestimant, civitates depauperari per monasteria et ecclesias, nec admittunt religiosos, imo loca antiqua, ubi possunt, destruunt et falso dicunt, se magis per religiosos et clerum gravari, quam per Judaeos. Unde Judaeis usurariis loca apud se concedunt ad habitandum, quod nullo modo concederent religiosis personis. Non sic domini Veneti faciunt, qui nullum Judaeum in tanta urbe sustinent, nullam religionem excludunt, collapsa monasteria erigunt et nova construunt.* Das jüdische Ghetto in Venedig entstammt dem 16. Jahrhundert. Zuvor lebten die Juden in Mestre, da ihnen das Wohnen in Venedig untersagt war. Vgl. RÖSCH/RÖSCH, Venedig im Spätmittelalter, S. 203; HELLER, Venedig, S. 718-723. Allerdings äußert Fabri an den zahlreichen sakralen Bauwerken auch leise Kritik, denn er hält fest, dass sich die Venezianer wohl an den Römern orientieren, die immer mehr Tempel zu Ehren ihrer Götter erbaut hätten, um sich durch die große Anzahl deren Gunst zu sichern. Vgl. FABRI, Evagatorium III, S. 426f.

der Stadt zu weisen.[101] Durch die bewusste Abwertung von Juden und dem Lob auf die Venezianer für ihre Förderung der Bettelmönche zeigt er das Idealbild eines vorbildlichen und gottgefälligen Verhaltens auf. Er funktionalisiert die im christlichen Venedig vorgeblich gemachten Erfahrungen, um für ihn unhaltbare gesellschaftliche Verhältnisse in der Heimat anzuprangern. Mittels der positiv verklärten Fremde hält Fabri dem Leser den gesellschaftlichen Spiegel vor.[102] Zugleich spielt Fabri womöglich auch auf jüngere Ereignisse der eigenen Stadtgeschichte an. Während des im Zuge des Konstanzer Bischofstreit vom Papst verhängten Interdikts mussten auch die Ulmer Dominikaner 1476 für einige Monate die Stadt verlassen. Fabri deutet an anderer Stelle seines *Evagatoriums* an, dass die Mönche infolge des Bannspruchs viel erdulden mussten.[103]

1.3   Die Inszenierung Venedigs als wehrhafte und papsttreue Stadt

Die über die materielle Objektivierung in Form der sakralen Bauten vorgenommene Charakterisierung als fromme und gottergebene Christen entsprach durchaus der Zielsetzung der Venezianer, die ein großes Interesse daran hatten, ihrer Stadt ein möglichst positives Image zu geben.[104] Dies sollte durch eine zuvorkommende Behandlung besonders der hochadligen Wallfahrer gefördert werden. Mit den finanzstarken Besuchern konnten nicht nur einträgliche Geschäfte erzielt werden. Die Venezianer wussten auch um deren Vermittlerfunktion, wenn sie ihre Erlebnisse und Erfahrungen an die Daheimgebliebenen weitergaben. Eine nachteilige Behandlung, die Auswirkungen auf die Handelsbeziehungen, im Fall von politisch einflussreichen Pilgern sogar diplomatische Konsequenzen nach sich ziehen konnte, sollte vermieden werden.[105] Berichteten die Pil-

---

[101] Vgl. ZIWES, Territoriale Judenvertreibungen. Die laut Fabri zahlreichen Ulmer Juden wurden 1499 gezwungen, die Stadt zu verlassen. Vgl. VEESENMEYER, Fratris Felicis Fabri Tractatus, S. 124; PRESSEL, Geschichte der Juden, S. 15; MAIMON/BREUER/GUGGENHEIM, Germania Judaica III/2, S. 1498-1522. Zu diesem Stereotyp siehe unten Kap. IV.4.

[102] Die Spiegelmetapher ist im Spätmittelalter besonders in Form von Fürstenspiegeln weit verbreitet. Vgl. hierzu ROTH, Spiegelliteratur.

[103] Vgl. FABRI, Evagatorium I, S. 270; DERS., Wanderings I, S. 326; ERNST, Felix Fabri, S. 327. Die Parteinahme für die päpstliche Seite führte zu einem Ansehensverlust der Dominikaner, die finanziell von der Stadt und den Spenden ihrer Bürger abhängig waren. Dieses von ISENMANN, Die deutsche Stadt, S. 219, und ULPTS, Stadt und Bettelorden, S. 249, als „nahezu symbiotische Beziehung" charakterisierte Verhältnis zwischen Mendikanten und Bürgertum barg Konfliktpotential, wenn die Mönche den Erwartungen des Magistrates nicht nachkamen. Durch Stiftungen und Testamente verfügten die Orden häufig über erheblichen Grundbesitz, was ebenfalls zu Differenzen mit dem Stadtrat führte, da diesem auf diese Weise nicht unerhebliche Steuergelder entgingen. Zu diesen Auseinandersetzungen, die bei Isenmann und Ulpts nur am Rande thematisiert werden, siehe am Beispiel einzelner Städte und besonders am gut dokumentierten Straßburg HECKER, Bettelorden und Bürgertum; RAPP, Die Mendikanten; RÜTHER, Bettelorden.

[104] CROUZET-PAVAN, Récits, images et mythes, S. 519.

[105] Vgl. das Dekret von 1497, zitiert bei CASOLA, Pilgrimage, S. 99f. Der venezianische Rat erließ zahlreiche Verordnungen zu organisatorischen und rechtlichen Aspekten der Pilgerreise.

ger dagegen von einem angenehmen Aufenthalt in Venedig und gastfreundlichen Bewohnern, dürfte dies für zukünftige Geschäfte mit den Wallfahrern oder für diplomatische Verhandlungen vorteilhaft sein.

Dementsprechend versuchten die Venezianer auf die Pilger einzuwirken, indem lizenzierte Dolmetscher bei den Einkäufen und Verhandlungen mit dem Patron halfen,[106] und adligen Pilgern ein standesgemäßer und mitunter prachtvoller Empfang bereitet wurde.[107] Darüber hinaus führten die Venezianer die Pilger ganz bewusst zu weiteren Sehenswürdigkeiten und wirkten somit aktiv an dem Bild mit, das die Wallfahrer während ihres Aufenthaltes gewannen. So zeigten sie den Besuchern mit dem Arsenal bereitwillig das militärische Herz Venedigs.[108] In diesem „größten mittelalterlichen Industriekomplex im Abendland",[109] den die Venezianer in der zweiten Hälfte des 15. Jahrhunderts um das Arsenale Nuovissimo erneut erweiterten,[110] wurde nicht nur die Handels- und Kriegsflotte Venedigs gebaut. In zahlreichen Fertigungsbetrieben wurden auch alle zur Ausrüstung der Schiffe notwendigen Gegenstände produziert und gelagert. Mittels der Führung durch die Schiffswerften, Manufakturen und Lagerhäuser sollten die Pilger einen Eindruck von der Stärke und Wehrhaftigkeit der Stadt bekommen. Die Venezianer suchten ihnen zu demonstrieren, dass sie angesichts ihrer Macht niemanden zu fürchten und nichts zu verheimlichen brauchten.[111]

---

[106] Die *tholomarii* oder *tholomagii* waren auf der Rialto-Brücke oder am Markusplatz anzutreffen und sollten den Pilgern bei Wechselgeschäften und Einkäufen der notwendigen Reiseutensilien unterstützen sowie bei den Vertragsverhandlungen mit dem Patron vermitteln. Vgl. CASOLA, Pilgrimage, S. 39f. und 60-62; DENKE, Venedig als Station und Erlebnis, S. 54 und 63; TUCCI, I servizi maritimi, S. 63; DAVIS, Pilgrim-Tourism, S. 128. Wilhelm Tzewers spielt in seinen Reiseinstruktionen darauf an, dass diese Führer sich den Pilgern trotz ihres Eides und genügender Lohnzahlung kaum treu verhielten. TZEWERS, Itinerarius, S. 76.

[107] Vgl. FABRI, Evagatorium I, S. 95; DERS., Wanderings I, S. 94f.; Dessau, StB, Hs. Georg 238, fol. 11v. Fabri berichtet zudem, dass die *Serenissima* zu verhindern suchte, dass die Pilger in Tavernen logierten, die in keinem guten Ruf ständen. Den hochgestellten Pilgern ständen private *Palazzi* zur Verfügung und auch für das leibliche Wohl sei auf Kosten der Staatskasse gesorgt. Vgl. FABRI, Evagatorium I, S. 103; DERS., Wanderings I, S. 105. Für fürstliche Pilger wurde mitunter eine eigene Galeere auf Kosten der Republik ausgerüstet. Zu den Aufwendungen für hochadlige Pilger siehe auch ASHTOR, Venezia e il pellegrinaggio, S. 198-201.

[108] Nur vereinzelt musste mit Geschenken nachgeholfen werden, um von den Venezianern durch das einzig ummauerte Areal der Stadt geführt zu werden. Vgl. ARNOLD VON HARFF, Die Pilgerfahrt, S. 48. Dafür wurde Harff anschließend im Weinkeller des Arsenals verköstigt.

[109] RÖSCH/RÖSCH, Venedig im Spätmittelalter, S. 58. In den venezianischen Quellen wird das Arsenal als das Beste der Welt bezeichnet. Vgl. DOUMERC, An Exemplary Maritime Republic, S. 154.

[110] Vgl. LANE, Venetian Ships, S. 140.

[111] Allerdings entsprach die demonstrierte Stärke infolge der Expansion des Osmanischen Reiches und der Verwicklungen der Serenissima auf dem italienischen Festland nicht unbedingt der Realität. Der 1479 geschlossene Friedensvertrag mit der Pforte gilt als Wendepunkt und erstes Zeichen der schwindenden Macht im Mittelmeer. Vgl. MAJOR, Vision externe, S. 218f.; BABINGER, Mehmed der Eroberer, S. 406-410; LANE, Seerepublik Venedig, S. 387-391.

Angesichts der rühmenden Worte in den Pilgerberichten scheint der Führung durch das Arsenal ihren Zweck nicht verfehlt zu haben. Schon allein die Größe des riesigen, effizient organisierten Wirtschaftsbetriebes[112] hat die Besucher nicht unbeeindruckt gelassen und wird in den Berichten über den Vergleich mit vertrauten Orten veranschaulicht.[113] Fabri zufolge würde zumindest eine Kleinstadt in diesen Mauern Platz finden.[114] Noch konkreter wird er in seiner *Eigentlichen beschreibung*, in der er das Arsenal nur als *wenig kleiner denn vlm* bezeichnet.[115] Die im Arsenal gelagerte Kriegsmaschinerie sowie täglich vermehrte Anzahl an *schwerter[n]*, *spies[en]*, *hantbúchsen*, *halbarten morder*, *bogen* oder *arm[b]rúst[en]* listet er in beiden Fassungen auf.[116] Die ungeheure Zahl von 200.000 Mann, die innerhalb einer Stunde für den Kampf zu Land oder zu Wasser ausgerüstet werden könnten,[117] soll dem Leser einen Eindruck von der militärischen Potenz und dem Verteidigungswillen geben, da Fabri zufolge Venedig in Vergangenheit wie Gegenwart von zahlreichen sowohl sich offen zu erkennen als auch im Verborgenen agierenden Feinden umgeben sei.[118]

Darüber hinaus wurden die Pilger durch die Räumlichkeiten des Dogenpalastes geführt. Sie bestaunten nicht nur die reichhaltige Ornamentik der Fassaden und die prachtvolle Architektur,[119] sondern konnten Einblick in alle Gemächer *da la cima al fondo*[120]

---

[112] Ein Topos bei der Beschreibung der Handwerkergruppen ist der Hinweis auf die im Arsenal beschäftigten 50, 100 oder gar 300 Frauen, die mit nichts anderem beschäftigt seien, als Segel zu nähen. Vgl. Fabri, Evagatorium III, S. 413; Bernhard von Breidenbach, Die heyligen reyßen, fol. 14v; Ders., Peregrinatio, fol. 11v; Arnold von Harff, Die Pilgerfahrt, S. 50; Meisenheimer, Die Reise des Grafen Johann Ludwig, S. 64. Weitere Nachweise bei Denke, Venedig als Station und Erlebnis, S. 154. Zu Berichten des 16. Jahrhunderts siehe Cladders, Französische Venedig-Reisen, S. 111f.

[113] Siehe hierzu Denke, Venedig als Station und Erlebnis, S. 153.

[114] Fabri, Evagatorium III, S. 413.

[115] Dessau, StB, Hs. Georg 238, fol. 14v.

[116] Fabri, Evagatorium III, S. 413f.; Dessau, StB, Hs. Georg 238, fol. 14v. Summarische Auflistungen finden sich auch in vielen weiteren Pilgerberichten. Vgl. Casola, Viaggio a Gerusalemme, S. 96; Ders., Pilgrimage, S. 139; Meisenheimer, Die Reise des Grafen Johann Ludwig, S. 64f.; Brasca, Viaggio in Terrasanta, S. 49; Claes van Dusen, Waerachtighe Beschrijvinge, S. 199.

[117] Fabri, Evagatorium III, S. 413. Fabri folgt hier möglicherweise der lateinischen Fassung von Breidenbachs Bericht. In der wenige Monate später erschienenen deutschen Fassung ist dagegen lediglich von *zwey tusent man* die Rede. Vgl. Bernhard von Breidenbach, Peregrinatio, fol. 11v; Ders., Die heyligen reyßen, fol. 14r.

[118] Fabri, Evagatorium III, S. 416: *semper enim habuit et hodie habet inimicos plures, tam occultos quam manifestos, cujus causam assignat Socrates, dicens: felicitas semper subjecta est invidiae; sola enim miseria caret invidia. Et quia Veneti summa status civilis potentia felicissimi sunt, ideo omnibus invidis odiosi.* Bei dieser Bemerkung Fabris handelt es sich um eine Glosse, die mit *De multis legimus* einsetzt und mit *[...] ab urbe condita* endet. Vgl. Ulm, StB, 19555-2, fol. 216r.

[119] Zur Ornamentik siehe besonders Grünemberg, Ritter Grünembergs Pilgerfahrt, S. 21f. Zitiert von Denke, Venedig als Station und Erlebnis, S. 147. Zur Architektur siehe besonders Casola, der den Palast als *più bella de Italia* bewertet. Casola, Viaggio a Gerusalemme, S. 86; Ders., Pilgrimage, S. 127. Vgl. zudem Brasca, Viaggio in Terrasanta, S. 48; Meisenheimer, Die Reise des

nehmen und bekamen sogar die Küche und das Bett des Dogen gezeigt.[121] Die Reisegesellschaft um Fabri, der besonders die Schönheit des Lustgartens auf dem Dach hervorhebt,[122] nutzte ebenfalls die Möglichkeit zu einer Führung durch die einzelnen Räumlichkeiten. Zwar nennt er bis auf den Schatz des Dogen keinerlei Einzelheiten der
Ausstattung,[123] er erhielt aber erstens einen Eindruck über die Besonderheiten der venezianischen Staatsordnung[124] und zweitens von den für die Identität der Venezianer zentralen Ereignissen um das Jahr 1177.

Auf der Basis des Bildprogramms im Großen Ratssaal (Sala del Maggior Consiglio)
vermittelten die Venezianer den Pilgern ihre Sicht auf den Konflikt zwischen Friedrich
I. Barbarossa und Alexander III., der mit dem 1177 in Venedig vereinbarten Frieden
beigelegt wurde.[125] Gemäß dieser Legende gewährten die Venezianer dem Papst Schutz
und großzügige Hilfe und trugen durch ihre militärische Schlagkraft maßgeblich dazu
bei, dass der Papst die Oberhand behielt. Zum Dank verlieh er ihnen zahlreiche Privilegien, durch die sich Venedig als Großmacht etablieren konnte und der Mythos der Un-
bezwingbarkeit gefestigt wurde.[126] Sowohl Fabri, der die Ereignisse auf der Basis der
Chronik Sabellicos schildert und im Arsenal einige Zeugnisse der tatsächlich nie statt-
gefundenen Schlacht zwischen Venedig und dem Heer Friedrichs I. gesehen haben
will,[127] als auch andere Pilger übernehmen diese venezianische Perspektive unhinterfragt. Sie stellen den Kaiser unbewusst als Aggressor dar, der sich gegen das geistliche
Oberhaupt der Kirche auflehnte und dabei eine schmerzliche Niederlage erfuhr, während die Venezianer als friedliebende und dem Papst treu ergebene Christen charakterisiert werden.[128]

Grafen Johann Ludwig, S. 62. Weitere Nachweise bei CHAREYRON, Venise porte de l'Orient,
S. 11; CLADDERS, Französische Venedig-Reisen, S. 123f.

[120] BRASCA, Viaggio in Terrasanta, S. 48.

[121] Vgl. CASOLA, Viaggio a Gerusalemme, S. 86; DERS., Pilgrimage, S. 127, der von einem Pagen bis
in die Privatgemächer des Dogen geführt wurde.

[122] FABRI, Evagatorium III, S. 402.

[123] FABRI, Evagatorium I, S. 101; DERS., Wanderings I, S. 103.

[124] Vgl. hierzu Kap. IV.1.

[125] Einführend zu Ursachen, Verlauf und Darstellung des Konflikts in der Geschichtsschreibung
siehe LAUDAGE, Alexander III. und Friedrich Barbarossa.

[126] Zwar wurden die Gemälde beim Brand des Palastes 1577 zerstört, jedoch danach mit derselben
Thematik von Jacobo Tintoretto, Paolo Veronese und Jacobo Palma il Vecchio neu interpretiert.
Vgl. RÖSCH/RÖSCH, Venedig im Spätmittelalter, S. 27f.; MUIR, Civic Ritual, S. 103-119; ZORZI,
Venedig, S. 100-102. Zur Bedeutung der Ereignisse und Implementierung in das kollektive Ge-
dächtnis siehe FRIED, Der Schleier der Erinnerung, S. 157-166.

[127] Vgl. FABRI, Evagatorium III, S. 414f.; SABELLICO, Rerum Venetarum, fol. 49v. Der Verweis ist
Teil einer Randbemerkung Fabris, die sich von *Insuper ibi vidimus [...]* bis einschließlich zu *Ad
propositum ergo redeundo multa vidimus in archanali et vetera et nova paramenta bellica* erstreckt. Vgl. Ulm, StB, Hs. 19555-2, fol. 215v.

[128] Besonders ausführlich schildert die Legende ARNOLD VON HARFF, Die Pilgerfahrt, S. 42-44. Vgl.
zudem DIETRICH VON SCHACHTEN, Beschreibung, S. 174; CASOLA, Viaggio a Gerusalemme,
S. 85; DERS., Pilgrimage, S. 126f.; CLADDERS, Französische Venedig-Reisen, S. 95-98.

1.4 Lob und Kritik des Fremden zur Belehrung des Eigenen

Im Zusammenhang mit der Besichtigung des Dogenpalastes schreibt Fabri den Venezianern darüber hinaus ein großes Maß an Mildtätigkeit zu. Während Casola die Ästhetik des Palazzo Ducale durch die als Gefängnis genutzten unteren Geschosse empfindlich gestört sieht,[129] zeigt sich für Fabri an den Verliesen und dem Umgang mit den Verurteilten die Barmherzigkeit der Venezianer. Am Beispiel des Herrschaftssitzes funktionalisiert er erneut die Beobachtungen in der Fremde, um ein Gegenbild zum Eigenen zu entwerfen und auf unhaltbare Zustände in der Heimat hinzuweisen. Es sei eine von vielen grausamen deutschen Sitten, dass die Häftlinge oft unter unmenschlichen Bedingungen in dunklen, feuchten und kalten Kerkern darben müssen und dazu noch von Schlangen und Kröten heimgesucht würden.[130] In der Heimat bekäme der Gefangene nur seinen grausamen Peiniger zu sehen, der ihn ängstige, bedrohe und foltere. Dagegen hätten die Häftlinge in Venedig durch die mit Gittern versehenen Fensteröffnungen Kontakt zur Außenwelt, einige könnten sich durch Betteln oder kleine Verrichtungen sogar ein wenig Geld verdienen, andere sich durch Würfel- oder Schachspiel die Zeit vertreiben.[131] Weder wird also die in der Heimat eingenommene Haltung gegenüber verurteilten Verbrechern als hart, aber gerecht interpretiert noch der in Venedig praktizierte Umgang als nachlässig gewertet. Vielmehr tadelt Fabri mit diesem Beispiel die vermeintlich völlig unzulängliche Barmherzigkeit in der Heimat und dürfte an dieser Stelle über das Bild, das die Venezianer von sich und ihrer Stadt vermitteln wollten, noch hinausgegangen sein.

Fabri hebt demnach bei seiner Venedigbeschreibung gezielt einzelne Aspekte heraus, um bestimmte Sachverhalte in der Heimat als Missstand zu brandmarken. Die eigenen, christlich begründeten Normen und Wertvorstellungen werden auf das in der Fremde Beobachtete übertragen und zugespitzt, um den Leser für die vorgeblich dramatischen Zustände zu Hause zu sensibilisieren. Aus den sakralen und profanen Bauten schließt er auf Charakterzüge der Venezianer und schreibt ihnen eine Vorbildfunktion zu. Fabri stellt die Verhältnisse in Venedig als Idealzustand dar, den es auch in der Heimat anzustreben gelte.

---

[129] Die Schreie der Gefangenen würden ihn an die berüchtigten Verliese Mailands erinnern. CASOLA, Viaggio a Gerusalemme, S. 85; DERS., Pilgrimage, S. 126.

[130] FABRI, Evagatorium III, S. 410. Siehe hierzu auch ZORZI, Venedig, S. 325.

[131] FABRI, Evagatorium III, S. 409f.: *Carceres enim reorum sub deambulatorio palatii sunt contra publicam plateam respectum habentes, patentibus fenestris lucidi, quae ferreis cancellis sunt clausae, per quas captivi respicere possunt et manus extendere et cum astantibus colloquium habere, et si sunt pauperes, eleemosynam a transeuntibus petere possunt. [...] In alio vidi sedentes mechanicos captivos, qui manibus nihilo minus laborabant in suis artibus et denarios lucrabantur. In alio carcere vidi divites negotiatores inclusos, qui simul ludebant in alea et scacho [...]. [...] nec aliquis accedit consolator ad miseros illos, nisi tortores crudelissimi, qui terreant, minentur et torqueant.* Siehe auch die Übersetzung bei PULLAN/CHAMBERS, Venice, S. 97f.

Dies gilt aber nicht für seine gesamte Darstellung. Am Beispiel der Stadt Venedig nutzt Fabri das Fremde, um den Leser auch zu belehren und moralisches Fehlverhalten anzuprangern. So ist der von ihm konstatierte überbordende Prunk des Dogenpalastes und der venezianischen Palazzi insgesamt Anlass zu Kritik. Seiner Ansicht nach stellten die Venezianer die Erde dem Paradies gleich. Selbst die Türken und andere ‚Ungläubige‘ nähmen Anstoß an den prächtigen Gebäuden und hielten den Christen, die derart ihren Reichtum zur Schau stellten, vor, dass sie offensichtlich nicht auf das jenseitige Leben hofften.[132] Viel schärfer konnte ein Tadel nicht ausfallen. Die Venezianer müssen sich in Fabris rhetorischem Kunstgriff ausgerechnet von den Muslimen vorhalten lassen, sie würden ihren Glauben in Wirklichkeit gar nicht ernst nehmen. Die Tugend der Bescheidenheit und Demut werde von den Venezianern in einem Maß geschmäht, dass sich selbst der Glaubensfeind darüber verwundere. Dem Leser soll die Distanzierung von den Venezianern eine Mahnung sein, sich der christlichen Werte stets bewusst zu sein und sich nicht irdischem Ruhm hinzugeben.

Kritik am Fremden zur moralischen Belehrung und Stärkung der eigenen Überzeugungen übt Fabri darüber hinaus am Beispiel der Dominikanerkonvente Venedigs. Im Hinblick auf die Leser seines *Evagatoriums* setzt er sich mit den Verhältnissen in den Klöstern seiner Ordensbrüder intensiv auseinander, während dies für die Rezipienten der *Eigentlichen beschreibung* belanglos war und dort von ihm übergangen wird.[133] Fabri bezieht dabei Stellung zur innerdominikanischen Auseinandersetzung zwischen Konventualen und Observanten um eine tugendhafte Lebensweise. Im Gegensatz zu Paul Walther von Guglingen, der die Mehrzahl der von Bettelorden geführten Klöster für noch nicht reformiert hält und pauschal Kritik an ihnen übt,[134] differenziert Fabri zwischen den drei Niederlassungen der Dominikaner.

Zwei der drei Konvente, die wie Fabris Ulmer Heimatkloster der Lehre der Observanten folgen, werden von ihm positiv beurteilt. Besonders lobt er die Mönche im Kloster San Domenico, die mit großer Strenge den Ordensregeln nachkämen und sich *ut leones* gegen einen 1486 gefassten Beschluss des Dogen Agostino Barbarigo zur Wehr gesetzt hätten, um eine Verkleinerung des Klosteranwesens zugunsten des benachbarten

---

[132] FABRI, Evagatorium III, S. 402: *modum enim virtutis in aedificiis notabiliter excedunt, volentes coaequare exilium paradiso; unde Turci et alii infideles videntes has mirandas structuras scandalizantur et arguunt ex hoc, Christianos nihil de futura vita curare et sperare.* Zitiert auch bei RÖSCH/RÖSCH, Venedig im Spätmittelalter, S. 179f. Wie die meisten Verfasser geht Fabri jedoch nicht näher auf einzelne venezianische Palazzi ein, da sie üblicherweise keinen Zugang zu den Patrizierpalästen hatten. Eine Ausnahme stellt Pietro Casola dar, der in Begleitung des mailändischen Gesandten und des französischen Botschafters Philippe de Commynes einen Palazzo besichtigen konnte. Vgl. CASOLA, Viaggio a Gerusalemme, S. 272f.; DERS., Pilgrimage, S. 339f. Siehe hierzu FORTINI BROWN, Behind the Walls.

[133] In den *Sionpilgern* hebt er aus den vielen Kirchen der Stadt die drei Konvente seines eigenen Ordens immerhin namentlich hervor. Vgl. FABRI, Die Sionpilger, S. 95.

[134] PAUL WALTHER VON GUGLINGEN, Itinerarium in Terram Sanctam, S. 52.

Konventes Sant' Antonio Abbate zu verhindern.[135] Kritisch äußert er sich gegenüber dem dritten Konvent des Dominikanerordens in Venedig. Zwar verfügten die Mönche mit Santi Giovanni e Paolo über die größte Kirche, die alle übrigen Bauwerke der Stadt überrage, doch befolgten diese Dominikaner die Ordensregeln nur unzureichend. Das Kloster sei nicht reformiert und die Mönche lebten dort in weltlichem Pomp.[136]

Fabri setzt sich somit von den Mönchen ab, die sich der Observanzbewegung und der proklamierten Rückbesinnung auf das Armutsgebot nicht angeschlossen hatten. Während sein Lob über die vorbildliche Lebensweise der Dominikaner in San Domenico den Erfolg der Observanten dokumentieren und Ansporn für die heimischen Ordensbrüder sein soll, weiterhin diesen Weg zu beschreiten, beanstandet er das Verhalten der Konventualen in Santi Giovanni e Paolo, um anhand der Verfehlungen zu zeigen, welche Auswirkungen die Abkehr vom Ordensideal haben kann. Denn die Frömmigkeitskritik, die er bei seiner Beschreibung der Kirche Santi Giovanni e Paolo an den Venezianern insgesamt übt, geht letztlich auf die Verantwortung der Mönche zurück, deren Aufgabe in der geistlichen Betreuung der Laien lag und die eine Vorbildfunktion einnehmen sollten.

Fabri stört sich dort an der Musik und dem Gesang während der Gottesdienste. Nur aus diesem Grund würden viele junge Männer und Frauen die Messe besuchen.[137] Er bringt somit zum Ausdruck, dass die belehrende und didaktische Funktion sowie die spirituelle Hinwendung zu Gott gegenüber den repräsentatvien und ästhetischen Aspekten in den Hintergrund geraten. Der Gottesdienst gerät mehr und mehr zu einem Spektakel, das gerade die noch nicht in ihrem Glauben gefestigten Jüngeren anzieht.[138] Zwar zeigt sich Fabri ähnlich wie Casola beeindruckt von der gewaltigen Größe des Kirchenraums, ihren Orgeln, der reichverzierten Sakristei und besonders den prächtigen Dogengräbern, mit denen nicht einmal die päpstlichen Grablegen in Rom vergleichbar sei-

---

[135] Siehe FABRI, Evagatorium I, S. 102, und Evagatorium III, S. 426; DERS., Wanderings I, S. 105. Das Kloster wurde 1807 zugunsten der Giardini Pubblici abgerissen. Vgl. FRANZOI/DI STEFANO, Le Chiese, S. 510; ZORZI, Venezia scomparsa, S. 328-331; LORENZETTI, Venice, S. 304f. Das in den Pilgerberichten häufig beschriebene Kloster Sant' Antonio Abbate fiel ebenfalls 1807 den öffentlichen Parkanlagen zum Opfer. Vgl. FRANZOI/DI STEFANO, Le Chiese, S. 512-514; ZORZI, Venezia scomparsa, S. 312-317. Zu den Beschreibungen in den Pilgerberichten siehe besonders CASOLA, Viaggio a Gerusalemme, S. 92; DERS., Pilgrimage, S. 135. Bei dem anderen vom Fabri genannten reformierten Dominikanerkloster handelte es sich um San Pietro Martire. Vgl. FABRI, Evagatorium III, S. 426; LORENZETTI, Venice, S. 815f.; ZORZI, Venezia scomparsa, S. 539.

[136] FABRI, Evagatorium III, S. 424f.: *Verum observantia regularis est ibi tenuis, necdum est reformatus, sed vivant ibi fratres in quadam saecularis gloriae pompa [...].*

[137] FABRI, Evagatorium III, S. 425: *unde festivis diebus Missae officium et vesperas ac completoria cantant in figurativis cum solemnitate saeculari; quapropter ad officia illa confluit multitudo juvenum et dominarum, non tam propter divinum officium, quam propter melodiae et discantorum auditum.* Vgl. auch DENKE, Venedig als Station und Erlebnis, S. 141.

[138] Siehe hierzu auch Pierre Barbatre, der beim Besuch der Kirche San Salvatore ebenfalls bemerkt, die Venezianer würden eher zum Vergnügen als aus Frömmigkeit das Orgelspiel besuchen. Vgl. BARBATRE, Le voyage, S. 103f.; ESCH, Gemeinsames Erlebnis, S. 393.

en.[139] Fabri hebt die Denkmäler jedoch nicht aufgrund des materiellen Wertes, der großen Kunstfertigkeit und subtilen Bearbeitung des Materials hervor. Vielmehr sind auch sie für ihn Anlass zur Kritik.[140] Er entrüstet sich über die Reliefs des von Pietro Lombardo gefertigten Dogengrabes von Pietro Mocenigo, die mit den Kämpfen des Herkules gegen den Nemeischen Löwen und der siebenköpfigen Hydra mythologische Szenen und halbnackte Skulpturen darstellen. Er sieht darin die Gefahr, dass dem einfachen Volk nicht bewusst sein könne, dass es sich bei den Figuren nicht um Heilige handele. Folglich bestehe die Möglichkeit, dass Herkules anstatt Samson oder Venus an Stelle von Maria Magdalena verehrt werde.[141]

Hatte Fabri bei seiner Beschreibung der Kirche Santa Maria dei Miracoli die Frömmigkeit der Venezianer noch hervorgehoben, um das Verhalten seiner Landsleute zu kritisieren, so beanstandet er hier die Naivität der Venezianer, die sich durch Kirchenmusik und Prunk nur allzu leicht beeindrucken ließen. Fabri grenzt sich von den Venezianern und insbesondere von den Konventualen ab, um das eigene Selbstverständnis als Mönch des observanten Ordenszweiges bestätigt zu finden und die eigene Überzeugung über die rechte Frömmigkeitspraxis zu stärken. Die in Venedig konstatierten Verhältnisse dienen hierbei nicht mehr als leuchtendes Vorbild, sondern stehen beispielhaft für eine ungehörige und keinesfalls nachahmenswerte Haltung.

2.   Jerusalem

Im Weltbild der Christen des Mittelalters hatte Jerusalem eine überragende Bedeutung. Abgesehen von der Geburtsstätte Jesu im benachbarten Bethlehem waren hier mit dem Kalvarienberg und dem Heiligen Grab in der Grabeskirche sowie der Stelle der Himmelfahrt auf dem Ölberg die für den christlichen Glauben entscheidenden Stätten konzentriert. Jerusalem als Schauplatz der Passion Christi, als Ort seines zur Erlösung der Menschheit erlittenen Todes und der Auferstehung stellte für die Pilger, aber auch für

---

[139]   FABRI, Evagatorium III, S. 425. Casola spricht nur von einer Orgel, hebt dafür aber die Schönheit des Fußbodens und der Holzschnitzarbeiten am Chorgestühl hervor. Vgl. CASOLA, Viaggio a Gerusalemme, S. 95; DERS., Pilgrimage, S. 138.

[140]   Vgl. dagegen am Beispiel von Santiagoberichten TAMMEN, Kunsterfahrungen, S. 58f.

[141]   FABRI, Evagatorium III, S. 425: *Ibi vidi in ecclesia nostra juxta ostium in dextro latere in sepulchro cijusdam ducis pretiosissimo sculptam Herculis imaginem, in ea forma, qua eum fingunt pugnasse, sed indutum leonis, quem interfecerat, pelle loco pallii, et congressum habere cum hydra, immani monstro, cui cum essent septem capita, et uno exciso septem illi statim renascebantur. Ibi stant pugiles nudis corporibus, in manibus habentes gladios et hastas, et ad colla suspensa habentes scuta, et nec loricam nec thoracem, nec galeam, quae sunt verae figurae idolorum. [...] et simplices putant esse Sanctorum imagines, et honorem exhibent Herculi, putantes Samsonem, et Veneri, aestimantes Magdalenam, et sic de aliis.* Vgl. hierzu auch WOLTERS, Die venezianische Skulptur, S. 232; HUSE/WOLTERS, Venedig, S. 162-164 (mit deutscher Übersetzung der Passage); PULLAN/CHAMBERS, Venice, S. 198f. (mit englischer Übersetzung).

die gesamte Christenheit im Mittelalter den Mittelpunkt der Erde dar.[142] Jerusalem war der Tradition zufolge untrennbar mit dem Beginn der Schöpfung, jedoch auch mit dem Ende der Menschheitsgeschichte verbunden. Das Haupt Adams, des ersten Menschen, war unterhalb des Kalvarienberges begraben und wurde durch das Blut Jesu gesegnet. Nach der im Mittelalter populären Sage vom Endkaiser werde dieser dereinst den ‚Ungläubigen' das Heilige Grab entreißen und damit die Ankunft des Antichristen vorbereiten, der von Jerusalem aus seine Schreckensherrschaft ausübt. Im Anschluss an die in der Offenbarung des Johannes beschriebenen apokalyptischen Ereignisse werde im angrenzenden Tal Josaphat das Jüngsten Gerichts abgehalten, bevor schließlich an Stelle des irdischen das himmlische Jerusalem trete.[143]

Die mit Jerusalem verknüpften eschatologischen Vorstellungen, Hoffnungen und Erwartungen berühren wesentliche Aspekte des christlichen Weltbildes. Bereits seit dem zweiten Jahrhundert pilgerten erste Christen auf der Suche nach den Schauplätzen nach Palästina.[144] Spätestens ab dem vierten Jahrhundert, aus dem mit dem Anonymus von Bordeaux auch der erste Pilgerbericht überliefert ist, entwickelte sich ein Kult um die heiligen Stätten, der einerseits an ältere jüdische Traditionen anknüpfte, um den von Christen verehrten Orten zu größerer Gültigkeit und Ausstrahlungskraft zu verhelfen, andererseits die mit dem jüdischen Glauben verbundenen Ereignisse umdeutete, um den Anspruch des Christentums auf die einzig gültige Wahrheit zu unterstreichen.[145] Durch die Kanonisierung des Alten und Neuen Testamentes, auf denen das kulturelle Gedächtnis der Christen aufbaut und eine gemeinsame kulturelle Identität hergestellt wird,[146] und durch die von Konstantin und seiner Mutter Helena initialisierten umfangreichen Bauprojekte erlebte die Wallfahrt einen Aufschwung und eine Institutionalisierung. Die im Neuen Testament geschilderten Ereignisse wurden mit konkreten Orten in Verbindung gebracht, durch den Bau von Kirchen als Andachtsorte gekennzeichnet und somit in ihrer Sakralität legitimiert. Im Lauf der Jahrhunderte entstand ein immer engeres Netz von heiligen Stätten.[147] Quasi alle in den Evangelien aufgeführten Einzelheiten um das Leben Jesu wurden mit einem genau zu lokalisierendem Platz in Zusammen-

---

[142] Nicht zuletzt deshalb wurde die Stadt in kartographischen Werken ab dem 12. Jahrhundert in das Zentrum der Welt gerückt. Vgl. hierzu im Besonderen BAUMGÄRTNER, Die Wahrnehmung Jerusalems. Nach der geographischen Vorstellung des Mittelalters war Jerusalem der höchste Punkt der Erdoberfläche. Vgl. SIMEK, Erde und Kosmos im Mittelalter, S. 49-52 und 104.

[143] KONRAD, Das himmlische und das irdische Jerusalem; MÄHL, Jerusalem in mittelalterlicher Sicht; REICHERT, Erfahrung der Welt, S. 143-149. Zum Endkaiser vgl. MÖHRING, Der Weltkaiser.

[144] Vgl. RÖWEKAMP, Egeria, S. 49.

[145] Siehe zu diesem Prozess die klassische Studie von HALBWACHS, Stätten der Verkündigung, bes. S. 181-190.

[146] Zum Prozess der Kanonbildung und dem Konzept der textuellen Kohärenz siehe die Ausführungen von Gritje Hartmann in TZEWERS, Itinerarius, S. 18f., sowie ASSMANN, Das kulturelle Gedächtnis, S. 118; FRIED, Der Schleier der Erinnerung, S. 302-305.

[147] MÄHL, Jerusalem in mittelalterlicher Sicht, S. 15f.

hang gebracht. Nicht nur in der Grabeskirche, die für die Pilger der heiligste Ort war,[148] sondern in ganz Jerusalem entstand eine „Passionslandschaft"[149] von unvergleichbarer Dichte, in der sich die Wallfahrer jedes Detail des Lebens, Sterbens und der Auferstehung Jesu Christi vergegenwärtigen konnten. Infolge ihrer Symbolik kann die gesamte Stadt als „Erinnerungsort"[150] oder präziser als „Gedächtnisort"[151] begriffen werden, der sowohl die Stellung eines heiligen, von Gott selbst geweihten Ortes als auch die eines historischen Gedenkortes einnimmt.

Hier erhofften sich die Pilger Vergebung ihrer lässlichen Sünden, die sie in Form von Ablässen bestätigt bekamen.[152] Sie fühlten sich Gott näher und waren der Überzeugung, ihren Gebeten und Wünschen eine größere Wirkung verleihen zu können. Sie suchten ihren Glauben zu stärken und ein vertieftes Verständnis für die biblischen Erzählungen zu erlangen. Überdies entdeckten die Pilger im irdischen den Abglanz des himmlischen Jerusalems und strebten danach, sich für den Tag des Gerichts eine gute Position zu verschaffen, indem sie mit einem Stein im Tal Josaphat bereits ihren Platz markierten. Der Besuch der heiligen Stätten stellte einen bedeutenden Moment ihres Lebens dar und sollte der Höhepunkt der Wallfahrt sein.

Dementsprechend war das Besichtigungsprogramm während des durchschnittlich zweiwöchigen Aufenthaltes ganz auf die heiligen Stätten zugeschnitten. Der Tagesverlauf war von der Besichtigung der zahlreichen heiligen Plätze in und um Jerusalem geprägt. Die eindrucksvollsten Erlebnisse bildeten dabei der meist dreimalige nächtliche Besuch der Grabeskirche und die jeweils zweitägigen Ausflüge nach Bethlehem und zum Jordan. Das Ziel der Pilger bestand in dem Erwerb von Ablässen, der Vergegenwärtigung der Passion Christi und der Bestätigung der Heilsgeschichte.

Infolge des eng bemessenen Zeitplans und der Führung durch die örtlichen Franziskanermönche gab es allerdings kaum Gelegenheiten, sich außerhalb der Gruppe zu bewegen und ein eigenständiges Bild der gegenwärtigen Stadt und seinen Bewohnern zu entwickeln. Erst als nach zehn Tagen ein Großteil der Pilger abgereist und sich nur noch die Sinaipilger um Fabri und Bernhard von Breidenbach in Jerusalem aufhielten, blieb mehr Zeit und Raum zur individuellen Erkundung der Stadt. Doch auch während des folgenden vierwöchigen Aufenthaltes[153] bis zur Weiterreise zum Katharinenkloster

---

[148] Vgl. FABRI, Evagatorium I, S. 310; DERS., Wanderings I, S. 380.

[149] KRÜGER, Die Grabeskirche, S. 94.

[150] FRANÇOIS/SCHULZE, Deutsche Erinnerungsorte I, S. 18.

[151] ASSMANN, Erinnerungsräume, S. 305f.

[152] Die offizielle Lehre der Kirche besagte, dass Ablässe nur von Sündenstrafen befreien, die Sündenschuld aber nicht aufgehoben ist. In den Pilgerberichten kommt diese Unterscheidung nicht zum Ausdruck. Vgl. zum Ablasswesen grundlegend PAULUS, Geschichte des Ablasses.

[153] Laut Fabri kam die Pilgergruppe am 12. Juli 1483 in Jerusalem an. Während die übrigen Wallfahrer am 22. Juli die Heimreise antraten, blieben die Sinaipilger bis zum 25. August, was nach seiner Rechnung 45 Tagen gleichkam. Dessau, StB, Hs. Georg 238, fol. 102r-v. Im *Evagatorium* wird der 24. August als letzter Tag in Jerusalem angegeben. Vgl. FABRI, Evagatorium II, S. 198;

standen der Besuch und das Gebet an den heiligen Stätten im Vordergrund. Fabri zufolge geriet den Pilgern der Aufenthalt einerseits zu lang, da sie mit großer Sehnsucht dem Fortgang ihrer Reise entgegenfieberten. Andererseits sei ihnen der Aufenthalt niemals eintönig geworden, da sie die *heilgen statt bÿ vns hatten* und auf täglichen Rundgängen den Spuren Christi, Marias und der Apostel folgen konnten.[154]

Die Abhängigkeit von den Vorgaben durch die Franziskaner und das eigene Bestreben, durch den Erwerb von Ablässen Einfluss auf das Seelenheil zu nehmen, spiegelt sich auch in den Berichten wider. Der Schwerpunkt in praktisch allen Texten liegt auf der Darstellung der heiligen Stätten. Eine möglichst vollständige Auflistung der besuchten Stätten mit den dort erhaltenen Ablässen genoss für die Verfasser höchste Priorität, um den Erfolg der Reise und die eigene Frömmigkeit zu dokumentieren. Demgegenüber fehlen häufig nähere Details über den Aufenthalt, über die Stadtgestalt und den Kulturkontakt zu den übrigen in Jerusalem vertretenen Religionsgemeinschaften.

In der Forschung wird diese im Vergleich zur lebendigen und persönlichen Schilderungen der Hin- und Rückreise vielfach „trocken[e] und traditionell[e]"[155] Aufzählung der heiligen Stätten, die den „modernen Leser unweigerlich an ein Telefonbuch"[156] erinnere, vor allem auf literarische Konventionen des Genres zurückgeführt. Für Anne Simon liegt der Grund des unpersönlichen Stils jedoch in der bewussten Zurückhaltung des Autors. Er habe es als unangemessen empfunden, sich mit der Beschreibung seiner eigenen emotionellen Reaktionen zwischen den Leser und Gott zu stellen.[157] Gerhard Wolf spricht gar von einer Angst der Verfasser, in der Schilderung eine der kirchlichen Tradition widersprechende Position einzunehmen, so dass sie die Beschreibung der heiligen Stätten lieber einem „offiziöse[n] Pilgerführer" entnommen hätten.[158]

Für die Texte von Felix Fabri und auch nicht wenige der Vergleichsberichte gilt dies nicht in gleicher Weise. Mit Bernhard Jahn ist eher davon auszugehen, dass die Verfasser den Hauptzweck ihrer Reise, den Besuch der heiligen Stätten und das Sammeln von Ablässen, gerade durch den Verzicht auf die Schilderung anderer Dinge hervorheben wollten. Erst wenn der Verfasser die heiligen Stätten umfassend abgehandelt hat und somit auch die Lesererwartung erfüllt hat, darf er sich über „Nebensächliches" äußern.[159] Für Fabri indes sollte der Höhepunkt der Wallfahrt zugleich auch der Höhepunkt des Pilgerberichts sein. Beinahe ein Drittel des *Evagatoriums* wendete er allein für die Beschreibung Jerusalem auf. Im Zentrum stehen dabei die Grabeskirche und das leere Grab als sichtbares Zeichen der Auferstehung. An die Beschreibung des Aufent-

---

DERS., Wanderings II, S. 218. Bernhard von Breidenbach gibt die korrekte Zahl von 34 Tagen an. Vgl. BERNHARD VON BREIDENBACH, Die heyligen reyßen, fol. 56v; DERS., Peregrinatio, fol. 48v.

[154] Dessau, StB, Hs. Georg 238, fol. 102v.

[155] SOMMERFELD, Reisebeschreibungen deutscher Jerusalempilger, S. 839.

[156] JAHN, Raumkonzepte, S. 67.

[157] SIMON, „Gotteserfahrung" oder „Welterfahrung", S. 182f.

[158] WOLF, Die deutschsprachigen Reiseberichte, S. 88.

[159] JAHN, Raumkonzepte, S. 70.

haltes schließen sich umfassende Exkurse über die wechselvolle Geschichte des Bauwerkes,[160] über den Tempelberg[161] und über die Geschichte der Kreuzfahrerstaaten[162]
an, die auf eine an das Städtelob angelehnte Systematik hinweisen.

Sein vorrangiges Ziel bestand darin, ein möglichst exaktes Bild von der Lage und
dem Zustand der heiligen Stätten zu zeichnen, um auf diese Weise dem Leser ein vertieftes Verständnis und Nacherleben der Passionsgeschichte zu ermöglichen. Fabri glich
hierzu die eigene Anschauung mit den in der Bibel, der enzyklopädischen Literatur und
den in älteren Pilgerberichten enthaltenen Angaben ab. Darüber hinaus formulierte er
den Anspruch, sich in seiner Stadtbeschreibung nicht allein darauf zu beschränken, wie
Jerusalem einstmals ausgesehen habe, sondern auch das gegenwärtige Jerusalem einer
genauen Prüfung zu unterziehen.[163] Er setzte sich dem Risiko von leiblichen Übergriffen Andersgläubiger aus und schreckte auch vor dem potentiellen Vorwurf zurück,
durch eine zu starke Konzentration auf das Weltliche gerade im Angesicht der biblischen Schauplätze der Untugend der Neugier allzu sehr verfallen zu sein.[164]

Die Jerusalembeschreibungen in der *Eigentlichen beschreibung* und den *Sionpilgern*
unterscheiden sich hiervon weniger in der Zielsetzung Fabris, sondern durch ihren Umfang und den weitgehenden Verzicht auf die ausschweifenden Exkurse.[165] Auch hier
stehen die Beschreibungen der heiligen Stätten im Vordergrund. In den *Sionpilgern*
erscheint den Nonnen dabei sogar die Gottesmutter, die ihre Lebensgeschichte erzählt
und die Sionpilgerinnen noch einmal alle entscheidenden Stellen der Heilsgeschichte
erleben lässt.[166] Auffallend sind vor allem einige chronologische Abweichungen zwischen der lateinischen und deutschen Version. Mitunter ganze Tagestouren erscheinen
in der *Eigentlichen beschreibung* unter einem anderen Datum.[167] Der Grund für die

---

[160]   FABRI, Evagatorium II, S. 232-249; DERS., Wanderings II, S. 262-284.
[161]   FABRI, Evagatorium II, S. 209-232; DERS., Wanderings II, S. 230-261.
[162]   FABRI, Evagatorium II, S. 249-323; DERS., Wanderings II, S. 285-384.
[163]   FABRI, Evagatorium II, S. 200: *Quamvis ex praedictis sparsim possit haberi descriptio civitatis
        sanctae Jerusalem, hic tamen singulariter eam describam et statum ejus, non quidem recitando,
        qualis ab antiquo fuerit, sed qualis nunc sit.* DERS., Wanderings II, S. 219. Vgl. entsprechend
        DERS., Evagatorium II, S. 201-209 und 323-328; DERS., Wanderings II, S. 221-230 und 384-392.
[164]   Siehe hierzu REICHERT, Pilger und Muslime, S. 6f.
[165]   Der einzige Exkurs beinhaltet eine Liste der in Jerusalem erworbenen vollständigen Ablässe. So
        will er vermeiden, dass ihn *die beschribung dess ablas dar nach nit hindre vnd irrig mach[e]*.
        Vgl. Dessau, StB, Hs. Georg 238, fol. 41r. Der einzig längere thematische Abschnitt zum zeitge-
        nössischen Jerusalem in den *Sionpilgern* handelt von dem Felsendom. Vgl. FABRI, Die Sionpilger,
        S. 126-128.
[166]   FABRI, Die Sionpilger, S. 203-210.
[167]   So wird der unter Führung eines Juden heimlich unternommene Rundgang in der Umgebung des
        Tempelberges, der dem *Evagatorium* zufolge am vierten August erfolgt sein soll, in der deutschen
        Version unter diesem Datum nur angedeutet, ausführlich jedoch erst unter dem Eintrag des 20.
        August geschildert. Auch die Besichtigung des vermeintlichen Geburtsortes Marias innerhalb ei-
        ner mittlerweile als Moschee genutzten ehemaligen christlichen Kirche ist dort erst unter dem 22.
        August aufgeführt, im *Evagatorium* hingegen schon für den fünften August. Vgl. FABRI, Evagato-

Abweichungen, bei denen das *Evagatorium* eine größere Kohärenz in der Wiedergabe der Ereignisse aufweist, dürfte im Wesentlichen in der inhaltlichen Gestaltung der *Eigentlichen beschreibung* zu suchen sein. Fabri scheint versucht zu haben, die für den Leser interessanten und wissenswerten Nachrichten gleichmäßig aufzusplitten, um den Spannungsbogen aufrecht zu erhalten. So war er in der Lage, trotz der wiederholten Schilderung des Besuchs der heiligen Stätten auch am Ende der Beschreibung des Jerusalemaufenthaltes noch neue Informationen mitteilen zu können.

2.1   Die Heilige Stadt

Die Verfasser richteten ihr Augenmerk in erster Linie auf die heilige, auf die ,historische' Stadt der Bibel.[168] Die Nacherzählung der entsprechenden Bibelstelle diente zum einen als Beleg für die Authentizität der Orte,[169] sollte zum anderen aber auch die dort erlangten Ablässe legitimieren, welche die Wallfahrer sehr sorgsam verzeichneten. Peter Rindfleisch und Wolf von Zülnhart halten sich nicht mit einer Beschreibung des Einzuges in Jerusalem auf, sondern gehen gleich dazu über, die besuchten heiligen Stätten einschließlich der Höhe des Ablasses – entweder ein totaler oder ein partieller Sündennachlass über sieben Jahre und sieben Quadragenen[170] – aufzuführen.[171] Konrad Grünemberg vermerkt, dass schon für das erstmalige Betreten der Stadt ein vollständiger Ablass fällig war: *und alsobald wir hinein kamen, war Ablaß.*[172] Der Ritter Heinrich von Zedlitz bekräftigt am Ende der Beschreibung über seine Jerusalemreise im Jahr 1493 noch einmal ausdrücklich, dass er all die aufgeführten heiligen Stätten wirklich aufgesucht und die Ablässe erhalten hat.[173]

Der Anreiz, Einfluss auf das Seelenheil zu nehmen, bestimmt die Wege der Pilger. Konrad Grünemberg entpuppt sich als besonders eifriger Sammler von Sündennachlässen und kehrt *Ablaß halber* zu einigen schon einmal besuchten *loca sancta* zurück.[174] Für andere Wallfahrer liegt im Ablass sogar das entscheidende Kriterium, ob ein Ort sehenswert ist oder nicht. Orte ohne zu erwerbenden Ablass, wie die Überreste des Palastes von Salomon, *darinnen er 700 Khepsweiber behalten hatt* (1. Kön. 11, 1-8),

---

rium II, S. 125 und 130; DERS., Wanderings II, S. 126 und 133f.; Dessau, StB, Hs. Georg 238, fol. 107r, 117v-118r und 118v-119r.

[168]   MÄHL, Jerusalem in mittelalterlicher Sicht, S. 14.

[169]   JAHN, Raumkonzepte, S. 71.

[170]   Eine Quadragene umfasst 40 Tage. Vgl. HIPPLER, Reise nach Jerusalem, S. 68.

[171]   RINDFLEISCH, Wallfartt, S. 326; WOLF VON ZÜLNHART, Die Pilgerreise, S. 86.

[172]   GRÜNEMBERG, Ritter Grünembergs Pilgerfahrt, S. 80.

[173]   Vgl. HEINRICH VON ZEDLITZ, Die Jerusalemfahrt, S. 286. Zedlitz pilgerte im Gefolge des Kurfürsten Friedrich dem Weisen und Herzog Christoph von Bayern nach Jerusalem. Erhalten ist eine Abschrift von 1555, die der gleichnamige Sohn Heinrichs von Zedlitz verfertigte. Er gibt an, *das buchlein über die Pilgerreise, das sein alt her [...] mit seiner eigin handt geschriben hott,* kopiert zu haben. Siehe ebd., S. 301.

[174]   GRÜNEMBERG, Ritter Grünembergs Pilgerfahrt, S. 91.

werden kaum und nicht ohne anklingende Enttäuschung in den Bericht aufgenommen: *aber in disem Hauus ist khain Ablas*.[175] Ein Besuch dieses nicht direkt zur Heilsgeschichte zählenden Ortes lohnte sich erst gar nicht.

Anhand des ausgeformten Netzes von heiligen Stätten können die Pilger die biblischen Ereignisse genau rekonstruieren. Die Stadt erscheint ihnen nicht fremd, sondern vertraut, da selbst kleinste Details der Passionsgeschichte mit konkreten Orten in Relation gesetzt werden können. Im Hof des ehemaligen Hauses des Hohepriesters Kaiphas sehen sie die Stelle, an der der Hahn gesessen haben soll, der durch sein Krähen die von Jesu vorhergesagte dreimalige Verleugnung durch Petrus bestätigte (Lk. 21, 60-62).[176] Und während sie den Kreuzweg abschreiten, werden sie auf die beiden in den sogenannten Ecce-Homo-Bogen eingelassenen Steine hingewiesen.[177] Auf diesen Steinen des sich über die Via Dolorosa erstreckenden *schwibogen, glich wie Lucern am roßmerckt einer ist*,[178] sollen jeweils Jesus und Pilatus während des Urteilsspruchs gestanden haben. Dabei wird nicht die Echtheit der beiden vom „Lithostrotos" bzw. „Gabbatha" (Jo. 19,3) genannten gepflasterten Vorplatz des Praetoriums[179] stammenden Steine hinterfragt. Nach Konrad Grünemberg herrscht lediglich Unsicherheit darüber, auf welchem der beiden Steine Jesus stand, so dass man beim Bau des Bogens vorsichtshalber beide aufgestellt habe.[180]

Fabris Darstellung unterscheidet sich hierin nicht von den Vergleichsberichten. Besonders im *Evagatorium* verfolgt er das Ziel, seinen Ordensbrüdern eine präzise Vorstellung der Lage der heiligen Stätten zu vermitteln, indem er z.B. die Entfernungen zwischen den heiligen Stätten in der Grabeskirche festhält[181] sowie die genaue Zahl der Treppenstufen hinauf zum Kalvarienberg und hinab zur Helenakapelle angibt.[182] Fabri greift hierbei auf den Bericht von Hans Tucher zurück. Tucher überträgt darin die Lage der einzelnen *loca sancta* einschließlich Entfernungsangaben auf den Grundriss der vertrauten Heimatkirche Sankt Sebald in Nürnberg.[183] Durch dieses *Gleichnuß* werden die heiligen Stätten von dem unbekannten Raum der Grabeskirche auf die eigene, be-

---

[175] ANONYMUS 1494, Die Reise, S. 222; DERS., Eine Pilgerfahrt, S. 451. Vgl. zu dieser Thematik auch JAHN, Raumkonzepte, S. 69f.

[176] Vgl. GRÜNEMBERG, Ritter Grünembergs Pilgerfahrt, S. 92; DIETRICH VON SCHACHTEN, Beschreibung, S. 198; HEINRICH VON ZEDLITZ, Die Jerusalemfahrt, S. 195; ANONYMUS 1494, Die Reise, S. 207; DERS., Eine Pilgerfahrt, S. 442.

[177] Zu dem Stadttor oder Ehrenbogen aus herodianischer/hadrianischer Zeit siehe BIEBERSTEIN/BLOEDHORN, Jerusalem II, S. 367-370; KROLL, Auf den Spuren Jesu, Leipzig, S. 448f.

[178] WÄCHTER, Hans Schürpff, S. 17.

[179] Vgl. BIEBERSTEIN/BLOEDHORN, Jerusalem III, S. 394f.

[180] GRÜNEMBERG, Ritter Grünembergs Pilgerfahrt, S. 81.

[181] Z.B. vom Salbungsstein zum Grab. FABRI, Evagatorium I, S. 306; DERS., Wanderings I, S. 374.

[182] FABRI, Evagatorium I, S. 293 und 298; DERS., Wanderings I, S. 356 und 364.

[183] TUCHER, Die ‚Reise ins Gelobte Land‘, S. 390-405. Sankt Sebald diente der Familie Tucher als Grablege und wurde häufig mit Stiftungen bedacht.

kannte Umwelt übertragen und somit konkret greif- und abschreitbar.[184] Darüber hinaus misst Tucher die Höhe, Breite und Tiefe des Heiligen Grabes aus und gibt in seinem Bericht eine präzise Beschreibung der Aedicula.[185] Fabri zollt dem Nürnberger Patrizier Lob für dessen akribische Vermessungsarbeit. Er merkt an, die Angaben Tuchers vor Ort überprüft und für wahr befunden zu haben.[186] So abgesichert und Tucher als guten Leumund nutzend, übersetzt Fabri dessen Angaben über das Grab für den eigenen Bericht von der deutschen in die lateinische Sprache.[187]

Durch solche Angaben vermitteln die Verfasser den Lesern ein genaues Bild von der Anordnung der heiligen Stätten, mit deren Hilfe das Passionsgeschehen minuziös nachvollzogen werden kann. Die präzise Darstellung diente dem Nachweis einer erfolgreichen Wallfahrt. Die Daten wurden darüber hinaus dazu genutzt, Nachbildungen des Kreuzweges und des Heiligen Grabes in der Heimat zu errichten.[188] Die Wahrheit des Heilsgeschehens wird durch exakte Zahlenangaben weiter untermauert. Mittels der persönlichen Anschauung konnte die Passion Christi sogar noch präziser vergegenwärtigt und herkömmliche Vorstellungen korrigiert werden. Der Koblenzer Bürger Peter Fassbender, der 1492 ins Heilige Land pilgerte, bestimmt so die Standpunkte, von welcher Stelle aus Maria und der Apostel Johannes die Kreuzigung verfolgt haben.[189] Für Hans Schürpff folgt aus dieser Erkenntnis, dass das Arrangement der Personen auf bildlichen Darstellungen der Kreuzigung nicht mit der Realität vor Ort übereinstimmt. Der Felsen Golgatha sei nicht groß genug, um neben den drei Kreuzen auch Maria und Johannes ausreichend Platz zu bieten: *Aber vff dem berg sind sÿ nit gestanden, als man die figur malet, vnder dem crütz.*[190] Fabri deutet dies mit seiner Bemerkung, der Kalvarienberg

---

[184] Vgl. hierzu ESCH, Anschauung und Begriff, S. 293-295; SIMON, Mit verschiedenen Augen, S. 280; TUCHER, Die ,Reise ins Gelobte Land', S. 90-93; HAUSHERR, Ein Pfarrkind, S. 198-204.

[185] TUCHER, Die ,Reise ins Gelobte Land', S. 617f.

[186] FABRI, Evagatorium I, S. 328: *Cujus quidem descriptionem mecum in Jerusalem habui, et per omnia, sicut scripsit de sancto sepulchro, sic inveni.* DERS., Wanderings I, S. 404.

[187] FABRI, Evagatorium I, S. 328f.; DERS., Wanderings I, S. 404-406. Die Bemerkung von ARNULF, Mittelalterliche Beschreibungen der Grabeskirche, S. 30 Anm. 91, und DERS., Architektur- und Kunstbeschreibungen, S. 205f. und 208, wonach sich Fabris Beschreibung von Tuchers erheblich unterscheide, resultiert daraus, dass sich Arnulf auf den Aufsatz von Hausherr bezieht, der lediglich Tuchers Vergleich mit Sankt Sebald ediert. Indes stimmen die Beschreibungen der Aedicula genau überein. Vgl. HAUSHERR, Ein Pfarrkind, S. 198-204. Zu bildlichen Darstellungen der Aedicula vgl. BETSCHART, Zwischen Zwei Welten, S. 118-127; BIDDLE, Das Grab Christi, S. 40-52. Umfassend zum Heiligen Grab KRÜGER, Die Grabeskirche; MORRIS, The Sepulchre of Christ.

[188] Zu Nachbauten der Aedicula in Europa vgl. BIDDLE, Das Grab Christi; KÖTZSCHE, Das Heilige Grab; KRÜGER, Die Grabeskirche, S. 52 und 188-197; BETSCHART, Zwischen zwei Welten, S. 208-214; MORRIS, The Sepulchre of Christ, S. 347-359.

[189] FASSBENDER, Bedvartt, S. 266. Das einzig erhaltene Manuskript stammt nicht von Fassbenders eigener Hand. Zu Person und Bericht siehe LAUFNER, Ein Mensch in seiner Gegenwart; HONEMANN, Fasbender; GIERSCH/SCHMID, Rheinland – Heiliges Land, S. 171-183

[190] Vielmehr hätten sie sich in einiger Entfernung unterhalb des Felsens befunden, immerhin nah genug, um Jesus gut sehen und seine (letzten) Worte verstehen zu können. Vgl. WÄCHTER, Hans Schürpff, S. 24. Nach Bernhard von Breidenbach hätten sie jedoch nicht seitlich unter einem Ende

sei kein Berg, sondern ein Felsen, lediglich an.[191] In Übernahme von Bernhard von Breidenbach hält Fabri zudem fest, dass das Angesicht des Erlösers bei der Kreuzigung nach Westen gerichtet war,[192] und nicht, wie wiederum Hans Schürpff meint, *gegem dem bösen folck*, das im Osten lebt.[193] Möglicherweise wird durch das Insistieren der genauen Blickrichtung von Christus auch auf die im Hochmittelalter aufkommende Auffassung verwiesen, dass die christliche Lehre vor allem im Westen auf fruchtbaren Boden fallen würde.[194]

Beinahe alle heiligen Stätten konnten somit identifiziert werden und erlaubten eine konkrete Vorstellung über das biblische Geschehen. Lediglich die äußere Gestalt hatte sich im Verlauf der Jahrhunderte verändert und stellte für die Pilger eine ,alltägliche oder normale' Fremdheit dar. Ein Überrest, und sei er noch so klein und unbedeutend, konnte trotz der massiven Zerstörungen durch Römer, Perser, Araber, Seldschuken, Kreuzfahrer und zuletzt durch Saladin 1187 auf die Zeit Christi zurückgeführt werden. Im Fall des vormaligen Pilatuspalastes waren es für Fabri noch einige Grundmauern und ein Torbogen, die sich der Verwüstung durch Titus zum Trotz bis zu seiner Zeit erhalten haben.[195] Nicht zuletzt deshalb nehmen Steine in Fabris Jerusalembeschreibung große Bedeutung ein. Alle zentralen Mysterien sind an Steine gebunden; sie sind die Zeugen des Lebens und der Passion Christi.[196] Das mehr oder weniger bereits vor der Reise bekannte Wissen um die Bedeutung Jerusalems im christlichen Weltbild, das fester Bestandteil des kulturellen Gedächtnisses aller Christen ist, auf das sich ihr Selbstbild stützt und eine gemeinsame Identität herstellt,[197] wurde von den Pilgern bei ihrem Besuch der Heiligen Stadt bestätigt.

Unverändert ist dagegen die Sakralität der Orte. Die Verfasser heben hervor, dass die gegenwärtige Beschaffenheit der heiligen Stätten für die von Gott einmal verliehene Heiligkeit unerheblich ist. Sie bleibt gewahrt und wirkt nach ihrer Überzeugung bis auf den heutigen Tag. Die heiligen und Wunder wirkenden Orte sind nach wie vor Begeg-

---

des Querbalkens gestanden, sondern vor dem Kreuz. Vgl. Bernhard von Breidenbach, Die heyligen reyßen, fol. 48v; Ders., Peregrinatio, fol. 42r.

[191] Fabri, Evagatorium I, S. 300 und 337; Ders., Wanderings I, S. 366 und 417.

[192] Fabri, Evagatorium I, S. 300; Ders., Wanderings I, S. 367; Bernhard von Breidenbach, Die heyligen reyßen, fol. 48v; Ders., Peregrinatio, fol. 42v. Fabri hat sich vermutlich an Breidenbach orientiert, kannte aber die ähnliche Aussage bei Burchard von Monte Sion, Descriptio Terrae Sanctae, S. 72; Ders., A Description of the Holy Land, S. 78. Breidenbach wird auch rezipiert vom Anonymus 1494, Die Reise, S. 207; Ders., Eine Pilgerfahrt, S. 440.

[193] Wächter, Hans Schürpff, S. 28.

[194] Zur Aufwertung des Westens siehe Ehlers, Hugo von St. Viktor, S. 120-135; Fried, Endzeiterwartung, S. 455f.

[195] Fabri, Evagatorium I, S. 361; Ders., Wanderings I, S. 450.

[196] Vgl. Fabri, Evagatorium I, S. 231; Ders., Wanderings I, S. 273. Zu diesem Zitat und Fabris häufigem Bezug auf Steine siehe Rachman-Schrire, *Evagatorium*.

[197] Zum kulturellen Gedächtnis siehe grundlegend Assmann, Das kulturelle Gedächtnis; Assmann, Vier Formen des Gedächtnisses.

nungsstätten zwischen Gott und Mensch.[198] Santo Brasca und Alessandro Rinuccini berichten von einer in Ruinen liegenden Kirche,[199] bei der *miricolosamente* alle Häuser der ‚Ungläubigen' einstürzten, die es wagten, diese geheiligte Stelle für sich zu beanspruchen. Für Rinuccini ist dieses Wunder ein *grande testimonio di verità della fede christiana*.[200] Auch Fabri, der, um den Schrecken Marias zu verdeutlichen, den Anblick des gegeißelten und unter dem Gewicht des Kreuzes leidenden Jesus so plastisch beschreibt, als sei er persönlich Augenzeuge gewesen und somit einerseits seine emotionale Identifikation mit den Ereignissen ausdrückt, andererseits das Mitgefühl des Lesers wecken will, um ihn zu einer tugendhaften Lebensführung zu bewegen,[201] greift diese Legende im *Evagatorium* und in der *Eigentlichen beschreibung* auf. Doch indem er darauf hinweist, dass ihm diese Wundererzählung allein durch mündliche Quellen zugetragen wurde, drückt er eine gewisse Distanz aus,[202] während er eine ähnliche Legende, die mit der Geburtskirche in Bethlehem verknüpft wird, ohne Einschränkung in seine Berichte übernimmt.[203]

Selbst die Herrschaft der Muslime kann den heiligen Stätten in Jerusalem nichts anhaben. Ganz im Gegenteil liefern sie nur den Beweis für den göttlichen Heilsplan. Der Verweis, der Ort liege heute in Ruinen oder sei von den ‚Ungläubigen' in Beschlag genommen, dient weniger als Orientierungshinweis für nachfolgende Pilger. Vielmehr

---

[198] Vgl. hierzu auch ASSMANN, Erinnerungsräume, S. 303.

[199] Gemeint ist die Kreuzwegstation und Kirche Sancta Maria de Spasmo, an der dem Evangelium Nicodemi zufolge die Mutter Gottes in Ohnmacht gefallen sei, als sie ihren Sohn auf dem Weg zur Hinrichtung erblickte. Vgl. ZWIJNENBURG-TÖNNIES, Die Kreuzwegandacht, S. 235-237. Die im Evangelium Nicodemi beschriebenen Ereignisse um die Passion Christi spielten als zusätzliche Informationsquelle zum Neuen Testament eine große Rolle. Z.B. ist der Bericht über die Pilgerfahrt des Venezianers Alvise Contarinis 1516 (von anderer Hand) mit einer Abschrift des Evangeliums Nicodemi verknüpft. Siehe Venedig, BNM, ms. it. VI 179 (6350).

[200] BRASCA, Viaggio in Terrasanta, S. 71; RINUCCINI, Sanctissimo Peregrinaggio, S. 162. Zur Kirche siehe BIEBERSTEIN/BLOEDHORN, Jerusalem II, S. 313-315.

[201] FABRI, Evagatorium I, S. 359: *Cum autem vidisset filium inter duos latrones procedentem cum gravissima cruce, coronam spineam habentem in capite, et vultum livorosum sanguine et sputis dehonestatum, turbis armatorum circumseptum, mox exterrita corruit, et syncopizavit.* DERS., Wanderings I, S. 447. Dessau, StB, Hs. Georg 238, fol. 58r: *sach sÿ iren allerliebsten sun mit einer türninen kron uff sin haupt vnd mit blütschweisigen angesicht tragen ein schwer cruz gan zwischet zweien sacher. As nu die zart jungfraw maria den kleglichen anblick sach, dar arschrak sÿ so herczlich `vbel vnd nam darab so vil trurikeit vnd leid, dz ir angst vnd anmechtig ward [...].* Zur psychologischen Wirkung, die mit solch detaillierten Passionsbetrachtungen erzielt werden sollte, vgl. ANGENENDT et al., Gezählte Frömmigkeit, S. 65f.

[202] FABRI, Evagatorium I, S. 360: *Dicunt etiam [...].* DERS., Wanderings I, S. 447. Dessau, StB, Hs. Georg 238, fol. 58r-v: *aber dz seit man vir ein ganczi warheit, dz was die haiden da hin buwi, dz fall als zeboden nider [...].*

[203] Fabri zweifelt diese Legende vermutlich nicht an, da sie bereits bei Burchard von Monte Sion als wahr verbürgt war. FABRI, Evagatorium I, S. 474-476; DERS., Wanderings I, S. 597-600; Dessau, StB, Hs. Georg 238, fol. 75v-76r. BURCHARD VON MONTE SION, Descriptio Terrae Sanctae, S. 79; DERS., A Description of the Holy Land, S. 88f.

soll auf den schlechten Zustand der heiligen Stätten aufmerksam gemacht werden, für den die Pilger die Muslime verantwortlich halten.[204] Fabri beklagt sich häufig über den Zustand der Kirchen an den heiligen Stätten, die entweder bereits so verfallen seien, dass kaum noch Spuren erkennbar wären,[205] von den Muslimen in Moscheen oder Koranschulen umgewandelt worden seien[206] oder, wie Rinuccini entrüstet feststellt, mittlerweile als Tierstall missbraucht würden.[207] Auch die Grabeskirche ist hiervon betroffen. Für Pietro Casola, der als einer der wenigen Pilger überhaupt eine architektonische Beschreibung der Anastasis-Kirche gibt und mit seiner detaillierten Darstellung des Grund- und Aufrisses Fabris Beschreibung noch übertrifft,[208] stellt die Grabrotunde den schützenden Mantel um die für die Christen so wertvollen heiligen Stätten dar. Allerdings befürchtet er den baldigen Einsturz der Kuppel, die er mit dem Pantheon in Rom und San Lorenzo Maggiore in Mailand vergleicht, um eine Vorstellung von den Dimensionen des Bauwerkes zu geben.[209] Die mamlukische Obrigkeit würde dringend notwendige Reparaturen verbieten, so dass man nur auf Gottes Eingreifen hoffen könne, um ein solches Unglück abzuwenden.[210]

Die Beschreibung der heiligen Stätten wird demnach instrumentalisiert, um sich von der fremden Religion abzugrenzen, die dem Christentum Schaden zufügen will. Trotz der Verachtung, welche die Muslime den heiligen Orten entgegenbringen, bleiben die Versuche, sie zu zerstören oder für ihre Zwecke zu nutzen, vergeblich. Die ‚Ungläubigen' werden durch Gott immer wieder in ihre Schranken gewiesen und geben sowohl dem Pilger als auch dem Leser des Berichts die Gewissheit von der Überlegenheit des eigenen Glaubens. Trotz massiver Verwerfungen, baulichen Veränderungen oder dem konstatierten Verfall bleiben es heilige Stätten, da Gott sie dazu ausersehen hat.[211]

---

[204] Vgl. auch JAHN, Raumkonzepte, S. 71f.

[205] Vgl. z.B. die Kirche am Ort der Steinigung des heiligen Stephanus. FABRI, Evagatorium I, S. 370; DERS., Wanderings I, S. 462.

[206] Vgl. z.B. das Haus des Herodes oder der Geburtsort Marias. FABRI, Evagatorium I, S. 363 und 365f.; DERS., Wanderings I, S. 451 und 455.

[207] Vgl. die Beschreibung des Geburtsortes von Johannes dem Täufer. RINUCCINI, Sanctissimo Peregrinaggio, S. 140.

[208] Vgl. das Kapitel *Forma ecclesiae sancti sepulchri, in qua jam stat, et ejus moderna descriptio hic habetur.* FABRI, Evagatorium I, S. 342-344; DERS., Wanderings I, S. 423-427.

[209] CASOLA, Viaggio a Gerusalemme, S. 219; DERS., Pilgrimage, S. 276. Die Idee des Vergleichs der Grabeskirche mit dem Pantheon und San Lorenzo Maggiore hat Casola vermutlich von Santo Brasca übernommen. Vgl. BRASCA, Viaggio in Terrasanta, S. 92. Allerdings zeigt die Aussage Alessandro Rinuccinis, dass infolge der Öffnung in der Kuppel der Vergleich zwischen Grabeskirche und Pantheon zumindest für die Kenner Roms nicht ungewöhnlich war. Vgl. RINUCCINI, Sanctissimo Peregrinaggio, S. 165. Zu Casolas siehe ESCH, Anschauung und Begriff, S. 308.

[210] Vgl. CASOLA, Viaggio a Gerusalemme, S. 194f. und 218f.; DERS., Pilgrimage, S. 250 und 276.

[211] RENNA, Jerusalem in Late Medieval Itineraria, S. 123.

2.2 Die Rolle der Franziskaner als Hüter der heiligen Stätten

Erheblichen Einfluss auf die Wahrnehmung der Pilger und deren Darstellung der heiligen Stätten übten die örtlichen Mönche des Franziskanerordens aus. Unter der Voraussetzung, dass die Franziskaner ihre Anwesenheit nicht zur Missionierung nutzten,[212] durften sie ab ca. 1335 auf dem Sionsberg ein Kloster unterhalten.[213] Ihre Hauptaufgabe lag in der Betreuung der Pilger. Sie bestimmten das Programm und geleiteten die Besucher durch die „géographie sacrée"[214] Jerusalems und dessen unmittelbare Umgebung.[215] In Form von Prozessionen und nach festgelegten Abläufen suchten die Besucher unter ihrer Führung die geweihten Orte auf, um sich das gemäß der Tradition dort zugetragene Geschehen zu vergegenwärtigen. Für die Pilger aus Westeuropa stellten die ortskundigen Franziskaner die Träger und Bewahrer des Wissens um die heiligen Stätten dar.[216]

Durch die wiederholt an den heiligen Stätten durchgeführten Riten und Zeremonien gleich einer ‚imitatio Christi‘ vollzogen die Pilger das vergangene Geschehen detailliert nach. Infolge der spätmittelalterlichen franziskanischen Spiritualität rückten insbesondere die letzten Stunden des Lebens Jesu in den Mittelpunkt.[217] Die im Neuen Testa-

---

[212] Nach LUDOLF VON SUDHEIM, De Itinere Terrae Sanctae liber, S. 77, war ihnen die Predigt vor Muslimen verboten. Vgl. auch LEMMENS, Die Franziskaner auf dem Sion, S. 50.

[213] Vgl. ELM, La Custodia di Terra Santa, und LEMMENS, Die Franziskaner auf dem Sion, S. 39-60.

[214] GRABOIS, Le pèlerin occidental, S. 103; SCHEIN, From „Holy Geography" to „Ethnography", S. 115.

[215] LEMMENS, Die Franziskaner auf dem Sion, S. 165; GANZ-BLÄTTLER, Unterwegs nach Jerusalem, S. 87.

[216] Dass sie sich dabei auch schriftlicher Vorlagen bedienten, ist unbestritten. Die Annahme von SOMMERFELD, Deutsche Reisebeschreibungen, S. 829f., über einen gedruckten und „fabrikmäßig" hergestellten Pilgerführer, der in großer Zahl in Venedig zum Kauf angeboten wurde und den beinahe jeder Pilger einem Baedeker gleich bei sich trug, dürfte jedoch zu weit gehen. Sommerfeld bezieht sich dabei auf erste Vermutungen bei RÖHRICHT, Deutsche Pilgerreisen, S. 8 und 43, und RÖHRICHT/MEISNER, Deutsche Pilgerreisen, S. 8. Dabei wird davon ausgegangen, dass auch die Franziskaner solch einen Führer herstellten. Zwar können einzelne Hinweise für einen besser als Stationsverzeichnis oder als „Processionale" bezeichneten Text angeführt werden, die Sommerfelds These stützen. Auch konnte Josephie Brefeld mit ihrer computergestützten Analyse von Ablasslisten solch ein typisches Stationsverzeichnis rekonstruieren. Vgl. TUCHER, Die ‚Reise ins Gelobte Land‘, S. 3; BREFELD, A Guidebook. Doch GANZ-BLÄTTLER, Andacht und Abenteuer, S. 103-106, hält einen in großem Stil gedruckten Pilgerführer in Form eines Baedekers für ein „Phantom", und trotz eines Exemplars von 1491, auf das SIMON, Sigmund Feyerabend's *Das Reyßbuch*, S. 2 Anm. 3., verweist, ist noch immer Dietrich Huschenbetts Einschränkung zu berücksichtigen, wonach Vorsicht geboten scheint, „käufliche Pilgerführer (z.B. in Venedig) einfach vorauszusetzen." Vgl. HUSCHENBETT, Die Literatur der deutschen Pilgerreisen, S. 39 Anm. 44.; DERS., „Diu vart hin über mer", S. 144f.

[217] DANSETTE, Le pelerinages occidentaux, bes. S. 121 und 128, verweist auf einen möglichen Zusammenhang mit dem Aufkommen der Devotio Moderna im Spätmittelalter. Kritik daran üben Ludwig Schmugge und Gritje Hartmann. Vgl. SCHMUGGE, Die Anfänge, S. 82; TZEWERS, Itinerarius, S. 19 Anm. 79. Siehe auch KRÜGER, Die Grabeskirche, S. 198-206.

ment beschriebenen Ereignisse erhielten auf diese Weise eine größere Wertigkeit als die des Alten Testaments. Angefangen von der Verurteilung Jesu im Palast des Pontius Pilatus bis zur Kreuzigung auf Golgatha schritten die Wallfahrer den Weg der Passion Christi ab. Die gemeinschaftlich beschworene Erinnerung, das wiederholte Abschreiten der einzelnen Stationen und die Vergegenwärtigung der Ereignisse bewirkten somit eine vertiefte Kenntnis und auch eine größere emotionale Anteilnahme.[218] Die Förderung dieser neuen Andachtsform entsprach zugleich dem Bedürfnis in der europäischen Gesellschaft des Spätmittelalters, dem subjektiven Erleben als affektiver Frömmigkeit ein zunehmend größeres Gewicht beizumessen.[219]

Die Elemente einer „rituellen Kohärenz"[220] durch die Vergegenwärtigung an den heiligen Stätten und die „textuelle Kohärenz" durch die Evangelien ergänzten sich in diesem Fall und führten zur Bildung einer „konnektiven Struktur", in der durch gemeinsames Wissen, gemeinsame Erinnerung und Erfahrung die Zugehörigkeit zu einer Gruppe gefestigt und damit Identität gestiftet wurde.[221] Durch die aktive Einbindung in den Prozess der Wissensvermittlung identifizierten sich die Pilger mit dieser Vergangenheit. Dabei spielte es keine Rolle, dass einzelne Stationen des Kreuzweges nicht durch die Evangelien belegt waren. Im Gegenteil untermauerten zusätzliche Einzelheiten nur die Wahrheit des Geschehens.[222] Jedes Detail war aus der Perspektive der Franziskaner eine historische Tatsache. Aufgrund ihrer Vertrautheit mit den örtlichen Gegebenheiten und der „institutionelle[n] Absicherung von Kommunikation", die hier mittels der „Zeremonialisierung der Kommunikationssituation" erfolgt,[223] nahmen sie gegenüber den Pilgern eine autoritative Position ein. Nur über sie erhielten die Pilger Zugang zu dem speziellen Wissen über die heiligen Stätten.

Dies zeigte sich auch in den Verhaltensmaßregeln des Guardians. In der Predigt an die gerade eingetroffenen Pilger gab er ihnen Martin Ketzel zufolge mit auf den Weg, dass sie allem, was ihnen gezeigt und berichtet wird, keinerlei Zweifel entgegenbringen dürften.[224] Das Ziel der Franziskaner bestand darin, gegenüber den Pilgern die entschei-

---

[218] Siehe zur Entwicklung des Kreuzweges mit weiterer Literatur WEGMANN, Der Kreuzweg; ZWIJ-NENBURG-TÖNNIES, Die Kreuzwegandacht; DANSETTE, Le pelerinages occidentaux, S. 113-122; DANSETTE, Jérusalem, S. 87-89; ELM, La Custodia di Terra Santa, bes. S. 251f.; ARMSTRONG, The Holy Land and Franciscan Reform.

[219] Vgl. MOELLER, Frömmigkeit in Deutschland; SCHREINER, Soziale, visuelle und körperliche Dimensionen.

[220] TZEWERS, Itinerarius, S. 19f.; ASSMANN, Das kulturelle Gedächtnis, S. 87-91.

[221] ASSMANN, Das kulturelle Gedächtnis, S. 16f.

[222] Vgl. auch HALBWACHS, Stätten der Verkündigung, S. 194-196.

[223] ASSMANN, Das kulturelle Gedächtnis, S. 53 und 142f.; DERS., Kollektives Gedächtnis, S. 14.

[224] Vgl. KETZEL, Reise nach dem gelobten Land, S. 57. Vgl. auch ANONYMUS, Niederrheinische Pilgerschrift, S. 117. Der Nürnberger Kaufmann Martin Ketzel (vor 1456 – nach 1507) reiste 1476 nach Jerusalem und folgte dabei ähnlich wie Sebald Rieter einer Familientradition. Er widmete seinen Bericht dem Pfalzgrafen und Herzog Johann von Bayern. Zur Person siehe HU-SCHENBETT, Berichte über Jerusalem-Pilgerfahrten, S. 252-257; SCHMITT, Ketzel, Sp. 1142; PARAVICINI, Europäische Reiseberichte I, S. 183f. Zur Familientradition siehe ARNOLD, Wallfahrten.

dende Vermittlerrolle der frommen Traditionen und christlichen Vorstellungen auszuüben. Ihre Interpretation der Passion sollte die einzig verbindliche sein. Als Träger des
„autoritativen Gedächtnisses" versuchten sie entscheidenden Einfluss auf das kulturelle
Gedächtnis der Pilger auszuüben.[225]

Ihre beherrschende Stellung wird dabei noch durch die Vergabe des Ablasses verstärkt. Zwar wird in den Berichten häufig erwähnt, die Erlaubnis zur Vergabe von zeitlichen Sündennachlässen an den heiligen Stätten sei bereits auf Bitten von Kaiser Konstantin und seiner Mutter Helena durch Papst Sylvester erteilt worden.[226] Jedoch
stammen die ersten Hinweise auf Ablässe aus dem 14. Jahrhundert. Niccolò da Poggibonsi ist der erste Pilger, der in seinem Bericht bei jeder aufgeführten heiligen Stätte
umfassende Angaben über den dort zu erhaltenden Ablass macht. Eine päpstliche Bewilligung ist dagegen frühestens für das Jahr 1480 belegt, als Papst Sixtus IV. drei Teil-
ablässe in vollständige Ablässe umwandelte.[227] Spätestens bis zu diesem Zeitpunkt lag
die Vergabe von Ablässen in erster Linie bei den Franziskanern.[228] Sie bestimmten, an
welchen Stellen die Pilger Buße für ihre Sünden tun konnten und wie viel der Zeit im
Fegefeuer ihnen erlassen wurde. Sie selektierten, welche Orte sehenswert waren und
welche Plätze übergangen werden konnten. Erst ihre Tätigkeit als Vermittler des Wissens um die heiligen Stätten und als Entscheidungsinstanz über die Vergabe von Ablässen hatte zur Folge, dass „das Heilige Land zu einem konsistenten Erinnerungsraum
von ganz besonderer Dignität" wurde.[229]

---

[225] Zum „autoritativen Gedächtnis" siehe FRIED, Der Schleier der Erinnerung, S. 300-302. Zu den
Trägern des kulturellen Gedächtnisses siehe ASSMANN, Das kulturelle Gedächtnis, S. 54f. und 95.

[226] Siehe z.B. TUCHER, Die ‚Reise ins gelobte Land‘, S. 375. Die von BREFELD, A Guidebook, S. 48-
50, als „Silvester-phrase" bezeichnete Passage findet sich in vielen Pilgerberichten. Vgl. z.B.
TZEWERS, Itinerarius, S. 228 Anm. 164. Fabri weist nur allgemein auf die von den Päpsten schon
vor langer Zeit erteilten Ablässe hin. Vgl. Dessau, StB, Hs. Georg 238, fol. 41r.

[227] Dabei handelte es sich – wie auch Francesco Suriano berichtet – um die Thomaskapelle unterhalb
des Abendmahlssaales, die Helenakapelle in der Grabeskirche und die Magdalenenkapelle in Bethanien. Vgl. SURIANO, Treatise, S. 41, 122 und 138f.; PAULUS, Geschichte des Ablasses III, S.
282f.; HIPPLER, Pilgerreise nach Jerusalem, S. 69. Der nach Angaben Fabris zur Zeit seiner ersten
Pilgerfahrt von Papst Sixtus IV. gerade bewilligte Ablass für die Höhle, in der sich laut Überlieferung der Apostel Jakobus nach der Gefangennahme Jesu versteckt hielt, ist dagegen nicht belegt.
Vgl. FABRI, Evagatorium I, S. 411; DERS., Wanderings I, S. 518.

[228] REICHERT, Erfahrung der Welt, S. 138-140; OTTHEINRICH VON DER PFALZ, Die Reise, S. 46. Zur
Entwicklung der Ablässe im Heiligen Land siehe PAULUS, Geschichte des Ablasses II, S. 305-312
und III, S. 281-285, sowie das Vorwort von Theophilus Bellorini und Eugene Hoade in NICCOLÒ
DA POGGIBONSI, A voyage beyond the seas, bes. S. XXII-XXVII.

[229] OTTHEINRICH VON DER PFALZ, Die Reise, S. 46.

2.3   Distanzierung durch Augenzeugenschaft

Fabri steht den Ausführungen der Franziskaner jedoch nicht unkritisch gegenüber. So
scheint er von der Wahrhaftigkeit einer göttlichen Fußspur, die den Pilgern auf dem
Vorplatz der Grabeskirche gezeigt wurde, nicht überzeugt. Er benutzt eine in den Pilgerberichten wiederholt verwendete „Distanzierungsstrategie",[230] indem er zurückhaltend formuliert, jene [franziskanischen Führer] sagten, dass es sich um die Fußabdrücke
Jesu handele.[231] Die distanzierte Haltung gegenüber Aussagen der Franziskaner teilt
Fabri insbesondere mit Pietro Casola, der mit den Führungen der Mönche nicht zufrieden ist. Zum einen gebe es bei den Besichtigungen der heiligen Stätten keine Wechsel-
gesänge und Gebete, wie er das in vielen verschiedensprachigen Pilgerberichten gelesen
habe. Zum anderen seien sie – wie bereits 1468 ein Anonymus im Gefolge Eberhards
im Bart beklagt[232] – in großer Eile von einem Ort zum nächsten gehetzt worden, so dass
keine Zeit für Gebete und liturgische Gesänge geblieben sei. Lediglich in kurzer Form
seien die Pilger darüber aufgeklärt worden, um welche *loca sancta* es sich handele und
was sich dort zugetragen habe.[233] Mittels der Formulierungen *dicono*, *dicessi* oder *se
dice* drückt Casola häufig seine Zurückhaltung gegenüber den Aussagen der Franziskaner aus.[234]

Fabri und Casola verlassen sich eher auf ihre schriftliche Quellen und das, was sie
selbst vor Ort gesehen haben. Sie wollen dadurch anzeigen, dass sie dem in der Fremde
erlebten kritisch gegenüberstanden und sorgfältig abwogen, was sie ihren Lesern berichteten. Auf diese Weise sollte sich die Glaubwürdigkeit ihres Berichts erhöhen. Casola korrigiert unter Verweis auf Flavius Josephus die Erklärung der Franziskaner, bei
dem Grabmonument im Tal Josaphat handele es sich um das Mausoleum Absaloms.
Unter Berufung auf die Autorität des antiken Zeitzeugen hält er es für wahrscheinlicher,

---

[230]   NIEHR, Wahrnehmung und Darstellung des Fremden, S. 278 Anm. 40. Vgl. auch GANZ-
        BLÄTTLER, Andacht und Abenteuer, S. 110.
[231]   FABRI, Evagatorium I, S. 320: *Dicunt tamen, quod vestigia illa sint Domini Jesu ibi stantis sub
        rupe Calvariae, et suam crucifixionem exspectantis.* DERS., Wanderings I, S. 393. Dessau, StB,
        Hs. Georg 238, fol. 56v: *do ligt ein wisser marmelstein, jn den sind zwey füstritt. Da spricht man
        Christus sig auch druff gestanden.*
[232]   ANONYMUS 1468, Eberhard im Bart, S. 75: *Die vorgenannten stett zaigt man an einem tag vil-
        leicht in vier stunden, das der mensch offt an einer stat mag ein pater noster betten.*
[233]   CASOLA, Viaggio a Gerusalemme, S. 191; DERS., Pilgrimage, S. 247. Casola dürfte hier u.a. auf
        den Bericht Santo Brascas anspielen, der zu jeder heiligen Stätte die inhaltlich abgestimmten Ge-
        bete und Gesänge aufführt.
[234]   Vgl. z.B. seine Beschreibung des Abendmahlsaales. CASOLA, Viaggio a Gerusalemme, S. 198f.:
        *Dicono che questa giesia era al tempo de nostro Signore Domino Yesu Cristo, quello grande Ce-
        nacolo unde el fece la ultima cena con li sui discipuli inante la sua passione. [...] A man dextra al
        dicto altare, egli un altro altare e dicessi li era el loco unde forono lavati li pedi a li discipuli dal
        nostro Signore Domino Yesu Cristo. [...] Sotto dicta giesia egli è una certa capelleta e lì se dice
        che santo Thomaso misi la mano in el lato a Domino Yesu Cristo [...].* DERS., Pilgrimage, S. 254.

dass dort vielmehr das Grabmal der Königin Helena von Adiabene liegt.[235] Fabri kann mit Verweis auf die Kapazität Burchard von Monte Sion[236] die Franziskaner von der Existenz eines Felsens im Garten Gethsemane überzeugen, auf dem sich ein Abdruck der Gestalt Christi erhalten habe. Der schriftliche Beleg im Bericht Burchards stellt sogar Fabris Integrität wieder her. Diese war in Frage gestellt, als alles Suchen nach dem Felsen vergeblich geblieben war, den Fabri auf seiner ersten Reise gesehen und durch den Vergleich der darauf sichtbaren Gestalt mit dem eigenen Körper herausgefunden haben will, dass Christus um einiges größer gewesen sein muss als er selbst.[237]

Fabri distanziert sich im Gegensatz zu Casola aber auch von schriftlichen Quellen. Bei dem Besuch des Teichs von Siloah schließt er sich der Interpretation in einem ungenannten Pilgerbericht, wonach es sich um jenen Teich handele, in dem Bathseba beim Baden von König David beobachtet worden sei (2. Sam. 11,2-3), nicht an. Im *Evagatorium* lehnt er dies mit der Begründung ab, der Siloahteich sei vom Sionsberg aus, wo der Überlieferung nach Davids Palast gestanden haben soll, gar nicht einsehbar.[238] Die mit eigenen Augen erfahrene topographische Lage der Orte erlaubt ihm, die Aussage in seiner Vorlage zu korrigieren. Diesen Standpunkt nimmt er auch in der deutschen Version ein, in der er, womöglich vor dem Hintergrund einer moralischen Belehrung der anvisierten Leserschaft, die Geschichte um Davids Ehebruch und Blutschuld viel ausführlicher referiert. Doch vermutet er hier, dass David in der Nähe ein *sumer hus* gehabt habe, von dessen Fenster aus er die *frowen nacket* gesehen haben könnte.[239]

Auf der Basis der eigenen Erfahrungen stellt Fabri aber nicht nur Aussagen anderer Berichte in Frage. Wenn das vor Ort gewonnene Wissen nicht mit den Quellen in Einklang zu bringen ist, wird auch einer Autorität wie Hieronymus widersprochen. Ausgangspunkt sind die nicht eindeutigen Angaben in den Evangelien über die Salbung Jesus durch die Sünderin. Dem Evangelisten Lukas zufolge ereignete sich dies im Jerusalemer Haus Simons des Pharisäers (Lk. 7,36-50), nach den drei anderen Evangelisten im Haus Simons des Aussätzigen in Bethanien (Mk. 14,3-9; Mt. 26,6-13; Joh. 12,1-11). Den Erklärungsversuch von Hieronymus, wonach Lukas nicht von Maria Magdalena,

---

[235] CASOLA, Viaggio a Gerusalemme, S. 190f.; DERS., Pilgrimage, S. 246. Vgl. FLAVIUS JOSEPHUS, Der Jüdische Krieg, Buch V, Kap. 2,2, S. 398 und Kap. 4,2, S. 409.

[236] BURCHARD VON MONTE SION, Descriptio Terrae Sanctae, S. 68f.; DERS., A Description of the Holy Land, S. 73.

[237] Fabri beruft sich im *Evagatorium* auf Gott als seinen Zeugen und schwört in der *Eigentlichen beschreibung* auf sein *priesterlich ampt*, dass er diesen Felsen auf seiner ersten Reise tatsächlich gesehen habe. FABRI, Evagatorium I, S. 382; DERS., Wanderings I, S. 476f.; Dessau, StB, Hs. Georg 238, fol. 117r-v. Vgl. auch GANZ-BLÄTTLER, Andacht und Abenteuer, S. 125. Die Begebenheit wird im *Evagatorium* bereits bei der ersten Begehung des Ölbergs beschrieben, in der deutschen Version findet sie sich dagegen erst unter dem Eintrag des 18. Augusts. Unabhängig von Fabri erwähnt auch Santo Brasca den Felsen. Offensichtlich haben sie 1480 in derselben Gruppe den Ölberg besucht. In den beiden anderen Parallelberichten über die Reise 1480 wird diese Stätte nicht erwähnt. Vgl. BRASCA, Viaggio in Terrasanta, S. 79.

[238] FABRI, Evagatorium I, S. 417f.; DERS., Wanderings I, S. 526.

[239] Dessau, StB, Hs. Georg 238, fol. 68v. Vgl. GANZ-BLÄTTLER, Andacht und Abenteuer, S. 125.

sondern offenbar von einer weiteren Frau spricht, die die Füße Christi salbte, übernimmt er nur in der *Eigentlichen beschreibung* unkommentiert.[240] Im *Evagatorium* spricht er sich gegen diese Deutung aus. Zwar nimmt er wie Hieronymus eine zweimalige Salbung an, doch habe es sich in beiden Fällen um Maria Magdalena gehandelt. Bei ihrer Bekehrung habe sie ihm in Jerusalem die Füße (Lk. 7,38; Joh. 12,3), kurz vor seiner Passion dagegen in Bethanien sein Haupt mit Öl gesalbt (Mk. 14,3; Mt. 26,7).[241] Der in Jerusalem als Haus Simons des Pharisäers bezeichnete Ort könne daher zu Recht als heilige Stätte verehrt werden, der dort vergebene Ablass sei nicht zu beanstanden.

Die persönliche Augenzeugenschaft ist für Fabri somit das entscheidende Kriterium zur Beurteilung der Ansichten der Franziskaner einerseits und der schriftlichen Quellen andererseits.[242] Lediglich der auf seltsame Weise verschwundene Felsen im Garten Gethsemane stürzt Fabri in Erklärungsnot und gefährdet für einen Moment das ihm entgegengebrachte Vertrauen sowohl der Pilger und Franziskaner als auch das Vertrauen in sein eigenes Erinnerungsvermögen. Davon abgesehen dient die persönliche Anschauung als ausschlaggebender Authentifizierungsbeweis, mit der er alle Widersprüche und Unklarheiten aufklären kann. Grundlage aller Interpretationen sind dabei die Bücher des Alten und Neuen Testaments, die als kanonisierte Texte eine unwiderlegbare Wahrheit verkünden.[243]

Fabri sieht die eigene Überprüfung geradezu als Auftrag an. In ausgedehnten Streifzügen erkundet er, stolz sein mit dem Pilgerzeichen versehenes Dominikanergewand tragend,[244] die Stadt, um den Lesern insbesondere des *Evagatoriums* einen möglichst präzisen und wahrheitsgemäßen Bericht über die heiligen Stätten Jerusalems zu geben. Dies ist nicht gleichzusetzen mit der Neugier, verstanden als persönliche Lust, alles Fremde und Unbekannte zu erforschen, was seit Augustinus als Sünde galt.[245] Fabri akkumuliert kein Wissen, um Gott zu hinterfragen, sondern er ist bestrebt, durch eigenes Sehen das Fremde zu erschließen und echte Wunder von abergläubischen Vorstellungen zu unterscheiden. Er möchte Staunen über Gottes Schöpfung hervorrufen und bei seinen Lesern Demut und Frömmigkeit steigern.

---

[240] Dessau, StB, Hs. Georg 238, fol. 59v.

[241] FABRI, Evagatorium I, S. 363f.; DERS., Wanderings I, S. 452. Hieronymus indes streift dieses Thema in seiner polemischen Streitschrift gegen Jovinianus nur kurz. Vgl. HIERONYMUS, Adversus Jovinianum, Sp. 340.

[242] Zur sinnlichen Wahrnehmung als Beglaubigung siehe auch SCHMOLINSKY, Sinneswahrnehmung.

[243] Vgl. ASSMANN, Das kulturelle Gedächtnis, S. 103-129, bes. 118f.

[244] Fabri macht deutlich, dass ihm trotz dem er *jn mines ordes kleid, mit dem roten crùz* eindeutig als christlicher Pilger zu identifizieren war, nie ein Leid geschehen sei, was den *vatter gardian* und die übrigen Franziskaner verwundert hätte. Vgl. Dessau, StB, Hs. Georg 238, fol. 103r.

[245] Neugier wurde in Zusammenhang mit der Wollust gesehen und als Vorbote von Stolz und Hochmut verurteilt. Der von seinen Leidenschaften mitgerissene, in seiner Wissbegierde unersättliche Mensch stand im Gegensatz zum Ideal des bescheidenen und demütigen Christen. Vgl. DASTON, Neugierde als Empfindung, S. 38f.; MÜLLER, *erfahrung* zwischen Heilssorge, S. 313-315; VINKEN, Curiositas/Neugierde, S. 798-803; ZACHER, Curiosity and Pilgrimage, S. 21-23.

Obwohl die Neugier im Mittelalter nicht nur negativ ausgelegt wurde, sondern durch verantwortungsbewusstes Vorgehen und mit empirischen Methoden erlangte Erkenntnisse auch positive Anerkennung fand,[246] rechtfertigt sich Fabri im *Evagatorium* immer wieder, damit ihm sein Verhalten nicht als eines Pilgers unwürdig ausgelegt werden kann.[247] Er legitimiert seine Handlungen mit dem Verweis auf vermeintliche historische Vorbilder. Offenherzig bekennt er, einen mehrseitigen Exkurs über die täglichen Wanderungen Marias zu den heiligen Stätten einzufügen, um eine nachvollziehbare Entschuldigung für seine ausgiebige Entdeckungsfreude, die er in Anspielung auf den Titel seines lateinischen Berichts *evagatio* nennt, vorbringen zu können.[248] Auf diese Weise will er dem potentiellen Vorwurf entgehen, gerade zielloses Umherwandern sei Ausdruck unstillbarer Neugier.[249]

Mit dieser Versicherung steckt er, jedem Vorwurf mit dem Hinweis zuvorkommend, die übrigen Pilger hätten sich nicht anders verhalten, seinen Kopf in den Spalt auf dem Kalvarienberg, der sich während des Erdbebens beim Tode Christi gebildet haben soll.[250] Auch auf dem als christlichem Friedhof genutzten Hakeldama, der Überlieferung nach das Feld, das um die 30 Silberlinge des Judaslohnes gekauft wurde,[251] legt er sich auf die Erde, um durch eine der Öffnungen der großen Grabstätte von oben auf die Körper und Knochen der Verstorbenen herabzublicken.[252] Im Tal Josaphat zwängt er sich durch einen kleinen Durchlass, um das vermeintliche Grab Absaloms untersuchen zu können.[253] Immer wieder treibt es ihn schließlich an die Gihonquelle, um das intermittierende Sprudeln des Wassers zu beobachten.[254]

Durch seine eifrigen Nachforschungen, die er fast ausschließlich in seinem lateinischen Bericht schildert,[255] werden seine Vorstellung von den heiligen Stätten und den dort lokalisierten Ereignissen in einigen Punkten bestätigt, in anderen Fällen aber auch korrigiert. Während Alessandro Rinuccini und Bernhard von Breidenbach die Aussage

---

[246] VINKEN, Curiositas/Neugierde, S. 803f.; OBERMAN, Contra vana curiositatem.

[247] NIEHR, Wahrnehmung und Darstellung des Fremden, S. 279.

[248] FABRI, Evagatorium I, S. 408: *Et tantum de peregrinatione beatissimae Virginis, quae volui nostro evagatorio inserere, ut evagatio mea videretur majorem excusationem habere.* DERS., Wanderings I, S. 513.

[249] ZACHER, Curiosity and Pilgrimage, S. 36. Vgl. auch MÜLLER, *erfahrung* zwischen Heilssorge, S. 319f., mit Bezug auf Geiler von Kaysersberg.

[250] FABRI, Evagatorium I, S. 299; DERS., Wanderings I, S. 365.

[251] Ausführlich zur Legende LUDOLF VON SUDHEIM, De Itinere Terrae Sanctae liber, S. 84f. Fabri lehnt sich stark daran an. FABRI, Evagatorium I, S. 426; DERS., Wanderings I, S. 537f. Vgl. auch WIS, Die dreißig Silberlinge; RAINER, Judas.

[252] FABRI, Evagatorium I, S. 424; DERS., Wanderings I, S. 535. Zum Hakeldama vgl. WIS, Gottesacker und Campo Santo.

[253] FABRI, Evagatorium I, S. 408 und Evagatorium II, S. 140; DERS., Wanderings I, S. 514 und Wanderings II, S. 145.

[254] FABRI, Evagatorium I, S. 419; DERS., Wanderings I, S. 528.

[255] Weder berichtet er in der *Eigentlichen beschreibung* über das Grab Absaloms, noch schildert er, wie er in die Grabstätte auf dem Feld Hakeldama blickte.

der Franziskaner unhinterfragt übernehmen,[256] kann Fabri durch eine Kletterpartie nachweisen, dass es sich bei einer Mauer, die auf dem Weg nach Bethlehem gezeigt wird, nicht um die Überreste eines Hauses handelt, in dem einst der Patriarch Jakob wohnte, sondern sie ursprünglich Teil einer antiken Wasserleitung nach Jerusalem gewesen ist.[257] Zudem kann er sich ein besseres Bild über die ursprüngliche Gestalt des Grabes Christi bilden. Zwar wagt er es aus Angst vor der Dunkelheit, in der *Eigentlichen beschreibung* gar aus Furcht vor wilden Tieren, nicht, die Höhlen am Sionsberg bis in den letzten Winkel zu durchsuchen. Dennoch gewinnt er die Erkenntnis, dass auch das Felsengrab einstmals so ausgesehen haben müsse.[258]

In der Grabeskirche gelangt er durch die eigene Anschauung zu der Überzeugung, dass die diversen dort gezeigten überirdischen Wunder falsch sind. Während er bezüglich dem in der sogenannten Erscheinungskapelle aufbewahrten vermeintlichen Fragment der Geißelungssäule noch eine unentschiedene Position einnimmt,[259] verwirft er die Vorstellung, man könne, wenn man in der unterhalb des Kirchenbodens liegenden Helenakapelle den Kopf in ein leeres Auffangbecken für Wasser halte, ferne Geräusche der im Fegefeuer büßenden Menschen hören, als Aberglauben der *einfaltigen cristen*. Indem er selbst seinen Kopf in die Einbuchtung hält, kann er das *getös vnd gerùmel vnd brastlen, eben as horti [man] ein gros vir flamen vnd brinnen*, den über ihm in der Grabeskirche herumlaufenden und sich unterhaltenden Gläubigen zuordnen.[260] In Kenntnis des Berichts von Wilhelm von Boldensele – ohne ihn allerdings namentlich zu erwähnen – kann Fabri darüber hinaus das Wunder der ‚weinenden‘ oder ‚schwitzenden‘ Säulen in der Helenakapelle als natürliches Phänomen erklären. Wie Boldensele bereits

---

[256] RINUCCINI, Sanctissimo Peregrinaggio, S. 141; BERNHARD VON BREIDENBACH, Die heyligen reyßen, fol. 53r; DERS., Peregrinatio, fol. 46v.

[257] FABRI, Evagatorium I, S. 432f.; DERS., Wanderings I, S. 545f.

[258] FABRI, Evagatorium I, S. 325f.; DERS., Wanderings I, S. 401; Dessau, StB, Hs. Georg 238, fol. 69r.

[259] Im *Evagatorium* schwankt er zwischen den in anderen Pilgerberichten sehr unterschiedlichen Meinungen, ob auf der Säule noch Spuren der Marterung Christi zu sehen seien. Fabri will es lieber offen halten, ob es sich um ein Wunder handele, wie der heilige Hieronymus und Beda Venerabilis meinen, oder ob es der Beschaffenheit des Steins zuzuschreiben sei. Vgl. FABRI, Evagatorium I, S. 287; DERS., Wanderings I, S. 349. In der Tat weichen die Aussagen anderer Pilger sehr stark voneinander ab. Bernhard von Breidenbach distanziert sich in eindeutiger Weise. Auch Santo Brasca nimmt eine skeptische Haltung ein, während sich hier ausgerechnet der sonst gegenüber Mirakelerzählungen so zurückhaltende Pietro Casola dafür empfänglich zeigt. Vgl. BERNHARD VON BREIDENBACH, Die heyligen reyßen, fol. 48r; DERS., Peregrinatio, fol. 42r; BRASCA, Viaggio in Terrasanta, S. 93; CASOLA, Viaggio a Gerusalemme, S. 203f.; DERS., Pilgrimage, S. 260. In der *Eigentlichen beschreibung* geht Fabri nicht auf die Beschaffenheit der Säule ein, sondern thematisiert nur die Geschichte der in verschiedene Teilstücke gespalten Geißelungssäule. Vgl. Dessau, StB, Hs. Georg 238, fol. 50v.

[260] FABRI, Evagatorium I, S. 295; DERS., Wanderings I, S. 359; Dessau, StB, Hs. Georg 238, fol. 51v-52r. In den *Sionpilgern* werden die unterschiedlichen Ansichten über die ‚weinenden Säulen‘ ohne Wertung aufgeführt. In Bezug auf die zu hörenden Geräusche fügt Fabri lediglich ein Bittgebet für die *ellenden selen in dem fegfeúr* an. DERS., Die Sionpilger, S. 114f.

im 14. Jahrhundert, führt auch Fabri das an den Säulen herabrinnende Wasser auf die besondere Beschaffenheit des verwendeten Marmors zurück, an dem der Wasserdampf kondensiere.[261]

Indem Fabri so gegenüber einigen vermeintlichen Wundern und Legenden seine skeptische Haltung deutlich macht und dem Leser durch die ausführliche Argumentation und gründliche Widerlegung seine Glaubwürdigkeit signalisiert, kann er an anderer Stelle mit Hilfe der Augenzeugenschaft persönlich die Heilsgeschichte bestätigen und die fortdauernde Segnung der heiligen Stätten nachweisen. Dabei beruft er sich nicht auf den Seh-, sondern auf seinen Geruchssinn. Er kann sich den köstlichen Odem, den er sowohl am Ort der Kreuzigung auf dem Kalvarienberg als auch an der Stelle von Jesu Geburt in Bethlehem wahrgenommen haben will, nur als göttliches Wunder erklären.[262] Beim Küssen des Geburtsortes ist den *Sionpilgern* zufolge der Geruch derart intensiv gewesen, *as wer da ain appoteck des lustbarlichen paradÿs · Vber all specerÿ vnd Aromatha*.[263]

Fabri funktionalisiert dieses Erlebnis, um die christlichen Leser in ihrem Glauben zu bestärken und die Superiorität des Christentums über den Islam zu belegen. Der paradiesische Duft ist der Beweis, dass Jesu nicht, wie im Koran behauptet, an einem abgelegen Ort unter eine Palme geboren worden sei (Sure 19, 22-26).[264] Seine Beobachtung, nach der viele Muslime trotz anderer Lehrmeinung die Stelle in der Geburtskirche verehren, bekräftigt nicht nur seine Auffassung, dass deren Religion falsch ist, sondern zeigt ihm darüber hinaus, dass sich die meisten Muslime ihres Irrglaubens bewusst

---

[261] FABRI, Evagatorium I, S. 294; DERS., Wanderings I, S. 358f.; Dessau, StB, Hs. Georg 238, fol. 51v. Wilhelm von Boldensele vertrat den Standpunkt, wenn die Natur eine nachvollziehbare Erklärung bietet, man nicht auf ein Wunder zurückgreifen müsse. Vgl. WILHELM VON BOLDENSELE, Des Edelherrn Reise, S. 268f. Vgl. hierzu NIEHR, Wahrnehmung und Darstellung des Fremden, S. 276. Allerdings schließt Fabri unter Rückgriff auf das Christuswort, wonach die Steine den Erlöser preisen werden, falls die Menschen schweigen (Lk. 19,40), nicht aus, dass auch Steine in der Lage sind zu weinen. Vgl. FABRI, Evagatorium I, S. 293f.; DERS., Wanderings I, S. 357.

[262] FABRI, Evagatorium I, S. 299; DERS., Wanderings I, S. 365; DERS., Die Sionpilger, S. 113; Dessau, StB, Hs. Georg 238, fol. 53v.

[263] FABRI, Die Sionpilger, S. 160f. In seiner lateinischen und deutschen Version schildert Fabri die Szene ähnlich, wenngleich mit weniger euphorischen Worten. Vgl. DERS., Evagatorium I, S. 442; DERS., Wanderings I, S. 558; Dessau, StB, Hs. Georg 238, fol. 73r.

[264] FABRI, Evagatorium I, S. 442; DERS., Wanderings I, S. 558. Fabri verweist in seiner Argumentation auf das Werk *Cribratio Alcorani* des Nikolaus von Kues, der darin den Nachweis der ‚Irrlehren' des Korans zu erbringen suchte. Bei Fabris Verweis handelt es sich um eine später zugefügte Randbemerkung, die sich von *etiam ipsis infelicibus Sarracenis* bis *Non solum autem haec, sed omnia loca* erstreckt. Vgl. Ulm, StB, Hs. 19555-1, fol. 169r. In dem von Fabri angegebenen Abschnitt des *Cribratio Alkorani* wendet sich Nikolaus von Kues persönlich an den „Sultan von Babylon", um ihn von der Richtigkeit des Evangeliums zu überzeugen. Vgl. NIKOLAUS VON KUES, Cribratio Alkorani III, S. 74. Zu Nikolaus von Kues s.u. Kap. IV.3.3.

sind.[265] Der Dominikaner verbindet somit die persönlich erfahrene Heiligkeit mit der christlichen Lehrmeinung und wendet sie gegen die um den alleinigen Wahrheitsanspruch konkurrierende Religion. Ihm gelingt es auf diese Weise, seinen in der Einleitung des *Evagatoriums* erhobenen Anspruch einzulösen, die besichtigten Orte genau zu untersuchen. Sein Beweis, den er in diesem Fall mit der eigenen Nase erbringt, bestätigt die christliche Deutungshoheit und entlarvt die rivalisierende Glaubensvorstellung als häretisch.

Allein auf die Frage, ob es sich um das echte Grab Jesu handelt, kann Fabri keine letztgültige Antwort finden. Weder die im *Evagatorium* ausführlich erörterten Meinungen in den ihm zur Verfügung stehenden Pilgerberichten noch die persönliche Anschauung gibt ihm Aufschluss darüber, ob sich das Grab bzw. einzelne Bestandteile bis auf den heutigen Tag erhalten haben.[266] Die eingehende Erforschung der marmorverkleideten Aedicula mit einer Kerze führte zu keinem eindeutigen Ergebnis. Fabri hält es durchaus für wahrscheinlich, dass das Grab in der Vergangenheit nicht vollständig zerstört wurde und noch Überreste der ursprünglichen Anlage bestehen. Angesichts der Unlösbarkeit räumt er dem Standort selbst eine viel größere und entscheidende Bedeutung bei: Es bestehe keinerlei Zweifel daran, dass Jesus einstmals an dieser Stelle beigesetzt wurde und wiederauferstand. Die Augenzeugenschaft gerät hier an die Grenze zum Glauben und kann kein definitives Ergebnis liefern.[267]

2.4   Jerusalem als ‚Kampfplatz‘ der monotheistischen Religionen

Die Heilige Stadt ist nicht nur ein Gedächtnisort für das Christentum. Im islamischen und im jüdischen Glauben nimmt Jerusalem eine ähnlich zentrale Stellung ein.[268] Alei-

---

[265]   Vgl. die vorhergehende Anm. In der *Eigentlichen beschreibung* schildert er lediglich die Verehrung durch die Muslime, ohne auf den theologischen Hintergrund einzugehen. Vgl. Dessau, StB, Hs. Georg 238, fol. 73r.

[266]   FABRI, Evagatorium I, S. 330-336; DERS., Wanderings I, S. 408-416. Fabri bezieht sich hierbei u.a. auf die Beschreibung von Arculf, Beda Venerabilis, Wilhelm von Boldensele, Ludolf von Sudheim und möglicherweise auf Wilhelm von Tyrus. Vgl. ARNULF, Architektur- und Kunstbeschreibungen, S. 210-212; MORRIS, The Sepulchre of Christ, S. 321-323.

[267]   FABRI, Evagatorium I, S. 335: *Hujus rei experientiam talem accepi. Accepi candelam accensam in ecclesia sancti sepulchri, dum in ea vigilarem, et ad dominicum monumentum accessi, curiosissime perscrutans, an aliquid non marmore tectum possem videre [...]. Ex quibus videbatur mihi, quod dominicum sepulchrum fuisset aliquando desctructum, sed numquam ex toto erutum, et jam stat reparatum, et sicut hodie stat, ita stetit plus quam ducentos annos [...]*. DERS., Wanderings I, S. 414. Laut ARNULF, Mittelalterliche Beschreibungen, S. 33, ist Fabris Vorgehen der früheste Beleg einer auf Schriftquellen und Autopsie basierenden Untersuchung zur Geschichte eines Bauwerks.

[268]   Zur Bedeutung Jerusalems im Islam vgl. FRENKEL, Muslim Pilgrimage; NEUWIRTH, The Significance of Jerusalem in Islam; DIES., Jerusalem. Für einen Vergleich der Bedeutung Jerusalems in

da Assmann beschreibt Jerusalem daher als „Kampfplatz rivalisierender Erinnerungsgemeinschaften".[269] Damit ist nicht allein die Konkurrenz der drei Religionen gemeint, die alle einen universalen Anspruch erheben. Es schließt auch die historische Dimension der Kriege um Jerusalem in der Zeit der Kreuzzüge mit ein. Die Erinnerung an die blutigen Zusammenstöße war sowohl auf Seiten der spätmittelalterlichen Wallfahrer als auch auf Seiten der Muslime stets präsent und führte dazu, dass der Kulturkontakt während des Aufenthaltes von gegenseitigem Misstrauen und verbalen oder gar handgreiflichen Auseinandersetzungen geprägt war.[270] Die Pilger wurden damit konfrontiert, dass die Stadt außerhalb des christlichen Einflussbereiches lag und sie weder die Verfügungsgewalt über die Stadt noch die alleinige Deutungshoheit über ihre heiligen Stätten innehatten.

Nicht ohne Grund nutzt Fabri das Wunder des an den heiligsten Stätten aufsteigenden paradiesischen Duftes zum Nachweis einer Überlegenheit des christlichen Glaubens. Jerusalem wird erlebt als Ort, in dem die Muslime immer mehr heilige Plätze exklusiv für sich beanspruchen. Die Pilger sehen die christliche Position zunehmend gefährdet. Ausführlich berichtet Fabri über die Auseinandersetzung um die vermeintlichen Gräber Davids und Salomons, die ursprünglich die Franziskaner kontrollierten, ihnen aber von den Muslimen entrissen und in eine Moschee umgewandelt worden seien.[271] Eine Moschee einschließlich Minarett sowie ein Gefängnis, die direkt gegenüber der Grabeskirche errichtet worden waren, fasst Fabri als Provokation auf, um Christus zu demütigen und die Pilger einzuschüchtern.[272] Andere Pilger wie Rinuccini teilen Fabris Sicht, obwohl die mamlukische Seite peinlich darauf bedacht war, Konflikte um die heiligen Stätten nach geltendem Recht und ohne Gewalt zu lösen.[273] Dem Florentiner zufolge würden die Muslime auf diese Weise nicht nur in Jerusalem ihren Anspruch auf die Herrschaft durchsetzen, sondern im ganzen Heiligen Land.[274]

Der Verdrängungswettbewerb, den die Pilger in der von Christen, Muslimen und Juden beanspruchten Stadt ausmachen, zeigt sich besonders am Felsendom (Qubbat as-Sahra).[275] Wenngleich die Pilger das muslimische Heiligtum und Wahrzeichen auf dem

---

den drei Religionen auf der Basis von Reisebeschreibungen siehe ROSEN-AYALON, Three Perspectives on Jerusalem.

[269] ASSMANN, Erinnerungsräume, S. 306.

[270] Vgl. Kap. IV.3.2.5.

[271] FABRI, Evagatorium I, S. 251-254; DERS., Wanderings I, S. 301-305; Dessau, StB, Hs. Georg 238, fol. 44v. Vgl. hierzu LITTLE, Communal Strife, S. 87-89, sowie Kap. IV.4.

[272] FABRI, Evagatorium I, S. 322f.; DERS., Wanderings I, S. 395. Vgl. auch FRENCH, Pilgrimage, Ritual, and Power Strategies, S. 175.

[273] LITTLE, Communal Strife, S. 95.

[274] RINUCCINI, Sanctissimo Peregrinaggio, S. 161.

[275] Zur Baugeschichte vgl. BIEBERSTEIN/BLOEDHORN, Jerusalem III, S. 72-75. Zur Beschreibung des Felsendoms in Pilger- und Reiseberichten siehe NAREDI-RAINER, Salomos Tempel; KRINSKY, Representations of the Temple.

Tempelberg (Haram aš-Šarif) nicht betreten durften,[276] gehen sie ausführlich auf das Bauwerk ein. Für die Pilger bleibt es ein heiliger und mit Ablass verbundener Ort,[277] mit dem zahlreiche im Alten und Neuen Testament erwähnte Ereignisse verknüpft sind. Dabei tritt die Auseinandersetzung um die Vormachtstellung zwischen christlicher und islamischer Auslegung deutlich zutage und manifestiert sich zum einen in der Interpretation der mit dem Felsen Morija in Verbindung stehenden biblischen Traditionen, zum anderen in dem Bauwerk selbst.

Wie Sylvia Schein nachweisen konnte, verlagerten sich nach 1187 einige biblische Traditionen unter dem Einfluss der Franziskaner in die Grabeskirche. Die Darbringung von Brot und Wein des Hohepriesters Melchisedek (Gen. 14,18-24), Jakobs Traum von der Himmelsleiter (Gen. 28,10-22) und nicht zuletzt die Opferung Isaaks sollen sich danach auf dem Kalvarienberg zugetragen haben (Gen. 22).[278] Von islamischer Seite wurde diese Verlagerung jedoch nicht anerkannt. Grabeskirche und Felsendom werden so zu Kulminationspunkten in der Auseinandersetzung der Religionsgemeinschaften um die Deutungshoheit.

In den Berichten der Pilger spiegelt sich der Transformationsprozess wider. Während Santo Brasca das Opfer Melchisedeks dem Tempelberg zuordnet, lokalisiert es Peter Fassbender sowohl am Felsen Morija als auch am Kalvarienberg.[279] Fabri ist sich des Meinungsstreites zwischen Christen und Muslimen bewusst und plädiert diesbezüglich für den Kalvarienberg.[280] Zur Bestimmung des Ortes von Isaaks Opferung führt er Augustinus, Hieronymus und sogar jüdische Rabbis als Autoritäten an, um die Richtigkeit der christlichen Auslegung zu untermauern. Ausschlaggebend ist für ihn der Vergleich

---

[276] Wer ihn betrete, so die stereotype Formulierung in den Berichten, müsse dem christlichen Glauben abschwören oder verliere sein Leben. Vgl. z.B. TUCHER, Die ‚Reise ins Gelobte Land‘, S. 420. Vgl. auch SCHEIN, Between Mount Moriah, S. 191. Einzig Arnold von Harff und Antonio da Crema behaupten, in mamlukischer Verkleidung den Felsendom und die al-Aqṣā Moschee besichtigt zu haben, doch dürfte dies kaum zutreffend sein. ARNOLD VON HARFF, Die Pilgerfahrt, S. 178-181; ANTONIO DA CREMA, Itinerario al Santo Sepolcro, S. 109-111. Zu Antonio da Cremas Darstellung siehe NORI, La Qubbat al-Sakhra di Gerusalemme. Die Angabe bei GANZ-BLÄTTLER, Andacht und Abenteuer, S. 124, nach der Fabri sich mehr als zehn Mal im Felsendom aufhielt, beruht auf einer Verwechslung. Fabri spricht vielmehr von der Moschee des Davidgrabes am Sionsberg. Vgl. FABRI, Evagatorium I, S. 254; DERS., Wanderings I, S. 304.

[277] In der Regel wurde der Felsendom vom Ölberg aus betrachtet. Nach Konrad Grünemberg erhielten die Pilger einen vollständigen Ablass von Schuld und Pein, wenn sie im Angesicht des Felsendoms andächtig drei Paternoster und drei Ave Maria beteten. Vgl. GRÜNEMBERG, Ritter Grünembergs Pilgerfahrt, S. 83. Beeindruckt zeigen sich die Pilger, wenn sie bei Nacht vom Ölberg aus den von zahlreichen Öllampen erleuchteten Felsendom sahen. FABRI, Evagatorium I, S. 395f.; DERS., Wanderings I, S. 496; Dessau, StB, Hs. Georg 238, fol. 64v-65r; PAUL WALTHER VON GUGLINGEN, Itinerarium in Terram Sanctam, S. 304; ADORNO, Itinéraire, S. 256. Zu letzterer Angabe siehe GANZ-BLÄTTLER, Andacht und Abenteuer, S. 122.

[278] SCHEIN, Between Mount Moriah, S. 193f.

[279] BRASCA, Viaggio in Terrasanta, S. 74; FASSBENDER, Bedvartt, S. 267 und 269.

[280] FABRI, Evagatorium I, S. 319f; DERS., Wanderings I, S. 392f.

mit der Opferung Christi. Ebenso wie Abraham Isaak nicht schonen wollte, um Gottes Willen zu erfüllen, zögerte auch Gott nicht, seinen Sohn für die Menschheit zu opfern.[281] Indem derselbe Ort sowohl für den Altar, auf dem Isaak geopfert werden sollte, als auch für die Kreuzigung geltend gemacht wird, kann Fabri dies als ein weiteres Zeugnis für die christliche Wahrheit des Heilsgeschehens werten. Er grenzt sich auf diese Weise von der von muslimischer Seite vorgebrachten Auslegung ab und versucht die Position des eigenen Glaubens zu stärken.

Obwohl einige mit der Heilsgeschichte verbundene wichtige Traditionen in die Grabeskirche verlegt wurden, verlor der Tempelberg und speziell der Felsen Morija nicht seinen Status als heilige Stätte. Mit ihm verbunden blieben in erster Linie neutestamentliche Geschehnisse wie die Disputation des zwölfjährigen Jesus mit den Schriftgelehrten (Lk. 2,28), die Vertreibung der Händler (Mt. 21,12-13) oder die Befreiung der Ehebrecherin (Jo. 8,1-11).[282] Fabri macht aber deutlich, dass für ihn nur der Felsen heilig ist.[283] Der darüber errichtete Felsendom sei *vnsuber vnd wiest des teúffelsen dienst halb* und darum *kainer eren wirdig*.[284] Im *Evagatorium* identifiziert er den Felsendom als islamisches Bauwerk[285] und wendet sich damit gegen die von anderen Pilgern erhobene Auffassung, nach der es sich um den Tempel Salomons bzw. eine getreue Kopie[286] oder um eine von der heiligen Helena erbaute christliche Kirche handele.[287]

---

[281] FABRI, Evagatorium I, S. 318f.: *Haec capella dicitur in eo loco constructa, in quo Abraham ex praecepto Domini volebat immolare filium suum Isaac, juxta sententiam catholicorum doctorum, Jeronymi et Augustini, et etiam Rabi Judaeorum. [...] Sed nostrum dictum magis est catholicum, et rationi consonum, ut figura et veritas, etiam quoad [sic!] locum, convenientiam haberent. Quia, sicut Abraham proprio suo filio non pepercit, ut habetur Genes. 22., sic Dominus ipso filio suo non pepercit, sed eum pro nobis omnibus tradidit.* DERS., Wanderings I, S. 391.

[282] SCHEIN, Between Mount Moriah, S. 192.

[283] FABRI, Evagatorium II, S. 222; DERS., Wanderings II, S. 247; DERS., Die Sionpilger, S. 126. Siehe auch RENNA, Medieval Itineraria, S. 123.

[284] FABRI, Die Sionpilger, S. 127.

[285] Nach Fabri sei der Felsendom im Stil der ‚heidnischen‘ Architektur erbaut. Zudem zeige das Haupttor in östliche Richtung, was bei einer christlichen Kirche nicht möglich sei. Unter Rückgriff auf die Weltchronik des Antoninus Florentinus kann er nachweisen, dass der Felsendom erst nach der Eroberung der Stadt durch den Kalifen Omar errichtet worden sei. FABRI, Evagatorium II, S. 218; DERS., Wanderings II, S. 242; DERS., Die Sionpilger, S. 128; ANTONINUS FLORENTINUS, Chronicon II, 13. Buch, Kap. 4 § 4, fol. 111r. In der *Eigentlichen beschreibung* hingegen fehlt jegliche Bemerkung über Bau und Alter der Moschee. Hier bezeichnet er den Felsendom weiterhin als *salomons tempel* oder *tempel dess herren*. Dessau, StB, Hs. Georg 238, fol. 59v.

[286] Fabri zufolge würden nur einfache und ungelehrte Christen den Felsendom als Tempel Salomons bezeichnen. Vgl. FABRI, Evagatorium II, S. 218; DERS., Wanderings II, S. 243. Zum Felsendom als Kopie des biblischen Tempels siehe u.a. TUCHER, Die ‚Reise ins Gelobte Land‘, S. 419; FASSBENDER, Bedvartt, S. 270.

[287] Helena wird bei Francesco Suriano als Initiatorin zum Bau einer christlichen Kirche genannt, wobei er eine bereits unter den Kreuzfahrern zirkulierende Legende aufgreift. Auf diese Weise vermeidet er, die architektonische Leistung der Glaubensfeinde zu würdigen. Die Interpretation des Felsendoms als christliches Bauwerk ermöglicht ihm sogar, die Muslime herabzusetzen, in-

Im Felsendom kommt für ihn die unrechtmäßige Herrschaft der Muslime über Jerusalem zum Ausdruck. Die Kreuzfahrer hätten zu ihrer Zeit besser daran getan, den Felsendom zu zerstören als ihn in eine Kirche zu verwandeln. Nach Fabri könnten die Christen in Jerusalem niemals Frieden finden, solange sich der Felsendom an jenem Ort erhebe und von den Muslimen eifersüchtig behütet werde.[288] Wie er in seinem geistlichen Pilgerführer ausführt, ist er das Symbol des häretischen Glaubens: *der ritter bilgrin findent nit den tempel* **Salomonis** *· sÿ findent den tempel demonis · laÿder vff der hailigen statt [...].*[289] Fabri bewertet die Muslime als fremde Eindringlinge, welche die eigentlich den Christen gebührende Stadt besetzt halten. Die städtische Identität, die aus der Sicht Fabris christlich definiert ist und in den heiligen Stätten und Kirchen zum Ausdruck kommt, wird durch die Muslime in Frage gestellt und droht verloren zu gehen. Deren sakrale Bauwerke deutet Fabri demnach als bewussten Versuch, das christlich definierte Image der Stadt zu verändern und durch eine muslimische Identität zu ersetzen, um das Christentum auf diese Weise entscheidend zu schwächen. Diese Sichtweise, bei der das jüdische Element weitgehend vernachlässigt wird, zeigt sich auch bei der Beschreibung der zeitgenössischen Stadtgestalt.

2.5   Das biblische und das gegenwärtige Jerusalem

Um den Lesern durch die präzise Beschreibung der zahlreichen geheiligten Orte ein vertieftes Verständnis der biblischen Ereignisse zu ermöglichen, verweisen die Pilger immer wieder auf die Unterschiede zwischen dem Jerusalem zur Zeit Christi und zur Zeit ihres Aufenthaltes. Insbesondere in Fabris *Evagatorium* nehmen die Ausführungen zur Lage und Größe sowie den Veränderungen der Stadtgestalt breiten Raum ein, selbst wenn seine zum größten Teil auf Burchard von Monte Sion[290] basierenden topographischen Ausführungen nicht an einer zentralen Stelle seines Berichts konzentriert sind wie beispielsweise bei Wilhelm Tzewers.[291]

Gleich mehrfach weist Fabri auf die Auswirkungen der Zerstörungen hin, die Jerusalem im Lauf seiner Geschichte hat hinnehmen müssen. Insbesondere die totale Zerstörung bei der Niederschlagung des jüdischen Aufstandes durch die Römer unter Titus im

---

dem er ihnen abspricht, den Felsendom instand halten zu können. Nur die an Sachverstand den Muslimen weit überlegenen Franziskaner seien in der Lage, Schäden an dem ehemaligen Kirchengebäude zu beheben. Vgl. SURIANO, Treatise, S. 109f. Zur Legende in der Kreuzfahrerzeit siehe LEHMANN, Die mittellateinischen Dichtungen, S. 329. Dazu BUSSE, Vom Felsendom zum Templum Domini, S. 24f.; SCHEIN, Between Mount Moriah, S. 181. Surianos Sicht auf den Felsendom korrespondiert mit seiner Darstellung der Sitten der Muslime. Vgl. Kap. IV.3.2.2.

[288]   FABRI, Evagatorium II, S. 217f.; DERS., Wanderings II, S. 241f.
[289]   FABRI, Die Sionpilger, S. 126.
[290]   Zu Burchards Jerusalemdarstellung, die für viele Berichte prägend ist, siehe ROTERMUND, Das Jerusalem des Burchard.
[291]   TZEWERS, Itinerarius, S. 152-161.

Jahr 70 n. Chr. und durch Kaiser Hadrian 124 n. Chr. habe dazu geführt, dass sich die Topographie der Stadt vollkommen verändert hat. Mit Bezug auf den antiken Geschichtsschreiber Flavius Josephus gibt Fabri an, Titus habe bei der Eroberung Jerusalem vollständig niedergebrannt, die Trümmer abtragen lassen und den Tempelberg eingeebnet.[292] Die vormals tiefen Täler, die Jerusalem umgaben, seien durch diese Trümmer aufgefüllt worden.[293] Als Beispiel führt er einerseits den Bach Cedron, dessen Bett durch die Trümmer angehoben worden sei,[294] und andererseits den tiefen Graben an, der zur Zeit Christi den Kalvarienberg von der Stadt getrennt habe und in den nach der Kreuzigung Christi die Kreuze samt aller Werkzeuge geworfen worden seien.[295] Lediglich bei der Grabstelle Marias im Tal Josaphat, die in seiner Vorlage Burchard von Monte Sion und im Parallelbericht von Santo Brasca als ausdruckvollstes Beispiel für die Folgen der Verwüstungen angeführt wird,[296] tendiert er eher zu der Ansicht ungenannter anderer Quellen, wonach die Anhebung des Terrains um die Kirche eine Folge der Erosion sei.[297]

Die Hinweise auf die fundamentalen topographischen Verwerfungen sind entscheidend, um die im Neuen Testament beschriebenen Ereignisse auch angesichts der zeitgenössischen Stadtgestalt nachvollziehen zu können. Die wichtigste Veränderung stellt hierbei die Eingliederung des Kalvarienberges in das Stadtgebiet dar. Da der Ort der Kreuzigung nach der Bibel nahe bei bzw. außerhalb der Stadtmauer lag (Jo. 19,20), müssen sowohl Fabri als auch die übrigen Pilger darauf hinweisen,[298] dass die Grabes-

---

[292] FABRI, Evagatorium II, S. 213; DERS., Wanderings II, S. 234f. Die von Flavius Josephus beschriebenen Ereignisse des Jüdischen Krieges können aus der Perspektive von Pietro Casola als allgemein bekanntes Wissen vorausgesetzt werden. Vgl. CASOLA, Viaggio a Gerusalemme, S. 194; DERS., Pilgrimage, S. 250.

[293] FABRI, Evagatorium I, S. 269; DERS., Wanderings I, S. 324.

[294] FABRI, Evagatorium I, S. 371; DERS., Wanderings I, S. 463. Im Kontext dieser Passage widerspricht Fabri lediglich der Meinung ungenannter anderer Berichte (gemeint ist wohl Burchard), dass der Bach unterirdisch weiterhin beständig Wasser führe. Die Anhebung des Niveaus durch Trümmer ist dagegen für ihn unzweifelhaft.

[295] FABRI, Evagatorium I, S. 296; DERS., Wanderings I, S. 361f.

[296] Die Kirche liege so tief unter der Erde, dass man über das Dach der darüber erbauten Kirche laufen könne. BURCHARD VON MONTE SION, Descriptio Terrae Sanctae, S. 68; DERS., A Description of the Holy Land, S. 72. Vgl. auch BRASCA, Viaggio in Terrasanta, S. 79 und 192.

[297] FABRI, Evagatorium I, S. 372; DERS., Wanderings I, S. 464. Auch Arnold von Harff führt die Lage der Kirche auf die Erosion zurück. Vgl. ARNOLD VON HARFF, Die Pilgerfahrt, S. 183.

[298] Entgegen der Annahme von HAUSHERR, Spätgotische Ansichten der Stadt Jerusalem, S. 47, weisen abgesehen von dem von ihm zitierten Niccolò da Poggibonsi viele weitere Pilger in ihren Berichten auf diese Veränderung hin. Vgl. NICCOLÒ DA POGGIBONSI, Libro d'Oltramare, S. 41 (*Capitolo XII: Come il Santo Sepolcro fu raccolta dentro in Ierusalem*); RINUCCINI, Sanctissimo Peregrinaggio, S. 156f.; ADORNO, Itinéraire, S. 256. Zur Diskussion über den Verlauf der ‚zweiten Stadtmauer' vgl. KRÜGER, Die Grabeskirche, S. 25-33; BIEBERSTEIN/BLOEDHORN, Jerusalem I, S. 101f. und 115. Zu bildlichen Darstellungen Jerusalems in Stadtplänen, Karten und Manuskripten, in denen die Grabeskirche inmitten der Stadt abgebildet ist, siehe SIMEK, Hierusalem civitas fa-

kirche nunmehr inmitten der Stadt liegt: *In dem vmgan namen wir war, wie helius adrians der keÿser den berg calvaria vnd das ort golgatha hat jn die stat gefasset, dz man sunst nút wol mercken mag.*[299] Im *Evagatorium* führt er genauer aus, dass sich die ursprüngliche Stadtmauer nicht weit entfernt vom Golgathafelsen befand, da der dazwischenliegende Graben zwar tief, aber nicht so breit war, als dass man nicht einen Stein von der Stadtmauer bis zur Hinrichtungsstätte hätte werfen können.[300]

Infolge dieser Veränderung ist es für Fabri von zentraler Bedeutung, auch eine generelle Einschätzung der Ausmaße der biblischen Stadt im Vergleich zu seiner Zeit vorzunehmen. Während das gegenwärtige Jerusalem bei weitem nicht so groß sei, wie es aufgrund der hohen Bedeutung im Allgemeinen geglaubt werde,[301] gibt er mit Bezug auf den von ihm als zuverlässige Quelle eingestuften Flavius Josephus einen Umfang von 33 Stadien an.[302] Zur Veranschaulichung dieser nur schwer vorstellbaren Zahlenangaben greift er auf den Größenvergleich mit bekannten Städten zurück. So schätzt er den Umfang Ulms auf 25 ½ Stadien und folgert daraus, dass das antike Jerusalem um acht Stadien größer als seine Wahlheimat gewesen sei.[303] Die Größe nach der Erweiterung durch Hadrian sei dagegen mit Augsburg vergleichbar, das er zu den größten deutschen Städten rechnet.[304] Allein das Areal des Sionsberges würde – sofern vollständig besiedelt – mindestens die Größe Bieberachs an der Riß erreichen.[305] Insgesamt kommt er zu dem etwas kryptischen Ergebnis, dass Jerusalem immer kleiner war als die größten, jedoch größer als die mittleren Städte. Zu heutiger Zeit zeichne sie sich weder durch eine große Ausdehnung aus, noch sei sie durch Kleinheit eingeschränkt.[306]

---

masissima; KLÜGERL, Rezeption des himmlischen Jerusalem; BETSCHART, Zwischen zwei Welten, S. 93-110; HAUSHERR, Spätgotische Ansichten von Jerusalem.

[299] Dessau, StB, Hs. Georg 238, fol. 106v.

[300] FABRI, Evagatorium I, S. 300; DERS., Wanderings I, S. 367. Die Erweiterung führt er auf Kaiser Hadrian zurück, der die Stadt nach der Zerstörung durch Titus und eigenen Eroberung 139 n. Chr. wieder errichtet habe. Vgl. DERS., Evagatorium II, S. 206; DERS., Wanderings II, 227f.

[301] FABRI, Evagatorium II, S. 120; DERS., Wanderings II, S. 120.

[302] FABRI, Evagatorium II, S. 120; DERS., Wanderings II, S. 120. Fabris Stellenverweis ist dabei falsch. Tatsächlich findet sich die Angabe in FLAVIUS JOSEPHUS, Der jüdische Krieg, Buch V, Kap. 4,3. Nach WIELANDT, Münzen, Gewichte und Maße bis 1800, S. 674, entspricht ein Stadium 184,84 m. Die Angabe im Bericht des Burchard von Monte Sion, der ausgehend von Josephus einen Umfang von 40 Stadien einschließlich des Sionberges berechnet, berücksichtigt Fabri im Gegensatz z.B. zu Wilhelm Tzewers nicht, wobei Tzewers Burchard nur ungenau rezipiert. Vgl. BURCHARD VON MONTE SION, Descriptio Terrae Sanctae, S. 72f.; DERS., A Description of the Holy Land, S. 79; TZEWERS, Itinerarius, S. 153 Anm. 14.

[303] FABRI, Evagatorium II, S. 120; DERS., Wanderings II, S. 121.

[304] FABRI, Evagatorium II, S. 121; DERS., Wanderings II, S. 121.

[305] FABRI, Evagatorium I, S. 278; DERS., Wanderings I, S. 336; Dessau, StB, Hs. Georg 238, fol. 49r.

[306] FABRI, Evagatorium II, S. 203: *Haec civitas semper fuit minor maximis, et major mediocribus; et hodie ita est, ut sua magnitudine non sit fastidiosa, nec parvitate angusta, non minor existens, quam nostra Vindelica, quae est Sueviae Augusta in Rhaetia sita, ut quidam putant.* DERS., Wanderings II, S. 224.

Durch den Größenvergleich wird einerseits deutlich, dass sich Fabri auf Städte bezog, die ihm durch persönliche Anschauung bekannt waren, von denen er aber auch annahm, dass sie beim Leser eine entsprechend eingängige Assoziation auslösten. Er griff auf Vertrautes zurück, um die fremde Wirklichkeit zu erfassen.[307] Andererseits zeigt sich, dass die Größe Jerusalems zur Zeit Fabris gar nicht die entscheidende Information ist, die er vermitteln wollte. Ihm ging es vornehmlich darum, die Ausmaße der biblischen Stadt zu ergründen. Dies trifft auch für einige Vergleichsberichte zu. Francesco Suriano, der den Umfang ebenso wie Antonio da Crema auf vier italienische Meilen schätzt, vergleicht die Größe der biblischen Stadt mit Perugia.[308] Für Hans Schürpff ist das Jerusalem seiner Zeit immerhin noch so groß wie Basel. Jedoch habe es zu der Zeit, als es noch *jn eren was vnd die küng da sassent*, einen Umfang von drei deutschen Meilen gehabt.[309]

Sowohl in Fabris Texten als auch in den übrigen Pilgerberichten war eine Beschreibung der zeitgenössischen Stadtgestalt erst in zweiter Instanz von Bedeutung. Die von den Pilgern besuchte Stadt wurde vor allem in Bezug zum biblischen Jerusalem gesehen. Die in der Bibel geschilderten und vertrauten Verhältnisse bildeten die Ausgangsbasis, von der die Verfasser die Veränderungen des Stadtbildes seit der Zeit Christi nachzeichneten.[310] Das zeitgenössische Jerusalem erschien ihnen gemessen an den Kriterien von Bernhard Waldenfels lediglich in einem ‚alltäglichen oder normalen‘ Sinn als fremd.[311] Nur selten wird auf Besonderheiten wie die Basare[312] oder die ungewöhnliche

---

[307] Generell zum Vergleich und an Fabris Beispiel des Vergleichs zwischen Jerusalem und Basel siehe ESCH, Anschauung und Begriff, S. 287 und 293; DEEG, Das Eigene und das Andere, S. 184. Vgl. FABRI, Evagatorium II, S. 204; DERS., Wanderings II, S. 225.

[308] SURIANO, Treatise, S. 42; ANTONIO DA CREMA, Itinerario al Santo Sepolcro, S. 108. Vgl. zudem ZEEBOUT, Tvoyage, S. 83.

[309] WÄCHTER, Hans Schürpff, S. 15. Andere Pilger gehen nur von dem gegenwärtigen Jerusalem aus. Nach Rinuccini sei die zeitgenössische Stadt halb so groß wie Florenz, laut Brasca so groß wie Pavia. Vgl. RINUCCINI, Sanctissimo Peregrinaggio, S. 160; BRASCA, Viaggio in Terrasanta, S. 68.

[310] Bei Fabri zeigt sich dies auch an der Beschreibung der Stadttore. Über Burchard von Monte Sion weiß Fabri, dass die Stadt vormals acht Haupttore hatte. Er habe aber nicht mehr als fünf Eingänge finden können. Vgl. FABRI, Evagatorium II, S. 203; DERS., Wanderings II, S. 224. Dabei siedelt er das Stephanustor an der nördlichen Stadtseite an die Stelle des heutigen Damaskustores an. Vgl. BIEBERSTEIN/BLOEDHORN, Jerusalem III, S. 206. Wightman nimmt zudem an, dass Fabri das Misttor mit dem Schaftor verwechselt haben könnte. Vgl. WIGHTMAN, The Walls of Jerusalem, S. 294f.: „Fabri was notoriously bad with compass directions."

[311] WALDENFELS, Phänomenologie, S. 35f.

[312] Santo Brasca und Pietro Casola waren angetan von den überdachten Gassen mit vielen Geschäften und übernahmen die türkische Bezeichnung ‚Basar‘ in ihre Berichte. Vgl. CASOLA, Viaggio a Gerusalemme, S. 195; DERS., Pilgrimage, S. 251; BRASCA, Viaggio in Terrasanta, S. 69. Antonio da Crema zufolge soll die Überdachung vor der Sonneneinstrahlung schützen, womit die andersartigen klimatischen Bedingungen angedeutet werden. Nach Hans Schürpff dagegen halte die Überdachung den Regen ab. Vgl. ANTONIO DA CREMA, Itinerario al Santo Sepolcro, S. 109; WÄCHTER, Hans Schürpff, S. 19. Zu den klimatischen Bedingungen siehe Kap. V.2.

Bauweise der Häuser[313] hingewiesen, die Jerusalem gegenüber den vertrauten Städten in der Heimat als andersartig charakterisiert.

Vielmehr heben die Pilger die Schmucklosigkeit der Stadt hervor, die über beinahe gar keine Sehenswürdigkeiten verfüge. Abgesehen von der Grabeskirche, dem Felsendom und der Umgebung des vormaligen Herodeshauses sei nach der Ansicht von Antonio da Crema nichts der Erinnerung würdig.[314] Auch Pietro Casola gibt sich über die gegenwärtige Gestalt tief enttäuscht. Obwohl man viel über die berühmte heilige Stadt sagen möchte, gebe sie kaum dafür Anlass. Die Wohnhäuser seien – von wenigen Ausnahmen abgesehen – wenig ansehnlich und sogar ausgesprochen hässlich.[315] Nach dem Urteil von Hans Schürpff liege die Stadt seit der Eroberung durch Titus und Vespasianus noch immer in Ruinen. Die Bewohner seien gezwungen, in Höhlen wie die *schwin jm strow* zu leben.[316] Konrad Grünembergs Suche nach einem exotischen Souvenir ist nicht von Erfolg gekrönt, was er auf eine unbedeutende Rolle Jerusalems als Handelsplatz zurückführt.[317]

Das Bild, das die Pilger von Jerusalem zeichnen, ist demnach das einer seit dem Ende der christlichen Herrschaft im Niedergang begriffenen Stadt. Besonders deutlich wird dies in den Äußerungen der Pilger über die unzureichenden Befestigungsanlagen, die im literarischen Genre des Städtelobs ein wichtiger Indikator für den Wohlstand und die Stärke einer Stadt darstellen.[318] Bereits der 1346 in Jerusalem weilende Niccolò da Poggibonsi sieht sich angesichts der fehlenden Mauern zu der bitterlichen Klage veranlasst: *O Ierusalem, [d]ove sono le tue mura e le tue porte di ferro così forte?*[319] Im 15.

---

[313]   Santo Brasca und Antonio da Crema heben die Flachdächer der Häuser hervor und führen die Bauweise auf den muslimischen Brauch zurück, nach dem die Frauen an Festtagen auf den Dächern tanzen würden. Antonio da Creme will diese Häuserform erstmals bereits auf Kreta gesehen haben. Vgl. BRASCA, Viaggio in Terrasanta, S. 68f.; ANTONIO DA CREMA, Itinerario al Santo Sepolcro, S. 77 und 109.

[314]   ANTONIO DA CREMA, Itinerario al Santo Sepolcro, S. 109: *Li più belli siti di questa cità è dove è edificato il Sancto Sepulchro et dove è la casa di Herodes [...]. Altro non c'è digno di memoria, nisi li sancti lochi et devotione prescripte.*

[315]   Lediglich dem Sitz des mamlukischen Gouverneurs und dem Domizil des Wächters über die Heiligtümer auf dem Tempelberg, wird ein befriedigendes bis gutes Zeugnis ausgestellt. Vgl. CASOLA, Viaggio a Gerusalemme, S. 195 und 197; DERS., Pilgrimage, S. 250f. und 253. Seine Analogie, Jerusalem sei eine große *cavagniaza*, ist dabei nicht eindeutig aufzulösen. Es soll sich bei dem sicher nicht schmeichelhaften gemeinten Vergleich um die Bezeichnung für einen Binsen- oder Weidenkorb handeln. Vgl. DERS., Viaggio a Gerusalemme, S. 285; DERS., Pilgrimage, S. 251 Anm. 1.

[316]   WÄCHTER, Hans Schürpff, S. 15.

[317]   GRÜNEMBERG, Ritter Grünembergs Pilgerfahrt, S. 123f.

[318]   JOHANEK, Die Mauer und die Heiligen, S. 30. Die Mauer war zudem ein Zeichen der Stadteigenschaft und ihres gesonderten Rechtsbereichs. Allerdings wird für das 15. und 16. Jahrhundert eine Akzentverschiebung, wonach die Städte „weniger als Festungen, mehr als ‚zentrale Orte' eines Landgebietes aufgefasst werden." Vgl. KUGLER, Die Vorstellung der Stadt, S. 31 und 176f.

[319]   NICCOLÒ DA POGGIBONSI, Libro d'Oltramare, S. 41. Zu den sich widersprechenden Aussagen in den Pilgerberichten des 14. Jahrhunderts vgl. WIGHTMAN, The Walls of Jerusalem, S. 293f.

Jahrhundert stellen Santo Brasca und Hans Schürpff fest, dass die Stadt abgesehen von der Zitadelle am Jaffator und einem Stück Stadtmauer an der östlichen Seite des Tempelbergs *quasi tuta senza mure e senza porte* sei.[320] Gemäß Rinuccini ist jene östliche Stadtmauer, die die Porta Aurea einschließt, weder besonders hoch noch besonders ansehnlich, dafür aber *antichissimo*.[321] Arnold von Harff zufolge haben die Tore kaum einen Nutzen für die Verteidigung. Das lediglich aus Holz bestehende und an einem hölzernen Rahmen befestigte Stephanustor stehe stellvertretend für alle Eingänge in die Stadt.[322] Fabri versucht die mangelhaften Verteidigungsmaßnahmen dadurch zu erklären, dass die Sarazenen ihre Aufmerksamkeit auf die Überwachung der Grenzen ihres Landes richten und sie daher keinen Wert auf den Schutz ihrer Städte legen.[323] Das einzige noch intakte Bollwerk sei die am Jaffator gelegene Zitadelle.[324] Nach einer Führung durch die Innenräume gelangt er zu dem Ergebnis, dass die Anlage *dermas starck vnd fest ist*.[325] Doch überwiegt in den Berichten die negative Einschätzung, dass die Zitadelle weder schön noch stark befestigt sei.[326]

Die von Fabri und anderen Verfassern geäußerte Ansicht über eine zunehmend dem Verfall preisgegebene Stadt spiegelt zum einen die von ihnen erfahrene Realität wider. Jerusalem, gelegen am Rand des mamlukischen Herrschaftsbereichs und abseits von wichtigen Handelsstraßen, verfügte gegen Ende des 15. Jahrhunderts weder über einen bedeutenden Markt noch wurden dort Waren von überregionalem Belang produziert.[327] Für die Mamluken hatte sie nur geringen strategischen Wert, so dass kaum in die Befestigungsanlagen investiert wurde.[328] Zudem litten die Bewohner an den Folgen der hohen Steuern und den Versorgungsengpässen.[329] Lediglich als Pilgerzentrum und Zwischenstation für muslimische Mekkapilger kam der Stadt ein gewisser Rang zu, was im

---

[320] BRASCA, Viaggio in Terrasanta, S. 68; WÄCHTER, Hans Schürpff, S. 15.

[321] Nur bei der Mauer an der Südseite des Tempelberges, am Eingang des Tals Siloah, fällt sein Urteil etwas positiver aus, da in jenem Abschnitt einige der unter Herodes verwendeten großen Steinquader zu sehen seien. RINUCCINI, Sanctissimo Peregrinaggio, S. 160.

[322] ARNOLD VON HARFF, Die Pilgerfahrt, S. 182.

[323] Zwar spricht Fabri hier von den Sarazenen, doch zielt er mit seiner Aussage auf die herrschenden Mamluken ab. Vgl. FABRI, Evagatorium II, S. 204; DERS., Wanderings II, S. 225.

[324] Nach einer in vielen Pilgerberichten verbreiteten Tradition wurde die Burg durch die Pisaner erbaut, die angeblich eine bedeutende Rolle bei der Eroberung der Stadt spielten und dafür mit umfangreichen Privilegien belohnt wurden. Vgl. u.a. BRASCA, Viaggio in Terrasanta, S. 68. Siehe auch TZEWERS, Itinerarius, S. 156 mit Anm. 55. Zur Baugeschichte der Zitadelle siehe BIEBERSTEIN/BLOEDHORN, Jerusalem II, S. 88-95; WIGHTMAN, The Walls of Jerusalem, S. 287.

[325] Dessau, StB, Hs. Georg 238, fol. 118v; FABRI, Evagatorium II, S. 194; DERS., Wanderings II, S. 212. Vgl. auch GRÜNEMBERG, Ritter Grünembergs Pilgerfahrt, S. 94.

[326] ANTONIO DA CREMA, Itinerario al Santo Sepolcro, S. 109. Pietro Casola hebt hervor, dass die einzige Verteidigungsanlage der ganzen Stadt von den Mamluken überhaupt nicht bewacht werde. Vgl. CASOLA, Viaggio a Gerualemme, S. 200; DERS., Pilgrimage, S. 255.

[327] LUFTI, Al-Quds al-Mamlûkiyya, S. 108f.

[328] WIGHTMAN, The Walls of Jerusalem, S. 288 und 297.

[329] ASHTOR, A Social and Economic History, S. 319; FLICK, Jerusalem im Wandel, S. 31.

Spätmittelalter zum Bau zahlreicher Moscheen, Bildungsinstitutionen und Pilgerherbergen führte.[330]

Zum anderen soll zum Ausdruck kommen, wie schlimm es infolge der muslimischen Fremdherrschaft um den Ursprungsort des Christentums bestellt ist. Bernhard von Breidenbach stellt den Verfall der Stadt als von den Muslimen bewusst herbeigeführt dar, um die Notwendigkeit eines neuen Kreuzzuges zu begründen. In seiner *kurtze[n] clag vber das heilig land besunder Jherusalem* äußert er sein Entsetzen über die *verwůstung vnd verlassung der heiligen statt*, in der kaum mehr denn *viertzig warer cristen menschen* zu finden seien. Jerusalem werde von *verflůchten sarracenen gottes lesterer* beherrscht und sei *zů schmach vnd schand deß cristenlichen nammens* von *vil verlaugnetten cristen, ketzern vnd vngehorsam*en bewohnt.[331] Seine in die Form eines Gebets gekleidete Klage mündet in die Bitte, die Zeit der Rache an den *vngleubigen nacionen* endlich anbrechen zu lassen.[332] Dem Städtelob über das prachtvolle und prosperierende Venedig, das als aufrechtes und letztes Bollwerk gegen die Türken stilisiert wird, steht somit die Städteklage über das verlorene und verwüstete Jerusalem gegenüber.[333]

Fabri weist die Leser seines *Evagatoriums* auf die Lamentation des Bernhard von Breidenbach hin.[334] Er selbst verdeutlicht den erschütternden Zustand, indem er auf Tierkadaver hinweist, die in den Ruinen der in weiten Teilen brach liegenden Stadt lägen.[335] Dem Leser wird hierdurch einerseits signalisiert, dass die für die eigene Kultur als Norm geltende Vorstellung von Ordnung und Sauberkeit in Jerusalem nicht beachtet

---

[330] Vgl. LUFTI, Al-Quds al-Mamlûkiyya, bes. S. 114-116; FRENKEL, Muslim Pilgrimage. Zu den Stiftungen siehe BURGOYNE, Mamluk Jerusalem, S. 68-74. Das von muslimischer Seite ebenfalls in Jerusalem erwartete Endgericht machte die Stadt überdies zu einem attraktiven Begräbnisort der mamlukischen Oberschicht. Vgl. HAARMANN, Der arabische Osten, S. 257. Erst im 16. Jahrhundert erlebte die Stadt unter osmanischer Herrschaft wieder einen gewissen wirtschaftlichen Aufschwung. Dennoch blieb Jerusalem weiterhin auf eine Rolle im regionalen Handel beschränkt. Vgl. hierzu COHEN, Economic Life in Ottoman Jerusalem.

[331] BERNHARD VON BREIDENBACH, Die heyligen reyßen, fol. 118r; DERS., Peregrinatio, fol. 102v-103r.

[332] BERNHARD VON BREIDENBACH, Die heyligen reyßen, fol. 118rv: *O herr wir bitten daz der rach deß blůdts dyner diener daz vergossen ist auch dynes edelen blůts werde kundt vor vnsern augen an den vngleubigen nacionen da mit daz wir dyn volck vnd schefflyn dyner werde · dich vnsern waren gott mogen loben vnd von geslecht yn geslecht yn ewikeyt dyn ere verkunden Amen.* DERS., Peregrinatio, fol. 103r.

[333] PALM, Pilgerwesen und Orienterfahrung, S. 193-198. Zu den Venezianern siehe unten Kap. IV.1.

[334] Wer immer eine bestürzende Klage über den traurigen Zustand des Heiligen Landes und Jerusalems lesen möchte, solle im Buch Breidenbachs nachschlagen, das mit Hilfe des Doktor Martin Rath verfasst worden sei. Vgl. FABRI, Evagatorium II, S. 18; DERS., Wanderings I, S. 629.

[335] FABRI, Evagatorium II, S. 205: *Verum civitatis magna pars est desolata, et domus ruinosae et sine habitatore. Unde etiam cadavera camelorum, equorum, asinorum, canum etc. non foris educuntur, sed ad deserta loca intra moenia intra ruinas domorum projiciuntur.* DERS., Wanderings II, S. 226.

wird.[336] Andererseits zeigt Fabri mit dem Verweis auf die herumliegenden Kadaver auf, dass die Heilige Stadt von Seiten der Bevölkerung und Obrigkeit keinerlei Wertschätzung genießt. Die toten Tiere sind ihm ein Symbol, dass die Muslime nicht willens oder fähig sind, die politische und soziale Ordnung, wie er sie für richtig hält, umzusetzen oder aufrechtzuerhalten. Nicht zuletzt deshalb trauert er jenen *aurea tempora* nach, als sich der heilige Hieronymus im Heiligen Land aufhielt und die heiligen Stätten Jerusalems in angemessener Weise gewürdigt wurden.[337]

Fabri funktionalisiert den Zustand der Stadt und des ganzen Landes, um den Christen ihr Fehlverhalten vor Augen zu halten. Im *Evagatorium* betont er gleich mehrfach die Uneinigkeit und den Sittenverfall der Kreuzfahrer, die den Verlust der Herrschaft über die heiligen Stätten verursacht hätten. Fabri schließt sich dabei der Argumentation Burchards von Monte Sion an, der die Lateiner wenige Jahre vor dem Fall Akkons 1291 als die frevelhaftesten unter den Bewohnern Palästinas geißelt. Erst aufgrund ihrer Sünden habe das Heilige Land so sehr in Bedrängnis geraten können.[338] Darauf aufbauend brandmarkt auch Fabri die zügellose Lebensweise und internen Streitigkeiten der Kreuzfahrer, die dazu geführt hätten, dass das Jerusalem jener Epoche wie Sodom eine Stadt voller Verbrecher, Betrüger oder gar Exkommunizierter gewesen sei.[339]

Fabris Kritik bleibt aber nicht auf die Kreuzfahrer beschränkt. Unabhängig von ihrem Stand und Nahrungserwerb seien alle Christen vom rechten Pfad abgewichen und hätten damit den Zorn Gottes heraufbeschworen. In seiner Klage malt er die vergangene Epoche in finstersten Farben aus: *O tempora et mores! Tempora turbatissima! Tempora calamitosa! Mores reprobi! Mores perditi et cleri et populi!*[340] Die Strafe für die Sünden aller Christen sei der schmachvolle Verlust des Heiligen Landes. Fremde Völker, die er als Hunde beschimpft, konnten die geheiligten Orte der Christenheit mit Füssen zertreten und entehren und befänden sich nunmehr schon seit 300 Jahren im Besitz der schändlichen Sarazenen.[341]

---

[336] Zur Beschreibung der Ordnungsvorstellungen unter Verwendung der Kategorien ‚sauber' und ‚schmutzig' siehe HÖFERT, Ist das Böse schmutzig? Wie spätmittelalterliche Städteverordnungen belegen, waren die Bürger verpflichtet, verendete Tiere umgehend aus der Stadt zu entfernen, um Seuchen vorzubeugen. Vgl. KÜHNEL, Städtische Gemeinschaft, S. 58; GRABMAYER, Europa im späten Mittelalter, S. 33; JANKRIFT, Brände, Stürme, Hungersnöte, S. 161f.

[337] Vgl. FABRI, Evagatorium I, S. 388 und 470; DERS., Wanderings I, S. 486 und 592. Auch in Teilen der modernen Forschung wird das vierte Jahrhundert als goldene Ära des christlichen Glaubens in Palästina bewertet. Vgl. WALKER, Jerusalem and the Holy Land, S. 34.

[338] BURCHARD VON MONTE SION, Descriptio Terrae Sanctae, S. 88f.; DERS., A Description of the Holy Land, S. 102f.

[339] FABRI, Evagatorium II, S. 288; DERS., Wanderings II, S. 337. Vgl. auch DERS., Evagatorium I, S. 472f. und Evagatorium II, S. 279f.; DERS., Wanderings I, S. 595f. und Wanderings II, S. 326f.

[340] FABRI, Evagatorium II, S. 18; DERS., Wanderings I, S. 628.

[341] FABRI, Evagatorium II, S. 18: *Propter peccata ergo nostra et iniquitates parentum nostrorum Jerusalem et terra illa et sancta loca in opprobrium nostrum subjecta gentibus dehonestantur et conculcantur a canibus, atque a perfidis jam ecce CCC annis profanantur, et in sanctissimi nominis Christi dedecus maledictis illis Sarracenis et blasphemis manet subjecta, neglecta adeo u*

Nicht die Stärke oder Überlegenheit der ‚Ungläubigen' hat demnach zum Verlust Jerusalems geführt. Die Sündhaftigkeit der Christen machte diesen Eingriff Gottes zwingend notwendig. Er deutet die Besetzung der Heiligen Stadt als Strafe und auch als Zeichen Gottes für die eigenen Verfehlungen.[342] Die Muslime werden in diesem Kontext nicht als Vertreter eines um die universale Wahrheit konkurrierenden Glaubens verstanden. Sie sind Aggressoren, die als Werkzeug Gottes zur Strafe eingesetzt werden, um den Christen ihre Verfehlungen aufzuzeigen. Für den Leser soll der Zustand Jerusalems und des gesamten Heiligen Landes eine Mahnung sein, an den christlichen Geboten festzuhalten, um nicht weiterhin den Zorn Gottes auf sich zu ziehen.[343]

3.   Kairo

Die überwiegende Mehrheit der Pilger besuchte die Hauptstadt des mamlukischen Reiches auf dem Rückweg ihrer Wallfahrt.[344] Vom Katharinenkloster auf dem Sinai kommend, war Kairo für Pilger wie Felix Fabri 1483 eine wichtige Zwischenstation, um sich nach der kräftezehrenden Reise durch die Wüste zu regenerieren. Für einzelne Pilger wie Jean und Anselme Adorno oder Arnold von Harff, die die umgekehrte Reiseroute wählten und anstatt nach Jaffa nach Alexandria segelten, war Kairo dagegen der Ausgangspunkt der Wallfahrt zum Heiligtum am Fuß des Mosesberges, bevor sie von dort aus die Wanderung zum eigentlichen Höhepunkt Jerusalem fortsetzten.

Obwohl die Nilmetropole[345] wesentlich weniger konkrete Anlaufziele bot als Venedig mit seinen bedeutenden Reliquienschätzen und Jerusalem mit seinen unzähligen heiligen Stätten, nimmt die Beschreibung Kairos in den Berichten großen Raum ein. Hier befanden sich die Pilger im Herzen des mamlukischen Herrschaftsbereiches. Hier trafen sie noch unmittelbarer auf eine ihnen fremde Lebenswelt als in Jerusalem, das aufgrund seiner zahlreichen christlichen Erinnerungsstätten viel mehr Anknüpfungspunkte an bekannte und vertraute Historie bot. Für die Heilsgeschichte spielte die Stadt keine größere Rolle. In Kairo wurden lediglich die alttestamentlichen Ereignisse um die

---

nostris et inculta, tantisque repleta haeresibus et malis, nostrorum haud dubio culpis et negligentiis. DERS., Wanderings I, S. 628f. Vgl. auch FURRER, Ein Jerusalem- und Sinaipilger, S. 6.

[342]   Fabri zufolge haben die lateinischen Christen mit jedem weiteren Schisma an Einfluss über das Heilige Grab verloren. Vgl. FABRI, Evagatorium II, S. 238; DERS., Wanderings II, S. 269.

[343]   Vgl. auch Kap. V.2.

[344]   Zu Kairo in den Pilgerberichten übergreifend siehe GUÉRIN DALLE MESE, Égypte, S. 440-461.

[345]   Die Stadt lag nicht direkt am Nil. Da der Flusslauf schwankend war, wurde die Uferlandschaft nicht bebaut. Erst, als sich das Flussbett im 14. Jahrhundert nach Westen verlagerte, konnte sich Kairo über den als Begrenzungslinie dienenden Kanal (al-Khalīǧ) ausdehnen. Vgl. dazu die Karte bei RAYMOND, Cairo, S. 81. Außerdem KEßLER, Die Welt der Mamluken, S. 149; RABBAT, The Citadel of Cairo, S. 237.

Knechtschaft und den Auszug des Volkes Israel aus Ägypten sowie der Fluchtort der der Heiligen Familie nach dem Kindermord von Bethlehem lokalisiert.

In Ermangelung sakraler Stätten rücken andere Orte und Inhalte stärker in den Vordergrund. Das beherrschende Thema in fast allen Berichten ist die Größe der Stadt und die Vielzahl an Bewohnern. Immer wieder schätzen die Verfasser die Ausdehnung der Stadt ab, um dem Leser zu verdeutlichen, wie viele Menschen dort auf engstem Raum leben. Während der Stadtführungen besuchten die Pilger einerseits die Basare und Sklavenmärkte, die für sie erstaunliche Ereignisse bereithielten. Sie gelangten andererseits aber auch an Orte, die von den muslimischen Bewohnern für heilig gehalten wurden und die Pilger vor die Frage stellten, wie die sich dort angeblich ereignenden Wunder einzuschätzen wären. Ein fester Programmpunkt des Aufenthaltes war der Besuch der auf einer Anhöhe gelegenen Zitadelle des Sultans. Darüber hinaus wird in den Berichten nicht selten ein Ausflug zu den Pyramiden von Gizeh hervorgehoben.

Die Beschreibung der gewonnenen Eindrücke war allerdings von wenigstens drei Faktoren abhängig. Zum ersten war es den Pilgern nur bedingt möglich, sich eigenständig ein Bild von der Stadt zu machen. Beinahe alle Pilger, die im 15. Jahrhundert Kairo besuchten, wohnten im Haus des obersten mamlukischen Dolmetschers, der für die Sicherheit und das Wohlergehen verantwortlich war.[346] Auch die Gruppe der Sinaiwallfahrer des Jahres 1483 um Fabri, Breidenbach und Paul Walther von Guglingen war während des zwölftägigen Aufenthaltes[347] im Domizil von Taġrī Berdī ibn 'Abdullah, dem obersten Dragoman Kairos, untergebracht. Der von Fabri *Tanquardinus* genannte Geleitsmann, der in den Berichten eine sehr negative Charakterisierung erfährt,[348] habe ihre Bewegungsfreiheit aber stark eingeschränkt. Fabris dramatisierender, aber nicht völlig realitätsferner Darstellung zufolge waren die Pilger im Haus des Dragomans gefangen und vollständig von dessen Wohlwollen abhängig.[349] Nur innerhalb seines Hauses konnten sie sich – abgesehen von den den Frauen vorbhaltenen Räumen – frei bewegen. Ohne seine Erlaubnis durften sie das Anwesen nicht verlassen und nur in Begleitung Rundgänge zu den Märkten und Sehenswürdigkeiten der Stadt unternehmen. Dies lag durchaus im Interesse der Mamluken, die nicht nur eine mögliche Spionage der Pilger verhindern, sondern alleinigen Nutzen aus dem finanziellen Gewinn ziehen wollten.[350]

Zweitens konnten die Pilger auf nur wenige Vorkenntnisse zurückgreifen. Kairo war nach der Eroberung Ägyptens 642 durch die Muslime „pratiquement une ‚terre incogni-

---

[346] Die Pilgergruppe um Tucher und Rieter wurde im Haus des venezianischen Konsuls Domenico Barbarigo untergebracht. Vgl. TUCHER, Die ‚Reise ins Gelobte Land', S. 559; RIETER, Das Reisebuch, S. 114.

[347] Vgl. die Angabe bei PAUL WALTHER VON GUGLINGEN, Itinerarium in Terram Sanctam, S. 221.

[348] Vgl. die Angaben in Kap. IV.3.2.

[349] FABRI, Evagatorium III, S. 21.

[350] BOSSELMANN-CYRAN, Dolmetscher und Dragomane, S. 54.

ta' pour les Européens."[351] Selbst während der Epoche der Kreuzzüge geriet die Metropole am Nil nur kurzzeitig in den lateinisch-christlichen Einflussbereich.[352] Das wenige verfügbare Wissen über Kairo und Ägypten beschränkte sich zum einen auf die Kenntnis antiker Quellen und Chroniken, in denen die gescheiterten Eroberungsversuche Ägyptens in den späteren Kreuzzügen geschildert werden. Zum anderen werteten die Pilger des ausgehenden 15. Jahrhunderts ältere Reiseberichte aus. Besonders die Beschreibungen von Wilhelm von Boldensele oder Ludolf von Sudheim dienten als Vorlage und prägten die Schilderungen in Fabris Texten und anderen Berichten in erheblichem Maße.[353] Ungleich stärker als in Venedig und Jerusalem waren die Pilger aber auch auf mündliche Informationen und das eigene Urteilsvermögen angewiesen.

Durch die vielen erstaunlichen Eindrücke, die mit dem tradierten Wissen nicht ohne weiteres erklärbar waren, gerieten die Verfasser drittens in Gefahr, von ihrem Publikum der Übertreibung oder Lüge bezichtigt zu werden. Fabri weist hierauf explizit hin. Angesichts der gewaltigen Dimensionen der Stadt, ihrer unermesslichen Größe und der hohen Bevölkerungsdichte – allerdings auch aufgrund der widersprüchlichen Aussagen in den Quellen – müsse er sein *Evagatorium* nun dem Spott und Verriss durch die Leser aussetzen.[354] Entsprechend galt sowohl für Fabri als auch die übrigen Verfasser, die Darstellung entweder durch den Verweis auf Autoritäten glaubhaft oder durch eine logische Argumentation für die Leser nachvollziehbar zu machen.

Fabris Ziel im *Evagatorium*, *Eigentlicher beschreibung* und den *Sionpilgern* bestand jeweils darin, dem Leser nach Venedig und Jerusalem auch über Kairo ein umfassendes Bild zu bieten.[355] Im Wesentlichen hielt er sich an die bereits durch ältere Reisebeschreibungen vorgegebenen Deutungsmuster. Er orientierte sich vor allem an dem Bericht seines Reisegefährten Bernhard von Breidenbach, der sich wiederum auf die Auf-

---

[351] GRABOIS, La description de l'Égypte, S. 529.

[352] In den letzten Jahren des Fatimidenkalifats geriet Ägypten in die Abhängigkeit des Königreichs von Jerusalem und musste Tributzahlungen leisten, was auch Fabri unter Bezug auf Antoninus Florentinus beschreibt. Kurzzeitig wurde eine fränkische Garnison in Kairo und Alexandria stationiert. Die Versuche König Amalrichs I., Kairo und Ägypten ganz zu unterwerfen, scheiterten jedoch. Direkt bedroht war Kairo nur im Jahr 1168 (nach Fabri 1167), als ein Kreuzfahrerheer gegen Kairo zog und vorsorglich der nicht zu verteidigende Stadtteil al-Fustat zerstört wurde, um den Kreuzrittern keine Basis für eine Belagerung zu liefern. Vgl. FABRI, Evagatorium III, S. 105; ANTONINUS FLORENTINUS, Chronicon II, 17. Buch, Kap. 9, § 4-5, fol. 234r-v. Siehe hierzu auch MAYER, Geschichte der Kreuzzüge, S. 110f.; HALM, Die Fatimiden, S. 198; RABAT, The Citadel of Cairo, S. 4.

[353] Zu Ägypten in Berichten des 14. Jahrhunderts siehe GRABOIS, La description de l'Égypte.

[354] FABRI, Evagatorium III, S. 78: *nunc autem in descriptione Cairi civitatis eum corridendum et dilacerandum exponam, propter monstruosam illius urbis dispositionem, et insolitam magnitudinem et incredibilem quodammodo hominum multitudinem et propter varietates de hac urbe scribentium et loquentium.*

[355] Da Fabri auf seiner ersten Pilgerfahrt 1480 nicht zum Sinai und Ägypten weiterreisen konnte, enthält sein gereimtes Pilgerbüchlein keinen Hinweis auf Kairo.

zeichnungen Paul Walthers von Guglingen und des bereits 1479 in Ägypten weilenden Hans Tucher stützte.

Allerdings griff er auf unterschiedliche Weise auf diese Vorlagen zurück. Deutlich wird dies am Tagesbericht des 10. Oktobers, in dem es in der *Eigentlichen beschreibung* heißt, dass die Pilger infolge des freitäglichen islamischen Feiertags die Herberge nicht verlassen hätten.[356] Im *Evagatorium* schildert er dagegen die Besuche bei einem Bartscherer, beim venezianischen Konsul und bei dem in der Stadt weilenden Sohn des sizilianischen Königs.[357] Fabri stützte sich bei der Beschreibung Kairos in der deutschen Version offenbar nicht auf seine eigene lateinische Reisebeschreibung als Grundlage, sondern zog den Bericht Breidenbachs vor, der eine inhaltlich gleichlautende Passage aufweist.[358]

Auch setzte er in seinen Berichten durchaus unterschiedliche Schwerpunkte. Eine systematische Beschreibung in Form eines Städtelobs wurde im *Evagatorium* zwar angestrebt, beschränkt sich aber letztlich auf eine Ausführung zu den zahlreichen Namen Kairos in den Quellen und den Versuch, die Größe der Stadt einzuschätzen.[359] In der *Eigentlichen beschreibung* ging es ihm in erster Linie darum, den Aufenthalt zu dokumentieren, wobei festzuhalten ist, dass er im Vergleich zu den Darstellungen Venedigs und Jerusalems weitaus mehr Informationen über Kairo aus den gelehrten Exkursen seines lateinischen Werkes in die deutsche Version übernommen hat. Offenbar ging Fabri davon aus, dass auch die Leser der *Eigentlichen beschreibung* großes Interesse daran haben könnten, mehr über die Stadt am Nil zu erfahren.

Hierfür spricht auch die Darstellung Kairos in den *Sionpilgern*, die im Vergleich zu den marginalen Aussagen über Venedig ebenfalls äußerst umfangreich ausfällt.[360] Allerdings stehen weniger die Größe und Gestalt der Stadt oder die profanen Erlebnisse im Mittelpunkt. Fabri geht dort neben den wenigen christlichen heiligen Stätten vor allem auf die Wunder ein, die sich dort ereignet haben sollen. Die Beschreibung Kairos zielt erstens darauf ab, den Lesern vor Augen zu führen, wie vorbildlich sich die Pilgerinnen auf ihrer Wallfahrt auch angesichts der ‚Gottlosigkeit' der muslimischen Ein-

---

[356]   Dessau, StB, Hs. Georg 238, fol. 182v: *Am x. tag octobris ws fritag an dem die heyden nút gern haben, dz wir cristen vm die weg gengin. Also beliben wir den tag jnn.*

[357]   FABRI, Evagatorium III, S. 32-34.

[358]   BERNHARD VON BREIDENBACH, Die heyligen reyßen, fol. 149r: *Am andern tag dar nach was · der zehende deß monedts octobris vnd besunder eyn fritag · welchen die sarraceni fyern · musten wir yn der herberg belyben yn geschlossen [...].* DERS., Peregrinatio, fol. 126v. Auf der Basis dieser und weiterer Stellen wird deutlich, dass Fabris Bericht nicht die Vorlage für Bernhard von Breidenbach darstellte, wie Herbert Feilke annimmt, sondern umgekehrt der 1486 bereits im Druck vorliegende Bericht des Mainzer Domdekans von Fabri herangezogen wurde. Ein gegenseitiger Austausch der Aufzeichnungen während der Reise ist zwar nicht ausgeschlossen, dürfte aber demgegenüber eine geringere Rolle gespielt haben als Aleya Khattab vermutet und ist nur für wenige Stellen anzunehmen. Vgl. FEILKE, Felix Fabris Evagatorium, S. 95; KHATTAB, Das Ägyptenbild, S. 197 und 216.

[359]   FABRI, Evagatorium III, S. 78-83.

[360]   FABRI, Die Sionpilger, S. 264-272.

wohner betragen. Zweitens versucht Fabri am Beispiel Kairos nachzuweisen, dass die christliche Religion dem Islam in allen Belangen überlegen ist.

3.1   Die Größe Kairos als Charakteristikum von Fremdheit

Nach dem letzten Zwischenhalt bei der Oase el-Mâtârîja, bei der die Pilger den Balsamgarten besuchen konnten, beschreibt Fabri einerseits, wie sich die Landschaft verändert habe, je näher sie Kairo kamen: Dank des Nilwassers gehe die Wüste allmählich in fruchtbares Land über; der Weg sei zunehmend gesäumt von Gärten, Äckern, Parkanlagen und Häusern.[361] Nach einer wochenlangen Wanderung war die Freude groß, endlich der lebensfeindlichen Wüste entkommen zu sein. Viel nachdrücklicher weist er bei seiner Beschreibung des Einzuges in die Stadt aber auf zwei andere Sachverhalte hin: Die Länge des Weges bis zum Haus des Dragomans und die Vielzahl an Menschen auf den Straßen. Mit beiden Motiven will er dem Leser gleich zu Beginn der Stadtbeschreibung einen ersten Eindruck von der Größe der Metropole vermitteln.

Infolge der urbanen Bebauung[362] zu beiden Seiten des Weges habe es für ihn den Anschein, dass el-Mâtârîja[363] und Kairo eine einzige zusammenhängende Stadt sei. Während sich die Pilger schon lange in Kairo wähnten, wurden sie von ihrem Führer darauf aufmerksam gemacht, dass sie die Stadtgrenze noch gar nicht erreicht hätten. Selbst dann habe es noch zwei weitere Stunden gedauert, bis sie sich den Weg durch eine dichte Menschenmenge bis zur Herberge gebahnt hätten.[364] Bernhard von Breidenbach stellt die Ankunft auf ganz ähnliche Weise dar, zieht zur Verdeutlichung der Ausdehnung der Stadtfläche aber nicht die Bebauung entlang der Wegstrecke, sondern den Zeitfaktor heran. Zur Mittagsstunde hätten die Pilger die Stadtgrenze überschritten, ihre Unterkunft hätten sie aber erst in der tiefen Nacht erreicht.[365]

Die hiermit bereits angedeutete Größe der Stadt und Zahl ihrer Einwohner sind sowohl in Fabris Texten als auch in den Vergleichsberichten das beherrschende Thema. Immer wieder wird versucht, die schon beim ersten Eindruck geschilderte gewaltige Ausdehnung der Stadt mit ihrer unermesslichen Einwohnerzahl zu veranschaulichen. Einige Pilger beschreiben Kairo als eine aus zwei, zuweilen drei separaten Städten bestehende Metropole. Unterschieden wird in erster Linie zwischen der fatimidischen Neugründung al-Qahira und dem südlich gelegenen Alt-Kairo (Fustat), das auch als Babylon bezeichnet wird. Um Fehlinterpretationen auszuschließen, wird zumeist auf die Namensgleichheit mit dem Ort der babylonischen Sprachverirrung hingewiesen, der

---

[361]   FABRI, Evagatorium III, S. 18f.

[362]   Vgl. hierzu RAYMOND, Cairo, S. 178.

[363]   Im *Evagatorium* zieht er den antiken Namen *Busiris* als Bezeichnung der Oase vor, der auf den Tyrannen Busiris aus dem Heraklesmythos zurückgeht. Vgl. FABRI, Evagatorium III, S. 2 und 8.

[364]   FABRI, Evagatorium III, S. 19; Dessau, StB, Hs. Georg 238, fol. 180r.

[365]   BERNHARD VON BREIDENBACH, Die heyligen reyßen, fol. 148v; DERS., Peregrinatio, fol. 126r.

von den Pilgern nahe Bagdad lokalisiert wird.[366] Vereinzelt führen die Pilger als dritte Stadt den nordwestlich gelegenen Stadtteil Bulaq an.[367] Die verschiedenen Viertel und deren spezifische Besonderheiten werden aber kaum gesondert herausgehoben. Nur Joos van Ghistele widmet dem direkt am Nil liegenden prosperierenden Bulaq einen eigenen Exkurs.[368]

Für die meisten Pilger wie Hans Tucher war die *stat Alkeyro vnd babilonÿ* schlicht *alles ein ding*.[369] Fabri schließt sich dieser Ansicht in der *Eigentlichen beschreibung* an und bestreitet, dass es sich bei Kairo und Babylon um zwei getrennte Städte handele.[370] Im *Evagatorium* präzisiert er, dass Kairo und Babylon einst eine zusammenhängende Stadt gewesen seien und nach wie vor als solche gelten würden. Zu seiner Zeit seien sie aber durch ein hügeliges Ruinenfeld voneinander getrennt.[371] Dies bedeutet nicht, dass Fabri Kairo als eine im Verfall begriffene Stadt darstellt. Im Gegenteil beschreibt er anhand eines anderen Viertels, wie rasant die Ausdehnung der Stadt zugenommen habe. Dort seien innerhalb kürzester Zeit zahlreiche *ÿtel nagel niwi scheoni hùsen* errichtet worden und dem *Evagatorium* zufolge habe das Quartier im Vergleich zur Heimat bereits den Umfang einer großen Stadt.[372]

Angesichts der auch aufgrund einer fehlenden Stadtmauer[373] kaum abzuschätzenden Größe war eine Orientierung nur schwer möglich. Allein Paul Walther von Guglingen versucht sogar mithilfe einer geographischen Skizze einen Überblick über die topographische Lage Kairos zu geben. Danach werde die Ebene, in der Kairo liegt, im Osten von Bergen und im Süden und Westen vom Nil eingefasst. Paul Walther verschaffte sich diesen Gesamteindruck offenbar von den Hügeln oberhalb der Zitadelle des Sul-

---

[366] Vgl. z.B. BERNHARD VON BREIDENBACH, Die heyligen reyßen, fol. 150v; DERS., Peregrinatio, fol. 128v; LUDOLF VON SUDHEIM, De Itinere Terrae Sanctae liber, S. 56-58. Vgl. JAHN, Raumkonzepte, S. 121-123; GUÉRIN DALLE MESE, Égypte, S. 441-444. Auch Fabri weist im *Evagatorium* auf diesen Unterschied hin und schätzt die Distanz zum biblischen Babylon wie in dem vermutlich als Vorlage genutzten Ludolf auf 36 Tagesreisen. FABRI, Evagatorium III, S. 79. In der *Eigentlichen beschreibung* hatte er auf diesen Unterschied bereits bei der Kommentierung der biblischen Erzählung von Daniel in der Löwengrube hingewiesen. Vgl. Dessau, StB, Hs. Georg 238, fol. 70v.

[367] Vgl. u.a. SURIANI, Treatise, S. 190; ADORNO, Itinéraire, S. 182; BERNHARD VON BREIDENBACH, Die heyligen reyßen, fol. 150v; DERS., Peregrinatio, fol. 128v.

[368] ZEEBOUT, Tvoyage, S. 190-192. Vgl. dazu RAYMUND, Cairo, S. 164 und 182-185. Bulaq profitierte besonders von dem Nilhafen. Dagegen verlor al-Fustat an Bedeutung, wie der Reisende Meshullam ben Menachem da Volterra feststellt. Dazu ebenfalls RAYMOND, Cairo, S. 185.

[369] TUCHER, Die ‚Reise ins Gelobte Land‘, S. 568.

[370] Dessau, StB, Hs. Georg 238, fol. 186v.

[371] FABRI, Evagatorium III, S. 61. Vgl. auch PAUL WALTHER VON GUGLINGEN, Itinerarium in Terram Sanctam, S. 233.

[372] FABRI, Evagatorium III, S. 40f.; Dessau, StB, Hs. Georg 238, fol. 186r. Fabri spielt hier auf die bereits oben Anm. 345 geschilderte Ausdehnung Kairos nach Westen an, die durch den sich ebenfalls nach Westen verlagernden Lauf des Nils möglich wurde.

[373] Vgl. ARNOLD VON HARFF, Die Pilgerfahrt, S. 86; ADORNO, Itinéraire, S. 186; SURIANO, Treatise, S. 190.

tans. Von diesen östlich der Stadt gelegenen Muqattam-Höhen habe er ganz Kairo über-
schaut.[374] Fabri gibt im *Evagatorium* sogar an, ganz Ägypten einschließlich der Regionen jenseits des Roten Meeres erblickt zu haben.[375]

Während für Arnold von Harff der Ausblick auf Kairo der Ansatzpunkt ist, dem Leser einen virtuellen geographischen Rundblick zu geben,[376] führt Fabri in seiner deutschen Version Informationen auf, die beim Leser Staunen über die Größe der Metropole
hervorrufen soll: *Vff dieser erd ist nùt greser stat den die.* Sie der Länge nach zu durchqueren bräuchte ein Reiter mindestens vier Stunden. Um sie ganz zu umreiten, seien
kaum zehn Stunden genug. Nach einer durch den Knecht eines adligen Pilgers vorgenommen exakte Messung erstrecke sich die Stadt in der Breite über 12.172 und in der
Länge über 15.107 Schritte.[377]

Fabri lehnt sich in der Wiedergabe dieser Begebenheit sehr eng an Bernhard von
Breidenbach an.[378] Teile dieser Passage gehen aber bereits auf Hans Tucher zurück.[379]
Allein die Mitteilung, dass einem Diener aus der Reisegruppe die Aufgabe erteilt wurde, die Stadt zu Fuß zu durchwandern, ist eine eigenständige Erweiterung Fabris. Dies
erwähnt auch der mit ihm reisende Paul Walther von Guglingen. Nach dessen Darstellung wurde ein Untergebener des Barons von Rappelstein mit der empirischen Überprüfung betraut. Jener kam zu dem Ergebnis, dass die Stadt 16.464 Schritte in der Länge
und 12.200 Schritte in der Breite zähle.[380]

Unabhängig von der Frage, ob die Angaben realistisch sind und tatsächlich auf diese
Weise ermittelt wurden, ist festzuhalten, dass der empirische Nachweis dazu dienen
soll, den visuellen Eindruck von der überwältigenden Ausdehnung Kairos zu bestätigen
und durch konkrete Zahlen zu untermauern. So wie die Pilger in Jerusalem die Entfernungen zwischen den heiligen Stätten durch die Schrittfolge festhielten, so wird der
Knecht beauftragt, dies in Kairo für die gesamte Stadt zu tun. Die unterschiedlichen
Ergebnisse in den Berichten Fabris (und Breidenbachs) auf der einen und Paul Walthers
auf der anderen Seite sind für die Darstellung letztlich nicht entscheidend.[381] Gemeinsam ist allen drei Pilgern vielmehr, dass sie durch die Veranschaulichung der gewaltigen Dimensionen die Andersartigkeit Kairos hervorheben. Sie ist mit keiner bekannten
Stadt in der Heimat vergleichbar und sprengt jeden Rahmen.

Fabri versucht dieses Bild durch weitere Zahlen noch zu verstärken. So habe die
Stadt nach Aussagen von *arfarnen mammalucken* 24.000 *contrata* oder *besundri revier*,

---

[374] PAUL WALTHER VON GUGLINGEN, Itinerarium in Terram Sanctam, S. 227 und 234 mit Abb. 228.

[375] FABRI, Evagatorium III, S. 68. Arnold von Harff will von dort bis nach Alexandria geblickt haben
können. Vgl. ARNOLD VON HARFF, Die Pilgerfahrt, S. 109.

[376] ARNOLD VON HARFF, Die Pilgerfahrt, S. 91.

[377] Dessau, StB, Hs. Georg 238, fol. 189r; HASSLER, Evagatorium III, S. 81.

[378] BERNHARD VON BREIDENBACH, Die heyligen reyßen, fol. 151r-v; DERS., Peregrinatio, fol. 129r-v.

[379] TUCHER, Die ‚Reise ins Gelobte Land‘, S. 568f.; RIETER, Das Reisebuch, S. 118.

[380] PAUL WALTHER VON GUGLINGEN, Itinerarium in Terram Sanctam, S. 226.

[381] Sie verdeutlichen, dass Breidenbach in diesem Fall nicht auf den Bericht des Franziskaners zurückgreift.

von denen 14.000 jede Nacht abgeriegelt würden und in denen jeweils drei bis vier Moscheen zu finden seien.[382] Auch diese Angaben hat er zu einem Teil von Breiden-bach, zu einem anderen Teil aus dem Bericht von Hans Tucher übernommen. Doch heißt es dort lediglich, *man saget* bzw. *berichtet vns ein mammeluck, der das eygentli-chen weste.*[383] Fabri versucht die Glaubwürdigkeit dieser Zahlen dadurch zu untermau-ern, dass er von mehreren Mamluken spricht und diese eindeutiger als es in der Formu-lierung Tuchers zum Ausdruck kommt, explizit als erfahren einschätzt.

Die ebenfalls auf den Nürnberger Patrizier zurückgehende Analogie, das italienische Wort für Stadtviertel (it. „contrada") mit einer Pfarrei gleichzusetzen,[384] bietet Fabri an dieser Stelle zusätzlich die Gelegenheit, den Lesern der deutschen Version einen Grö-ßenvergleich mit Venedig zu bieten. Die Stadt an der Adria verfüge nämlich nur über die verschwindend geringe Zahl von 72 Pfarreien. Fabri schreibt für die *Eigentliche beschreibung* die Passagen aus Breidenbachs und Tuchers Texten somit nicht einfach ab, sondern ergänzt sie mit für den Leser hilfreichen Angaben. Auf diese Weise hofft er, dem Leser die gewaltige Größe besser veranschaulichen zu können als über die schlich-te Nennung der Zahlen. Zugleich trägt dies dazu bei, die Andersartigkeit Kairos weiter zu verdeutlichen.

Der Vergleich mit den Größenverhältnissen in den europäischen Städten wird von Fabri in stärkerem Maß genutzt als von anderen Pilgern. Seiner Ansicht nach gibt es in Europa keine Stadt, die der mamlukischen Kapitale auch nur annähernd gleichkommt. Bereits Breidenbach vergleicht Kairo mit Rom und stellt fest, *daz nye zů Rom so vil kyrchen syn gewesen als hie muschkee.*[385] Fabri baut dessen Analogie in der *Eigent-lichen beschreibung* wiederum aus, indem er Kairo nicht nur mit dem zeitgenössischen, sondern auch mit dem antiken Rom vergleicht. Danach überträfen die Moscheen Kairos an Zahl sowohl alle einst in Rom stehenden heidnischen Tempel als auch alle christli-chen Kirchen.[386]

Lediglich einzelne Distrikte Kairos lassen sich mit verschiedenen oberdeutschen Städten vergleichen. Tucher zufolge umfasst allein das Areal der Zitadelle die Hälfte der Stadt Nürnberg.[387] Fabri und Breidenbach ergänzen diese Gegenüberstellung um die

---

[382] Dessau, StB, Hs. Georg 238, fol. 189r-v. Gemeint sind vermutlich die inselähnlich strukturierten Wohnviertel (arab. „hara"), die über eine von der Hauptsraße abzweigende Sackgasse zu errei-chen waren. Keßler, Die Welt der Mamluken, S. 174.

[383] Bernhard von Breidenbach, Die heyligen reyßen, fol. 151r-v; Ders., Peregrinatio, fol. 129r; Tucher, Die ,Reise ins Gelobte Land', S. 569; Rieter, Das Reisebuch, S. 118. Francesco Suriano spricht gar von 16.000 Bezirken. Vgl. Suriano, Treatise, S. 190.

[384] Vgl. auch Wis, Ricerche, S. 169.

[385] Bernhard von Breidenbach, Die heyligen reyßen, fol. 151v; Ders., Peregrinatio, fol. 129v.

[386] Dessau, StB, Hs. Georg 238, fol. 189v. Im lateinischen Bericht beschränkt sich Fabri analog zu Breidenbach auf das gegenwärtige Rom und schätzt wie Paul Walther die Zahl der Moscheen auf 60.000. Vgl. Fabri, Evagatorium III, S. 81; Paul Walther von Guglingen, Itinerarium in Ter-ram Sanctam, S. 228.

[387] Tucher, Die ,Reise ins Gelobte Land', S. 568; Rieter, Das Reisebuch, S. 117f.

Stadt Ulm, die vollständig darin Platz habe.[388] Für Fabri ist der Bezirk mit den Grab-
stätten der Sultane und der Oberschicht Kairos darüber hinaus so groß wie Augsburg.[389]
Im *Evagatorium* greift Fabri die Dreikönigslegende des Johannes von Hildesheim zurück, der zufolge die Stadt am Nil siebenmal die Fläche von Paris einnimmt. In seiner
auf dieser Basis vorgenommen Hochrechnung, wonach Paris dreimal so groß wie Köln,
jene Stadt aber drei- bis viermal so groß wie Ulm sei, kommt Fabri schließlich zu dem
Ergebnis, dass Kairo den 84fachen Umfang von Ulm habe.[390]

Indem er gleich mehrere Städte aufeinander bezieht, kann er das Größenverhältnis
zwischen seiner Heimatstadt und Kairo mit anscheinend exakten Daten wiedergeben.
Das Fremde wird mit dem Bekannten in Beziehung gesetzt und damit für den Leser
nachvollziehbar. Trotz ungünstiger Rahmenbedingungen kann er dem Leser eine äußerst präzise Vorstellung von den in der Fremde beobachteten Gegebenheiten geben.
Fabri nimmt somit die Position eines Vermittlers ein, der mit den anscheinend exakten
Angaben unterstreicht, dass er „das Fremde in hohem Maße ‚versteht', also in der Lage
ist, die Distanz zwischen den Kulturen zu verringern."[391] Allerdings scheint im Fall
Kairos der Vergleich zwischen dem Eigenen und Fremden nicht dazu zu führen, dass
der Fremdheitsgrad nachlässt. Für den Leser ergibt sich eher das Bild, dass der Grad an
Fremdheit noch zunimmt. Die gewaltige Größe sprengt alle Dimensionen und macht
Kairo zu einer geradezu unheimlichen Stadt.

Möglicherweise schließt er sich im *Evagatorium* deshalb im Gegensatz zur *Eigentlichen beschreibung* nicht uneingeschränkt der Bewertung an, wonach Kairo die größte
Stadt des gesamten Erdkreises sei. Einerseits will er durch persönliche Anschauung
festgestellt haben, dass das antike Theben angesichts der noch sichtbaren Ruinen eine
weitaus größere Ausdehnung gehabt haben müsse als die gegenwärtige Stadt.[392] Bei der
Auswertung der ihm zur Verfügung stehenden Schriftquellen ist er zudem auf Hinweise
gestoßen, nach denen es auch zu seiner Zeit größere Städte geben könnte. So weist er in
einer nachträglich zugesetzten Randglosse des *Evagatoriums* auf eine Weltkarte hin, der
zufolge eine dreimal größere Stadt als Kairo auf einer weit im Osten liegende Insel

---

[388] FABRI, Evagatorium III, S. 81; Dessau, StB, Hs. Georg 238, fol. 189r.

[389] Dessau, StB, Hs. Georg 238, fol. 189v. Arnold von Harff zieht Düren zum Vergleich heran. Vgl.
       ARNOLD VON HARFF, Die Pilgerfahrt, S. 89.

[390] FABRI, Evagatorium III, S. 80f.: *In historia trium regum, quae Coloniae habetur, dicitur, quod
       Cayrum septies majus sit civitate Parisiensi, accipiendo Parisias cum tota circumferentia castro-
       rum et antiquorum palatiorum, etiam trans flumen cum campis et planitiebus intermediis. Sic
       accipiendo constat, eam in triplo majorem esse quam Coloniam, et Coloniam in triplo majorem
       esse, vel in quadruplo, quam Ulmam. Sic ergo, si Cayrum esset per circuitum murata, possint in
       ipso muro stare Ulmae civitates octoginta quatuor simul.* Zitiert auch bei BRAUNSTEIN, Du Danu-
       be au Sinaï, S. 296; GUÉRIN DALLE MESE, Égypte, S. 455-457. Als Quelle diente Johannes von
       Hildesheim höchstwahrscheinlich Ludolf von Sudheim, der diesen Vergleich von Kaufleuten er-
       fahren haben will. Vgl. JOHANNES VON HILDESHEIM, Die Dreikönigslegende, S. 120; LUDOLF VON
       SUDHEIM, De Itinere Terrae Sanctae liber, S. 51.

[391] KÄSTNER, Das Gespräch des Orientreisenden, S. 283.

[392] FABRI, Evagatorium III, S. 80.

existiere.[393] Zwar äußert Fabri auch Zweifel gegenüber den angeblichen Neuentdeckungen, die sich nicht mit dem althergebrachten Weltbild in Einklang bringen ließen.[394] Doch der Verweis auf die Asienbeschreibung des franziskanischen Missionars Odorico da Pordenone, in der ebenfalls Kairo an Umfang übertreffende Städte erwähnt werden, lassen es ihn trotz all den unglaublichen Einzelheiten in dessen Bericht vertretbar erscheinen, dass Kairo nicht die größte Stadt auf der Welt ist.[395]

Er relativiert somit einerseits die phantastische Darstellung Kairos in anderen Pilgerberichten, zeigt sich andererseits aber auch offen für neues, durch Entdeckungsreisen gewonnenes Wissen, selbst wenn es im Widerspruch zu den Aussagen von Autoritäten steht. Zugleich kann er dem Leser das vielleicht beklemmende Gefühl der Angst nehmen, wenn Städte existieren, die der islamischen Metropole den Status als größter und mächtigster Stadt des Erdkreises streitig machen.

3.2 Zahl und Analogie als Strategien der Vermittlung des Fremden

Hinsichtlich der Angaben zur exorbitanten Ausdehnung der Stadtfläche Kairos zeigt sich, dass sowohl Fabri als auch die Verfasser der Vergleichsberichte vor allem Zahlen heranziehen. Stärker noch als bei der Beschreibung Venedigs und Jerusalems greifen sie auf numerische Werte zurück, um dem Leser eine Vorstellung von den vielen in Kairo lebenden Menschen zu geben. Den beim ersten Anblick gewonnenen Eindruck der großen Bevölkerungsdichte, der durch die dichte Bebauung und schmalen Gassen noch gesteigert wird,[396] greift Fabri im *Evagatorium*, in der *Eigentlichen beschreibung* und den *Sionpilgern* auf. Gleich mehrfach bringt er sein Erstaunen über die zahlreichen Menschen auf den Straßen zum Ausdruck, durch die sich die Pilger auf ihren Rundgängen kämpfen müssen.[397]

Das eindrücklichste Beispiel, um der heimischen Leserschaft die hohe Einwohnerzahl Kairos vor Augen zu führen, ist bei Fabri indes der Verweis auf die Pestwelle von 1476. Aufgrund des periodischen Auftretens der Seuche in Europa seit dem 14. Jahrhundert dürften die Leser mit dem Verlauf und den Folgen der Pest vertraut gewesen

---

[393] FABRI, Evagatorium III, S. 83. Die Glosse geht über die übliche Zeilenzahl hinaus und füllt den gesamten unteren Seitenrand von fol. 103v sowie den oberen Seitenrand von fol. 104r. Sie erstreckt sich von *sicut cera liquesceret* und endet mit *et rationem exedentia*. Vgl. Ulm, StB, Hs. 19555-2, fol. 103v-104r. Auf welche Weltkarte, die im Osten eine Insel namens *Sypantya* abbilden solle, sich Fabri bezieht, lässt sich nicht ermitteln.

[394] FABRI, Evagatorium III, S. 83.

[395] FABRI, Evagatorium III, S. 83. Odorico bezeichnet das als das moderne Hangzhou identifizierte *Chunsai* als größte Stadt überhaupt. Vgl. ODORICO DA PORDENONE, Memoriale Toscano, S. 123.

[396] Zur Bebauung, der keine stringente Stadtplanung zugrunde lag, siehe KEßLER, Die Welt der Mamluken, S. 152f. und 157, sowie RAYMOND, Cairo, S. 172f.

[397] Vgl. FABRI, Evagatorium III, S. 36; Dessau, StB, Hs. Georg 238, fol. 185v, 186r und 192r-v; DERS., Die Sionpilger, S. 265f.

sein. Bereits Tucher nutzt die ihm von einem Mamluken genannten dramatisch hohen und weit übertriebenen Opferzahlen zur Veranschaulichung der vielen in Kairo lebenden Menschen. Danach seien innerhalb von drei Monaten täglich 20.000 bis 24.000, manchmal auch ‚nur‘ 16.000 Menschen gestorben. Insgesamt sollen Tucher zufolge 2.400.000 Einwohner von der Seuche hingerafft worden sein.[398] Fabri und Paul Walther von Guglingen – Bernhard von Breidenbach als dritter Augenzeuge der Ägyptenreise 1483 erwähnt hiervon nichts – wollen von einem Mamluken ebenfalls von der Pest erfahren haben. Während Paul Walther zufolge exakt 1.060.303 Menschen der Seuche erlegen seien,[399] spricht Fabri in seinem lateinischen Bericht gar von 1.700.000 Opfern, gibt aber im *Evagatorium* und der *Eigentliche beschreibung* auch die Angaben Tuchers wieder.[400] Selbst wenn die Opferzahlen der *grosi pestilenz* doch *vngleublich jn unseren landen* sei, zeigen die Zahlen für sich genommen dem Leser bereits an, welche Menschenmengen in Kairo vermeintlich lebten.

Entscheidend ist hierbei jedoch, dass Fabri und Paul Walther die Erzählung um die Pest noch erweitern. Diese Ergänzung ist nicht Bestandteil des Tucherischen Berichts, obwohl der Ansatz dort gleichwohl gegeben ist. Nach Tucher wurden dem Sultan die Opferzahlen täglich gemeldet.[401] Doch nur bei Fabri und Paul Walther wird darauf aufbauend die Geschichte erzählt, wonach der Mamlukenherrscher angesichts der Schreckensmeldungen in Kummer und Sorge verfiel.[402] Ein Berater konnte ihn aber mit dem Hinweis beruhigen, dass selbst bei einer Todesrate von einem Einwohner pro Moschee und somit täglich 60.000 Pestopfern keine Gefahr bestünde, da jede Moschee über mehrere tausend Gemeindemitglieder verfüge.[403] Erst hierdurch werden dem Leser die Dimensionen der Größe vor Augen geführt, wenn selbst der Tod von 60.000 Menschen pro Tag nicht ins Gewicht fällt.

Dass die Strategie der Darstellung des Fremden durch die Verwendung von Zahlwerten auch in anderen Pilgerberichten Anwendung findet, zeigt sowohl die Reisebeschreibung Santo Brascas als auch Arnolds von Harff. Obwohl Brasca auf seiner Wallfahrt 1480 Kairo selbst gar nicht besucht hat, geht er auf die Metropole am Nil ein. Er gibt

---

[398]   TUCHER, Die ‚Reise ins Gelobte Land‘, S. 569. Rieter erscheint die Zahl so unglaublich, dass er zweifelt, ob er sie in seinen Bericht aufnehmen soll. Vgl. RIETER, Das Reisebuch, S. 118f. Auch in zeitgenössischen arabischen Quellen werden die Opferzahlen der Pest insbesondere von 1348 stark übertrieben. In der Forschung wird angenommen, dass etwa 100.000 Menschen in Kairo umkamen. Insgesamt sollen vor dem Ausbruch der Pest ca. 500.000 Bewohner in Kairo gelebt haben. Für das beginnende 15. Jahrhundert wird eine Einwohnerzahl von 150.000 bis 200.000 angenommen. Vgl. KEßLER, Die Welt der Mamluken, S. 171; RAYMOND, Cairo, S. 138-141, 152 und 167; SIEWERT, Der Herrscherwechsel, S. 56f.

[399]   PAUL WALTHER VON GUGLINGEN, Itinerarium in Terram Sanctam, S. 227f.

[400]   FABRI, Evagatorium III, S. 102f.; Dessau, StB, Hs. Georg 238, fol. 189v.

[401]   TUCHER, Die ‚Reise ins Gelobte Land‘, S. 569.

[402]   Dies wird noch im Parallelbericht zu Tucher von Sebald Rieter vermerkt. Vgl. RIETER, Das Reisebuch, S. 118.

[403]   PAUL WALTHER VON GUGLINGEN, Itinerarium in Terram Sanctam, S. 228; FABRI, Evagatorium III, S. 103.

für die Stadt, die er unter Bezug auf Aussagen von Kaufleuten in jeder Hinsicht als vollkommen anders als Mailand oder Venedig charakterisiert, eine normale und für die Bewohner nicht weiter aufsehenerregende Sterblichkeit von täglich 14.000 bis 15.000 Menschen an. Dies führt er auf das heiße Klima und die auf engstem Raum in miserablen Umständen lebenden Menschen zurück.[404] Arnold von Harff bezieht sich hingegen auf die Pestwelle 1492 und schildert den Vorgang in ähnlicher Weise wie Fabri und Paul Walther. Während von den zunächst 10.000 bis 12.000 täglichen Toten niemand Notiz genommen habe, sei der Sultan angesichts der bis auf 30.000 bis 40.000 pro Tag angestiegenen Opferzahlen in Verzweiflung verfallen. Er habe seine Beherrschung erst wiedergefunden, als ihm Berater mitteilten, dass entlang zweier bedeutender und sich durch die ganze Stadt erstreckender Hauptstraßen bislang überhaupt keine Toten zu beklagen seien und somit nicht die Gefahr einer Entvölkerung bestehe.[405]

Mit dem Topos über die Verheerungen durch die Pest und den exorbitanten Zahlenangaben veranschaulichen die Verfasser die immense Größe Kairos, die in keinem Verhältnis zu den aus der Heimat vertrauten Bedingungen steht. Die Erzählung um den Sultan soll dabei die Zahlenwerte verständlich und plausibel erscheinen lassen.[406] Doch Angesichts der Superlative, mit denen sich die Pilger überbieten, sind die Angaben eher als abstrakte Größen zu werten, die dem Leser nur schwerlich eine konkrete Vorstellung von den in Kairo vorherrschenden Bedingungen gaben, zumal schon die Zahl der täglichen Pesttoten über der Einwohnerzahl der meisten Städte im Reich lag.

---

[404] BRASCA, Viaggio in Terrasanta, S. 142.

[405] ARNOLD VON HARFF, Die Pilgerfahrt, S. 98. Auch andere Pilger gehen auf die Pest ein. Wilhelm Tzewers, obwohl selbst nie in Kairo, spricht von 1.500.000 Toten. Francesco Suriano gibt 12.000 bis gar 80.000, Anselme und Jean Adorno nennen 20.000 bis 22.000 Tote pro Tag. Vgl. TZEWERS, Itinerarius, S. 288; SURIANO, Treatise, S. 192; ADORNO, Itinéraire, S. 184.

[406] Ein weiteres Beispiel für die Verwendung von Zahlwerten ist die große Menge von Kamelen, die in großen Ledersäcken Nilwasser in die Stadt beförderten. Die Skala reicht hierbei von fünftausend Tieren im Bericht des Paul Walther von Guglingen bis zu 20.000 Kamelen bei Arnold von Harff. Vgl. PAUL WALTHER VON GUGLINGEN, Itinerarium in Terram Sanctam, S. 226; ADORNO, Itinéraire, S. 192; ZEEBOUT, Tvoyage, S. 174; SURIANO, Treatise, S. 191; ARNOLD VON HARFF, Die Pilgerfahrt, S. 93. Hans Tucher und ihm folgend Felix Fabri gehen von 8000 Tieren aus. Vgl. TUCHER, Die ‚Reise ins Gelobte Land‘, S. 573; FABRI, Evagatorium III, S. 42 und 102; Dessau, StB, Hs. Georg 238, fol. 187r. Dabei wird hervorgehoben, dass ein Gutteil des Wassers gar nicht zum Trinken bestimmt sei. Vielmehr würden die ungepflasterten Straßen besprengt, um den durch Menschen und Tiere aufgewirbelten Staub niederzuhalten. Diese durchaus zutreffende Maßnahme wird als unumgängliche Notwendigkeit betrachtet, was bereits im Bericht von Tucher angedeutet, aber erst von den sich 1483 in Kairo aufhaltenden Pilgern zum Ausdruck gebracht wird. Im Vergleich zu Paul Walther von Guglingen und Bernhard von Breidenbach schildert Fabri die Konsequenzen einer ausbleibenden Bewässerung am drastischsten. Er ist der Ansicht, dass die Menschen gar ersticken müssten, wenn nicht beständig Wasser auf die Wege verbracht werde. Vgl. PAUL WALTHER VON GUGLINGEN, Itinerarium in Terram Sanctam, S. 226; BERNHARD VON BREIDENBACH, Die heyligen reyßen, fol. 152r; DERS., Peregrinatio, fol. 130r.

Demgegenüber konnte das Fremde durch Größen- und Wie-Vergleich sowie das Parallelisieren wesentlich anschaulicher vermittelt werden.[407] So will Fabri vom Hörensa-
gen erfahren haben, dass allein die Bevölkerung Kairos die Zahl der Menschen in vielen
Königreichen überträfe. In Kairo lebten und schliefen mehr Menschen auf der Straße,
als ganz Venedig Einwohner habe.[408] Im *Evagatorium* zieht er darüber hinaus einen
angesehenen und erfahrenen venezianischen Edelmann als Gewährsmann heran, nach
dessen Ansicht in Kairo mehr Menschen wohnen als in ganz Italien.[409] Nicht zuletzt
deshalb stünden überall Reitesel und Pferde bereit, um die Menschen sicherer und be-
quemer zum Ziel zu geleiten. Die Treiber Kairos üben für Fabri dieselbe Funktion aus
wie die Bootsführer Venedigs.[410] Er setzt das während des Aufenthaltes in Venedig gewonnene Wissen sogleich ein, um sie mit der Situation in Kairo zu vergleichen. Von
den begleitenden Mamluken schließlich habe er erfahren, dass in der Hauptstadt mehr
Menschen lebten als im gesamten übrigen mamlukischen Reich.[411] Paul Walther von
Guglingen will dieselbe Information hingegen von vertrauenswürdigen und ehrenwerten Kaufleuten erfahren haben.[412]

Mit dem Verweis auf mündliche Quellen – auf die Fabri bereits bei der Erzählung
von der Pest Bezug genommen hatte – versuchen die Verfasser Glaubwürdigkeit herzustellen. Um sich nicht dem Vorwurf der Übertreibung auszusetzen, geben sie an, die
Informationen von vertrauenswürdigen Gewährsmännern erhalten zu haben. Auf diese
Weise soll bekräftigt werden, dass die für den in der Heimat zurückgebliebenen Leser
schwer nachvollziehbaren Informationen der Wirklichkeit entsprechen. Fabri schienen
die Mamluken als landeskundige Führer und Beherrscher des Landes am ehesten für die
Rolle des zuverlässigen Zeugen qualifiziert zu sein. Paul Walther vertraute dagegen auf
Kaufleute, die berufshalber ebenfalls eine gute Kenntnis des Landes besitzen mussten.
Der Verweis auf Kaufleute ist aber allein für sich genommen nicht ausreichend. Der
Händler und Kaufmann stand im Mittelalter immer auch in dem Verdacht, für seinen

---

[407]   DEEG, Das Eigene und das Andere, S. 184f.; HARTOG, The Mirror of Herodotus, S. 225-230.

[408]   FABRI, Evagatorium III, S. 100; Dessau, StB, Hs. Georg 238, fol. 189v.

[409]   FABRI, Evagatorium III, S. 103. Zumindest der Vergleich mit Venedig könnte auch von Breiden-
        bach übernommen sein, der sich aber nicht zur Quelle der Information äußert. Der Vergleich der
        auf den Straßen schlafenden Menschen scheint demgegenüber unter den Pilgern geläufig gewesen
        zu sein und wird auch bei Anselme und Jean Adorno genannt. Vgl. BERNHARD VON BREIDEN-
        BACH, Die heyligen reyßen, fol. 151v; DERS., Peregrinatio, fol. 129v; ADORNO, Itinéraire, S. 184.

[410]   FABRI, Evagatorium III, S. 38f. Andere Pilger weisen zumindest auf die vielen zum Transport
        bereitstehenden Tiere hin, was laut Arnold von Harff besonders aufgrund der großen Hitze nötig
        sei. Vgl. ARNOLD VON HARFF, Die Pilgerfahrt, S. 93f.

[411]   FABRI, Evagatorium III, S. 103: *Dicunt quidam Mamaluci, quod Soldanus in toto suo regno non
        tot homines habeat, quot sunt Cairi.*

[412]   PAUL WALTHER VON GUGLINGEN, Itinerarium in Terram Sanctam, S. 228: *Et dixerunt mihi fide
        digni viri mercatores, qui diu ibi steterunt, quod rex soldanus in toto regno suo non habeat tot
        homines, quot sunt in Alkayro.*

Nahrungserwerb auf das Mittel der Lüge zurückzugreifen.[413] Um die Analogie in seinem Bericht überzeugend zu vermitteln, musste der Franziskaner seine Gewährsmänner zusätzlich als zuverlässig und rechtschaffen einstufen.

3.3   Die Andersartigkeit Kairos

Bereits durch die schiere Größe und die Vielzahl an Menschen wird die Andersartigkeit Kairos angedeutet. Fabri nennt aber noch weitere Merkmale, durch die sich die Stadt fundamental von den bekannten und vertrauten Gegebenheiten in der Heimat unterscheidet. Besonders beeindruckt ist er erstens von der großen Anzahl an Lampen, die an den Minaretten angebracht sind und bei Einbruch der Dunkelheit angezündet werden. Die schon in Jerusalem mit dem nachts erleuchteten Felsendom gemachte Erfahrung wird von dem Erlebnis in Kairo weit in den Schatten gestellt. Die Gassen erstrahlen in solcher Helligkeit, dass es den Anschein habe, die gesamte Stadt stehe in Flammen.[414] Der implizierte hohe Verbrauch an Öl ist in Fabris Augen maßlos. Wie ihm diesmal von *viri Christiani experti* bestätigt worden sei, gebe es keinen christlichen König, dessen Reichtum ausreiche, um die jährlich benötigte Menge Öl aufzubringen.[415] Aus dem Bericht Bernhards von Breidenbach, der ebenfalls von den taghell erleuchteten Gassen berichtet, geht demgegenüber hervor, dass dies nur während der Fastenzeit Gewohnheit sei, zu der sich die gerade zufällig in Kairo aufhielten.[416] In Fabris *Evagatorium* wird suggeriert, dass die Lampen unabhängig von den Festlichkeiten während des Ramadan allabendlich entzündet werden und die ganze Nacht hindurch brennen. Er steigert hierdurch noch den Eindruck der Andersartigkeit und prangert zugleich die Verschwendungssucht der Muslime an.

Das zweite charakteristische Merkmal für die Andersartigkeit stellt die Gestalt und Bauweise der Häuser dar. Hierdurch unterscheidet sich Kairo laut Paul Walther von Guglingen und Fabri ebenfalls grundsätzlich von den Städten der Heimat. Gemeinsam ist beiden Pilgern, dass sie die in Kairo vorherrschende und im Domizil des Dragomans persönlich erfahrene Konstruktionsweise eines Hofhauses mit Flachdach und offenem Innenhof als ein Haus mit fehlendem Dach interpretieren.[417] Lediglich Fabri weist jedoch daraufhin, dass die Bauweise der Häuser den in Ägypten herrschenden klimatischen Bedingungen des Landes angepasst sei.[418] Die Häuser sollten nicht vor Regen,

---

413   Vgl. GROEBNER, Die Kleider des Körpers des Kaufmanns, S. 353; ENGEL, Die deutsche Stadt, S. 192-196.

414   FABRI, Evagatorium III, S. 82.

415   FABRI, Evagatorium III, S. 82; Dessau, StB, Hs. Georg 238, fol. 183r.

416   BERNHARD VON BREIDENBACH, Die heyligen reyßen, fol. 149r; DERS., Peregrinatio, fol. 127r. Jean und Anselme Adorno sprechen sogar nur von einer drei bis vierstündigen nächtlichen Beleuchtung in der Fastenzeit. Vgl. ADORNO, Itinéraire, S. 192.

417   Vgl. zum Hofhaus BIANCA, Hofhaus und Paradiesgarten, S. 217.

418   Zum Klima vgl. Kap. V.2.

Schnee und Kälte, sondern neben Einbrechern vor allem vor der Sonneneinstrahlung und Hitze schützen. Daher seien sie zum Himmel hin geöffnet und verfügten auf der Sonnenseite über eine erhöhte Wand als Schattenspender.[419] Infolgedessen ist die fremde Bauweise und Gestalt der Häuser für Fabri nachvollziehbar und logisch erklärbar. Er erfasst das Fremde in seiner Andersartigkeit, ohne es auszugrenzen.[420] Paul Walther von Guglingen erwähnt die besonderen klimatischen Bedingungen nicht und erkennt den Nutzen einer solchen Konstruktion nicht an. Er misst die Bauweise allein an den heimatlichen Maßstäben. Sein Vergleich fällt folglich zuungunsten Kairos aus. Seiner Ansicht nach weisen die Häuser Parallelen zu zerstörten und ihres Daches beraubten Bauten in Europa auf; die Stadtgestalt sei entsprechend entstellt.[421] Paul Walther hebt nicht nur die Andersartigkeit Kairos hervor, sondern wertet es mit Verweis auf die in seinen Augen unsinnige Bauweise ab.[422]

Abgesehen hiervon gehen sowohl Fabri als auch die übrigen Pilger kaum weiter auf die Architektur der Häuser ein. Selbst die äußere Gestalt der aus Stein erbauten Moscheen oder der Zitadelle des Sultans wird bei Fabri nicht weiter thematisiert. Er vermerkt nur an wenigen Stellen die Größe und auch Schönheit der Moscheen,[423] während

---

[419]   FABRI, Evagatorium III, S. 82.

[420]   Allerdings scheint Fabri dennoch Zweifel an der Stabilität der nicht aus Holz und nur selten aus Steinen, sondern in erster Linie aus an der Sonne getrockneten Lehmziegeln errichteten Häusern anzumelden, wenn er im *Evagatorium* anmerkt, dass im Fall eines starken zweitägigen Dauerregens wie in deutschen Landen, wo es häufig sechs Tage ohne Unterbrechung regne, sich ganz Kairo in einen Haufen Schmutz und Schlamm verwandeln würde. Ganz kann er sich nicht von den heimatlichen Maßstäben lösen, selbst wenn er in der *Eigentlichen beschreibung* hinzufügt, dass die Bewohner hiervor sicher sein, da es in Ägypten niemals regne. Vgl. FABRI, Evagatorium III, S. 83; Dessau, StB, Hs. Georg 238, fol. 190r.

[421]   PAUL WALTHER VON GUGLINGEN, Itinerarem in Terram Sanctam, S. 224: *et quasi omnes domus in superiori parte stant sicut disrupta domus abseque tectis, et reddit totam deformatam et abhominabilem civitatem.* Er geht offenbar von der in der Heimat üblichen Bauweise eines Hauses mit Giebeldach aus.

[422]   Auf die unterschiedliche Bauweise infolge des Klimas weist auch Francesco Suriano hin. Seiner Ansicht nach benötigten die Häuser überhaupt kein Dach. Ein Sonnenschutz aus Stoff sei vollkommen ausreichend. Entscheidender ist für ihn die auf dem Haus errichtete hölzerne Konstruktion, die dazu dienen soll, Wind zur Kühlung in die Innenräume zu leiten. Suriano ist somit der einzige Pilger, der die beinahe auf jedem Gebäude der Stadt installierten Windfänger in ihrer Funktion richtig einschätzt und sie als eine Besonderheit Kairos darstellt. Vermutlich spielen auch Jean und Anselme Adorno auf diese Konstruktionen an, interpretieren sie aber als Raum, der zur Erfrischung dient. Vgl. SURIANO, Treatise, S. 191; ADORNO, Itinéraire, S. 186. Zu den Ventilatoren und ihrer auch astronomische und religiöse Aspekte berücksichtigenden Ausrichtung siehe KING, Architecture and Astronomy; BIANCA, Hofhaus und Paradiesgarten, S. 221.

[423]   Vgl. FABRI, Evagatorium III, S. 69 und 82. Etwas ausführlicher beschreibt Fabri lediglich eine isoliert stehende Moschee am Fuß der Anhöhe, auf der die Zitadelle steht und eine weitere Moschee im Friedhofsbezirk, durch deren Tor die Pilger ins Innere blicken konnten. Vgl. DERS., Evagatorium III, S. 69f.; BERNHARD VON BREIDENBACH, Die heyligen reyßen, fol. 152v; DERS., Peregrinatio, fol. 130v. Möglicherweise ist mit ersterer die um 1360 errichtete Sultan Hasan-

er bei der Zitadelle festhält, es sei einerseits müßig, alle Einzelheiten aufzuführen und andererseits kaum glaubhaft.[424] Fabri konstatiert lediglich den Unterschied zwischen der äußeren Fassade der Wohnhäuser und der Gestaltung der inneren Räume. Die Häuser erscheinen ihm *nùt köstlich von vssen an zesechen*. Innen hingegen würden sie durch mit Malereien verzierte und mit kostbaren Materialen ausgestatte Gemächer bestechen.[425] Dies wird von anderen Sinaipilgern wie Francesco Suriano und Arnold von Harff bestätigt,[426] findet sich aber auch schon in Reiseberichten des 14. Jahrhunderts.[427] Jean und Anselme Adorno, welche ausführlich auf die Ornamentik in den Innenräumen eingehen, bezeichnen dies als typisches Merkmal für einen „orientalischen Stil" der Bewohner.[428] Dass der Unterschied zwischen einem schmucklosen Äußeren und aufwendigen Inneren Folge der im islamischen Raum verbreiteten Auffassung einer Abschottung der Privatsphäre vom öffentlichen Raum ist, wird von den Pilgern nicht erkannt.[429]

Gegenüber dieser Schönheit der Innenräume äußert sich Fabri kritisch. Nicht das Fehlen des aus der Heimat gewohnten Inventars wie Betten, Tücher und Bänken oder die ungewohnte Sitte, die Nacht auf Teppichen zu verbringen, werden von ihm beanstandet.[430] Vielmehr kritisiert der Dominikaner den Prunk, der den Pilgern bei einer Führung durch die Herberge des Dragoman *Tanquardinus* zur Schau gestellt wird. Fabri

---

Madrasa-Moschee gemeint. Siehe KEßLER, Die Welt der Mamluken, S. 159f.; RAYMOND, Cairo, S. 141-143.

[424] FABRI, Evagatorium III, S. 73. Lediglich Paul Walther geht auf die Burg näher ein und ist der Meinung, dass es sich um eine prächtige, gut befestigte und mit vielen starken Türmen bewehrte Burg handele. PAUL WALTHER VON GUGLINGEN, Itinerarium in Terram Sanctam, S. 224. Zur Baugeschichte siehe RABBAT, The Citadel of Cairo; KEßLER, Die Welt der Mamluken, S. 117f. und 119-123; RAYMOND, Cairo, S. 128-132.

[425] FABRI, Evagatorium III, S. 82; Dessau, StB, Hs. Georg 238, fol. 190r. Dabei bezieht er sich nur auf die im Hofhaus des Dolmetschers selbst erlebten Wohnverhältnisse. Die wesentlich einfacher ausgestatteten Behausungen der großen Mehrheit der Bewohner Kairos oder die z.T. sechs bis siebenstöckigen „wakalas", die um einen Innenhof gruppiert waren, nur über einen zentralen Eingang verfügten und deren Wohneinheiten häufig nicht einmal über Feuerstellen zum Kochen verfügten, werden weder von Fabri noch von anderen Pilgern beschrieben. Vgl. hierzu KEßLER, Die Welt der Mamluken, S. 166f.; IBRAHIM, Residential Architecture, S. 49-51.

[426] Vgl. SURIANO, Treatise, S. 191; ARNOLD VON HARFF, Die Pilgerfahrt, S. 94.

[427] Bereits Wilhelm von Boldensele bezeichnet es als eine generelle Eigenschaft der Orientalen, das Innere der Häuser, insbesondere die Wände und Böden, durch Marmor und Mosaike zu verschönern. WILHELM VON BOLDENSELE, Des Edelherren Reise, S. 245f. Die große Bedeutung, die der Verzierung der Wände, Decken und Böden entgegengebracht wurde, ist auf die vielfältige Nutzung der Räume zurückzuführen. Vgl. auch BIANCA, Hofhaus und Paradiesgarten, S. 214.

[428] ADORNO, Itinéraire, S. 184: *Sunt etiam in urbe pulcherrima edificia, que non tantum ab extra quantum ab intra sunt more orientalium edificiorum, preciosa atque pulchra videntur.*

[429] Die Häuser waren nach dem Prinzip eines geschlossenen und auf Selbstversorgung ausgerichteten Systems konstruiert. Als ein der Familie geweihter Ort sollte das Haus Sicherheit bieten und war auf die Abwehr äußerer Gefahren ausgerichtet. Vgl. hierzu KEßLER, Die Welt der Mamluken, S. 155 und 167; BIANCA, Hofhaus und Paradiesgarten, S. 208.

[430] FABRI, Evagatorium III, S. 19.

ließ sich gemäß dem *Evagatorium* in Gegenwart des stolzen Hausbesitzers zu einer provozierenden Frage hinreißen, mit der er auf die Verdammnis anspielt, die seiner Ansicht nach den Dolmetscher nach dem Tod erwartet: *ecce, hic est paradisus vester, quid quaeso habebitis in alia vita?*[431] Wie schon bei der Beschreibung Venedigs beanstandet er eine aufwendige, auf das Diesseits ausgerichtete Lebensweise. *Tanquardinus* wird aufgrund der verschwenderischen Innendekorationen genauso getadelt wie die christlichen Venezianer für ihre prächtigen Palastfassaden. Hatte er sich hinsichtlich der Venezianer muslimischer Kaufleute bedient, die sich über den zur Schau gestellten Reichtum wundern,[432] prangert er bei der Beschreibung Kairos die luxuriösen Lebensverhältnisse selbst an. Für Fabri stellt dies unabhängig von der Glaubenszugehörigkeit ein sündhaftes Verhalten dar, dass unweigerlich zu einer entsprechenden Bestrafung im Jenseits führt. Dies zeigt sich daran, dass er seine Meinung über den prognostizierten Weg in die Verdammnis selbst dann aufrecht hält, als ihm die Ehefrau des Dragomans – die vorgibt, Christin zu sein – widerspricht und die Gewissheit äußert, nach dem Tod die Freuden des Paradieses zu genießen.[433] Die Grenze zwischen dem Eigenen und Fremden verläuft hier nicht zwischen religiösen oder ethnographischen Abgrenzungskriterien. Der ausschlaggebende Faktor zu einer Distanzierung ist die Auffassung über eine tugendhafte Lebensweise, nach der das begrenzte irdische Dasein in erster Linie dazu dienen soll, sich das ewige Leben im Paradies zu verdienen.

3.4   Die Bedrohung des Eigenen durch das Fremde

Trotz einer nach Meinung von Paul Walther von Guglingen nicht geringen Zahl christlicher Gotteshäuser nehmen Kirchen und christliche heilige Stätten sowohl in den Vergleichsberichten als auch in Fabris Texten nur eine Randstellung ein.[434] Fabri geht im *Evagatorium* und der *Eigentlichen beschreibung* lediglich auf die Kirche des heiligen Georg näher ein, die die heilige Stätte markiere, an der sich die Heilige Familie während ihres Exils in Ägypten aufgehalten haben soll. In beiden Versionen äußert er sich wohlmeinend über die reichhaltige Ausstattung und zahlreichen Wandbilder, weist in seiner lateinischen Version aber auch auf unterschiedliche Traditionen über den Wohnort Josephs, Marias und Jesus hin.[435]

---

[431]   FABRI, Evagatorium III, S. 25.

[432]   Vgl. oben Kap. 1.4.

[433]   Vgl. FABRI, Evagatorium III, S. 25; Dessau, StB, Hs. Georg 238, fol. 182r. GUÉRIN DALLE MESE, Égypte, S. 154, äußert die Ansicht, dass bezüglich dieser Stelle ein großer Unterschied zwischen den beiden Versionen Fabris bestehen würde. Allerdings beschreibt Fabri auch in der deutschen Fassung, wie er gegenüber dem Hausherrn *jn latin* geäußert habe, dass er sich hier sein Paradies geschaffen habe. Dessen Frau habe Fabri *auf welsch* geantwortet, dass sie *hie vnd dort wellen wir dz baradisz haben* werden, worauf sie *jn ein früntlich geheder* gekommen seien.

[434]   PAUL WALTHER VON GUGLINGEN, Itinerarium in Terram Sanctam, S. 233.

[435]   FABRI, Evagatorium III, S. 49f.; Dessau, StB, Hs. Georg 238, fol. 187r.

Die marginalen Hinweise auf das christliche Kairo resultieren nicht allein aus dem Umstand, dass die Pilger viele der Kirchen laut dem *Evagatorium* verschlossen vorfanden.[436] Den eigentlichen Grund sieht er in dem nur ungenügenden Wissen der in Kairo lebenden ‚orientalischen' Christen.[437] In der deutschen und lateinischen Version beklagt er sich über den Verlust der ursprünglich von lateinischen Christen erbauten Kirchen. Es existiere keine allein den lateinischen Christen vorbehaltene Kirche mehr in der Stadt.[438] Zudem sei auch das Wissen über die verehrten Stätten verloren gegangen. Für Fabri ist es nicht wie bei Tucher der *vnfleis*, aus dem die in Kairo ansässigen Christen die in den Kirchen begrabenen Heiligen nicht nennen wollen oder können.[439] Auch deren mangelnde Lateinkenntnisse, die eine Verständigung und somit einen Wissenstransfer unmöglich gemacht haben, ist für den Dominikaner nur eine Beschönigung. Fabri gibt sich vielmehr überzeugt, dass sie selbst gar nicht wissen, welche Heilige oder Reliquien in den marmornen Sarkophagen ruhen.[440] Während er in der deutschen Version nur angibt, dass die von den orientalischen Christen verehrten Heiligen in der römischen Kirche unbekannt seien,[441] spricht Fabri ihnen im *Evagatorium* somit ab, das christliche Erbe bewahren zu können. Das Wissen gehe verloren und erhalten blieben nur leere Rituale. Er würdigt demnach die orientalischen Christen herab, indem er die Möglichkeit in Betracht zieht, dass es sich bei den in den Kirchen verehrten Reliquien nicht um solche handeln müsse.

Aus den *Sionpilgern* geht hingegen hervor, dass Fabri durchaus mehr über die Kirchen hätte mitteilen können. Namentlich zählt er immerhin sechs Kirchen auf, die die Nonnen auf ihrer imaginären Wallfahrt besuchen. Diesen wenigen christlichen Orten stünde jedoch eine gewaltige Übermacht an muslimischen Gotteshäusern gegenüber. Mit *grossen vnmůt* würden die Nonnen vernehmen, dass *der nam cristi* in Kairo *so clain vnd vnachtbar* sei, während der *nam machimet des tüffels* so große Bedeutung habe.[442] Die Christen sind demnach durch die rivalisierende Religion in ihrer Existenz stark gefährdet. Obwohl in den Pilgerberichten bezüglich der Einwohner Kairos auch sehr hohe Zahlen für die dort lebenden Christen (und Juden) genannt werden,[443] stellt das

---

[436]   Vgl. FABRI, Evagatorium III, S. 51.
[437]   Dass es sich überwiegend um Kopten handelte, wird von den Pilgern nicht explizit erwähnt.
[438]   Vgl. Dessau, StB, Hs. Georg 238, fol. 187v.
[439]   TUCHER, Die ‚Reise ins Gelobte Land', S. 562.
[440]   FABRI, Evagatorium III, S. 51: *quod dicerent de sancta Anna, de sancta Barbara, de sancta Catharina, et de sancto Georio. Non enim sciunt Orientales dictiones latinas bene exprimere, sed mirabili stomachatione loquuntur. Credo autem pro certo, quod nec ipsi sciant, quorum Sanctorum reliquiae sint in istis tumbis reconditae, quia omnes ecclesiae illae fuerunt a Latinis constructae et posessae, sed post expulsionem Latinorum a terra sancta fuerunt etiam ab Aegypto eliminati, et Orientales supervenientes ad loca ignoraverunt patronos locorum, et ita res in oblivionem venit.*
[441]   Dessau, StB, Hs. Georg 238, fol. 187r-v.
[442]   FABRI, Die Sionpilger, S. 264.
[443]   Laut Fabri lebten in Kairo *XXII millia Christianorum Orientalium Graecorum et XV millia Judaeorum.* Nach der deutschen Version seien es für beide Gruppen etwa 15.000 Menschen. Vgl.

christliche (und jüdische) Element in der Stadt in Fabris Augen nur eine Randerscheinung dar, die unter dem Druck der ‚Ungläubigen‘ ganz zu verschwinden drohe. Der potentiellen Annahme, die christlichen Glaubensgemeinschaften könnten durch die gemeinsame Bedrohung zueinander finden, erteilt Fabri in den *Sionpilgern* jedoch eine klare Absage. Auch die orientalischen Christen stehen den Pilgern feindselig gegenüber und die Tatsache, dass es in der gesamten Stadt nicht eine lateinische Kirche mehr gäbe, bedeutet für die Nonnen des Pilgerführers, dass sie an keinem Ort in Ruhe und Frieden beten könnten.[444]

Im Hinblick auf die theologisch geschulte Leserschaft des *Evagatoriums* und den *Sionpilgern* charakterisiert Fabri Kairo demnach als Ort mit nur wenigen verehrungswürdigen heiligen Stätten. In einer feindlichen Umgebung, für die in der lateinischen Version die Muslime, im Pilgerführer auch die orientalischen Christen verantwortlich sind, würden die in den Kirchen verwahrten Reliquien nicht angemessen gewürdigt und seien dem Vergessen preisgegeben. Dies bedeutet aber nicht, dass Gott sich von dem Ort abgewandt hat. Fabri kompensiert den Mangel, nicht wie für Venedig und Jerusalem die durch Kirchen ausgewiesenen heiligen Orte ausführlich beschreiben zu können, indem er verschiedene übernatürliche Ereignisse thematisiert, von denen ihm die ortskundigen Führer berichtet hätten. Dadurch will er bezeugen, dass Gott trotz der Abirrungen der örtlichen Christen und Sündhaftigkeit der ‚ungläubigen‘ Muslime stets präsent ist und sich für die Gläubigen einsetzt. Fabris Anliegen besonders im *Evagatorium* und den *Sionpilgern* ist es, die Superiorität des christlichen Glaubens lateinischer Lesart zu belegen und zugleich die Falschheit der von muslimischer Seite angeführten göttlichen Wunder zu entlarven.[445]

Deutlich wird dies an einem ausführlichen – in der *Eigentlichen beschreibung* nicht enthaltenen – Exkurs über die Anhöhe, auf der die Zitadelle des Mamlukenherrschers erbaut ist. Nicht nur deshalb werde der Ausläufer der Muqattam-Höhen von den Bewohnern Kairos verehrt. Laut Fabri sind mit der Anhöhe eine Reihe biblischer und historischer Ereignisse verknüpft. So soll sich dort die Gebetsstätte Moses befunden haben und der Leichnam des Pompeius seine letzte Ruhestätte gefunden haben.[446] Die aus Fabris Sicht wichtigste mit dem Hügel verbundene Begebenheit stellt aber die Tat eines Christen dar, der allein durch die Stärke seines Gottvertrauens den Berg versetzt habe.

FABRI, Evagatorium III, S. 100; Dessau, StB, Hs. Georg 238, fol. 189v. Die Zahl der Mitglieder der jüdischen Gemeinde ist von Tucher bzw. Breidenbach übernommen, die Zahl der Christen offenbar ein eigener Zusatz. Vgl. TUCHER, Die ‚Reise ins Gelobte Land‘, S. 573; BERNHARD VON BREIDENBACH, Die heyligen reyßen, fol. 151v; DERS., Peregrinatio, fol. 129r.

[444] FABRI, Die Sionpilger, S. 265.

[445] Zum mittelalterlichen Diskurs über Wunder und über die Trennung zwischen dem von Gott gewirkten Wunder (*miraculum*) und dem Wunderbarem (*mirabilia*) siehe BYNUM, Wonder; DIES., Miracels and Marvels; DASTON/PARKS, Wunder und die Ordnung der Natur.

[446] FABRI, Evagatorium III, S. 66-68.

Nach der detailreichen Erzählung im *Evagatorium* und in den *Sionpilgern*[447] ereignete sich dies als Folge eines Religionsdisputes zwischen Christen und Sarazenen. Aufgrund der besseren Argumente schien sich bereits ein Sieg der Christen abzuzeichnen. Im Versuch, die drohende Niederlage abzuwenden, habe der muslimische Wortführer die Christen unter Verweis auf die Bibelworte, wonach der Glaube Berge versetzen könne (Mt. 17,20 und 21,21; 1. Kor. 13,2), aufgefordert, den Beweis hierfür anzutreten. Sollten ihnen dies nicht gelingen, sei das Evangelium widerlegt und sie müssten ihrem Glauben abschwören.[448] Einem einfachen Schmied, der mit zerrissener und verschmutzter Arbeitskluft sowie mit Ruß geschwärztem Gesicht das Sinnbild eines ungelehrten, aber gottesfürchtigen Christenmenschen darstellt, gelang jedoch das Unverhoffte. Er rückte den Berg mit Hilfe Gottes an seine heutige Position.[449] Die herausragende Stellung des Hügels, auf dem sich nun das Machtzentrum des mamlukischen Reiches befindet, ist nach Fabris Darstellung somit das Ergebnis eines übernatürlichen göttlichen Eingriffs, in dem sich die Überlegenheit der christlichen Religion manifestiert.[450]

Weder Breidenbach noch Paul Walther verzeichnen diese Legende in ihren Berichten. Sie findet sich nur noch bei Joos van Ghistele, der sich ein Jahr vor Fabri in Kairo aufhielt. Er gibt dieses Wunder nach dem gleichen Muster wieder: In einem Streitgespräch um die Glaubenswahrheit werden die Christen aufgefordert, als Beweis der Superiorität ihrer Religion einen Berg zu versetzen. Auf die Phase der Verzweiflung, wie den ‚Ungläubigen‘ verständlich gemacht werden könne, dass die Bibelworte nicht wörtlich, sondern nur im übertragenen Sinn zu verstehen sind, gelingt einem ungelehrten Christen zur Überraschung aller die Vollbringung des Wunders.[451]

Im Unterschied zu Fabris Darstellung ist es bei Ghistele zum einen kein *ainfaeltig vngelert rûssig schmid*,[452] der durch seinen starken Glauben von Gott die Kraft zu diesem Wunder verliehen bekommt, sondern ein Schuhmacher. Zum anderen handelt es sich in der Version Ghisteles nicht um ein Streitgespräch zwischen Christen und Sarazenen, sondern zwischen Christen und Juden. Die Juden werden als Anstifter des Disputs dargestellt und müssen ihre Niederlage mit Tributleistungen und sogar mit ihrem

---

[447] FABRI, Evagatorium III, S. 62-64; DERS., Die Sionpilger, S. 269-271.

[448] FABRI, Evagatorium III, S. 63; DERS., Die Sionpilger, S. 270.

[449] FABRI, Evagatorium III, S. 63f.; DERS., Die Sionpilger, S. 271.

[450] Um die trotz einer genauen Lokalisierung und detaillierten Schilderung des Hergangs vielleicht dennoch unwahrscheinlich klingende Legende zu untermauern, führt er im *Evagatorium* weitere durch Autoritäten bezeugte Beispiele solcher Wunder an, die dem gleichen Handlungsschema folgen. Fabri bezieht sich dabei u.a. auf Beda Venerabilis, Bernhard von Clairvaux, Vinzenz von Beauvais und den hl. Hieronymus. Vgl. FABRI, Evagatorium III, S. 64-66. Dass die Erzählung eines solchen Wunders sehr verbreitet war, geht aus dem Bericht von Marco Polo hervor. Danach soll sich in Gegenwart des Kalifen von Bagdad ein ähnliches Wunder ereignet haben. Vgl. POLO, Milione, S. 38-41. Siehe hierzu RÖCKE, Wunder der Fremde, S. 91.

[451] ZEEBOUT, Tvoyage, S. 188f.

[452] FABRI, Die Sionpilger, S. 271.

Leben zahlen.[453] Ghistele weist ihnen die Rolle als ewiger Gegner der Christen zu, deren Handeln allein darauf ausgerichtet ist, dem Christentum Schaden zuzufügen.[454] Im Gegensatz zu Fabri tritt auch kein muslimischer Sultan als Herrscher auf, der den Religionsstreit anordnet, sondern ein nicht näher bezeichneter ägyptischer König. Der Zeitpunkt, an dem sich das Mirakel zugetragen haben soll, ist für die Bedeutung der Erzählung zweitrangig.[455] Schließlich ist es im Bericht Ghisteles unerheblich, dass es sich um den Hügel handelt, auf dem die Zitadelle liegt.[456]

Für Fabris Darstellung ist dagegen die präzise Lokalisierung des Wunders an dem Ausläufer der Muqattam-Höhen, wo sich der Sitz des Oberhauptes der Muslime befindet, ungleich wichtiger. Zumindest in den *Sionpilgern* grenzt er auch den zeitlichen Rahmen genauer ein. Danach soll es sich nur kurze Zeit nach der Eroberung Ägyptens durch muslimische Truppen ereignet haben.[457] Während demnach Ghistele ein gängiges Vorurteil über die Juden zu bestätigen sucht, bezieht Fabri die Legende auf die bedrohliche Lage des Christentums infolge der noch immer andauernden muslimischen Herrschaft. Nicht zufällig datiert er das Wunder auf die Zeit kurz nach der Ausbreitung des Islams in Ägypten und macht es an dem Ort fest, von dem die muslimische Herrschaft ausgeht. Fabri dokumentiert mit dieser dem klassischen Muster des christlich-jüdischen Streitgesprächs folgenden Erzählung die Überlegenheit der christlichen Religion über den Islam. Er verdeutlicht, dass ein einziges Wunder bereits ausreicht, um dem muslimischen Glauben die Grundlage zu entziehen und die Machtstellung des Sultans in Kairo zu untergraben. Dies geht vor allem aus den in den *Sionpilgern* beschriebenen Folgen der Tat des Schmiedes hervor. Nachdem dieser das Wunder vollbracht habe, seien viele tausend Muslime zum Christentum übergetreten. Aus Angst um seine Herrschaft habe der Sultan jedoch im Folgenden weitere Glaubensgespräche untersagt und darüber hinaus befohlen, den Koran vor den Christen geheim zu halten sowie wunderwirkende Christen sofort zu töten.[458]

Andere Wunder, die sich laut ihren Führern in Kairo ereignet haben sollen oder dort noch immer geschehen würden, werden von Fabri dagegen als leichtfertiger Aberglauben, Unwissenheit der Muslime oder Teufelswerk abgetan.[459] Sowohl der Erzählung

---

[453]   Der König, während dessen Herrschaft dieses Ereignis stattgefunden haben soll, lässt die führenden Juden als Aufwiegler hinrichten. Vgl. ZEEBOUT, Tvoyage, S. 189.

[454]   Zu dieser Vorstellung siehe auch Kap. IV.4.

[455]   In seinem Bericht beginnt die Legende mit der allgemeinen Phrase *[I]n Egipten was eens een coninc [...]*, die sich *daer eens in voorleden tijden* ereignet habe. Vgl. ZEEBOUT, Tvoyage, S. 188.

[456]   ZEEBOUT, Tvoyage, S. 188, spricht nur von einem nahe der Stadt und des Nils gelegenen Berg.

[457]   FABRI, Die Sionpilger, S. 269f.

[458]   FABRI, Die Sionpilger, S. 271.

[459]   Als wahrhaftige Wunder betrachtet er abgesehen von der Tat des Schmiedes nur das zeichenhafte Mirakel eines Baumes, in dessen Schatten Maria mit dem Jesuskind einst gerastet haben soll und den Gott habe verdorren lassen, als die Sarazenen einige Aufwiegler an ihm aufgehängt hätten. Fabri folgt dabei in der deutschen Version der Beschreibung Breidenbachs. Zudem beschreibt er einen in der Nähe der Pyramiden gelegenen See, der sich zum Gedenken an die erste biblische

über das von Nymphen bewohnte Haus als auch über den muslimischen Friedhof, an dem einmal im Jahr die Toten scheinbar zum Leben erweckt werden, steht er in allen seinen drei Reisebeschreibungen skeptisch gegenüber. Während diese Anekdoten in den Parallelberichten fast gänzlich übergangen werden – Brcidenbach gibt an, die ihnen gezeigten *wunderbarliche[n] vnd seltzammen ding* aus Platzgründen nicht wiedergeben zu wollen[460] – nutzt Fabri diese Exempel dazu, die in seinen Augen absurden Glaubensvorstellungen der Muslime aufzuzeigen sowie belehrende Hinweise zu tugendhaftem Verhalten zu geben.

Die Aufnahme der Erzählung von den ‚Wassergeistern‘, die ein am Nilufer gelegenes Wohnhaus für sich beanspruchen würden, rechtfertigt Fabri im *Evagatorium* damit, dass die Führer sie den Pilgern im Brustton der Überzeugung erzählt hätten. Denoch stellt er dem Leser frei, ob er die in erster Linie zur Belustigung dienende Geschichte glauben will, der zufolge jeder Mensch, der in das Haus einziehe, des Nachts samt seinem Hausrat von den Geistern wieder vor die Tür gesetzt werde.[461] Auch in der *Eigentlichen beschreibung* drückt er seine Zweifel über den Wahrheitsgehalt aus und verweist explizit auf die in der lateinischen Version nur angedeutete Leichtgläubigkeit der Muslime. Dennoch verweist er die Geschichte ebenfalls nicht endgültig in das Reich der Fabel: Es gebe *vil wunderlicher ding jn der statt*, die zwar *jn vnsren landen vnglaublich* erschienen, aber dennoch wahr seien.[462] In den *Sionpilgern* geht es Fabri dagegen um die moralische Ausdeutung. Da der christliche Glaube in Ägypten so schwach vertreten sei, könne der *boes gaist* ungehindert sein Unwesen treiben. Die Nymphen seien Gespenster des Teufels, vor denen die Nonnen fliehen, um nicht vom rechten Weg abzukommen.[463]

Deutet sich in den leichten Differenzen bereits die Frage an, wie die zahlreichen mit Kairo verbundenen fabelhaften Erzählungen einzuschätzen und zu bewerten sind, bezieht er in allen seinen Texten eindeutig Position gegenüber der Erzählung, nach der auf einem Friedhof an einem bestimmten Tag des Jahres die Toten auferstünden. Unter den ‚Heiden‘ werde dies als solch großes Mysterium gerühmt, dass der Andrang nach Fabris Worten in den *Sionpilgern* den Feierlichkeiten im Jubeljahr in Rom vergleichbar sei.[464] Bei diesem Wunder handele es sich jedoch laut all seinen Berichten um ein Trugbild

---

Plage einmal im Jahr rot färbe (2. Moses 7,14-25). Beide Wunder werden auch in anderen Pilgerberichten genannt und gehören zum Kanon der Stadtbeschreibung. Vgl. FABRI, Evagatorium III, S. 42 und 47; DERS., Die Sionpilger, S. 267; Dessau, StB, Hs. Georg 238, fol. 187r.

[460] BERNHARD VON BREIDENBACH, Die heyligen reyßen, fol. 151r; DERS., Peregrinatio, fol. 129r.
[461] FABRI, Evagatorium III, S. 42. Zu dieser Erzählung siehe auch MEYERS, Merveilleux, S. 460f.
[462] Dessau, StB, Hs. Georg 238, fol. 188r.
[463] FABRI, Die Sionpilger, S. 268.
[464] FABRI, Die Sionpilger, S. 269. Die Analogie geht möglicherweise auf Bernhard von Breidenbach zurück, der sie zur Beschreibung des Gedränges auf dem Sklavenmarkt nutzt. Vgl. BERNHARD VON BREIDENBACH, Die heyligen reyßen, fol. 150r; DERS., Peregrinatio, fol. 128r.

des Teufels, das allein dem Zweck diene, die Muslime in ihrem falschen Glauben zu bestärken und wankelmütige Christen zu verführen.[465]

Kairo wird demnach als eine Stadt beschrieben, in der zwar das christliche Element noch vorhanden ist, aber letztlich einer fremden Welt angehört, in der der Teufel in viel größerem Maß sein Unwesen treiben kann. Durch diabolische Zauberei verführt, verstricken sich die ‚Ungläubigen‘ immer tiefer in den Irrglauben, der unweigerlich in die Verdammnis führt. Aus dieser Sicht überrascht es nicht, dass Fabri in der *Eigentlichen beschreibung* die Bedeutung des Namens Kairo mit Laster übersetzt und die Stadt somit noch deutlich negativer charakterisiert als Breidenbach, der mit seiner Auslegung des Namens als ‚ungeordnet‘ oder ‚vermischt‘ auf die Größe und Unüberschaubarkeit der Stadt hinweist.[466]

Vielleicht nicht ganz zufällig fehlt im *Evagatorium* diese Analogie. Zwar beklagt er sich auch dort darüber, dass die in der Antike für ihre Weisheit berühmte Stadt infolge der Herrschaft des Islams ein Hort alberner Irrlehren geworden sei.[467] Aber dieser negativen Charakterisierung steht das von Fabri uneingeschränkt für wahr gehaltene Wunder des durch den Schmied versetzten Berges gegenüber. Dieses direkt durch Gott bewirkte Wunder ist für ihn der Beweis, wie groß die Überlegenheit der eigenen Religion sei und wie gering und schwach im Vergleich die Handlungen des Teufels seien. Kairo ist nicht per se ein Ort des Bösen, sondern nur in dem Maß, wie Gott es zulasse. Dessen Eingreifen hänge aber wiederum von dem Engagement und Aufrichtigkeit der Christen ab. Fabri will mit der im mamlukischen Machtzentrum angesiedelten Erzählung die eigene Auffassung festigen, im Besitz der alleinigen Glaubenswahrheit zu sein.

3.5   Beglaubigung durch vorgebliche Augenzeugenschaft

Im Gegensatz zu Bernhard von Breidenbach, in dessen Bericht infolge des Kreuzzugskonzepts laut Bernhard Jahn alles Fremde negativ besetzt ist,[468] wertet Fabri nicht alles

---

[465]   FABRI, Die Sionpilger, S. 269: *Vnd ist dich nichtz denn ain betrugnúß Daumitt si in irm vngelouben verhertett werdin.* Dessau, StB, Hs. Georg 238, fol. 192r: *Dz ist aber nichtz anderes denn dess túfels werck, da mit er die heÿden sterckt jn ir irrung vnd bös cristen schwecht jn iren glouben.* FABRI, Evagatorium III, S. 48: *fit enim in veritate et reatiter signum, quod corpora illa erigantur in sepulcris, sed operatione Satanae, ut deludantur Sarraceni, credentes divina virtute fieri, quod diabolus facit, et quod firmentur in sua infidelitate ad damnationem.* Letzteres wird zitiert in MEYERS, Merveilleux, S. 454f.

[466]   Dessau, StB, Hs. Georg 238, fol. 186v: *do gab man ir den namen babilonia oder chaÿr, den babilon ist hebraisch vnd betrùt as vil as ein laster vnd chaÿr ir arabesch vnd betrùt eben dz selb, also dz babilon vnd chaÿr ist eins jn der betudtung.* BERNHARD VON BREIDENBACH, Die heyligen reÿßen, fol. 151r: *vnd hatt vorzeyten geheyssen Menphis dar nach Babilonia vnnd ytz Chayr · welches wort vßgeleget als vil bedutet als babilonia · das ist vngeordenet oder vermischet [...].* DERS., Peregrinatio, fol. 128f. Vgl. zu Breidenbach JAHN, Raumkonzepte, S. 123.

[467]   FABRI, Evagatorium III, S. 104.

[468]   JAHN, Raumkonzepte, S. 128.

in Kairo Beobachtete ab. Zwar übt er an den Verhältnissen häufig Kritik und grenzt somit das Eigene vom Fremden ab, verbindet dies aber nicht immer mit abwertenden Beurteilungen.

Zugleich stellt er im *Evagatorium* trotz der vielen konstatierten Unterschiede den Aufenthalt in Kairo nicht als ein ausnehmend exotisches Erlebnis dar. Deutlich wird dies an Fabris Darstellung der Hühnerbrutöfen, in denen tausende Eier gleichzeitig ausgebrütet wurden. Die ungewöhnlichen Anlagen gehörten zu den unverzichtbaren Topoi einer Beschreibung Kairos und trugen wesentlich zum fremdartigen und exotischen Charakter der Stadt bei. Sie werden schon in den Reiseberichten des 14. Jahrhunderts und nur im Zusammenhang mit der Darstellung Kairos erwähnt, wenngleich sie laut Arnold von Harff nicht nur für Kairo oder Ägypten charakteristisch sind.[469]

Für Hans Tucher war eine Beschreibung der Brutöfen zu gewagt, als dass er sie seinen Lesern zumuten wollte. Im Druckmanuskript seiner Reisebeschreibung ist die ausführliche Erzählung über die *xij^m oder xv^m* zugleich ausgebrüteten Eier, die mit der Versicherung *[d]as hab ich gesehen* abschließt, noch enthalten.[470] Im gedruckten Text verzichtet der Nürnberger Patrizier aber darauf, näher auf die Brutöfen einzugehen. Zwar wäre *vill von zw schreiben*, doch wolle er es lieber vermeiden, da es zu *lugerlichen* klingt.[471] Offenbar schreckte Tucher im letzten Moment davor zurück, diese Erzählung in seinen für eine große Öffentlichkeit bestimmten Bericht aufzunehmen und hat die ausführliche Wiedergabe im Druckmanuskript gestrichen. Das Risiko, der Übertreibung oder Aufschneiderei bezichtigt zu werden, wollte er trotz der als Beglaubigungsmittel eingesetzten Wahrheitsbeteuerung der persönlichen Autopsie nicht eingehen. Angesichts des außerhalb aller üblichen „Realitätserfahrung und der vertrauten Meinungssysteme" liegenden Erlebnisses unterließ der Nürnberger Patrizier lieber eine Darstellung.[472]

Bernhard von Breidenbach berichtet dagegen ausführlich über die Hühnerbrutöfen, die er unter dem Datum des 16. Oktober aufführt.[473] Im Vergleich zu Tucher scheint der Mainzer Domdekan bei seiner Druckfassung keine Bedenken gehabt zu haben, dass

---

[469] ARNOLD VON HARFF, Die Pilgerfahrt, S. 92.

[470] TUCHER, Die ‚Reise ins Gelobte Land‘, S. 564f.

[471] TUCHER, Die ‚Reise ins Gelobte Land‘, S. 564. Vgl. auch ebd., S. 573: *Jtem wir erfuren auch zu Alkeyro jn der zeyt, als wir do lagen, vil vnd mangerley selczsamkeyt, das jn teutschen landen vngeleuplichen were zu horen, darumb ich das alles vermyden hab zuschreiben, auß vrsachen mich darzu bewegend.*

[472] KÄSTNER, Nilfahrt mit Pyramidenblick, S. 314; HERKENHOFF, Die Darstellung außereuropäischer Welten, S. 177. Im Tucher als Vorlage dienenden Bericht seines Reisegefährten Sebald Rieter ist hingegen die Beschreibung der Brutöfen in ungekürzter Form belassen. Vgl. RIETER, Das Reisebuch, S. 123.

[473] Ob Breidenbach bei der von ihm geschilderten Besichtigung selbst dabei war, ist ebenfalls nicht mit letzter Sicherheit zu klären. Seiner Aussage zufolge teilte sich die Gruppe auf. Einige besuchten ein Dampfbad, andere begaben sich in die Stadt, *abenthuer zů sehen* und wurden zu dem Haus mit den Brutöfen geführt. Vgl. BERNHARD VON BREIDENBACH, Die heyligen reyßen, fol. 153v; DERS., Peregrinatio, fol. 131r.

sich die Erzählung nachteilig auf seinen Leumund auswirken könnte. Dazu trug bei, dass die Brutanlagen von Wilhelm von Boldensele und darauf aufbauend von Ludolf von Sudheim bereits 150 Jahre zuvor beschrieben wurden und Ludolfs Darstellung zudem bereits im Druck vorlag.[474] Breidenbach konnte sich also auf die Augenzeugenschaft älterer Autoritäten berufen. Dennoch beteuert auch Breidenbach die Wahrhaftigkeit des Gesehenen, die in der Formulierung als Entgegnung auf die Aussage Tuchers gelesen werden kann: *vnd will wol diß ein lugerlich gestalt hatt ist eß doch ynn warheit also · wan die thyrlyn die durch sollich menschlich klůgheyt werden vß gebrůthet [...].*[475] Aus dem Zitat geht dabei hervor, dass Breidenbach eine andere Bewertung vornimmt. Aus seiner Perspektive ist es kein phantastisches und unerklärbares Phänomen, das den Pilgern in den Brutanlagen entgegentritt. Vielmehr sei es der menschlichen Weisheit zu verdanken, dass die sonst der Natur vorbehaltene Aufgabe durch die handwerkliche Kunst ersetzt ist.

Fabri schließt sich diesem rationalen Erklärungsmuster im *Evagatorium* an. Für die wundersame Ausbrütung tausender Hühnereier bedarf es nur des entsprechenden technischen Wissens.[476] Mit Verweis auf angesehene Gelehrte und antike Geschichtsschreiber führt er im *Evagatorium* gleich mehrere Methoden an, wie sowohl mit als auch ohne Hilfe des Menschen Eier ohne Zutun der Henne ausgebrütet werden können. Folglich erscheint ihm auch die bereits von Breidenbach gemachte Feststellung, die beinahe das Prinzip der Prägung vorwegnimmt,[477] nur logisch und selbstverständlich: Die durch den Menschen zur Welt gebrachten Tiere seien zahmer und folgten den Menschen wie die Küken ihrer Mutter.[478]

Während Tucher, gerade indem er nicht weiter auf die Hühnerbrutöfen eingeht, den Eindruck von einer fremden und andersartigen Stadt noch verstärkt, sprechen Breidenbach und Fabri im *Evagatorium* dem vermeintlichen Wunder das Unerklärliche und Phantastische ab und versuchen es stattdessen rational zu erklären. Die *Eigentliche beschreibung* und die *Sionpilger* enthalten diese gelehrte Unterweisung dagegen nicht. Hier verbleiben die Hühnerbrutöfen und das Verhalten der Küken, von dem Fabri ebenfalls ausdrücklich beteuert, dass er dies persönlich gesehen habe, in der Kategorie des

---

[474] WILHELM VON BOLDENSELE, Des Edelherren Reise, S. 249f.; LUDOLF VON SUDHEIM, De Itinere Terrae Sanctae liber, S. 51f.

[475] BERNHARD VON BREIDENBACH, Die heyligen reyßen, fol. 153v; DERS., Peregrinatio, fol. 131r.

[476] FABRI, Evagatorium III, S. 57f. Vgl. auch die Darstellung Francesco Surianos, der zufolge die Produktion an die wechselnde Nachfrage angepasst werden kann. SURIANO, Treatise, S. 192.

[477] BERNHARD VON BREIDENBACH, Die heyligen reyßen, fol. 153v: *lassen sich ee zemen vnd lauffen den menschen ee nach dan die andern disen yn der natur glich.* DERS., Peregrinatio, fol. 131r.

[478] Fabri bezieht sich auf Vinzenz von Beauvais, Albertus Magnus und Diodorus Siculus, wobei der für Diodor angegebene Stellenverweis den Feldzug des persischen Großkönigs Xerxes I. gegen Griechenland zum Inhalt hat. Vgl. FABRI, Evagatorium III, S. 58f.

Kuriosen und Andersartigen. Wie die Briefbeförderung durch Tauben rufen sie das Staunen Fabris hervor und werden in der deutschen Fassung als unglaublich erklärt.[479]

Allerdings ergeben sich aus dem Vergleich der Texte Fabris mit den Parallelberichten Widersprüche. Während Breidenbach den 14. Oktober als Besichtigungsdatum anführt, haben die Pilger nach Aussage von Paul Walther von Guglingen das Haus, in dem sich die Brutanlagen befanden, nur von außen gesehen. Der Zugang sei ihnen verwehrt geblieben, da der Hausherr nicht anwesend und die Anlagen überdies derzeit nicht in Betrieb gewesen seien.[480] Fabri bestätigt dies in der *Eigentlichen beschreibung*,[481] während er laut dem *Evagatorium* bei dem Stadtrundgang am 14. Oktober das Haus betreten haben will und hier detailliert sogar die innere Anordnung der Öfen beschreibt, auf denen die Eier zum Ausbrüten in die Streu gebettet werden.[482]

Der Textvergleich lässt den Schluss zu, dass Fabri die Funktionsweise der Brutanlagen wohl nicht selbst beobachtet hat. Ein Besuch des Hauses wurde wohl angestrebt, ließ sich aber nicht verwirklichen. Die Beschreibungen der Öfen bei Fabri und Breidenbach beruhen nicht auf der persönlichen Anschauung, sondern gehen auf Wilhelm von Boldensele und Ludolf von Sudheim zurück. Dennoch war der explizite Hinweis auf die eigene Anschauung offenbar notwendig, um den Lesern die phantastisch anmutende Erzählung von den Hühnerbrutöfen glaubhaft zu vermitteln.

Dieses Vorgehen zeigt sich auch an der Beschreibung des Besuchs der Pyramiden. Mit seiner Darstellung im *Evagatorium* und in der *Eigentlichen beschreibung* führt Fabri den Nachweis, dass es sich bei den Pyramiden nicht um die Kornspeicher Josephs handelt, die dem Alten Testament zufolge zur Vorratshaltung für die sieben mageren Jahre angelegt worden sein sollen (Gen. 41), sondern um die Grabmonumente der Pharaonen. Die persönliche Anschauung ist dabei das entscheidende Mittel, um die von namentlich nicht genannten Verfassern einiger Berichte vertretene Meinung von den Pyramiden als Kornspeicher zu korrigieren. Die Pilger seien diesem Irrtum verfallen, da sie die Pyramiden meist nur aus der Ferne gesehen hätten.[483] Fabri spielt hiermit offenbar auf Hans Tucher an, der die *tryd kesten Pharaonis* von einer entfernten Anhöhe betrachtet und sie als Kornspeicher interpretiert.[484]

---

[479] Dessau, StB, Hs. Georg 238, fol. 188r; FABRI, Die Sionpilger, S. 267. Auf die Brieftauben geht Fabri nur im *Evagatorium* und in den *Sionpilgern* ausführlich ein. Sowohl in der lateinischen Version als auch in diesem Fall in seinem geistigen Pilgerführer wird es nicht als phantastisches Phänomen gedeutet, sondern als Ausnutzung des erkannten Prinzips, dass die Tauben immer wieder zu dem Ort ihrer Fütterung zurückkehren. Vgl. DERS., Evagatorium III, S. 59-61; DERS., Die Sionpilger, S. 269.

[480] PAUL WALTHER VON GUGLINGEN, Itinerarium in Terram Sanctam, S. 232.

[481] Dessau, StB, Hs. Georg 238, fol. 188r.

[482] FABRI, Evagatorium III, S. 57f. Auf den Widerspruch machte bereits der Herausgeber des Berichts von Paul Walther, Mathias Sollweck, aufmerksam. Vgl. PAUL WALTHER VON GUGLINGEN, Itinerarium in Terram Sanctam, S. 232f.

[483] FABRI, Evagatorium III, S. 43.

[484] TUCHER, Die ‚Reise ins Gelobte Land', S. 562.

Dabei ist die Pilgergruppe um Fabri während ihres Aufenthaltes 1483 höchstwahr-
scheinlich ebenfalls nicht bis nach Gizeh gekommen. Sowohl Paul Walther von Guglingen, der die Pyramiden für die Kornspeicher Josephs hält, als auch Bernhard von
Breidenbach geben an, die jenseits des Nils gelegenen Monumente nur von Weitem
betrachtet zu haben.[485] In der *Eigentlichen beschreibung* heißt es hingegen, etliche Pilger seien bis zu den *vffgemurter stöck* geritten, um sie aus der Nähe zu sehen.[486] Obwohl die Exkursion in das einige Kilometer südlich und auf der anderen Seite des Flusses gelegene Gizeh kaum in dem zur Verfügung stehenden zeitlichen Rahmen verwirklicht werden konnte,[487] ist sie für Fabris Beweisführung unumgänglich. Nur so kann er
bei seinen Lesern die nötige Glaubwürdigkeit erzielen, um die offensichtlich auch in der
eigenen Reisegesellschaft kursierende Interpretation von den Kornspeichern zu widerlegen.

Der Verweis auf die *alt hÿstorici*, die die Funktion der Pyramiden als Grab- bzw.
Denkmäler bereits aufwerfen, ist nur in den *Sionpilgern* als alleiniger Nachweis ausreichend.[488] In *Evagatorium* und *Eigentlicher beschreibung* dient der Verweis auf antike
Autoritäten wie Plinius nur der zusätzlichen Absicherung.[489] Erst die persönliche Überprüfung vor Ort bringt die Gewissheit, dass es sich tatsächlich um antike Bauwerke
handele, die ob ihrer gewaltigen Größe zwar Staunen hervorrufen, aber keine verehrungswürdigen heiligen Stätten seien. Bei der Beschreibung, die Fabri von den Pyramiden schließlich gibt, handelt es sich jedoch weitgehend um eine Kompilation aus Reiseberichten des 14. Jahrhunderts. Wohl als erster Verfasser eines Pilgerberichts zieht
Wilhelm von Boldensele die traditionelle Überlieferung in Zweifel.[490] Ihm nachfolgend
gelangen Ludolf von Sudheim, Bernhard von Breidenbach – allerdings nur in seiner
lateinischen Ausgabe –, und schließlich Fabri ebenfalls zu dieser Ansicht.[491]

---

485   PAUL WALTHER VON GUGLINGEN, Itinerarium in Terram Sanctam, S. 234; BERNHARD VON BREI-
       DENBACH, Die heyligen reyßen, fol. 152v; DERS., Peregrinatio, fol. 130r.
486   Dessau, StB, Hs. Georg 238, fol. 191v. Zur Beschreibung der Gestalt der Pyramiden siehe ESCH,
       Antiken-Wahrnehmung, S. 125f.
487   Vgl. PAUL WALTHER VON GUGLINGEN, Itinerarium in Terram Sanctam, S. 234f. Anm. 8. Siehe
       hierzu auch GRAEFE, A propos der Pyramidenbeschreibung, S. 17.
488   FABRI, Die Sionpilger, S. 267.
489   In der deutschen Fassung verweist Fabri nur pauschal auf Plinius und Solinus, während er im
       Evagatorium ausführlich die angeblich von Plinius angeführten Gründe für die Erbauuung der Py-
       ramiden zitiert. Allerdings zeigt der Vergleich mit der angegebenen Stelle der *Naturalis historiae*,
       dass Fabri das Werk allenfalls indirekt nutzte. Plinius bezeichnet die Pyramiden als Resultat der
       großen Eitelkeit und des Reichtums der Pharaonen, gibt aber in erster Linie die Maße der Bau-
       werke an. Eine systematische Auflistung der Gründe ihrer Entstehung findet sich in dessen Werk
       nicht, sondern nur allgemeine Spekulationen. Vgl. FABRI, Evagatorium III, S. 44; Dessau, StB,
       Hs. Georg 238, fol. 191v; PLINIUS, Naturalis historiae 36, § 78-82.
490   Vgl. WILHELM VON BOLDENSELE, Des Edelherren Reise, S. 252. Siehe hierzu GRAEFE, A propos
       der Pyramidenbeschreibung, S. 15f.; GRABOIS, La description de l'Égypte, S. 534 und 541.
491   Breidenbach ist, wenn man den besonderen Fall von Joos van Ghistele nicht berücksichtigt, der
       erste Pilger, der die Pyramiden ausdrücklich als Grabmäler der ägyptischen Könige Pyramiden

Entscheidend für den Beweis der Autopsie sind die schon von Wilhelm von Boldensele wiedergegebenen lateinischen Verse einer in die Außenmauer geritzten Inschrift,[492] von der erst Ludolf von Sudheim[493] und im 15. Jahrhundert sowohl Jean und Anselme Adorno[494] als auch Fabri im *Evagatorium*[495] angeben, sie selbst entdeckt zu haben. Die Erwähnung der Inschrift als Zeugnis der persönlichen Anwesenheit ist für Fabri entscheidend, um wiederum in Anlehnung an Wilhelm von Boldensele die Existenz einer kleinen Öffnung, die in das Innere des Bauwerks führt, überzeugend nachzuweisen. Indem er die Inschrift genau zitiert, erhöht für den Leser die Glaubwürdigkeit der Darstellung, die Pyramiden gewissenhaft in Augenschein genommen zu haben und dabei auch einen Eingang ins Innere gefunden zu haben. Durch diesen Eingang könne aber zweifelsfrei dargelegt werden, dass die Pyramiden über keinen Hohlraum verfügten, der

---

bezeichnet. GRAEFE, A propos der Pyramidenbeschreibung, S. 16, weist darauf hin, dass Wilhelm nur von *monumenta* spricht, was in erster Bedeutung mit Denkmal übersetzt werden müsste. Erst Bernhard von Breidenbach bezeichnet sie in der Legende zu den Pyramiden auf dem Holzstich der Palästinaansicht ausdrücklich als Grabmäler. Joos van Ghistele bezeichnet die Pyamiden unter Bezug auf Diodor als Grabmäler, fügt aber an anderer Stelle wiederum mit Verweis auf Diodor hinzu, dass sie letztlich nur als solche geplant waren, aber nicht dafür genutzt wurden, da die Erbauer – allesamt große Tyrannen – nach ihrem Tod von der geknechteten Bevölkerung verstümmelt und niemals begraben wurden. Da der Reisebericht aber von Zeebout verfasst wurde, der zumindest die Berichte von Ludolf von Sudheim, Jean und Anselme Adorno und Bernhard von Breidenbach kannte, ist nicht zu entscheiden, ob die Passagen direkt auf Ghistele zurückgehen. Vgl. LUDOLF VON SUDHEIM, De Itinere Terrae Sanctae liber, S. 55; BERNHARD VON BREIDENBACH, Peregrinatio, fol. 130r.; ZEEBOUT, Tvoyage, S. 201; DIODORUS SICULUS, History I, § 64 und 72.

[492] WILHELM VON BOLDENSELE, Des Edelherren Reise, S. 250-252: *in quibus inveni scripturas diversorum idiomatum. In uno inveni hos versus Latinos in petris insculptos: Vidi pyramidas sine te, dulcissime frater, | Et tibi, quod potui, lacrimas hic moesta profudi, | Et nostri memorem luctus hanc sculpo querelam. | Sit nomen Decimi Cetianni pyramide alta | Pontificis comitisque tuis, Trajane, triumphis | Lustra sex intra censoris consulis esse. | Horum versuum obscura expositio aliquantulum me tenebat.* Zur Inschrift bei Wilhelm mit einer Übersetzung der keinen Sinn ergebenden Passage sowie der Hinweise auf die Übernahme von Ludolf und Fabri siehe GRAEFE, A propos der Pyramidenbeschreibung, S. 15-17; KÄSTNER, Nilfahrt mit Pyramidenblick, S. 311.

[493] Um eine höhere Glaubwürdigkeit zu erzielen, wandelt Ludolf die verschiedenen fremdsprachigen Inschriften Wilhelms in angeblich griechische, hebräische und chaldäische Zeichen ab. Vgl. LUDOLF VON SUDHEIM, De Itinere Terrae Sanctae liber, S. 55.

[494] Vgl. ADORNO, Itinéraire, S. 190.

[495] FABRI, Evagatorium III, S. 43: *In his invenimus diversas litteras et scripturas nobis ignotas, in uno tamen latere hos subscriptos invenimus versus, insculptos latinis litteris et scriptura: Vidi pyramides sine te, dulcissime frateR. | Et tibi, quod potui, lacrimas hic moesta profudi I. | Et nostri memoriam luctus hanc sculpo querelam M. | Sit nomen decimi centanni pyramis alta A. | Pontificis comitisque tuis tyranne triumphis S. | Lustra sex inter censoris consulis esse S. | Horum versuum expositionem et intellectum nescio, si habeam audire ad exercitato versificatore, cupio sententiam.* Das in seiner Bedeutung unklare Akrostichon (*R.I.M.A.S.S.*), das nicht in den Editionen von Boldensele und Sudheim enthalten ist, könnte Fabri dennoch von der benutzten Vorlage übernommen haben. Vgl. FEILKE, Felix Fabris Evagatorium, S. 89.

groß genug sei, um das unter Joseph gesammelte Getreide aufzunehmen.[496] Erst durch diese Argumentationsfolge ist für den Dominikaner der Gegenbeweis erbracht, dass es sich bei den Pyramiden um Grabmäler der Pharaonen handelt. Die Deutung als Kornspeicher kann demnach, wie er in der *Eigentlichen beschreibung* abfällig bemerkt, als Ergebnis der Unkenntnis von *leÿen* abgetan werden.[497]

Das Vorgehen Fabris verdeutlicht den bedeutenden Rang, den die Augenzeugenschaft vor allem im *Evagatorium*, aber auch in der *Eigentlichen beschreibung* einnimmt, um das fremde und neue Wissen glaubhaft zu vermitteln und abzusichern. Die empirische Erfahrung ergänzt und bestätigt nicht die überkommene Tradition in Form der Gelehrtenmeinung oder anderer Pilgerberichte; eher umgekehrt zieht Fabri die Berufung auf Autoritäten heran, um die eigene Anschauung zu bestätigen und abzusichern.[498] Er setzt die geltend gemachten Erfahrungen sogar ein, um althergebrachte Ansichten und seiner Ansicht nach irreführendes Wissen über das Fremde zu korrigieren. Der Widerspruch wird weder überspielt noch unkommentiert nebeneinandergestellt, sondern offen thematisiert. Dabei kann er sowohl im Fall der Brutöfen als auch im Fall der Pyramiden an die Aussagen anderer Pilger wie Wilhelm von Boldensele und Bernhard von Breidenbach anknüpfen, die die Tradition bereits in Frage gestellt haben. Doch geht Fabri in beiden Fällen zur Untermauerung seines Standpunktes soweit, sich auf eine z.T. durch Wahrheitsbeteuerungen flankierte persönliche Autopsie zu berufen, die sich laut den Parallelberichten vermutlich aber nie in dieser Form zugetragen hat.

Dass die Interpretation der Pyramiden als von Joseph erbaute Vorratsgebäude trotz der vehementen Überzeugungsarbeit Fabris nicht zum Erliegen kommt und noch lange weitertradiert wird, zeigt u.a. der Bericht von Arnold von Harff, der sich lange Zeit bei den Pyramiden aufgehalten haben und sogar bis zur Spitze der Höchsten geklettert sein will. Da er trotz intensivem Suchen keinen Eingang ins Innere gefunden habe, müsse er offen lassen, ob es nun Kornspeicher oder Grabmäler sind.[499]

---

[496] FABRI, Evagatorium III, S. 43. Er könnte sich hiermit gegen den Reisebericht des Jean de Mandeville gewandt haben, in dem die Existenz von Eingängen gerade als Beweis dafür gesehen wird, dass es sich nicht um Gräber handelt. Vgl. GRAEFE, A propos der Pyramidenbeschreibung, S. 18. In der *Eigentlichen beschreibung* argumentiert er dagegen, dass es sich nicht um Kornspeicher handeln könne, da die Pyramiden nicht hohl seien, so dass man dort nichts lagern könne. Vielmehr seien es *gantz stöck von vff gefiert von quadersteinen*. Vgl. Dessau, StB, Hs. Georg 238, fol. 191r-v

[497] Dessau, StB, Hs. Georg 238, fol. 191r.

[498] Vgl. zu den Modi im Umgang mit alten und neuen Erfahrungen KELLERMANN, Zwischen Gelehrsamkeit und Information, S. 131f.

[499] ARNOLD VON HARFF, Die Pilgerfahrt, S. 109.

4. Strategien der Fremddarstellung bei Felix Fabri

Die Analyse der Stadtbeschreibungen in den Berichten Felix Fabris und anderer Wallfahrer verdeutlicht, wie detailliert sich die Verfasser in ihren Berichten mit den fremden Umgebungen auseinandersetzten. Sowohl Venedig und Jerusalem als auch Kairo werden ausführlich beschrieben. Dabei handelt es sich besonders im Fall des Ulmer Dominikanermönchs nicht um eine bloße Bestandsaufnahme und schlichte Wiedergabe des Erlebten. Er beschrieb nicht einfach die Erlebnisse der Reise, sondern glich sie mit seinem Vorwissen und den aus verschiedenen Quellen gewonnenen Informationen ab. Dabei fließen vielfach Fabris eigene Ansichten mit ein, in denen in Teilen auch die Norm- und Wertvorstellungen seiner Ausgangskultur sichtbar werden.

4.1 Städtelob und Bewegungsfreiheit als beeinflussende Faktoren

Fabri geht bei seinen Stadtbeschreibungen einerseits chronologisch vor. Er schildert, welche Orte er an den einzelnen Tagen während des Aufenthaltes besucht hat, welche Besonderheiten ihm aufgefallen sind und was sich zu dieser Zeit in der Stadt oder im Zusammenhang seiner Reise zugetragen hat. Andererseits bietet er immer wieder Exkurse, die keiner chronologischen Ordnung folgen. Alle drei Städte versucht er systematisch zu beschreiben, indem er sich an die im Städtelob ausgeformten Kategorien anlehnt. Am stringentesten durchgehalten ist die thematisch geordnete Darstellung Venedigs im *Evagatorium*. Sie nimmt beinahe schon die apodemischen Reiseberichte des späten 16. und 17. Jahrhunderts vorweg, in denen für lehrreich erachtete Informationen anhand eines vorgegebenen Beschreibungsschemas wiedergegeben wurden und in denen persönliche Erlebnisse nur eine untergeordnete Rolle spielen.[500] In den 13 thematischen Abschnitten wird alles Wissenswerte über die Stadt von ihren Ursprüngen bis zum zeitgenössischen Erscheinungsbild abgehandelt.

Im Falle Jerusalems und Kairos ist ihm eine gleichwertige systematische Abhandlung nicht gelungen. Obwohl er bei beiden Städten ebenfalls umfassende Exkurse bietet und darin jeweils ankündigt, eine vollständige Beschreibung zu liefern, kommt er über Ansätze nicht hinaus. In Jerusalem und Kairo waren die Pilger weitaus stärker in ihrer Bewegungsfreiheit eingeengt als in Venedig. Zwar standen den Pilgern auch in Venedig Führer zur Seite, die ihnen ein bestimmtes Bild der Stadt vermittelten. Dennoch waren sie in ihren Entscheidungen und Möglichkeiten freier als in Jerusalem und Kairo. Die Kürze des Aufenthaltes und die Abhängigkeit von Franziskanern und Mamluken ließen eine eigenständige Erkundung kaum zu. Es war daher ungleich schwieriger, sich von

---

[500] Zur Ars Apodemica vgl. einführend STAGL, Ars Apodemica; DERS., Die Methodisierung des Reisens.

Jerusalem und Kairo einen tiefgründigen Eindruck vor allem der zeitgenössischen Stadt zu verschaffen.

Eine umfassende Darstellung Jerusalems und Kairos wurde darüber hinaus durch die Lesererwartung an einen Pilgerbericht erschwert. Im Fall Jerusalems führte die Bedeutung des für das Christentum zentralen Gedächtnisortes unweigerlich dazu, dass der Schwerpunkt auf die heiligen Stätten und besonders auf die Grabeskirche gelegt wurde. Der Verfasser wollte durch seine Beschreibung der heiligen Stätten und der erworbenen Ablässe den Erfolg seiner Reise dokumentieren. Der Leser erwartete eine Bestätigung der Heilsgeschichte. Erst über die Erfüllung dieser beiden Vorgaben hinaus konnte Fabri eine Darstellung des profanen Jerusalems angehen. Dabei standen ihm im Vergleich zu Venedig allerdings kaum Quellen zur Verfügung, die eine differenzierte Stadtbeschreibung gefördert hätten. Mit der Weltchronik des Jacobus Philippus de Bergamo oder der, wenngleich erst später eingearbeiteten, Geschichte Venedigs von Marcantonio Sabellico konnte er bei seiner Darstellung Venedigs auf Werke zurückgreifen, die spezielle und auch aktuelle Informationen boten. Für Jerusalem war eine gleichwertige Ausgangslage lediglich für die Episode der Kreuzfahrerstaaten gegeben. Nur für diese Zeit standen ihm ähnlich umfangreiche Angaben zur Geschichte, zu den politischen Strukturen oder zu Einzelpersonen des Königreichs Jerusalem zur Verfügung. Für Kairo fehlte selbst eine solche Informationsquelle. Im Vergleich zu Venedig und Jerusalem war er hier am stärksten von den Beschreibungen anderer Berichten abhängig und verstärkt auf die eigene Beobachtung sowie mündliche Quellen angewiesen. Eine Darstellung Jerusalems und Kairos nach dem Vorbild Venedigs war dem Dominikaner somit nicht möglich.

4.2   Strategien der Vermittlung: Zahl und Vergleich

Zur Veranschaulichung wandten Fabri und die übrigen Verfasser in ihren Berichten vor allem zwei Mittel an. Als eine Methode zur Vermittlung des über die Stadt gewonnenen Wissens werden Zahlen angegeben, die dem Leserkreis entweder die Größendimension, Mengenangaben oder Entfernungen zwischen Orten innerhalb der Stadt anzeigen sollen. Fabri führt z.B. die Zahl der Pfarreien und Inseln Venedigs an, nennt die Zahl von Soldaten, die mit den im Arsenal gelagerten Waffen ausgerüstet werden können, beziffert den Umfang Jerusalems in Stadien und hält dort bisweilen den Abstand zwischen einzelnen heiligen Stätten fest. Besonders häufig greift er – aber auch die übrigen Verfasser – für die Darstellung Kairos auf Zahlen zurück. Wiederholt soll damit die gewaltige Ausdehnung der Stadt und die Masse der dort lebenden Menschen belegt werden. Dem Leser wird mit den extrem hohen Zahlen suggeriert, dass die Nilmetropole in ihrer Größe alles in der Heimat Bekannte in den Schatten stellte.

Obwohl diese Angaben in den meisten Fällen nicht die real erlebte Wirklichkeit wiederspiegeln und dies den Verfassern auch bewusst gewesen sein dürfte, werden die

Zahlen gerade zu dem Zweck eingesetzt, ebendiese Wirklichkeit zu vermitteln. Die in Kairo durchgeführte Untersuchung zur Ermittlung der Größe der Stadt erhebt den Anspruch, die Länge und Breite präzis vermessen zu haben. Die Zahlen für sich genommen täuschen eine Exaktheit vor, die vom Leser nicht hinterfragt werden kann und deren Wahrheitsgehalt nicht anzuzweifeln ist. Erst der Vergleich der unterschiedlichen Angaben von Fabri und Paul Walther von Guglingen macht deutlich, dass die vorgebliche Wirklichkeit nur eine scheinbare ist. Dem zeitgenössischen Leser aber stand diese Vergleichsmöglichkeit kaum zur Verfügung. Allein reichen die Zahlenangaben nicht aus, das Gesehene anschaulich zu vermitteln. Kaum einer der Leser Fabris oder Breidenbachs dürfte durch die Information, dass Venedig über 72 Pfarreien verfügt, eine Vorstellung von der Einwohnerzahl gewonnen haben. Noch weniger wird er sich eine Vorstellung davon gemacht haben können, was sich hinter der Zahl von 2.400.000 Pestopfern in Kairo verbirgt. Sie sind für den Leser letztlich nur eine abstrakte Größe.

Daher greifen die Verfasser mit dem Vergleich auf ein zweites Mittel zur Darstellung der fremden Wirklichkeit zurück. Im Gegensatz zu der Verwendung von Zahlen eignet sich der Vergleich wesentlich besser, um dem Leser das in der Fremde Erfahrene zu vermitteln. Der Bezug auf das Eigene zur Beschreibung des Fremden ist für den Leser viel anschaulicher und leichter nachzuvollziehen. Durch den Vergleich, bei dem zwischen dem Größenvergleich, dem Wie-Vergleich und dem Parallelisieren unterschieden werden kann,[501] wird das Gesehene in den Rahmen des Bekannten und Vertrauten eingeordnet.[502] Um den geographischen Umfang oder die Bevölkerungszahl der fremden Städte zu beschreiben, bietet sich vor allem der sowohl von Fabri als auch anderen Verfassern häufig angewendete Größenvergleich an. Lediglich für Venedig trifft dies nicht zu. Angesichts der topographischen Lage war die Größe der Stadt nur schwer abzuschätzen. Für Jerusalem und Kairo hingegen werden gleich mehrere Vergleiche sowohl für die gesamte Stadt als auch einzelne Teilbereiche herangezogen. Dabei muss die Größe der verglichenen Objekte nicht miteinander übereinstimmen. Es handelt sich um eine vorgeblich subjektive Auffassung, die in den meisten Fällen allenfalls einen ungefähren Annäherungswert bietet. Vielmehr erhält man, wie Arnold Esch aufgezeigt hat, Aufschluss über das individuelle Beobachtungsmuster und Bezugssystem des Verfassers. Indem der Verfasser das Fremde mit ihm bekannten und vertrauten Dingen gleichsetzt, legt er gewollt oder ungewollt seine eigenen Denkmuster frei.[503]

Fabris Bezugspunkte sind u.a. Ulm, Augsburg oder Nürnberg, die ihm als Wohnort und von seinen Reisen her gut bekannt waren. Er konnte davon ausgehen, dass diese Städte auch den Lesern seines Berichts geläufig waren. Indem er die Funktion der Kameltreiber mit der Funktion der Bootsführer in Venedig in Beziehung setzt, gibt Fabri ein Beispiel dafür, wie er vereinzelt auch neugewonnenes Wissen seiner Wallfahrt

---

[501] DEEG, Das Eigene und das Andere, S. 184f. Siehe grundsätzlich auch HARTOG, The Mirror of Herodotus, S. 225-230.

[502] LANDWEHR, Die Stadt auf dem Papier durchwandern, S. 60.

[503] ESCH, Anschauung und Begriff, S. 283 und 287.

gleich wieder operationalisiert, um die Erfahrung des Fremden anschaulich zu machen, aber auch seine Welterfahrenheit zu demonstrieren. Hierbei bezieht er Merkmale zweier Städte aufeinander, die beide dem Leser nicht durch eigene Anschauung bekannt gewesen sein dürften. Dabei hat Fabri in seiner Venedigbeschreibung nicht explizit auf die besondere Aufgabe der Bootsführer hingewiesen. In diesem Wie-Vergleich stellt er demnach zwei jeweils als charakteristisch hervorgehobene Besonderheiten der Städte gegenüber, die aber durch seine Reise im Prinzip nur ihm selbst geläufig waren.

Neben diesen beiden Methoden zur Veranschaulichung des Fremden findet sich im *Evagatorium* auch der Fall einer Kombination von Zahlenangabe und Vergleich. Er bezieht die Größe gleich mehrerer Städte aufeinander und kann so das Größenverhältnis zwischen seiner Heimatstadt, Jerusalem und Kairo auch in scheinbar exakten Zahlen wiedergeben. Dem Leser soll der Eindruck vermittelt werden, dass der Pilger trotz der fremden Umgebung und trotz aller Schwierigkeiten in der Lage ist, genaue Daten zu ermitteln. Fabri stilisiert sich als Vermittler, der vorgibt, seine in der Fremde gewonnenen Erkenntnisse unverfälscht an den Leser weiter zu geben.

4.3   Strategien der Beglaubigung: Autoritätsbezug und Augenzeugenschaft

Die durch Zahlen und Vergleich angestrebte Genauigkeit der Beschreibung des Fremden und Anderen ist dabei zugleich eine Strategie, das auf der Reise erworbene Wissen zu belegen. Eine präzise Beschreibung des Erlebten erhöht die Glaubwürdigkeit des Berichts. Sie dient dem Zweck, den Verfasser nicht in den Verdacht der Unwahrheit und Übertreibung geraten zu lassen. Bis in die Antike reicht die Tradition zurück, Reiseberichten mit Misstrauen zu begegnen.[504] Fabri deutet an, dass er den Topos vom Reisenden als Lügner kennt, wenn er zu Beginn seiner Kairodarstellung im *Evagatorium* die Befürchtung äußert, aufgrund der unglaublichen Erlebnisse in der Stadt am Nil bei den heimischen Lesern nur Spott und Hohn zu ernten.

Darüber hinaus kommen noch weitere Beglaubigungsmittel zur Anwendung.[505] Fabri stützt seine Beschreibungen häufig durch den Verweis auf schriftliche Quellen. Um den Nachweis zu erbringen, dass zum Ausbrüten von Hühnereiern keine Henne erforderlich sei, führt er gleich mehrere antike und mittelalterliche Gelehrte an, die die Richtigkeit seiner Argumentation belegen sollen. Durch die zahlreichen Verweise auf die genutzten schriftlichen Quellen demonstriert Fabri seine Gelehrsamkeit. Er sichert sein Wissen ab und kann so die in seinen Augen naiven und abergläubischen Vorstellungen mancher Pilger widerlegen. Die Vorstellungen, dass es sich bei den an einer bestimmten Stelle der Grabeskirche zu hörenden Geräuschen um die Schreie der Seelen im Fegefeuer oder beim Felsendom um den biblischen Tempel handele, bieten ihm die Gelegenheit, gegen die unkundigen Laien zu polemisieren.

---

[504]   Vgl. BRENNER, Die Erfahrung der Fremde, S. 14; STEWART, Die Reisebeschreibung, S. 22f.
[505]   Vgl. hierzu KÄSTNER/SCHÜTZ, Beglaubigte Information, bes. S. 465f.

Wenn das in der Fremde erworbene Wissen nur auf mündlichen Quellen beruht, die sich durch schriftliche Vorlagen nicht verifizieren lassen, geht Fabri unterschiedlich vor. Während er sich gegenüber den Aussagen der Franziskaner in Jerusalem zuweilen distanziert und eine gegensätzliche Position entwickelt, beruft er sich in Kairo ohne weiteres auf die ‚ungläubigen‘ Mamluken, die als als Angehörige der herrschenden Oberschicht aus seiner Sicht über kaum hinterfragbare Landeskenntnisse verfügen.

In der Regel setzt sich Fabri aber kritisch mit den schriftlichen und mündlichen Quellen auseinander. Entprechen sie seiner Meinung oder stützen sie die Intention, die er verfolgt, nutzt er sie für seine Darstellung. Wie bei der Beschreibung der Grabeskirche in Jerusalem nennt er in den meisten Fällen seine Quelle und lobt Hans Tucher für dessen Genauigkeit, die er durch eigene Überprüfung bestätigt findet. Dabei ist die Beschreibung des Heiligen Grabes durch Tucher eines der wenigen Beispiele, wo Fabri die Vorlage in vollem Umfang übernimmt. Er lehnt sich häufig an die Darstellungs- und Deutungsmuster seiner Quellen an, baut aber häufig übernommene Passagen inhaltlich weiter aus. So finden sich die Vergleiche der Bezirke Kairos mit den Stadtvierteln Venedigs und der Zahl der Moscheen in der Stadt am Nil mit den Kirchen Roms oder auch die Erzählung über die Pestwelle in Kairo ansatzweise bereits in anderen Berichten. Fabri erweitert und ergänzt diese Bilder und verleiht ihnen erst dadurch eine plastische Anschaulichkeit, die dem Leser die Größendimension der Städte vor Augen führt.

Nur wenn die eigene Beobachtung keinen eindeutigen Schluss zulässt und die Aussagen in den Quellen unterschiedlich und nicht miteinander in Einklang zu bringen sind, verzichtet er auf eine Stellungnahme und äußert sich in distanzierender Form. Ähnlich den übrigen Pilgerberichten wählt er Formulierungen wie *dicunt* und *dz seit man* oder stellt die verschiedenen Ansichten lediglich gegenüber, um es dem Leser zu überlassen, sich eine Meinung zu bilden.[506]

Widerspricht hingegen die schriftliche oder mündliche Vorgabe seiner Ansicht, setzt sich Fabri in aller Deutlichkeit ab. Die eigens erlebte Position des Siloahteiches in Jerusalem erlaubt ihm, die Annahme eines ungenannten Pilgerberichts zu widerlegen, dass König David dort Bathseba beim Baden beobachtet habe. Das im *Evagatorium* akzentuierte Unverständnis, wie man zu einer solch abwegigen Ansicht gelangen kann, ist dabei in der *Eigentlichen beschreibung* durch die Möglichkeit eines Sommersitzes etwas zurückgenommen. Nicht nur an diesem Beispiel wird deutlich, dass er dem, was er selbst empirisch überprüft hat, einen höheren Stellenwert beimisst als seinen schriftlichen und mündlichen Quellen. In der Augenzeugenschaft durch die eigene Beobachtung liegt für Fabri die wesentliche Strategie, um das Fremde dem Leser glaubhaft darzustellen.[507]

---

[506] Dabei macht er sich die Zurückhaltung vieler antiker und mittelalterlicher Verfasser zu Eigen, hinter ihrem Werk zurückzustehen und sich einer persönlichen Wertung zu enthalten. DASTON/PARKS, Wunder und die Ordnung der Natur, S. 71.

[507] Zur Autopsie am Beispiel von Reisebeschreibungen des 18. Jahrhunderts siehe STEWART, Die Reisebeschreibung, bes. S. 31-33.

Besonders bei den heiligen Stätten beruft er sich auf das „Prinzip der Autopsie".[508] Durch sein zuweilen eigenmächtiges Vorgehen gelingt ihm u.a. der Nachweis, dass die Franziskaner im Irrtum sind, wenn sie eine Mauer als Überrest des Geburtshauses des Propheten Elias bezeichnen. Indem er auf seine Untersuchungen vor Ort rekurriert, entwickelt er eine eigenständige und unabhängige Position, die es ihm ermöglicht, seiner Deutung der biblischen Ereignisse gegenüber anderen Interpreten der Bibel den Vorzug zu geben. Er schreckt infolgedessen auch nicht davor zurück, einen so bedeutenden Kirchenvater wie Hieronymus zu korrigieren, dem durch seinen langjährigen Aufenthalt im Heiligen Land immerhin eine große Autorität zukam. Allein die Aussagen der Bibel selbst sind für Fabri absolut und universell gültig. Die heilige Schrift als kanonischer Text stellt für den Dominikaner die höchste Wahrheit und oberste Instanz dar, die unantastbar und in jeder Hinsicht verbindlich ist. Die eigene Erfahrung dient nicht der Korrektur der Schrift, sondern der Bestätigung.[509]

Fabri nutzt nicht allein das Sehen, sondern das gesamte Spektrum der sinnlichen Wahrnehmung, um seiner Darstellung Glaubwürdigkeit zu verleihen. Was er ertastet, geschmeckt oder wie im Fall der Geburts- und Grabeskirche sogar gerochen haben will, hat mehr Gewicht als die Angaben in den Quellen. Dieses Vorgehen muss kein Hinweis auf ein sich wandelndes und neuzeitliches Verständnis sein, dass sich als Folge der Lektüre humanistischer Schriften oder der Abkehr von der ‚mittelalterlichen' Textgläubigkeit ergeben hätte. Gemäß Karina Kellermann kann kaum trennscharf zwischen einem mittelalterlichen Weltbild, das auf Analogieverfahren, dem *ordo*-Gedanken und dogmatischen Normvorstellungen aufbaut, und einem durch kausale Logik, allgemeiner Wissensdistribution und radikalem Pragmatismus basierenden neuzeitlichen Weltbild unterschieden werden. Für Quellen aus dem 14. bis in das 17. Jahrhundert gilt vielmehr die Formel von der „Gleichzeitigkeit des Ungleichzeitigen".[510] In Fabris Texten hat die sinnliche Erfahrung je nach Kontext die Aufgabe, sowohl andere Deutungsmuster zu widerlegen als auch die Autoritäten zu bestätigen.

Darüber hinaus wird, wie Lorraine Daston und Katherine Parks festhalten, in Reiseberichten generell die persönliche Autopsie betont, um die Erzählung für den Leser plausibel zu machen.[511] Die Voraussetzung, die Glaubwürdigkeit der Erzählung zu gewährleisten, liegt in der moralischen Integrität des Verfassers,[512] die Fabri vor allem durch seine wiederholte Abgrenzung von einzelnen Mitgliedern seiner Reisegesellschaft unterstreicht, die den strengen Kriterien des frommen und demütigen Jerusalempilgers nicht gerecht werden. Wie stark er diese Integrität in die Waagschale wirft, zeigt sich dadurch, dass er z.B. bei der Beschreibung des Besuchs bei den Pyramiden die

---

[508] BRENNER, Vom Augenschein zur Wissenschaft, S. 199.

[509] NIEHR, Wahrnehmung und Darstellung des Fremden, S. 280.

[510] KELLERMANN, Zwischen Gelehrsamkeit und Information, S. 124f.

[511] Vgl. DASTON/PARKS, Wunder und die Ordnung der Natur, S. 72f.

[512] Vgl. BRENNER, Vom Augenschein zur Wissenschaft, S. 215; MÜLLER, *erfarung* zwischen Heilssorge, S. 324f.

Augenzeugenschaft zur Bekräftigung seiner Argumentation heranzieht, obwohl sich dies nach dem Befund in den Parallelberichten kaum in dieser Form ereignet haben dürfte.[513] Auf diese Weise versucht er die Ansicht zu erhärten, dass es sich bei den antiken Monumenten nicht um die Kornspeicher Josephs, sondern um die Grabmäler der Pharaonen handelt.

In seinem Bestreben, die Informationen durch empirische Beobachtungen zu überprüfen, muss Fabri immer dem möglichen Vorwurf entgegenwirken, dass ihm seine eigenwilligen Nachforschungen nicht als Neugier ausgelegt werden. Dabei bemüht er sich, kritische Deutungen seines Interesses gar nicht erst aufkommen zu lassen.[514] Er sichert sich daher einerseits durch den Verweis auf Vorbilder wie die Gottesmutter Maria ab, auf deren Spuren er zu den heiligen Stätten wandert. Andererseits ist wiederum die Distanzierung von dem unangemessenen Verhalten anderer Wallfahrer das entsprechende Mittel, um für sich selbst ein vorbildliches Verhalten zu reklamieren.

4.4 Die Fremdbilder in Fabris Stadtbeschreibungen

In allen drei Stadtdarstellungen, vor allem jedoch für Venedig, orientiert sich Fabri an den Kategorien des Städtelobes und beschreibt die Lage der Stadt zu der umgebenden Landschaft, beurteilt ihre Größe und die Stärke ihrer Befestigungen. Er zählt die Reliquien und Kirchen auf und beschreibt die heiligen Stätten. Er nimmt Stellung zum vorherrschenden Baustil, hebt einzelne Gebäude hervor und äußert sich über den Umfang der Handelsaktivitäten, der Wasserversorgung und der Wirtschaftskraft.

Dabei kann festgehalten werden, dass die zunehmende Entfernung vom Ausgangspunkt der Reise nicht gleichzeitig einen zunehmenden Fremdheitsgrad nach sich zieht. Bereits die Topographie Venedigs wird als ‚strukturell‘ fremd und außergewöhnlich beschrieben. Besonders in den deutschen Berichten wird die ungewöhnliche Lage hervorgehoben und Venedig als Stadt beschrieben, die inmitten der Fluten des Meeres liegt. Fabri ist dabei der Einzige, der im *Evagatorium* auch auf die Nachteile eingeht und die Gefahren durch das Hochwasser und den nachgebenden Untergrund thematisiert. Während in den Vergleichsberichten das Staunen über das Fremde zum Ausdruck gebracht wird, rückt Fabri den Schrecken des fremden Elements in den Vordergrund. Dabei inszeniert er sich selbst als Fremden, der sich aufgrund seiner Natur als ein auf dem Land geborener in Gegenwart des Meeres unwohl fühlen muss. Zugleich preist er in Übernahme des venezianischen Mythos allerdings auch das die Stadt einschließende Wasser, das Venedig unangreifbar mache und Garant der Unabhängigkeit sei. Innerhalb desselben Berichts stehen sich bei Fabri zwei Fremdbilder unverbunden gegenüber, ein negatives über die Unberechenbarkeit des Elementes, bei dem er auf die eigene sinnli-

---

[513] Allerdings war den zeitgenössischen Lesern der Bericht von Paul Walther von Guglingen nicht zugänglich und ein Abgleich somit nicht möglich.

[514] Niehr, Wahrnehmung und Darstellung des Fremden, S. 279.

che Erfahrung rekurriert, und ein positives über die schützende Funktion des Wassers, das auf der Übernahme durch die gelehrte Literatur beruht.

Fabris Darstellung der Lagunenstadt ist nur in der *Eigentlichen beschreibung* uneingeschränkt positiv. Im *Evagatorium* entsteht infolge der vielen Details kein einheitliches und ausschließlich positives Venedig-Bild. Fabris Venedigbeschreibung liegt keine zentrale, auf ein Ziel ausgerichtete Konzeption zugrunde, obwohl er einerseits von dem Bericht Breidenbachs und andererseits von der venezianischen Selbstdarstellung beeinflusst ist und er entsprechend viele Passagen bietet, in denen er die Stadt in höchsten Tönen lobt. Mittels der Reliquien und Kirchen sowie dem Gefängnis im Dogenpalast konstruiert Fabri das Bild von frommen und barmherzigen Venezianern. Er äußert aber auch Kritik, mit der er seine Sicht über die rechte Lebenseinstellung zum Ausdruck bringt. So grenzt er sich sowohl von den prächtigen Fassaden der venezianischen Paläste als auch der prunkvollen Ausschmückung insbesondere der den Konventualen zugehörenden Kirchen und Klöster ab. Die Zurschaustellung des Reichtums und die weltliche Lebensführung der Mönche widersprechen dem Armuts- und Demutsideal der Observanten.

Diese Einstellung hält er im gesamten Bericht aufrecht. Sie findet sich in seiner Darstellung Kairos wieder, wo er den Prunk und die Weltlichkeit anhand der luxuriösen Innenausstattung des Wohnhauses des Dragomans tadelt. Die Glaubensunterschiede spielen hierbei nur eine untergeordnete Rolle. Ausschlaggebend für Fabris Verurteilung ist vielmehr das in die materiellen Objektivierungen jeweils hineininterpretierte hoffärtige Verhalten der venezianischen Palastbesitzer und des Dragomans in Kairo, das er für sündhaft hält und in die Verdammnis führen müsse. Im Fall lasterhafter Eitelkeit und Ruhmsucht mach Fabri keinen Unterschied zwischen Christen und Muslimen.

Gegenüber Venedig wird Jerusalem infolge der Bedeutung als Gedächtnisort für den christlichen Glauben eher als vertraut charakterisiert. Das Vorwissen über die heiligen Stätten vor allem durch die Bibel, aber auch die Kreuzzugschroniken lassen Jerusalem nicht als fremd im Sinne von unbekannt erscheinen; im Gegenteil werden die bereits bekannten Details vielfach bestätigt.[515] Doch trotz des Wissens um die in Jerusalem lokalisierten Geschehnisse und der daraus resultierenden Vertrautheit findet in zweifacher Hinsicht eine Auseinandersetzung mit dem Fremden und Anderen in den Berichten statt. Sie erfolgt sowohl auf einer individuellen als auch auf einer kulturellen Ebene:

Erstens werden die aus Bibel, exegetischen Schriften, Reiseberichten anderer Pilger, mündlichen Erzählungen, Predigten oder bildlichen Darstellungen gewonnenen Anschauungen über die Topographie der Stadt, ihre heiligen Stätten und zeitgenössische Gestalt anhand des Erfahrungswissens überprüft und entweder bestätigt oder revidiert. So stellen die Pilger fest, dass der Kalvarienberg sehr viel kleiner ist als angenommen oder die Kreuzwegillustrationen nicht mit der topographischen Situation vor Ort in Einklang stehen. Es ist eine ‚alltägliche und normale' Fremdheitserfahrung, die sich aus

---

den Veränderungen und Verwerfungen in der Stadtgeschichte plausibel herleiten lassen. Fabri inszeniert sich als „Erzähler-Experte",[516] der mit seiner Gelehrsamkeit alle Fragen und Widersprüche, die sich aus den kanonischen und exegetischen Texten sowie den Beobachtungen vor Ort ergeben, auflösen kann.

Zweitens stellt die Heilige Stadt mit ihrer symbolischen Funktion als Gedächtnis- oder Erinnerungsort für die an Rom orientierten Pilger einen langlebigen und Generationen überdauernden Kristallisationspunkt dar, mit dem sich eine kollektive Erinnerung und Identität verbindet. Dies gilt aber auch für die übrigen christlichen Glaubensgemeinschaften und die beiden anderen großen monotheistischen Religionen. Die Pilger wurden bei ihrem Aufenthalt in Jerusalem damit konfrontiert, dass die Andersgläubigen ebenfalls Anspruch auf die heiligen Stätten erhoben und keinesfalls bereit waren, diesen aufzugeben. Der Felsendom als muslimisches Wahrzeichen war das sinnfälligste Symbol für die islamische Oberhoheit. Aber auch die Umwandlung ehemals christlicher Kirchen in Moscheen und der Bau neuer Moscheen stellten Anzeichen für einen Verdrängungswettbewerb dar, der zunehmend zuungunsten des Christentums ausfalle. Die Moscheen waren Resultat einer neuen Stadtkultur. Die materiellen Objektivierungen der christlichen Epoche werden gemäß Fabri zunehmend abgelöst durch identitätsstiftende Monumente des islamischen Glaubens. Die fremde Realität zwingt ihn, die eigene Identität als Angehöriger des einzig wahren Glaubens, für den Jerusalem von zentraler Bedeutung ist, zu verteidigen. Folglich stellt er die Herrschaft der Mamluken als Besatzung dar und macht diese dafür verantwortlich, dass die Stadt und die heiligen Stätten dem Verfall preisgegeben sind. Die unzureichenden Befestigungsanlagen, der konstatierte baufällige Zustand vieler Kirchen und die in den Straßen liegenden Tierkadaver sollen den Niedergang bezeugen. Diese für Unordnung und Unreinheit stehende Symbolik gibt dem Leser den Eindruck, dass Jerusalem keinerlei Wertschätzung unter den ,Ungläubigen' genießt und weder die Obrigkeit noch die Bevölkerung willens oder fähig sind, den Verfall der Stadt aufzuhalten.

Die Darstellung Kairos schließlich wird von den beiden Themen der Größe und der ungeheuren Bevölkerungsdichte beherrscht. Die gewaltige Ausdehnung verhindert sogar einen Vergleich mit der gesamten Stadtfläche. Nur für einzelne Distrikte oder partielle Flächen wie das Areal der Zitadelle können die Pilger Entsprechungen in der eigenen Welt finden, wodurch die Größe der Stadt erneut betont wird. Die Wirkung des Vergleichs verkehrt sich hier in sein Gegenteil. Anstatt das Fremde mit dem Bekannten in Beziehung zu setzen und ihm dadurch den möglicherweise bedrohlichen Charakter zu nehmen, wird die Fremdheit Kairos durch den Vergleich noch gesteigert. Fabris Verweise im *Evagatorium* auf Asienberichte und kartographische Quellen, die jeweils Informationen über noch größere Städte als Kairo enthalten, könnten dem Zweck dienen, dem Leser die Beunruhigung vor einer islamischen Metropole als größter und mächtigster Stadt des Erdkreises zu nehmen.

---

[516] GROEBNER, Der Schein der Person, S. 106.

Analog zu den Ergebnissen der Forschung über die Beschreibungen Kairos in den Berichten z.B. von Bernhard von Breidenbach, Hans Tucher oder Arnold von Harff kann auch für Fabri festgehalten werden, dass er sich hier besonders häufig vom Fremden distanziert und gegenüber diesem abwertend äußert. Er bemängelt die vorgeblich instabile Bauweise der Häuser und nimmt Anstoß an der Maßlosigkeit der Muslime, die in der verschwenderischen Straßenbeleuchtung zum Ausdruck komme. In der *Eigentlichen beschreibung* wird der Gegensatz zwischen der vertrauten Heimat und der bedrohlichen und feindseligen Fremde am stärksten betont, indem er den Namen der Stadt am Nil mit Laster übersetzt. Hier geht er noch über Breidenbachs Deutung des Stadtnamens als ‚ungeordnet‘ oder ‚vermischt‘ hinaus.

Dennoch wird nicht alles in der Darstellung Kairos ausschließlich als fremd verstanden und negativ beurteilt. Bernhard Jahn hat für den Bericht Breidenbachs auf die Wunder verwiesen, die Kairo als Raum ‚radikaler‘ Fremde auszeichnen. Für Fabri gilt dies nicht in gleicher Weise. Wunder sind für ihn zu jeder Zeit und an jedem Ort möglich.[517] In Jerusalem konnte er sich höchstpersönlich von dem fortwährenden göttlichen Wirken an den heiligen Stätten überzeugen. In Kairo setzt er sich ebenfalls mit den Erzählungen übernatürlicher Geschehnisse auseinander. Dabei ist die wundersame Versetzung eines Berges beinahe das einzige Wunder, das er tatsächlich als göttliches Mirakel einstuft. Hiervon abgesehen ist bei ihm die deutliche Tendenz auszumachen, Wunder aus dem Bereich des Übernatürlichen und Dämonischen herauszulösen und natürliche Ursachen zu suchen.[518] Ein Beispiel hierfür ist seine durch Bernhard von Breidenbach stark beeinflusste Darstellung der Hühnerbrutöfen. Fabri versucht, ein in den Vergleichsberichten als Merkmal der Andersartigkeit Kairos angeführtes Wunder als gewöhnlichen und rational erklärbaren Sachverhalt darzustellen.

4.5   Funktionen der Fremddarstellung

Bei der Darstellung des Fremden bewertet Fabri nicht alles Eigene positiv, nicht alles Fremde negativ. Häufig nutzen sowohl er als auch die übrigen Verfasser in ihren Berichten die Darstellung des Fremden, um Kritik an den Zuständen der Heimat zu üben. Schon bei der Venedigbeschreibung beanstandet der Dominikaner zum einen die deutsche Sitte der unmenschlichen Behandlung von Gefangenen und zum anderen die Geringschätzung, die den Bettelmönchen in der Heimat entgegengebracht werde. Er stilisiert die Venezianer als leuchtende Vorbilder, die anscheinend in jeder Situation ihrer Christenpflicht nachkommen und sich gottesfürchtig und barmherzig verhalten.

Die Darstellung kann, muss aber nicht die vor Ort erfahrene Wirklichkeit widerspiegeln. Das Jerusalemer Beispiel der Tierkadaver wird unabhängig davon, ob ihm eine reale Beobachtung zu Grunde lag oder nicht, als Zeichen mangelnder Sauberkeit und

---

[517]   Vgl. hierzu auch DASTON/PARKS, Wunder und die Ordnung der Natur, S. 71.
[518]   Zu dieser Tendenz in der gelehrten Literatur ab dem Hochmittelalter vgl. ebd., S. 153.

Hygiene angesehen. Aus der Beurteilung der in den Städten vorgefundenen materiellen Objektivierungen schließt Fabri auf das Verhalten der Bewohner und deren Charaktereigenschaften zurück und misst diese an den eigenen Normen und Werten. Das Fremde wird an dieser Stelle ausgegrenzt und abgewertet.

In Berichten über das Osmanische Reich fungiert dasselbe Beispiel aber als Kritik an den heimatlichen Verhältnissen und wird unter umgekehrten Vorzeichen erzählt. Dort wird die Sauberkeit der osmanischen Bevölkerung als vorbildlich gelobt, was sich an der sofortigen Beseitigung der Tierkadaver zeige, während sich zu Hause niemand darum kümmere.[519] Dabei wird eine Idealvorstellung vom Eigenen auf das Fremde projiziert, um die Leser anzuhalten, diesem Ideal nachzueifern. Fabri sucht die Leser für die nicht seinem Norm- und Wertverständnis entsprechenden Dinge zu sensibilisieren, indem er den vermeintlichen Versäumnissen und der Pflichtvergessenheit des christlichen Kollektivs, zu dem er sich selbst zählt, eine als vorbildlich konstatierte Haltung der Fremden entgegenhält. Die Darstellung des Fremden wird zur moralischen Belehrung der Leser funktionalisiert, wobei durch diese Projektion der eigenen Werte auf andere Strukturen die kulturellen Eigenheiten und Maßstäbe des fremden Gesellschaftssystem streng genommen gar nicht mehr wahrgenommen werden.[520]

Bezogen auf die gesamten Stadtbeschreibungen ist festzuhalten, dass Fabri sich häufig vom Fremden distanziert, um das eigene Selbstverständnis und die kollektive christliche Identität zu festigen. Gerade gegenüber den um die politische Vorherrschaft in Jerusalem und den Anspruch auf die universale Glaubenswahrheit konkurrierenden Muslimen bezieht er Position. Besonders deutlich wird dies an der Darstellung sowohl an der Auseinandersetzung um die heiligen Stätten Jerusalems als auch der in Kairo vorgeführten Wunder. Es geht nicht allein um den Nachweis der Echtheit, sondern darum, ob sie auf Gott oder den Teufel zurückzuführen sind und dadurch die ‚Irrlehre' des Islam offengelegt werden kann. Die vermeintliche Auferstehung der Toten auf einem Kairoer Friedhof ist nach allen seinen Textversionen ein Werk des Teufels, das die Leichtgläubigkeit der Muslime bezeuge.

Das einzig göttliche Wunder der Versetzung der in Kairo gelegenen Anhöhe ist hingegen für ihn ein willkommenes Exempel, um die Allmächtigkeit Gottes und die beispielhafte Standhaftigkeit der Christen herauszustellen. Gegenüber der Überlieferung durch Joos van Ghistele spitzt Fabri die Erzählung zu und bezieht sie statt auf die Juden auf die Muslime, um angesichts des an dem Berg angesiedelten politischen und religiösen Herrschaftszentrums von Ägypten gezielt eine Diffamierung des islamischen Glaubens vorzunehmen. In der Beschreibung sowohl Jerusalems als auch Kairos zeichnet sich bei Fabri bereits der im Folgenden noch näher untersuchte ‚theologische Diskurs' ab, der prägend für die Fremddarstellung ist und nur mit einer Bestätigung der eigenen Glaubenswahrheit durch die Ausgrenzung der Muslime einhergehen kann.

---

[519] Vgl. HÖFERT, Ist das Böse schmutzig?, S. 184.
[520] Vgl. MICHELET, Reading and Writing the East, S. 296.

IV. Fremde Menschen

Aus den Stadtbeschreibungen ging bereits hervor, dass Fabri und die übrigen Verfasser anhand der Architektur der sakralen und profanen Bauwerke Rückschlüsse auf die Bewohner zogen. Aus dem Erscheinungsbild einer Stadt leiteten sie Eigenschaften und Eigenarten ihrer Einwohner ab und bewerteten diese Merkmale auf der Grundlage ihres kulturellen Wissens und ihrer Normvorstellungen. Die Pilger beschreiben aber die Menschen, die sie auf ihrer Reise nach Jerusalem antrafen, nicht nur im Rahmen der Stadtdarstellungen. Sowohl in Bemerkungen über alltägliche Begegnungen als auch in ausführlichen Exkursen charakterisieren sie Einzelpersonen und ganze Bevölkerungsgruppen auf der Basis ethnischer, religiöser, nationaler oder sozialer Kriterien.

Die von Jürgen Osterhammel zur Beschreibung kultureller Grenzen entwickelte Terminologie aufgreifend, können die Aussagen der Pilger grob nach fünf Themenkomplexen unterschieden werden, die „das Grundrepertoire von Reflexionsformen kultureller Abgrenzung" des Eigenen vom Fremden bilden.[1] Bei den fünf Bereichen handelt es sich Osterhammel zufolge erstens um den ‚ethnographischen Diskurs', in dem Fragen der alltäglichen Lebensführung wie Essgewohnheiten oder familiäre und gesellschaftliche Beziehungen im Vordergrund stehen; zweitens um den ‚theologischen Diskurs', der die Glaubensinhalte anderer Religionen umfasst; drittens um den ‚juristisch-politischen Diskurs' zur Bewertung rechtlicher und politischer Strukturen fremder Gesellschaften; viertens um den ‚historischen Diskurs', bei dem der Entwicklungsstand fremder Kulturen eingeschätzt wird und schließlich fünftens um einen ‚biologisch-rassischen Diskurs', unter dem Bemerkungen gefasst werden können, in denen die Existenz von vorkulturell gegebenen und unveränderlichen Eigenschaften vorausgesetzt wird.

Mittels dieser Diskurse werden kulturelle Grenzen beschrieben, die Osterhammel als „Konstruktion von Differenz zwischen zivilisatorischen Einheiten" definiert.[2] In den Pilgerberichten sind sie vielfach miteinander verschränkt und voneinander abhängig. So lassen sich die Praktiken der Religionsausübung, die Osterhammel dem ‚ethnographi-

---

[1] Vgl. zum Folgenden OSTERHAMMEL, Kulturelle Grenzen, S. 132-136, hier S. 136.
[2] Ebd., S. 115.

schen Diskurs' zuschlägt,[3] nicht unabhängig vom ‚theologischen Diskurs' betrachten. Vielmehr sind sie im Fall der Muslime direkt aus den kanonisierten religiösen Geboten abgeleitet. Gerade dem ‚theologischen Diskurs' kommt in diesem Kontext eine große Bedeutung zu. Die Pilger müssen ihre Erlebnisse in Einklang mit der Heilsgeschichte bringen, die allen Menschen eine bestimmte Rolle im Plan Gottes zuweist. Entsprechend ist der ‚historische Diskurs' nicht in einem säkularen Sinne mit einem offenen Ende zu betrachten. Zwar ist Gottes Plan im Einzelnen nicht voraussehbar; am Ende der Zeiten steht jedoch das in der Offenbarung angekündigte Jüngste Gericht. Der ‚theologische Diskurs' ist allen anderen Bereichen übergeordnet. Er nimmt zusammen mit dem ‚ethnographischen Diskurs' auch weitaus mehr Raum ein als etwa der ‚juristisch-politische' oder der ‚biologisch-rassische Diskurs', bei dem ebenfalls nicht von den neuzeitlichen biologischen Rassekategorien ausgegangen werden kann. In den Pilgerberichten finden sich aber Hinweise auf vorkulturell gegebene und unveränderliche Unterschiede wie z.B. die Physiognomie, Körperfarbe oder besondere Verhaltensweisen, die als Ausdruck einer bestimmten Säftemischung wahrgenommen werden.[4]

Felix Fabri beschreibt vor allem im *Evagatorium* die Verhaltensweisen und Gewohnheiten fremder Menschen und macht dabei vielfach detailliertere Angaben als die zum Vergleich herangezogenen Verfasser anderer Berichte. Aber auch die *Eigentliche beschreibung* und die *Sionpilger* weisen Passagen auf, in denen er anhand bestimmter Eigenschaften und Merkmale Charakterisierungen vornimmt. In vielen Fällen gehen seine Beschreibungen mit Werturteilen einher, die zum einen Aufschluss über sein eigenes kulturelles Selbstverständnis geben, zum anderen an sich selbst gestellte Ansprüche bzw. die Erwartungen des angesprochenen Leserkreises verdeutlichen.

Die Auswertung dieser Passagen steht im Zentrum der folgenden Kapitel. Es wird analysiert, wie Fabri diese Menschen in seinen Berichten darstellt und welche Eigenschaften er heranzieht, um einzelne Personen oder ganze Gruppen als anders und fremd zu beschreiben. Wann ist für ihn eine kulturelle Grenze erreicht bzw. überschritten? In welchen Kontexten verlieren die „eigentümlichen Regeln und Symbole der Lebensführung sowie die Weltbilder einer Kultur" ihre Gültigkeit?[5] Hat dies zur Folge, dass die von Fabri beschriebenen Menschen negativ und abwertend dargestellt werden oder gibt es Situationen, in denen sie eine positive Beurteilung erfahren können?

Nicht alle von Fabri charakterisierten Bevölkerungsgruppen können hierbei berücksichtigt werden.[6] Im Mittelpunkt stehen seine ausführlichen Beschreibungen der Vene-

---

[3] Ebd., S. 133.

[4] Zur Entwicklung und Definition des Rassebegriffes in Mittelalter und Früher Neuzeit und zu den unterschiedlichen Positionen in der Forschung siehe CONKLIN AKBARI, Diversity, S. 166; GROEBNER, Haben Hautfarben eine Geschichte?, S. 16f.

[5] OSTERHAMMEL, Kulturelle Grenzen, S. 118. Vgl. auch MÜNKLER/RÖCKE, Der *ordo*-Gedanke, S. 714.

[6] Auf eine Analyse der Darstellung der verschiedenen nicht an Rom orientierten christlichen Glaubensgemeinschaften muss an dieser Stelle verzichtet werden. Allerdings unterscheidet sich Fabris Fremdbild nicht grundsätzlich von den in anderen Berichten gegebenen Beschreibungen. Gerade

zianer und Muslime, die Teil der ausführlichen Stadtbeschreibungen Venedigs, Jerusalems und Kairos sind. Fabris Fremddarstellung wird somit zum einen an einer christlichen und fremdsprachigen lebenden Gruppe untersucht; zum anderen an einer nichtchristlichen, ebenfalls fremdsprachigen und in einem anderen Herrschaftsraum beheimateten Großgruppe. Darüber hinaus werden mit den Italienern und Juden zwei in den Berichten weniger umfassend und detailliert beschriebene Gruppen hinzugezogen. An Fabris Darstellung der eng mit den Venezianern verknüpften, dennoch in Teilen davon getrennt behandelten Italiener soll seine Positionierung im spätmittelalterlichen Nationendiskurs betrachtet werden. Das letzte Teilkapitel dieses Abschnitts befasst sich mit den Juden als einer weiteren nichtchristlichen Gruppe, die nicht notgedrungen fremdsprachig und zudem nicht durch eine geographische oder politische Grenze vom Bereich des Eigenen getrennt war. Die Juden waren Teil der mittelalterlichen Gesellschaft in Europa, wurden aber dennoch beständig durch Ausgrenzungsprozesse als Fremde stigmatisiert. Es ist daher zu fragen, welche Fremdbilder Fabri von den ihm außerhalb der eigenen Lebenswelt begegnenden Juden gezeichnet hat.

Fabri stand dabei ein ganzes Repertoire an ästhetischen oder sittlichen Parametern zur Verfügung, um eine Person zu identifizieren und ihr anhand von bestimmten äußeren Zeichen und Verhaltenseigenschaften eine bestimmte Identität zuzuordnen. Die Identifikation und Fremdzuschreibung erfolgte im Mittelalter gemäß Ralf Mitsch über die sinnlich wahrnehmbaren Eindrücke, wobei vor allem dem Sehsinn eine dominante Rolle zukam.[7] Die über das Auge wahrgenommenen äußerlichen Erkennungsmerkmale lassen sich nach Peter von Moos in kollektive und partizipative Identitätskategorien differenzieren. Zu den kollektiven Identitätskategorien zählt von Moos Geschlecht, Alter, Haut- und Haarfarbe, Herkunft oder Nation.[8] Darüber hinaus stellen Sprache, Religion und Verhaltensweisen ebenfalls wichtige kollektive Erkennungsmerkmale dar, aufgrund derer eine Person einer bestimmten Gruppe zugeordnet und mit einer bestimmten kollektiven Identität versehen wird. Mit Bernhard Giesen kann hierbei noch zwischen primordialen, traditionalen und universalistischen Codes unterschieden werden, wodurch Differenzen zwischen dem Eigenen und dem Fremden anhand grundsätzlicher Verschiedenheiten (u.a. Herkunft, Geschlecht, Ethnizität), anhand von traditionalen sowie lokalen Ritualen und Verhaltensregeln oder bestimmten universalistischen

---

die Schilderung der in der Grabeskirche vertretenen sieben christlichen Religionen ist in vielen Berichten standardisiert und geht auf ältere Vorlagen zurück (vgl. BREFELD, A Guidebook; KEDAR, The *Tractatus*; SCHÖNDORFER, Orient und Okzident). Zur Darstellung der in besonderem Maß ausgegrenzten und abgewerteten griechisch-orthodoxen Christen bei Fabri und anderen Pilgern siehe BRINCKEN, Die „Nationes christianorum orientalium"; RICHARD, „Manières de Crestiens"; WIEGANDT, Islam und Griechische Christen. Zur Geschichte der Kopten und äthiopischen Christen in Jerusalem siehe MEINARDUS, The Copts in Jerusalem; DERS., The Copts; DERS., The Ethiopiens.

[7]   MITSCH, Körper als Zeichenträger, S. 84. Aber auch über den Hör- und Geruchssinn können Personen theoretisch identifiziert und klassifiziert werden.

[8]   MOOS, Einleitung, S. 12f.

Erlösungsvorstellungen (z.B. Religion) konstruiert werden.[9] Die kollektiven Identitäts-kategorien werden zudem durch partizipative Kennzeichen ergänzt, worunter von Moos Kleidung, Wappen und andere Statussymbole fasst.[10]

Auf der Basis solcher Zeichen und Eigenschaften schließen die Pilger in ihren Berichten auf den Charakter und das Verhalten eines ihnen begegnenden Menschen und sprechen dieser Person und reziprok sich selbst bestimmte Identität(en) zu. Dabei kann die Inklusion in oder die Exklusion aus einer bestimmten Gruppe sowohl aus einzelnen als auch aus der Verknüpfung mehrerer Merkmale abgeleitet werden. Bei der Analyse der Aussagen Fabris und der übrigen Pilger ist demnach zu hinterfragen, welche Kennzeichen sie zur Identifizierung heranziehen und über welche Merkmale sie die Zuschreibung zu einer Identität vornehmen. Analog zu den Stadtbeschreibungen sind auch bei den Beschreibungen fremder Menschen mehrere Faktoren anzuführen, welche die Wahrnehmung und Darstellung durch die Pilger beeinflussen. Hierzu zählen erstens der Umstand, dass diese sich zumeist nur innerhalb der Reisegruppe fortbewegten, zweitens die Sprachbarriere, drittens die in der eigenen Kultur geprägten Stereotypen und Vorurteile über die fremden Menschen und schließlich viertens die Intentionen, die der Verfasser mit seiner Darstellung fremder Menschen verfolgte.

1. Die Abschirmung in der Pilgergruppe

Auf der Reise bestand nur selten die Gelegenheit zu direkten Begegnungen mit den Bewohnern der Städte und Länder. Der enge Zeitplan und die straffe Organisation durch die venezianischen Patrone und die Franziskaner hatte zur Folge, dass die Pilger während des Aufenthaltes in Jerusalem und im Heiligen Land überwiegend abgeschirmt waren. Über die Kontakte zu der mamlukischen Eskorte, zu den Dolmetschern und Eseltreibern hinaus kam es meist nur zu flüchtigen Begegnungen. Zudem instruierten die Franziskaner die Pilger nach ihrer Ankunft, sich weder von den ‚Ungläubigen‘ provozieren zu lassen noch selbst Anlass für Übergriffe zu bieten. Keinesfalls dürfe man sich mit ihnen auf eine Glaubensdiskussion einlassen.[11]

Eine andere Situation ergab sich nur für Pilger, die wie Fabri von Jerusalem aus weiter zum Katharinenkloster und nach Ägypten reisten. Auf diesem Abschnitt der Wallfahrt kam es häufiger zu direkten Begegnungen mit den Einheimischen, obwohl die Schritte der Pilger auch hier kontrolliert wurden. Dies ist zum einen darauf zurückzuführen, dass die Mamluken die Reise organisierten und leiteten. Zum anderen konnten sich die wenigen Pilger, die sich zur Fortsetzung der Wallfahrt entschlossen, nicht mehr wie während des Aufenthaltes in Jerusalem in einen geschützten „Erlebnisraum"[12] zu-

---

9 Giesen, Codes kollektiver Identität.
10 Moos, Einleitung, S. 12f. Hinzu kommen individualisierende Zeichen wie die unverwechselbare Physiognomie, das Timbre der Stimme oder besondere Körperzeichen wie z.B. Narben.
11 Fabri, Evagatorium I, S. 212-217; Ders., Wanderings I, S. 248-255; Dessau, StB, Hs. Georg 238, fol. 37v-38r.
12 Ganz-Blättler, Vom Umgang mit Fremdsprach(ig)en, S. 100.

rückziehen und die Vermittlung allein dem Patron und den Franziskanern überlassen. Erst mit dem Eintreffen in Kairo und Alexandria bestand wieder die Möglichkeit, auf vermittelnde und aufgrund ihrer Stellung auch über einen gewissen Einfluss verfügende Personen wie etwa europäische Kaufleute oder den venezianischen Konsul zurückzugreifen. Bis dorthin waren die Pilger auf sich allein gestellt und mussten mit den sie führenden Mamluken, den Eselstreibern und Kamelführern selbst verhandeln.

2. Die Sprachbarriere

Die Sprachbarriere schränkte eine intensive und über den Austausch von alltäglichen Dingen hinausgehende Kommunikation erheblich ein, obwohl verschiedene Optionen zur Verständigung gegeben waren. Für den Aufenthalt in Venedig konnten die deutschsprachigen Pilger auf lizenzierte Dolmetscher und die zahlreichen in der Stadt tätigen deutschen Kaufleute zurückgreifen.[13] Pilger, die wie Hans Tucher, Sebald Rieter und Arnold von Harff über ausreichend finanzielle Mittel verfügten, verpflichteten in Venedig einen Dolmetscher für die gesamte Reise.[14] Das treffendste Beispiel für einen Sprachkundigen, der Pilgern seine Dienste anbot, ist der Leidener Bürger Claes von Dusen. In Venedig als Händler ansässig, hat er seinem eigenen Pilgerbericht zufolge elfmal in der Funktion als Dolmetscher das Heilige Land bereist.[15]

Auch die Adligen, denen Fabri auf seiner zweiten Reise als Beichtvater diente, engagierten mit Ulrich Kramer von Ravensburg einen Dolmetscher.[16] Fabri übernahm aber gelegentlich auch selbst Übersetzertätigkeiten und übertrug beispielsweise die lateinische Predigt des Guardians der Franziskaner bei der Ankunft im Heiligen Land ins Deutsche.[17] Über seine Lateinkenntnisse dürfte Fabri in Ansätzen auch das Italienische

---

13 In dem Umfeld der Kaufleute entstanden erste Handbücher mit deutsch-italienischen Glossaren. Vgl. hierzu HOLLBERG, Handelsalltag und Spracherwerb; ISRAEL, Mit fremder Zunge. Zu den *tholomarii* siehe DENKE, Venedig als Station und Erlebnis, S. 54 und 63; CASOLA, Pilgrimage, S. 39f. und 60-62.

14 Meist handelte es sich um sprachkundige ehemalige Seeleute. Siehe TUCHER, Die ‚Reise ins Gelobte Land‘, S. 341f.; RIETER, Das Reisebuch, S. 37 und 138; ARNOLD VON HARFF, Die Pilgerfahrt, S. 57. Vgl. hierzu BOSSELMANN-CYRAN, Dolmetscher und Dragomane, S. 50; REDDIG, *Jugurth ist Ir beste Speyse*, S. 143. In seinen Reiseinstruktionen empfiehlt Bernhard von Breidenbach dem Grafen Ludwig von Hanau-Lichtenberg den Galeerenknecht Thomas, der ihm auf seiner eigenen Reise getreulich gedient habe (BERNHARD VON BREIDENBACH, Die Reiseinstructionen, S. 143f.). Vgl. auch BOSSELMANN-CYRAN, Dolmetscher und Dragomane, S. 48f. Einführend siehe GLÜCK, Deutsch als Fremdsprache, S. 108-124; HONEMANN/ROTH, Dolmetscher und Dolmetschen im Mittelalter.

15 Vgl. CLAES VAN DUSEN, Waerachtighe Beschrijvinge.

16 FABRI, Evagatorium I, S. 85: *Ulricus de Rafenspurg, quondam in mari Galeotus, multarum miseriarum expertus, arte institor, et Dominorum interpres.* DERS., Wanderings I, S. 82; Dessau, StB, Hs. Georg 238, fol. 10r: *Ulrich cramer der herren tollmetsch [...].* Über welche Sprachkenntnisse der ehemalige Galeerensklave verfügte, geht aus Fabris Berichten nicht hervor.

17 FABRI, Evagatorium I, S. 212; DERS., Wanderings I, S. 247f. Zitiert auch bei BOSSELMANN-CYRAN, Dolmetscher und Dragomane, S. 52. Dessau, StB, Hs. Georg 238, fol. 38r.

verstanden haben. In dieser Sprache verständigen konnte er sich trotz einiger Andeutungen aber kaum.[18] Bei der Kommunikation mit Italienischsprachigen half ihm der ungarische Geistliche Johannes Lazinus. Zu ihm unterhielt Fabri eine freundschaftliche Beziehung, wobei die beiden Priester nach Fabris Aussage untereinander auf lateinisch kommunizierten.[19]

In Palästina fungierten in erster Linie die Patrone und die örtlichen Franziskaner als Übersetzer. Als Verbindungspersonen dienten darüber hinaus die von mamlukischer Seite gestellten Dolmetscher und „Dragomane". Gemäß Fabri übten in Jerusalem der *Calinus major* und der *Calinus minor* diese Funktion aus.[20] Der oberste *Calinus* oder *Cali* namens *Sabathytanco* begleitete die Pilger zu den heiligen Stätten. Der ihm unterstehende kleine *Calinus* namens *Elphahallo* war für die Betreuung der Wallfahrer im Pilgerhospital zuständig und führte die Pilger von Jerusalem nach Alexandria.[21]

Trotz der grundsätzlich vorhandenen Möglichkeiten zur Verständigung enthalten die Berichte häufig Hinweise auf Kommunikationsschwierigkeiten und Missverständnisse. Darüber hinaus ist zu berücksichtigen, dass die Pilger z.T. auch kein Interesse an einer tiefgründigen Interaktion mit den Einheimischen hatten. Durch den hohen Organisationsgrad der Wallfahrt mussten sie sich nicht selbst um eine Verständigung zur Regelung der Alltagsdinge bemühen, sondern konnten sich in den Schutz der Reisegruppe zurückziehen und auf den Besuch der heiligen Stätten konzentrieren. Auf diese Weise entzogen sie sich einer direkten Auseinandersetzung mit der fremden Kultur, in die sie sich nicht hineinzudenken brauchten.[22] Den Pilgern war mitunter nur bedingt an einem Dialog mit Fremden gelegen, die zudem kaum als gleichberechtigte Gesprächspartner angesehen wurden.

3. Stereotypen und Vorurteile

Die Wahrnehmung und Darstellung fremder Menschen war abhängig von der jeweiligen Ausgangskultur. Die Pilger begaben sich mit bestimmten Vorkenntnissen und Vorannahmen über die Bewohner anderer Städte und Länder auf ihre Reise. Die eigenen vertrauten Lebensgewohnheiten, der Anspruch auf den einzig wahren Glauben, die für richtig gehaltenen Norm- und Wertvorstellungen und die damit verknüpften Stereotypen und Vorurteile bildeten die Grundlage, auf der die Bilder vom Fremden und Anderen in den Berichten entworfen wurden. Sie unterlagen von vornherein Deutungsmustern, welche die eigene Kultur hervorgebracht hatte.

---

18   Vgl. hierzu BOSSELMANN-CYRAN, Dolmetscher und Dragomane, S. 52f.

19   FABRI, Evagatorium II, S. 108; DERS., Wanderings II, S. 105. Vgl. auch BOSSELMANN-CYRAN, Dolmetscher und Dragomane, S. 51.

20   Zu den Bezeichnungen „Dragoman" und „Calinus" siehe BOSSELMANN-CYRAN, Dolmetscher und Dragomane, S. 54.

21   FABRI, Evagatorium II, S. 108; DERS., Wanderings II, S. 105. Vgl. auch BOSSELMANN-CYRAN, Dolmetscher und Dragomane, S. 54f.

22   REICHERT, Pilger und Muslime, S. 6.

Diese stereotypen Vorstellungen über die fremden Völker haben in vielen Fällen ihren Ursprung in der Antike. Bereits die Texte antiker Schriftsteller enthalten Völkercharakteristiken, die im Mittelalter weitertradiert und dabei ausdifferenziert, umgeformt und den aktuellen Bedingungen angepasst wurden. Die Christianisierung trug dazu bei, dass diese Stereotypen in vielen Fällen religiös aufgeladen wurden und die Abgrenzungspraktiken nicht nur über die Exklusion fremder Ethnizitäten erfolgten, sondern auch über Glaubensvorstellungen, anhand derer Menschen und Gruppen als Häretiker und Ketzer ausgegrenzt wurden.

Ludwig Schmugge hat hervorgehoben, dass bereits im 11. und 12. Jahrhundert die Ausdrucksformen der Fremdstereotypen eine neue Qualität erlangten und differenzierte, subjektiv erfahrene Einzelbeobachtungen neben die aus der Antike übernommenen Fremdvölkertopoi traten.[23] Hierzu hätten die Schilderungen individueller Erfahrungen durch Reisende, die Bildung ‚nationaler' Korporationen im Umfeld der Universitäten und Handelsgesellschaften, die Kulturbegegnungen im Rahmen der Kreuzzüge und der Auseinandersetzung mit den Mongolen beigetragen. Ralf Mitsch hat diese Tendenz insgesamt bestätigt, jedoch darauf aufmerksam gemacht, dass schon Reisende des 10. Jahrhunderts wie Liutprand von Cremona nicht nur die Stereotypen antiker Autoren rezipierten, sondern ihre Werturteile über die Fremden durchaus auf der Basis eigener Anschauungen trafen.[24] Dennoch kann mit František Graus davon ausgegangen werden, dass vor allem das Spätmittelalter eine „Schlüsselzeit" für die Entwicklung bzw. Intensivierung eines national gefärbten Eigenbewusstseins darstellt.[25]

Die Wahrnehmung der Pilger war durch diese stereotypen Muster geprägt und wurde im Zuge der Ausformulierung der Reiseerfahrungen noch zusätzlich verstärkt, indem die in schriftlichen Vorlagen enthaltenen Bilder für den eigenen Reisebericht genutzt wurden. Das auf der Reise erworbene Wissen wurde dabei mit dem in der eigenen Kultur bereits verankerten Wissen abgeglichen, wobei das Eigene immer den Referenzpunkt darstellt, von dem die Werturteile ausgehen. Auf der Basis des Eigenen werden, je nach der Art der „Distanzerfahrung", Abgrenzungen vorgenommen, die über die Zugehörigkeit zu oder die Ausschließung von einer sozialen Gruppe entscheiden.[26]

4. Die Intentionen des Verfassers

Wie schon bei den Stadtdarstellungen muss auch hier in Rechnung gestellt werden, dass auch die Beschreibungen der fremden Menschen kein in sich geschlossenes Fremdbild ergeben, sondern sich nicht selten unterschiedliche, teils sogar einander widersprechende Aussagen innerhalb eines Textes gegenüberstehen. Zwei Gründe können hierfür ver-

---

[23] SCHMUGGE, Über ‚nationale' Vorurteile, S. 443.
[24] MITSCH, Körper als Zeichenträger, S. 74 und 98. Zu den antiken Vorlagen siehe einführend WEILER, Ethnographische Typisierungen.
[25] GRAUS, Nationale Deutungsmuster, S. 35 und 51. Einen kritischen Forschungsüberblick bis 1989 über die Nationenbildung im Reich bietet EHLERS, Die deutsche Nation.
[26] Zum Begriff siehe OSTERHAMMEL, Distanzerfahrung.

antwortlich sein. Zum einen verfolgen die Verfasser in ihren Texten unterschiedliche Strategien und funktionalisieren die Fremddarstellung vielfach entweder zur Überhöhung der eigenen Kultur oder aber zur Kritik an den heimatlichen Verhaltensweisen. Die hinter der Handlungsebene stehende Kommunikation zwischen Verfasser und Leser ist daher jeweils zu berücksichtigen. Da die Pilger in ihren Beschreibungen diverse schriftliche und mündliche Quellen einbeziehen, muss zum anderen davon ausgegangen werden, dass sie diese Wissensbestände nicht immer miteinander abgeglichen haben, weshalb widersprüchliche Angaben auftreten können.

Grundsätzlich sind verschiedene „Abgrenzungspraktiken" zu unterscheiden, mit denen man die Reaktion auf den Kulturkontakt beschreiben kann. Das Spektrum reicht hierbei theoretisch von der Inklusion bis zur Extermination.[27] Zwischen diesen beiden extremen Polen sind mehrere Zwischenstufen denkbar, die zu einem *modus vivendi* mit dem Fremden, zu einer Annäherung oder Angleichung an das Fremde oder zu einer Abschottung vom bzw. Ausgrenzung des Fremden führen können.[28] Im Folgenden ist zu untersuchen, welche Strategien die Pilger für die Beschreibung ihrer ‚Erfahrungen' mit dem Fremden angewendet haben und welche Rolle dabei die eigene Identitätskonstruktion gespielt hat. Zu fragen ist aber auch, welche Einschränkungen für die Art der Darstellung durch die Konventionen des Genres Pilgerbericht gegeben waren. Konnte in einem solchen Bericht über die Wallfahrt zu den heiligsten Stätten der Christenheit die Begegnung mit den Muslimen anders als ein Kulturkonflikt gedeutet werden? War es überhaupt möglich, andere Gesellschaften als dem eigenen Kulturkreis gleichgestellt zu beschreiben?

1.   Die Venezianer

Der Status Venedigs als eigenständige Republik und europäische Macht von Rang, als unabhängige Stadt mit langer Geschichte und Tradition führte dazu, dass den Bewohnern der Lagunenstadt in den Berichten eine besondere Identität zugesprochen wird. Dabei schreiben nicht allein die deutschen Pilger um Felix Fabri den Venezianern Eigenschaften und Attribute zu, durch welche diese sich von anderen Gruppen abheben. Auch Pilger aus Oberitalien wie Pietro Casola stellen Unterschiede im Verhalten und im Aussehen der Bürger Mailands und Venedigs heraus.[29] Infolge des langen Aufenthaltes in Venedig widmeten die Pilger einen nicht geringen Teil ihrer Darstellung der Beschreibung der Bewohner. Zwar blieb es nicht zuletzt durch die sprachliche Barriere

---

27   OSTERHAMMEL, Kulturelle Grenzen, S. 120-122.

28   Vgl. auch NOLDE, Religion und narrative Identität, S. 278f., wobei die Termini im Vergleich zu Osterhammel nicht klar genug voneinander abgegrenzt werden.

29   Dies geht einher mit überlieferten Redensarten, in denen nicht den Italienern insgesamt, sondern speziell den Venezianern oder auch den Bewohnern Roms besondere Stereotype zugewiesen werden. Vgl. BRÜCKNER, Die Welschen, S. 190; WALTHER, Scherz und Ernst, S. 264.

überwiegend bei oberflächlichen Begegnungen, doch während der Stadtbesichtigungen, Reisevorbereitungen, Kirchbesuche oder während der Prozessionen zu Fronleichnam und Christi Himmelfahrt bestand ausreichend Gelegenheit, sich ein Bild von den Venezianern zu machen.

In der *Eigentlichen beschreibung* und den *Sionpilgern* bezieht Fabri nicht explizit Stellung zu den Venezianern. Nur indirekt vermittelt er dem Leser durch die Beschreibung der Bauwerke und Sehenswürdigkeiten auch ein Bild der Bewohner. Infolge der Schilderung der imposanten Gebäude und der zahlreichen prunkvollen Kirchen mit ihren kostbaren Reliquien entsteht der Eindruck, dass die Venezianer sowohl sehr reich als auch äußerst fromm sein müssen. In der im *Evagatorium* enthaltenen ausführlichen Stadtbeschreibung gewinnen die Leser dagegen eine differenziertere Vorstellung über die Venezianer, wenngleich die Fremdbilder nicht frei von Widersprüchen sind. Fabri beschreibt in seinem lateinischen Reisebericht auch das Aussehen und die Lebensgewohnheiten der Venezianer. Vor allem die Merkmale und Charaktereigenschaften der Führungsschicht stehen im Vordergrund. Zwar liegt der Schwerpunkt in der Darstellung der Pilger zumeist auf dem ‚ethnographischen Diskurs', bei Fabri spielt durch seine Quellenvorlagen darüber hinaus der ‚juristisch-politische' und ‚historische' Diskurs für die Konstruktion von Fremdbildern eine wichtige Rolle. Seine Ausführungen sind stark von literarischen Vorgaben geprägt, wobei er Informationen aus unterschiedlichen Zeugnissen miteinander kombiniert und eigenständig weiterführt.

1.1   Verhalten und Kleidung als Merkmal von Tugendhaftigkeit

Charakteristisch für die spätmittelalterlichen Pilgerberichte ist, dass bei Weitem nicht alle in der Stadt ansässigen gesellschaftlichen Gruppen beschrieben werden. Im Blickpunkt der Pilger steht allein die Oberschicht Venedigs, obwohl diese lediglich einen geringen Prozentsatz der von dem zeitgenössischen venezianischen Chronisten Marino Sanudo auf 150.000 geschätzten Einwohner ausmachte.[30] Abgesehen von den Hinweisen auf deutsche Kaufleute und die Arbeiter bzw. Arbeiterinnen im Arsenal enthalten die Berichte kaum Angaben weder über die übrigen Bevölkerungsschichten noch die *alderley Natien*, die sich in der Stadt aufhielten.[31] In der Darstellung der Pilger ist die Stadt praktisch ausschließlich von Edelleuten bewohnt. Die für den *Gentilhomo, das ist so viel, als ein Edelmann*, als charakteristisch angesehenen Attribute und Eigenschaften werden auf alle Einwohner übertragen.[32]

---

[30]   SANUDO, De origine, S. 22; DERS, Praise, S. 6. Nach RÖSCH/RÖSCH, Venedig im Spätmittelalter, S. 195, machte der Adel etwa 5% der Einwohnerzahl aus.

[31]   CLAES VAN DUSEN, Waerachtighe Beschrijvinge, S. 198, zählt Türken, Griechen, Polen, Thomaschristen, ‚Heiden' und Juden auf. Arnold von Harff erwähnt die griechische Gemeinde, siehe ARNOLD VON HARFF, Die Pilgerfahrt, S. 53.

[32]   DIETRICH VON SCHACHTEN, Beschreibung, S. 240. Zu weiteren Nachweisen der vom italienischen „gentiluomo" abgeleiteten Bezeichnung für die adligen Venezianer siehe WIS, Ricerche, S. 280f.

Fabri entwirft in seinem Städtelob ein überaus positives Bild der Venezianer. Die hervorstechendsten Eigenschaften seien ihre Weisheit, Gerechtigkeit und Barmherzigkeit, die sich besonders in ihrem Umgang mit Gefangenen zeige.[33] Bei der überwiegenden Mehrheit der Patrizier handele es sich um Rechtsgelehrte, Redner und Philosophen. Alle seien sehr belesen und würden ohne reifliche Überlegung keine Entscheidung treffen.[34] In der Schilderung einer persönlichen Begegnung findet er diese Eigenschaften bestätigt. Den venezianischen Konsul in Kairo, der auf demselben Schiff wie Fabri die Heimreise antrat und während der Überfahrt verstarb, beschreibt er als eine ihm äußerst sympathische Person. Durch die grauen Haare, den langen Bart und besonders das kahl rasierte Haupt – für Arnold von Harff ein Merkmal aller Patrizier[35] – erscheint er Fabri als eine Ehrfurcht gebietende Persönlichkeit.[36]

Weitere äußere Kennzeichen werden in den Berichten aber kaum genannt.[37] Fabri beschränkt sich im Vergleich zu Pietro Casola oder zu Arnold von Harff, der seinem Bericht auch die Zeichnung eines Patriziers beigefügt hat, auf einige wenige Bemerkungen. Diese spiegeln allerdings nicht nur seine eigenen Eindrücke wider. Vielmehr orientiert sich Fabri an der 1473 erstmals gedruckten Schrift *Sermones de sanctis* von Leonardus de Utino, die ihrerseits auf ein im 13. Jahrhundert verfasstes und im 15. Jahrhundert mehrfach gedrucktes Werk über die vier Kardinaltugenden des Dominikaners Heinricus Ariminensis zurückgeht.[38] Bereits dieser hatte über die Venezianer kurz und prägnant geurteilt: *In vestibus splendidi, sed in cibo temperati.*[39] Die dort als we-

---

[33] FABRI, Evagatorium III, S. 407: *aliud habent Veneti, quod firmat et quodammodo perpetuat eorum imperium, scilicet sapientiam, justitiam, et misericordiam.* Zu dem Mitgefühl der Venezianer mit Gefangenen, auf die Fabri im Zusammenhang mit dem Dogenpalast zu sprechen kommt, siehe Kap. III.1.4.

[34] FABRI, Evagatorium III, S. 407: *Nam major pars patritiorum sunt juris periti, oratores et philosophi, et libros legunt ac sine prudenti deliberatione nihil agunt [...].*

[35] ARNOLD VON HARFF, Die Pilgerfahrt, S. 45: *alles schone menner koestlich lanck gekleyt vss off die voesse, die hueffder alle gar geschoren dar off eyn kleyn bonetgen ind tragen gemeynlich alle grijse berde.*

[36] FABRI, Evagatorium III, S. 33: *De his diu cum viro contulimus, erat enim vir amicabilis et valde veneranda canitie ornatus, longam habuit barbam et frontem calvitie depilatam, quae calvities eum plurimum honestabat et decorabat.* In Fabris deutscher Version wird auf die äußerliche Erscheinung des Konsuls nicht eingegangen. Den *gentilhomo*, der *ein groser her von venedi* sei, bezeichnet Fabri als *persenlich herlicher man*. Vgl. Dessau, StB, Hs. Georg 238, fol. 181v.

[37] Dies stellt für Reiseberichte des 16. und 17. Jahrhunderts auch CLADDERS, Französische Venedig-Reisen, S. 145, fest.

[38] LEONARDUS DE UTINO, Sermones aures de sanctis, [ohne Paginierung, Kap. XXXII: Sermone di San Marco]. Ein Exemplar des Drucks war in Ulm verfügbar. Vgl. BREITENBRUCH, Inkunabeln, S. 193. Zu Leonardus siehe KAPELLI, Scriptores III, S. 80-85. Zu Heinricus Ariminensis, der sein Werk wohl zwischen 1268 und 1297 verfasste, und seiner Beschreibung Venedigs siehe ROBEY/LAW, The Venetian Myth, S. 11 und 52-56.

[39] ROBEY/LAW, The Venetian Myth, S. 55. Bei Leonardus de Utino ist der Satz leicht abgewandelt. Vgl. LEONARDUS DE UTINO, Sermones aures de sanctis, [ohne Paginierung, Kap. XXXII: Sermone di San Marco]: *In vestibus splendidi. In cibo patine [...].*

sentlich herausgehobenen Attribute der Venezianer – die prächtige Kleidung und gemä-
ßigte Lebensweise – übernimmt Fabri und baut sie weiter aus. Beide Attribute dienten
bereits in den Quellen zum Lobpreis der Venezianer, doch wird die positive Konnotation durch seine Umarbeitung noch deutlich verstärkt. Von der Gestalt und dem Schnitt
der venezianischen Kleidung ist Fabri äußerst angetan. Er hebt nicht allein das lange
und kostbare Gewand hervor, sondern das damit einhergehende würdevolle Auftreten
der Patrizier, das er mit dem erhabenen Habitus von Bischöfen vergleicht.[40] Die vorgeschriebene schwarze Toga[41] der Patrizier findet aufgrund ihrer Uniformität und sittsamen Länge seine Zustimmung. Sie dient ihm darüber hinaus dazu, das Modewesen und
Verhalten der törichten Deutschen zu kritisieren: Diese liefen kurzgewandet und leicht-
bekleidet umher und glaubten in ihrer Torheit, etwas Hässliches für schön zu befinden.[42]

Fabri hält die fremden Kleidungsgebräuche der Venezianer für vorbildlich, da sie
seinen sittlichen Normvorstellungen nahe kamen. Die kurzen Beinkleider der Deutschen, die die Konturen von Bein und Gesäß betonen, sind ihm dagegen ein Zeichen
von Schamlosigkeit.[43] Zudem schließt die Gleichförmigkeit der venezianischen Gewänder einen Wetteifer um die elegantesten und teuersten Gewänder aus. Fabris Darstellung ist in diesem Punkt mit dem Bericht Casolas vergleichbar, der das Auftreten der
Patrizier in der ehrwürdigen und Vertrauen erweckenden Toga nicht mit Bischöfen,
aber doch mit Rechtsgelehrten assoziiert.[44] Auch Casola vergleicht die Kleidungsgewohnheiten mit denen seiner Heimat und sieht die Venezianer im Vorteil. Sie seien von
Modetrends unbeeinflusst, während in Mailand bereits ein Possenreißer vom anderen
Ende der Welt ausreiche, den Bewohnern mit einem neuen Kleidungsstil innerhalb
einer Stunde den Kopf zu verdrehen.[45]

Sowohl Fabri als auch Casola beschränken sich demnach nicht darauf, die spezielle
Kleidung als Identifikationsmerkmal der Venezianer zu deuten. Sie heben die Vorzüge

---

[40] FABRI, Evagatorium III, S. 407: *In vestibus sunt splendidi et honestissimi et incedunt, ac si omnes*
episcopi, longis et pretiosis tunicis [...]. Vgl. auch seine Würdigung der Kleidung während der
Fronleichnamsprozession. FABRI, Evagatorium I, S. 105; DERS., Wanderings I, S. 108.

[41] Um den Gleichheitsgrundsatz innerhalb der Führungsschicht Venedigs nicht zu verletzen, war ein
einheitliches Gewand vorgeschrieben. Davon ausgenommen waren nur die Inhaber bestimmter
Posten, denen aufgrund ihres Amtes eine blaue, violette oder rote Robe zustand. Vgl. hierzu
RÖSCH/RÖSCH, Venedig im Spätmittelalter, S. 186; LANE, Seerepublik Venedig, S. 412; NEWTON,
The Dress of the Venetians, S. 9.

[42] FABRI, Evagatorium III, S. 407: *nec est aliquis etiam quantumcumque juvenis, qui curtatus et*
truncatus et excissis vestibus appareat, sicut nostri imprudentes Teutonici, qui ad illas devenere
nugas, ut turpitudinem esse putent pulchritudinem.

[43] Vgl. hierzu auch WOLTER, Teufelshörner und Lustäpfel, S. 121-123.

[44] CASOLA, Viaggio a Gerusalemme, S. 100; DERS., Pilgrimage, S. 143.

[45] Dies führe dazu, dass viele diese Kleidung ungeachtet aller Kosten besitzen wollen und – fast
noch schlimmer – dass der unverwechselbare Kleidungsstil verloren gehe, bis niemand mehr einen Mailänder von einem Spanier unterscheiden könne. CASOLA, Viaggio a Gerusalemme, S. 100;
DERS., Pilgrimage, S. 143.

einer Kleiderordnung hervor, die in ihrer Darstellung jedweden kostspieligen – und somit ruinösen und sündhaften – Distinktionsversuch zuverlässig ausschließt und Ausdruck einer kollektiven Identität zum Wohl der Republik ist.[46] Von den venezianischen Adligen zeichnen sie dabei ein positives, durch Bescheidenheit und Mäßigkeit geprägtes Bild. Für ihre Heimat dagegen stellen sie das entgegengesetzte Verhalten heraus: Dort seien die Kleidungssitten von den Lastern der Schamlosigkeit und der Hoffahrt bestimmt. Das Beispiel der Kleidung der venezianischen Patrizier dient Fabri und Casola nicht zuletzt dazu, ihre Normvorstellungen zum Ausdruck zu bringen und den Lesern einen Spiegel vorzuhalten.

Dass die Kleidung der Venezianer indes bei Zeitgenossen auch das gegenteilige Deutungsmuster hervorrufen kann, zeigt der Bericht Arnolds von Harff. Im Unterschied zu Fabri und Casola zeigt er sich von den weitausgeschnittenen Ärmeln, die ihn an die Gewandung eines Narren erinnern, irritiert.[47] Für ihn liegt eine völlige Umkehrung der Verhältnisse zwischen der heimischen Region am Niederrhein und Venedig vor. Was in der Heimat als Kleidung eines Spaßmachers und somit Symbol für die Andersartigkeit gelte, sei in der Metropole an der Adria ein Zeichen der Normalität.[48] Seiner Darstellung liegt eine erkennbar abwertende Haltung zugrunde. Die eigenen gesellschaftlichen Vorstellungen über die Kleidungsgewohnheiten werden durch den Vergleich mit dem Fremden als überlegen empfunden. Die Abwertung der venezianischen Kleidung trägt bei Arnold von Harff somit zur Verfestigung der Normen der Ausgangskultur bei.

Das zweite Attribut der Venezianer, das Fabri von Heinricus Ariminensis bzw. Leonardus de Utino übernimmt und erweitert, betrifft deren Enthaltsamkeit beim Essen und Trinken. Sowohl in den Vorlagen als auch bei Fabri wird dieses Phänomen damit begründet, dass Handelstätigkeiten und die Beibehaltung der gesellschaftlichen Ordnung verhinderten, dass sich die Venezianer der Völlerei und dem Trunk hingäben.[49] Die idealisierte Schlussfolgerung des Heinricus Ariminensis, es gebe in der Stadt überhaupt keine Tavernen, wiederholt auch Fabri. Allerdings kann er in diesem Fall die Realität nicht gänzlich negieren und fügt einschränkend hinzu, für Deutsche, Slaven, die Be-

---

46 Vgl. auch BULST, Kleidung als sozialer Konfliktstoff, S. 40.

47 ARNOLD VON HARFF, Die Pilgerfahrt, S. 45: *sij gurden sich gemeynlich off die roeck. dar zoe sijnt die armen van der rocken vur off der hant enge ind hinden hengt it aeff wayl eynre elen wijdt wye eyn sack, as man die gecks rock in dessen landen maicht, as die sentelomen sulche rocke dragen moissen [...]*.

48 Eine ähnliche Verkehrung der Sitten macht auch Dietrich von Schachten aus, wenn er die Karnevalsbräuche der Venezianer beschreibt. Wenn sie sich am *aller scheusslichstenn* verkleiden wollen, dann ziehen sie kurze Kleider und *Capplein mitt tradelnn*, wie sie die Deutschen tragen. Vgl. DIETRICH VON SCHACHTEN, Beschreibung, S. 241.

49 FABRI, Evagatorium III, S. 407: *In cibo et potu, ut prudentes decet, ultra quam credi potest sunt temperati, ne per ingurgitationem et ebrietatem mercandi usus impediatur aut status politiae turbetur*. Vgl. ROBEY/LAW, The Venetian Myth, S. 55: *sed in cibo temperati, ne per ebrietates mercandi usus impediatur, aut status politie turbetur [...]*. LEONARDUS DE UTINO, Sermones aures de sanctis, [ohne Paginierung, Kap. XXXII: Sermone di San Marco].

wohner Savonas sowie für Prostituierte seien Wirtshäuser vorhanden.[50] Dies zugestehend, ist er gezwungen, den eigentlichen Bedeutungsgehalt der Aussage von Heinricus – aufgrund der Abstinenz der Venezianer bedürfe es keiner Gasthäuser – ebenfalls etwas abzuwandeln. Letztlich sei es nicht allein die Enthaltsamkeit, die die Venezianer von einem Wirtshausbesuch abhalte, sondern die Furcht vor den gesellschaftlich schädlichen Folgen.[51]

Trotz dieser leichten Abwandlungen baut Fabri auf dem positiven Bild, das in seinen Vorlagen bereits gegeben ist, auf. Er stellt das Verhalten der Venezianer anhand der beiden als wesentlich aufgefassten Charaktereigenschaften Bescheidenheit und Enthaltsamkeit als mustergültig dar. Dabei ist Fabris Darstellung ähnlich wie der Bericht Breidenbachs darauf ausgerichtet, mittels der Kontrastierung mit dem Fremden Kritik am Eigenen zu üben. Während aber Fabri die Venezianer eher als vorbildliches Beispiel für eine ideale Lebensführung beschreibt, die den Leser zur Reflexion über die Verhaltenspraxis in der Heimat bewegen soll, ist bei Breidenbach eher das Kreuzzugskonzept seines Berichts für die positive Darstellung der Venezianer verantwortlich. Im Gegensatz zum verfehdeten deutschen Adel stellt Letzterer die Venezianer als fromme und einträchtige Christen dar, die ihre ganze Kraft dem Kampf gegen die Muslime widmen.[52]

Der umgekehrte Fall, dass die Darstellung des Fremden eine Warnung für die Leser beinhaltet, diesem Beispiel nicht nachzueifern, findet sich bei Fabri nur anhand der Kritik der prunkvollen Gestalt und Ausstattung der Gebäude und an den noch nicht reformierten Klöstern. Hiervon abgesehen vermerkt er im *Evagatorium* keine weiteren negativen Eigenschaften und Verhaltensweisen der Venezianer. Dies trifft freilich nicht für alle Pilgerberichte zu. Zwar werden die Venezianer in den Pilgerberichten insgesamt eher positiv dargestellt, doch wird z.B. im Bericht Pietro Casolas an verschiedenen

---

[50] ROBEY/LAW, The Venetian Myth, S. 55: *tabernas non habent.* LEONARDUS DE UTINO, Sermones aures de sanctis, [ohne Paginierung, Kap. XXXII: Sermone di San Marco]. Vgl. FABRI, Evagatorium III, S. 407: *Tabernas non habent, nisi quas pro Teutonicis et Sclavis et Vadienis et scortis sustinent [...].*

[51] Danach müsse ein Venezianer um seinen Ruf fürchten, wenn er dort gesehen werde, und niemand vermähle seine Tochter mit einem noch so reichen Mann, der im Verdacht stehe, an solchen Orten zu verkehren. FABRI, Evagatorium III, S. 408. Erst in späteren Reiseberichten wird ausführlich auf die Prostitution eingegangen und Venedig das negative Image zugeschrieben, eine Stadt großer sexueller Freiheiten zu sein. Vgl. CLADDERS, Französische Venedig-Reisen, S. 152-159.

[52] Vgl. BERNHARD VON BREIDENBACH, Die heyligen reyßen, fol. 15r: *Daz man alles hyrvß mag mercken daz auch gar lobsam ist daz sye vmb wegen yrer lieb · andacht vnd stanthafftikeyt die vnseligen thurcken · cristenliches blûtes strengste vnd schedlichste vind · verhasset vnd verfluchet · ja auch verfolger deß crutzs cristi · ein lange zyt · gar by allein vß aller cristenheit mit grossem kosten vnd arbeyt trüwlichen · manlichen flissiglichen gnug zû yrem teyl · bestritende · verfolgende · vnd leydigende · auch vertribende an vil enden · sich haben gesatzet als für eyn mûwer für die cristenliche kyrch [...].* DERS., Peregrinatio, fol. 12r-v. Vgl. hierzu PALM, Pilgerwesen und Orienterfahrung, S. 193f.; JAHN, Raumkonzepte, S. 44-47.

Stellen auch Kritik laut. Obwohl er ebenfalls deren Bescheidenheit lobt,[53] geht er auch auf den außerordentlichen Stolz der Venezianer ein, der aus ihrer weitreichenden Herrschaft resultiere.[54] Zudem liegt seiner Bemerkung, bei Geschäften mit ihnen solle man besser Augen und Ohren offen halten, das Vorurteil vom verschlagenen venezianischen Kaufmann zugrunde.[55]

Werden hier von Seiten Casolas, der in einer politisch und wirtschaftlich um die Vorherrschaft in Oberitalien mit Venedig konkurrierenden Metropole beheimatet war, Vorbehalte gegen die Venezianer zumindest angedeutet, so ist die Beurteilung bei Wilhelm Tzewers gänzlich negativ. Tzewers zufolge handelt es sich bei den Venezianern um rücksichtslose Ausbeuter. Die von ihnen beherrschten Länder würden bis zum Letzten ausgepresst und geschunden.[56] Von dem von den Armen erpressten Geld würden die Amtsträger in großem Prunk und Aufwand leben.[57] Der ihnen von Casola zugeschriebene große Stolz verwandelt sich bei Tzewers in pure Arroganz: Nur sie selbst würden glauben, dass sie über allen anderen stünden.[58] Von den spätmittelalterlichen Verfassern eines Pilgerberichts prangert nur Tzewers mit solcher Vehemenz die dekadente Lebensweise und Überheblichkeit der Venezianer an. Er entwirft ein negatives Fremdbild, in dem die gemeinsame christliche Religion keine Rolle spielt, sondern zieht auf der Basis moralischer Werte eine strikte kulturelle Grenze zwischen dem Eigenen und Fremden. Möglicherweise ist seine Beschreibung bereits von der antivenezianischen Propaganda verschiedener rivalisierender italienischen Mächte beeinflusst, die als Reaktion auf die Expansion Venedigs auf der Terra ferma im 15. Jahrhundert aufkam.[59]

1.2 Die Venezianerinnen zwischen Schönheitsideal und Dekadenz

Nicht genug, dass Tzewers den Patriziern Überheblichkeit und Raffgier nachsagt. Als weitere Eigenschaft bescheinigt er ihnen Schwachheit gegenüber dem weiblichen Ge-

---

[53] Vgl. CASOLA, Viaggio a Gerusalemme, S. 99; DERS., Pilgrimage, S. 143.

[54] CASOLA, Viaggio a Gerusalemme, S. 99: *Sono alteri, credo sii per el grande dominio hano; e quando nasce uno fiolo ad uno veneziano per sè dicono: 'El'è nato uno signore al mondo' [...].* DERS., Pilgrimage, S. 143.

[55] CASOLA, Viaggio a Gerusalemme, S. 99; DERS., Pilgrimage, S. 143. Über Vorbehalte gegenüber den venezianischen Kaufleuten vgl. z.B. eine Auflistung mit Negativeigenschaften verschiedener europäischer Völker und deutscher Stämme in WALTHER, Scherz und Ernst, S. 269, Nr. 43. Die Venedig zugeschriebene *Paupertas* bedeutet dabei nach BRÜCKNER, Die Welschen, S. 192, dass die Armut dort einen schlechten Ruf besitze und der „Geist reicher Kaufleute" vorherrsche.

[56] TZEWERS, Itinerarius, S. 88: *depauperatur et excoriatur ad ultimum.*

[57] TZEWERS, Itinerarius, S. 86: *et regimine in diversis plagis cum magna pompa et sumptibus. Sic in omnibus insulis suis sunt in numero Veneciani regentes, qui eviscerant et gravant pauperes ad extremum.*

[58] TZEWERS, Itinerarius, S. 88: *Solum ipsi presumunt se super omnes etc.*

[59] Zu dem im 15. und 16. Jahrhundert ausdifferenzierten Antimythos über Venedig siehe FINLAY, The Immortal Republic; MUIR, Civic Ritual, S. 49f.; RUBINSTEIN, Italian reactions.

schlecht: In vielerlei Hinsicht herrsche dieses über die Männer.[60] Den „Kampf um die Hose" hatten die Venezianer seiner Ansicht nach gegen ihre Ehefrauen verloren.[61] Während Tzewers als einziger Pilger eine einseitig negative Stellung gegenüber der männlichen Oberschicht Venedigs bezieht, gilt dies für die Beurteilung der Patrizierinnen nicht in gleicher Weise. Obwohl der Bewegungsraum der adligen Frauen in der Öffentlichkeit stark eingeschränkt war,[62] werden sie in den Berichten auffallend häufig und ausführlich beschrieben. Begegnungen werden vor allem im Zusammenhang mit dem Kirchgang geschildert.[63] Während der nur Männern vorbehaltenen Prozessionen zu Himmelfahrt oder Fronleichnam[64] etwa konnte Konrad Grünemberg einen einmaligen Blick auf das sonst stets verschleierte Antlitz der Frauen erhaschen, die von den Fenstern und Galerien aus das Geschehen verfolgten.[65]

Die Ursache für die intensive Auseinandersetzung der Pilger mit den venezianischen Patrizierinnen liegt offenbar in deren Kleidung und Auftreten. Dabei steht weniger die von Grünemberg hervorgehobene Verschleierung im Vordergrund, die dem Berichterstatter der Reise Herzog Alexanders sehr seltsam erschien.[66] Der Auslöser war vielmehr das Erscheinungsbild vor allem der noch unverheirateten Frauen der Oberschicht, die sich trotz bestehender Kleider- und Luxusgesetze durch ihren kostbaren Schmuck, die Freizügigkeit ihrer Kleidung und der für die Besucher ungewöhnlichen Schuhmode hervortaten.[67] Mittels der Beschreibung der Patrizierinnen konnten die Pilger einerseits den Reichtum und Wohlstand der Bewohner Venedigs veranschaulichen,[68] andererseits ihre eigenen Wertvorstellungen kundtun.

---

[60] TZEWERS, Itinerarius, S. 86: *In multis mulieres viris dominantur etc.*

[61] Zu dem topischen Thema der Bedrohung des Ehemanns durch eine ungehorsame und herrschsüchtige Frau vgl. BASTL, Europas Aufbruch in die Neuzeit, S. 142f.; METKEN, Der Kampf um die Hose.

[62] Siehe hierzu ROMANO, Patricians and Popolani, S. 131-140.

[63] Nach der Beschreibung der Wallfahrt Pfalzgraf Alexanders würden die *itztgemelten köstliche Gentildame und Frawen* nur zum Messbesuch *auß iren Heusern kommen*. Vgl. MEISENHEIMER, Die Reise des Grafen Johann Ludwig, S. 66.

[64] Vgl. FABRI, Evagatorium I, S. 98; DERS., Wanderings I, S. 99.

[65] GRÜNEMBERG, Ritter Grünembergs Pilgerfahrt, S. 26: *sonst durch das ganze Jahr wird ihnen nicht zugelassen weder sehen noch gesehen werden anders denn mit schwarzem Schleier das halbe Angesicht bedeckt.*

[66] MEISENHEIMER, Die Reise des Grafen Johann Ludwig, S. 66: *so sie auff die gassen oder in die kirch gehen, so haben sie ein Aug verstopfet oder zugedecket, welches sehr seltzam zu sehen ist.*

[67] Zur Kleidung der Venezianerinnen unter Rückgriff auf die Bildkunst z.B. Albrecht Dürers vgl. NEWTON, The Dress of the Venetians, S. 47-55, und REICHERT, Erfahrung der Welt, S. 74f. Zu den Luxusgesetzen siehe HOLLBERG, Deutsche in Venedig, S. 190-200; NEWETT, The Sumptuary Laws. Grundsätzlich zur kleidergesetzlichen Normierung am Beispiel deutscher Städte siehe BULST, Kleidung als sozialer Zündstoff und DERS., Zum Problem städtischer und territorialer Kleider-, Aufwands- und Luxusgesetzgebung.

[68] Vgl. DENKE, Auf dem Weg ins Heilige Land, S. 125; DIES., Venedig als Station und Erlebnis, S. 187.

Diese Werturteile fallen in den Berichten überwiegend negativ aus, wobei die Beurteilung jeweils nach dem Muster erfolgt, dass von der äußerlichen Gestalt auf die charakterlichen Eigenschaften geschlossen wird. Wie für Tzewers der Schmuck im Wert von vielen tausend Dukaten ein sicheres Zeichen für große Ausschweifungen ist,[69] sind für Fabri die extravaganten Gewänder Ausdruck der Eitelkeit der Venezianerinnen.[70] Zu Feierlichkeiten würden sie sich mit solchem Stolz, Gepränge und Schmuck zeigen, dass es sich nicht um christliche, sondern vielmehr um trojanische Frauen und Gefährtinnen der Helena und Venus zu handeln scheine.[71] Diese auch von Pierre Barbatre benutzte Assoziation mit mythologischen Figuren,[72] die Sinnbilder für Schönheit, aber auch Leidenschaft, Zügellosigkeit und hemmungslose Begierde darstellen, greift Fabri in einer später hinzugefügten Randbemerkung erneut auf. Mit Erlaubnis ihrer Ehemänner seien die Patrizierinnen während des in Venedig tagenden dominikanischen Generalkapitels, an dem er 1486 oder 87 teilgenommen hat, mit solchem *ornatu et pompa* aufgetreten, dass es den Anschein gehabt habe, Venus und ihre Gefährtinnen seien vom Teufel persönlich in das Kloster gelassen worden.[73] Auch hier ist das Erscheinungsbild der Frauen Ausdruck ihrer Prahlsucht und Sündhaftigkeit.[74]

---

[69] TZEWERS, Itinerarius, S. 86. Vgl. auch Arnold von Harff, dem man berichtet habe, dass die Schmuckstücke 600.000 Dukaten wert seien. Siehe ARNOLD VON HARFF, Die Pilgerfahrt, S. 53f. Zur Kritik an der Zurschaustellung teurer Juwelen siehe WOLTER, Teufelshörner und Lustäpfel, S. 98-102. Der Schmuck bzw. die luxuriöse Kleidung ist für den 1487 nach Jerusalem pilgernden Jean de Tournai sogar Anlass, die Venezianerinnen in die Nähe von Prostituierten zu rücken. Vgl. POLAK, Un récit de pèlerinage, S. 85; CHAREYRON, Venise, S. 9. Zu der Gepflogenheit, ehrbare Frauen aufgrund ihrer luxuriöser Kleidung mit Prostituierten gleichzusetzen siehe SCHUSTER, Die freien Frauen, S. 85 und 304f.

[70] FABRI, Evagatorium I, S. 105f.: *Inter ista divina solemnia quantae ibi videantur vanitates, et mulierum intemperata ornamenta [...]*. DERS., Wanderings I, S. 109. Vgl. aber auch die eher positive Wendung Fabris in DERS., Evagatorium I, S. 101: *Illa die est festum mulierum, et videntur ibi foeminarum ostentationes seculares facientes, quod es mirum videre tantam preciositatem*. DERS., Wanderings I, S. 103.

[71] FABRI, Evagatorium III, S. 433: *Porro ad illa festa procedunt dominae Venetianae cum tanto fastu, pompa et ornatu, quod non videntur Christianorum uxores, sed Trojanorum, et ipsius Helenae et Veneris sodales.*

[72] BARBATRE, Le voyage, S. 100. Vgl. ESCH, Gemeinsames Erlebnis, S. 393; RÖHL, Venise, S. 100.

[73] FABRI, Evagatorium III, S. 435: *Insuper dominae Venetianae, licentiatae a maritis, tanto ornatu adventarunt, ut putares Venerem ex suo monte cum suis sodalibus erupisse et capitulo nostro a Satana transmissas [...]*. Die später zugesetzte Randbemerkung Fabris erstreckt sich von *Interfui alias capitulis aliis [...]*, und endet mit *si apud eos diaetae celebrantur*. Vgl. ebd., S. 434f.; Ulm, StB, Hs. 19555-2, fol. 220v.

[74] Darüber hinaus schreibt Fabri den Venezianerinnen als weiteres negatives Attribut eine hemmungslose Neugier zu. Er beklagt sich, dass diese weniger daran interessiert gewesen seien, die Kirche zu besuchen, um dem Gottesdienst beizuwohnen, sondern um neugierig den gesamten Konvent auszuforschen. FABRI, Evagatorium III, S. 435. Diese Aussage ist in Fabris Autograph ein nachträglicher Einschub zu jener Randbemerkungen, wohl um die im vorhergehenden Satz gemachte Andeutung unter Bezugnahme auf den Teufel näher zu erklären. Vgl. Ulm, StB, Hs. 19555-2, fol. 220.

Auf Einzelheiten zu ihrem Aussehen gehen weder Fabri noch Tzewers ein.[75] Die Ursache hierfür ist wohl in einer Haltung zu suchen, wie sie Paul Walther von Guglingen in seinem Bericht einnimmt. Dieser beschwert sich über die freizügige Kleidung der Venezianerinnen, die ohne Scham mit unbedeckten Schultern einhergehen würden. Auf Nennung weiterer Details wolle er aber verzichten, da deren Benehmen und weitere Verfehlungen nur Gott kenne und daher auch nur von ihm beurteilt und bestraft werden könnten.[76] Einen vergleichbaren Standpunkt vertritt auch Pietro Casola. Als Geistlichem auf Wallfahrt stehe es ihm nicht zu, sich näher mit der Lebensweise der Venezianerinnen zu befassen. Lieber wende er sich den Kirchen und Reliquien der Stadt zu, da dies ein verdienstvoller Weg für einen Pilger sei.[77] Allerdings findet sich diese Äußerung in seinem Bericht erst an einer Stelle wieder, nachdem er die Patrizierinnen bereits mit persiflierenden Bemerkungen beschrieben hat. Während Fabri eine distanzierende Haltung einnimmt, indem er sich von dem unmoralischen Verhalten der Venezianerinnen entsetzt und brüskiert zeigt, gibt sich der Mailänder Kanoniker eher ironisch, um seine Ablehnung gegenüber den Kleidungsgebräuchen zum Ausdruck zu bringen: Die Venezianerinnen ließen sich selbst von beißenden Fliegen nicht beirren und würden keine Eile zeigen, ihre Schulter und Brust mit einem Tuch zu bedecken, wenn ihnen unerwartet ein Mann begegne.[78]

Doch nicht nur Pilgern geistlichen Standes galt diese Freizügigkeit als anstößig. Eine *schendlichere kleidunge*, die Blicke *hiendenn bies auff halbenn Rücken hienab, und forne bies under die brust* erlaube, habe Dietrich von Schachten bei keinen anderen *weibern* gesehen.[79] Solche Kleidung erfüllte für ihn weniger den Zweck, den Körper zu verhüllen, als vielmehr die Konturen des weiblichen Körpers zu betonen, der durch die großzügige Dekolletierung geradezu zur Schau gestellt wurde. Dies stand nicht in Einklang mit jener Normvorstellung, nach der die Attraktivität einer Frau gerade durch eine vorbildliche Einhaltung von Anstandsregeln und diszipliniertes Auftreten bemessen

---

[75]   Vgl. zu dem Folgenden auch DENKE, Auf dem Weg ins Heilige Land, S. 122-125; DIES., Venedig als Station und Erlebnis, Kap. 3.4.3.

[76]   PAUL WALTHER VON GUGLINGEN, Itinerarium in Terram Sanctam, S. 51. Vgl. GANZ-BLÄTTLER, Andacht und Abenteuer, S. 189.

[77]   CASOLA, Viaggio a Gerusalemme, S. 102: *Questa constuma forse piace ad altri; a me non piace: sono prete in via de santi; non ho voluto cercare più ultre cerca la vita loro. A me è paruto, come ho posto di sopra, a cercare le giesie, li monasteri e vedere de le reliquie che sono tante. E questo ho considerato fosse bona opera ad uno peregrino che aspectasse la partita de la galea per andare al Sacto Sepolcro, finiendo el tempo al meglio che poteva.* DERS., Pilgrimage, S. 145.

[78]   CASOLA, Viaggio a Gerusalemme, S. 101: *quelle done veneziane hano piacere ad essere vedute e guardate e non hano paura che le mosche le mordeno; e però non hano troppa freza a coprirse, quando l'homo le gionge a la sprovveduta.* DERS., Pilgrimage, S. 144f. Zitiert auch von GANZ-BLÄTTLER, Andacht und Abenteuer, S. 191; CARACCIOLO ARICÒ, Venezia nelle relazioni di viaggio, S. 55.

[79]   DIETRICH VON SCHACHTEN, Beschreibung, S. 171f.

wurde.[80] Der Kleidungsstil erlaubte dem Pilger verführerische Einblicke, die sowohl die Konzentration auf das Ziel Jerusalem erschwerte und somit die Wallfahrt gefährdete als auch dem Ideal Dietrichs von Schachten von einem disziplinierten und züchtigen Verhalten entgegenliefen. Die Kleidermode der Venezianerinnen wird in seinem Bericht daher als Aufforderung zur Unkeuschheit gebrandmarkt.

Fabri äußert sich weder zu den „Zoccoli", Trippschuhen mit besonders hohen Absätzen oder Plateaus,[81] die selbst bei italienischen Pilgern große Verwunderung hervorriefen,[82] noch zur Haarmode, welche ebenfalls Ansatzpunkt für geringschätzige Äußerungen bot. Indem die Venezianerinnen Perücken benutzen und ihr gefärbtes und *krausse[s] haar* in einer Weise frisieren, dass es *uber die ohrenn* herabreiche, seien sie für Casola und Dietrich von Schachten *wie die Männer anzusehenn*.[83] Zwar beinhaltet dies noch nicht einen willentlich herbeigeführten Identitätswechsel. Beide Pilger bringen hiermit aber zum Ausdruck, dass sie sich hiervon unangenehm berührt fühlten. Implizit weisen sie auf die Gefahr hin, dass ein festgefügtes geschlechterspezifisches Aussehen durch das Tragen von Perücken aufgebrochen und die gesellschaftliche Ordnung in Frage gestellt werden kann.[84] Die Frisuren selbst vergleicht der Gefolgsmann des hessischen Landgrafen mit der Art, wie *mann ihnn deutschenn landtenn einem pferdte denn Schwantz auffbiende*.[85] Der höhnische Vergleich mit einem Pferdeschwanz stellt nicht einfach eine Assoziation dar, sondern ist eine beabsichtigte Diffamierung. Nur die Wenigsten entsprachen seinem Schönheitsideal von einer Frau, die *Ihr haar natürlichenn schönen undt lang* trägt.[86]

---

80   Vgl. hierzu bes. WOLTERS, Teufelshörner und Lustäpfel, S. 125-130; MERTENS, Katzenbart und Schlangenfraß, S. 40f. Mit der als Sittenlosigkeit begriffenen Freizügigkeit von Frauenkleidern wurden häufig auch Kleiderordnungen begründet. Vgl. auch BULST, Zum Problem städtischer und territorialer Kleider-, Aufwands- und Luxusgesetzgebung, S. 43.

81   Die „Zoccoli" dienten ursprünglich dazu, dem Dreck und Staub der Straßen zu entgehen, entwickelten sich zu extravaganten Statussymbolen, die bis zu einem halben Meter hoch sein konnten. Vgl. die Abbildungen in VITALI, La moda a Venezia, S. 88 und 96. Bereits 1430 wurde eine Verordnung erlassen, die die Herstellung und den Verkauf ab einer gewissen Größe unter Strafe stellte. Vgl. NEWETT, Sumptuary Laws, S. 275f.

82   Pietro Casola erschienen die Frauen durch ihre hohen *pianele* wie Giganten. Einige müssten beim Laufen von ihren Sklaven sogar gestützt werden, um nicht zu fallen. Vgl. CASOLA, Viaggio a Gerusalemme, S. 100f.; DERS., Pilgrimage, S. 144. Siehe zudem DIETRICH VON SCHACHTEN, Beschreibung, S. 172, sowie dazu DENKE, Auf dem Weg ins Heilige Land, S. 172; DIES., Venedig als Station und Erlebnis, S. 185.

83   CASOLA, Viaggio a Gerusalemme, S. 101; DERS., Pilgrimage, S. 144. DIETRICH VON SCHACHTEN, Beschreibung, S. 171.

84   Zum Beispiel Kleiderwechsel und weibliche Identität siehe MOOS, Das mittelalterliche Kleid, S. 139-146; SIMON-MUSCHEID, Die Kleidung städtischer Unterschichten, S. 51. Grundsätzlicher zudem SPREITZER, Störfälle.

85   DIETRICH VON SCHACHTEN, Beschreibung, S. 171.

86   DIETRICH VON SCHACHTEN, Beschreibung, S. 171. Zu der Negativcharakterisierung siehe auch JAHN, Raumkonzepte, S. 49. Zur bildlichen Darstellung vgl. die Zeichnung von Arnold von Harff in ARNOLD VON HARFF, Die Pilgerfahrt, S. 54. Es ist aber nicht eindeutig, ob von Schachten mit

Wie Arnold von Harff bezüglich der Patrizier, so kommt Dietrich von Schachten am Beispiel der Patrizierinnen zu dem Ergebnis, dass die in Venedig üblichen Gebräuche denen der Heimat völlig entgegengesetzt seien. Dabei missfällt ihm nicht allein die Art, in welcher sie ihre weiblichen Reize hervorheben. Viel schwerer wiegt für ihn der Umstand, dass sie überhaupt auf künstliche Mittel zurückgreifen. Die harschen Formulierungen Dietrichs von Schachten machen deutlich, dass er sich an die kirchliche Position anlehnt, die jegliche kosmetische Eingriffe verurteilt, da hierdurch die jedem Menschen gegebene unverwechselbare und gottgegebene Gestalt in Frage gestellt wird. Eine Veränderung des Aussehens kommt mithin einer Kritik an Gottes Schöpferkunst gleich und stellt eine Hinwendung zum Diesseits dar.[87] Dementsprechend äußert er sich geradezu empört darüber, dass die Venezianerinnen sich schminken, *wilches doch wieder die weisliche natur ist.*[88]

Die von Fabri, Tzewers oder von Dietrich von Schachten entwickelte negative Charakterisierung ist zwar das vorherrschende, nicht jedoch das einzige Deutungsmuster in den Pilgerberichten. Heinrich von Zedlitz berichtet, dass manch einer seiner Reisegefährten die Feierlichkeiten zu Himmelfahrt genutzt habe, nicht die auf den Kanälen fahrenden Boote, sondern die darin sitzenden *schon frawen von Venedig* zu betrachten.[89] War der Verfasser des Berichts über die Wallfahrt des Pfalzgrafen Alexander noch vorsichtig, die *Schönheit, reichheit vnd köstlichkeit nicht zu viel [zu] loben oder [zu] preisen,*[90] huldigt Konrad Grünemberg der Schönheit der Venezianerinnen über alle Maßen. Bei ihm wird die Frau lediglich als Objekt der Begierde wahrgenommen. In seiner Laudatio, die an die Idealvorstellungen von Schönheit im höfischen Roman anschließt,[91] stellt er sie als vollkommen und frei von jedem Makel dar: Ihr Haar gliche *dem Golde*, die Stirn sei von keiner *Runzel entstellt*, das Leuchten ihrer Augen sei schmerzerregend, die kleinen *Münder von roter Korallenfarbe* seien *auf das allerlustsamlichste verlockend hineinzubeißen.* Es wäre nicht verwunderlich, *wenn solcher Frauen Männer und Ehegatten immerdar vor Wonne spröngen gehörnter als die brünstigen Hirsche.*[92] Entsprechend dem Grundsatz, dass die äußere Gestalt ein Spiegelbild der inneren Qualitäten sei, ist für Grünemberg der Charakter der Venezianerinnen ebenso vollkommen und untadelig wie ihre äußere Schönheit.[93] Grünembergs Idealbild ergibt sich aus der Kombination des makellosen Äußeren, der charakterlichen Vorzüge

---

seiner Kritik auf die sogenannten Hörnerfrisuren bzw. -hauben zielt. Vgl. hierzu WOLTER, Teufelshörner und Lustäpfel, S. 84-90.

[87] Vgl. WOLTER, Teufelshörner und Lustäpfel, S. 11f.; HAUPT, Der schöne Körper, S. 52f.; BERGDOLT, Schönheitspflege, Sp. 1537.

[88] DIETRICH VON SCHACHTEN, Beschreibung, S. 172.

[89] HEINRICH VON ZEDLITZ, Die Jerusalemfahrt, S. 107; Vgl. auch FASSBENDER, Bedvartt, S. 249.

[90] MEISENHEIMER, Die Reise des Grafen Johann Ludwig, S. 66.

[91] Vgl. hierzu einführend und mit weiterer Literatur HAUPT, Der schöne Körper.

[92] GRÜNEMBERG, Ritter Grünembergs Pilgerfahrt, S. 26f.

[93] GRÜNEMBERG, Ritter Grünembergs Pilgerfahrt, S. 27: *Ihre äußere Bildung und Form zeugten von ihres Inneren edler Wohlgestalt und Vernunft.*

und der Ehrbarkeit. Allerdings steht der Konstanzer Patrizier mit seinem einseitigen Lobpreis insgesamt recht allein unter den Pilgern. Selbst der vielerfahrene Arnold von Harff schränkt demgegenüber ein, die schönsten Frauen seien ihm in Mailand begegnet, in Venedig dagegen nur die reichsten.[94] Ohne die näheren Umstände seiner offenbar intimenen Erfahrung mitzuteilen, will er während seiner nächtlichen Abenteuer eher eine hässliche Seite der Venezianerinnen kennen gelernt haben, wenn infolge schnelleren Atmens die Schminke verlaufe.[95]

Fabri musste sich solch tiefe Einblicke in das Leben der Venezianerinnen versagen. Wie Casola deutlich macht, wären sie im Reisebericht eines Geistlichen fehl am Platz gewesen. Die allgemeinen Bemerkungen nutzt Fabri lediglich dazu, den Venezianerinnen sittliche Verfehlungen anzulasten. Sie verkehren sein Idealbild von der schlicht gekleideten und in ihrem Verhalten züchtigen Frau in das Gegenteil. Im Hinblick auf die Leser dient die Negativcharakterisierung dazu, die venezianischen Frauen als warnendes Beispiel für moralischen Verfall als Folge einer Orientierung an den profanen Dingen zu stilisieren. Seine Kritik bezieht sich indes nicht nur auf die Ehefrauen der adligen Oberschicht, sondern schließt auch die Nonnen des Klosters San Zaccaria mit ein. Den Ordensschwestern des ältesten und prestigeträchtigsten Frauenkonvents der Stadt attestiert er eine äußerst laxe Auslegung der benediktinischen Regeln.[96]

Dabei ist sowohl sein Blick auf die Venezianerinnen als auch der aller anderen Pilger – unabhängig von einer positiven oder negativen Darstellung – ein spezifisch männlicher. Die Beurteilungen der Patrizierinnen werden lediglich auf der Basis ihres Aussehens getroffen. Die ihnen daraus zugeschriebenen Verhaltensweisen spiegeln die Auffassung der Pilger von der Rolle der Frau wider, die verführt und sich leicht verführen lässt sowie anfällig für die Laster der Hoffart und Eitelkeit ist. In den Beschreibungen der Pilger kommt die von Augustinus theologisch hergeleitete und begründete Auffassung über die Hierarchie der Geschlechter zum Ausdruck, die Edith Feistner treffend zusammenfasst: „Der Körper der Frau wird zum Repräsentanten des aufs Materielle und

---

[94] ARNOLD VON HARFF, Die Pilgerfahrt, S. 217f.

[95] Ebd., S. 54: *item dese vrauwen haynt sich allit mit varwen vnder deme antlitz oeuerstrichen, dar vmb sijnt sij des naichtz hesslich wan dar vp gheeympt wyrt.* Vgl. die Übersetzungen dieser schwerverständlichen Stelle bei ARNOLD VON HARFF, The Pilgrimage, S. 65: *these women paint their faces with colours so that at night they look ugly when the heat makes the colours run.* Ähnlich auch ARNOLD VON HARFF, Rom – Jerusalem – Santiago, S. 83. Abweichend dagegen DENKE, Auf dem Weg ins Heilige Land, S. 123; DIES., Venedig als Station und Erlebnis, S. 183.

[96] FABRI, Evagatorium I, S. 100: *Sunt enim moniales divites et nobiles satis seculares, Ordinis S. Benedicti.* DERS., Wanderings I, S. 101. Fabri spielt dabei auf die große Bewegungsfreiheit der Nonnen an, bei denen es sich zumeist um Töchter aus den höchsten Familien Venedigs handelte. Anstatt in Klausur zu leben, nahmen sie in hohem Maß am öffentlichen Leben teil. Dies missbilligt auch Pietro Casola und war unter den Venezianern auch selbst umstritten, da es den Eindruck eines liederlichen Lebenswandels der Nonnen vermittelte. CASOLA, Viaggio a Gerusalemme, S. 93; DERS., Pilgrimage, S. 136. Vgl. hierzu RADKE, Nuns and Their Art, S. 453f.

Sinnliche begrenzten Teils der Schöpfung, der Körper des Mannes hingegen zum mate-
rialisierten Abbild des Geistes Gottes."[97]

1.3   Der Gründungsmythos und die venezianische Mischverfassung

Die ethnographischen Angaben Fabris über die Venezianer stehen nicht isoliert, sondern sind in einen ‚historischen' und ‚politisch-juristischen' Diskurs eingebunden. Fabri
begründet die positive Charakterisierung der Patrizier mit ihrer Herkunft, die auf die
Trojaner zurückgehe. Von den in seinem Hymnus auf Venedig angeführten sieben Argumenten für die Unvergleichlichkeit der Stadt beziehen sich gleich drei auf die edle
Abstammung der Venezianer: Zum einen sei die Stadt nicht wie Ninive oder Babylon
durch einen Tyrannen gegründet worden, sondern durch Menschen, die der Unterwer-
fung entronnen seien. Zum anderen hätten weder Diebe und Räuber, noch wie in Rom
Gemeine, Bauern oder Hirten Venedig erbaut, sondern reiche, ehrenhafte und adlige
Herren – ein Argument, das auch der venezianische Geschichtsschreiber Marino Sanu-
do zur Abgrenzung gegenüber Rom ins Feld führt.[98] Ferner sei die Stadt nicht durch
‚Heiden' und ‚Ungläubige' errichtet worden, wie Troja und Athen, sondern durch
Christen.[99]

   Fabri schließt somit in ganz wesentlichen Punkten an den venezianischen Mythos an.
Gleich vielen anderen Städten und zahlreichen Herrscherdynastien[100] kreierten auch die
Venezianer eine Ursprungslegende, die auf die Ereignisse im Gefolge der Belagerung
Trojas Bezug nahm und die die lange und ruhmvolle Geschichte der Stadt adeln sollte.
Sie führten die Gründung Venedigs auf die Trojaner zurück, die nach der Flucht aus der
brennenden Stadt die Po-Ebene besiedelten und der venezianischen Historiographie
zufolge in der Lagune bereits eine erste Siedlung errichteten.[101] Indem die Venezianer

---

97   FEISTNER, Der Körper als Fluchtpunkt, S. 133.

98   Auch er verweist auf die Gründung der Stadt durch reiche und mächtige Bürger, während Rom
      lediglich durch einfache Hirten gegründet worden sei. SANUDO, De origine, S. 20: *Questa città de*
      Veniesia, commun domicilio di tutti, terra libera né mai da niuno subiugata come tutte le altre,
      edificata per Christiani [...] et non da pastori come Roma, ma da populi potenti, et ricchi [...].
      DERS, Praise, S. 4. Vgl. auch BERNHARD VON BREIDENBACH, Die heyligen reyßen, fol. 13v; DERS,
      Peregrinatio, fol. 11r.

99   FABRI, Evagatorium III, S. 402f.: *quod septem faciam fundationem illius urbis celebrem: [...] 2)*
      non est aedificata a tyrannis, sicut Ninive, Babylonia, sed a tyrannide fugientibus; 3) non est
      aedificata a latronibus, raptoribus, ignobilibus, rusticis, pastoribus; sicut Roma, sed a divitibus,
      dominis honestis et nobilibus Venetorum; 4) non est constructa a paganis et idolatris, sicut Troja,
      Athenae, sed a Christianis et Crucifixi cultoribus [...].

100 Zur Berufung auf die Trojasage und die damit verfolgten Legitimationsbestrebungen siehe MEL-
      VILLE, Troja; GRAUS, Troja und trojanische Herkunftssage.

101 Zu den verschiedenen Strängen und Ausformungen der Gründungssage in der venezianischen
      Historiographie vgl. MUIR, Civic Ritual, S. 65-68; MARX, Venedig – ‚Altera Roma', S. 327-332;
      FORTINI-BROWN, The Self-Definition, S. 512-515.

ihre Herkunft von den Trojanern ableiteten, konnten sie sich auf eine edle Abstammung berufen und gegenüber benachbarten konkurrierenden Städten wie Padua und Aquileia, die sich ebenfalls als trojanische Gründungen begriffen, und sogar Rom gegenüber als ebenbürtig auftreten. Diese Legende war der eigentlichen Gründungsgeschichte, die sich im fünften nachchristlichen Jahrhundert ereignet haben soll, vorangestellt. Danach wurde Venedig von Flüchtlingen aus Oberitalien gegründet, bei denen es sich wiederum um Nachfahren der Trojaner handele, die vor Attilas Hunnen in die sichere Lagune ausgewichen seien.[102]

Fabri gibt im *Evagatorium* beide Erzählungen dieses ‚doppelten Gründungsmythos‘[103] wieder. Dabei geht er deutlich über Bernhard von Breidenbach hinaus, der als einziger weiterer Verfasser von Pilgerberichten auf die Ursprünge der Stadt zu sprechen kommt.[104] Die zentrale Intention für beide Pilger lag darin zu verdeutlichen, dass es sich bei den Venezianern von Beginn an sowohl um freie als auch christliche Menschen gehandelt habe, die zu keiner Zeit jemandem unterworfen gewesen seien. Sie vermitteln auf diese Weise das venezianische Autostereotyp an die Leser ihres Berichtes weiter, was Breidenbachs Ziel, Venedig als Bollwerk des Christentums darzustellen, entgegenkommt, aber auch Fabris Darstellung der Venezianer als Vorbild in ihrer moralischen Lebensführung unterstützt. Dabei war ihm wohl nicht bewusst, dass er infolge seiner Orientierung an venezianischen Vorlagen auch an die in der venezianischen Geschichtsschreibung besonders ab der zweiten Hälfte des 15. Jahrhunderts festzustellende Tendenz anknüpft, sich gegenüber dem imperialen und kirchlichen Rom abzusetzen und Venedig als ‚zweites‘ bzw. ‚besseres‘ Rom zu positionieren.[105]

---

[102] MUIR, Civic Ritual, S. 68-74. Die führenden Patriziergeschlechter Venedigs nahmen für sich in Anspruch, dass ihre Vorfahren, welche schon die ehrwürdigsten Familien der norditalienischen Städte gestellt hätten, sich bei der Flucht der einfachen Bevölkerung angenommen und dem Schutz der Lagune zugeführt hätten. Vgl. RÖSCH/RÖSCH, Venedig im Spätmittelalter, S. 7.

[103] Vgl. CROUZET-PAVAN, Jeux d'identité, S. 27.

[104] Vgl. FABRI, Evagatorium III, S. 400f.; BERNHARD VON BREIDENBACH, Peregrinatio, fol. 11r; DERS., Die heyligen reyßen, fol. 13v. Fabri hat sich möglicherweise an Breidenbach orientiert, doch ist seine Beschreibung umfangreicher und um verschiedene Legenden (z.B. über die Rolle der Fischersfrau Nesam) erweitert, die aus einer nicht identifizierten Quelle stammen.

[105] MARX, Venedig – ‚Altera Roma‘, S. 359. Dies zeigt sich z.B. an Fabris Verweis auf die Beständigkeit und lange Geschichte der venezianischen Herrschaft. Die Stadt blicke auf eine längere Geschichte als alle anderen Reiche – einschließlich des Römischen oder des von David gegründeten Königreiches von Jerusalem – zurück. Vgl. FABRI, Evagatorium III, S. 404. Als Gründungsdatum gibt er analog zu seiner Primärquelle für die venezianische Geschichte, dem *Supplementum Chronicarum* des Jacobus Philippus de Bergamo (1434–1530), das Jahr 456 an. Dabei war ihm aus anderen Quellen mit dem Jahr 321 ein weiteres Datum bekannt, bei welchem es sich aber wohl um einen Schreibfehler handelt. Vielmehr war hier das Jahr 421 gemeint, das von venezianischer Seite offiziell als Gründungsjahr angegeben wurde. Vgl. FABRI, Evagatorium III, S. 401; JACOBUS PHILIPPUS DE BERGAMO, Supplementum chronicarum, fol. 148r. Zur Legende um die Gründung Venedigs am 25. März 421 siehe MUIR, Civic Ritual, S. 70-72.

Der Gründungsmythos und die lange Geschichte der Stadt ist für Fabri der Ansatzpunkt, die Vorzüge der venezianischen Verfassung zu rühmen. Ausführlich geht er auf die besondere Staatsordnung ein, die aus venezianischer Perspektive Garant der Unabhängigkeit sowie der innenpolitischen Kontinuität und Einigkeit der Bürger ist.[106] Die Bemerkungen Fabris und weiterer Pilger über die Struktur der venezianischen Verfassung sind Zeugnis dafür, dass die sich von anderen europäischen Herrschaftsformen unterscheidende Staatsordnung erheblich früher für die kollektive Identität der Venezianer fruchtbar gemacht und von auswärtigen Besuchern als spezifisches Merkmal der Stadt verstanden wurde.[107]

Schon bei den prunkvollen Prozessionen zu Christi Himmelfahrt und Fronleichnam gewannen die Pilger einen Eindruck von der staatlichen Organisation, da der Doge und die Amtsträger in einer festgefügten, die Staatshierarchie berücksichtigenden Rangfolge auftraten. Doch stehen die Angaben zur Verfassung Venedigs überwiegend in Zusammenhang mit der Beschreibung des Dogenpalastes. Zwar waren die Pilger von der baulichen Gestalt sehr beeindruckt, doch steht in den Berichten eher die Funktion des Gebäudes im Vordergrund.[108] Bei der Besichtigung des Regierungszentrums dürften sie über Zusammensetzung und Aufgaben der verschiedenen Institutionen in Kenntnis gesetzt worden sein. Santo Brasca und der Verfasser des Berichts über die Reise des Herzogs Alexander schildern den Ablauf der mit silbernen und goldenen Kugeln durchgeführten Wahlen beispielsweise bei der Bestimmung des Dogen, der zumeist als *dux* oder *hertzouch* bezeichnet wird.[109] Ihnen war zudem bekannt, dass das Mindestalter für die Aufnahme in den Großen Rat (Maggior Consiglio) 25 Jahre betragen musste.[110] Dietrich von Schachten berichtet von der großen Zahl an Posten, die auf diese Weise Jahr für Jahr vergeben würden. Verwunderlich ist dies seiner Meinung nach nicht, da

---

[106]   Vgl. SANUDO, De origine, S. 39: *Et si governa questa santa Republica con tanto ordine che è cossa mirabile; non ha seditione di populo né discordia de patritij, ma tutti unanimi sono ad accrescerla [...]*. DERS., Praise, S. 21.

[107]   Die ältere Venedigforschung ging davon aus, dass die Verfassung zunächst kein Bestandteil des im 14. Jahrhundert ausgeformten Venedig-Mythos war, sondern erst im 16. Jahrhundert vor allem durch die Schriften Gasparo Contarinis (1483–1542) zum festen Attribut in der Außendarstellung avancierte. Mittlerweile ist deutlich geworden, dass die Staatstheoretiker des 16. Jahrhunderts an Diskurse anknüpften, die bis in das ausgehende 13. Jahrhundert zurückreichen. Siehe BLYTHE, Ideal Government, S. 279f.; ROBEY/LAW, The Venetian Myth, S. 10-15.

[108]   ESCH, Gemeinsames Erlebnis – Individueller Bericht, S. 393.

[109]   Siehe hierzu DENKE, Venedig als Station und Erlebnis, S. 150.

[110]   BRASCA, Viaggio in Terrasanta, S. 48f.; MEISENHEIMER, Die Reise des Grafen Johann Ludwig, S. 63. Santo Brasca weiß auch von der zusätzlichen Regelung zu berichten, dass unter den achtzehnjährigen Patriziern jedes Jahr per Losverfahren einige – er nennt die Zahl 30 – bestimmt wurden, die bereits im Alter von 20 Jahren in den Großen Rat aufgenommen wurden. Vgl. BRASCA, Viaggio in Terrasanta, S. 48. Zur Balla d'Oro oder Barbarella und ihrer Bedeutung für Strategien um Einflussnahme im Großen Rat vgl. CHOJNACKI, Political Adulthood; DERS., Kinship Ties; DERS., Women and Men in Renaissance Venice.

sie doch zwei oder drei von ihnen beherrschte Königreiche mit Verwaltungsbeamten bestellen müssten.[111]

Die einzelnen Informationen über die venezianische Verfassung werden in diesen Berichten aber kaum weiter kommentiert. Sie bilden lediglich einen Beleg für die Anders- und Einzigartigkeit Venedigs, ohne dies einem Werturteil zu unterziehen. Demgegenüber hat Fabris ausführliche Beschreibung der Verfassung und einzelner Regierungsorgane die Funktion, das positive Bild der Venezianer zu untermauern. Auf Einzelheiten des Wahlvorgangs und die Zugangsbedingungen zum Großen Rat geht er dabei nicht ein. Indem er an den gelehrten Diskurs über die beste Staatsordnung anknüpft, behandelt er die venezianische Verfassung stattdessen auf einer übergeordneten Ebene. Seine Informationen bezieht Fabri zum großen Teil aus Quellen, die im Abschnitt *De diuturno Venetorum regimine* seines Venedigkapitels als Autoritäten anführt werden.[112] Sämtliche Autoren, zu denen er auch den ebenfalls dem Dominikanerorden angehörenden Thomas von Aquin rechnet,[113] rühmen dabei die Vorzüge der venezianischen Mischverfassung. Nach deren Urteil zeichnet sie sich dadurch aus, dass sie die besten Elemente der schon von Aristoteles beschriebenen drei Staatsformen Monarchie, Oligarchie und Demokratie in sich vereinigt.[114] Mit kleinen Abweichungen übernimmt er hierbei die Beschreibung der Verfassung durch Heinricus Ariminensis und Leonardus de Utino. Letzterer habe – so Fabri – die Verfassung in seinem Werk *Sermones de sanctis* besonders *pulcherrime* kommentiert.[115] Es ist unwahrscheinlich, dass Fabri die beinahe wörtliche Gleichheit der Texte nicht aufgefallen ist. Für ihn sind es zwei gleichrangige Verfasser, die unabhängig voneinander zu demselben Ergebnis gelangt sind. Auf diese Weise kann er einen weiteren Autor als Referenz seiner eigenen Beschreibung anführen.[116]

In Anlehnung an diese Beschreibungen steht für Fabri der ca. 400 Mitglieder umfassende und alle sozialen Schichten repräsentierende Große Rat Venedigs für das demokratische Element. Die auf Zeit bestimmten sechs Berater (Consiglieri) des Kleinen Rates sowie der Rat der Vierzig (Quarantia Criminale) stellen für ihn das oligarchische

---

[111] DIETRICH VON SCHACHTEN, Beschreibung, S. 240. Ähnlich auch BERNHARD VON BREIDENBACH, Peregrinatio, fol. 12r; DERS., Die heyligen reyßen, fol. 14v.

[112] FABRI, Evagatorium III, S. 404.

[113] Fabri zählt darüber hinaus noch Bartholomäus Anglicus, Heinricus Ariminensis, Antoninus Florentinus, Jacobus Phillipus de Bergamo und Leonardus de Utino auf. Vgl. FABRI, Evagatorium III, S. 404f.

[114] Zur venezianischen Mischverfassung siehe BLYTHE, Ideal Government, S. 278-300; GILBERT, The Venetian Constitution; ROBEY/LAW, The Venetian Myth; RIKLIN, Die venezianische Mischverfassung; DERS., Machtteilung.

[115] FABRI, Evagatorium III, S. 405. LEONARDUS DE UTINO, Sermones aures de sanctis, [ohne Paginierung, Kap. XXXII: Sermone di San Marco].

[116] Da beide Werke sehr zeitnah (1472 bzw. 1473) erstmalig gedruckt und in den folgenden Jahren mehrfach wiederaufgelegt wurden, war die Abhängigkeit der Schrift des Leonardus von Heinricus für Fabri nur schwer feststellbar.

Element dar, während der an der Spitze des Staates stehende und auf Lebenszeit gewählte Doge das monarchische Element verkörpere.[117] Dabei berücksichtigt er bei der
Übernahme dieser idealisierten Darstellung nicht, dass nach der Niederschrift des Werkes von Heinricus Ariminensis mehrere Reformen durchgeführt worden waren.[118]
Fabris Darstellung entspricht insofern nicht mehr den Verhältnissen des späten 15.
Jahrhunderts, als nach der sogenannten Serrata von 1297 der Große Rat weit mehr Mitglieder umfasste und nichtadlige Familien von der politischen Macht ausgeschlossen
worden waren.[119] Auch weitere Verfassungsorgane wie der als Reaktion auf die Ver-
schwörung um Bajamonte Tiepolo im Jahr 1310 installierte Rat der Zehn (Consiglio dei
Dieci) bleiben unerwähnt.[120] Andere Pilger notieren dagegen bei ihrem Rundgang durch
den Dogenpalast auch das Beratungszimmer des Zehnerrates, in dem die Räte *die
vrtheil vber das blut* zu fällen pflegten.[121]

Die Unterschiede hat Fabri nicht zur Kenntnis genommen und sie sind ihm möglicherweise auch nicht bekannt gewesen. Sie entsprachen nicht dem Bild, das er auf der
Basis der venezianischen Staatsordnung von den Venezianern entwirft. Für ihn gewähr-
leistet die Ausgewogenheit der Mischverfassung die Kontinuität in der Ausübung der
Regierungsgewalt sowie die Einigkeit der Bürger. Nicht nur, dass in Venedig kaum
Verbrechen begangen würden und Mord und Blutvergießen eine große Seltenheit sei-
en,[122] auch Unruhen oder Regierungsumstürze sind seiner Darstellung nach nicht denk-

---

[117]   FABRI, Evagatorium III, S. 405. Vgl. LEONARDUS DE UTINO, Sermones aures de sanctis, [ohne
       Paginierung, Kap. XXXII: Sermone di San Marco]; ROBEY/LAW, The Venetian Myth, S. 54f. Der
       ungefähr zur selben Zeit wie der Rat der Vierzig eingerichtete Senat wird bei Heinricus Arimi-
       nensis nicht berücksichtigt.
[118]   Zur Entwicklung der Verfassung siehe RIKLIN, Die venezianische Mischverfassung; RÖSCH,
       Venedig, S. 112-126; LANE, Seerepublik Venedig, S. 154-166 und 173-183.
[119]   Zur Serrata von 1297 siehe RÖSCH, Der venezianische Adel; LANE, The Enlargement.
[120]   Zum Rat der Zehn siehe RÖSCH, Venedig, S. 123f.; RIKLIN, Die venezianische Mischverfassung,
       S. 287f. Auch die einflussreichen Ämter der Prokuratoren von San Marco oder das Amt des
       Kanzlers erwähnt Fabri nicht.
[121]   MEISENHEIMER, Reise des Grafen Johann Ludwig, S. 63. Vgl. DENKE, Venedig als Station und
       Erlebnis, S. 151.
[122]   FABRI, Evagatorium III, S. 408f.: *Idcirco inhumana et enormia crimina non habent et a con-
       vicinorum moribus sunt penitus alieni. [...] secura sunt omnia. Homicidia vel humani sanguinis
       effusio aut numquam aut raro ibi audiuntur in tanta hominum multitudine [...].* Fabri orientiert
       sich auch hier an Heinricus Ariminensis bzw. Leonardus de Utino. Vgl. LEONARDUS DE UTINO,
       Sermones aures de sanctis, [ohne Paginierung, Kap. XXXII: Sermone di San Marco]; ROBEY/
       LAW, The Venetian Myth, S. 55. Zur Bekräftigung dieses Bildes, das sich in Reiseberichten des
       17. Jahrhunderts ins Gegenteil verkehrt, wo zunehmend die ungerechte, nachlässige und durch
       Denunziantentum geprägte Justiz kritisiert wird, die Raub und Mord duldet (vgl. CLADDERS,
       Französische Venedig-Reisen, S. 189-191), führt er die Auseinandersetzung zwischen den Guel-
       fen und Ghibellinen im 13. Jahrhundert an. In jenem Konflikt sei praktisch ganz Italien in zwei
       Parteien zerfallen und habe selbst Väter und Söhne oder Brüder entzweit. Allein die Venezianer
       haben sich von dieser Pest nicht anstecken lassen, hätten treu zu ihrer Republik gestanden und ih-
       re Einigkeit bewahrt. Fabri folgt hier Jacobus Philippus de Bergamo, in dessen Weltchronik die

bar und zum Scheitern verurteilt. Zwar ist diese Sichtweise schon durch die Beschreibung von Heinricus Ariminensis bzw. Leonardus de Utino vorgegeben, durch die er um
die Einschränkungen der Amtsgewalt des Dogen (Promissioni ducali) weiß.[123] Um die
stabilen Verhältnisse zu belegen, führt Fabri aber darüber hinaus historische Beispiele
an, in denen einzelne Dogen versucht haben, das politische Gleichgewicht zu ihren
Gunsten zu verschieben und dafür abgesetzt bzw. mit dem Tod bestraft wurden. Hierfür
hat er aufmerksam die Weltchronik von Jacobus Philippus de Bergamo studiert, in der
neben den Amtszeitem der Päpste und verschiedener europäischer Herrscher immer
auch Angaben über die Regierungszeiten der Dogen Venedigs enthalten sind. Die aus
dieser Quelle zusammengestellte Auflistung reicht vom enthaupteten Dogen Orso Ipato
(737) bis zum berüchtigtsten Fall der Absetzung und Hinrichtung eines Dogen, nämlich
Marino Falier (1355).[124] Er kommt zu dem Ergebnis, dass die Republik längst nicht
mehr existieren würde, wenn die Dogen nach Gutdünken hätten handeln können und
sieht die harten Strafen als gerechtfertigt an.[125]

Fabri verbindet mit der ausführlichen Darstellung der Mischverfassung keine Kritik
an anderen Herrschaftsstrukturen. Er strebte nicht an, diese Staatsordnung, die sogar mit
einem biblischen Vorläufer aufwarten konnte,[126] mit anderen Regierungsformen zu

---

Auswirkungen in einigen oberitalienischen Städten, nicht aber in Venedig geschildert werden.
Vgl. FABRI, Evagatorium III, S. 408; JACOBUS PHILIPPUS DE BERGAMO, Supplementum chronicarum, fol. 221r. Zu der von Fabri übernommenen Legende um die Ableitung der Parteinamen von
zwei deutschen Brüdern namens Gibel und Guelph, die vor allem durch die Schriften Giovanni
Villanis Verbreitung gefunden hatte, siehe HERDE, Guelfen und Neoguelfen, S. 36f.

[123] Vgl. FABRI, Evagatorium III, S. 405f.; Vgl. LEONARDUS DE UTINO, Sermones aures de sanctis,
[ohne Paginierung, Kap. XXXII: Sermone di San Marco]; ROBEY/LAW, The Venetian Myth, S.
55. Auch andere Pilger gehen auf die Einschränkungen der Amtsgewalt ein, wobei besonders Arnold von Harff detaillierte Hinweise gibt. Danach verfüge der Doge im Rat nur über zwei Stimmen und dürfe ohne Zustimmung seiner Räte den Palast oder die Stadt nicht verlassen. Vgl. AR-
NOLD VON HARFF, Die Pilgerfahrt, S. 46. Zu weiteren Nachweisen siehe CLADDERS, Französische
Venedig-Reisen, S. 176. Zur Stellung des Dogen vgl. BOHOLM, The Doge of Venice; MUIR, Civic
Ritual, S. 251-263; MUIR, The Doge as *primus inter pares*.

[124] FABRI, Evagatorium III, S. 406; JACOBUS PHILIPPUS DE BERGAMO, Supplementum chronicarum,
fol. 163r und 220v-221r. Fabri übernimmt auch die dortige Zählung, die von der heute gültigen
Abfolge abweicht. Zu Orso Ipato siehe ZORZI, Venedig, S. 28f. Zu Marino Falier und der Ver-
schwörung ebd., S. 169-173 und 206-215; LANE, Seerepublik Venedig, S. 183-187 und 275-279;
RÖSCH/RÖSCH, Venedig im Spätmittelalter, S. 135-138.

[125] FABRI, Evagatorium III, S. 406: *Si enim ducibus suis admisissent, agere placita, dudum defecisset
respublica Venetorum; nullum enim ducem interfecerunt, nisi in rempublicam pecasset.* Als
Richtstätte fungiert, wie Fabri und andere Pilger angeben, der Platz zwischen den beiden an der
Südseite von San Marco aufgestellten Marmorpfeilern (ebd., S. 406). Weitere Beschreibungen bei
ARNOLD VON HARFF, Die Pilgerfahrt, S. 44; DIETRICH VON SCHACHTEN, Beschreibung, S. 174. Bei
den Pfeilern handelt es sich um Spolien, die nach der Eroberung Acras 1257 nach Venedig gelangten. Vgl. HAFTMANN, Das italienische Säulenmonument, S. 115f.

[126] Fabri verweist auf die biblische Erzählung, nach der auch Moses einen Rat von weisen und rede-
gewandten Männern eingerichtet habe, um mit ihm das Volk zu führen (Ex. 18, 13-27). Vgl.
FABRI, Evagatorium III, S. 405; LEONARDUS DE UTINO, Sermones aures de sanctis, [ohne

vergleichen und für besser oder schlechter zu befinden. Vielmehr schließt er lediglich
an die Angaben der von ihm als Autoritäten geachteten Autoren an und bekräftigt deren
Argumentation an ausgesuchten Beispielen. Infolgedessen erfahren auch die Ratsherren
und der Doge bei Fabri eine fast schon verherrlichende Darstellung. Er preist das ehr-
würdige Auftreten und ihre überaus kluge Politik, mit der sie den Frieden und die Eintracht unter den Bewohnern sicherstellen und schreibt somit das von den Venezianern
proklamierte positive Selbstbild fort.[127]

Fabris Eloge auf die Ratsherren muss dabei nicht allein durch die schriftlichen Vorlagen bedingt sein. Die Wirkung der Prozessionen auf die positive Sicht Fabris ist ebenfalls nicht gering zu bewerten, da die Pilger zumindest bei der Inszenierung der Fronleichnamsprozession keine unbeteiligten Zuschauer waren, sondern aktiv eingebunden
wurden.[128] Allerdings war die komplexe Symbolik der einzelnen Rituale und Abläufe,
welche nach außen die Harmonie in der venezianischen Gesellschaft abbilden und nach
innen identitätsstiftend wirken sollten, für die Pilger im Detail kaum nachzuvollziehen.[129] Fabri gibt sich von dem Auftreten der Ratsherren im Rahmen der Prozessionsordnung immerhin so beeindruckt, dass er konstatiert, mit ihrer abgeklärten Weisheit
könnten sie gar die Welt regieren.[130]

Paginierung, Kap. XXXII: Sermone di San Marco]. Ursprünglich geht der Gedanke wohl auf
Thomas von Aquin zurück. Vgl. hierzu BLYTHE, Ideal Government, S. 53f.

[127] FABRI, Evagatorium III, S. 433: *Undecimo plurimum magnificat urbem hanc senatus maturitas et
prudentia, qui omnia pacifice gubernant et de pace et tranquillitate suae communitatis cottidie
tractant, secundum illud sapientis: ubi multa consilia, ibi multa salus.* Vgl. auch ebd., S. 408f. mit
einem weiterem an Heinricus Ariminensis bzw. Leonardus de Utino angelehnten Lob. LEONAR-
DUS DE UTINO, Sermones aures de sanctis, [ohne Paginierung, Kap. XXXII: Sermone di San
Marco]; ROBEY/LAW, The Venetian Myth, S. 55.

[128] Vom Dogen mit einer Wachskerze beschenkt, schritten sie Seite an Seite mit einem Ratsherren
über den Markusplatz einher. Durch die Teilnahme der Pilger bekam die Prozession die Bedeutung einer Pilgerreise, in der die Markuskirche als Aufbewahrungsort des Sakraments symbolisch
mit der Grabeskirche in Jerusalem gleichgesetzt wurde. BOHOLM, The Doge of Venice, S. 256;
MUIR, Civic Ritual, S. 224. Den Pilgern war diese die sakrale Bedeutung Venedigs untermauern-
de Symbolik jedoch nicht bewusst. Sie werteten die Aufforderung der Ratsherren zur Teilnahme
eher als Ehrerweisung Vgl. DIETRICH VON SCHACHTEN, Beschreibung, S. 174f.; CASOLA, Viaggio
a Gerusalemme, S. 108; DERS., Pilgrimage, S. 152. Weitere Nachweise bei DENKE, Auf dem Weg
ins Heilige Land, S. 121. Vgl. auch die bildliche Wiedergabe der Prozessionsordnung bei MAZ-
ZAROTTO, Le feste veneziane, S. 168.

[129] MUIR, Civic Ritual, S. 211; RÖSCH/RÖSCH, Venedig im Spätmittelalter, S. 108. Dabei spiegelt die
Prozession nicht die tatsächliche Sozialordnung wider. Zu der detailreichen Darstellungen in den
Berichten vgl. CROUZET-PAVAN, Récits, images et mythes, S. 529-534; DENKE, Auf dem Weg ins
Heilige Land, S. 116-121. Über die für die Prozessionen in Venedig zentrale Arbeit von MUIR,
Civic Ritual, S. 185-250, hinaus siehe FRITSCH, Der Markuskult, S. 81-107; LÖTHER, Rituale im
Bild; MAZZAROTTO, Le feste veneziane, S. 163-169.

[130] FABRI, Evagatorium III, S. 407: *Dum in processione vadunt, videntur tam multi graves viri in
senatu illo, ut homo ex maturitate eorum judicet eos sufficientes gubernare mundum.*

Die kluge Staatsführung der Venezianer zeigt sich für Fabri nicht nur hinsichtlich der Innenpolitik, sondern auch im Umgang mit äußeren Mächten. Ganz im Gegensatz zu Äußerungen in Reiseberichten des 16. Jahrhunderts, in denen – auch als Folge des „countermyth" über das imperialistische, korrupte und verräterische Venedig – ihre zweideutige Politik gegenüber dem Osmanischen Reich als Verrat an der christlichen Sache kritisiert wird, äußert sich Fabri lobend über die diplomatischen Anstrengungen der Venezianer.[131] Ein militärischer Einsatz sei erst das letzte Mittel, wenn selbst Geld oder Geschenke nicht mehr ihre Wirkung täten. Wenn es aber zum Konflikt komme, kämpften sie äußerst tapfer, wie sie es in den zahlreichen Kriegen gegen Türken und Griechen bewiesen hätten.[132] Fabris besondere Haltung zur venezianischen Politik wird speziell im Hinblick auf die Osmanen deutlich. Seine Darstellung unterscheidet sich von Bernhard von Breidenbach, der die Venezianer als die letzten aufrechten Christen im Kampf gegen die ‚Ungläubigen' stilisiert.[133] Diese Konzeption lässt eine andere Haltung als den Kampf nicht zu. Bei Fabri ist der Einsatz von Waffen gegen die Türken nicht die alleinige Form der Auseinandersetzung. Er verteidigt den 1479 geschlossenen Frieden zwischen Venedig und dem Osmanischen Reich, denn dadurch habe der äußerst kluge Doge Giovanni Mocenigo (1478–1485) Italien vor dem Einfall türkischer Heere bewahrt. Er übt sogar Kritik an nicht näher bezeichneten christlichen Herrschern, die – nur auf ihren eigenen Vorteil bedacht – beständig versuchten, den Sultan gegen Venedig aufzuhetzen.[134]

Fabris Position entspricht somit ganz der Haltung der Venezianer, wobei er entgegen der zuvor erwähnten eingeschränkten dogalen Amtsgewalt Mocenigo als Fürsprecher und entscheidenden Akteur der Friedensverhandlungen darstellt. Nicht die Bedrohung durch scheinbar übermächtige Osmanen stellt für Fabri die große Gefahr dar, sondern die Uneinigkeit der Christen, die die ausgewogene Politik Venedigs durch ihr Verhalten torpedierten.[135] Ein asymmetrischer Gegensatz zwischen Christen und ‚Heiden', wie ihn Breidenbach mit Bezug auf die Türkengefahr aufbaut, ist bei Fabris Venedigdarstellung

---

[131] Vgl. CLADDERS, Französische Venedig-Reisen, S. 193f. Vgl. auch BRAUNSTEIN, Venedig und der Türke, S. 61.

[132] FABRI, Evagatorium III, S. 409: *et propter hoc tardissimi sunt ad bella ineunda, unde vexationes etiam injuste eis illatas vel inferendas pecuniis et muneribus redimunt. [...] In proeliis audacissimi, unde Turcis et Graecis multa intulerunt bella.* Vgl. auch ebd., S. 413: *Quamvis autem Veneti sectatores pacis semper sint, ita tamen cottidie instrumenta bellica parant [...].*

[133] Vgl. oben Anm. 52.

[134] FABRI, Evagatorium III, S. 409: *Demum anno Domini 1472 [sic!] Turcis pro conservatione sua confoederati fuerunt. Joannes enim Mocenicus, 75. Venetorum dux, vir prudentissimus, publicae saluti consulens, cum jam anno superiori Forum Julium Turci infesto agmine percurrissent, veritus ne etiam in Italiam bellum inferrent, eo maxime, quia constabat, quosdam Christianos principes litteris et nuntiis in dies hostem fidei in senatum concitare, ex senatus consulto pacem a Mahometo Turco magno magnis difficultatibus tandem impetravit.*

[135] Dieses verbreitete Denkmuster findet sich z.B. bei Sebastian Brant. Allerdings steht dort die Politik Maximilians I. im Mittelpunkt, während Fabri sich hier allein auf den Dogen und Venedig bezieht. Zu Brant siehe NIEDERBERGER, Das Bild der Türken, S. 185f.

jedoch nicht intendiert. Die venezianische Politik zeigt Fabri auf, dass die Kulturbegegnung mit den Glaubensfeinden nicht zwingend mit einer Exklusion des Fremden einhergehen muss. Allerdings wäre seine Beurteilung wohl anders ausgefallen, wenn er um
die z.T. harsche Kritik an der Haltung Venedigs vor allem von Seite der Kurie gewusst
hätte.[136]

Fabri zeigt sich in der Politik gegenüber den Osmanen durchaus für andere Lösungen
offen und erkennt an, dass ein wenigstens zeitweiliger Frieden von Vorteil für die
christliche Seite sein könne. Bernhard von Breidenbachs Kreuzzugskonzeption lässt
solch eine Ansicht dagegen nicht zu. Eine dogmatische und auf Konfrontation ausgerichtete Position vertritt Fabri allerdings gegenüber der griechisch-orthodoxen Gemeinde. Hier kritisiert er, dass diese in der Stadt geduldet würden und frei ihrer Religion
nachgehen könnten. Dies sei eine noch schlimmere Sünde, als wenn Juden oder Muslime dort eine Synagoge bzw. Moschee errichteten, da es sich bei den Griechen um die
ärgsten Widersacher der römisch-katholischen Kirche handele.[137] Fabri stuft die griechisch-orthodoxen Christen als Häretiker ein, gegenüber denen keine Zugeständnisse
gemacht werden dürften.

2.   Die ‚Italiener'

Obwohl die Pilger Venedig als eigenständige Republik mit einer langen Geschichte und
besonderen Traditionen darstellen und den Venezianern spezifische Charaktereigenschaften zuschreiben, werden die Bewohner der Lagunenstadt nicht generell als eigene
ethnische Gruppe aufgefasst. Felix Fabri oder Dietrich von Schachten bezeichnen die
Venezianer vereinzelt als *Italici, walchen* oder *wahlenn*.[138] Daraus geht hervor, dass die
Reisenden aus Ländern nördlich der Alpen keine strikte Unterscheidung zwischen Italienern und Venezianern vornahmen, obwohl Italien im 15. Jahrhundert keine politische
Einheit bildete, sondern in zahlreiche Herrschaften gespalten war, in denen die Kon-

---

[136]   Vgl. BABINGER, Mehmed der Eroberer, S. 410f. RÖSCH/RÖSCH, Venedig im Spätmittelalter, S.
70f. Nur in Zusammenhang mit den auf Rhodos residierenden Johannitern nehmen die Pilger die
Kritik an der venezianischen Politik zur Kenntnis. Fabri verbindet dies im Gegensatz zu Wilhelm
Tzewers aber nicht mit einer negativen Bewertung. Vgl. FABRI, Evagatorium I, S. 47; DERS.,
Wanderings I, S. 31; TZEWERS, Itinerarius, S. 112.

[137]   FABRI, Evagatorium III, S. 427: *Insuper ipsis Graecis dederunt ecclesiam S. Blasii, ut more
eorum officia sua in ea peragerent, quod tamen mihi adeo displicet, ac si Judais synagogam
construere indulsissent vel Sarracenis moscheam, cum Graeci nostris ecclesiis sint infenissimis,
ut saepe supra patuit.* In einer später hinzugefügten Randbemerkung fügt Fabri hinzu, er habe
nunmehr gehört, dass sie mittlerweile nicht mehr im Besitz der Kirche seien. Vgl. ebd., S. 427,
und Ulm, StB, Hs. 19555-2, fol. 218v.

[138]   FABRI, Evagatorium I, S. 81; DERS., Wanderings I, S. 76; Dessau, StB, Hs. Georg 238, fol. 213r;
DIETRICH VON SCHACHTEN, Beschreibung, S. 241.

stituierung einer regionalen Identität im Vordergrund stand. Mit der Bezeichnung ‚Italien' war in erster Linie die geographische Einheit der Halbinsel gemeint.[139]

Die Grenzen zwischen der Bezeichnung als Venezianer oder Italiener sind in den Berichten fließend. Dabei fällt auf, dass die Pilger insbesondere in den Fällen, in denen sie sich benachteiligt fühlen und über negative Erlebnisse berichten, ihre Werturteile nicht allein auf die Venezianer beziehen, sondern sie generalisieren und auf die Bewohner der italienischen Halbinsel insgesamt übertragen. Dies zeigt sich besonders deutlich an den in vielen deutschsprachigen Berichten enthaltenen Vorwürfen, die dem jeweiligen Patron hinsichtlich der Nichteinhaltung der vertraglich festgeschriebenen Reisebedingungen gemacht werden.[140]

2.1 Die hochmütigen ‚Italiener'

Als ein Beispiel für die immer wieder monierten Vertragsverletzungen kann Fabri dienen, der sich darüber entrüstet, wie die deutschen Pilger während der Überfahrt behandelt würden. Auslöser für seine Klage ist der Tod des venezianischen Konsuls, der zusammen mit den Pilgern von Alexandria aus die Rückfahrt nach Venedig angetreten hatte. Der Leichnam wurde nicht umgehend bestattet, sondern in einbalsamiertem Zustand nach Venedig überführt. Fabri beklagt sich im *Evagatorium* darüber, dass in diesem Fall mit zweierlei Maß gemessen werde. Ihnen gegenüber werde behauptet, ein Toter an Bord bringe Unglück. Mit diesem Argument würden verstorbene Pilger unabhängig ihres Standes und Ansehens umgehend dem Meer übergeben und kaum einmal die Ankunft im nächsten Hafen abgewartet.[141] Doch ist seine Kritik kurz und zurückhaltend formuliert. Es kommt ihm mehr darauf an zu zeigen, dass der Tod des Konsuls, der sich wenige Tage zuvor noch bester Gesundheit erfreut habe, als Exempel für die Vergänglichkeit alles Irdischen anzusehen sei.[142] Darüber hinaus zeigt Fabri großes Interes-

---

[139] MÜNKLER/MAYER, Die Konstruktion sekundärer Fremdheit, S. 29; BRÜCKNER, Die Welschen, S. 183f. und 190. Zur Forschungsdiskussion über das Nationalbewusstsein im spätmittelalterlichen Italien vgl. STAUBER, Kultur – Raum – Politik, S. 285-287; MÜNKLER/MAYER, Die Konstruktion sekundärer Fremdheit. Einführend zu Deutschsprachigen in Italien vgl. ISRAEL, Fremde aus dem Norden; REICHERT, Erfahrung der Welt, S. 57-76; SCHMUGGE, Deutsche in Italien.

[140] Vgl. hierzu nun den Überblick von REICHERT, Pilger und Patrone.

[141] FABRI, Evagatorium III, S. 297: *confictum esse mendacium, quo dicitur, quod corpus exanime sive mortuum per mare non possit duci, et praetextu illius figmenti peregrini, etiam magni, nobiles, barones et milites, qui pro tempore in mari rebus excedunt humanis, statim in undas mittuntur, nec vel ad terras proximas sinuntur vehi gratia sepeliendi. Dicunt enim cum peregrino mortuo non posse esse fortunatam navigationem, ideo festinant, ut ejiciantur, suorum vero dominorum corpora ad paternas sepulturas transducunt, quia corpora nostra sint infeliciora eorum cadaveribus.*

[142] Niemand, der Vernunft besitze, dürfe auf ewige Jugend, Kraft und die Gesundheit des Leibes vertrauen. Keinem Menschen bliebe der Tod erspart, gleich ob es sich um Alte und Junge oder Reiche und Arme handele. Vgl. FABRI, Evagatorium III, S. 296f.

se an den Einzelheiten der Balsamierung. Äußerst detailliert beschreibt er die Entnahme der Weichteile und betont sogar, wie er die Ärzte und Barbiere mit Handreichungen unterstützt habe.[143]

In der *Eigentlichen beschreibung* ist der Schwerpunkt gegenüber der lateinischen Version verschoben. Der Verweis auf die Sterblichkeit aller Menschen sowie die Beschreibung der Sektion werden nur kurz angerissen. Demgegenüber ist die Kritik in den Vordergrund gerückt und in einem schärferen Ton formuliert.[144] Fabri sieht den Vorgang als beispielhaft für das generelle Verhalten der Italiener gegenüber den Deutschen an: *aber die walchen vberreden vns tütschen was sÿ wend, vnd leben mit vns wie sÿ wend.*[145] Fabri wirft den Italienern vor, dass sie mit den Pilgern nach Belieben umsprängen und keine Rücksicht auf deren Bedürfnisse nähmen. Er zeichnet in dieser Passage ein Bild von den hochmütigen Italienern, welche die Deutschen gering achteten und sie nicht als gleichgestellt anerkannten. Die in der mittelalterlichen Historiographie verbreiteten Stereotype des Hochmuts und der Arglist der Italiener finden sich auch bei Fabri.[146] Allerdings ist seine Kritik nicht einseitig auf die Italiener bezogen. Sie trifft auch die eigene Reisegruppe, die sich das Verhalten der Italiener habe gefallen lassen und nichts dagegen unternommen habe.[147] Dabei ist es nicht Fabris Anliegen, den Reisegefährten Schwäche oder Zaghaftigkeit zu unterstellen. Er zielt vielmehr auf den Leser, dem er mit diesem belehrenden Hinweis verdeutlichen will, solche Ungerechtigkeiten nicht willenlos zu erdulden.

2.2   Nationale Kollektivierungstendenzen

Doch auch das *Evagatorium* enthält Passagen, in der Fabri auf unüberbrückbare Unterschiede zwischen den Deutschen und Italienern aufmerksam macht und dies mit einer bewussten Abwertung der anderen Kultur verbindet. Dabei handelt es sich aber wohl nicht um die Andeutung einer zumindest unbewussten „tendenze xenofobe" Fabris, wie Bart Rossebastiano vermutet, oder den Ausdruck einer „tiefen Abneigung" gegen die

---

[143] FABRI, Evagatorium III, S. 296f. Zwar gab es durchaus Widerstände und Diskussionen darüber, ob die Sektion des Körpers theologisch gerechtfertigt werden kann, dennoch ist es in erster Linie ein Mythos der älteren Geschichtsschreibung, dass die Sektion im Mittelalter tabuisiert worden sei und die anatomische Erforschung des Körpers erst durch die Rationalisierung des Wissens in der Renaissance uneingeschränkt möglich wurde. Vgl. PARK, The Criminal and the Saintly Body, bes. S. 3f.; PARAVICINI BAGLIANI, The Corpse in the Middle Ages.

[144] Fabri beklagt sich ebenfalls über die privilegierte Behandlung, die dem Konsul zuteil wird, während verstorbene Pilger elendiglich ins Meer geworfen, in ungeweihter Erde begraben oder ihre letzte Ruhestätte gar *jn der ketzer kÿrchöff* finden. Dessau, StB, Hs. Georg 238, fol. 213r.

[145] Dessau, StB, Hs. Georg 238, fol. 213r-v.

[146] BRÜCKNER, Die Welschen, S. 191.

[147] Dessau, StB, Hs. Georg 238, fol. 213v: *das mer mag ir todten tragen aber vnser todten mag es nùt tulden, dess land wir vns `vber reden.*

Italiener, wie Ganz-Blättler konstatiert.[148] Vielmehr sind seine Ausführungen im Rahmen des sich im Spätmittelalter intensivierenden Nationendiskurses zu sehen, für den Joachim Ehlers den Begriff des „Nationalbewusstseins" geprägt hat, um eine Gleichsetzung oder Verwechslung mit dem sich im 19. Jahrhundert entwickelnden Nationalismus auszuschließen.[149]

Jedoch ist schwer abzuschätzen, für welche Gruppen der spätmittelalterlichen Gesellschaft ein Nationalbewusstsein vorausgesetzt werden kann oder überhaupt relevant gewesen ist.[150] Herfried Münkler zieht daher in seinen Studien über die Herausbildung eines nationalen Zusammengehörigkeitsgefühls im 16. Jahrhundert die von Benedict Anderson entwickelte Terminologie der ‚imagined community' vor. Sie berücksichtigt, dass es sich bei den Eigen- und Fremdzuschreibungen zunächst um Konstruktionen handelt und die Nation bzw. die Vorstellung von einer Nation erst das Ergebnis diskursiver Praxis ist.[151]

Gleiches ist für Fabris Darstellung anzunehmen. Indem er nationale Stereotypen und Topoi aufgreift, verdeutlicht er dem Leser die Vorzüge der eigenen Kultur und stellt eine gefühlte Zugehörigkeit zu dieser ‚vorgestellten Gemeinschaft' her. Dabei zeigt sich auch bei ihm das von Münkler als charakteristisch bezeichnete Vorgehen, das Fremde nicht nur als solches zu konstituieren, sondern asymmetrische Gegensätze zwischen dem Eigenen und dem Fremden zu konstruieren und diese bei der Abgrenzung mit pejo-

---

[148] Bart Rossebastiamo, Palmieri a Venezia, S. 11; Ganz-Blättler, Andacht und Abenteuer, S. 217.

[149] Ehlers, Die deutsche Nation, S. 23f. Als Grundbestandteile eines „Nationalbewusstseins" macht Ehlers erstens eine gemeinsame Geschichte, zweitens eine Wandel- und Anpassungsfähigkeit von Traditionen, drittens politisch-staatliche Faktoren im Nationsbildungsprozess, viertens eine Herrschafts- bzw. Königstheorie, fünftens eine Historiographie, in die orale Traditionen einfließen und sechstens eine identitätsstiftende politisch-geographische Terminologie aus. Vgl. hierzu auch Schirrmeister, Nationale Auto- und Heterostereotypen, S. 14f. Auf die Gefahr einer begrifflichen Nähe zum Nationalismus des 19. Jahrhunderts verweisen auch Graus, Nationale Deutungsmuster, S. 52f.; Kloft, Die Germania des Tacitus, S. 93-96.

[150] Münkler/Grünberger, Nationale Identität, S. 248, gehen in Anlehnung an eine Begrifflichkeit Kurt Mannheims von „zumeist ‚freischwebenden' Intellektuellen" aus, die in einer Abwehrreaktion gegenüber den Schriften italienischer Humanisten in der Zugehörigkeit zu einer konstruierten deutschen Nation ein neues Selbstwertgefühl entwickelt hätten. Kritik hieran übt Schirrmeister, Nationale Auto- und Heterostereotypen, S. 17 Anm. 20, der anhand der Auflagenstärke der gedruckten Werke Heinrich Bebels auf die Wirkung und Verbreitung der Schriften weit über die Humanistenzirkel hinaus hinweist.

[151] Die ‚imagined community' wird dann als Nation verstanden, wenn sie „erstens mit dem (bestehenden) Staat oder dem (je existenten) Ordnungsgefüge nicht identisch ist, weil sie diesen/dieses entweder übergreift und nur ein Teil davon ist, und wenn zugleich zweitens zwischen den der Nation zugerechneten ein so starkes wechselseitiges Zusammengehörigkeitsempfinden feststellbar ist, daß die Nation als ein Politakteur gefaßt werden kann." Vgl. Anderson, Die Erfindung der Nation, S. 14-17, sowie dazu Münkler/Grünberger, Nationale Identität, S. 217f. (Zitat ebd.); Münkler/Mayer, Die Konstruktion sekundärer Fremdheit, S. 28f.; Münkler, Sprache als konstitutives Element nationaler Identität, S. 127.

rativen Urteilen zu verbinden.[152] Dieses Vorgehen, das Fabri einmal auch gegenüber französischen Pilgern anwendet,[153] deutet sich bei der Darstellung der Italiener bereits in der kurzen Passage des *Evagatoriums* an, in der er über die Preisverhandlungen in Treviso berichtet. Dort verkauften die Pilger ihre Pferde, um die Reise nach Venedig mit dem Boot fortzusetzen. Das Verhalten der Italiener während der Verhandlungen, in denen sie sich bei ihren Angeboten immer wieder gegenseitig überboten hätten und miteinander in Streit geraten wären, bewertet Fabri als absurd und kindisch.[154] Implizit vermittelt er somit, dass die Italiener im Gegensatz zu den Deutschen aufgrund ihres Gemüts nicht in der Lage seien, Vertragsverhandlungen in einer sachlichen Atmosphäre durchzuführen.

Ausführlicher und direkter greift er auf nationale Identitätskonzepte in der häufig zitierten Anekdote um den großen schwarzen Wachhund in der von Deutschen betriebenen Herberge *zu der Fleuten* zurück, in der die Verständigungsschwierigkeiten von Deutschen in Italien besonders anschaulich beschrieben werden.[155] Fabri zufolge habe der Hund alle deutschen Herbergsgäste unabhängig von ihrer regionalen Herkunft an ihrer deutschen Sprache erkannt und freudig begrüßt. Gegenüber allen anderen Menschen, gleich ob Italiener, Lombarde, Gallier, Franke, Slawe oder Grieche, habe er sich jedoch so aggressiv verhalten, dass man ihn für toll gehalten habe.[156]

Der soziale Stand der Person spielt in dieser Passage keine Rolle. Allein die Sprache ist das entscheidende Kriterium. Für Fabri stellt sie in diesem Zusammenhang nicht

---

[152] MÜNKLER/MAYER, Die Konstruktion sekundärer Fremdheit, S. 28f.; MÜNKLER, Sprache als konstitutives Element nationaler Identität, S. 127.

[153] Bei der ersten Pilgerfahrt verspottet er das ängstliche Verhalten der französischen Pilger, die die Wallfahrt angesichts der Gerüchte von einem Angriff der Osmanen auf Rhodos abbrechen wollten und stellt dem die Tapferkeit und den Mut der deutschen Pilger gegenüber. Im *Evagatorium* beschreibt Fabri die großen Spannungen zwischen den Pilgergruppen und kennzeichnet sie als Ressentiments zwischen den Nationen, indem er die Franzosen als hochmütig und äußerst leidenschaftlich charakterisiert. Vgl. FABRI, Evagatorium I, S. 38f.; DERS., Wanderings I, 20. Siehe hierzu ausführlich ESCH, Gemeinsames Erlebnis – Individueller Bericht, S. 401; GANZ-BLÄTTLER, Andacht und Abenteuer, S. 217f. In der *Eigentlichen beschreibung* und dem gereimten Pilgerbüchlein steht die Angst der Franzosen und der Mut der Deutschen im Vordergrund. Vgl. Dessau, StB, Hs. Georg 238, fol. 5r; FABRI, Gereimtes Pilgerbüchlein, S. 7.

[154] Vgl. FABRI, Evagatorium I, S. 81; DERS., Wanderings I, S. 76f. Generell war für die Jerusalempilger Treviso der Ort, an dem das Transportmittel gewechselt und die Reise nach Venedig via Boot fortgesetzt wurde. Vgl. ISRAEL, Fremde aus dem Norden, S. 178-181.

[155] ISRAEL, Mit fremder Zunge sprechen, S. 681f.; BORST, Der Turmbau von Babel, S. 1033; GANZ-BLÄTTLER, Andacht und Abenteuer, S. 218; FOUQUET, „Kaufleute auf Reisen", S. 466.

[156] FABRI, Evagatorium I, S. 84: *Denique ad ingressum nostrum occurrit nobis canis, custos domus, magnus et inger, et blandimento caudae suae gaudium se habere monstrabant, et as nos saltabat sicut canes solent facere ad sibi notos. Hic canis omnes Theutonicos, de quacunque parte Alemaniae veniant, sic gaudens recipit. Sed ad ingressum Italici, Lombardi, Gallici, Franci, Sclavi, Graeci, vel alterius provinciae extra Alemaniam, adeo irascitur, quod quasi rabidus aestimetur, et cum grandi latrutu occurrit, et furiose in illos insilit, et nisi aliquis canem compescat, a molestia non cessat.* DERS., Wanderings I, S. 80. Vgl. auch ISRAEL, Mit fremder Zunge sprechen, S. 681f.

einfach ein Kommunikationsmittel dar. Er bedient sich der Sprache zur Konstruktion einer kulturellen Einheit aller Deutschen.[157] Im Fall des Hundes ist das Deutsche ein „konstitutives Element nationaler Identität",[158] zumal die divergierenden deutschen Dialekte weder hier noch an anderer Stelle seines Berichts thematisiert werden. Die regionalsprachlichen Unterschiede sind in der Fremde nicht von Bedeutung.[159] Alle deutschsprachigen Besucher sind für den Hund auch Deutsche. Deutlich kommt dies in Fabris Bemerkung zum Ausdruck, dass auch die Bettler, die auf Deutsch um eine Gabe bäten, von dem Hund nicht angegriffen würden. Diejenigen aber, die auf Italienisch ein Almosen begehrten, würden sofort angefallen und verjagt.[160] Er unterstellt mit dieser Passage, dass es sich bei den Deutschen um eine homogene Gruppe handelt, wobei Fabri keinerlei Angaben über die geographische Größe seines vorgestellten deutschen Sprachraumes macht.

Das Verhalten des Hundes steht für Fabri exemplarisch für das Verhältnis zwischen Deutschen und Italienern. Die Instinkte des Tieres sind ihm der Beweis für die Gegensätzlichkeit der beiden Gruppen. Er hält fest, dass sie niemals zu einer Verständigung kommen könnten, da die Feindschaft zu stark in ihrer Natur verwurzelt sei.[161] Fabri verleiht dem Tier die Fähigkeit, ein untrügliches Gespür für die Nationalität jeden Gastes zu haben. Da es jedoch nicht wie der Mensch vernunftbegabt sei und seinen Trieben folgen müsse, könne es sich gegenüber Italienern nicht anders verhalten als sie anzufallen. Der Hund gehorche allein seiner Natur, während der Mensch seine Gefühle kraft seines Verstandes kontrollieren könne.[162]

---

[157] Versuche, infolge der schwierigen reichs- und kirchenpolitischen Ordnung über die Sprache eine Einheit der Deutschen zu postulieren, finden sich bereits im Hochmittelalter. Vgl. hierzu GRAUS, Nationale Deutungsmuster, S. 47f.

[158] Vgl. MÜNKLER, Sprache als konstitutives Element nationaler Identität.

[159] Vgl. auch FABRI, Evagatorium III, S. 449. Fabri schildert hier den Grenzübergang vom venezianischen Gebiet in das Reich. Beim Übergang nahe der Grenzfeste Beutelstein (Botestagno im Ampezzaner Tal, vgl. STAUBER, Der Zentralstaat, S. 106) hält er fest, dass mit der venezianischen Herrschaft auch der italienische in den deutschen Sprachraum übergehe. Er stellt das Reichsterritorium als einen von derselben Sprache geprägten Raum dar. Vgl. hierzu SCHNELL, Deutsche Literatur, S. 297f., der trotz einzelner Beispiele für Verständigungsschwierigkeiten infolge unterschiedlicher Dialekte von der mittelalterlichen Auffassung einer einheitlichen Sprache ausgeht. GOTTHARD, Vormoderne Lebensräume, S. 69f.; DERS., Wohin führt uns der „Spatial turn"?, S. 46f., hält Fabris Aussagen zu Grenzen für eine Ausnahme, die keinesfalls berechtige, im ausgehenden Mittelalter oder im 16. Jahrhundert von einer „Wendung des Grenzbegriffs zum Sprachlichen und Kulturellen" (Hans Medick) zu sprechen.

[160] FABRI, Evagatorium I, S. 84; DERS., Wanderings I, S. 80.

[161] FABRI, Evagatorium I, S. 84: *Theutonici recipiunt in illo cane argumentum, quod sicut implacabiliter Italicis inimicatur: sic homines theutonici numquam integro corde cum Italicis conveniunt, et e converso; cum illa inimicitia sit in natura radicata.* DERS., Wanderings I, S. 80f.

[162] FABRI, Evagatorium I, S. 84: *Sed quia bestia ratione caret et passionibus movetur incessabiliter litigat cum Italicis, natura instigante. Homines vero ratione se cohibent, et affectum inimicitae, qui in natura est, supprimunt ratione.* DERS., Wanderings I, S. 81. Zitiert auch von GANZ-BLÄTTLER, Andacht und Abenteuer, S. 218.

2.3   Kulturelle Abgrenzung durch Überhöhung der deutschen Sprache

Das Erkennungsmerkmal, über welches die Zugehörigkeit zu einer bestimmten Gruppe vorgenommen wird, ist in diesem Fall das jeweilige Idiom. Alle anderen kollektiven und partizipativen Identitätszeichen wie Geschlecht, Alter, Aussehen oder Kleidung sind dabei unbedeutend. Fabri betrachtet die Sprache und Sprachfähigkeit als natürliche und unveränderliche Eigenschaft, über die jedes Volk oder jede Nation in unterschiedlichem Maß verfügt.[163] Die sprachlichen Unterschiede sind für ihn das Resultat einer grundsätzlichen Differenz zwischen den Menschen und Völkern. Dem eigenen deutschen Idiom misst er dabei die höchste kulturelle Stufe und Zivilisiertheit zu, was er durch die Erfahrungen seiner Reise belegt haben will. Die deutsche Sprache sei die edelste, klarste und menschlichste unter den Sprachen. Selbst wenn sie nach dem Urteil der Syrer, Ägypter, Araber, Griechen, Slawen, Italiener, Lateiner und Franzosen barbarisch und inhuman klinge, komme ihr mit einer Ausnahme[164] doch keine andere Sprache an Prägnanz und Kürze gleich.[165]

Fabri konstruiert mit der deutschen Sprache eine kulturelle Grenze, die für alle Fremdsprachigen unüberbrückbar ist. Diese seien nämlich nicht in der Lage, die deutsche Sprache zu erlernen. Selbst viele Jahre des Aufenthaltes in Deutschland und fleißigen Studiums führten nicht dazu, dass Franzosen, Italiener, Slawen oder Griechen über eine kindliche Sprechweise hinaus kämen. Umgekehrt falle es aber jedem Deutschen leicht, deren Sprachen zu erlernen und sich in der fremden Mundart klar und deutlich zu artikulieren.[166] Die Sprache kommt hier einem primordialen Code gleich, mit dem eine grundlegende Differenz zwischen dem Eigenen und Fremden gebildet und eine kollek-

---

[163]   Fabris Ansichten dürften auf die biblische Erzählung von der babylonischen Sprachverwirrung zurückzuführen sein. Vgl. hierzu grundlegend BORST, Der Turmbau von Babel.

[164]   Fabri verweist hierbei auf Diodorus Siculus, der von einem auf einer Insel im Indischen Ozean lebenden Volk mit gespaltener Zunge berichtet. Durch diese körperliche Besonderheit könnten die Bewohner dort alle menschlichen Sprache leicht erlernen, aber auch alle Tierlaute und den Gesang der Vögel nachahmen. Vgl. FABRI, Evagatorium III, S. 449f.; DIODORUS SICULUS, Library of History II, Kap. 56; ISRAEL, Mit fremder Zunge sprechen, S. 677.

[165]   FABRI, Evagatorium III, S. 449: *lingua [Teutonica] judicio meo nobilissima, clarissima et humanissima, quae quidem Syris, Aegyptiis, Arabibus, Graecis, Sclavis, Italis, Latinis, Francis, Gallis videtur esse barbarica et inhuma, ex eo, quia brevissima lingua est nostra ex omnibus linguis, ita quod paucis syllabis et verbis multa exprimimus, et illa praegnantia verba et brevia habent difficultatem apud non-assuetos in ea discenda et exprimenda [...].*

[166]   FABRI, Evagatorium III, S. 449: *linguas eorum facile addiscere possumus et divertissime loqui omnem linguam, sed nullus Gallus, Italus, Sclavus, Graecus etc. adultus potest perfecte addiscere linguam nostram, et si, quod tamen maximo labore fit, aliquid apprehenderit de lingua nostra, apprehensum imperfectissime profert et semper sua locutio pueriliter sonat. Vidi aliquos Gallos et Italos multis annis in nostro territorio versatos, et multo studio conabantur idioma nostrum addiscere, sed ultra puerilem locutionem non poterant procedere, etiam XL annis studentes.* Vgl. auch ISRAEL, Mit fremder Zunge sprechen, S. 678.

tive Identität hergestellt wird.[167] Entsprechend ist die Sprache für ihn das entscheidende Element, der ,vorgestellten Gemeinschaft' der Deutschen eine höherstehende Kultur als allen anderen Völkern zuzusprechen.

Ob Fabris Kontrastierung der deutschen mit anderen Sprachen eine direkte Reaktion auf die in Italien verbreiteten stereotypen Vorstellungen sind, in denen die *ultramontani* häufig als rückständig und barbarisch dargestellt werden, kann nicht letztgültig geklärt werden.[168] Mit der Überhöhung der deutschen Sprache und Kultur knüpft er jedoch an deutsche Frühhumanisten wie Konrad Celtis an, der seinerseits versucht hat, anhand von Geschichtsmythen, der Sprache und von Charaktereigenschaften die Überlegenheit der Deutschen zu belegen.[169] In diese Richtung zielt auch Fabris beim Anblick der Alpen auf der Rückreise geäußerter Lobpreis auf die kulturellen Errungenschaften Deutschlands, der mit im Mittelalter verbreiteten Vorurteilen gegenüber anderen Völkern einhergeht: einst arm an Weisheit, Stärke und Reichtum, übertreffe es nun das geschwätzige Griechenland, das stolze Italien und das streitsüchtige Frankreich.[170]

Wie seine Schilderung der Situation in Trient zeigt, führt die Abgrenzung gegenüber den Italienern und die Herabsetzung mitunter von noch weiteren nationalen Gemeinschaften jedoch nicht dazu, dass das Eigenbild der Deutschen gänzlich positiv besetzt

---

[167] Zu den primordialen Codes siehe GIESEN, Codes kollektiver Identität, S. 18f.

[168] Zu den Stereotypen und Vorurteilen italienischer Schriftsteller und Reisender über Deutsche siehe AMELUNG, Das Bild des Deutschen; HEITMANN, Das Deutschenbild; REICHERT, Erfahrung der Welt, S. 47-53; VOIGT, Italienische Berichte; WEILER, Ethnographische Typisierungen, S. 108-112. Auch in den Berichten italienischsprachiger Pilger finden sich z.T. Bemerkungen, die typische Klischees von den Deutschen wie etwa deren Völlerei und Trunksucht tradieren. Ein Beispiel hierfür ist der Bericht Pietro Casolas, der von einer Predigt des Geistlichen Francesco Trivulzio während der Seefahrt berichtet, in der sich dieser über die feierfreudigen und trinkfesten Deutschen beklagt. Vgl. CASOLA, Viaggio a Gerusalemme, S. 142; DERS., Pilgrimage, S. 190f.

[169] Eine direkte Abhängigkeit ist nicht nachweisbar. Dennoch dürften Fabri die in den oberdeutschen Zentren kursierenden Schriften aus den Humanistenzirkeln bekannt gewesen sein. Celtis versuchte das von italienischen Humanisten aus der *Germania* des Tacitus abgeleitete Klischee von der kulturellen Rückständigkeit der Deutschen umzudeuten und den antiken Text vielmehr als Beleg ihrer militärischen Stärke und Überlegenheit zu lesen. Dazu deutete er in der *Germania generalis* die rohe und barbarische germanische Sprache als Zeichen besonderer Kriegstüchtigkeit um. Vgl. MÜLLER, Die „Germania generalis", S. 95 und 127f. Zudem konstruierte Celtis in seinen Werken mit dem Druidenmythos oder der Verwandtschaft zwischen der deutschen und griechischen Sprache eine deutsche Ursprungslegende, um die Dignität der Antike für das deutsche Selbstverständnis nutzbar zu machen, ohne eine Abhängigkeit von der römischen Vergangenheit zugeben zu müssen. Siehe GARBER, Vom universalen zum endogenen Nationalismus, S. 26-28; GRAUS, Nationale Deutungsmuster, S. 49; KLOFT, Die Germania des Tacitus, bes. S. 108-113; ROBERT, Konrad Celtis, S. 345-439. Zum Italienbild in deutschsprachigen Quellen und der Reaktion deutscher Humanisten auf das Barbaren-Verdikt siehe AMELUNG, Das Bild des Deutschen, S. 66-73; HEITMANN, Das Deutschenbild, S. 194-196; WEILER, Ethnographische Typisierungen, S. 108.

[170] FABRI, Evagatorium III, S. 371: *O quam laetabar animo Alemanniam meam videre! Olim quidem prudentia, potentia, divitiis exilem, nunc autem claris operibus non tantum aequalem, sed loquacem superare Graeciam, superbam antecedere Italiam et contentiosam premere Franciam.* Vgl. hierzu HÄUSSLER, Felix Fabri, S. 37; GRAF, Reich und Land, S. 207.

ist. Fabri zufolge scheidet der Fluss Avisio den deutschen und italienischen Raum voneinander.[171] Die Sprachgrenze selbst verläuft noch einige Kilometer weiter südlich in
der Stadt Trient, die in eine miteinander rivalisierende deutsche und italienische Bür-
gerschaft geteilt sei.[172] Er stellt fest, dass die Zahl der Deutschen in der Stadt kontinu-
ierlich zunehme und es nur noch eine Frage der Zeit sei, bis der Herzog von Innsbruck
die Stadt Trient nach dem Vorbild Bozens dem deutschen Herrschaftsraum einverlei-
be.[173]

Die Ursachen für die von ihm ausgemachte Wanderungsbewegung kann Fabri sich
nicht schlüssig erklären. Er zieht in Erwägung, dass einerseits die Armut und Unfruchtbarkeit der deutschen Gebiete ein Auslöser sein könne. Andererseits könne auch der
Hang zur Gewalttätigkeit und Zorn der Deutschen hierfür verantwortlich sein, den kein
anderes Volk ertrage.[174] Beide Erklärungsansätze ergeben kein ausschließlich positives
Bild der Deutschen. Die Ertraglosigkeit des Landes – er macht keine Angaben, ob dies
eine natürliche Folge des gegenüber Italien raueren Klimas oder ob es etwa durch falsche Anbaumethoden verschuldet ist – kommt für ihn einer Schande gleich. Auch die
Anspielung auf den *furor Teutonicus*, dem schon durch antike Schriftsteller wie Lucan
geprägten Stereotyp vom zerstörerischen Zorn der Germanen,[175] wirft kein gutes Licht
auf seine Landsleute. Aufzuhalten ist diese Migrationsbewegung aber für Fabri nicht.
Ihre Kraft würde seiner Anschauung nach zu einer natürlichen Verschiebung der
Sprachgrenzen führen, der sich die staatliche Demarkationslinie anpassen müsse.

2.4   Fremde Verhaltensweisen als Horizonterweiterung

Auf der anderen Seite beurteilt Fabri die Italiener auf der Basis ihrer Verhaltensweisen
nicht nur negativ. Während der Reise lernte er von ihnen einige Sitten kennen, die zwar
offensichtlich für ihn ungewohnt waren, aber wertfrei und z.T. sogar als angenehm
beschrieben werden. Den Brauch des Begrüßungskusses erwähnt Fabri bei zwei Gelegenheiten und charakterisiert ihn als spezifisch italienische Sitte. Sowohl der Doge in
Venedig als auch der venezianische Konsul in Kairo, der wie oben erwähnt die Seereise

---

[171]   FABRI, Evagatorium I, S. 75; DERS., Wanderings I, S. 68. Vgl. hierzu BRAUNSTEIN, Confins Ita-
        liens, S. 40; ISRAEL, Mit fremder Zunge sprechen, S. 679; STAUBER, Der Zentralstaat, S. 96-99;
        DERS., Auf der Grenzscheide, S. 104-106.
[172]   FABRI, Evagatorium I, S. 75; DERS., Wanderings I, S. 68f.
[173]   FABRI, Evagatorium I, S. 75; DERS., Wanderings I, S. 69. Fabri übersieht hierbei, dass das Hoch-
        stift Trient bereits seit dem Wormser Konkordat 1122 zum *regnum Teutonicum* gehörte und über-
        treibt, was Stärke und Einfluss der deutschen Gruppe angeht. Vgl. ISRAEL, Mit fremder Zunge
        sprechen, S. 679; DERS., Fremde aus dem Norden, S. 107f.; STAUBER, Auf der Grenzscheide, S.
        99f.; Zu Trient siehe DERS., Der Zentralstaat, S. 18f.; TREUE, Der Trienter Judenprozeß, S. 60.
[174]   FABRI, Evagatorium I, S. 75; DERS., Wanderings I, S. 69.
[175]   Vgl. hierzu FUHRMANN, „Wer hat die Deutschen zu Richtern über die Völker bestellt?", S. 626;
        REICHERT, Erfahrung der Welt, S. 49; AMELUNG, Das Bild des Deutschen, S. 30 und 167-169;
        HEITMANN, Das Deutschenbild, S. 183-186.

nicht überleben sollte, begrüßte die Pilger jeweils mit einem Kuss, wie es der *walchen gwonheit* sei.[176] Fabri bewertet dieses Verhalten nicht, doch wird aus seiner Beschreibung der Szene deutlich, dass der Kuss, der als symbolische Handlung viele verschiedene Funktionen ausfüllen konnte, in diesem Zusammenhang als ein Zeichen der Hochachtung und des Respekts verstanden werden sollte und als solches von den Pilgern auch wahrgenommen wurde.[177]

Positiv überrascht war Fabri von der Gewohnheit, im Takt mit den Händen zu Musik und Gesang zu klatschen, wie er es während der Schiffspassage bei den Festlichkeiten zu Ehren Johannes des Täufers erlebt hatte. Während er im *Evagatorium* vermerkt, dass ihm bis dato nie bewusst gewesen sei, dass man, wie es der Psalmvers 47,2 (Vulgata 46,2) vorgebe, durch das Händeklatschen seiner Freude Ausdruck verleihen könne, werden die Pilger laut der *Eigentlichen beschreibung* von der Freude geradezu mitgerissen: *Do wir tùtschen bilgri dz sachend, do fiengent wir ouch an ze klepperen mit vnseren flachen henden vnd ze riefen vnd ze singen vnd wird ein semlich wild geteosz vnd geschreÿ, dz es grùsamlich wz ze hören, dz wir machtent vss freuden.*[178] Fabri stellt sich nicht nur als aufmerksamer Beobachter dar, der auch die kleinen Details für seine Leser festhält, sondern bringt mit dieser Anekdote zum Ausdruck, wie seine Reise dazu beigetragen hat, in der Fremde neue Gewohnheiten und Verhaltensweisen kennen zu lernen, die durchaus nachahmenswert sind.

Das Bild, das er in diesem Kontext von den Italienern entwirft, ist kaum mit einer Abwertung des Fremden verbunden. Geht es hingegen um grundsätzliche Fragen zu dem Verhältnis zwischen beiden Gruppen, positioniert er sich in eindeutiger Weise und verbindet das Fremde und Andere mit herabsetzenden Urteilen. Der Unterschied lässt sich anhand der zwei Bedeutungsdimensionen des Fremden veranschaulichen. Die Verhaltensweisen der Italiener werden auf der Basis der lebensweltlichen Dimension bewertet, die Fremdheit im Sinn von Unvertrautheit meint. Im Fall der Verhaltensweisen waren die primären Fremdheitserfahrungen Fabris aber weder nachhaltig noch einschneidend genug, um eine scharfe Trennlinie zwischen dem Eigenen und Fremden aufzubauen. Hinsichtlich der sozialen Dimension des Fremden, die über die Gegenüber-

---

[176] Venedig: FABRI, Evagatorium I, S. 95; DERS., Wanderings I, S. 95; Dessau, StB, Hs. Georg 238, fol. 11v. Kairo: FABRI, Evagatorium III, S. 32. In der *Eigentlichen beschreibung* ist diese Passage nicht enthalten. Vgl. zum Konsul oben Anm. 36. Allerdings bezeichnet er den Begrüßungskuss bei dem Wiedertreffen mit seinem Eselstreiber von der ersten Reise ebenfalls als spezifische Sitte bei den Sarazenen. Vgl. unten Anm. 363.

[177] Mit dem Kuss verbanden sich im Mittelalter in erster Linie Handlungen und Rituale zur Versöhnung, zum Friedensschluss oder zur Liebesbekundung. Der Abschluss öffentlicher und privater Verträge wurde durch einen Kuss bekräftigt, der als rechtskonstitutives Sinnzeichen Geltungskraft und Einklagbarkeit verbürgte. Im Hinblick auf die Gefangennahme Christi (Mk. 14,43-45; Mt. 26,47-49; Lk. 22,47-48) konnte der Kuss auch Verrat verbunden sein. Zur Metaphorik sowie zur kommunikativen und herrschaftlichen Funktion des Kusses siehe SCHREINER, „Er küsse mich mit dem Kuß seines Mundes".

[178] Dessau, StB, Hs. Georg 238, fol. 26v; FABRI, Evagatorium I, S. 170; DERS., Wanderings I, S. 191.

stellung ‚zugehörig' und ‚nicht zugehörig' gebildet wird, macht er dagegen eine gravie-
rende Fremdheitserfahrung geltend. In diesem von Herfried Münkler als „Prozess des
sekundären Fremdwerdens" bezeichneten Vorgang greift Fabri gezielt auf Merkmale
wie die Sprache zurück, um sich selbst und die Leser einer bestimmten Gemeinschaft
zuzuordnen und andere von dieser Zugehörigkeit definitiv auszuschließen.[179]

3. Die Muslime

Die Beschreibung des Aussehens, der Lebensgewohnheiten und des Glaubens der Muslime nimmt in den Reiseberichten breiten Raum ein. Besonders Felix Fabri beschäftigt
sich intensiv mit den Anhängern des Islam, wobei die Voraussetzungen für eine tief-
gründigere Auseinandersetzung durch den langen Aufenthalt in Palästina und die nachfolgende Ägyptenreise vergleichsweise günstig waren. Im Gegensatz zu Wallfahrern
wie Pietro Casola, Konrad Grünemberg oder Dietrich von Schachten, die nach der kurzen Visite der heiligen Stätten Jerusalems wieder nach Europa zurückkehrten und sich
weitgehend nur in ihrer Pilgergruppe aufgehalten hatten, konnte sich Fabri ein detailliertes Bild von den Muslimen zu machen.

Doch basieren seine Angaben nicht allein auf eigenen Erfahrungen, sondern auch
auf der gründlichen Auswertung der ihm zur Verfügung stehenden Literatur. Die maßgebliche Quelle war für Fabri der Bericht Bernhards von Breidenbach. Er bediente sich
aber auch in enzyklopädischen Werken wie dem *Speculum historiale* des Vinzenz von
Beauvais und nutzte Nikolaus von Kues' *De cribratione Alcorani* oder den Traktat
eines *frater ‚N.'*, hinter dem sich Georg von Ungarn verbirgt, der gemäß dem Vorwort
seines Traktates über die „Sitten, Lebensverhältnisse und Arglist der Türken" 1438 in
die Sklaverei verschleppt wurde und erst nach 20 Jahren wieder freikam.[180] Die dort
gewonnenen Informationen sind in Form von gelehrten Exkursen vor allem in das *Evagatorium* eingegangen und auf geschickte Weise mit Fabris pointiert formulierten Einschätzungen und Werturteilen verbunden.

Die in der Forschung geäußerten Meinungen über Fabris Darstellung der Muslime klaf-
fen weit auseinander. Ursula Ganz-Blättler zufolge ist er unter den Pilgern der „rheto-
risch gewiefteste wider den Islam."[181] Auch Aleya Khattab, Claudia Zrenner und Folker

---

[179] MÜNKLER, Sprache als konstitutives Element nationaler Identität, S. 127f.

[180] FABRI, Evagatorium III, S. 97: *De his vide latius in Tract. Fratris N. inter Turcos captivi Ordinis
      Praedicatorum, qui de vita, moribus et cultu Sarracenorum et Turcorum mira expertus scribit.*
      Die Identifikation dieser Quelle mit Georg von Ungarn wird bereits von REICHERT, Pilger und
      Muslime, S. 14, nahegelegt. Zu Georgs Traktat, der 1480/81 erstmals in Rom gedruckt wurde,
      siehe GEORGIUS DE HUNGARIA, Tractatus; KLOCKOW, Theologie contra Erfahrung; DERS., Bartho-
      lomäus Georgievits; WILLIAMS, „Türkenchronik".

[181] GANZ-BLÄTTLER, Andacht und Abenteuer, S. 202.

Reichert betonen im Wesentlichen Fabris negative Aussagen über die Muslime.[182] Heike Schwab hingegen sieht diesbezüglich bedeutende Unterschiede zwischen Fabris Berichten. Während im *Evagatorium* ein äußerst negatives, ja hasserfülltes Bild gezeichnet werde, enthalte die *Eigentliche beschreibung* Aussagen, die „zuweilen sogar im direkten Widerspruch zum offiziell vertretenen Kurs der Kirche" ständen.[183] Herbert Wiegandt wiederum kommt nach der Auswertung des *Evagatoriums* zu dem Schluss, dass die Darstellung ein hohes Maß an Aufgeschlossenheit und Toleranz aufweise.[184]

Bereits aus diesen unterschiedlichen Bewertungen, die entweder auf Fabris Aussagen über den Islam oder auf seiner Darstellung der Lebensgewohnheiten und Verhaltensweisen der Muslime beruhen, geht hervor, dass in Fabris Berichten nicht nur ein einziges und konsequent durchgehaltenes Fremdbild enthalten ist, sondern mehrere sich z.T. widersprechende. Es wird nicht angestrebt, die Widersprüche innerhalb dieser Fremdbilder aufzulösen und Fabris persönliche Einstellung aus seinen Texten herauszufiltern. Vielmehr soll versucht werden, den Kontext, in dem die Aussagen stehen, genauer zu untersuchen und mögliche Funktionen dieser Passagen im Hinblick auf das Lesepublikum zu berücksichtigen. Dabei ist das historisch und theologisch extrem belastete Verhältnis zwischen Christentum und Islam zu beachten. Dieses hat in einem hohen Maß dazu beigetragen, dass, wie Folker Reichert festhält, die Pilger nicht nur durch einen mental, sprachlich, kulturell und religiös tiefen Graben von den Muslimen getrennt waren, sondern auch durch die Konkurrenzsituation um die Vorherrschaft in Palästina.[185] Gerade weil die für das Christentum so bedeutende Stadt Jerusalem nicht mehr innerhalb des eigenen Herrschaftsbereiches lag, mussten sich die Pilger mit der Gegenseite auseinandersetzen, welche die politische Macht ausübte und den Zugang zu den heiligen Stätten kontrollierte. Mit der scheinbar unaufhaltsamen Expansion des Osmanischen Reiches, das die christliche Welt mit der Eroberung Konstantinopels 1453 in Angst und Schrecken versetzte,[186] spitzte sich die Situation weiter zu.

Sowohl Fabri als auch die Verfasser der Vergleichsberichte bezeichnen die Muslime häufig pauschal als ‚Heiden', was bereits eine sprachliche Diskriminierung beinhaltet.[187] Häufig wurden die Muslime auch kollektiv als ‚Mauren' beschrieben. Jedoch geht bereits aus den Pilgerberichten des 14. Jahrhunderts hervor, dass die Muslime nicht als eine ethnische oder sozial einheitliche Großgruppe betrachtet wurden. Die Pilger des 15. Jahrhunderts differenzierten zwischen ‚Mamluken', ‚Sarazenen', ‚Arabern' und ‚Türken'. Die Mamluken übten in Ägypten und dem Heiligen Land die Macht aus und

---

[182] REICHERT, Pilger und Muslime, S. 13-15; ZRENNER, Die Berichte der europäischen Jerusalempilger, S. 50; KHATTAB, Das Ägyptenbild, S. 206f.
[183] SCHWAB, Das Andere anders sein lassen?, S. 153-156.
[184] WIEGANDT, Islam und Griechische Christen, S. 11f.
[185] REICHERT, Erfahrung der Welt, S. 149f.; DERS., Pilger und Muslime, S. 7.
[186] Zu zeitgenössischen Aussagen und der einsetzenden antitürkischen Propaganda siehe THUMSER, Türkenfrage und öffentliche Meinung.
[187] Vgl. KOSELLECK, Asymmetrische Gegenbegriffe, S. 229-244.

stellten den Pilgern zufolge die herrschende Oberschicht dar. Die Sarazenen identifizierten sie mit der dort ursprünglich ansässigen Bevölkerung, die ihre Macht an die Mamluken abgeben musste. Als ‚Araber' bezeichneten die Wallfahrer die nomadisierenden Beduinen, mit denen sie auf dem Weg zum Jordan und vor allem auf der Reise nach Ägypten in Kontakt kamen. Die ‚Türken' oder ‚Osmanen' schließlich waren für sie die nach Europa drängenden Aggressoren, die ganz Kleinasien und große Teile des Balkans beherrschten.[188]

Die folgenden Ausführungen konzentrieren sich auf Fabris ausführliche Beschreibungen der Mamluken und der Sarazenen. Auf eine Analyse seiner Darstellung der Beduinen, die kaum von anderen Pilgerberichten abweicht und im Wesentlichen auf der Übernahme von Fremdbildern aus älteren Reiseberichten beruht, wird an dieser Stelle hingegen verzichtet.[189] Mit den Türken kamen Pilger, die sich auf der üblichen Wallfahrtsroute bewegten nur unter besonderen Umständen in Kontakt,[190] sie werden daher nur am Rande erwähnt.[191] Dennoch stellen sie in den Texten eine beständige, allerdings kaum greif- und sichtbare Bedrohung dar. Fabri gibt in der Zusammenfassung seiner ersten Reise 1480 eine eindringliche Schilderung dieser Bedrohung, als sich die Nachrichten über einen bevorstehenden Angriff auf Rhodos immer mehr verdichteten.[192]

---

[188] REICHERT, Pilger und Muslime, S. 9; DERS., Erfahrung der Welt, S. 153. Zu den frühen Berichten siehe GRABOIS, Islam and Muslims, S. 312f.; DERS., La Description de l'Égypte, S. 534f.

[189] Sowohl in dem eigenen Äußeren als auch in dem eigenen Verhalten sehen die Pilger einen fundamentalen Unterschied zu den Beduinen. Um dem Leser die sich in jeder Hinsicht vertrauten Maßstäben entziehenden Fremden näher zu bringen, werden zumeist Parallelen zu Zigeunern oder zu der aus dem höfischen Roman bekannten Figur des ‚wilden Mannes' gezogen. Ähnlich wie in anderen Pilgerberichten werden die Beduinen bei Fabri als rückständig und barbarisch dargestellt. Häufig werden sie als nackt, schmutzig und tierisch bezeichnet. Die Zuschreibung einer dunklen Hautfarbe dient ebenfalls der Ausgrenzung und Abwertung. Vgl. FABRI, Evagatorium II, S. 398-403; DERS., Wanderings II, S. 477-484. Zur Darstellung der Beduinen am Beispiel von Dietrich von Schachten siehe JAHN, Raumkonzepte, S. 106-109.

[190] Vgl. den Überfall türkischer Piraten auf das Pilgerschiff mit Hans Schürpff und Bogislaus X. von Pommern im Jahr 1497. Hierzu siehe WÄCHTER, Hans Schürpff, S. 8-10. Aus der Sicht von Gefolgsleuten von Bogislaus: DALMAR, Beschreibung Herzog Bugslassen des 10. Peregrinatio, S. 307-309; BUGISLAUS VON POMMERN, Kurze Summarische Beschreibung, fol. 48r-v. Siehe dazu NOLTE, Fürsten und Geschichte im Nordosten des Reiches. Nur Pilger, die wie Bertrandon de la Brocquiere, Ghillebert de Lannoy oder Arnold von Harff auch über Konstantinopel reisten, äußern sich ausführlicher über die Osmanen. Vgl. einführend REICHERT, Erfahrung der Welt, S. 130-136; SIMON, Ein *wild volck*, S. 144f.

[191] Konrad Grünemberg liefert z.B. eine Beschreibung anlässlich seines Aufenthaltes in Ragusa, vgl. GRÜNEMBERG, Ritter Grünembergs Ritterfahrt, S. 38-42.

[192] Vgl. FABRI, Evagatorium I, S. 37-41, 44 und 46f.; DERS., Wanderings I, S. 18-23, 27 und 30f., DERS., Evagatorium III, S. 258-260. Die (Spuren der) Belagerung von Rhodos wird von den meisten Pilgern erwähnt, die nach 1480 nach Jerusalem pilgerten. Vgl. hierzu BALARD, The Urban Landscape; KRAACK, Die Johanniterinsel Rhodos; WALDSTEIN-WARTENBERG, Die mittelalterlichen Bauten.

Eine detailliertere Darstellung ihres Aussehens und ihrer Lebensgewohnheiten ist in seinen Berichten aber nicht enthalten.[193]

3.1 Die Mamluken

Den Mamluken widerfährt in den Berichten eine besondere Aufmerksamkeit.[194] In ihrer Jugend aus christlichen Ländern verschleppt oder verkauft, gewannen die zu Berufssoldaten ausgebildeten Militärsklaven innerhalb der ägyptischen Armee immer mehr an Macht und Einfluss und lösten schließlich die regierende Dynastie der Ayyubiden ab.[195] Die Pilger hoben sie nicht allein deshalb hervor, weil sie die herrschende Bevölkerungsschicht repräsentierten. Gerade weil es sich angeblich ausschließlich um vormalige Christen handelte, nahmen sie für die Pilger eine Sonderstellung ein. Diese besondere Rolle wurde für die Pilger erstens in dem Aussehen und Auftreten der Mamluken deutlich. Zweitens waren die Mamluken, die im Nahen Osten die Macht ausübten und über den Zugang zu den heiligen Stätten bestimmten, für die Pilger keine Angehörigen der ursprünglich dort ansässigen muslimischen Bevölkerung. Vielmehr stellten sie vom christlichen Glauben abgefallene Renegaten dar, die nach Ägypten gekommen waren, weil sie sich hierdurch einen sozialen Aufstieg erhofften. Drittens unterschied sich die Staats- und Gesellschaftsordnung des Mamlukenreiches von den vertrauten Verhältnissen in der Heimat. In Fabris Berichten liegt der Schwerpunkt vor allem auf dem zweiten und dritten Aspekt.

3.1.1 Identifikationszeichen: Barfüßigkeit und Kopfbedeckungen

Obwohl Fabris Berichte zahlreiche Angaben über die Mamluken enthalten, weist er an keiner Stelle auf deren Aussehen hin. Für den Leser ist nicht ersichtlich, anhand welcher äußeren Merkmale sie eigentlich zu erkennen sind.[196] Das einzige von ihm erwähn-

---

[193] Lediglich bei der Beschreibung Zyperns kommt er ausführlicher auf die Osmanen zu sprechen und übernimmt mit Bezug auf Antoninus Florentinus und Jacobus Philippus de Bergamo die Legende von der Abstammung der Türken von Troja. Vgl. FABRI, Evagatorium III, S. 237-239. Zur Darstellung der Osmanen in Reiseberichten, zur ‚Türkengefahr‘ und zu den Diskursen in der humanistischen Literatur siehe u.a. HÖFERT, Den Feind beschreiben; MELVILLE, Die Wahrheit des Eigenen; MÜLLER, Franken im Osten; PETKOV, Infidels, Turcs, and Women; REDDIG, *Jugurth ist Ir beste Speyse*; SCHIEWER, Leben unter Heiden; STAGL, Das Leben der nichtmuslimischen Bevölkerung; WOLF, Das Individuum.

[194] Zu den Mamluken in Berichten des 13. und 14. Jahrhunderts siehe GRABOIS, La description, S. 537-540.

[195] Zum Aufstieg und zur Geschichte der Mamluken siehe einführend HAARMANN, Der arabische Osten, S. 217-263, hier S. 218f.; KEßLER, Die Welt der Mamluken, S. 7-14.

[196] Der Grund hierfür dürfte darin liegen, dass auch in Fabris Vorlagen, z.B. den Berichten Tuchers und Breidenbachs, keine Angaben über die Kleidung der Mamluken gemacht werden.

te Zeichen der Mamluken ist das Herrschaftssymbol des Sultans auf ihren Schilden.[197] Er deutet das Emblem aber nicht als Identifikationsmerkmal. Vielmehr will er darauf aufmerksam machen, dass die Mamluken schändlicherweise ein christliches Symbol als heraldisches Zeichen verwenden; ein Vorgang, der seiner Ansicht nach für einen christlichen Ritter undenkbar ist. Seiner Interpretation zufolge handelt sich um einen christlichen Kommunionskelch, der die Überlegenheit der Mamluken über die Christen signalisiere.[198] Infolge dieser von ihm als Provokation aufgefassten Verwendung eines christlichen Symbols grenzt er sich an dieser Stelle deutlich von ihnen ab.

In einigen Vergleichsberichten werden dagegen detaillierte Hinweise gegeben, um die Andersartigkeit der Kleidung und des Aussehens der Mamluken herauszustellen. Mitunter schließen die Pilger anhand partizipativer äußerer Merkmale auch auf den Charakter der Personen zurück und leiten daraus negative wie positive Wertungen ab. Pietro Casola fiel bei der ersten Begegnung mit einem Mamluken vor allem dessen Barfüßigkeit auf. In der eigenen kulturellen Welt stand die Barfüßigkeit für Armut. Sie war aber auch ein besonderes Zeichen persönlicher Frömmigkeit, Ausdruck von Askese oder Demut und ein wichtiges rituelles Element der Kirchenbuße.[199] In diesem Kontext konnte die Beurteilung des Mailänders hinsichtlich der Tapferkeit und militärischen Stärke des Mamluken nicht positiv ausfallen: Jemand, der barfüßig daherkomme, könne wohl kaum für die Sicherheit der Pilger garantieren.[200]

Die auffälligen Kopfbedeckungen erwähnt der Mailänder im Gegensatz zu anderen Pilgern jedoch nicht, obwohl gerade diese laut Jean und Anselme Adorno ein Distinktionsmerkmal gewesen seien, durch welches sie sich von den übrigen ‚Heiden' unterschieden.[201] In den Vergleichsberichten wird von den verschiedenen Formen der Kopf-

---

[197] FABRI, Evagatorium III, S. 93: *clipei autem eorum sunt fortissimi, longi et depicti cum signo Soldani, quod est calix aureus in campo blavio et cum scriptura hujusmodi: Legala piste ha lala. Quod tantum sonat: Non est alius victor, nisi solus deus.* Bei dem Emblem handelt es sich um das unter Qāitbāy übliche Zeichen für die Mamluken. In der venezianischen Malerei wurde es zu einem seiner Bedeutung enthobenen, vielfach verwendeten dekorativen Objekt. Vgl. KURZ, Mamluk Heraldry; RABY, Venice, S. 43-49 und 52.

[198] FABRI, Evagatorium III, S. 93f. Das Hoheitszeichen soll symbolisch für einen Kelch stehen, den ein gefangener christlicher König dem Sultan als Pfand angeboten habe und in dem sich mit dem Sakrament der Eucharistie der denkbar wertvollste Gegenstand befand. Die Geschichte wird auch in Reiseberichten des 16. Jahrhunderts aufgegriffen und dabei in Verbindung mit Friedrich I. Barbarossa oder Ludwig IX. von Frankreich gebracht. Vgl. KURZ, Mamluk Heraldry, S. 304-307.

[199] Vgl. JÜTTE, Der anstößige Körper, S. 115. Barfüßigkeit war zudem ein Zeichen religiöser Bewegungen im Spätmittelalter, besonders natürlich der Franziskaner. Siehe umfassend SCHREINER, *Nudis pedibus*.

[200] CASOLA, Viaggio a Gerusalemme, S. 171: *A la sera vene uno mamaluco, diceva essere mandato dal Signore de Gazara per defensione de christiani. A me parse potesse fare poca defensione perché era discalzo [...].* DERS., Pilgrimage, S. 224. Arnold von Harff präzisiert, dass die Mamluken barfuß auf hölzernen Schuhen mit hohen Absätzen gehen würden. Vgl. ARNOLD VON HARFF, Die Pilgerfahrt, S. 103.

[201] ADORNO, Itinéraire, S. 200.

bedeckungen vor allem der „zamt"[202] hervorgehoben, bei dem es sich um eine spitz zulaufende rote Filzkappe handelte.[203] Auf der Grundlage des für die Wallfahrer ungewöhnlichen Erscheinungsbildes der Mamluken werden abgesehen von Casola aber keine negativen Urteile gefällt. Verfasser wie Dietrich von Schachten stellen sie im Gegenteil weniger als Vertreter einer feindlichen Religion dar, sondern mehr als Soldaten eines anderen Fürsten, die über dem europäischen Rittertum vergleichbare Repräsentationsformen verfügten. Er beurteilt die Kopfbedeckungen und Kleidung der Mamluken, die *eine lust zusehenn* sei, deren *köstliche behendte pferdte* sowie die *schöne[n] spiesse undt Schielt* daher äußerst positiv.[204] Die äußere Erscheinung mag fremd und ungewöhnlich sein, das von Dietrich mit seiner Schilderung implizierte Wertesystem entspricht den eigenen Vorstellungen.[205]

3.1.2 Die verleugneten Christen

Fast durchweg wird in den Pilgerberichten erklärt, bei den Mamluken handele es sich um *verleugnet cristen*.[206] Obwohl diese Bezeichnung negativ konnotiert ist und als Schimpfwort verwendet wurde,[207] sind die Darstellungen der Pilger keineswegs aus-

---

[202] Vgl. MAYER, Mamluk Costume, S. 32f.; RABY, Venice, S. 41 und 51. Mit dieser Kopfbedeckung sind auch die Mamluken in den Illustrationen Arnolds von Harff und Konrad Grünembergs abgebildet. Während Arnold von Harff diese Kopfbedeckung durchaus treffend wiedergibt, tragen die Mamluken bei Grünemberg mit dem geknickten Schlapphut eine typisch europäische Kopfbedeckung. Die Zeichnung Grünembergs ist an die eigenen Denkmuster angepasst und der „zamt" mit einer für den Betrachter vertrauten Hutform wiedergegeben. Möglicherweise stammen die Illustrationen aber nicht von Grünemberg selbst, sondern von einer anderen Person, die nur auf der Basis seines Textes arbeitete. Die Beschreibung der Hüte als spitz, rot und mit einem weißen Tuch umwunden, ohne hingegen die Zotteln zu erwähnen, könnte darauf schließen lassen. Vgl. ARNOLD VON HARFF, Die Pilgerfahrt, S. 103f.; GRÜNEMBERG, Ritter Grünembergs Pilgerfahrt, S. 131 mit Abb. S. 130. Zu den Abbildungen siehe BETSCHART, Zwischen zwei Welten, S. 85-87. Nach FOLTIN, Die Kopfbedeckungen, S. 60, waren Schlapphüte ursprünglich Bestandteil der bäuerlichen Kleidung.

[203] Im Bericht der Adornos wird zwischen vier Typen der Kopfbedeckung unterschieden. Als einzige heben sie hierbei auch den ‚gehörnten Turban' hervor, bei dem speichenähnliche Auswuchtungen hervorragten, deren Anzahl den Rang des Trägers anzeigen solle. Vgl. ADORNO, Itinéraire, S. 200. Siehe hierzu RABY, Venice, S. 35 und 40.

[204] Vgl. auch DIETRICH VON SCHACHTEN, Beschreibung, S. 189-191. Siehe JAHN, Raumkonzepte, S. 129f.

[205] Vgl. auch die ähnlichen Urteile bei GRÜNEMBERG, Ritter Grünembergs Pilgerfahrt, S. 130, und ADORNO, Itinéraire, S. 198.

[206] So die Bezeichnung gleich bei Fabris erster Erwähnung in Jaffa. Dessau, StB, Hs. Georg 238, fol. 33v. Fabri wiederholt dies zudem wie auch Arnold von Harff gleich mehrfach. Siehe u.a. ebd. fol. 127v und 183v; ARNOLD VON HARFF, Die Pilgerfahrt, S. 76, 85, 90 und 165. Einzig im Bericht Adornos wird eingeschränkt, dass es sich bei einem Mamluken nicht notwendigerweise in jedem Fall um einen Renegaten handeln müsse. Vgl. ADORNO, Itinéraire, S. 198.

[207] Siehe z.B. Martin Luthers Auslassung über die Spanier als verleugnete Christen. Vgl. hierzu REINHARD, Die Konstruktion der Alterität, S. 165.

schließlich abwertend. Nur in wenigen Berichten kommt die Strategie zur Anwendung, anhand der Konversion und Abwendung von der einzigen Glaubenswahrheit ein negatives Bild der Mamluken zu entwickeln. Der Franziskaner Paul Walther trifft beispielsweise die pauschale Feststellung, dass sie noch schlechter und grausamer als die Sarazenen seien.[208] Als Abtrünnige und Ketzer stehen sie für ihn noch unter den ‚Ungläubigen‘, die in ihrem Glauben lediglich fehlgeleitet sind. Ebenfalls davon ausgehend, dass es sich bei den Mamluken um Abtrünnige und Verräter handele, halten Jean und Anselme Adorno in ihrem Bericht fest, dass die Worte der Mamluken süß und schmeichlerisch seien, die versprochenen Taten aber nie eingelöst würden.[209] Die geringschätzigen Äußerungen Pietro Casolas schließlich basieren darauf, dass er ihnen eine große Geldgier unterstellt. Schon die erste Begegnung mit einem Mamluken wird von ihm derart gedeutet, dieser habe die Pilger nur zum Zweck aufgesucht, ihnen Geld abzunötigen.[210]

Abgesehen von diesen Aussagen überwiegen in den Berichten jedoch Aussagen, die vergleichsweise wohlwollend ausfallen. Dies gilt vor allem für das *Evagatorium* Fabris, obgleich die Schilderung seines ersten Zusammentreffens mit einem Mamluken zunächst ebenfalls den Eindruck erweckt, dass er ihnen infolge ihres Abfalls vom Christentum nur mit Verachtung begegnet: Ein mamlukischer Bote habe sich entgegen dem islamischen Gesetz auf der vor Jaffa ankernden Galeere so sehr mit Wein betrunken, dass er nicht mehr fähig gewesen sei, an Land zurückzukehren und an Bord seinen Rausch ausgeschlafen habe.[211] Der von Fabri als „verfluchtes Tier" diffamierte Mamluk hat also nicht nur den ursprünglichen Glauben verraten, sondern schert sich auch nicht um die Vorgaben seiner neuen Religion. Der Dominikaner greift hier auf den in den Berichten häufig anzutreffenden Topos zurück, die Mamluken würden bei jeder sich ihnen bietender Gelegenheit Wein genießen und damit das islamische Alkoholverbot brechen.[212] Auch bei seiner Charakterisierung der in Jerusalem lebenden Bevölkerungsgruppen betont er, dass sie sich nur ihrer Lust hingeben und weder die Gesetze des Propheten noch die Botschaft Christi achteten.[213]

---

[208] PAUL WALTHER VON GUGLINGEN, Itinerarium in Terram Sanctam, S. 193: *Fuerunt illo tempore in Gazara nonnulli alii manaluki valde multi de variis terris mundi, qui omnes abnegaverunt christianam fidem et facti sunt Sarraceni et vix tres Theutonici. Et isti abnegavit sunt peyores ed crudeliores quam alii Sarrazeni.*

[209] ADORNO, Itinéraire, S. 200: *Dulcia sunt eorum verba et curalia, quibus opera eorum non respondent.*

[210] Dabei charakterisiert er ihn als Person voller spanischer Tugenden – womit er wohl auf die den Spaniern zugeschriebenen Stereotypen der Hochmütigkeit und Verschlagenheit anspielt. Vgl. CASOLA, Viaggio a Gerusalemme, S. 171; DERS., Pilgrimage, S. 224. Casola führt weitere Beispiele für die Geldgier an. Vgl. DERS., Viaggio a Gerusalemme, S. 187; DERS., Pilgrimage, S. 242.

[211] FABRI, Evagatorium I, S. 191; DERS., Wanderings I, S. 218.

[212] Vgl. z.B. DIETRICH VON SCHACHTEN, Beschreibung, S. 191; ARNOLD VON HARFF, Die Pilgerfahrt, S. 101.

[213] FABRI, Evagatorium II, S. 328: *hi nec legem Machometi nec Christi evangelium curant, sed voluptatibus operam dant.* DERS., Wanderings II, S. 391. Ähnlich äußern sich auch Jean und Anselme Adorno. Vgl. ADORNO, Itinéraire, S. 200: *Hii voluptuosam in otio vitam ducunt.*

Doch äußert er sich im *Evagatorium* nicht nur negativ über die Mamluken. Dies erklärt sich nicht allein daraus, dass sie für das Geleit der Pilger zu sorgen hatten und diese gegenüber Übergriffen abschirmen sollten. In der Folge waren die Distanzerfahrungen gegenüber den Mamluken nicht so groß wie gegenüber den Sarazenen. Die Mamluken blieben keine unnahbaren und feindlich gesinnten Fremden, denn obwohl es sich bei der großen Mehrheit der Konvertiten laut Hans Tucher um *Wynden vnd Albanesen, Zirckassen vnd Walhen* handele und sich nur *gar wenig [...] Teutsch mammelucken* darunter befänden,[214] trafen die Pilger doch mehrfach Personen, mit denen eine Verständigung möglich war. So berichtet Fabri, dass er während des Aufenthaltes in Gaza mit gebürtigen Ungarn zusammen gespeist und getrunken habe. Darüber hinaus hätten sie sich in freundschaftlicher Atmosphäre auch mit Renegaten aus Sizilien und Katalonien ausgetauscht.[215] Gleiches widerfuhr den Pilgern in Kairo, wo Fabri sogar die Bekanntschaft mit einem ursprünglich aus Basel stammenden Mamluken machte, den er laut dem *Evagatorium* in seiner eigenen Basler Noviziatszeit persönlich kennen gelernt haben will. In der *Eigentlichen beschreibung* gibt er dessen Familiennamen an, rückt aber von der mit großer Bestimmtheit getroffenen Aussage einer persönlichen Bekanntschaft etwas ab.[216] Möglicherweise handelt es sich dabei um dieselbe Person, die 13 Jahre später eine *groysse fruntschaff* mit Arnold von Harff verband.[217]

---

[214] TUCHER, Die ‚Reise ins Gelobte Land', S. 567. Bernhard von Breidenbach und Arnold von Harff übernehmen diese Aussage leicht verändert für ihre Berichte. Ähnlich äußern sich überdies Jean und Anselme Adorno sowie Joos van Ghistele, der besonders die große Zahl von Tscherkessen hervorhebt. Vgl. BERNHARD VON BREIDENBACH, Die heyligen reyßen, fol. 151r; DERS., Peregrinatio, fol. 129r; ARNOLD VON HARFF, Die Pilgerfahrt, S. 103; ADORNO, Itinéraire, S. 198; ZEEBOUT, Tvoyage, S. 180. Zur Herkunft der Mamluken siehe KEßLER, Die Welt der Mamluken, S. 22-32. Zum Aufstieg der Tscherkessen als Führungsgruppe innerhalb der Mamluken siehe AYALON, The Circassians.

[215] FABRI, Evagatorium II, S. 371f.; DERS., Wanderings II, S. 442. In der *Eigentlichen beschreibung* teilt Fabri nichts über die Herkunft der Soldaten mit, sondern erwähnt nur das gemeinsame Trinken und die Zusicherung der Mamluken, ihnen würde beim Besuch des mamlukischen Heerlagers nichts geschehen. Dessau, StB, Hs. Georg 238, fol. 127v.

[216] FABRI, Evagatorium III, S. 34: *Undecima die venerunt in curiam nostram Mamaluci, abnegati Christiani, de diversis linguis, quaerentes inter peregrinos compatriotas, inter quos erant multi Siculi, et de Arragonia, et de Catalonia. Venit inter eos tantum unus Teutonicus de Basilea, cujus consanguineos novi, sed et eum prius Basileae videram.* Dessau, StB, Hs. Georg 238, fol. 183v: *Am xi tag octobris kamen zů vns vil mamalucken, dz sind verleugnet cristen vnd sůchten, ob sÿ bÿ vns landtzlút findin. vnder denen was nùt me den ein tútscher, der wz von basel vss der stat, vnd gehort dem seevogel zů, vnd mich dunckt, ich hett jn vor me gesechen. [...]. Der tùtsch wz allein an kùng soldans hof, aber gar vil vngeren sind da mamalucken, die komen zů her hansen von hungeren min gesellen, vnd hatten all tag, die wil wir ze chaÿr waren, ir gesprech mit jm, wen sÿ sin geschlecht wol bekanten vnd schenckten jm herlich nach heydnischen sitten.* Auch Paul Walther von Guglingen nennt den Basler, der offenbar gut geübt im Umgang mit der Lanze war, beim Namen. Vgl. PAUL WALTHER VON GUGLINGEN, Itinerarium in Terram Sanctam, S. 231: *habentos duos drutzsthelmannos, unum Alemanum de Basilea de stirpe cuiusdam nobilis, famosi in hastiludio, nomine Sefogel, alius de alia natione Christianorum, ambo abnegati.* Vgl. auch BERN-

Nicht alle Mamluken sind demnach für Fabri oder Arnold von Harff Fremde. Sie stellen für die Pilger „kulturelle Überläufer" dar,[218] die ihre Kultur und Religion zugunsten einer für sie vorteilhafteren Lebensweise aufgegeben haben, ohne dass ihnen dieses im *Evagatorium* zum Vorwurf gemacht wird.[219] Die gemeinsame Herkunft bildet eine Brücke zwischen Pilgern und Mamluken. Die Sprachgrenze, die eine Verständigung mit den Muslimen in der Regel unmöglich macht, ist hier aufgehoben. Obwohl die Mamluken unter religiösem Gesichtspunkt einer anderen Kultur zugehörig sind, werden einzelne Renegaten aufgrund der gemeinsamen Herkunft zur Sphäre des Eigenen gezählt. Indem die Pilger mit ihnen in Interaktion treten und kommunizieren können, verliert das Ausgrenzungskriterium des fremden Glaubens an Gewicht.

Darüber hinaus übernehmen diese Mamluken eine Vermittlerrolle, die über eine reine Dolmetschertätigkeit hinausgeht. Sie gewähren den Pilgern Einblick in eine fremde Welt, die ihnen sonst verwehrt geblieben wäre.[220] Fabri zufolge hat der Basler Landsmann ihn über das *vnvernùnftige[] wesen* der Muslime aufgeklärt.[221] Paul Walther von Guglingen will von diesem Mamluken ebenfalls zahlreiche Interna erfahren haben.[222] Gleiches berichtet Arnold von Harff, der durch seine Bekanntschaft mit deutschen Mamluken Geleitbriefe des Sultans erworben haben will. Zudem nimmt er sie mit Verweis auf sein durch sie gewonnenes Insiderwissen vehement gegen die Behauptung in Schutz, sie müssten zum Beweise ihrer Konversion Christus und Maria bespucken und ein Kreuz zertreten: *ich sage dir, neyn dat en is nyet waer*.[223]

Das Wissen, welches die Pilger über diese Vermittler erhalten, stufen sie als vertrauenswürdig ein. Zugleich ist der Rekurs auf die Vermittlerrolle der Mamluken eine Stilfigur, da mit dem Hinweis auf das aus erster Hand gewonnene Expertenwissen die Glaubwürdigkeit ihres Berichts gestärkt wird. Dies gilt im Übrigen nicht nur für Informationen über die Mamluken oder die Lebensgewohnheiten der Muslime, sondern auch für vertrauliche Gespräche, die Fabri geführt haben will. Hier wird ein weiterer Grund ersichtlich, warum die Mamluken im *Evagatorium* kaum herabgewürdigt werden. Der Basler Landsmann hat Fabri offenbar in einem persönlichen Gespräch versichert, zur

---

HARD VON BREIDENBACH, Die heyligen reyßen, fol. 149v: *Vnder welchen allen nit mee dan eyn teutscher was von basel geporen [...]*. DERS., Peregrinatio, fol. 127r.

[217] ARNOLD VON HARFF, Die Pilgerfahrt, S. 86.

[218] Vgl. generell zu dem Phänomen KOHL, Travestie der Lebensformen.

[219] Ohne dies explizit zu verurteilen, zählt Fabri zu den Motiven für eine Konversion die Möglichkeit, Macht auszuüben, ein regelmäßiges Einkommen, ein bequemes Leben, die fleischlichen Genüsse und die Polygamie. Vgl. FABRI, Evagatorium III, S. 93.

[220] Zur Figur des Vermittlers mit Bezug auf Arnold von Harff siehe DEEG, Das Eigene und das Andere, S. 185-187.

[221] Dessau, StB, Hs. Georg 238, fol. 183v.

[222] PAUL WALTHER VON GUGLINGEN, Itinerarium in Terram Sanctam, S. 231.

[223] ARNOLD VON HARFF, Die Pilgerfahrt, S. 86 und 104. Möglicherweise ist dies eine direkte Erwiderung auf den Bericht Bernhard von Breidenbachs, in dem den Mamluken dieser Vorwurf gemacht wird. Vgl. BERNHARD VON BREIDENBACH, Die heyligen reyßen, fol. 149v; DERS., Peregrinatio, fol. 127r-v.

Kirche Christi zurückkehren zu wollen. Er und viele seiner Kameraden fühlten sich in der *secta Mahometi* nicht wohl und sprächen schlecht über sie.[224] Fabri zweifelt im *Evagatorium* nicht an diesem Bekenntnis. Er berichtet im Gegenteil über die Wirkung, die Johannes Lazinus mit seinen Predigten bei den ungarischen Mamluken erzielt habe. Gleich mehrere hätten bei ihrer Ehre geschworen, den christlichen Glauben wieder anzunehmen und Buße für ihre Apostasie zu tun. Diesen missionarischen Erfolg verbucht er zum Teil auch auf sein eigenes Konto, denn schließlich habe er großen Anteil daran, dass Lazinus die Sinaireise unternommen habe.[225]

Fabri profiliert sich somit vor den Lesern seines lateinischen Berichts mit den missionarischen Bemühungen, einige vom rechten Weg abgekommene Seelen wieder in den Schoß der Kirche zurückgeführt zu haben.[226] Die mit dieser Selbstinszenierung zum Ausdruck gebrachte eigene Rechtgläubigkeit soll außerdem demonstrieren, dass er sich in der fremden Umgebung behauptet und das Christentum angemessen vertreten hat. Nicht zuletzt wird implizit angedeutet, dass die Konversion der Mamluken prinzipiell nur vordergründig erfolgte. In ihrem Herzen seien sie nach wie vor Christen. Ein endgültiger Bruch mit dem vorherigen Leben ist nach der Darstellung Fabris nicht vollzogen worden. Die Anpassung ist auf das Äußerliche beschränkt, wodurch eine Rückführung zum Christentum, die eminente politische Auswirkungen haben würde, nicht unmöglich erscheint. Die Mamluken stellen nach dieser Deutung nicht unbedingt eine Bedrohung für die Christenheit dar. Im Gegenteil zeigten sie sich offen für die mahnenden Worte der Pilger und bewiesen ihre Dankbarkeit, indem sie sie auch an unzugängliche Orte der Stadt führten.[227] Es erscheint nicht undenkbar, dass Fabri im *Evagatorium*

---

[224] FABRI, Evagatorium III, S. 34. Paul Walther von Guglingen berichtet in ähnlicher Weise über das Versprechen von Sefogel. Vgl. PAUL WALTHER VON GUGLINGEN, Itinerarium in Terram Sanctam, S. 236f. Siehe hierzu Grotzfeld, Arnold von Harffs Aufenthalt in Kairo, S. 202f.

[225] FABRI, Evagatorium III, S. 35: *Istis Ungaris Mamalucis praedicavit dominus Johannes Archidiaconus, vir utique religiosus et doctus, conversatione quoque benignus et jucundus, et multa apud eos bona operabatur suo exemplo et hortatu; nam plures eorum data fide in manibus ejus juraverunt, quod quantocius ad sanctae matris ecclesiae sinum redire et super apostasiam condignam agere poenitentiam vellent [...]. Gavisus profecto fui de fructificatione domini Johannis, in qua partem meriti non minimam spero me habiturum; per me enim in hanc peregrinationem venit, et nunquam eam aggressus fuisset, nisi ego eum animassem et juvissem.*

[226] In der *Eigentlichen beschreibung* verzichtet er dagegen auf ein Eigenlob, sondern würdigt nur die Leistung von Johannes Lazinus. Fabri orientiert sich dabei an der Darstellung bei Bernhard von Breidenbach. Vgl. Dessau, StB, Hs. Georg 238, fol. 183v: *vil gůtz schaft er mit jna, wen er ein senftch, fromer, gelerter man wz, mit den er sin lantzlùt an sich zog, wo hin er wolt; vil waren vnder jna, die schwaren jm von denen er triw nom, dz sy glich so bald sÿ mechtin wider weltin komen jn die cristenheit vnd da affetlich biesenn [...].* BERNHARD VON BREIDENBACH, Die heyligen reyßen, fol. 149v: *wan auch eyn thumherr vnder vns was von vngern · eyn wol gelerter vnd geistlicher man der vil gůts mit syner lere vnd mit synem exempel an den selben mammalucken schaffet [...].* DERS., Peregrinatio, fol. 127r.

[227] FABRI, Evagatorium III, S. 35: *Ob gratiam ergo domini Johannis is praefatus Mamalucus humaniter se nobis exhibens ad multa nos loca per civitatem duxit, et secreta pleraque ostendit.*

aus diesen Gründen auf eine einseitige Verurteilung der Mamluken als Apostaten, die als solche exkommuniziert sind und unumkehrbar ihr Seelenheil verloren haben, verzichtet.

Zu einem anderen Schluss kommt Fabri jedoch in der *Eigentlichen beschreibung*. Hier fällt er das pauschale Urteile, bei allen Mamluken handele es sich ohne Unterschied um *bös heyden*. Er macht unmissverständlich deutlich, dass es sich bei ihren mehrfachen Versicherungen, dem Islam abzuschwören, nur um leere Beteuerungen handele. Einschließlich dem Basler Landsmann würden sie zwar ihre Söhne (und Frauen) taufen lassen.[228] Doch geschehe dies nicht aus Frömmigkeit, sondern allein zu ihrem eigenen Vorteil, damit ihr Besitz und ihr Vermögen gesichert bliebe: *Aber dz tůnd sy nùt all um gotz willen, sunder den alafantz sůchen sy drin.*[229] Fabri wie auch andere Pilger wissen dabei um die Vorgabe, dass nur Konvertiten zu Mamluken erhoben werden können, während deren Söhne weder als Mamluken gelten noch über die Privilegien und Vorrechte ihrer Väter verfügen.[230] Pietro Casola zufolge dürfe niemand über die Mamluken herrschen, der nicht selbst ein Renegat sei.[231] Ähnliche Äußerungen enthalten die Berichte Hans Tuchers, Konrad Grünembergs und Arnolds von Harff.[232]

Fabri gibt jedoch an, dass die Mamluken durchaus versuchten, ihre errungene Macht und ihren Besitz an die Söhne weiterzuvererben. Daher umgingen sie die oben angesprochenen Regeln, indem sie ihre männlichen Nachkommen zunächst christlich taufen und dann später mit Erreichen eines bestimmten Alters in einem Initiationsritual zum Islam übertreten ließen.[233] Diese vermeintliche Strategie beschreibt er zwar auch im

---

[228] Dessau, StB, Hs. Georg 238, fol. 184r: *All mamalucken sind bös heyden vnd reden dem heydni-schen gefert 'vbel vnd haben gmeinlich all můt wider ze karen zů der cristenheit. Der mamaluck von basel verhiesz vns ouch, er welt wider komen [...]. Die mamaluck laßen ouch all ire kind vnd wiber taufen vnd achten nůt, dz sy cristen sind.*

[229] Dessau, StB, Hs. Georg 238, fol, fol. 184r.

[230] Sie besaßen weder das Recht, auf Pferden zu reiten, noch Waffen zu tragen. Gleichwohl gab es Versuche, diese Vorgaben zu umgehen. Auch versuchten Sultane immer wieder, ihre Söhne als Nachfolger zu installieren und eine dynastische Thronfolge herbeizuführen. Vgl. HAARMANN, Mit dem Pfeil, S. 232; KEßLER, Die Welt der Mamluken, S. 19-21 und 62f.; LEVANONI, The Mamluk Conception.

[231] CASOLA, Viaggio a Gerusalemme, S. 222: *imperó che nessuno po' signorezare da quisti mori s'el non è christiano renegato. E se uno de quisti renegati piglia muglie et habia fioli, quisti fioli non possono sucedere al patre in alcuna dignità e si domandano quisti tali fioli de la gente, etiam sia fioli del Soldano.* DERS., Pilgrimage, S. 279. Casola spielt hierbei auf die besondere Bezeichnung „Söhne der (edlen) Leute" (arab. „aulad an-nas") für die Söhne der Mamluken an. Siehe hierzu HAARMANN, Mit dem Pfeil, S. 244; RAYMOND, Cairo, S. 113.

[232] Arnold von Harff lehnt sich stark an den Text von Tucher an, während Grünemberg freier berichtet. Vgl. TUCHER, Die ‚Reise ins Gelobte Land', S. 572; ARNOLD VON HARFF, Die Pilgerfahrt, S. 104; GRÜNEMBERG, Ritter Grünembergs Ritterfahrt, S. 131.

[233] Dessau, StB, Hs. Georg 238, fol. 184r: *Es mag in dess kúng soldans hof niemend gewaltig sin noch werden, den verleugnet cristen; wen kein heyd, sarracen mag mamaluck werden vnd darum solichen die mamalucken jr sùn taufen vnd cristen glauben lernen, wen sy zů jren tagen komen, dz sy ouch verleugnind vnd mamalucken werdin vnd den vater migin erben, dz als nicht mocht sin,*

Evagatorium, allerdings ohne eine Bewertung abzugeben. Er schildert es als gängige Verfahrensweise, die dazu beitrüge, die Macht der Mamluken abzusichern und zu vermehren, denn auf diese Weise würde ihre Zahl beständig ansteigen.[234] Ob die Entfremdung des heiligen Taufsakraments für solche weltlichen Dinge eine Blasphemie oder die zunehmende personelle Stärke eine Gefahr für die Christen darstellt, ist dabei im *Evagatorium* nicht von Bedeutung.[235]

In der *Eigentlichen beschreibung* äußert er sich dagegen abfällig. Nicht zufällig benutzt er für seine Schilderung das Wort *alafantz*, das eine Umschreibung für eine Betrügerei, Verdorbenheit oder Narretei darstellt.[236] Die christliche Taufe ist hier nur Mittel zum Zweck, das Sakrament wird entehrt. Entsprechend negativ fällt seine Bewertung aus. Das Vorgehen der Mamluken sei völlig verfehlt. Positiv könne lediglich vermerkt werden, dass auf diese Weise wenigstens der *nam Christo vnder denen heÿden* weiterhin kursiere.[237] Die Mamluken sind hier treulose, seelenlose und abtrünnige *schelmen*, eine von Gott gesandte Plage nicht nur für die Christen, sondern auch für die Sarazenen, die über keinerlei Macht verfügten.[238] In der deutschen Version stilisiert er die Mamluken zu einem Feindbild. Dass sie den Weg zurück zum Christentum finden, ist hier ausgeschlossen.

Die Erklärung für die unterschiedlichen Bilder, die Fabri in seinen Berichten von den Mamluken zeichnet, könnte in dem jeweils anderen Lesepublikum des lateinischen und deutschen Berichts liegen. Gegenüber den Klosterbrüdern konnte er auf diese Weise seine institutionelle Identität als Dominikaner stärker geltend machen und den Nachweis führen, dass er sich dem Ordensgebot der Mission auch in der Fremde gestellt hat.

---

wen sÿ nút vor cristen werin gewesen [...]. Fabri folgt hierbei BERNHARD VON BREIDENBACH, Die heyligen reÿßen, fol. 149v; DERS., Peregrinatio, fol. 127r-v.

[234] FABRI, Evagatorium III, S. 93.

[235] Dies gilt auch für die Darstellung der militärischen Stärke, wobei hier keine unterschiedliche Bewertung in Fabris Fassungen vorliegt. Er vermerkt bei der Beobachtung der Übungen und Manöver in Kairo, dass die Mamluken sehr gewandt im Umgang mit Waffen seien und selbst beim Training keine Rücksicht auf ihre Gesundheit nähmen. Sie schätzten ein Menschenleben geringer als ein Huhn bzw. einen Hund. Für jeden verunglückten Mamluk rücke sofort ein anderer an dessen Stelle. Vgl. FABRI, Evagatorium III, S. 93f.; Dessau, StB, Hs. Georg 238, fol. 188v. Auch in anderen Berichten wird das soldatische Geschick der Mamluken gewürdigt, wobei Arnold von Harff die ihm seltsam erscheinenden Trainingsmethoden hervorhebt. ARNOLD VON HARFF, Die Pilgerfahrt, S. 89. Vgl. hierzu HAARMANN, Mit dem Pfeil, S. 230.

[236] Vgl. GRIMM/GRIMM, Deutsches Wörterbuch I, Sp. 203-205.

[237] Dessau, StB, Hs. Georg 238, fol. 184r.

[238] Dessau, StB, Hs. Georg 238, fol. 190r. Im *Evagatorium* ergibt sich die Strafe der Sarazenen und Schmach für die Christen allein aus der großen Zahl an Abtrünnigen. Dass die Mamluken auch von den Sarazenen als Unterdrücker wahrgenommen würden, begründet Fabri mit Erfahrungen in Kairo, wo sich die Mamluken mit Stöcken rücksichtslos Platz und Respekt in den Straßen verschafft hätten. FABRI, Evagatorium II, S. 372 und Evagatorium III, S. 92; DERS., Wanderings II, S. 442; Dessau, StB, Hs. Georg 238, fol. 184v. Vgl. auch ADORNO, Itinéraire, S. 200; ARNOLD VON HARFF, Die Pilgerfahrt, S. 104. Siehe hierzu HAARMANN, Mit dem Pfeil, S. 224.

Für das Laienpublikum der *Eigentlichen beschreibung* mag dies unerheblich gewesen sein. Hier galt es, die profanen Motive der Mamluken für den Glaubenswechsel in aller Entschiedenheit zu verurteilen und dem Leser deren große Sündhaftigkeit vor Augen zu führen.

3.1.3   Das fremde Herrschaftssystem der Mamluken

Die unterschiedlichen Perspektiven, die Fabri im Hinblick auf die Mamluken einnimmt, setzen sich bei der Beurteilung des Herrschaftsmodells fort. Die Rekrutierung der Sklaven vor allem aus dem osteuropäischen Raum und der Hinweis auf den Status der Mamlukensöhne sind zwei zentrale Aspekte des Mamlukenstaates, die in vielen Berichten genannt werden. Allein in Fabris deutscher Version wird jedoch das Wissen um die „non-hereditary nobility" in diffamierender Weise funktionalisiert.[239] Hingegen dienen sowohl im *Evagatorium* als auch in den Vergleichsberichten die Angaben des sich über den gesamten Nahen Osten erstreckenden mamlukischen Machtbereichs dazu,[240] die Andersartigkeit eines Systems hervorzuheben, das nicht auf der Grundlage einer Erbfolge vom Vater auf den Sohn beruht und in dem eine vornehme Abstammung bei der Machtvergabe keine Rolle spielt, sondern die einzige Voraussetzung die vormalige christliche Herkunft zu sein scheint.[241] Fabri zufolge ist ein Mamluk nur dazu berechtigt, zum Sultan aufzusteigen, wenn er in seiner Jugend nicht mindestens zweimal als Sklave verkauft worden sei.[242] Arnold von Harff und Pietro Casola verdeutlichen diesen Umstand, indem sie die legendäre Vita des Sultans Qāitbāy (1468-1496) in ihre Berichte einfügen, der im Kaukasus als einfacher Hirtenjunge lebte, bis er von den Mamluken versklavt wurde und unaufhaltsam bis zum Sultan aufstieg.[243]

Kein Unterschied zwischen dem mamlukischen Herrschaftsmodell und dem europäischen Feudalsystem bestünde dagegen in der Amtsgewalt des Sultans, der zusammen mit dem mächtigen *Diodar* als Palastpräfekten und dem *Amiraldus* als oberstem Heer-

---

[239]   AYALON, Mamluk military aristocracy.

[240]   Vgl. FABRI, Evagatorium III, S. 92: *quod omne dominium Aegypti et Syriae de Sarracenorum manibus subtraxerunt [...]*. Spezifischere Angaben zum Machtbereich der Mamluken machen Arnold von Harff und besonders Jean und Anselme Adorno. Vgl. ARNOLD VON HARFF, Die Pilgerfahrt, S. 86: *dat he mir gaeff schrijfftlich durch alle sijn lant Zuryen Egypten Arabyen dat heylige lant dat koenynckrijch van Halep ind groiss Armenijen durch zo tzeyn mit andern sijnen landen dar oeuer he zo gebieden hait*. Vgl. auch ebd., S. 110. ADORNO, Itinéraire, S. 200-202.

[241]   Grundsätzlich zum Herrschaftsmodell des Mamlukenreichs siehe LEVANONI, The Mamluk Conception; SIEVERT, Der Herrscherwechsel.

[242]   FABRI, Evagatorium III, S. 92; Dessau, StB, Hs. Georg 238, fol. 190r.

[243]   CASOLA, Viaggio a Gerusalemme, S. 222; DERS., Pilgrimage, S. 279f.; ARNOLD VON HARFF, Die Pilgerfahrt, S. 103. Vgl. auch ZEEBOUT, Tvoyage, S. 177. Zu Qāitbāy siehe PETRY, Protectors or Praetorians?, S. 13-20; SIEVERT, Der Herrscherwechsel, S. 31-53. Fabri gibt dagegen an, dass Qāitbāy aus Katalonien stamme. Vgl. die folgende Anmerkung.

führer die Macht ausübe.[244] In der *Eigentlichen beschreibung* bezeichnet Fabri den Herrscher überwiegend als *kúng soldan*,[245] wobei der Sultan eine dem König vergleichbare Position einnimmt. Dem *Evagatorium* zufolge komme dem Sultan für die Muslime dieselbe Rolle zu, wie sie der Papst für die Christen einnehme, während der Herrscher der Türken dem Kaiser gleichgesetzt werden könne.[246] Die Parallelisierung dient ihm dazu, dem Leser die unvertrauten Verhältnisse näher zu bringen.[247] Allerdings hat die Übertragung des vertrauten, eigenen Klassifikationsschemas gerade in solchen Fällen zur Folge, dass das Fremde überhaupt nicht erfasst wird.[248] Stattdessen tritt das Eigene an die Stelle des Fremden. Dem Leser wird vermittelt, dass in fremden Ländern zwar andere Termini gebraucht werden, die Institutionen sich in ihrer Funktion aber nicht von dem Eigenen unterscheiden.

Während hierin die beiden Berichte Fabris übereinstimmen, zeigen sich Unterschiede in der Charakterisierung des Sultans. Analog zu der Darstellung der Mamluken zeichnet er in der *Eigentlichen beschreibung* ein negatives Bild des Herrschers, während er sich im *Evagatorium* wohlwollend über den Sultan äußert. Allerdings nimmt die Passage um die Begegnung mit dem Sultan bei Fabri nicht den gleichen Stellenwert ein wie in anderen Pilgerberichten. So enthält Arnold von Harffs Bericht einen fiktiven interkulturellen und interreligiösen Dialog, in dem er sich in einer „standardisierten Gesprächsszene" als glaubensfester und listiger Pilger inszeniert.[249] Von Sultan Qānsūh, dem Sohn von Qāitbāy, über die Kriegspläne und Stärke der Armee König Karls VIII. von Frankreich ausgehorcht, entzieht er sich mit Hilfe von Lügen einer für ihn potenziell gefährlichen Situation.[250] Durch die Schilderung, wie er von dem fremden Potentaten empfangen und

---

[244] FABRI, Evagatorium III, S. 104f.; Dessau, StB, Hs. Georg 238, fol. 190r. Fabri orientiert sich dabei an TUCHER, Die ‚Reise ins Gelobte Land', S. 568, und an BERNHARD VON BREIDENBACH, Die heyligen reyßen, fol. 151v; DERS., Peregrinatio, fol. 130v.

[245] Vgl. Dessau, StB, Hs. Georg 238, fol. 183v, 184r und 190r.

[246] FABRI, Evagatorium III, S. 89: *Unde Soldanus inter Machometistas reputatur sicut Papa inter Christianos et Cairus sicut Roma. Turcus vero sicut Imperator et Constantinopolis sicut urbs Imperatoris.*

[247] Allerdings hätte sich anstatt eines Vergleichs des Papstes mit dem Sultan eher die Institution des Kalifats angeboten. Dieses war Fabri und mit wenigen Ausnahmen auch den anderen Verfassern jedoch nicht bekannt. Der Kalif diente den Mamluken lediglich dazu, das Sultanat zu legitimieren und verfügte selbst über keinerlei Macht. Die Kalifen residierten seit 1261 in Kairo, nachdem 1258 Bagdad von den Mongolen erobert und der letzte abbasidische Kalif umgebracht worden war. Sultan Baybar erhob 1261 einen vorgeblichen Angehörigen der Abbasidenfamilie zum Kalif. Vgl. ADORNO, Itinéraire, S. 196; HOLT, The structure of government; SIEVERT, Der Herrscherwechsel, S. 73-81.

[248] Vgl. DEEG, Das Eigene und das Andere, S. 185.

[249] Zu dem in den Reiseberichten verbreiteten Bild des Dialogs mit dem fremden Herrscher am Beispiel von Marco Polo, Jean de Mandeville, Arnold von Harff, Hans Rosenplüt und dem Fortunatus-Roman siehe KÄSTNER, Das Gespräch des Orientreisenden. Vgl. auch MORRALL, Der Islam und Muhammad, S. 148f.

[250] ARNOLD VON HARFF, Die Pilgerfahrt, S. 86. Vgl. hierzu KÄSTNER, Das Gespräch des Orientreisenden, S. 293f.

gemäß seiner adligen Stellung mit allen Ehren behandelt wird, kann Harff gegenüber seinen Lesern den eigenen Status aufwerten.

Darüber hinaus ist Fabris Darstellung auch nicht mit der scheinbar wirklichkeitsnahen Gesprächsszene in der fiktiven Reiseerzählung Jean de Mandevilles zu vergleichen, an die sich Arnold von Harff anlehnt. Die Szene dient hier als Stilmittel der Religions- und Kulturkritik. Dem tugendhaften und über die europäischen Verhältnisse wohlinformierten feindlichen Herrscher kommt in Mandevilles Text die Rolle zu, der christlichen Leserschaft den Spiegel vorzuhalten, indem er das sündhafte Verhalten und die falsche Politik der Christen kritisiert, die es ihm letztlich ermöglichen, seine Macht zu vergrößern. Die Scham, die diese Kritik bei dem Erzähler und Vermittler auslöst, soll dem Leser Antrieb zur Besserung sein.[251]

Bei Fabri wird allein die räumliche Nähe oder Distanz zum Herrscher als Stilmittel dafür herangezogen, das Fremde auszugrenzen und sich zugleich gegenüber den Erwartungen des anvisierten Leserkreises zu positionieren. Er hat entgegen seiner detaillierten Darstellung im *Evagatorium* und der *Eigentlichen beschreibung* den Sultan während der Besichtigung der Zitadelle in Kairo nicht zu Gesicht bekommen. Wie aus dem Bericht von Paul Walther von Guglingen hervorgeht, war der Versuch, die Reiseführer zu bestechen, um zu einer Audienz vorgelassen zu werden, nicht von Erfolg gekrönt.[252] Fabris Beschreibung des in ein schneeweißes Gewand gehüllten Herrschers, der von vielen demütig und ehrfurchtsvoll blickenden Mamluken sowie erfahrenen und würdevollen Ratgebern umgeben ist, hat er aus dem Bericht seines Reisegefährten Bernhards von Breidenbach übernommen.[253] Auch dessen Darstellung beruht jedoch nicht auf eigenem Augenschein, sondern geht wiederum auf Hans Tucher zurück.[254]

Dabei entwickelt Fabri in der für seine Klosterbrüder bestimmten lateinischen Version keineswegs ein negatives Bild des mamlukischen Herrschers, dem das positive Bild

---

[251] KÄSTNER, Das Gespräch des Orientreisenden, S. 287-291; GRADY, „Machomete" and Mandeville's Travels; OLK, Reisen und Erzählen, S. 117f.

[252] PAUL WALTHER VON GUGLINGEN, Itinerarium in Terram Sanctam, S. 225.

[253] FABRI, Evagatorium III, S. 73: *Per has introducti ipsum in throno regio vidimus residentem in vestitu candido, et plurimos Mamalucos in ordine suo cum multa disciplina reverenter ipsum circumstantes. Ibi etiam plures antiqui, graves et maturi viri circa eum astabant.* BERNHARD VON BREIDENBACH, Die heyligen reyßen, fol. 153r: *durch welche wir yngelassen sahen den Soldan vff synem koniglichem stůll sytzen yn eym schneewissen kleyd vnd gar vil herren vnd mammalucken yn yrem geschick eerlich vnd swygende ynen vmbstande · besunder ettlich als tapffer vnd ernsthafftig menner aller nehest by ym die syn reth waren.* DERS., Peregrinatio, fol. 131r: *Ibi etiam plures antiqui graues et maturi viri [...].*

[254] Schon er beschreibt Qāitbāy umgeben von *züchtig vnd styll* stehenden Mamluken als auch *gar vil alter redlicher menner.* Nur das Podest, auf dem der Sultan *auff einem praunen kostenlichen tebich* sitzt und einen Brief liest, ist bei Breidenbach und Fabri durch einen Thron ersetzt. Vgl. TUCHER, Die ‚Reise ins Gelobte Land', S. 570f. Tatsächlich soll sich sowohl ein mit Seidentuch ausgelegter Stuhl als auch ein Thron im Audienzsaal befunden haben. Den Thron bestieg der Sultan nur zu besonderen Anlässen. Vgl. RABBAT, The Citadel of Cairo, S. 252f.; KEßLER, Die Welt der Mamluken, S. 144.

eines tugendhaften christlichen Herrschers entgegengehalten wird. Die Darstellung des Sultans, der sich mit treuen und engen Ratgebern umgibt, impliziert beim Leser weder das Bild eines Despoten noch eines Taugenichts', sondern vielmehr das eines umsichtigen und nicht vorschnell handelnden Herrschers.[255] Auch belegt er den Sultan als einen der wichtigsten Repräsentanten des Islam nicht mit polemischen Negativurteilen. Qāitbāy ist zwar ein Feind des christlichen Glaubens, er wird aber nicht wie z.B. der osmanische Herrscher Mehmed II. in der antitürkischen Polemik zum Prototyp des Tyrannen stilisiert.[256] Im Gegenteil äußert sich Fabri an anderer Stelle lobend über die Baumaßnahmen zur Verbesserung der Lebensbedingungen und fordert die Christen sogar auf, für den ungläubigen Herrscher zu beten und ihm ein langes Leben zu wünschen, da er sich gegenüber seinen christlichen Untertanen freundlich und großzügig erweise.[257] Die Handlungen des Sultans bewertet Fabri im *Evagatorium* unabhängig von der Frage nach der wahren Religion. Sie decken sich mit der bereits gezeigten insgesamt eher positiven Charakterisierung der Mamluken, die er nicht endgültig für den christlichen Glauben verloren gibt.

Dem steht wiederum Fabris Schilderung in der *Eigentlichen beschreibung* gegenüber. Hier gibt er an, dass die Pilger den Sultan nur flüchtig erblickt hätten. Lediglich sein Gürtel sei zu erkennen gewesen. Fabri selbst will aber gar nicht darauf geachtet haben, da er keinen Wert darauf gelegt habe, den Herrscher der Mamluken zu sehen.[258] Diese vom *Evagatorium* abweichende Darstellung bringt eine andere Einstellung gegenüber dem Sultan zum Ausdruck. Durch den Verzicht, Qāitbāy direkt anzusehen, nimmt er eine ablehnende Haltung gegenüber dem Machthaber ein. Indem er die Distanz wahrt, versagt er dem Oberhaupt der rivalisierenden Religionsgemeinschaft seine Anerkennung. Die Nähe zum Herrscher, die einen symbolischen Mehrwert besitzt und das Prestige und Ansehen derjenigen erhöht, die sich in der unmittelbaren Umgebung des Herrschers aufhalten dürfen, verkehrt sich angesichts des Glaubensfeindes in ihr Gegenteil.[259] Eine diffamierende Bezeichnung des Sultans ist hiermit noch nicht verbunden, doch verzichtet Fabri auch auf jegliche lobende Worte bezüglich der Baupro-

---

[255] Zu den negativen Königs-Typen siehe REXROTH, Tyrannen und Taugenichtse, S. 38f.

[256] Vgl. SIEBERS-LEHMANN, Der türkische Sultan Mehmed II., bes. S. 21-23. In den Pilgerberichten insgesamt finden sich nur wenige Polemiken. Vgl. lediglich ADORNO, Itinéraire, S. 184.

[257] Fabri lobt den Sultan für den Ausbau der sogenannten Salomonischen Teiche und neuer Wasserleitungen nach Jerusalem. Damit sein Lob nicht zu überschwänglich ausfällt, gibt er vor, lediglich an biblische Vorbilder anzuschließen: Salomon habe König Hiskia für seine Anstrengungen bezüglich der Versorgung Jerusalems mit lebensnotwendigem Wasser ebenfalls gepriesen (Sir. 48, 17 [Vulgata: Sir. 48,19]; 2. Kön. 20,20 und 2. Chr. 32,30) und auch das Volk Israel habe für König Nebukadnezar gebetet, obwohl er es ins Exil verschleppt und Jerusalem einschließlich des Tempels zerstört habe (Bar. 1,11). Vgl. FABRI, Evagatorium II, S. 185f.; DERS., Wanderings II, S. 200f.

[258] Dessau, StB, Hs. Georg 238, fol. 193r: *Die edlen pilgrun wurden so nach gefiert, dz sÿ den soldan mochten sechen, doch nit gantz aber nurr bis vff den gùrtel. Jch hab jnn nùt gesehen, wen ich hatt a kein not dar der nach.*

[259] Vgl. hierzu WITTHÖFT, Symbolische Raumordnung, S. 28.

jekte. Die enormen Investitionen werden vermerkt, ohne hierfür den Sultan zu würdigen.[260]

Darüber hinaus wird ansatzweise deutlich, dass ihm das Verhalten seiner Reisegefährten, die darauf drängen, den Sultan zu sehen, als unangemessen erscheint. Weder
soll man sich mit dem Glaubensfeind einlassen noch dem Verlangen der Neugier erliegen. Diese Haltung ist in den *Sionpilgern* noch stärker ausgeführt. Für die Nonnen seines geistlichen Pilgerführers ist die Zitadelle infolge der ‚häretischen‘ Mamluken keinen Besuch wert. Im Gegenteil sei das *schloß den gütten cristen ain túffel in iren ougen*,
vor dem man wie *von der hoell* fliehen müsse. Nur die neugierigen Ritterpilger könnten
sich nicht enthalten, unbedingt einen Blick auf den Sultan erhaschen zu wollen.[261] Seine
Darstellung in der *Eigentlichen beschreibung* und den *Sionpilgern* ist somit gegenüber
dem *Evagatorium* um eine moralische und pädagogische Komponente erweitert. Er
grenzt sich in eindeutiger Weise sowohl von dem Beherrscher der ‚Ungläubigen‘ als
auch von den mitreisenden Pilgern ab, deren lasterhafte Neugier sie die geforderte
fromme Einstellung vergessen lasse.

3.2   Die Sarazenen

Als ‚Sarazenen‘ bezeichnen die Pilger vornehmlich die autochthone Bevölkerung
Ägyptens und Palästinas, die nunmehr ihre ehemals große Macht verloren hat und von
den Mamluken nach Belieben beherrscht wird.[262] In einem mit *De Sarracenis* betitelten
gelehrten Exkurs des *Evagatoriums* verdeutlicht Fabri, dass er unter den Sarazenen in
erster Linie die Bewohner jener Städte versteht, denen der Prophet Mohammed zuerst
seine Lehre offenbart hat.[263] Er folgt somit einer bereits in älteren Pilgerberichten entwickelten Differenzierung, wonach mit der Bezeichnung Sarazenen die in Palästina und
Ägypten lebenden Muslime von den Mamluken und Türken unterschieden werden.
Daneben kommt der Bezeichnung auch eine kulturelle Bedeutung zu, da die Sarazenen
als eine sesshafte und zivilisierte Gruppe von den nomadisierenden Beduinen abgesetzt
sind.[264]

Nicht die Mamluken sind demnach die eigentlichen Repräsentanten der islamischen
Religion, sondern die Sarazenen, deren Lebensgewohnheiten Fabri vor allem in Jerusalem und Kairo studieren konnte. Ihre Selbstbezeichnung hält Fabri dabei für irreführend
und anmaßend, denn es handele es sich nicht um die Nachkommen Abrahams und sei-

---

[260] Dessau, StB, Hs. Georg 238, fol. 114v.
[261] FABRI, Die Sionpilger, S. 271.
[262] Vgl. oben Anm. 237.
[263] FABRI, Evagatorium III, S. 94: *Dicto de sacerdotibus Cairi et Mamalucis et Soldano nunc de*
       Sarracenis veris civibus urbis restat dicendum, quibus praecipue Machometus legem suam dedit.
[264] Vgl. GRABOIS, Islam and Muslims, S. 322f., mit Verweis auf Ricoldo da Monte Croce.

ner Frau Sara. Vielmehr würden die Sarazenen von Abrahams mit Hagar gezeugtem Sohn Ismael abstammen.[265]

Bei der Darstellung der Sarazenen kommen die Gegensätze zwischen den Religionen stärker zum Tragen als bei der Beschreibung der Mamluken. Besonders deutlich wird dies bei der Schilderung der direkten Begegnungen mit den Sarazenen. Die Kulturbegegnung entpuppt sich dabei in vielen Fällen als Kulturkonflikt. Folker Reichert spricht zugespitzt von einer „Art Kleinkrieg mit ‚schmutzigen Riten‘",[266] der sich zwischen den Pilgern als Repräsentanten des Christentums und den Sarazenen als Anhängern des Islams abspielte. Aber auch die Schilderung der Sitten und Gebräuche, die sowohl auf Fabris eigenen Beobachtungen als auch auf der Übernahme aus seinen Quellen basiert, sind infolge des negativen Islambildes häufig mit pejorativen Werturteilen verbunden. Fabri verfolgt dabei analog zu den Vergleichsberichten zumeist das Ziel, die Lebensgewohnheiten der Sarazenen als ausschweifend und rückständig darzustellen. Dennoch ist das Bild, das er von ihnen zeichnet, nicht einseitig negativ. Vereinzelt werden auch positive Eigenschaften vermerkt, die jedoch vornehmlich dem Zweck dienen, dem sündigen Verhalten der Christen den Spiegel vorzuhalten.

3.2.1 Identifikationszeichen: Kleidung

Analog zu der Darstellung der Mamluken verwendet Fabri erneut kaum Aufmerksamkeit darauf, das Aussehen und die Kleidung der Sarazenen zu beschreiben. Dem kurzen Hinweis auf die den Sarazenen vorbehaltene weiße Farbe der Kleidung[267] stehen deutlich differenzierte Angaben z.B. von Arnold von Harff und sogar Peter Rindfleisch gegenüber.[268] Insbesondere Arnold von Harff beschreibt die Kleidungsgewohnheiten

---

[265] FABRI, Evagatorium III, S. 94f.: *Sunt enim triplices Sarraceni, veri, praesumti et additi. Veri Sarraceni sunt illi, qui de Sara uxore Abrahami sunt exorti, sicut solum Judaei de semine Isaac et Jacob et XII patriarcharum. [...] Secundi Sarraceni sunt Sarraceni praesumti, qui sibi usurpaverunt hoc nomen, seque jactant genitos a Sara et sine re in nomine gloriantur, cum Agar eorum fuerit genetrix et potius ac verius sint et dicantur Ismaelitae, a patre eorum Ismaële, vel Agareni ab Agar, sicut habetur Genes. 17.* Die dritte Gruppe stellen für ihn die Mamluken dar. Zitiert auch von GUÉRIN DALLE MESE, Égypte, S. 134. Ähnlich ADORNO, Itinéraire, S. 67. Der Verweis auf die Abstammung von Ismael und der eigentlich falschen Bezeichnung ist bereits Teil des frühmittelalterlichen Islambildes und findet sich z.B. bei Isidor von Sevilla. Vgl. ROTTER, Abendland und Sarazenen, S. 68-77; DERS., Sarazenen, S. 461f.; TOLAN, Saracens, S. 10-12.

[266] REICHERT, Pilger und Muslime, S. 12.

[267] FABRI, Evagatorium I, S. 186 und 215; DERS., Wanderings I, S. 211 und 251. Wilhelm Tzewers hält in einer von Alessandro Ariosto entlehnten Passage fest, dass sie mit der weißen Kleidung ihre Reinheit betonen wollten. Christen und Juden sei daher das Tragen weißer Gewänder verboten. Vgl. TZEWERS, Itinerarius, S. 170: *In signum cuius communiter albissimas vestes mulieres et viri mixtas albo cum capitegio magno de albissimo lino deferunt.*

[268] RINDFLEISCH, Wallfart, S. 337: *und hatten alle weisse röcke an unnd under den weissen röcken hatten Sie scharlach unnd sammette Rocke und ander seiden gewandt.* Vgl. auch MAYER, Mamluk Costume, S. 25.

der Sarazenen. Obwohl die Kleidung völlig von den vertrauten Formen abweicht, kann er infolge der verschiedenen Farben der Turbane klare Zuordnungen vornehmen.[269] Die fremden Kleidungssitten folgen einem System, in dem der Turban das Unterscheidungskriteriums zwischen den in Ägypten lebenden Bevölkerungsgruppen war. Dieses System erschien ihm durch die in Europa geläufigen Kleiderordnungen nachvollziehbar und vertraut.

Arnold von Harff gibt jedoch kein Werturteil über die Kleidung selbst ab, während Fabri an einer Stelle des *Evagatoriums* das Ziel verfolgt, die Art der Kleidung als Sinnbild für die weibische und ausschweifende Art der Sarazenen zu interpretieren. Durch die „hermaphroditischen" Gewänder seien Männer kaum von Frauen zu unterscheiden und die Sitte des Turbantragens sei der mythologischen Gestalt des Dionysos nachempfunden, der zur Linderung seiner nach Trinkexzessen und Ausschweifungen auftretenden Kopfschmerzen immer einen Turban getragen habe.[270] Die fremde Art der Kleidung dient ihm somit als Mittel der Diffamierung und generellen Abgrenzung von den Sarazenen. Allerdings ist dies die einzige Passage, in der sich Fabri zur Kleidung äußert und stellt auch nicht das einzige Fremdbild dar, das er von den Sarazenen zeichnet.

3.2.2   Eigenschaften und Verhaltensweisen der ‚Orientalen'

Der Schwerpunkt von Fabris Beschreibung liegt nicht auf der Identitätskategorie Kleidung oder sichtbarer körperlicher Merkmale. Im Vordergrund stehen vielmehr die Lebensgewohnheiten und Verhaltensweisen der Sarazenen. Aus dem *Evagatorium* wird dabei deutlich, dass er sich bei seinen Charakterisierungen an die Lehre von den unterschiedlichen Komplexionen der Menschen anlehnt. Er geht von der Ansicht aus, dass die Natur des Menschen durch die Gestirne und das Klima beeinflusst ist.[271] Bestimmte Eigenschaften sind den Menschen von Natur aus gegeben und gelten pauschal für die gesamte Großgruppe, so dass es Fabri möglich ist, auf dieser Basis Fremd- und Eigenzuschreibungen vorzunehmen. Zwischen ‚Okzidentalen' und ‚Orientalen', die sich von Natur aus hassen würden,[272] bestünden bedeutende und grundsätzliche Differenzen.

---

[269]   ARNOLD VON HARFF, Die Pilgerfahrt, S. 95f. mit Abb. Zu den Kleiderordnungen siehe MAYER, Mamluk Costume, S. 65 und 70f.

[270]   Zwar sind die Werturteile in die Verhaltensanweisungen des Franziskanerguardians inkludiert, sie sind jedoch aufgrund des für Fabri typischen exkursartigen Charakters mit Verweisen auf gelehrte Literatur, die Bibel und antike Mythologie als sein eigenmächtiger Zusatz zu betrachten. FABRI, Evagatorium I, S. 215; DERS., Wanderings I, S. 251f.

[271]   Die im 2. Jahrhundert von Galen entwickelte und im Hochmittelalter weiter ausgeformte humoralpathologische Anschauung besagt, dass die äußeren Zeichen auf die Veranlagung und Eigenschaften einer Person hinweisen und das Ergebnis seiner Komplexion sind. Vgl. hierzu GROEBNER, Haben Hautfarben eine Geschichte?; DERS., Der Schein der Person, bes. S. 86-91; ZIEGLER, Text and Context.

[272]   FABRI, Evagatorium II, S. 434f.: *sicut communiter orientales et occidentales male se invicem respiciunt, ex natura enim odium est inter eos, et nisi ratione se cohiberent, in se ipsos statim*

Letztere unterschieden sich von den im ‚Westen' lebenden Menschen nicht allein in ihren Lebensgewohnheiten, sondern vor allem in ihrem Temperament, ihrer anderen Denkart und ihren Anschauungen sowie ihrer körperlichen Natur.[273]

In einigen Passagen verfolgt er das Ziel, dem Leser eine Vorstellung von den dementsprechend vollkommen anderen Verhaltensweisen zu vermitteln. Dabei greift er auf die rhetorische Stilfigur der Inversion bzw. der ‚verkehrten Welt' zurück, die dem Leser Einsicht in eine fremde Welt vermittelt, indem alle fremden Sitten den vertrauten Bräuchen diametral entgegenstehen.[274] Stefan Deeg zufolge werden bei diesem Verfahren des Entwerfens einer fremden Wirklichkeit keine Unterschiede mehr wahrgenommen, sondern nur mehr Gegensätze, die in den Lebensgewohnheiten, Normen und Werten der Fremden zum Ausdruck kommen.[275]

Der fundamentale Gegensatz zwischen ‚Okzidentalen' und ‚Orientalen' dient Fabri beispielsweise zur Erklärung einerseits des für die Pilger merkwürdigen Verhaltens eines halbnackten und mit Steinen bewehrten Sarazenen, der ihnen auf einem Rundgang zu biblischen Orten den Weg versperrt und andererseits der für ihn noch unerklärlicheren Reaktion der schwerbewaffneten Eskorte, den Konflikt zu vermeiden und einen beschwerlichen Umweg in Kauf zu nehmen. Die normale und selbstverständliche Reaktion reisender Adliger in heimischen Gefilden, die Fabri kontrastierend gegenüberstellt, hätte darin bestanden, mit einem solchen Wegelagerer kurzen Prozess zu machen.[276]

Ein weiterer grundsätzlicher Unterschied besteht für Fabri in dem Aberglauben, zu dem alle Orientalen unabhängig von ihrem muslimischen oder christlichen Bekenntnis in erstaunlicher Weise neigten.[277] Als Beispiel führt er eine Mondfinsternis an, wie er sie während des Aufenthaltes in Kairo erlebt haben will. Sowohl im *Evagatorium* als auch in der *Eigentlichen beschreibung* bietet dies den Anlass, einmal mehr die angebliche Torheit und Einfältigkeit der in Panik verfallenden Orientalen zu zeigen, die den Moment der Verdunkelung laut der deutschen Version sogar zu schwarzer Magie genutzt hätten.[278] Fabri bringt mit seiner Bemerkung ein kulturelles Gefälle zum Aus-

---

irruerent, sicut faciunt iracundi canes contra se venientes, vel equi mali, qui se morsibus salutant. DERS., Wanderings II, S. 526.

[273] FABRI, Evagatorium II, S. 29: *Sunt enim orientales alterius conditionis, quam nos, vel, alia sunt apud nos regimina, aliae in eis passiones, alii respectus rationis, alii conceptus, corpora eorum aliter sunt complexionata, et sunt ibi alii influxus siderum et alia climata [...].* DERS., WANDERINGS II, S. 3.

[274] Siehe hierzu grundlegend HARTOG, The Mirror of Herodotus, S. 214-216. Vgl. auch GUÉRIN DALLE MESE, Égypte, S. 190-202; HUNDSBICHLER, Im Zeichen der „verkehrten Welt", S. 555f.

[275] DEEG, Das Eigene und das Andere, S. 175.

[276] FABRI, Evagatorium II, S. 28f.: *O, cogitavi, si in nostris partibus uni de minimis nobilibus istis te sic nudum in via opponeres, quam cito gladium vel sagittam in latere haberes! Sed non ita est in orientalibus illis partibus.* DERS., Wanderings II, S. 2f.

[277] FABRI, Evagatorium III, S. 53.

[278] FABRI, Evagatorium III, S. 73f.; Dessau, StB, Hs. Georg 238, fol. 192v-193r. Breidenbach erwähnt die Mondfinsternis und Panik unter den Muslimen ebenfalls, aber ohne dies als Beispiel für

druck. Für den westlichen Pilger ist das astronomische Phänomen keine Besonderheit, während sich die unwissenden Sarazenen mit magischen Ritualen zu helfen versuchen.

Die Unterscheidung von natürlichen Dispositionen von Menschen hat aber nicht zur Folge, dass Fabri seine Darstellung generell auf einem Schwarz-Weiß-Schema aufbaut, bei der alles Eigene positiv und alles Fremde negativ beurteilt wird. Im Gegenteil schätzt er einige der von Natur gegebenen Eigenschaften der Sarazenen. So konstatiert er zum einen ihre Barmherzigkeit, die sich – wie schon bei den Venezianern – vor allem beim Umgang mit Gefangenen zeige.[279] Zum anderen lobt er die große Achtung, die sie dem Leben entgegenbrächten. Ihre naturgegebene *miltikeit äußert sich selbst darin, dz sÿ vngern vnd wunder selten lút töden*, selbst wenn diese *den todt dickt* verdient hätten.[280] Im Gegensatz zum Topos von der Grausamkeit der Muslime in Quellen des 11. und 12. Jahrhunderts,[281] spricht Fabri dem Glaubensfeind nicht jegliche Kultur ab, sondern hebt deren Menschlichkeit explizit hervor. Die Abgrenzung erfolgt erst in dem Vergleich der Sarazenen mit den Beduinen und den weiter im Osten lebenden Mongolen, deren Aussehen er als hässlich und abstoßend bewertet, woraus er folgert, dass sie kaum vernunftbegabt sein könnten und mehr Tieren als Menschen glichen.[282] Die Gegenüberstellung mit den entmenschlichten Beduinen und Mongolen lässt die Sarazenen nicht mehr fremd erscheinen, sondern rückt deren Gemeinsamkeiten mit der eigenen Kultur in den Vordergrund.[283]

---

deren großen Aberglauben zu verwenden. BERNHARD VON BREIDENBACH, Die heyligen reyßen, fol. 154r; DERS., Peregrinatio, fol. 131r.

[279]   Fabri erwähnt, dass sie ihre Gefangenen regelmäßig durch die Straßen führen würden, damit diese sich durch Betteln ihre Kerkerhaft erträglicher gestalten könnten. FABRI, Evagatorium III, S. 39f.

[280]   Dessau, StB, Hs. Georg 238, fol. 185r. Zitiert auch von SCHWAB, Das Andere anders sein lassen?, S. 155; WIEGANDT, Islam und Griechische Christen, S. 17. Vgl. auch Fabris Beschreibung eines Streites zwischen zwei Sarazenen, den diese bewusst nicht mit Waffen, sondern nur mit Fäusten und Nägeln ausgetragen hätten, was die adligen Pilger als knabenhaft und weibisch abqualifizieren, Fabri dagegen als vernünftig und gottgefällig wertet. FABRI, Evagatorium III, S. 140f. Siehe WIEGANDT, Islam und Griechische Christen, S. 17. Vgl. zudem FABRI, Evagatorium I, S. 228; DERS., Wanderings I, S. 269.

[281]   Vgl. hierzu JASPERT, Die Wahrnehmung der Muslime, S. 318-320.

[282]   FABRI, Evagatorium III, S. 40: *verum tamen erant turpissimi homines quasi bestiae, si quidem caeteris hominibus, quos in Oriente vidi, Tartari sunt turpiores, sunt enim parvi, et grossos habent oculos multum prominentes, coopertos palpebris, ita, quod parva est apertura in eis. [...] Sunt etiam in posteriori parte capitis rasi sursum contra rasuram per medium ductam, sicut nostri stulti raduntur aliquando, nec videntur mihi vigentes multa ratione, qui habent stultissimos gestus, ideo forte sunt vilioris et levioris pretii aliis hominibus.* Vgl. auch DERS., Die Sionpilger, S. 277. In der *Eigentlichen beschreibung* fehlt eine Beschreibung. Zu Fabris Vorgehen, über Äußerlichkeiten auf den Charakter zu schließen, siehe GUÉRIN DALLE MESE, Égypte, S. 145-152.

[283]   Vgl. hierzu die Beschreibung der ersten Begegnung mit den Beduinen, bei der Fabri explizit macht, dass die Sarazenen, die zuerst für unmenschlich und barbarisch gehalten wurden, im Vergleich zu den Beduinen fast vertraut wirkten. FABRI, Evagatorium I, S. 227; DERS., Wanderings I, S. 268.

Mit seinen Aussagen über die tugendhaften Eigenschaften der Sarazenen, für die es in älteren Reisebeschreibungen nur vage Vorbilder gibt,[284] nimmt Fabri eine Position ein, die in den Vergleichsberichten keine Parallelen hat. Den Umgang mit den Gefangenen würde Bernhard von Breidenbach kaum auf Charaktereigenschaften wie Mitleid und Barmherzigkeit zurückführen. Den Sarazenen gar zuzugestehen, dass sie von Natur aus gutherzig seien, würde die mit seinem Bericht verfolgte Intention konterkarieren. Stattdessen hebt Breidenbach hervor, dass von Seiten der Sarazenen bzw. Muslime keinerlei Nachsicht zu erwarten sei. Bei diesen handele es sich um *schedlich vnd todtlich veynd[e]*, die nichts anderes begehrten als *vnser blůdt [zu] vergyssen vnd deß nummer ersettiget werden*.[285] Während Breidenbachs feindliche Position sich aus der Konzeption seines Berichts als Kreuzzugsaufruf erklärt, liegt die Funktion der Passagen bei Fabri eher darin, den Christen den Spiegel vorzuhalten und sie zu veranlassen, über ihr eigenes Verhalten zu reflektieren.

In diese Richtung weisen auch seine wiederholten Hinweise auf die große Reinlichkeit der Sarazenen, die sich ihm in den Basarküchen[286] und in der Praxis des Schächtens zeigt,[287] während gerade Letzteres für andere Pilger ein Symbol für Unreinheit ist.[288] Zwar gerät die Würdigung des auch beim Besuch des Dampfbades konstatierten hygienischen Bewusstseins der Sarazenen[289] in Widerspruch mit seinen abwertenden Aussa-

---

[284] Vgl. BRINCKEN, Die „Nationes christianorum Orientalium", S. 362f.; GRABOIS, Islam and Muslims. Siehe auch DANIEL, Islam and the West, S. 220-222.

[285] BERNHARD VON BREIDENBACH, Die heyligen reyßen, fol. 124v; DERS., Peregrinatio, fol. 110r. Vgl. auch SCHWAB, Das Andere anders sein lassen?, S. 147.

[286] FABRI, Evagatorium II, S. 113; DERS., Wanderings II, S. 111.

[287] FABRI, Evagatorium III, S. 111.

[288] CASOLA, Viaggio a Gerusalemme, S. 200; DERS., Pilgrimage, S. 256.

[289] Fabri lobt die raffinierte Architektur der öffentlichen Dampfbäder und die großen therapeutischen Fähigkeiten der Bader. Zwar entkräftet er nicht das vorurteilsvolle, auch von Wilhelm Tzewers aufgegriffene Gerücht, dass sich die Sarazenen wegen ihres von Natur aus furchtbaren Gestanks häufig waschen würden. Gerade aber dass es Christen erlaubt sei, zusammen mit Sarazenen zu baden, interpretiert er als Zeichen der großen Bemühungen um Reinheit. Denn wie der Leprakranke von dem Kontakt mit gesunden Menschen, so erhoffe sich auch der Sarazene von dem Kontakt mit wohlriechenden Menschen (die Christen würden im Gegensatz zu den Sarazenen nicht stinken) eine heilende Wirkung auf den eigenen Körper. Juden sei dagegen das Betreten verboten, da diese noch stärker stinken würden. Zur Bauweise siehe FABRI, Evagatorium I, S. 218; DERS., Wanderings I, 256, und ausführlicher DERS., Evagatorium II, S. 368; DERS., Wanderings II, S. 437f. Zu den Fähigkeiten der Bader siehe DERS., Evagatorium II, S. 369; DERS., Wanderings II, S. 438f. Zitiert auch bei GUÉRIN DALLE MESE, Égypte, S. 230f. Konrad Grünemberg, der ebenfalls das Dampfbad lobt, zieht das für ihn seltsame Verhalten der Bader während der Körperpflege dagegen ins Lächerliche (GRÜNEMBERG, Ritter Grünembergs Pilgerfahrt, S. 119). Zum angeblichen Gestank der Sarazenen siehe FABRI, Evagatorium II, S. 370; DERS., Wanderings II, S. 439f. In der *Eigentlichen beschreibung* hebt er nur hervor, dass es für einen Christen kein Hindernis sei, ein Bad zu besuchen. Vgl. Dessau, StB, Hs. Georg 238, fol. 126r. Für Tzewers ist der strenge Geruch eine Folge der Gewohnheit, nachts in den Kleidern zu schlafen. TZEWERS, Itinerarius, S. 170.

gen über die Verwahrlosung in Jerusalem,[290] die Intention im Hinblick auf den Leser ist jedoch dieselbe. Sowohl die Würdigung der Sauberkeit als auch die Kritik an dem Schmutz in den Straßen der Heiligen Stadt soll dazu dienen, dass der Leser sich der Normvorstellung über die Reinlichkeit bewusst wird, indem ihm anhand des Fremden ein Kontrastbild entgegengehalten wird.

Explizit zum Ausdruck bringt Fabri dies am Beispiel der Sauberkeit in den Moscheen. Immer wieder hebt er den frommen Eifer der Sarazenen hervor, ihre Moscheen rein und sauber zu halten. Dabei vergleicht er die Reinheit eines islamischen Gotteshauses sogar mit der vollkommenen Makellosigkeit des Paradieses.[291] Besonders betont er die Sauberkeit bei der Beschreibung des Felsendoms, der täglich gereinigt werde.[292] Zwar greift er bei dem Topos von der Verehrung dieser heiligen Stätte auf Vorlagen aus anderen Pilgerberichten zurück,[293] baut diese aber im *Evagatorium* aus, um das Verhalten der Christen in Europa mit harschen Worten zu verurteilen. Während die ‚Ungläubigen' mit großem Aufwand ihre Gotteshäuser rein hielten, versänken die christlichen Kirchen in Schmutz und Dreck. Der Felsendom als Tempel zu Ehren Mohammeds, den Fabri als Erstgeborenen des Teufels verdammt, sei so sauber und unbefleckt wie ein Königspalast, die Grabeskirche als Tempel Christi dagegen sei verflucht und entweiht und werde von den Christen verachtet.[294] Dieselbe Strategie wendet er auch angesichts

---

[290] Vgl. Kap. III.2. Auch widerspricht er hiermit den Aussagen in älteren Pilgerberichten. Trotz der in Teilen positiven Würdigung der Sarazenen im Bericht Burchards von Monte Sion wird dort ihre große Unreinheit negativ festgehalten (was durchaus im Zusammenhang mit dem Vorwurf der sexuellen Ausschweifung steht, die durch die Polygamie versinnbildlicht wird). Vgl. BURCHARD VON MONTE SION, Descriptio Terrae Sanctae, S. 89; DERS., A Description of the Holy Land, S. 102. Martin Ketzel kommt im Zusammenhang mit den rituellen Waschungen vor dem Gebet auf die Reinlichkeit zu sprechen und vergleicht den Stellenwert mit dem der Beichte für die Christen. Vgl. KETZEL, Reise nach dem gelobten Land, S. 63.

[291] FABRI, Evagatorium I, S. 219: *Stabat autem ostium ex adverso ita, quod in atrium Muschkeae videre poteramus et in Muschkeam, et erat sicut paradysus mundum et pulchrum.* DERS., Wanderings I, S. 257.

[292] FABRI, Evagatorium II, S. 223; DERS., Wanderings II, S. 249; Dessau, StB, Hs. Georg 238, fol. 60r.

[293] Sie findet sich u.a. bei Hans Tucher und Bernhard von Breidenbach, geht aber mindestens auf Ludolf von Sudheim zurück. Vgl. TUCHER, Die ‚Reise ins Gelobte Land', S. 417f.; BERNHARD VON BREIDENBACH, Die heyligen reyßen, fol. 90r; DERS., Peregrinatio, fol. 79v; LUDOLF VON SUDHEIM, De Itinere Terrae Sanctae liber, S. 74. Zum Topos mit Verweis auf Jakob von Vitry siehe DANIEL, Islam and the West, S. 203.

[294] FABRI, Evagatorium II, S. 229f.: *suffecit mihi aspectus ejus, quo fateor me persaepe fuisse turbatum et scandalizatum, dum templi illius munditiem, ornatum et compositionem ad nostras comparem ecclesias, quae, pro pudor! quasi stabula bestiarum sunt. Stand enim nostrae ecclesiae immundae, perviae ut diversoria, spurcitiis inquinatae, in nostram maximam confusionem, et in sacramentorum contentum et vilipendium. Ingens confusio est, videre in Jerusalem ecclesiam resurrectionis Christi stare paene absque decore, tamquam hospitale fumosum et cernere ecclesiam Machometi nitidam et mundam, tamquam regale palatium. O quam dissimilis proportio et aliena comparatio Christi et Machometi, cum iste sit filius Dei, ille vero primogenitus diabolii;*

der großen Frömmigkeit der Sarazenen im Hinblick auf das Gebet und die Gottesfürchtigkeit an, die im Gegensatz zu dem säumigen Verhalten der Christen stehe.[295]

Gerade an diesem letzten Beispiel wird deutlich, dass die pointierte Hervorhebung einiger den Sarazenen zugestandener positiver Eigenschaften nicht den Schluss zulässt, dass im Text Fabris persönliche Haltung zum Ausdruck kommt und von einer „verständnisvollen Toleranz" ausgegangen werden kann, die „zuweilen gar in Hochachtung übergeht".[296] Der überzeichnete Gegensatz zwischen der vorbildlichen Reinlichkeit der Sarazenen als Ausdruck ihrer (zumindest äußerlichen) großen Frömmigkeit und der Nachlässigkeit der Christen als Zeichen ihrer zunehmenden Gottlosigkeit dienen lediglich als Mittel, um Kritik an der eigenen Gesellschaft zu üben, in der christliche Gebote wie Frömmigkeit, Demut und Barmherzigkeit nur ungenügend umgesetzt würden, während dies den Christen ausgerechnet von den ‚Ungläubigen' vorgemacht werde. Fabris Äußerungen sind keineswegs mit seiner persönlichen Einstellung gegenüber den Sarazenen gleichzusetzen. So wie er an einer Stelle die Sarazenen für ihr Verhalten rühmt, so geringschätzig und vernichtend fällt sein Urteil an anderer Stelle aus.[297]

Dennoch ist festzuhalten, dass Fabris *Evagatorium* im Vergleich zu anderen Berichten deutlich weniger abfällige Äußerungen enthält. Die Stilfigur der Inversion oder ‚verkehrten Welt' wird nur selten dazu eingesetzt, das Fremde einseitig negativ, als unzivilisiert und primitiv darzustellen. Zwar weist er gleich zweimal darauf hin, dass die orientalischen Frauen sich nicht auf das Kochen verstünden und deutet so eine Umkehrung der Geschlechterrollen an.[298] Im Gegensatz zu Santo Brasca, der die sarazeni-

---

ille Dominus incarnatus, iste diabolus incarnatus; iste pater salvandorum, ille seductor miserorum; ille instruxit, iste destruxit; ille salvavit, iste damnavit; ille redemit, iste peremit. Et tamen Christi templum execratur, profanatur et despicitur; et Machometi templum ornatur, decoratur et extollitur. DERS., Wanderings II, S. 257f. Siehe auch SCHEIN, From „Holy Geography", S. 119; WIEGANDT, Islam und Griechische Christen, S. 12.

[295] Ausgangspunkt ist dabei das von ihm beklagte Verhalten der Pilger, die nach dem morgendlichen Aufstehen keinerlei frommes Verhalten an den Tag legen würden. FABRI, Evagatorium I, S. 223; DERS., Wanderings I, S. 262. Die Frömmigkeit der Sarazenen wird auch in zahlreichen anderen Pilgerberichten erwähnt und stellt einen Topos des christlichen Islambilds dar. Vgl. DANIEL, Islam and the West, S. 239f.; GRABOIS, Islam and Muslims, S. 314. Pietro Casola hebt als Zeichen der Gottesfürchtigkeit der Muslime besonders die Sitte hervor, dass diese beim Betreten einer Moschee ihre Kopfbedeckungen abnähmen, was sie sonst selbst in Gegenwart des größten Herrschers der Welt niemals tun würden. Vgl. CASOLA, Viaggio a Gerusalemme, S. 201; DERS., Pilgrimage, S. 257. Es ist nach islamischem (und jüdischem) Glauben ein Zeichen von Respektlosigkeit, Gott barhäuptig entgegenzutreten. Um jedoch zu betonen, wieviel Ehrfurcht die Muslime ihrem Gott entgegenbringen, überträgt er die in der Heimat übliche Verhaltensweise auf die Situation in der Fremde.

[296] WIEGANDT, Islam und Griechische Christen, S. 16.

[297] Vgl. z.B. sein Urteil über die Kleidung der Männer oder die arabische Sprache.

[298] Im Hinblick auf die Garküchen Jerusalems stellt er fest, dass die Sarazenen von Frauen zubereitetes Essen wie Gift mieden. Es kochten daher nur Männer, während die Frauen sich nicht einmal auf das Brotbacken verstünden. Bei der Beschreibung Kairos kommt er hierauf zurück. Er erklärt das Verhalten, keine von Frauen zubereiteten Speisen zu essen, mit der Geringschätzung, die die

schen Frauen als faul und nutzlos bezeichnet,[299] enthält sich Fabri einer Bewertung der sarazenischen Sitte, dass dort allein die Männer die Speisen zubereiten würden. Auch dass im Orient weder Tisch noch Stuhl gebraucht würden und das Mahl auf dem Boden sitzend eingenommen werde, charakterisiert Fabri lediglich als eine andere Sitte, ohne dies mit einem Werturteil zu verbinden.[300]

Im Gegensatz dazu stehen beispielsweise die Berichte Pietro Casolas oder Francesco Surianos. Dem Mailänder Casola zufolge sind den Sarazenen nicht nur Tisch und Stuhl unbekannt, sondern auch Gabel, Messer und Löffel. Das gemeinsame Mahl auf dem Boden sitzend und mit bloßen Händen einzunehmen, ist für ihn unrein und barbarisch.[301] Die für richtig erachteten Werte von Anstand und Hygiene sind den Sarazenen, die gegen die in Europa übliche Praxis verstoßen, nach dieser Darstellung völlig fremd.[302] In der Esskultur kommt für Casola daher das wahre Wesen der Sarazenen zum Ausdruck. Zwar gesteht er ihnen ein gewisses Maß an Größe und Gelehrtheit zu, von ihrem Temperament her seien sie jedoch äußerst aufbrausend, triebhaft, unhöflich und letztlich *a modo de cani*.[303]

Der langjährige Prior des Jerusalemer Franziskanerklosters Francesco Suriano geht noch einen Schritt weiter als Casola und entwirft eine ‚verkehrte Welt‘, in der die Sarazenen eine in jeder Hinsicht völlig konträre und primitive Lebensweise pflegen. Dies beinhaltet nicht nur, dass die Geschlechterrollen vertauscht seien oder das Verhalten der Sarazenen beim Stuhlgang den als normal geltenden Gewohnheiten widerspreche. Er interpretiert dies als bewusstes Verhalten, um sich von den Christen abzusetzen und folgert daraus, dass sie, wenn es möglich wäre, selbst rückwärts gehen würden, nur um sich von den Christen zu unterscheiden.[304]

        Sarazenen den Frauen entgegenbringen. Diese könnten infolgedessen nicht einmal die einfachsten Gerichte kochen. Vgl. FABRI, Evagatorium II, S. 113 und Evagatorium III, S. 100f.; DERS., Wanderings II, S. 111. Vgl. WIEGANDT, Islam und Griechische Christen, S. 10; LEWICKA, On Kitchens of Medieval Cairo, S. 98.

[299]   BRASCA, Viaggio in Terrasanta, S. 70. Vgl. GANZ-BLÄTTLER, Andacht und Abenteuer, S. 188.

[300]   Er macht lediglich darauf aufmerksam, dass sich arm und reich dadurch unterschieden, dass sich die Wohlhabenderen auf Teppichen niederließen. Vgl. FABRI, Evagatorium II, S. 114; DERS., Wanderings II, S. 112.

[301]   CASOLA, Viaggio a Gerusalemme, S. 200f.; DERS., Pilgrimage, S. 256. Diese Sichtweise findet sich nicht nur bei christlichen Pilgern. Auch dem Florentiner Juden Meshullam ben Menachem erschien die Esskultur der Bewohner Palästinas bei seiner Pilgerreise 1481 sehr befremdlich. Vgl. ADLER, Jewish Travellers, S. 183. Dazu HARBSMEIER, Reisen in der Diaspora, S. 79.

[302]   Zu den Tischsitten als ethnographische Bewertungskategorie in Reiseberichten siehe auch HÖFERT, Ist das Böse schmutzig?, S. 184; REDDIG, *Jugurth ist Ir beste Speyse*, S. 149.

[303]   CASOLA, Viaggio a Gerusalemme, S. 201; DERS., Pilgrimage, S. 257.

[304]   Vgl. das Kapitel „The Contrasts" in SURIANO, Treatise, S. 203f. Siehe hierzu GANZ-BLÄTTLER, Andacht und Abenteuer, S. 206.

3.2.3 Gegenteilige Fremdbilder am Beispiel der Sarazeninnen

Gerade an der Beschreibung der Frauen lassen sich die Unterschiede in der Darstellung der Sarazenen zwischen Fabri und den Vergleichsberichten aufzeigen. Während sich die Pilger in Venedig an dem Anblick der freizügig gekleideten Patrizierinnen ergötzen oder empört geben, waren die Ausgangsbedingungen, sich ein Urteil über die muslimische Frau bilden zu können, in Palästina und Ägypten wesentlich komplizierter.

Casola behauptet, er habe in Jerusalem aufgrund der Verschleierung nie eine schöne Frau gesehen.[305] Der Schleier hatte zur Folge, dass die Pilger in der Regel eine Sarazenin nur nach ihrer Kleidung beurteilen konnten. Gerade aber im Fall einer totalen Verschleierung mit einem das gesamte Gesicht bedeckenden schwarzen, netzartigen Schleier fielen sie den Pilgern im Stadtbild auf.[306] In den Berichten werden sie mehrfach erwähnt und auch abgebildet,[307] wobei der Sinn der Verschleierung weder hinterfragt noch in Verbindung mit einer religiösen Vorschrift gebracht wurde.[308] Der ungewöhnliche Aufsatz der Kopfbedeckung,[309] an welcher der Schleier befestigt war, führte dazu, dass Santo Brasca und Antonio da Crema die Frauen als Teufel dämonisieren, die geradewegs aus der Hölle kämen.[310] Das fremde Aussehen der Frauen wird von den beiden italienischen Wallfahrern unabhängig voneinander als etwas Abschreckendes und Böses dargestellt.

Fabri, der die muslimischen Frauen bei einer Gelegenheit als liederlich und an anderer Stelle als überaus züchtig und schamhaft charakterisiert,[311] weist nur einmal kurz auf

---

[305] CASOLA, Viaggio a Gerusalemme, S. 201; DERS., Pilgrimage, S. 257.

[306] Vgl. z.B. DIETRICH VON SCHACHTEN, Beschreibung, S. 191. Zu den Formen der Verschleierung mit Nachweisen in weiteren Pilgerberichten siehe MAYER, Mamluk Costume, S. 73.

[307] Vgl. BERNHARD VON BREIDENBACH, Die heyligen reyßen, fol. 103r; DERS., Peregrinatio, fol. 88r; BERNHARD VON BREIDENBACH, Reise ins Heilige Land, S. 25. Zu dieser Illustration siehe TIMM, Der Palästina-Pilgerbericht, S. 195-200. Grünemberg verwendet Reuwichs Darstellung für seinen Bericht, während Arnold von Harffs Abbildungen zwar Ähnlichkeiten aufweisen, aber auch eigenständige Züge zeigen. Vgl. GRÜNEMBERG, Ritter Grünembergs Pilgerfahrt, S. 124; ARNOLD VON HARFF, Die Pilgerfahrt, S. 107.

[308] Nur Jean und Anselme Adorno, denen die Verschleierung während des Aufenthaltes in Sousse an der tunesischen Küste auffiel, erkundigen sich bei genuesischen Kaufleuten nach dem Zweck. Sie erfahren, dass die Verhüllung ein Schutz vor den Blicken der Muslime darstelle, denn im Gegensatz zu dem Blick eines Christen könne eine Frau allein durch den Blick eines Muslims geschwängert werden, was die Adornos als alberne Legende verwerfen. Vgl. ADORNO, Itinéraire d'Anselme Adorno, S. 146; GANZ-BLÄTTLER, Andacht und Abenteuer, S. 156.

[309] Vgl. die Abbildung bei Arnold von Harff und die Beschreibung bei Pietro Casola in ARNOLD VON HARFF, Die Pilgerfahrt, S. 107; CASOLA, Viaggio a Gerusalemme, S. 201; DERS., Pilgrimage, S. 257. Zu dieser Mode siehe MAYER, Mamluk Costumes, S. 71.

[310] BRASCA, Viaggio in Terrasanta, S. 69; ANTONIO DA CREMA, Itinerario al Santo Sepolcro, S. 109.

[311] Vgl. einerseits seine Kritik, als während des Aufenthaltes in Ramla einige Sarazeninnen die Pilger neugierig durch ein Loch in der Wand beobachteten, während er andererseits bei der Beschreibung Kairos die Ehrbarkeit der Frauen lobt, um Kritik an dem Auftreten der christlichen Frauen in der Heimat zu üben. Vgl. FABRI, Evagatorium I, S. 224, und Evagatorium III, S. 104; DERS., Wanderings I, S. 264. Den Grundgedanken könnte Fabri aus dem Bericht Georgs von Ungarn

die Verschleierung hin,[312] nutzt sie aber nicht, um auf der Grundlage äußerer Kennzeichen eine ähnlich geringschätzige Aussage über die Frauen zu treffen, wie er es hinsichtlich der weiten Gewänder der Männer tut. Im Gegenteil ist die Bedeckung von Gesicht und Körper für ihn ein Anreiz, zu enthüllen, was sich dahinter verbirgt. Zusammen mit anderen Pilgern überzeugt er einige vornehme Sarazeninnen und deren Dienerinnen, ihren Schleier für einen kurzen Moment abzunehmen. Der Blick hinter den Schleier enthüllt, dass die hochgestellten Herrinnen dem Schönheitsideal der Pilger voll und ganz entsprechen. Der Schleier verbirgt nichts Fremdes oder Unmenschliches, sondern „weisse und schöne Damen, ebenso anständig wie ansehnlich.“[313] In ihrem Aussehen unterscheiden sie sich nicht von den Frauen in der Heimat.[314]

Zugleich offenbart die Szene, dass sich die Pilger ihres Status als Fremde in einem anderen Land bewusst waren und annahmen, bestimmte Erwartungen erfüllen zu müssen. Fabri verdeutlicht dies mit der Reaktion auf den Moment, als die dunkelhäutigen Dienerinnen ihre Schleier abnahmen. Indirekt lässt er den Leser wissen, dass die Sarazeninnen der Meinung waren, die Pilger hätten noch niemals einen dunkelhäutigen Menschen gesehen. Sie erwarteten, dass der Anblick die Pilger in Angst und Schrecken versetzen würden. Laut Fabri hätten die Pilger aber nur vorgegeben, sich vor den Dienerinnen zu fürchten und Abscheu zu empfinden. Mit dem Hinweis, dass sie nur zum Schein die Erwartungen der Sarazeninnen an die fremden Besucher bestätigten, bringt er nicht nur zum Ausdruck, dass dunkelhäutige Menschen in der eigenen Gesellschaft keine Besonderheit darstellen.[315] Er gibt dem Leser auch zu verstehen, dass die Vorstellung, die Pilger könnten sich tatsächlich erschrecken, die Naivität und Unwissenheit und somit die Unterlegenheit der arabisch-islamischen Kultur gegenüber der lateinisch-christlichen bezeugt. Darüber hinaus stilisiert der Erzähler Fabri sich in der Rolle als Akteur, der alle fremden Verhaltensweisen souverän deuten und sich problemlos in einer fremden Kultur zurechtfinden kann.

übernommen haben, in dem aber die vorgebliche Schamlosigkeit der christlichen im Vergleich zur Ehrbarkeit der türkischen Frauen ausführlicher und mit viel drastischeren Worten ausgeführt wird. Vgl. GEORGIUS DE HUNGARIA, Tractatus de moribus, S. 244-248.

[312] FABRI, Evagatorium II, S. 35; DERS., Wanderings II, S. 11.

[313] FABRI, Evagatorium II, S. 373: *Quae cum levarent, apparebant vultus earum denigratae, sicut carbones, quia erant Aethiopissae. Quod dum vidissemus, cum industria fecimus, ac si territi essemus propter nigredinem et eas abominaremur, et petivimus, ut et dominae vela levarent. Et ita fecerunt, et fuerunt albae et formosae dominae, verecundae et reverentiales.* DERS., Wanderings II, S. 444. Die Übersetzung nach GANZ-BLÄTTLER, Andacht und Abenteuer, S. 187f. Siehe außerdem REICHERT, Fremde Frauen, S. 172; GUÉRIN DALLE MESE, Égypte, S. 156.

[314] Vgl. auch die Verzückung über den Anblick einer schönen ‚Heidin‘ in dem deutschen Parallelbericht von Casola und bei Konrad Grünemberg. ANONYMUS 1494, Die Reise, S. 181; GRÜNEMBERG, Ritter Grünembergs Pilgerfahrt, S. 77.

[315] Tatsächlich waren dunkelhäutige Menschen in der christlich-lateinischen Welt nicht ungewöhnlich. Über die Sklavenmärkte z.B. in Venedig wurden zahlreiche Afrikaner nach Europa verschleppt. Vgl. den Überblick bei MÄRTL, Mohren und Möhrinnen.

3.2.4 Die Sprache als Symbol für die Rückständigkeit der Sarazenen

Der ethnographische Diskurs über die Verhaltensweisen der Sarazenen zeigt, dass Fabri die fremden Sitten und Gebräuche nicht generell ablehnt und verurteilt. Er macht einige Parallelen zwischen dem islamischen und christlich-lateinischen Kulturraum aus und nutzt gelegentlich die Beschreibung fremder Gewohnheiten, um Kritik an den Zuständen in der Heimat zu üben. Die zunehmende räumliche Entfernung von der eigenen Kultur führt nicht dazu, dass sich die gewohnten Regeln und Verhaltensweisen nur zum Schlechteren verändern und ein kulturelles Gefälle sichtbar wird. Mit der Darstellung des Fremden wird in bestimmten Fällen ein Zweck verfolgt, der gerade auf das Gegenteil zielt. Bestimmte, in der Fremde ‚erfahrene' Verhaltensweisen werden zum Vorbild erhoben, an dem sich der Leser ein Beispiel nehmen soll. Eine klar zu definierende kulturelle Grenze auf der Basis von Verhaltensweisen, wie sie am deutlichsten Francesco Suriano entwirft, ist bei Fabri nicht erkennbar. Die Sarazenen dienen nicht wie im Bericht des Guardians des Franziskanerklosters lediglich als Antifolie für die Christen.

Wird die Sprache als Indikator für die „Differenz zwischen zivilisatorischen Einheiten" herangezogen, ergibt sich hingegen ein anderes Bild.[316] In diesem Fall geht auch aus Fabris Berichten in aller Deutlichkeit hervor, dass mit der Ankunft in Palästina nicht nur eine Sprachgrenze, sondern eine kulturelle Barriere einhergeht, welche die als hochentwickelt eingestufte eigene Zivilisation von der als ‚primitiv' und ‚barbarisch' angesehenen fremden Kultur trennt. Im Unterschied zu der Grenzlinie zwischen dem deutschen und italienischen Sprachraum war in Palästina eine direkte sprachliche Kommunikation nicht mehr möglich. Vielmehr konnten sich die Pilger mit den Bewohnern in der Regel nur noch mithilfe eines Dolmetschers verständigen.[317] Die Abhängigkeit der Pilger von vermittelnden Personen nahm im Vergleich mit der Situation auf der Reise nach Venedig zu und bedeutete zugleich eine Einengung ihres Bewegungsraumes. Die Berichte enthalten zahlreiche Hinweise auf die den Pilgern fremden Laute und die Schwierigkeiten der Verständigung. Beispielsweise wird die Trauerklage der Sarazenen um einen Verstorbenen für den anonymen Verfasser der Pilgerreise im Jahr 1494 ähnlich wie für Fabri als ein *wüest willtes Geschray* aufgefasst, *dassgleichen ich mein Lebtag nye gehörett habe.* Um die Ungewöhnlichkeit der fremden Laute zu verdeutlichen, gibt er in seinem Bericht wieder, was er gehört haben will: *Hala, heilla, henndalla, rhastalla, heitiff, heilolilf.*[318]

Wie Ursula Ganz-Blättler bemerkt, stellen dergleichen Sprach- und Sprechbeispiele nicht unbedingt eine Brücke zu der anderen Kultur dar. Im Gegenteil wird die Fremdar-

---

[316] OSTERHAMMEL, Kulturelle Grenzen, S. 115.

[317] Wobei selbst das keine Gewähr für eine unmissverständliche Kommunikation war. Vgl. Santo Brascas Verwunderung über die Antwort auf die Frage, wie denn der Dolmetscher heiße. BRASCA, Viaggio in Terrasanta, S. 70: *che ogni volta ch'io domandava per nome el nostro trucimano ditto Abelquadro, continuamente mi respondeva Ave Maria [...].*

[318] ANONYMUS 1494, Die Reise, S. 224; DERS., Eine Pilgerfahrt, S. 452.

tigkeit der arabischen Sprache dadurch noch mehr betont.[319] Dies zeigt sich in Fabris
Evagatorium an mehreren Stellen. Mit der Wiedergabe einzelner arabischer Worte, mit
denen die Sarazenen die Pilger nach einer Rast zur Weiterreise aufforderten,[320] die auf
den Schilden der Mamluken aufgemalt waren,[321] oder den arabischen Sprachfetzen, die
er von singenden Kindern einer Koranschule aufgeschnappt haben will,[322] gibt er dem
Leser einen Eindruck von der gänzlich fremden Ausdrucksweise. Dabei haben die
Sprachbeispiele nicht nur in Fabris Text, sondern in Reisebeschreibungen generell auch
die Funktion, dem Leser die Gelehrtheit des Erzählers vor Augen zu führen, der in der
Lage scheint, den Sinn der fremden Laute zu verstehen. Paul Walther von Guglingen,
Bernhard von Breidenbach, Jean und Anselme Adorno, Konrad von Grünemberg sowie
Arnold von Harff gehen hierbei jedoch weiter als Fabri, indem sie in ihre Berichte ara-
bische Wortlisten mit einer deutschen Übersetzung sowie arabische Alphabete eingefügt haben.[323] Die Kenntnis der fremden Sprachsysteme fungiert darüber hinaus als
Beweis für den Aufenthalt in der Fremde und soll dazu beitragen, die Glaubwürdigkeit
der Reiseerzählungen zu verstärken.[324]

---

[319] GANZ-BLÄTTLER, „Und so schrieen sie in ihrer Sprache", S. 97.

[320] FABRI, Evagatorium II, S. 82: *inceperunt Sarraceni impatienter magnis clamoribus excitare nos:
aliqui clamabant in eorum lingua roy, roy; aliqui trica, trica; aliqui cabalca, cabalca; aliqui in
nostra lingua, cujus aliqua verba didicerant, clamabant uff, uff, rita, rita, quod etiam praece-
dentia signant.* DERS., Wanderings II, S. 70.

[321] FABRI, Evagatorium III, S. 93: *et cum scriptura hujusmodi: Legala piste ha lala. Quod tantum
sonat: Non est alius victor, nisi solus deus.*

[322] Vgl. FABRI, Evagatorium I, S. 322: *Ego quadam alia vice, cum solus caussa orationis de monte
Syon in atrium templi descenderem, et pueros clamantes audirem, accessi ad ostium scholae et
introspexi, et sedebant ordinate in terra, et eadem verba omnes pariter altis vocibus personabant,
inclinantes caput cum dorso, sicut Judaei faciunt etiam in suis orationibus. Totiens autem repe-
tebant verba eadem, quod ipsa verba et notam retinui, quae sic sonabant: Ha y la Ha lyl la lach
Ha y la Ha lyl la lach Ha y la Ha lyl la lach. Illa enim sunt vera principia et professio fidei
eorum, et ea in principio pueris tradunt studenda, et ea eis repetitis vicibus inculcantur.* DERS.,
Wanderings I, S. 396. Fabri gibt hierzu sogar einen Notenspiegel an. Im Autograph trennt er den
Gesang der Kinder nicht in einzelne Wortsilben auf. Der Herausgeber Hassler versuchte an dieser
Stelle offenbar, die Laute den einzelnen Noten zuzuordnen. Vgl. Ulm, StB, Hs. 19555-1, fol. 124r
und die Abbildung bei GANZ-BLÄTTLER, Andacht und Abenteuer, S. 203.

[323] BERNHARD VON BREIDENBACH, Die heyligen reyßen, fol. 103r; DERS., Peregrinatio, fol. 88r;
ADORNO, Itinéraire, S. 92; GRÜNEMBERG, Ritter Grünembergs Pilgerfahrt, S. 135f.; ARNOLD VON
HARFF, Die Pilgerfahrt, S. 111-114. Der Herausgeber des Berichts von Paul Walther verzichtete
auf die Edition des arabischen Alphabets und der Wortliste. Vgl. dafür BOSSELMANN-CYRAN, Das
arabische Vokabular des Paul Walther von Guglingen.

[324] Zu den Alphabeten und Wortlisten, die nicht auf das Arabische beschränkt sind, liegt eine umfangreiche Literatur vor. Ungeklärt sind nach wie vor die Abhängigkeiten. Es ist anzunehmen,
dass Paul Walther die Vorlage von Breidenbach darstellt, aus dem wiederum Grünemberg und
Harff schöpften. TIMM, Der Palästina-Pilgerbericht, S. 200-202, kommt in ihrem Vergleich der
Alphabete Breidenbachs und Guglingens zu dem Ergebnis, dass Breidenbach bzw. Rath und
Reuwich sich nicht vollständig an Guglingen orientiert haben und keine Kenntnisse über das arabische Schriftsystem hatten. Nicht die direkte Vorlage, wohl aber Vorbild für Paul Walther wie-

Bei Fabri dienen die Hinweise auf die arabische Sprache aber nicht nur dazu, die Fremdheit der Kultur darzustellen. Wie schon bei seiner Beurteilung der italienischen Sprache ist das Idiom nicht nur ein Kommunikationsmittel, sondern dient auch dem Zweck, kulturelle Unterschiede zu verfestigen und die eigene kulturelle Identität zu stärken.[325] Dementsprechend stellt Fabri schon die Landung in Jaffa als einen abrupten Übergang in eine andere kulturelle Welt dar. Bei der Grenzkontrolle seien die Mamluken nicht in der Lage gewesen, seinen Vornamen weder in der richtigen Weise aufzuschreiben noch ihn auch nur korrekt auszusprechen.[326] Auch der Versuch, einem Sarazenen einige deutsche Worte beizubringen, misslang nach seiner Darstellung vollkommen. Selbst wenn man ihn mit dem Tod bedrohen würde – so das beinahe ironische Diktum des Dominikaners – hätte jener die Worte in keiner Weise wiedergeben können.[327] Fabri hingegen habe alle ihm vorgesagten arabischen Worte ohne Mühe nachgesprochen. Mit diesen Beispielen will er die Unfähigkeit aller Sarazenen aufzeigen, die ‚hochentwickelte‘ deutsche Sprache nachzuahmen oder gar erlernen zu können. Die Sprachgrenze ist für Fabri demnach nur in eine Richtung durchlässig. Er als Angehöriger eines Volkes, das naturgegeben über ein hohes Maß an Sprachfähigkeit verfügte, könne ohne Mühe das Arabische erlernen, sofern er dies nur wolle. In die andere Richtung funktioniere dies allerdings nicht gleichermaßen. Die Sarazenen könnten sich noch so sehr bemühen, die deutsche Sprache bleibe ihnen für immer unverständlich.

Fabri belässt es aber nicht dabei, mit seiner Darstellung eine für die Sarazenen unüberwindbare Sprachgrenze zu konstruieren. Er hält darüber hinaus fest, dass alle im Osten lebenden Völker über eine raue und gutturale Artikulation verfügten, die den

---

derum könnten die Alphabete in dem weitverbreiteten Bericht von Jean de Mandeville gewesen sein. Vgl. BECKERS, Zu den Fremdalphabeten; BOBZIN, Miszellen zur Geschichte der Äthiopistik; BOSSELMANN-CYRAN, Das arabische Vokabular des Paul Walther von Guglingen; GANZBLÄTTLER, Andacht und Abenteuer, S. 212-214; ELSIE, The Albanien Lexicon; KHATTAB, Das Ägyptenbild, S. 282-325; KOHLER, Arnold von Harff, S. 145-150; STUMME, Das Arabische und das Türkische bei Ritter Arnold von Harff; PRZYBILSKI, Die Zeichen des Anderen; SEEBOLD, Mandevilles Alphabete.

[325] Vgl. oben Kap. IV.2.

[326] FABRI, Evagatorium I, S. 194f.: *Nescio autem quam difficultatem hoc nomen Felix in eorum lingua facit: quia tam in altera, quam in illa peregrinatione aliquotiens oportebat me eis ipsum nomen replicare, et tamen nec exprimere, nec scribere poterant, nisi praemisso quodam raro dyptongo et fractis in gutture syllabis non Felix, sed quoddam nomen mihi inexprimibile loco ejus ponebant. Illam difficultatem cum illo nomine postea melius notavi. Fuit enim mihi factus quidam Sarracenus, Calinus minor, qui italicis verbis aliquotiens petivit nomen meum. Cui cum eum dicerem, nullo modo poterat ipsum exprimere, sed horribile quoddam nomen loco ejus expressit, de quo mirabar, cum fuerit lingua italica peritus.* DERS., Wanderings I, S. 223f.

[327] FABRI, Evagatorium III, S. 449: *Apud Syros practicavi hoc cum quodam Sarraceno facto mihi familiari, cui dixi verba de nostris, quae nullo modo exprimere potuit, etiam si quis eum occidisset, sed omnia sua sine difficultate expressi.* Siehe dazu ISRAEL, Mit fremder Zunge sprechen, S. 678. Vgl. auch FABRI, Evagatorium III, S. 51: *Non enim sciunt Orientales dictiones latinas bene exprimere, sed mirabili stomachatione loquuntur.*

Lauten von Ziegen und Kälbern gleich kämen.[328] Nicht nur den Sarazenen, sondern allen Orientalen wird somit abgesprochen, eine zivilisierte Sprache zu sprechen. Fabri nimmt demnach mittels des Arabischen eine generelle Abgrenzung zwischen dem Eigenen und Fremden vor und verbindet dies zusätzlich mit einem Pejorativum. Die Sprache fungiert nicht als Brücke zwischen den Völkern, sondern dient ihm dazu, naturgegebene Unterschiede aufzuzeigen, die einen Dialog, eine Inklusion oder wenigstens Akkomodation mit dem als barbarisch und rückständig diffamierten Fremden vollkommen sinnlos und überflüssig machen. Die Sprachgrenze ist eine Zivilisationsgrenze.[329] Dabei ist Fabris Diffamierung der fremden Sprache als ‚unmenschlich' und ‚tierisch' kein Einzelfall, sondern hat Entsprechungen in anderen Pilgerberichten.[330]

3.2.5   Die Kulturbegegnung als Kulturkonflikt

Die Pilger hatten während ihres Aufenthaltes zahlreiche Provokationen und Übergriffe zu erdulden. Die Sarazenen sahen in ihnen einerseits zahlungskräftige Besucher, mit denen man den eigenen Lohn aufbessern konnte. Mit überhöhten Preisen für Lebensmittel oder Souvenirs, durch Diebstahl, Erpressung oder schlicht durch die Androhung von Gewalt versuchten sie, von den Pilgern zu profitieren.[331] Mit Blick auf die vielen Zelte, die infolge des Eintreffens der Pilgergaleere am Ufer von Jaffa errichtet worden waren, bemerkt Pietro Casola zynisch, dort lagere eine Armee in Vorbereitung eines Feldzuges, der gegen die Geldbörsen der Pilger gerichtet sei.[332]

Dabei stellten die Pilger für die Sarazenen keineswegs friedliche Wallfahrer dar, deren alleiniges Motiv im Besuch der heiligen Stätten bestand. Die Christen waren Glaubensfeinde und die Pilger galten als potenzielle *Khundtschaaffter unnd Lanndsverrhätter*.[333] Angesichts der Erinnerung an die Kreuzzüge des Hochmittelalters und der von christlicher Seite auch im 15. Jahrhundert noch immer propagierten Idee von der Rückeroberung des Heiligen Landes begegneten sie den Pilgern mit Vorsicht und Misstrau-

---

[328]   Fabri, Evagatorium I, S. 202: *Pessimas enim voces habent omnes Orientales, nec possunt formare melodiam, sed cantus eorum est caprarum clamor et vitulorum.* Ders., Wanderings I, S. 234.

[329]   Vgl. auch Fabris Schilderung eines Streits zwischen Pilgern und Treibern in der Wüste, in der sie sich jeweils in der eigenen Muttersprache beschimpften, ohne den anderen zu verstehen. Fabri, Evagatorium II, S. 408; Ders., Wanderings II, S. 492. Zu den Abgrenzungspraktiken der Inklusion und Akkomodation des Fremden siehe Osterhammel, Kulturelle Grenzen, S. 120f.

[330]   Vgl. Pietro Casola, der sich außerstande sah, beim Gebetsruf des Muezzins eine Wortfolge auszumachen und es mit dem beständigen Jaulen von Hunden vergleicht. Casola, Viaggio a Gerusalemme, S. 185f.; Ders., Pilgrimage, S. 240f.

[331]   Die Zahl der Klagen in den Berichten ist Legion. Zusammenfassend hierzu Reichert, Pilger und Muslime, S. 9-12.

[332]   Casola, Viaggio a Gerusalemme, S. 171; Ders., Pilgrimage, S. 224.

[333]   Anonymus 1494, Die Reise, S. 223; Ders., Eine Pilgerfahrt, S. 452.

en.[334] Der Aufmarsch vieler Soldaten bei Fabris Ankunft in Jaffa wurde ihm gegenüber auch damit begründet, dass nach einem als Omen gedeuteten schweren Sturm, der das Grab des Propheten zerstört habe, mit einem Angriff der Christen gerechnet werde.[335] Insgesamt sahen sich die Pilger einer ablehnenden bis offen feindseligen Haltung der Sarazenen gegenüber.[336]

In ihrer kleinen und unbewaffneten Gruppe völlig auf das Wohlwollen und den Schutz der Mamluken angewiesen, sahen sich die Pilger dennoch von einer erdrückenden Mehrheit ,Ungläubiger' umgeben, die sich ihrer Ansicht nach unrechtmäßig in den Besitz der heiligen Stätten gebracht hatten und jederzeit feindliche Absichten ihnen gegenüber verfolgten.[337] In beiden Reisebeschreibungen Fabris sind die Pilger immer Opfer der Willkür und Niedertracht der Sarazenen.

Dies wird bereits an seiner Schilderung der untragbaren Zustände in den Kellergewölben in Jaffa deutlich, in denen die Pilger bis zur Weiterreise nach Jerusalem zusammengepfercht wurden.[338] Ferner zeigt es sich bei den Bewohnern einer Ortschaft zwischen Jaffa und Ramla, die mit „ritueller Regelmäßigkeit" die jährlich durchziehenden Pilger mit Steinen, Unrat und Beschimpfungen traktierten,[339] und setzt sich mit der Schilderung der Streiche junger Sarazenen in Ramla fort.[340] Besonders ein Pilger aus

---

334 REICHERT, Pilger und Muslime, S. 12; SIMON, Ein *wild volck*, S. 12. Hinzu kam die Vorstellung, die Christen seien verantwortlich für die Verbreitung der Pest. Vgl. FRENCH, Pilgrimage, S. 170.

335 Zur Zerstörung des Grabes des Propheten siehe unten Anm. 431-433.

336 Dementsprechend gab der Guardian des Jerusalemer Franziskanerklosters den ankommenden Pilgern wichtige Verhaltensregeln mit auf den Weg. Sie sollten sich nicht provozieren lassen oder gar mit Gewalt reagieren. Auch solle man in Gegenwart der Sarazenen weder lachen noch scherzen, da sie dies als Beleidigung auffassen könnten. Vgl. die Artikel vier, acht und neun der Predigt des Guardians, die Fabri ausführlich wiedergibt. FABRI, Evagatorium I, S. 213f.; DERS., Wanderings I, S. 249f. Äquivalent hierzu sind in der deutschen Version die Artikel vier und acht. Dessau, StB, Hs. Georg 238, fol. 37v-38r. Zu den Regeln siehe FRENCH, Pilgrimage, S. 169f.

337 REICHERT, Pilger und Muslime, S. 12.

338 Neben den Klagen über Schmutz und Gestank berichtet Fabri über einen bewaffneten Sarazenen, der ohne ersichtlichen Grund von jedem Pilger mit drohender Geste einen Dinar einforderte und sich sogar am Eingang postierte, um sie sogar im Fall eines dringenden Bedürfnisses um ihr Geld zu erleichtern. Um jeglichen Ärger zu vermeiden, zahlten sie ihn mit großem Widerwillen aus. Vgl. FABRI, Evagatorium I, S. 197f.; DERS., Wanderings I, S. 227f.; Dessau, StB, Hs. Georg 238, fol. 35r. Über die sogenannten St. Peterskeller siehe die Nachweise bei REICHERT, Pilger und Muslime, S. 10; DERS., Erfahrung der Welt, S. 151.

339 REICHERT, Pilger und Muslime, S. 10, und DERS., Erfahrung der Welt, S. 152 mit Nachweisen. Im *Evagatorium* hält Fabri lediglich fest, dass sich die Bewohner des Dorfes, das von den Pilgern *male case* – böse Häuser – genannt wird, sammeln und den Pilgern großen Schaden zufügen würden. In der *Eigentlichen beschreibung* spricht er dagegen von drei Versuchen, die Pilger anzugreifen. Vgl. FABRI, Evagatorium I, S. 211; DERS., Wanderings I, S. 246; Dessau, StB, Hs. Georg 238, fol. 37r.

340 Laut dem *Evagatorium* sind zwar die jungen Sarazenen für die Streiche verantwortlich, die älteren Sarazenen befürworteten diese allerdings. Gezielt hätten sie dafür auch die aufbrausenden oder über die Muslime spottenden Pilger ausgesucht. Laut der deutschen Version hätten die älteren das Verhalten der jungen Sarazenen dagegen missbilligt und versucht, die Pilger in Schutz zu neh-

der Picardie sei aufgrund seines bartlosen und offenbar feminin wirkenden Gesichts zur Zielscheibe des Spottes geworden. Derart von den Beleidigungen oder, wie Dorothea French vermutet, von sexuellen Anzüglichkeiten verunsichert und verletzt, habe dieser die Pilgerfahrt abgebrochen und sei auf die Galeere zurückgekehrt.[341] Mit dieser Passage, zu der im Bericht von Hans Bernhard von Eptingen eine Parallele vorliegt,[342] spielt Fabri möglicherweise auf das Vorurteil von der hemmungslosen sexuellen Gier und den homosexuellen Neigungen der Muslime an. Er geht aber an keiner Stelle explizit auf die den Muslimen nachgesagten ‚widernatürlichen' Geschlechtspraktiken ein.[343]

In seiner Darstellung gehen Aggression und Provokation immer von den Sarazenen aus. Dem Leser soll deren schlechtes und ruchloses Verhalten gegenüber den Pilgern in aller Deutlichkeit vor Augen geführt werden. Gleiches gilt auch hinsichtlich des Aufenthaltes in Kairo und Alexandria, wo Fabri auf dem Beerdigungszug für den Grafen von Solms von einem Sarazenen bespuckt wird.[344] Allerdings belegt er im Gegensatz zu Pietro Casola oder Alessandro Rinuccini die Sarazenen nur selten mit Schimpfworten, die sowohl den Zorn der Pilger unterstreichen sollen als auch eine gezielte Herabwürdigung und Entmenschlichung der Sarazenen beabsichtigen.[345]

---

men. Vgl. FABRI, Evagatorium I, S. 220; DERS., Wanderings I, S. 258; Dessau, StB, Hs. Georg 238, fol. 36r.

[341] FABRI, Evagatorium I, S. 199: *Quidam imberbis juvenis peregrinus de Biccardia valde fuit per eos vexatus turpibus jocis, non poterat se ab eis abscondere, quantumcunque latitaret inter peregrinos, nec pacem habere. [...] Hoc audito peregrinus ille, ne aliquam maculam famae et honoris incurreret, et ne cottidianum ludibrium Sarracenis esset, postposuit peregrinationem, et remeavit in galêam [...]. Erat enim peregrinus ille juvenis valde pulcher et propter hoc Sarraceni cum infestabant, forte magis ad vexandum, quam ad abutendum.* DERS., Wanderings I, S. 229f. Vgl. FRENCH, Pilgrimage, S. 173.

[342] HANS BERNHARD VON EPTINGEN, Das Familienbuch, S. 235: *unnd es hat ein bilgerin unnder unns einen kleinen knaben, [...] do müest mann vil achtung uff ihnen halten daß er vnnß nit verzuckht, unnd genommen, unnd geflorentzt wurde.* Vgl. SIEBER-LEHMANN, Der türkische Sultan Mehmed II., S. 16.

[343] Vgl. DANIEL, Islam and the West, S. 142-144 und 161; LUCHITSKAJA, The image of Muhammad, S. 116f.; SIEBER-LEHMANN, Der türkische Sultan Mehmed II., S. 16.

[344] FABRI, Evagatorium III, S. 200f.; Dessau, StB, Hs. Georg 238, fol. 206r-v. Zu den Übergriffen auf die Pilger in Kairo vgl. u.a. FABRI, Evagatorium III, S. 38, 70 und 107; Dessau, StB, Hs. Georg 238, fol. 192r-v.

[345] Am weitesten verbreitet ist die Beschimpfung der Sarazenen als Hunde. Bei Casola sind die Beleidigungen direkt mit Schilderungen von Übergriffen oder dem als Provokation aufgefassten Verhalten der Sarazenen in Beziehung gesetzt. Zum erstenmal bezeichnet Casola die Muslime als Hunde, als den erwartungsvollen Pilgern die Einreise nach Jaffa verweigert wird und sie weiterhin an Bord der Galeere ausharren müssen. Den Umstand, das Gelobte Land vor Augen zu haben, es aber dennoch nicht erreichen zu können, assoziiert er mit der Höllenstrafe des dürstenden Tantalus, der bis zu den Lippen im Wasser steht, doch nicht davon trinken kann. Vgl. CASOLA, Viaggio a Gerusalemme, S. 171; DERS., Pilgrimage, S. 225. Zitiert auch von REICHERT, Pilger und Muslime, S. 10. Zur Bedeutung des Schimpfwortes ‚Hund' siehe DICKERHOFF, „Canum nomine gentiles designantur"; FREY, *Woelt Gott man hing sie wie die Hund.*

Die Schilderung der Übergriffe dient zugleich als Beleg, um die Tapferkeit und das aufrechte Verhalten der Pilger in einer als extrem feindlich dargestellten Atmosphäre zu veranschaulichen. Insbesondere den Rittern unter den Pilgern fiel es schwer, die Ehrverletzungen hinzunehmen. Fabri schildert eine Szene in Ramla, als ein Sarazene ein an die Wand gezeichnetes Wappen eines Adligen mit Schmutz beschmiert.[346] In der Heimat, so vermerkt er bissig, wäre dieser für solch eine beleidigende Tat in Stücke gehauen worden. Obwohl in höchstem Maß erzürnt, hätten sich die Adligen aber zu keiner Gewalttat hinreißen lassen.[347]

Die Zurückhaltung war der Tatsache geschuldet, dass die Anwendung von Gewalt die Sicherheit der gesamten Gruppe und das Unternehmen der Pilgerfahrt selbst gefährdet hätte.[348] Zuweilen kam es dennoch zu handfesten Auseinandersetzungen, die, um ein Einschreiten der Behörden zu verhindern, mit Geldzahlungen bereinigt werden mussten. Ein paar Münzen, so Fabris Fazit nach dem Faustkampf eines lombardischen Pilgers mit einem Sarazenen, hätten aus einem zuvor blindwütigen ‚Heiden‘ einen komplett anderen Menschen gemacht, der sich den Pilgern gegenüber auf einmal friedlich, höflich und zuvorkommend verhalten habe.[349]

Eine stereotyp negative Darstellung der Sarazenen findet sich insbesondere bei der Beschreibung der heiligen Stätten in und um Jerusalem, an denen ein Verdrängungskampf zwischen Christen und Muslimen sichtbar sei.[350] Indem die Sarazenen christliche Kirchen verfallen ließen oder in Moscheen umwandelten und neue sakrale Gebäude in unmittelbarer Nachbarschaft zu von Christen verehrten Orten errichteten, würden sie jene herausfordern und versuchen, die Vorherrschaft und alleinige Deutungshoheit über die heiligen Plätze zu gewinnen. Die Sarazenen oder auch Beduinen, die nun an diesen heiligen Orten leben und die heiligen Stätten jeweils dem Verfall und der Nichtbeachtung preisgeben, belegt er durchweg mit inferioren Zuschreibungen: Bei dem Bewohner im vormaligen Haus des Zacharias, dem Vater Johannes des Täufers, handele es sich mehr um ein Tier denn einen Menschen.[351] Auch der Sarazene, der das Haus des Pontius Pilatus bewohne, sei ein grausamer Mensch. Wie Fabri in allen seinen vier Texten

---

346 Dieser war offenbar dem Bedürfnis nachgekommen, an exponierter Stelle ein Zeichen seiner Anwesenheit zu hinterlassen, das für nachfolgende Pilger gut sichtbar ist und somit als Zeugnis für die Pilgerfahrt diente. Vgl. zu diesem Aspekt KRAACK, Vergessene Spuren, S. 53f.; DERS., Monumentale Zeugnisse, S. 111.

347 FABRI, Evagatorium I, S. 221; DERS., Wanderings I, S. 259.

348 Welche Folgen eine tätliche Auseinandersetzung haben konnte, geht u.a. aus dem Bericht Konrad Grünembergs hervor. Bereits die erste Begegnung mit Sarazenen endete in einem Gerangel, in dem ein Pilger tödlich verletzt wurde. Ein anderer Pilger, der eine Ohrfeige nicht klaglos hinnehmen wollte und mit Gegengewalt reagierte, sollte gelyncht werden. Vgl. GRÜNEMBERG, Ritter Grünembergs Pilgerfahrt, S. 64 und 73f.

349 FABRI, Evagatorium I, S. 415f.; DERS., Wanderings I, S. 524.

350 Vgl. oben Kap. III.2.4.

351 FABRI, Evagatorium II, S. 21 und 25; DERS., Wanderings I, S. 632 und 638. In der *Eigentlichen beschreibung* geht Fabri dagegen nicht auf den Sarazenen ein. Vgl. Dessau, StB, Hs. Georg 238, fol. 84r-85r.

über die Jerusalemwallfahrt vom *Evagatorium* bis zu dem gereimten Pilgerbüchlein betont, bringe dieser den Christen nur Hass und Verachtung entgegen.[352] Der Beduine schließlich, der auf Fabris erster Reise eine Johannes dem Täufer geweihte Kirche in Beschlag genommen habe, sei ein Sohn des Teufels und verabscheue die Christen in hohem Maße.[353]

Fabri belässt es aber nicht dabei, das böswillige Verhalten der Sarazenen allein mit der ‚Okkupation' und Vernachlässigung der heiligen Stätten zu verdeutlichen. Er beschreibt darüber hinaus, wie diese aktiv versucht hätten, die Pilger bei ihren Rundgängen zu behindern und ihnen die Pilgerfahrt zu erschweren, indem sie die heiligen Stätten mutwillig schändeten. In diesem fast ausschließlich im *Evagatorium* thematisierten „Glaubenskrieg"[354] hätten die Sarazenen laut Fabri aus Neid beispielsweise Steine, die von den Pilgern aus Frömmigkeit geküsst würden, mit Kot und Dreck beschmiert.[355] Auch schreckten sie vor für die Christen höchst blasphemischen Handlungen nicht zurück. Die Fabri zugetragene Geschichte über einen Sarazenen, der bei einer Messe in Bethlehem auf den Altar gesprungen und lachend den bereits konsekrierten Messwein ausgetrunken haben soll, verfestigt beim Leser das Negativbild von den Sarazenen, die beständig versuchten, den christlichen Glauben zu entehren und den Pilgern den Aufenthalt in Jerusalem zu vergällen. Um die Schändlichkeit des Vergehens zu betonen, lässt er seiner Empörung freien Lauf: *O ignorantia damnosa, o coecitas caliginosa, o fatuitas stulta, o temeritas praesumtuosa, o irrisio flebilis et periculosa!*[356] Seine an anderer Stelle im *Evagatorium* gegebene Erklärung, dass die Übeltaten der Sarazenen durchaus im Plan Gottes vorgesehen seien, zeigt, wie sehr er die jeweiligen Leser seines Berichts im Blick hat. Er muss erklären, warum Gott die Schändung der heiligen Stätten zulassen kann und deutet das Verhalten der Sarazenen wie schon bei der Darstellung der Geschichte und des Verlustes Jerusalems als direkte Folge der Sündhaftigkeit der

---

[352] FABRI, Evagatorium II, S. 135: *Saevus est enim pater ille ad filias, sicut ad alios homines christianos, quos etiam videre non potest, et ideo ex quo Christiani participant de crudelitate illius viri cum filiabus ejus, afficiuntur nobis et in contemtum patris introducunt Christianos.* DERS., Wanderings II, S. 138. Dessau, StB, Hs. Georg 238, fol. 58v: *Aber jn dz hus wolt man vns nút lasen gan, wen der heÿd jnseser diss huses ist vns cristen gar gram.* FABRI, Gereimtes Pilgerbüchlein, S. 14: *Jn dem holgen hûsw, dô sizt eub grimer hoid, | kain cristen lauszt er drîn gân, das ist den bilgri loid; | er will nit gelt, noch miet, noch gaub, | den cristen ist er ghasze, er sy nit sehen mag.* In seinem geistlichen Pilgerführer weist er nur darauf hin, dass den Ritterpilgern der Zutritt an manchen Orten verwehrt bleibe, die Sionpilgerinnen aber durch keine Hindernisse aufgehalten würden. Vgl. DERS., Die Sionpilger, S. 139: *An die bestimpten stett lassen die haiden die ritter bilgrin nit gan · darvmb nement sÿ da den ablas Aber die Sÿon bilgrin gand war sÿ wend · aun hindernuß der haiden Sÿ mag auch weder wasser noch land hindren.*

[353] FABRI, Evagatorium II, S. 52f.; DERS., Wanderings II, S. 34; Dessau, StB, Hs. Georg 238, fol. 88v.

[354] Vgl. hierzu wie zu dem Folgenden GANZ-BLÄTTLER, Andacht und Abenteuer, S. 203.

[355] FABRI, Evagatorium I, S. 268; DERS., Wanderings I, S. 323; Dessau, StB, Hs. Georg 238, fol. 47v. Vgl. auch FABRI, Evagatorium I, S. 380; DERS., Wanderings I, S. 474.

[356] FABRI, Evagatorium II, S. 193; DERS., Wanderings II, S. 210f.

Christen. Damit verbindet er die Hoffnung, angesichts solcher Provokationen könnte vielleicht der Eifer zur Rückeroberung Palästinas geweckt werden.[357]

Auf den ersehnten Tag, an dem die Christen für die erlittenen Bosheiten Rache nehmen würden, wollten die Pilger indes nicht warten. Fabri unterstreicht, dass sie sich nicht nur demutsvoll und standhaft verhielten, indem sie ungeachtet der besudelten heiligen Stätten ihrer Frömmigkeit durch das Küssen derselben Ausdruck verliehen, was bei den Sarazenen für Verwirrung und Bestürzung gesorgt habe.[358] Sie gingen auch ihrerseits in die Offensive, indem sie von den Sarazenen verehrte Stätten schändeten. Fabri berichtet, wie ein Reisegefährte zu ihrer aller Vergnügen heimlich auf eine Moschee kletterte, um über einer Dachöffnung seine Notdurft zu verrichten.[359] Gegenüber den Lesern des *Evagatoriums* beeilt er sich zwar, solches Verhalten nicht gutzuheißen, da auch in den Moscheen Gott verehrt werde. Zudem weist er auf die gefährlichen Folgen hin, die eine Entdeckung durch die Sarazenen bedeutet hätte.[360] Wenn sich ihm die Gelegenheit bot, versuchte er jedoch ebenfalls, den Sarazenen zu schaden. Stolz hält er in seinem Bericht fest, wie er, als er sich unbeobachtet fühlte, mehrfach eine Steinpyramide und dort angebrachte Devotionalien an einem für die Muslime heiligen Ort mit seinen Füßen zerstört habe.[361]

3.2.6 Kulturbegegnung und Toleranz?

Im Zusammenhang mit der Auseinandersetzung um die heiligen Stätten stellt Fabri die Sarazenen als eine allgegenwärtige Bedrohung für die Pilger dar. Das sich daraus ergebende Eigenbild zeigt ihn und seine Reisegefährten als aufrechte Christen, die an den Zielen ihrer Wallfahrt festhalten und sich im Rahmen ihrer Möglichkeiten gegen die Sarazenen zur Wehr setzen. Doch ist das Sarazenen- oder Heidenbild Fabris differenzierter und enthält auch positive Elemente, die im Widerspruch zu den pejorativen Aussagen stehen. Die einseitig negative Sicht ist durchbrochen von der Beschreibung vereinzelter Begebenheiten, in denen er die Sarazenen unabhängig von der ideologisch und religiös aufgeladenen Auseinandersetzung nicht verurteilt, sondern in seiner Schilderung den Eindruck erweckt, ihnen sogar Sympathie entgegenzubringen. Einzelne, aus

---

[357] FABRI, Evagatorium I, S. 380: *In qua facto non tantum Sarracenis facientibus indignati sumus, quantum in nos ipsos frenduimus, scientes per retro, quod exigentibus peccatis nostris hoc Dominus permittit, et ad hoc Sarracenis instigat forti spiritu, ut loca sanctissima dehonestentur in oculis peregrinorum nobilium et militum, ut et sic moveantur ad succurrendum terrae sanctae, et ad vindicandum malitiam tanta injuriae, et ad zelandum loca redemtionis nostrae.* DERS., Wanderings I, S. 474.

[358] Vgl. FABRI, Evagatorium I, S. 268 und 380; DERS., Wanderings I, S. 323 und 475.

[359] FABRI, Evagatorium II, S. 228 und 358; DERS., Wanderings II, S. 255 und 428.

[360] FABRI, Evagatorium II, S. 228; DERS., Wanderings II, S. 255f.

[361] FABRI, Evagatorium I, S. 275: *Ad hunc acervum lapidem aliquotiens accessi, quando nullum Sarracenum adventurum timebam, et lapides compositos pro igne, dispersi, et ea, quae sub lapidibus absconderant, everti; et signa ultionis ibi dereliqui.* DERS., Wanderings I, S. 332.

der Gesamtheit der Sarazenen herausgehobene Individuen erfahren daher nicht ausschließlich eine abwertende Darstellung, sondern werden durchaus positiv bewertet.

Dies zeigt sich etwa in der Begegnung mit einem Sarazenen, der die Pilger während
einer Rast auf dem Weg von Bethlehem nach Jerusalem mit mehr Trauben beschenkt
hat, als sie essen konnten, aber auch in der Hilfsbereitschaft eines muslimischen Eselstreibers, als Fabri vom Esel gestürzt war. Bei dem Zusammentreffen an einem Rastplatz
hebt Fabri sowohl im *Evagatorium* als auch in der *Eigentlichen beschreibung* die friedliche Atmosphäre zwischen Pilgern und Sarazenen hervor, die sich in einem Geschenk
vieler *schener sieser truben rot vnd wisz* materialisiert, welches die Pilger mit Brot als
Gegengabe erwidern. Lediglich in dem Punkt des ersten Schrittes bei der Kontaktaufnahme weichen die Darstellungen voneinander ab.[362] In seiner Schilderung des Sturzes
vom Esel gibt sich Fabri selbst höchst überrascht von der spontanen Hilfe des Treibers.
Ein Christ hätte nicht gütiger handeln können, lobt er im *Evagatorium*, womit das Verhalten des Sarazenen auch dem höchst möglichen Maßstab – der christlichen Nächstenliebe – gerecht wird. Fabri bittet in beiden Versionen Gott sogar explizit darum, jener
Person ebensoviel Barmherzigkeit entgegenzubringen, wie dieser Fabri entgegengebracht habe.[363]

Die beiden Sarazenen, die von Fabri schließlich mit den herzlichsten Worten charakterisiert und überaus positiv beurteilt werden, sind sein Eselstreiber *Cassa* und der
Dolmetscher *Elphahallo*. Beide will er schon von seiner ersten Reise her gekannt haben. Sie sind daher für ihn im Gegensatz zu den anderen Pilgern keine Unbekannten,
was sich schon in der Schilderung der besonders herzlichen und vertrauten Begrüßung
mit *Cassa* zeigt, während dies bei den Reisegefährten Befremden auslöst. Im *Evagatorium* ist Fabri voll des Lobes für seinen Eselstreiber, der ihn während des Aufenthaltes
wie einen Prinzen behandelt und seine Weisungen zur vollsten Zufriedenheit umgesetzt
habe.[364] In der *Eigentlichen beschreibung* ergänzt er, dass *Cassa* ein mildtätiger und
guter Mensch sei, wiewohl er *schwarz vnd grúsamlich wz von angesicht vnd gestalt*
gewesen sei.[365] Die Instrumentalisierung der äußeren Hässlichkeit, die eine emotionale

---

[362] Laut dem *Evagatorium* sind es die Pilger, die den ersten Schritt wagen, indem sie dem Sarazenen
Brot schenken. Dagegen ist es laut der *Eigentlichen beschreibung* der Sarazene, der den Pilgern
ungefragt von seinen Trauben abgibt und die misstrauischen Pilger mit dieser Geste offenbar
überrascht. FABRI, Evagatorium II, S. 189; DERS., Wanderings II, S. 205; Dessau, StB, Hs. Georg
238, fol. 115v.

[363] FABRI, Evagatorium II, S. 177f.: *et tantam pietatem Maurus iste gentilis ethnicus exhibuit mihi in
mea anxietate, quantam Christianus misericordissimus facere potuisset.* DERS., Wanderings II, S.
190; Dessau, StB, Hs. Georg 238, fol. 112r: *Aber vnser hopt man mit namen ametti der heyd tet
mir riwen byßstand. Er zug mir die glider wider jn ain andere, schenckel vnd arm vnd wo ich mich
clagt, do kand er ettwas, dz mir bas ward [...]. jch bit got, dz er dem heyden ouch barmhertzig
sig, as er mir wz.*

[364] FABRI, Evagatorium I, S. 208; DERS., Wanderings I, S. 242.

[365] Dessau, StB, Hs. Georg 238, fol. 36v-37r. Siehe auch SIMON, Ein *wild volck*, S. 152.

Reaktion wie Ekel oder Hass erwarten lässt und ein Ausgrenzungskriterium darstellt, bleibt in diesem Fall aus.

Fabri folgt hier nicht der durch den humoralpathologischen Ansatz fundierten Vorstellung, nach der die sichtbare Schönheit bzw. Hässlichkeit jeweils ein Abbild der inneren Werte oder intellektueller Fähigkeiten gewesen und darüber hinaus an bestimmte soziale Schichten gebunden sei.[366] Am Beispiel *Cassas* macht er genau das Gegenteil deutlich. Gerade die Person, bei deren Äußerem man es nicht vermuten würde, zeichnet sich in hohem Maße durch ihre Tugendhaftigkeit aus. Die Personenerkenntnis anhand sichtbarer physiognomischer Merkmale ist somit nicht immer zutreffend.[367] Dabei ist kaum davon auszugehen, dass Fabri am Beispiel des Eselstreibers auf das Primat der menschlichen Willensfreiheit verweisen will, wonach von der Natur vorgegebene Charakterzüge durch die Vernunft und Tugend verändert und überwunden werden können.[368] Eher rekurriert er auf das neutestamentliche Verständnis, wonach schön nicht ist, was dem äußeren Schein nach schön zu sein scheint, sondern was Gott wohlgefällig ist.[369] Im Vergleich zum *Evagatorium* wird die positive Darstellung *Cassas* gerade durch die Abweichung von typisierenden Schönheitsvorstellungen noch weiter verstärkt.

Im Gegensatz zu *Cassa*, mit dem eine Verständigung nur über Gesten und Handzeichen möglich war,[370] kommuniziert er mit dem nur im *Evagatorium* gewürdigten ‚kleinen‘ *Calinus Elphahallo* sogar in gebrochenem Deutsch.[371] Die von ihm beschriebene sympathische Einstellung beruht aber nicht allein auf der in diesem Fall doch überwindbaren Sprachbarriere, sondern auch in seiner Rolle als Kontrastfigur einmal zum obersten Jerusalemer Dragoman *Sabathytanco*, der sich gegenüber den Pilgern als geldgierig und vertragsbrüchig erwies, und zum anderen zu dessen Pendant *Tanquardinus* in Kairo. Fabri verunglimpft diesen als vormaligen Juden, der jeweils seinen Vorteil suchend zuerst zum Christentum und dann zum Islam konvertiert sei und vergleicht dessen stets betrügerisches und hinterlistiges Verhalten mit der Analogie vom Wolf im Schafspelz.[372]

---

[366] Vgl. MITSCH, Körper als Zeichenträger, S. 81. Zum Thema Hässlichkeit und Schönheit siehe die grundlegende Studie von MICHEL, Formosa deformitas. Vgl. zudem HAUBRICHS, Habitus Corpus; RIDDER, Gelehrtheit und Häßlichkeit.

[367] Vergleichbare Kontrastschemata finden sich auch in der volksprachigen Literatur. Vgl. MITSCH, Körper als Zeichenträger, S. 91-93; KARTSCHOKE, *Der ain was grâ, der ander was chal*, S. 21.

[368] Zur Erläuterung der Überlegenheit menschlicher Vernunft über die Säfte wird zumeist auf die legendäre Anekdote über Hippokrates verwiesen. Vgl. GROEBNER, Der Schein der Person, S. 87, 92 und 104; ZIEGLER, Text and Context, S. 162.

[369] Vgl. 1. Kor. 1,27-29; 1. Petr. 3,3-4; Mt. 25,40. Auch in der *deformitas Christi* ist angelegt, dass etwas äußerlich Hässliches eine innerliche bzw. seelische Schönheit aufweisen kann.

[370] FABRI, Evagatorium I, S. 208; DERS., Wanderings I, S. 242.

[371] FABRI, Evagatorium I, S. 198; DERS., Wanderings I, S. 228.

[372] Zu *Sabathytanco* siehe FABRI, Evagatorium II, S. 109: *Major Trutschelmannus de Jerusalem, Sabathytanco, erat homo longus, senex, dives, et multum de claris moribus, peregrinis durus in continua ductione et gravis in pecuniarum mulctatione, et non satis bene tenuit compacta et in*

Den auf ein sehr hohes Alter geschätzten und bereits gebrechlichen[373] *Elphahallo*
stellt Fabri dagegen als Verbündeten dar, der sich für die Belange der Pilger einsetzt. Er
sei neben dem ebenfalls bereits betagten und hoch verehrten Laienfranziskaner Johannes von Preußen[374] die zweite große Stütze der Wallfahrer gewesen.[375] Zwar findet
Elphahallo infolge seiner langjährigen Dolmetschertätigkeit auch in anderen Pilgerberichten Erwähnung. Aber selbst in den Parallelberichten zu Fabri, der ihn als einziger
beim Namen nennt, wird er nicht positiv hervorgehoben.[376] Fabris Beschreibung des
emotionalen Abschiedes in Kairo ist dementsprechend singulär: Er schäme sich nicht
zuzugeben, dass einige Reisegefährten vor Trauer geweint hätten, denn *Elphahallo* sei
ihnen im Verlauf der Reise wie ein Vater gewesen.[377] Fabri weist hierdurch auf die
innige Beziehung zwischen *Elphahallo* und den Pilgern hin, wobei der Gegensatz zwischen Islam und Christentum nicht nur kein Hindernis darstellt, sondern auch keine
Auswirkungen auf die Beurteilung des Charakters hat. Er hebt gerade hervor, dass
Elphahallo trotz seiner ethnischen Zugehörigkeit und Glaubensüberzeugung rechtschaf-

---

multis promissis cessit; satis fideliter tamen nos defendit, et in quibus eum invocavimus, diligenter
adjuvit. DERS., Wanderings II, S. 105f. Zu *Tanquardinus*, eigentlich Taġrī Berdī Ibn 'Abdullah,
siehe DERS., Evagatorium II, S. 143: *De hoc viro plura restant dicenda suo loco, cujus nomen
erat Tamquardinus. Venit enim ad nos in vestimentis ovium, intrinsecus autem erat lupus rapax
[...]*. DERS., Wanderings II, 147f.; Dessau, StB, Hs. Georg 238, fol. 108v: *von dam man hab ich
noch vil ze schreiben; er wz nüt ein schaf as er wůll trůg.* Ebd., fol. 128r: *vnd hat vns der calin ge-
logen vnd betrogen, as er den vor vnd nach vns dick hatt getan. vnd siner falscheit verdůst mich
ze schreiben. Er gieng vntriwlich mit vns vm, wen er wz ein sarrazen vnd wz nüt jn jm, dz er vns
cristen gůtz theti.* Zu weiteren Klagen Fabris und zu der den Pilgern zugetragenen Geschichte,
dass es sich bei dem Dragoman um einen vormaligen Juden gehandelt habe, siehe FABRI, Evagatorium III, S. 20f. und 106f.; Dessau, StB, Hs. Georg 238, fol. 180v-181r. Zu weiteren Quellennachweisen über Taġrī Berdī, der am mamlukischen Hof eine steile Karriere machte, bis er wohl
1513 in Ungnade fiel, vgl. BOSSELMANN-CYRAN, Dolmetscher und Dragomane, S. 57-64;
WANSBROUGH, A Mamluk Ambassador, S. 503-513.

[373] FABRI, Evagatorium II, S. 109; DERS., Wanderings II, S. 106.
[374] Zu Johannes von Preußen siehe FABRI, Evagatorium II, S. 2f.; DERS., Wanderings II, S. 606f.;
Dessau, StB, Hs. Georg 238, fol. 43v. Vgl. auch CRAMER, Der Ritterorden, S. 28-31; LEMMENS,
Die Franziskaner im hl. Lande, S. 188-190; REICHERT, Erfahrung der Welt, S. 148; MANCINI, La
custodia di Terra Santa, S. 295.
[375] Nach Fabri sei es überhaupt nicht vorstellbar, wie Wallfahrer nach dem Tod der beiden in Jerusalem zurechtkommen könnten. Vgl. FABRI, Evagatorium II, S. 2f.; DERS., Wanderings I, S. 607.
[376] Bereits Tucher berichtet, dass *Elphahallo* zum 36. Mal Pilger zum Sinaikloster geleitete. Vier
Jahre später merkt Fabri an, *Elphahallo* würde mit ihnen zum 48. Mal die Reise unternehmen.
Vgl. TUCHER, Die ‚Reise ins Gelobte Land‘, S. 505; FABRI, Evagatorium II, S. 109; DERS., Wanderings II, S. 106.
[377] FABRI, Evagatorium III, S. 32: *et non sine dolore et moerore eum a nobis misimus. [...] Pudet me
dicere, quod in ejus recessu propter tristitiam aliqui peregrini lachrimati sunt, quia erat nobis
sicut pater, et in ejus recessu quasi orbati patre mansimus.* Vgl. auch GANZ-BLÄTTLER, Andacht
und Abenteuer, S. 212; GUÉRIN DALLE MESE, Égypte, S. 140f.

fen und zuverlässig gewesen sei.[378] Verstärkt und gleichzeitig abgesichert wird Fabris anerkennende Haltung im *Evagatorium* durch den Kunstgriff der eingefügten Geschichte von der vermeintlichen Europareise *Elphahallos*, auf der er sogar in Ehren von Papst und Kaiser empfangen und mit Geschenken überhäuft worden sei.[379]

Eine Bewertung dieser Textstellen ist nicht einfach. Zunächst ist festzuhalten, dass Fabri sowohl im *Evagatorium* als auch in der *Eigentlichen beschreibung* näher auf einzelne Sarazenen eingeht und diese positiv darstellt. Zwischen den Darstellungen in den Reisebeschreibungen gibt es zwar Unterschiede im Detail, nicht aber in der Sache. Von einem positiven Sarazenenbild in der deutschen Version gegenüber einem negativen in der lateinischen, wie Schwab vermutet, kann demnach nicht gesprochen werden.[380] Auffällig ist vielmehr die Häufigkeit und Art, in der einzelne ‚Ungläubige‘ von Fabri positiv beurteilt werden. Die meisten Pilgerberichte enthalten allenfalls vereinzelt Schilderungen über friedlich verlaufende Kontaktsituationen und mehr oder weniger freundschaftliche Beziehungen zwischen Christen und Sarazenen.[381] Lediglich Pilger wie Arnold von Harff oder Bertrandon de la Brocquiere, die aufgrund ihres Reiseverlaufs in engeren Kontakt mit den Sarazenen oder Türken kamen und stärker auf diese angewiesen waren, äußern sich ähnlich wie Fabri häufiger positiv.[382] Auffallend ist hingegen Fabris überschwängliches Lob. Der einzige Unterschied zwischen den von ihm herausgehobenen und hochgelobten Sarazenen und den christlichen Pilgern ist letztlich der Glaube. Von den ihnen zugeschriebenen Verhaltensweisen her erfüllen sie christliche Normvorstellungen wie Pflichterfüllung, Aufrichtigkeit, Nächstenliebe und Rechtschaffenheit in jeder Hinsicht.

Allerdings sind seine positiven Äußerungen nicht als Anzeichen dafür zu werten, dass Fabri eine tolerantere Einstellung gegenüber den ‚Ungläubigen‘ vertreten hat als andere Verfasser. Angesichts der grundsätzlichen Einstellung der christlichen Kultur zur islamischen Welt kann kaum von einer vorbehaltlosen Bereitschaft der Wallfahrer zur religiösen Verständigung oder gar Veränderung ihrer Haltung ausgegangen werden.[383] Es handelt sich nicht um eine Toleranz im modernen Sinne, die eine „Pluralität

---

[378] FABRI, Evagatorium III, S. 32: *Quamvis enim esset ethnicus et gentilis, obstinatus Sarracenus, fuit tamen probus et fidelissimus Christianis et sibi commissis peregrinis.* In der *Eigentlichen beschreibung* wird *Elphahallo* lediglich bei der Vorbereitung der Reise zum Sinai erwähnt, dabei aber ebenfalls positiv charakterisiert. Vgl. Dessau, StB, Hs. Georg 238, fol. 100v: *vnd ist der calin ein natürlicher heid sarracen, doch triw vnd früntlich allen cristen.*

[379] FABRI, Evagatorium II, S. 109f.; DERS., Wanderings II, S. 107. Vgl. BOSSELMANN-CYRAN, Dolmetscher und Dragomane, S. 55f.

[380] SCHWAB, Das Andere anders sein lassen?, S. 155f.

[381] GANZ-BLÄTTLER, Andacht und Abenteuer, S. 209-215; REICHERT, Pilger und Muslime, S. 8f.; DERS., Erfahrung der Welt, S. 153.

[382] Zu Bertrandon unter diesem Gesichtspunkt siehe GANZ-BLÄTTLER, Andacht und Abenteuer, S. 201f. und 210-212; MELVILLE, Die Wahrheit des Eigenen, S. 92f.

[383] Vgl. REICHERT, Pilger und Muslime, S. 17: „Gerade unter den Bedingungen der ‚Heilsreise‘ schien eine andere Haltung schwer möglich. In dem Maße, in dem sie das seelische Empfinden des Wallfahrers stärkte und Heilsgewißheit bewirkte, stellte sie die Muslime unter gesteigerten re-

der Wertwelten nicht nur als praktische Gegebenheit, sondern als Wert an sich voraus[setzt]",[384] zumal in Fabris Reisebeschreibungen bei weitem jene Schilderungen
überwiegen, in denen die Sarazenen abgewertet werden. Vielmehr ist davon auszugehen, dass auf der Grundlage ökonomischer Interessen von Seiten der Sarazenen bzw.
Mamluken eine pragmatische Toleranz praktiziert wurde,[385] die mitunter zu Fabris positiver Darstellung beigetragen hat. Bei den wenigen von ihm positiv gedeuteten Sarazenen handelt es sich fast ausschließlich um Personen, deren Aufgabe die Betreuung der
Pilger war und die von dem Besuch der Wallfahrer finanziell profitierten.

Die geschilderten Erfahrungen sind insofern bemerkenswert, weil sie andeuten, dass
eine generelle Abwertung Andersgläubiger nicht die einzig mögliche Strategie der
Fremddarstellung gewesen ist. Eine strikte Dichotomie zwischen dem Eigenen und dem
Fremden liegt nicht vor. Zwar ist nicht von einer toleranten Einstellung gegenüber Andersgläubigen auszugehen, doch kann ebenso wenig von einer ausschließlichen Frem-
denfeindlichkeit in den Berichten gesprochen werden.[386] Zumindest in bestimmten, von
der Religion unabhängigen Alltagssituationen war eine Abgrenzung und Abwertung des
Fremden zur Bekräftigung der eigenen Identität und Überzeugungen offenbar nicht
notwendig. Dieser Umstand erlaubte die Schilderung eines friedlichen Nebeneinanders
zwischen Pilgern und Sarazenen. Die Differenz, die vor allem auf den Glaubensunter-
schieden beruht und Kriterium der Ausgrenzung ist, spielt in solchen Kontaktsituationen nur eine untergeordnete Rolle.[387] In den Vordergrund treten vielmehr die den einzelnen Sarazenen zugeordneten ethischen Werte, bei denen Fabri eine Nähe zu den
eigenen Normen nahe legt. Mit Alexander Patschovsky kann hier festgehalten werden,
dass Toleranz im Sinne einer Akzeptanz oder Duldung grundsätzlich viel leichter an
einzelnen Personen festgemacht werden kann als an Kollektivgebilden, die stärker einer
meist negativen Stereotypisierung unterliegen.[388]

Die Funktion der Passagen ist im Hinblick auf die Leserschaft dennoch schwer zu
greifen. Auf den ersten Blick ist nicht zu erklären, warum Fabri die „Ideologie des
Schweigens" bricht.[389] Dem Kontakt mit Andersgläubigen konnten sich die Pilger nicht
gänzlich entziehen, da sie auf die Unterstützung der Mamluken und einzelner Sarazenen
angewiesen waren. Sie mussten sich arrangieren und Kompromisse schließen, so dass

---

ligiösen Verdacht." Ebenso GANZ-BLÄTTLER, Andacht und Abenteuer, S. 214f., die zu Recht Kritik übt an der gegenteiligen Auffassung bei ZRENNER, Die Berichte der europäischen Jerusalempilger, S. 146. Siehe auch MITSCH, Der Körper als Zeichenträger, S. 95.

[384] Zum Toleranzbegriff für das Mittelalter siehe generell PATSCHOVSKY, Toleranz im Mittelalter
(Zitat ebd., S. 391).

[385] REICHERT, Pilger und Muslime, S. 17.

[386] Zu diesem Ergebnis kommt FRICKE, Itinerarien, S. 151, auf der Basis einer den jeweiligen Kontext, in dem die Äußerungen getroffen werden, nicht berücksichtigenden Aneinanderreihung

[387] Vgl. PATSCHOVSKY, Toleranz im Mittelalter, S. 400: „Der Clou besteht darin, daß eine Ausgren-
zungskategorie – zum Beispiel die Religion – austariert wird durch eine Identitätskategorie."

[388] Ebd., S. 400.

[389] HALPERIN, Ideology of Silence.

die religiösen Gegensätze nicht immer im Vordergrund standen. Anstatt aber in der Darstellung eine scharfe Grenze zwischen dem positiv gewerteten Eigenen und dem negativ gedeuteten Fremden zu ziehen, durchbricht Fabri mit seinen Schilderungen immer wieder diese Strategie. Im Gegensatz zu Bernhard von Breidenbach überspielt er „produktive Kulturkonflikte"[390] nicht.

Mit Blick auf die höfische Literatur des Mittelalters sind den ‚Ungläubigen' zugeschriebene positive Eigenschaften nichts Unbekanntes. In der Forschung wird hierbei von einem Wandel bzw. einer Differenzierung des Heidenbildes im Verlauf vom Hoch- zum Spätmittelalter ausgegangen, bei dem der Sarazene oder Muslim auch die Rolle des edlen und tugendhaften ‚Heiden' übernehmen kann, der den vom rechten Weg abgekommenen Christen den Spiegel vorhält.[391] Das bekannteste Beispiel stellt hierbei der Heerführer und spätere Begründer der Ayyubiden-Dynastie Saladin dar, dem in der Kreuzzugshistoriographie positive Eigenschaften zugeschrieben werden, während einige seiner christlichen Gegner als hinterlistig oder feige dargestellt werden.[392] Auch Fabri schildert ihn in Anlehnung an eine ungenannte Quelle als überaus tapfer, großzügig und barmherzig.[393] In der Reiseliteratur gibt es mit Burchard von Monte Sion oder dem bei Arnold von Lübeck überlieferten angeblichen Bericht über eine Gesandtschaft Friedrichs I. zu Saladin ebenfalls Vorbilder für eine eher positive Heidendarstellung.[394]

Doch ist die Interpretation dieser Passagen als Spiegelmetapher nicht überzeugend genug, um die Lobpreisung *Elphahallos* oder *Cassas* vollständig zu erklären. Vielleicht bietet diese Option aber immerhin eine Erklärung dafür, warum der Erzähler Fabri den Protagonisten Fabri so stark in den Mittelpunkt stellt. Für den Leser war ein solches Verhalten der Muslime, die einem Christen Vertrauen entgegenbringen und diesem mit großer Herzlichkeit und Aufrichtigkeit begegnen, sicher nicht leicht nachzuvollziehen. Indem Fabri als direkt Betroffener auftritt und den Schilderungen den Charakter intimer, ganz persönlicher Erfahrungen verleiht, versucht er eine größere Glaubwürdigkeit herzustellen. Dies beinhaltet zugleich eine sehr positive Selbstdarstellung, die Auswirkungen auf das Verhältnis zwischen Verfasser und Leser hat. Mit solchen Passagen werden „provozierende Kommunikationsbeziehungen zwischen Lesenden und Schrei-

---

[390] SCHMIEDER, Produktive Kulturkonflikte, S. 4.

[391] Vgl. hierzu ALLAIRE, Noble Saracen or Muslim enemy?; NAUMANN, Der wilde und der edle Heide; MITSCH, Körper als Zeichenträger, S. 93; MÜLLER, Toleranz zwischen Christen und Heiden, S. 322-329; SCHNELL, Die Christen und die „Anderen".

[392] Vgl. DANIEL, Islam and the West, S. 225f.; MÖHRING, Saladin, S. 109-121; TOLAN, Mirror of Chivalry.

[393] FABRI, Evagatorium II, S. 282f.; DERS., Wanderings II, S. 330.

[394] Burchard von Monte Sion hebt die Gastfreundschaft und Höflichkeit hervor, wobei die positive Darstellung der Muslime ein Gegenbild zu der vermeintlich sündhaften Lebensweise der lateinischen Christen in Jerusalem bilden soll, die er für den Niedergang der Kreuzfahrerstaaten verantwortlich macht. Vgl. BURCHARD VON MONTE SION, Descriptio de Terrae Sanctae, S. 89; DERS., A Description of the Holy Land, S. 102. Dazu GRABOIS, Christian Pilgrims, S. 293f.; DERS., Islam and Muslims, S. 320. Zu Arnold von Lübeck siehe MITSCH, Körper als Zeichenträger, S. 93f.

benden" geschaffen,[395] die den Leser emotionalisieren und Anteilnahme erzeugen sollen. Unweigerlich empfindet der Leser Mitleid mit dem vom Esel gestürzten Fabri und ist anschließend gerührt ob der unerwarteten Hilfe.[396] Darüber hinaus übernehmen diese Textstellen, wenn man sie unter der Perspektive des „Mikrologismus" liest, eine Funktion für die Reisebeschreibung insgesamt. Mittels der Technik einer detaillierten bis minutiösen Wiedergabe sowohl planmäßiger als auch zufälliger Alltagsbegebenheiten erscheint dem Leser die Wallfahrt besonders authentisch und realistisch, so dass sich die Glaubhaftigkeit des gesamten Textes erhöht.[397]

3.3   Der Islam

Bei der Analyse der Fremdbilder Fabris über die Mamluken und Sarazenen hat sich bereits angedeutet, dass der ‚ethnographische Diskurs' eng mit dem ‚theologischen Diskurs' in Beziehung steht. Für Fabri und die übrigen Verfasser ist das Verhalten der Sarazenen in vielen Fällen durch im Islam vorgeschriebene Gesetze bedingt. Wenn die unvertrauten Sitten ihren Normvorstellungen widersprechen, führen sie dies auch auf den falschen und häretischen Charakter dieser Religion zurück.

In den Berichten wird aber auch direkt auf die islamischen Glaubensinhalte Bezug genommen. Dabei spiegelt sich in den Aussagen das christliche Islambild des Mittelalters wider, dessen Grundzüge bereits im 8. und 9. Jahrhundert entwickelt und im Verlauf des Mittelalters immer weiter ausdifferenziert wurden.[398] Folker Reichert zufolge lässt sich dieses von Vorurteilen und Stereotypen geprägte Bild in vier zentralen Grundannahmen zusammenfassen, die vor allem mit der Person des Propheten Mohammed verknüpft sind: Der Islam wird erstens als christliche Häresie aufgefasst, die von dem enttäuschten Ketzer Mohammed begründet wurde. Zweitens habe Mohammed, dessen Leben durch zügellose Ausschweifungen geprägt gewesen sei, die neue Religion aus niederen persönlichen Beweggründen gestiftet. Zur Verbreitung seiner Lehren habe

---

[395]   KORMANN, Ich, Welt und Gott, S. 96.

[396]   LANDWEHR, Geschichte des Sagbaren, S. 115, bezeichnet diese Strategie als „Vermenschlichung".

[397]   STEWART, Die Reisebeschreibung, S. 34. Allerdings ist einzuschränken, dass die Technik des Mikrologismus als bewusst eingesetztes Stilmittel vor allem für Reiseberichte des 18. Jahrhunderts nachgewiesen ist. Für die spätmittelalterlichen Pilgerberichte ist hiervon nur bedingt auszugehen.

[398]   Die umfangreiche Literatur zum christlichen Islambild kann an dieser Stelle nicht im Detail aufgearbeitet werden. Grundlegend sind noch immer die Studien von DANIEL, Islam and the West; SOUTHERN, Das Islambild des Mittelalters; TOLAN, Saracens. Zur Entstehung des Islambildes im Frühmittelalter vgl. ROTTER, Abendland und Sarazenen. Zum Islambild des Hochmittelalters JASPERT, Die Wahrnehmung der Muslime; ROTTER, Mohammed in Bamberg. Zu verschiedenen Aspekten des Islambildes vgl. ALTANER, Zur Geschichte der anti-islamischen Polemik; HILL, The Christian View of the Muslims; HOEPPNER MORAN CRUZ, Popular Attitudes; jeweils mit weiteren Literaturhinweisen. Eine Übersicht über die Forschung unter Berücksichtigung der poststrukturalistischen und postkolonialen Perspektive bietet BLANKS, Western Views.

er auf magische Mittel zurückgegriffen und die Muslime über das wahre Wesen der Religion getäuscht. Die übertriebene göttliche Verehrung, die ihm zuteil werde, sei viertens nichts anderes als ein Götzendienst, der Islam somit eine polytheistische Religion.[399]

Kein Pilger begegnete den Anhängern des Islams somit unvoreingenommen. Sie waren der Überzeugung, dass der Koran eine Irrlehre darstellt und traten ihre Reise nicht an, um diese von der Kirche vertretene und autorisierte Sicht zu hinterfragen oder gar zu revidieren. Im Gegenteil bestätigten die in den Pilgerberichten geschilderten persönlichen Erfahrungen das herkömmliche Islambild. Bei den Lesern sollte keinesfalls Verständnis oder gar Sympathie geweckt werden, es ging vielmehr darum, ihnen den ‚ketzerischen‘ und ‚teuflischen‘ Inhalt der islamischen Lehre vor Augen zu führen.

Diese Vorgehensweise, die am konsequentesten und drastischsten im Bericht von Bernhard von Breidenbach umgesetzt ist,[400] wendet auch Felix Fabri in seinen Texten an. Allerdings geht er auf den Islam nicht in einem gesonderten Kapitel ein. Eher fügt er seine Ausführungen an die Schilderungen persönlicher Erlebnisse an. Dies unterscheidet ihn von Breidenbach, der sich an zentraler Stelle seines Berichts in einem systematischen Kapitel mit dem Islam auseinandersetzt und so den Eindruck einer geschlossenen, gelehrten Abhandlung erweckt, in der die fremde Religion nach Widerlegung aller Einzelpunkte in ihrer Gesamtheit negativ bewertet wird. Dennoch sind die besonders im *Evagatorium* enthaltenen quantitativ und qualitativ nicht hinter Breidenbach zurückstehenden Mitteilungen Fabris dadurch gekennzeichnet, dass der Islam als Religion mit seinem Anspruch auf die absolute Glaubenswahrheit, aber auch in Bezug auf die einzelnen religiösen Pflichten, Glaubenspraktiken und -vorstellungen nach Möglichkeit ad absurdum geführt wird.[401] In der *Eigentlichen beschreibung* und den *Sionpilgern* thematisiert Fabri den Islam nur selten.

3.3.1 Der Islam als christliche Häresie

An mehreren Stellen bezieht Fabri eine grundsätzliche Gegenposition zum Islam. Gestützt auf Autoritäten wie Hieronymus, Thomas von Aquin und Nikolaus von Kues hält er den Glauben der Sarazenen für sündhafter und verwerflicher als den der Juden. Deren auf das Alte Testament zurückgehende Gesetz sei immerhin von Gott gegeben und Vorläufer des christlichen Evangeliums. Die Muslime seien hingegen Götzendiener,

---

[399] REICHERT, Pilger und Muslime, S. 7f. Weiterentwickelt in: DERS., Mohammed in Mekka, S. 18. Ganz ähnlich schon WATTS, Der Einfluß des Islams, S. 73-77.

[400] Vgl. hierzu die offenbar von Martin Rath kompilierten Kapitel über den Propheten Mohammed, den Koran und die ‚Irrtümer‘ der Sarazenen in BERNHARD VON BREIDENBACH, Die heyligen reyßen, fol. 79v-103r; DERS., Peregrinatio, fol. 69r-88r. Vgl. BOSSELMANN-CYRAN, Einige Anmerkungen; GANZ-BLÄTTLER, Andacht und Abenteuer, S. 204; HAYDAR, Mittelalterliche Vorstellungen, bes. S. 135-169; SCHWAB, Das Andere anders sein lassen?, S. 147-153; TIMM, Der Palästina-Pilgerbericht, S. 347f.

[401] GANZ-BLÄTTLER, Andacht und Abenteuer, S. 202.

ihre Glaubensgemeinschaft eine Sekte, der Koran ein ‚säuisches Gesetz‘ und der Islam geradezu der Höhepunkt aller vorangegangenen Ketzereien.[402] Die Charakterisierung ‚schlimmer als die Juden‘, eigentlich eine stereotype Grundformel der innerchristlichen Desavouierung lasterhaften Verhaltens,[403] wendet Fabri an, um eine Klassifizierung und Hierarchisierung der Religionen vorzunehmen. Die Muslime sind danach noch sehr viel weiter vom Heil entfernt als die Juden.

Entsprechend wird Mohammed mit den auch für andere Berichte typischen diffamierenden Äußerungen als *verfliecht schelm* und entgegen der Annahme von Anne Simon auch als Antichrist bezeichnet.[404] Über die vermeintlich niederträchtige Lebensweise des Propheten macht Fabri analog zu anderen Pilgern allerdings kaum Angaben. Im Gegensatz zur antiislamischen Agitatorik in Chroniken, Enzyklopädien und Mohammed-Viten wird in den spätmittelalterlichen Pilgerberichten mit Ausnahme des Berichts von Bernhard von Breidenbach kaum ein Bezug zwischen den ‚Irrlehren‘ des Islam und der Lebensgeschichte der historischen Person Mohammed hergestellt.[405]

---

[402] FABRI, Evagatorium III, S. 96f.: *Hi praefati Sarraceni omnes subditi sunt Machometi legibus spurcissimis. Quamvis enim idola non adorent eaque et cultum eorum non patiantur, aeque tamen mali sunt sicut idolatrae et peccatores non minus coram Domino, et autoritatibus sacris firmatus dicere audeo, quod Machometi sectatores Sarraceni sunt pejores, quam idolorum manifesti cultores et gravius peccant, magisque Deum offendunt. [...] Ex quibus sic procedo: si Judaeorum peccatum, quo observant veterem legem tempore gratiae, est par et aequale paene peccato idolatriae et servituti idolorum, sequitur de necessitate, quod peccatum et infidelitas perfidorum Sarracenorum, observantium legem Machometi, non modo aequiparatur idolatriae, sed in malitia excedit. [...] Est enim secta illa quasi caput omnium praeteritarum et ad effectum malitiae in tantum pervenit, ut jam ecclesiae preces ei ad salutem nequaquam prosint.* Vgl. auch DERS., Evagatorium II, S. 226 und 323; DERS., Wanderings II, S. 253 und 384.

[403] Vgl. KIRN, Contemptus mundi, S. 154.

[404] FABRI, Die Sionpilger, S. 238. Im *Evagatorium* belegt Fabri Mohammed an verschiedenen Stellen mit Beleidigungen. So bezeichnet er Mohammed u.a. als Inkarnation des Teufels, Boten des Satans, Vorläufer des Antichristen oder als Antichrist selbst. Vgl. DERS., Evagatorium II, S. 242; DERS., Wanderings II, S. 274. Zitiert von GANZ-BLÄTTLER, Andacht und Abenteuer, S. 204. Fabri unterscheidet sich hiermit nicht von Beschimpfungen Mohammeds in anderen Berichten. Vgl. z.B. BRASCA, Viaggio in Terrasanta, S. 140 und 231; TZEWERS, Itinerarius, S. 148; PAUL WALTHER VON GUGLINGEN, Itinerarium in Terram Sanctam, S. 166f.; RINUCCINI, Sanctissimo Peregrinaggio, S. 185. Zur These Anne Simons vgl. SIMON, Ein *wild volck*, S. 154.

[405] Allein Fabris Erklärung für das Alkoholverbot im Islam umfasst auch eine Anekdote zum Leben Mohammeds. Vgl. unten Anm. 425. Bernhard von Breidenbach dagegen versucht anhand einer ausführlichen Biographie des Propheten den Islam als Abspaltung des Christentums abzuwerten. Breidenbach bzw. Rath übernehmen dabei das vor allem in der chronikalischen und enzyklopädischen Literatur verfügbare Wissen über Mohammed, angefangen von der Sergius- bzw. Bahira-Legende bis zu einem Psychogramm des gegen Ende seines Lebens von Krankheit und Wahnsinn gezeichneten Propheten. Vgl. BERNHARD VON BREIDENBACH, Die heyligen reyßen, fol. 81r-85r; DERS., Peregrinatio, fol. 70r-87r. Vgl. ausführlich HAYDAR, Mittelalterliche Vorstellungen. Zum Bild Mohammeds im Mittelalter vgl. bes. DANIEL, Islam and the West, S. 100-130; HOTZ, Mohammed und seine Lehre; LUCHITSKAJA, The image of Muhammad; MELVILLE, Mohammed; TOLAN, Saracens. Zum Bild insbesondere bei Jean de Mandeville siehe GRADY, „Machomete“;

Fabri distanziert sich von der fremden Religion wie viele andere Verfasser auch durch pauschale Verurteilungen der *pessima, falsissima et mendosa secta Machometi*.[406] Im *Evagatorium* versucht Fabri den Islam aber darüber hinaus durch die Widerlegung einzelner Inhalte des Korans zu disqualifizieren, den er als eine krude Mischung des Alten und Neuen Testaments ablehnt.[407] Zwar wird der Koran auch in anderen Berichten erwähnt und gelegentlich auf einzelne Inhalte hingewiesen, doch abgesehen von Breidenbach ist die heilige Schrift der Muslime im ‚theologischen Diskurs‘ über den Islam in den Pilgerberichten nur ein Randthema.[408]

Auch bei Fabri hat erst die Kenntnis der ‚Sichtung des Korans‘ aus der Feder des Nikolaus von Kues zu einer dezidierteren Auseinandersetzung mit der heiligen Schrift der Muslime geführt. Zu diesem Werk hat Fabri offenbar erst nach der Verschriftlichung seines Pilgerberichts Zugang gefunden, denn bei den Verweisen auf den von ihm hochgelobten Kommentar zum Koran handelt es sich ausnahmslos um Randbemerkungen, die er zu einem späteren Zeitpunkt nachgetragen hat.[409] In diesen Glossen hält Fabri fest, dass der Koran infolge des unsystematischen plagiatorischen Vorgehens Mohammeds voller Fehler und Lügen sei.[410] Bei Maria handele es sich weder um die Tochter von Miriam, der Schwester Moses,[411] noch sei sie in Ägypten geboren. Und auch die

---

MORRALL, Der Islam und Muhammed; NUSHDINA, Die Darstellung des ‚Fremden‘ und des ‚Eigenen‘, S. 124-134; RIDDER, Jean de Mandevilles ‚Reisen‘, S. 245-249. Zur Bahira-Legende siehe BRINCKEN, Die „Nationes Christianorum Orientalium", S. 369-382.

[406] PAUL WALTHER VON GUGLINGEN, Itinerarium in Terram Sanctam, S. 127 und 129; RINUCCINI, Sanctissimo Peregrinaggio, S. 161 und 165.

[407] Darüber hinaus bedient sich Fabri der Metapher, dass im süßen Kleid des Honigs Gift enthalten sei, womit die wohlklingenden, jedoch häretischen, Lehren des Korans gemeint sind. Vgl. FABRI, Evagatorium II, S. 117; DERS., Wanderings II, S. 116; DERS, Die Sionpilger, S. 238f.; Dessau, StB, Hs. Georg 238, fol. 107v-108r.

[408] Im Bericht Breidenbachs wird der Islam analog zu diversen antiislamischen Streitschriften in zwölf Punkten widerlegt. Zur Beurteilung des Korans, der in der christlichen Apologetik als muslimisches Pendant zur christlichen Bibel verstanden wurde, siehe DANIEL, Islam and the West, S. 67-99.

[409] FABRI, Evagatorium III, S. 90. Die Randbemerkung beginnt mit *Et quamvis omnibus modis occultent eum a Christianis [...]* und erstreckt sich bis *sed praedicantes mox trucidant*. Ulm, StB, Hs. 19555-2, fol. 106r. Es ist nicht zu ermitteln, ob Fabris Quelle für Nikolaus von Kues eine Handschrift oder eventuell der Erstdruck von 1488 gewesen ist. Sollte Letzteres der Fall gewesen sein, ließen sich zumindest die Randbemerkungen auf die Zeit nach 1488 datieren.

[410] FABRI, Evagatorium III, S. 89. Zitiert auch von GUÉRIN DALLE MESE, Égypte, S. 185f. Die Glosse erstreckt sich von *Est enim Alcoranus* bis *et alia multa in fidei multa exaltationem*. Ulm, StB, Hs. 19555-2, fol. 105r.

[411] FABRI, Evagatorium I, S. 366; DERS., Wanderings I, S. 456. Die Randbemerkung umfasst den Absatz beginnend mit *Et notandum*. Vgl. Ulm, StB, Hs. 19555-1, fol. 140v. Siehe auch die ebenfalls später zugefügte Randbemerkung in DERS., Evagatorium II, S. 130; DERS., Wanderings II, S. 134; Ulm, StB, Hs. 19555-1, fol. 230r. Sie beginnt mit *in confutationem* und endet mit *ut patet supra fol. 140 B*. Nach NIKOLAUS VON KUES, Cribratio Alkorani I, S. 42 und Cribratio Alkorani III, S. 76, werde Maria im Koran als Tochter Amrams und Schwester Aarons und Moses gedeutet.

Behauptung, dass Jesus unmittelbar nach seiner Geburt zu seiner Mutter gesprochen habe, entbehre jeder Grundlage.[412] Die fehlende Erzählung der Passion und Kreuzigung Jesu, die für das Christentum zentrale Bedeutung habe, erweise schließlich endgültig die Falschheit des Buches.[413] Fabri bekräftigt auf diese Weise den schon an anderer Stelle seines Berichts erhobenen Vorwurf, dass die Lehre Mohammeds allenfalls eine schlechte Kopie des Christentums darstelle, wobei sich die Muslime nur an der christlichen Lehre orientieren würden, wenn es zu ihrem Vorteil gereiche.[414]

Diese Nachahmung des Christentums ist für Fabri auch am Halbmond erkennbar, dem Symbol des islamischen Glaubens. Dessen Bedeutung erläutert er ebenfalls in später zugesetzten Randglossen. Im Fließtext des *Evagatoriums* suggeriert Fabri dem Leser die offensichtlich nicht hehren Absichten dieser ketzerischen Religion schon durch den Hinweis, dass die Muslime den größtenteils verdunkelten Halbmond und nicht den leuchtenden Vollmond als Symbol auf ihren Minaretten und Moscheen verwenden. Die Wahl des Symbols führte Fabri zunächst auf die Fortführung eines heidnischen Dianakults zurück.[415] Gemäß seinen Randbemerkungen aber sah er in dem Halbmond letztlich nur die einfältige Nachahmung des christlichen Brauches, auf den Kirchturmspitzen einen Hahn anzubringen, der von der Seite betrachtet mit Hals und Schwanz der Form eines Halbmondes ähnele.[416] Fabri setzt den islamischen Glauben herab, indem er dessen zentrales religiöses Zeichen nicht mit dem Kreuz als dem christlichen Pendant vergleicht, sondern lediglich mit dem profanen Symbol des Wetterhahns.[417]

---

[412] FABRI, Evagatorium I, S. 444. Vgl. NIKOLAUS VON KUES, Cribratio Alkorani II, S. 68. In der Übersetzung FABRI, Wanderings, ist diese Passage ausgelassen. Die Randbemerkung beginnt mit *Unde Jeronymus* und endet mit *Quae conficta mendacia Machometi sunt.* Vgl. Ulm, StB, Hs. 19555-1, fol. 170r. Zur Widerlegung der Behauptung, Jesus sei nicht in einem Stall, sondern unter einer Palme geboren, siehe Kap. III.2 Anm. 264.

[413] FABRI, Evagatorium III, S. 90f. Die Randbemerkung erstreckt sich von *Et quamvis omnibus modis* bis *sed praedicantes mox trucidant.* Vgl. Ulm, StB, Hs. 19555-2, fol. 106r. Fabri hebt den bedeutenden Unterschied zum Evangelium, dass laut dem Koran nicht Jesus, sondern ein anderer an seiner Stelle gekreuzigt worden sei, jedoch nicht explizit hervor. Vgl. NIKOLAUS VON KUES, Cribratio Alkorani II, S. 32-37.

[414] FABRI, Evagatorium II, S. 176: *Sic faciunt in omnibus aliis: Bibliam tenent, ubi volunt; sed ubi nolunt, contrarium asserunt pertinaciter, non obstante veritate.* DERS., Wanderings II, S. 188.

[415] FABRI, Evagatorium III, S. 74.

[416] Vgl. die Randbemerkung in FABRI, Evagatorium III, S. 74: *Vel ex eo acceperunt, quia in ecclesiis Christianorum gallus est extento collo et cauda, in formam quasi mediae lunae eversae; converterunt gallum in lunam, et illa est quasi principalis causa.* Ulm, StB, Hs. 19555-2, fol. 100v. Vgl. auch die ähnlichen Ausführungen in FABRI, Evagatorium II, S. 219; DERS., Wanderings II, S. 244. Dabei handelt es sich erneut um eine Randbemerkung, die sich von *Lunam autem ponunt* bis *ponitores et brevissime durabit* erstreckt. Zudem skizziert Fabri am Seitenrand einen auf dem Kopf stehenden und mit roter Tinte ausgemalten Halbmond. Vgl. Ulm, StB, Hs. 19555-1, fol. 260r. In der *Eigentlichen beschreibung* macht Fabri keine Aussage über die Symbolik. Vgl. Dessau, StB, Hs. Georg 238, fol. 59v.

[417] Auf die ebenfalls christliche Bedeutung des Hahns hebt Fabri nicht ab. Der Hahn symbolisiert Wachsamkeit und stellt den Mahner und Rufer dar, der säumige Christen rechtzeitig zum Gebet

3.3.2 Religiöse Gebote der Muslime

Die Strategie der Entlarvung der islamischen Religion als Ketzerei berührt bei Fabri auch die zentralen religiösen Pflichten der Muslime. Seine Bemerkungen über die Fastenzeit im Monat Ramadan, die Wallfahrt nach Mekka und das Alkoholverbot haben ähnlich wie in der mittelalterlichen christlichen Apologetik insgesamt die Funktion, die Falschheit des Islams zu betonen.

Am ausführlichsten geht Fabri auf das Fastengebot ein, da seine Sinaireise und der Besuch Kairos mit der Zeit des Ramadans zusammenfiel und er die dabei nach seiner Auffassung zum Ausdruck kommende Verderbtheit der islamischen Religion durch Verweise auf persönliche Erlebnisse besonders glaubwürdig machen konnte. Nicht das Gebot der rituellen Reinigung durch das Fasten ist dabei Anlass für die Verurteilung der Muslime, sondern dass deren am Tag geübte Enthaltsamkeit durch die ausschweifende nächtliche Lebensweise wieder zunichte gemacht werde. Er schließt an das bereits in älteren Pilgerberichten vorgegebene Stereotyp an, nach dem die scheinbare Frömmigkeit durch Verweis auf den nächtlichen Hang zur *luxuria* konterkariert wird.[418]

Das aus dem Christentum bekannte und vertraute Fastengebot, ein Ritual, das der Reinigung dienen soll, sei in der fremden Religion ins Gegenteil pervertiert. Fabri veranschaulicht dieses Muster durch mehrere plastische Beschreibungen, die dem Leser das schändliche nächtliche Treiben anschaulich vor Augen führen sollen. Dies illustriert er einmal an den Muslimen, welche die Pilger auf dem Weg nach Ägypten eskortierten. Nach Sonnenuntergang gäben sich diese bar jeder Maßhaltung der Völlerei hin und sängen und schrieen dazu überaus laut.[419] Zum anderen geißelt Fabri die angeblich während des Ramadans völlig hemmungslose Sexualität der Muslime, was er mit der Beschreibung tanzender Frauen zu belegen versucht, die mit ihren dämonengleichen, verführerischen und wollüstigen Bewegungen die fleischgewordene Versuchung darstellen.[420] Die Fastenzeit sei daher ein äußerst seltsamer, unnatürlicher und noch dazu durch ihre Priester religiös sanktionierter Brauch zur Befriedigung fleischlicher Gelüste

---

rufen soll. Er ist zudem mit dem Evangelienbericht über die Verleugnung Christi durch Petrus (Mt. 26,34 und 69-75) verknüpft. Vgl. GERLACH, Hahn, Sp. 208.

[418] GRABOIS, Islam and Muslims, S. 313. Gleiches gilt auch für die Berichte des 15. Jahrhunderts. Vgl. z.B. die Schilderung nächtlicher Völlerei und fleischlicher Ausschweifungen bei BERNHARD VON BREIDENBACH, Die heyligen reyßen, fol. 149r; DERS., Peregrinatio, fol. 126v.

[419] FABRI, Evagatorium II, S. 517; DERS., Wanderings II, S. 636.

[420] Vgl. erstens Fabris Beschreibung des nächtlichen Tanzes der Frauen von *Tanquardinus*, dem Kairoer Dragoman, bei dem die Pilger ihr Quartier hatten. Vgl. zweitens seine Beschreibung der Feierlichkeiten zum Ende der Fastenzeit, mit denen die Rückkehr zur „natürlichen Ordnung" gefeiert werde. Dabei beobachtet er die Tänze junger Mädchen und äußert sich entsetzt über die Bewegungen, bei denen die Beobachter sich wollüstiger Gedanken nicht enthalten könnten. FABRI, Evagatorium III, S. 36 und 202; Dessau, StB, Hs. Georg 238, fol. 185r-v und 209r. Vgl. auch SCHWAB, Das Andere anders sein lassen?, S. 161.

dieser tierischen Menschen, die durch temporäre Enthaltsamkeit nur umso mehr Begierde und Lust zu steigern suchten.[421]

Zu einem ähnlichen Ergebnis kommt Fabri bei der Beurteilung des islamischen Gebots, keinen Alkohol zu trinken.[422] Zwar hält er den Muslimen infolge ihrer Abstinenz einige tugendhafte Eigenschaften zugute, die z.T. im Widerspruch zu an anderer Stelle gegebenen Werturteilen stehen und lobt ihre Disziplin, ihre (untereinander geübte) Friedsamkeit, Freundlichkeit, Geduld, Mäßigkeit und Frömmigkeit.[423] Dies seien aber letztlich nur äußere Tugenden. Und auch die von Breidenbach übernommene Überlegung, dass aufgrund der klimatischen Bedingungen schon ein *cleiner trunck wins* die *heÿden* ganz *hirnschellig* mache – also impliziert wird, dass das Gebot möglicherweise aus Vernunftgründen eingeführt sein könnte – ist für Fabri nicht entscheidend.[424] In Wirklichkeit habe der Teufel seine Hand im Spiel gehabt, indem er den Propheten zum Erlass dieses Gebotes verführte.[425] Dazu flicht Fabri in seine Darstellung auch die Geschichte um die Trunksucht Mohammeds ein, die dazu geführt habe, dass ihm die Ermordung seines Schwiegersohnes untergeschoben werden konnte. Dieses Ereignis habe Mohammed dazu veranlasst, dem Alkohol zu entsagen und darüber hinaus ein generelles Verbot zu verhängen.[426] Im Unterschied zu anderen Pilgern, die darauf verweisen, dass das Alkoholverbot gerne umgangen werde und damit aufzeigen wollen, dass die Sarazenen ihren Glauben nicht ernst nähmen und sich an keinerlei Gebote hielten, betont Fabri immerhin, dass sie dieses Gebot strikt befolgten.[427]

Die Bewertung des Islams als eine auf Täuschung und Magie basierende Häresie gipfelt schließlich in Fabris Darstellung der Wallfahrt nach Mekka. Er berichtet zwar anlässlich eines Zusammentreffens mit einer Pilgerkarawane recht detailliert über den

---

[421] FABRI, Evagatorium II, S. 517f.: *O monstruosum jejunium et carnalibus hominibus et bestialibus aptum! Absit, absit a nobis talis praedicator jejunii, post quod in die expletum sic omni libidini, ingluviei, crapulis et comessationibus per noctem operam impendere praecipit, ut non ob aliud jejunium instituisse videatur, quam ut postea voluptuosius et appetentibus omnium turpitudo libidinis exerceatur.* DERS., Wanderings II, S. 637.

[422] Vgl. zum Folgenden REICHERT, Pilger und Muslime, S. 14.

[423] FABRI, Evagatorium III, S. 97.

[424] FABRI, Evagatorium III, S. 100; Dessau, StB, Hs. Georg 238, fol. 126v-127r; BERNHARD VON BREIDENBACH, Die heyligen reyßen, fol. 89v; DERS., Peregrinatio, fol. 87r. Siehe ferner SCHWAB, Das Andere anders sein lassen?, S. 150. Grünemberg übernahm diese Passage ebenfalls. Vgl. GRÜNEMBERG, Ritter Grünembergs Pilgerfahrt, S. 127.

[425] FABRI, Evagatorium III, S. 97f.

[426] Vgl. FABRI, Evagatorium III, S. 99. Zur Verbreitung der Erzählung siehe REICHERT, Pilger und Muslime, S. 14f.

[427] FABRI, Evagatorium III, S. 100: *Hanc ergo legem de non bibendo vinum strictissime servant Sarraceni [...].* Vgl. dagegen CASOLA, Viaggio a Gerusalemme, S. 200: *non beveno vino, dico in publico, ma se si trovano ne bevano per uno trato [...].* DERS., Pilgrimage, S. 256. Ebenso ARNOLD VON HARFF, Die Pilgerfahrt, S. 101; GRÜNEMBERG, Ritter Grünembergs Pilgerfahrt, S. 76; BRASCA, Viaggio in Terrasanta, S. 70.

Ablauf der Hadsch.[428] Dennoch lässt er keinen Zweifel daran, dass die Wallfahrt allein der Götzenanbetung diene und in einem völligen Gegensatz zur ehrenwerten Wallfahrt der Christen stehe: Während diese zum Grab des Gottessohnes nach Jerusalem und zu der tugendhaften und heiligen Jungfrau Katharina auf den Sinai führe, verehrten die Muslime auf ihrer Hadsch in Fortsetzung heidnischer Kulte einerseits die antike Göttin der Liebe, die von Fabri als Sinnbild der lasterhaften Lust, als „schamlose Hure Venus" verdammt wird, andererseits den als Sohn des Teufels diffamierten Propheten Mohammed, der nach mittelalterlicher Auffassung dort begraben lag.[429] Mit Verweis auf Vinzenz von Beauvais schildert Fabri die in der christlichen Apologetik wohlbekannte Geschichte, wie mittels Magnetsteinen ein eiserner Sarkophag mit Mohammeds Gebeinen schwebend in der Luft gehalten werde, was die des Mechanismus unkundigen Muslime für ein göttliches Wunder hielten.[430]

Gerade mittels dieser Fabel ließ sich der „Islam als Betrug demaskieren" und Mohammed als Abgott der Muslime darstellen.[431] Doch wird bei Fabri zugleich verdeutlicht, dass die Muslime in einem Maß dem Irrglauben erlegen seien, dass selbst die Beschädigung von Mohammeds Grab in einem schweren Sturm im Jahr 1481,[432] nicht zur Aufdeckung des Trugbildes geführt habe. Fabri greift dieses Ereignis ebenso auf wie Paul Walther von Guglingen, Bernhard von Breidenbach und Joos van Ghistele[433] und berichtet voller Genugtuung über die Tilgung des Grabes vom Erdboden, die quasi

---

[428] FABRI, Evagatorium II, S. 539f.; DERS., Wanderings II, S. 665-667. Fabri berichtet über die Umkreisung des Heiligtums in speziellen Kleidern, die symbolische Steinigung des Teufels und die Anbindung des Kultes an die biblischen Urväter Adam und Abraham. Seine Kenntnisse gehen nicht auf mündliche Informationen, sondern auf Breidenbach, Antoninus Florentinus und die *Legenda aurea* zurück. Vgl. DANIEL, Islam and the West, S. 217-220; REICHERT, Mohammed in Mekka, S. 24; Vgl. DERS., Pilger und Muslime, S. 15. Allgemein zur Pilgerfahrt nach Mekka im Mittelalter siehe FAROQHI, Herrscher über Mekka, und PETERS, Islamische Pilgerreisen.

[429] FABRI, Evagatorium II, S. 542: *nos enim peregrinamus ad sepulchrum Jesu Christi, filii Die, et quaerimus reliquias sanctae Catharinae virginis castissimae; ipsi autem peregrinantur ad sepulchrum Machometi, filii diaboli et quaerunt servitia impudicissimae Veneris meretricis.* DERS., Wanderings II, S. 670. Siehe auch REICHERT, Pilger und Muslime, S. 15; DERS., Mohammed in Mekka, S. 24.

[430] FABRI, Evagatorium II, S. 472; DERS., Wanderings II, S. 577f. Vgl. auch die ähnliche Äußerung in einer später eingefügten Randbemerkung zu seinem Verweis auf antike Idole, bei denen ebenfalls Magnetsteine verwendet worden sein sollen. FABRI, Evagatorium II, S. 540; DERS., Wanderings II, S. 668. Die Randbemerkung erstreckt sich von *Nonnulli etiam Christi* bis *quia erat equus magnus et vir desuper*. Vgl. Ulm, StB, Hs. 19555-2, fol. 72v. Zur langen Tradition der Erzählung, die erstmals von Embricho von Mainz überliefert wird, siehe HOTZ, Mohammed und seine Lehre, S. 40 und 128; REICHERT, Mohammed in Mekka; DERS., Pilger und Muslime, S. 14f.; WIEGANDT, Islam und Griechische Christen, S. 13.

[431] REICHERT, Mohammed in Mekka, S. 30.

[432] Ebd., S. 25.

[433] PAUL WALTHER VON GUGLINGEN, Itinerarium in Terram Sanctam, S. 82 und 235f.; BERNHARD VON BREIDENBACH, Die heyligen reyßen, fol. 85r; DERS., Peregrinatio, fol. 73v; ZEEBOUT, Tvoyage, S. 26. Vgl. REICHERT, Mohammed in Mekka, S. 25.

Mohammeds Verstoßung in die Hölle gleichkomme.[434] Die mit der Zerstörung verknüpften Hoffnungn auf ein Ende der islamischen Häresie hätten sich jedoch nicht erfüllt. Dass die Muslime trotz der Vernichtung des Grabes noch stärker ihrem Götzendienst nachgingen, schreibt Fabri allein den Lügen islamischer Geistlicher zu.[435] Der
jeglichen Bekehrungs- oder Bezwingungsversuchen standhaltende Islam weigerte sich
auch in diesem Fall, „schwach zu werden.“[436]

3.3.3   Religionsausübung und Glaubensvorstellungen der Muslime

Fabris Darstellung des Islams als Idolatrie, von Mohammed als falschem Propheten und
Verführer, dessen im verlogenen Koran erlassene religiöse Gebote auf die Einflüsterun-
gen des Teufels zurückgehen, führt dazu, dass auch die Religionsausübung und Glaubensvorstellungen weitgehend abgelehnt und verurteilt werden. Allerdings geht er in
allen seinen Berichten kaum auf konkrete Praktiken und Vorstellungen ein. Nur summarisch listet er im *Evagatorium* bei der Charakterisierung der in Jerusalem lebenden
Bevölkerungsgruppen die Verfehlungen und Irrtümer der Muslime auf. Hierbei verurteilt er deren Verneinung der Trinität, beklagt die fehlenden Sakramente, weist auf abweichende Vorstellungen über das Jüngste Gericht hin und geißelt die Polygamie sowie
den angeblichen Hang der Muslime zur Sodomie.[437] Einzig die Vorstellung der Muslime vom Jüngsten Gericht ist auch in der *Eigentlichen beschreibung* enthalten und gilt
dort als Beispiel für die vielen *toub fantasien*.[438] Fabris Beschreibungen bieten insge-

---

[434] FABRI, Evagatorium I, S. 192 und Evagatorium II, S. 541; DERS., Wanderings I, S. 219f. und
       Wanderings II, S. 669f.; Dessau, StB, Hs. Georg 238, fol. 34r. Fabri lehnt sich hierbei an Bern-
       hard von Breidenbach an. BERNHARD VON BREIDENBACH, Die heyligen reyßen, fol. 85r; DERS.,
       Peregrinatio, fol. 73v.

[435] Um zu verhindern, dass das Volk *nùt kleinmietig w[u]rdi vnd machmet abstiendin*, hätten die
       Geistlichen die Geschichte erdacht, dass Mohammed den Zorn Gottes über den nachlassenden
       Glauben der Menschen besänftigen konnte, indem sein Grab zerstört wurde. FABRI, Evagatorium
       I, S. 192; DERS., Wanderings I, S. 219f.; Dessau, StB, Hs. Georg 238, fol. 34r-v. Paul Walther er-
       zählt diese Geschichte in Form einer fiktiven Predigt eines islamischen Geistlichen, wodurch die
       Irreführung der Muslime rhetorisch stärker dramatisiert wird. Vgl. PAUL WALTHER VON GUGLIN-
       GEN, Itinerarium in Terram Sanctam, S. 236. Laut Breidenbach verhindere die notorische Ver-
       stocktheit der Sarazenen die Erkenntnis über die Konsequenzen dieses Ereignisses. Vgl. BERN-
       HARD VON BREIDENBACH, Die heyligen reyßen, fol. 85r; DERS., Peregrinatio, fol. 73v.

[436] SOUTHERN, Das Islambild, S. 12. Vgl. auch MELVILLE, Mohammed, S. 33. Breidenbach (bzw.
       Rath) erörtert den für viele Christen verwunderlichen Umstand, warum der Islam selbst 850 Jahre
       nach dem Wirken Mohammeds keine Auflösungserscheinungen zeige, in einem gesonderten Ka-
       pitel. Vgl. BERNHARD VON BREIDENBACH, Die heyligen reyßen, fol. 97v-103r; DERS., Peregrina-
       tio, fol. 83v-87r.

[437] FABRI, Evagatorium II, S. 323f.; DERS., Wanderings II, S. 385f.

[438] Dessau, StB, Hs. Georg 238, fol. 118r. Dabei ist nicht die Vorstellung von einem Endgericht
       selbst gemeint, in der – wie Fabri im *Evagatorium* zugesteht – bei Muslimen und Christen ähnlich
       sei. Er bezieht sich vielmehr auf die Uneinigkeit darüber, wo das Jüngste Gericht einst stattfinden
       wird. Während es für die Christen ganz klar sei, dass es nur in Jerusalem bzw. im Tal Josaphat

samt kaum mehr Informationen als die Angaben bei Bernhard von Breidenbach, Paul Walther von Guglingen oder auch Arnold von Harff und Konrad Grünemberg.

Dabei ist auffällig, dass gerade Harff und Grünemberg keine Abwertung der Glaubensvorstellungen der Muslime vornehmen.[439] Arnold von Harff erwähnt neben den religiösen Geboten des Alkohol- und Schweinefleischverbots, der Wallfahrt nach Mekka und dem Fastenmonat noch die Polygamie, das Gebet, die Grabriten und die Beschneidung. Er vermerkt zwar die Unterschiede zum christlichen Glauben und hält z.B. fest, dass im Islam die Vorstellung über das Fegefeuer nicht existiere, verbindet dies aber nicht mit einer Ausgrenzung der Muslime.[440] Für Grünemberg stellt die Vorstellung vom Paradies als Schlaraffenland, in dem Milch und Honig flössen, jeder Wunsch erfüllt werde und alle denkbaren Ausschweifungen möglich seien, eine eher reizvolle Perspektive dar.[441] Selbst der Ruf des Muezzins, der bei Grünemberg zwar mit dem topischen Vorurteil belegt ist, dass auf diese Weise zum Geschlechtsakt aufgerufen werde, womit das vorgeblich maßlose sexuelle Verlangen der Muslime aufgezeigt werden soll, wird mit keiner expliziten Abwertung verbunden.[442] Nur die Distanzierung von der angeblich praktizierten Sodomie und der am Ende seines Exkurses zum Islam und den Muslimen getroffenen Aussage, dass Mohammed selbstverständlich ein *Ketzer und Schelm und Feind des wahren, echten, christlichen Glaubens* sei, zeigt, dass Grünemberg nicht gänzlich auf negative Stereotypen über den Islam verzichten konnte.[443]

Fabri nutzt weder den Ruf des Muezzins mit seiner bezeichnenden Bedeutung für eine antiislamische Polemik noch erwähnt er die Paradiesvorstellungen.[444] Ausführlich

---

stattfinden könne, beanspruchten die Muslime in Konstantinopel, Damaskus, Mekka und weiteren Regionen den Ort des Endgerichts jeweils für sich. Vgl. FABRI, Evagatorium II, S. 128; DERS., Wanderings II, S. 131; Dessau, StB, Hs. Georg 238, fol. 118r.

[439] Gleiches gilt für die Berichte von Hans Tucher, Sebald Rieter und Dietrich von Schachten, wobei in diesen der Islam und die Muslime generell kaum thematisiert werden.

[440] ARNOLD VON HARFF, Die Pilgerfahrt, S. 97.

[441] GRÜNEMBERG, Ritter Grünembergs Pilgerfahrt, S. 128f. Zur Paradiesvorstellung der Muslime in Pilger- und Reiseberichten sowie der Vorstellung vom Schlaraffenland siehe SMITH, Old French Travel Accounts; ROLING, Paradysum carnalium? Letzterer hat herausgearbeitet, dass der christliche Diskurs über das Paradies nicht gänzlich negativ besetzt ist, sondern durchaus betont wird, dass auch der Koran Reinheit und Askese im irdischen Leben lehrt.

[442] GRÜNEMBERG, Ritter Grünembergs Pilgerfahrt, S. 126. Zum Gebetsruf mit weiteren Quellennachweisen siehe REICHERT, Pilger und Muslime, S. 13; DERS., Erfahrung der Welt, S. 154; GRABOIS, Le pèlerin occidental, S. 149. PAUL WALTHER VON GUGLINGEN, Itinerarium in Terram Sanctam, S. 156f., überlässt die Entscheidung dem Leser, ob es sich um einen Aufruf zur Unzucht oder lediglich zum Gebet handele. Pietro Casola zufolge hat ihm auf Anfrage der Dolmetscher von dem Aufruf zur Unzucht berichtet. Möglicherweise suchte Casola das Stereotyp auf diese Weise zu beglaubigen, wenngleich er sich abschließend nicht festlegt. Vgl. CASOLA, Viaggio a Gerusalemme, S. 186; DERS., Pilgrimage, S. 241.

[443] GRÜNEMBERG, Ritter Grünembergs Pilgerfahrt, S. 130. Einschränkend hält er zur Sodomie fest, dass es die *frommen Heiden ihres Glaubens* ebenfalls für eine schändliche Sache hielten, es aber nicht unter Strafe gestellt sei. Vgl. ebd., S. 128. Vgl. auch REICHERT, Pilger und Muslime, S. 15f.

[444] Der Muezzin verkünde das islamische Glaubensbekenntnis. Vgl. FABRI, Evagatorium III, S. 85.

schildert er nur das fünfmalige Gebet und die verschiedenen geistlichen Strömungen im Islam, wobei seine Informationen fast wörtlich von Georg von Ungarn und dessen Traktat über die Sitten und Gebräuche der Osmanen übernommen sind.[445] Er setzt die verschiedenen in der Moschee wirkenden Geistlichen mit Priestern und Kaplänen gleich und überträgt die vertrauten Kenntnisse der eigenen Kirchenorganisation auf die fremden Strukturen.[446] Fabris detailreicher Darstellung über die Tätigkeiten und Aufgaben der islamischen Geistlichen unterliegt hierbei ein asymmetrischer Gegensatz zu der eigenen Auffassung von der Rolle des Priesters: islamische Geistliche würden weder seelsorgerisch arbeiten, die Beichte abnehmen noch Sakramente spenden. Darüber hinaus seien sie nicht geweiht und unterschieden sich nur durch ihre Gelehrsamkeit vom einfachen Volk. Bei ihrer Amtsausübung stehe ihnen der Teufel zur Seite, um die Muslime in Versuchung und in die Verdammnis zu führen.[447]

Das eigene Selbstverständnis wird durch die Abgrenzung vom Fremden und dessen Abwertung bestärkt und überhöht.[448] Dabei ist auch die Feststellung, dass der Teufel nur durch Gottes Erlaubnis wirken könne, nicht ohne Funktion. Indem er die islamischen Geistlichen als Hand in Hand mit dem Teufel arbeitend darstellt, inszeniert sich Fabri als Streiter Gottes für die gerechte Sache. Die islamischen Geistlichen, welche die Gläubigen beständig vom rechten Weg abzubringen versuchten, sind dagegen als Verführer und Gegenspieler der christlichen Priester und Ordensangehörigen gezeichnet.[449]

---

[445] FABRI, Evagatorium III, S. 87-89 und 103f. Vgl. GEORGIUS DE HUNGARIA, Tractatus, S. 258-261 und 354-361.

[446] FABRI, Evagatorium III, S. 84f.: *Tertii sacerdotes ministri moschearum dicuntur Soqui et Vecten. Soqui sunt quasi plebani, Vecten autem quasi adjutores et capellani. Quaelibet autem moschea habet unum Soqui et plures Vecten, secundum moscheae solemnitate.* Siehe auch Fabris Parallelisierung in der *Eigentlichen beschreibung* in Dessau, StB, Hs. Georg 238, fol. 102v: *vnd der thadi, der heÿdnisch byschoff [...].* Ebd., fol. 124r: *Es sind auch jn der muschke heÿdnisch phfaffen, die singen dabÿ dem hol tag vnd nacht got ze lob [...].* Zu Fabris Darstellung vgl. auch WIEGANDT, Islam und Griechische Christen, S. 14f.

[447] FABRI, Evagatorium III, S. 85 und 104. Dieselbe Auffassung, ohne aber näher auf Einzelheiten einzugehen, findet sich bei GRÜNEMBERG, Ritter Grünembergs Pilgerfahrt, S. 127. Bei aller Stilisierung der islamischen Geistlichen muss die Darstellung Fabris nicht bar jeglicher Realität sein. Tatsächlich übten die Gelehrten des Islams, die sogenannten „Ulama", häufig zusätzlich einen säkularen Nahrungserwerb aus. Vgl. KEßLER, Die Welt der Mamluken, S. 186-190.

[448] Gleiches gilt auch für die Moscheen, die Fabri wiederholt als kahl und öde beschreibt. So wie bei den Sarazenen keine Erlösung, keine Sündenvergebung, keine Tugend oder Wahrheit zu finden sei, so suche man in den Moscheen vergebens nach Heil, Priestern, Seelsorge und Sakramenten. Vgl. FABRI, Evagatorium I, S. 254 und Evagatorium II, S. 225; DERS., Wanderings I, S. 304 und Wanderings II, S. 252; Dessau, StB, Hs. Georg 238, fol. 60r. Vgl. WIEGANDT, Islam und Griechische Christen, S. 10. Das Sinnbild der leeren Moschee geht auf ältere Berichte zurück und findet sich bereits in der Polemik Jacobo da Veronas gegen den Islam. Vgl. JACOBO DA VERONA, Le pèlcrinage, S. 261.

[449] Dies zeigt sich auch in der Anekdote über einen falschen islamischen Propheten, der – auf einer als heilig verehrten Säule stehend – bei der Erzählung vom Jüngsten Gericht ausgerutscht und zu Tode gekommen sein soll. Dessen Tod wertet Fabri als Strafe Gottes für die versuchte Verfüh-

Diese Interpretation wird noch unterstützt durch die Tradierung des Vorurteils, dass die Muslime in ihren Moscheen schändliche Dinge trieben, die sie vor den Christen verborgen hielten. Die eigene Religion, die eigenen Rituale werden von Fabri als transparent und für jedermann offen geschildert. Die infolge des Zutrittsverbots für Christen nicht beobacht- und überprüfbare Glaubenspraxis der Muslime bleibt fremd und wird mit dem Attribut des Okkulten und Teuflischen versehen. Obwohl Fabri in seinen Quellen keine Bestätigung hierfür gefunden habe, spekuliert er darüber, dass die Muslime ähnlich abscheuliche Rituale vollführen würden, wie sie von Augustinus überliefert seien, der von heidnischen Priestern berichtet, die Kinder und schwangere Frauen geopfert hätten.[450]

Bewusst spielt Fabri auf solche Gerüchte an, um dem Leser für das als bedrohlich und feindselig ausgegrenzte Fremde eine nachvollziehbare Erklärung zu bieten. Nicht umsonst erinnert diese Form der Diffamierung an die bis in die Moderne kursierenden Vorurteile über vermeintliche heimliche religiöse Praktiken der Juden. Die Abwertung des islamischen Glaubens durch Fabri ist Ausdruck des exklusiven Selbstverständnisses, über die einzige und allein gültige Glaubenswahrheit zu verfügen. Der Islam als die größte Herausforderung und als das „folgenschwerste Problem"[451] für die christliche Welt des Mittelalters konnte somit nur als konkurrierende „Gegenreligion"[452] wahrgenommen werden.

Die Ausgrenzung des islamischen Glaubens ist zwar die bei Fabri vorherrschende und in den Pilgerberichten insgesamt dominante Form der Fremddarstellung. Wie der Bericht von Arnold von Harff zeigt, gab es aber durchaus Ausnahmen. Er kommt aufgrund der vermeintlichen Leichtgläubigkeit und Unwissenheit der Muslime zu dem Schluss, dass diese von einem christlichen Priester ohne Schwierigkeiten auf den richtigen Glaubensweg zurückgeführt werden könnten.[453] Harff, der diese Sicht vermutlich aus dem Bericht von Jean de Mandeville übernommen hat,[454] geht demnach davon aus, dass die Muslime rationalen Argumenten zugänglich sind und bei richtiger Umsetzung die Überlegenheit des christlichen Glaubens anerkennen könnten.[455]

---

rung der Muslime und zeigt dabei offen seine Schadenfreude. Vgl. FABRI, Evagatorium II, S. 128; DERS., Wanderings II, S. 130f.; Dessau, StB, Hs. Georg 238, fol. 118r.

[450] Vgl. FABRI, Evagatorium III, S. 91.

[451] SOUTHERN, Das Islambild, S. 10.

[452] Vgl. REICHERT, Mohammed in Mekka, S. 30f., mit Bezug auf ASSMANN, Die mosaische Unterscheidung; MELVILLE, Mohammed, S. 34f.; BUSSE, Islam und Christentum.

[453] ARNOLD VON HARFF, Die Pilgerfahrt, S. 105: *as ich idt in der waerheyt wael dar vur halde, dat men in deme lande predicken moechte sij weren balde zo bekeren, as sij gar lichtlich geleuuen.*

[454] Mandeville wiederum folgt Wilhelm von Tripolis. Siehe GRADES, „Machomete" and Mandeville's Travels, S. 273; RIDDER, Jean de Mandevilles ‚Reisen', S. 247.

[455] Er schließt an die Tradition eines offeneren Umgangs mit den Muslimen an, die einerseits über die monotheistischen Grundlagen des Islams eine Verständigung für möglich hält und andererseits einem Skeptizismus verhaftet ist, der aus dem Scheitern der Kreuzzugsunternehmungen erwuchs. Vgl. SOUTHERN, Das Islambild des Mittelalters, S. 45-48; TOMASEK/WALTHER, Überle-

Arnold von Harff grenzt das Fremde somit nicht von vornherein aus, sondern hält eine Assimilierung, eine mit friedlichen Mitteln erreichte Angleichung des Fremden an das Eigene für möglich.[456] Bei ihm ist das Fremde zwar ebenfalls als bedrohlich charakterisiert, die Christen können der Gefahr aber Herr werden. Bei der Bewertung des Islams legt er eine universalistische Perspektive an, bei der das Fremde nicht zwangsläufig dämonisiert und verteufelt wird. Er betrachtet die Muslime vielmehr als Unterlegene und Unwissende, die durch pädagogische Hilfestellung von der Richtigkeit der christlichen Erlösungsreligion überzeugt und zu ihrer wahren Identität geführt werden können.[457]

Die Distanzierung vom Islam und den Sarazenen dient aber nicht nur der Bestärkung der kollektiven christlichen Identität. Die Stilisierung des Verfassers als rechtgläubiger Christ zeigt dem Leser an, dass die Nähe zu den ‚Ungläubigen' während der Reise nicht zur Folge hatte, dass die eigenen religiösen Vorstellungen ins Wanken gerieten. Der Universalanspruch des Christentums wird im Gegenteil bestätigt. Zwar erfordert die Bewältigung der Reise eine gewisse Anpassung an die örtlichen Gegebenheiten, die zum Schein auch in einer vorübergehenden Aufgabe der äußeren Identitätsmerkmale – beispielsweise der Kleidung, des Namens oder des Glaubens – münden kann.[458] Dennoch wird durch die antiislamischen Parolen angezeigt, dass trotz des notwendigen Kontakts immer eine gebührende Distanz zu den Angehörigen der fremden Religion gewahrt wurde und die Überlegenheit der eigenen christlichen Kultur nie angezweifelt wurde. Im Bericht Arnolds von Harff kommt der Balanceakt zwischen Selbstbehauptung und Selbstentfremdung zum Ausdruck, wenn er von dem Angebot berichtet, dauerhaft als Arzt unter den Muslimen zu arbeiten. Mit vielen *strycke[n]* voll *mit gelde ind mit schoynen vrauwen, die degelichs bij mich qwaemen*, hätten sie ihn locken wollen. Doch hätte dies bedeutet, seine Identität preiszugeben und ein Mamluk zu werden. Harff verdeutlicht dem Leser mit dieser Anekdote, dass er seine innere Glaubensüberzeugung als Christ trotz des verführerischen Angebotes niemals in Frage gestellt hat.[459]

Fabri wirft die Frage einer möglichen Bekehrung der Muslime nicht auf;[460] sie würde in Bezug auf die Sarazenen aber ähnlich wie bei Bernhard von Breidenbach negativ ausfallen. Fabris Darstellung des Islams liegt wie bei Breidenbach eine primordiale

---

genheitsgefühl, S. 245-249; TOLAN, Saracens, S. 203-209, 225-229 und 257-274, mit Verweis auf Wilhelm von Tripolis, Roger Bacon und Ramon Lull.

[456] OSTERHAMMEL, Kulturelle Grenzen, S. 12. Im Gegensatz zur Inklusion, die mit keinem Bekehrungs- oder Anpassungsdruck versehen ist, rechnet Osterhammel unter die Assimilierung die religiöse Missionierung, die theoretisch auch mit Gewalt erfolgen kann.

[457] Zum universalistischen Code siehe GIESEN, Codes kollektiver Identität, S. 34f.

[458] Vgl. hierzu am Beispiel frühneuzeitlicher Amerikaberichte KIENING, Identitäten, S. 360-369.

[459] ARNOLD VON HARFF, Die Pilgerfahrt, S. 97f.

[460] Zumal den Pilgern untersagt wurde, mit Muslimen über den Glauben zu sprechen. Vgl. Artikel 21 der Predigt des Guardians. FABRI, Evagatorium I, S. 216; DERS., Wanderings I, S. 253. Brasca bemerkt, dass es müßig sei, mit ihnen darüber diskutieren zu wollen. Vgl. BRASCA, Viaggio in Terrasanta, S. 129.

kollektive Identität zugrunde, bei der das Fremde nur ausgegrenzt und dämonisiert werden kann. Der fundamentale und unüberbrückbare Unterschied zwischen Christen und Muslimen zeigt sich laut Fabri erneut in den untrüglichen Instinkten der Tiere. War es in Venedig der Hund, der durch seine Natur die Deutschen von allen anderen Nationen zu unterscheiden wusste, schreibt er einem Schwein in Alexandria ähnliche Fähigkeiten zu. Das im Handelshof der Venezianer gehaltene Schwein habe sofort gespürt, wenn ein ‚Ungläubiger‘ den Hof betrat und diesen unter lautem Grunzen umgehend angegriffen. Von Christen habe es dagegen keinerlei Notiz genommen.[461] Für Breidenbach stellen die *vngleubigen hoffertigen vnd verstopfften sarracen* eine *geyssel gottes* dar, die als Strafe für die Verfehlungen der Christen geschickt worden seien.[462] Die Muslime werden analog zur christlichen Apologetik als größter Feind des Christentums betrachtet. Ein Übereinkommen, eine Überwindung dieser Gegensätzlichkeit zwischen dem Eigenen und Fremden ist unmöglich, es bleibt nur die bedingungslose Konfrontation.[463]

4. Die Juden

Obwohl die Pilger an verschiedenen Orten mit Angehörigen der jüdischen Religion in Kontakt kamen und aufmerksam die Existenz jüdischer Gemeinden registrierten,[464] ent-

---

[461] FABRI, Evagatorium III, S. 163f.: *Inter alia tamen vidimus quandam bestiam, nobis domesticam, sed Sarracenis monstruosam; deambulabat enim in curia unus porcus grossus [...]. Hoc autem memorabile est de tam cruda bestia, quod statim, nescio quo instinctu aut sensu, percipit praesantiam Sarraceni in curia, et statim, etiam jacens in luto volutata, accurrit magno grunnitu et inimicum suum quaerit, et nisi fugiat aut ab aliquo Christiano defendatur, vindictam sumit de eo, ut vel vestes ejus trahat vel crura dentibus laedat; nec canis tam cito adesse alienum percipit hominem, sicut sus ille Sarracenum, qui tamen de nullo Christiano curat, quantumcumque alieno.* Die Vorlage könnte Breidenbachs kurze Erwähnung des Borstenviehs gewesen sein. Vgl. BERN-HARD VON BREIDENBACH, Die heyligen reyßen, fol. 157v; DERS., Peregrinatio, fol. 135r.

[462] BERNHARD VON BREIDENBACH, Die heyligen reyßen, fol. 80r: *Aber zů schande vnd laster der vngleubigen hoffertigen vnd verstopfften sarracen deß falschen vnd verfluchten machometi vngöttlich vnd ytel gesatz ja fabel nachuolgende [...].* Ebd., fol. 99r: *die vbeln vnd anfechtungen so wir von den sarracenen oder andern vngleubigen lyden syn vns nutz vnd gůtt eyntweders zů reynigung oder ablegung vnser sund · oder zů bewerung vnd vbung vnserer tůgend vnd gerechtikeyt. Vß welcher vrsach gleublich ist daz vß gottlichem willen sollich krieg vnd vbel so die vngleubigen vns zůfügen · verhenget werden dor mit vnser sund zů strafen die teglich vberhandt nemen · vnd also die sarracen eyn geyssel gottes syn vnd ein růth synes zorns vber vns [...].* DERS., Peregrinatio, fol. 69r und 85r. Vgl. auch SCHWAB, Das Andere anders sein lassen?, S. 146f.

[463] TIMM, Der Palästina-Pilgerbericht, S. 347, spricht in diesem Zusammenhang von Breidenbachs Vorstellung von der „konsequenten Ausrottung" der Muslime.

[464] So erwähnen Jean und Anselme Adorno die in Alghero auf Sardinien, in Brindisi, Tunis, Alexandria und Kairo ansässigen Juden. Vgl. ADORNO, Itinéraire, S. 60, 108, 110, 164, 166, 188 und 380. Wallfahrer wie Felix Fabri, die von Venedig aus starteten, berichten über die in Modon, Korfu, auf Kreta und Rhodos und in Jerusalem und Kairo lebenden Juden. Vgl. Modon: ANTONIO DA

halten die Berichte von Fabri und anderen Verfassern kaum nährere Angaben über die
Begegnung mit Juden oder Aussagen über deren Lebensweise und Religion.[465] Die
Kollektivbezeichnung ‚Jude' mag ausreichend gewesen zu sein, um beim Leser einen
entsprechenden Wissensbestand abzurufen. Eine ausführliche Darstellung der Sitten
und Gebräuche der Juden wurde daher möglicherweise nicht als notwendig empfunden,
selbst wenn durch die Beschreibung der Verhaltensweisen die Gelegenheit bestand, die
kulturell vorgegebene negative Charakterisierung der Juden noch zu verstärken.

Die im Vergleich zu den Venezianern und Muslimen nur kurzen Bemerkungen zu
den Juden sind im Hinblick auf die Fremd- und Eigendarstellung in den Berichten dennoch interessant, da das Christentum sich gerade in Abgrenzung zur jüdischen Religion
entwickelte und bereits in der frühchristlichen Phase durch antijüdische (bzw. antiju-
denchristliche) Stereotype geprägt wurde. Diese waren im Verlauf des Mittelalters immer wieder Anlass für Übergriffe und Verfolgungen der in Europa lebenden Juden. Die
Geschichte dieser Ausgrenzungs- und Stigmatisierungsprozesse, die im 15. Jahrhundert
zu einer Verschlechterung der Lebenssituation der Juden führte, waren Fabri und den
übrigen Verfassern ebenso vertraut wie ihre Lebensgewohnheiten und Verhaltensweisen.[466]

CREMA, Itinerario al Santo Sepolcro, S. 51; STEIGERWALLDER, Tagebuch, S. 123 (mit dem Hinweis, dass Juden gewöhnlich zu Henkersdiensten herangezogen würden; vgl. MENTGEN, Der Würfelzoll, S. 47); CASOLA, Viaggio a Gerusalemme, S. 143f.; DERS., Pilgrimage, S. 192; FASSBEN-
DER, Bedvartt, S. 251; Korfu und Candia: DIETRICH VON SCHACHTEN, Beschreibung, S. 179 und
181; Rhodos: CASOLA, Viaggio a Gerusalemme, S. 157; DERS., Pilgrimage, S. 208; Kairo: TU-
CHER, Die ‚Reise ins Gelobte Land', S. 573; BERNHARD VON BREIDENBACH, Die heyligen reyßen,
fol. 151v; DERS., Peregrinatio, fol. 129v; Dessau, StB, Hs. Georg 238, fol. 189v; Jerusalem:
FABRI, Evagatorium II, S. 205; DERS., Wanderings II, S. 226.

[465] Lediglich Breidenbach und Arnold von Harff gehen etwas ausführlicher auf die Juden ein. Vgl.
BERNHARD VON BREIDENBACH, Die heyligen reyßen, fol. 103v-105r; DERS., Peregrinatio, fol. 88v-
90r; ARNOLD VON HARFF, Die Pilgerfahrt, S. 187-189. Breidenbachs Darstellung soll weitgehend
gleichlautend mit dem Text Paul Walthers sein, der in der Edition aber ausgelassen wurde. Vgl.
PAUL WALTHER VON GUGLINGEN, Itinerarium in Terram Sanctam, S. 304f. Anm. 4.

[466] In landesherrlichen und städtischen Verordnungen wurde zum einen verstärkt festgelegt und
durchgesetzt, dass sich die Juden durch ihre Kleidung und bestimmte Zeichen als solche zu erkennen geben mussten. Vgl. JÜTTE, Stigma-Symbole, S. 68-73; TOCH, Die Juden im mittelalterlichen Reich, S. 37. Kritische Anmerkungen bei MENTGEN, „Die Juden waren stets eine Randgruppe", S. 408. Neben dieser äußerlichen Stigmatisierung sind vereinzelte Tendenzen einer räumlichen Segregation auszumachen (vgl. kritisch HAVERKAMP, The Jewish Quarters). Darüber hinaus wurden die Juden in mehreren Vertreibungswellen aus einigen landesherrlichen Territorien,
vor allem aber aus zahlreichen Städten gänzlich ausgewiesen. Dies war weniger ein Ergebnis
exogener Krisensituationen wie Pest und Hungersnot, sondern die Folge einerseits von Interes-
senkonflikten zwischen dem um Einflussnahme bemühten König bzw. den Landesherren als
Schutzherren und Inhaber des „Judenregals" sowie den auf ihrer Autonomie bedachten Städten
und andererseits von innerstädtischen Interessen. Vgl. TOCH, Die Juden im mittelalterlichen
Reich, S. 55, 65-67 und 118-120; ZIWES, Territoriale Judenvertreibungen; WENNIGER, Man bedarf
keiner Juden mehr, S. 245-262.

Als Repräsentanten des christlichen Glaubens auf einer Wallfahrt nach Jerusalem, das für die Juden ebenfalls von überragender Bedeutung war, mussten sich sowohl Fabri als auch die übrigen Pilger von den divergierenden Glaubensvorstellungen abgrenzen. Entsprechend werden die Schilderungen der Jerusalemwallfahrt dazu genutzt, das überwiegend negative Judenbild des christlichen Mittelalters zu bekräftigen. Die Pilger greifen dabei einige der im Spätmittelalter verbreiteten Tendenzen der antijüdischen Apologetik auf und tradieren das Vorurteil von den Juden als Gottesmörder sowie typische Negativstereotypen wie die Habgier und den Wucher der Juden weiter. Dagegen werden auf der Ebene der wenigen Bemerkungen über die Erkennungsmerkmale und alltäglichen Begegnungen mit Juden kaum abwertende Urteile vorgenommen.

4.1 Die stereotype Vorstellung von den Juden als Gottesmörder

Juden werden in den Berichten insbesondere dann erwähnt, wenn der Kreuzweg in Jerusalem beschrieben wird und die Pilger sich die Passion Christi vergegenwärtigen. Fabri und die übrigen Verfasser greifen dabei einen schwerwiegenden, vor allem auf Stellen des Johannesevangeliums basierenden Vorwurf der christlichen Agitatorik auf, indem sie den Juden die Schuld für Jesu Tod geben.[467] Dabei sind sie laut Sylvia Schein stark von den Franziskanern beeinflusst, die durch die minutiöse Rekonstruktion der Passion auch das Verhalten der Juden thematisieren, als Jesus zur Hinrichtungsstätte Golgatha geführt wurde.[468]

Fabri äußert sich negativ über die Juden bei der Beschreibung der Szene, als Simon von Kyrene das Kreuz getragen haben soll. Er bezeichnet sie als *pessimi Judaei*, die Jesus keinen Moment der Ruhe und Linderung seiner Qualen gegönnt hätten.[469] An anderer Stelle spricht er von dem rasenden Mob, der Jesus nach Golgatha gefolgt sei, und den verruchten Anschuldigen von Seiten der Juden.[470] Darüber hinaus veranschaulicht er diese vermeintliche Feindseligkeit der Juden gegen die Christen in der Erzählung von den Übergriffen von Juden bei der Beerdigung Marias.[471] Vergleichbare anti-

---

[467] Vgl. einführend KRUIJF, Antisemitismus III: Im Neuen Testament; LANGE, Antisemitismus IV: Alte Kirche; ECKERT, Antisemitismus V: Mittelalter. Zur Auslegung des Johannesevangeliums siehe einführend TRILLINGER, Gegner Jesu.

[468] SCHEIN, La Custodia Terrae Sanctae, S. 371.

[469] FABRI, Evagatorium I, S. 358; DERS., Wanderings I, S. 445.

[470] FABRI, Evagatorium I, S. 359 und 361; DERS., Wanderings I, S. 446 und 449.

[471] Laut *Evagatorium* und *Sionpilgern* sollen die Juden von Hass erfüllt versucht haben, den Aposteln den Leichnam zu entreißen, um diesen wie einen unreinen Kadaver zu behandeln. In der *Eigentlichen beschreibung* ist die beabsichtigte Schändung des Leichnams demgegenüber nur indirekt erwähnt, während die Heiligkeit und Unverletzlichkeit Marias hervorgehoben wird. Vgl. FABRI, Evagatorium I, S. 260; DERS., Wanderings I, S. 313; DERS., Die Sionpilger, S. 121; Dessau, StB, Hs. Georg 238, fol. 45v. Hieraus wird auch die an anderer Stelle des *Evagatoriums* vorgenommene Einschränkung verständlich, wonach die Juden zwar Jesus, nicht aber Maria ein Leid antun konnten. Vor diesem Hintergrund lehnt er bildliche Wiedergaben der Passion ab, auf denen

jüdische Aussagen finden sich auch bei anderen Verfassern. So berichtet der Anonymus im Gefolge Graf Eberhards im Bart von einem den Pilgern gezeigten Haus, in dem die Juden den Tod Jesu beschlossen hätten.[472] Im Gegensatz zu Alessandro di Filippo Rinuccini nimmt Fabri auf sprachlicher Ebene eine moderate Position ein. Ersterer verknüpft seine Beschreibung der Passion Christi besonders häufig mit negativen Äußerungen über die Juden. Wahlweise spricht er von den gottlosen, den ruchlosen oder treulosen Juden, die zudem nach der Hinrichtung die Kreuze von Jesus und den Schächern versteckt hätten, damit die Christen die Reliquien nicht verehren könnten.[473]

Dabei stehen in den Berichten nicht der Vorgang und die Begründung des Urteils im Vordergrund, sondern die in ausdrucksvollen Worten geschilderten Martern und Schmerzen, die die Juden Jesus zufügten. Die ganze Nacht hindurch bis zur Ermüdung hätten sie ihn Hans Schürpff und Johann Meisenheimer zufolge gegeißelt.[474] Die Leiden, die Christus für die Sünden der Menschheit auf sich genommen hat,[475] werden extrem überhöht und die Juden als treibende Kraft bei der Verurteilung gesehen. Die ihnen zugewiesene negative Rolle hat dabei Parallelen in der mittelalterlichen Bibelexegese, in den sogenannten ‚adversus Judeos‘-Schriften und antijüdischen Exempeln, in den Inszenierungen der Passionsspiele und in den bildlichen Passionsdarstellungen, bei denen die hassverzerrten und hässlichen Gesichter die Böswilligkeit der Juden zum Ausdruck bringen , die so als Gottesmörder gebrandmarkt werden.[476] Für Bernhard von Breidenbach haben sie mit der Ermordung des Gottessohnes die größtmögliche und eine nicht wieder gut zu machende Schuld auf sich geladen.[477]

---

auch Maria geschlagen und getreten würde. Vgl. DERS., Evagatorium I, S. 407f.; DERS., Wanderings I, S. 512. Die in vielen Berichten erzählte Legende geht auf den Pseudo-Melito bzw. die *Legenda Aurea* zurück. Vgl. TZEWERS, Itinerarius, S. 214.

[472] ANONYMUS 1468, Eberhard im Bart und die Wallfahrt, S. 75. Vgl. dazu ebd., S. 64. Zu dem Verhalten der Juden bei der Gerichtsverhandlung vgl. ANTONIO DA CREMA, Itinerario al Santo Sepolcro, S. 98; HANS BERNHARD VON EPTINGEN, Das Familienbuch, S. 246.

[473] Vgl. RINUCCINI, Sanctissimo Peregrinaggio: *impii Iudei* (S. 120, 181, 255); *scelerati Iudei* (S. 149,197); *perfidi Iudei* (S. 103, 125, 150, 172, 198, 252); das Kreuz Jesu (S. 172, 262). Beim Besuch des vermeintlichen Hauses des Hohepriesters Kaiphas, in dem Jesus nach seiner Gefangennahme gefangen gehalten worden sei, äußert er: *Et quivi tutta quella nocte in fino al venerdì mattina fue esso Salvatore nostro beffato ischernito, sputacchiato, percosso et male tractato dalli impiissimi et crudelissimi cani Iudei.* Vgl. ebd., S. 155. Siehe auch ROSSEBASTIANO, La vicenda umana, S. 40.

[474] WÄCHTER, Hans Schürpff, S. 16; MEISENHEIMER, Die Reise des Grafen Johann Ludwig, S. 91. Vgl. auch den Bericht über die Pilgerfahrt Friedrichs II. von Liegnitz und Brieg 1507. Danach sei er so *vnmenschlich* von den *Scharganten vnd vormaledeieten Juden* behandelt worden, dass sich die Evangelisten *schemen daruon zu schreiben*. WANNER, Die Pilgerfahrt, S. 131.

[475] Vgl. hierzu GROEBNER, Ungestalten, S. 94-106. Zur Bedeutung der Passion in der religiösen und theologischen Literatur des Spätmittelalters siehe KÖPF, Die Passion Christi.

[476] Vgl. CLUSE, Blut ist im Schuh, S. 388-391; FREY, Das Bild des Judentums, S. 50-53; GROEBNER, Ungestalten, S. 120; KIRN, Contemptus mundi, S. 156-164; WENZEL, Rolle und Funktion der Juden; BIRKHAN, Die Juden; LOTTER, Das Judenbild; SCHRECKENBERG, Die Juden.

[477] BERNHARD VON BREIDENBACH, Die heyligen reyßen, fol. 103v; DERS., Peregrinatio, fol. 88v.

Diesem verbreiteten Deutungsmuster folgend interpretiert Santo Brasca die Zerstörung des Tempels und der gesamten Stadt durch Titus im Jahre 70 n. Chr. als Strafe für die Sünde der Juden, die diese mit der Kreuzigung des Heilands begangen hätten.[478] Francesco Suriano beschimpft die zu seiner Zeit in Jerusalem lebenden Juden infolgedessen als Hunde und weist ihnen ähnlich wie Arnold von Harff die unterste soziale Stufe in der islamischen beherrschten Gesellschaft zu. Zu Recht würden die Juden an dem Ort des Verbrechens, für das sie mit der Diaspora büßen müssten, mehr gepeinigt als an jedem anderen Ort der Welt.[479] Dies zeigt sich für die Pilger an dem Umstand, dass die Juden in Palästina und Ägypten genauso wie in christlichen Ländern anhand bestimmter Merkmale zu erkennen sind.[480] Wilhelm Tzewers zufolge mussten die Juden in Jerusalem eine gelbe oder scharlachfarbene Kopfbedeckung tragen,[481] was Jean und Anselme Adorno sowie Arnold von Harff bezogen auf die Juden in Alexandria und Kairo bestätigen.[482] Durch dieses kollektive Identifikationszeichen können die Pilger die Juden eindeutig als solche erkennen und ziehen daraus den Schluss, dass die Juden aufgrund ihrer Sünden auch in der Fremde ausgegrenzt werden und dieselbe marginalisierte Rolle in der Gesellschaft einnehmen wie in der Heimat.[483] Selbst unter den ‚Heiden' mussten die Juden für den Gottesmord büßen.[484]

---

[478] BRASCA, Viaggio in Terrasanta, S. 75. Zu dieser weitverbreiteten Sichtweise vgl. MÄHL, Jerusalem, S. 13f.

[479] SURIANO, Treatise, S. 101f. Siehe dazu SCHEIN, La Custodia Terrae Sanctae, S. 372. ARNOLD VON HARFF, Die Pilgerfahrt, S. 181.

[480] Zu der Kleiderordnung für Juden und Christen im mamlukischen Ägypten siehe KEßLER, Die Welt der Mamluken, S. 217; JÜTTE, Stigma-Symbole, S. 68; DUBOIS, Die Darstellung des Judenhutes, S. 281-285. Zu den verschiedenen Identifikationsmerkmalen in Europa siehe allgemein TOCH, Die Juden im mittelalterlichen Reich, S. 36f.; JÜTTE, Stigma-Symbole, S. 68-73. Speziell zu einzelnen Merkmalen wie Judenhut oder Ohrringen siehe DUBOIS, Die Darstellung des Judenhutes, und HUGHES, Distinguishing Signs.

[481] TZEWERS, Itinerarius, S. 170.

[482] ADORNO, Itinéraire, S. 164-166; ARNOLD VON HARFF, Die Pilgerfahrt, S. 95. Paul Walther vermerkt dagegen beim Aufenthalt in Gaza, dass Juden und Samaritaner anhand ihrer bläulichen und roten Kopfbedeckungen unterschieden werden könnten, wobei die blaue Farbe nach Tzewers den Christen vorbehalten war. PAUL WALTHER VON GUGLINGEN, Itinerarium in Terram Sanctam, S. 191; TZEWERS, Itinerarius, S. 170.

[483] Die farbliche Kennzeichnung wird als verlässlicher Indikator wahrgenommen, der eine zweifelsfreie Zuschreibung ermöglicht und die Pilger in die Lage versetzt, ihr Verhalten entsprechend anzupassen. Steht dagegen ein solches Erkennungsmerkmal nicht zur Verfügung, hat dies, wie das Beispiel Dietrichs von Schachten beim Besuch Brindisis zeigt, Verwunderung und Unsicherheit zur Folge. Vgl. DIETRICH VON SCHACHTEN, Beschreibung, S. 221. Diese Perspektive teilt er mit nach Italien ausgewanderten deutschen Juden. Angepasst an die Sprache, die Kleidung und den Lebensraum waren die Juden in einigen Regionen kaum von Christen zu unterscheiden. Vgl. HUGHES, Distinguishing Signs, S. 16.

[484] Vgl. RINUCCINI, Sanctissimo Peregrinaggio, S. 160. Zu den Erniedrigungen von Juden in christlichen Territorien als Strafe für die Kreuzigung Jesu siehe MENTGEN, Der Würfelzoll.

Ihrer Darstellung liegt die Vorstellung von der Erbschuld der Juden zugrunde, die auf Basis der Passionsdarstellung im Johannesevangelium bereits im frühen Christentum entwickelt wurde. Die Verfasser unterscheiden nicht zwischen den zur Zeit Jesu und ihren zeitgenössischen Juden. Alle werden gleichermaßen für den Tod Christi verantwortlich gemacht und haben, sofern sie nicht zum Christentum konvertieren, jedwede Möglichkeit verloren, Anteil am Heil zu gewinnen.[485] Die Schmähungen und Erniedrigungen, denen die Juden ausgesetzt waren, galten als eine dauernde Strafe für ihren Gottesmord und unterstrichen zugleich die Überlegenheit des christlichen Glaubens.[486]

Fabris Darstellung unterscheidet sich gegenüber Breidenbach und Suriano allenfalls in der weniger drastischen Ausdrucksweise, nicht aber in Inhalt und Zielrichtung, wenn er ausführt, dass die Juden infolge ihrer Verweigerung der Wahrheit überall auf der Welt geknechtet und verachtet würden.[487] Verstärkt wird dieses Bild bei ihm im Rahmen der Schilderung einer Stadtbesichtigung unter Führung eines Juden. Als dieser sie über einen jüdischen Friedhof am Rande des Tals Josaphat geleitet, verspotten ihn Fabri und die übrigen Pilger. Von diesem Ort, an dem einst das jüngste Gericht abgehalten werde, könnten die dort begrabenen Juden ohne Umweg direkt in die ewige Verdammnis fahren.[488] Er spielt hierbei auf den Vorwurf der christlichen Agitatorik an, nach der den Juden infolge ihrer Nichtanerkennung Christi als Messias Verstocktheit gegenüber der christlichen Wahrheit vorgeworfen wird. Für Fabri bleibt ihnen daher die Gnade Gottes auf ewig verwehrt. Infolge ihrer buchstäblichen Befolgung der mosaischen Gesetze können sie weder integriert noch durch Bekehrung assimiliert werden.[489]

Allerdings versucht Fabri dahingehend einzuwirken, dass die pauschale Ausgrenzung und Verurteilung der Juden nicht dazu führen, dass auch ‚Unschuldige' hiervon betroffen werden. Der Grund hierfür liegt in der Person des Judas, in dem die Böswilligkeit und verwerfliche Rolle der Juden in der Passionsgeschichte personifiziert ist. Aufgrund seiner als verräterisch und treulos gewerteten Tat wird der *pessimo et crudelissimo traditore Giuda Ischarioth* in den Berichten verteufelt und verachtet.[490] In Fabris Be-

---

[485]   LANGE, Antisemitismus IV: Alte Kirche, S. 130f.

[486]   LOTTER, Judenfeindschaft, Sp. 790; TOCH, Die Juden im mittelalterlichen Reich, S. 2.

[487]   FABRI, Evagatorium II, S. 328: *In medio omnium horum sunt Judaei exsecrati, ut etiam tribulatio et vexatio multa operiat eis intellectum, ubique enim per orbem captivi et spreti sunt [...].* DERS., Wanderings II, S. 391. Er orientiert sich hier an BERNHARD VON BREIDENBACH, Die heyligen reyßen, fol. 103v: *Vnd sitte mal sie den segen gottes nit wolten haben · ist er ynen gantz erfrembdet · wann sie gott vnd der welt verhasset syn · Dar zů die sarraceni vnd barbari veruolgen vnd verschmaehen sie fur all ander nacionen.* DERS., Peregrinatio, fol. 88v.

[488]   In der deutschen Version ist nur von dem *ellendi begreptniß* am Ölberg die Rede. Vgl. FABRI, Evagatorium II, S. 129; DERS., Wanderings II, S. 132; Dessau, StB, Hs. Georg 238, fol. 118r.

[489]   Vgl. auch Fabris Bemerkung in der *Eigentlichen beschreibung* über die *irrung* der Juden in ihrer sturen Befolgung der mosaischen Gesetze. Dessau, StB, Hs. Georg 238, fol. 151r. Zitiert bei SCHWAB, Das Andere anders sein lassen?, S. 158. Im *Evagatorium* fehlt diese Bemerkung. Vgl. FABRI, Evagatorium II, S. 455; DERS., Wanderings II, S. 554.

[490]   Vgl. wiederum RINUCCINI, Sanctissimo Peregrinaggio, S. 184. Siehe auch ebd., S. 159: *è dove lo infelice, avaro et sciaghurato Giuda Ischarioth, dopo il sacrilegio et tradimento grandissimo*

schreibung ist es bezeichnend, dass er sich mit anderen Pilgern demonstrativ weigert, den Ort des *boes exempel[s] der verzwiflung* zu besichtigen, an dem Judas einen ehrenrührigen – da durch eigene Hand verübten – Tod starb.[491] Fabri weiß um die allgemeine Vorstellung von den roten Haaren des Judas, die beispielsweise in bildlichen Darstellungen des letzten Abendmahles zum Ausdruck kommen, in denen er häufig nicht nur mit dem Attribut des Geldbeutels, sondern auch mit rotem Haar und Bart abgebildet ist.[492]

Dieses physiognomische Merkmal von Judas dient nicht nur dazu, ihn von den übrigen Jüngern abzusetzen und als Verräter zu kennzeichnen. Nach einer bis in die Antike zurückreichenden und Fabri bekannten Tradition waren rote Haare ein Zeichen für Betrug und Falschheit. Spätmittelalterlichen und frühneuzeitlichen Traktaten zufolge sollte man Menschen mit roter Haarfarbe mit Vorsicht und Misstrauen begegnen.[493] Fabri schränkt demgegenüber ein, dass trotz der schändlichen Tat des Judas nicht alle Menschen mit roter Haarfarbe vorverurteilt werden dürften. Er macht somit deutlich, dass bei dem vom ‚theologischen Diskurs‘ gesteuerten Stigmatisierungsprozess gegenüber den Juden auch Menschen als fremd und bedrohlich charakterisiert werden könnten, die sich durch große Frömmigkeit auszeichnen.[494] Im Gegensatz zu anderen Stellen im *Evagatorium* lehnt er hier explizit ab, von äußeren Merkmalen auf Charaktereigenschaften rückzuschließen.

4.2 Die Vorurteile vom habgierigen und wucherischen Juden

Über den Topos von den Juden als Gottesmördern hinaus kolportiert Fabri weitere Negativstereotype. Ein Vorwurf, den er im *Evagatorium* an die Juden richtet, ist deren unstillbare Habgier. Offenbar vor Ort hatte er verfahren, dass die Franziskaner einige Jahre zuvor die Kontrolle über die angeblichen Grablegen der jüdischen Könige auf

---

conmesso, disperandosi della divina misericordia, non solamente d'essa si venne a.ffare privo, ma etiamdio della vita propria, inpicchandosi quivi per la ghola.

[491] Entsprechend war dort kein Ablass zu erhalten. FABRI, Evagatorium I, S. 421; DERS., Wanderings I, S. 531; DERS., Die Sionpilger, S. 148. In der *Eigentlichen beschreibung* wird der Ort nicht erwähnt. Zur ikonographischen Darstellung von Judas' Selbstmord siehe SCHNITZLER, Die Strafen des Judas.

[492] Vgl. MELLINKOFF, Juda's Red Hair and the Jews.

[493] Ebd., S. 31f. Vgl. auch GROEBNER, Hautfarben, S. 6. Mellinkoff verweist mit Bezug auf Diodorus Siculus und Plutarch auf den ägyptischen Gott Seth (Typhon), dem laut Volksglauben rotes Haupthaar nachgesagt wurde. Auch Fabri nutzt Diodor für die Erzählung der Legende, nach der in Ägypten Menschen mit rotem Haar verfolgt worden seien, um sie für Osiris zu opfern, der von seinem Bruder Seth ermordet worden war. Vgl. FABRI, Evagatorium I, S. 396f.; DERS., Wanderings I, S. 497f.

[494] FABRI, Evagatorium I, S. 397: *Unde etiam Christiani execrabilem Judam proditorem sub Typhonis forma depingunt, et rufos homines etiam piissimos subsannant et derident.* DERS., Wanderings I, S. 497f.

dem Sionsberg an die Mamluken abtreten mussten, welche die heilige Stätte in eine
Moschee umwandelten. Seine Version der Geschehnisse unterscheidet sich aber von der
Darstellung Francesco Surianos, des langjährigen Guardians des Jerusalemer Klosters.
Beide betonen, dass den herrschenden Mamluken die Bedeutung des Ortes erst durch
das beständige Insistieren der lokalen jüdischen Gemeinde bewusst geworden sei, die
ihrerseits die Kontrolle beansprucht habe. Beide machen die Juden für den Verlust der
Zugangsrechte verantwortlich,[495] wobei diese sich nicht mit den überlieferten mamlukischen Verwaltungsdokumenten deckende Interpretation offenbar bezweckte, die Juden
als Feinde der Christen zu diffamieren.[496]

Fabri erwähnt jedoch über Suriano hinausgehend die unter Salomon angehäuften
großen Schätze, die einst dort versteckt worden seien und den Menschen als Gemeingut
von Nutzen sein sollten, anstatt die unersättliche Habgier der Juden zu nähren.[497] Nicht
die Heiligkeit des Ortes steht laut Fabri für die Juden im Vordergrund. Vielmehr hätten
sie in der Hoffnung die Schätze Salomons zu finden, Anspruch auf diese heilige Stätte
erhoben. Schon häufig seien sie nachts dort angetroffen worden, als sie heimlich nach
den Schätzen suchten und dabei auch Magie und Zauberei eingesetzt hätten.[498]

Indem Fabri die Juden als habgierig charakterisiert, zeigt er sie nicht allein im Widerspruch zum christlichen Armutsideal. Zugleich verdeutlicht er, wie sie mit ihrem
Verhalten stets das Ziel verfolgten, den Christen Schaden zuzufügen. Fabri stilisiert die
Juden als immerwährende Gegenspieler der Christen und greift mehrfach auf diese in
der mittelalterlichen Geschichtsschreibung fest verankerte Rollenzuschreibung zurück.[499] Auch sein Exkurs zur Geschichte Jerusalems enthält historische Beispiele, die

---

[495] FABRI, Evagatorium I, S. 253; DERS., Wanderings I, S. 303; SURIANO, Treatise, S. 123.
[496] LITTLE, Communal Strife, S. 88f., hält fest, dass die Jerusalemer Juden an dem Vorgang der Ab-
tretung des Davidsgrabs nicht beteiligt waren. Das Gerücht indes wurde bis in das 16. Jahrhundert
tradiert und dahingehend verändert, dass die Juden nun für die Vertreibung der Franziskaner vom
Sionsberg verantwortlich gemacht wurden. Vgl. hierzu die bei COHEN, The Expulsion, S. 147 und
157, zitierten Pilgerberichte.
[497] FABRI, Evagatorium I, S. 254: *Ad primum dicendum, quod firmiter credendum est, quod sancti illi
hoc fecerunt non ex incredula superstitione, aut temporalium intemperato amore, aut vitiosa am-
bitione, sed instinctu Spiritus sancti, ut tempore suo in communes usus venirent, et non ut in-
satiabilis Judaeorum avaritia nutriretur.* DERS., Wanderings I, S. 305.
[498] FABRI, Evagatorium I, S. 253: *propter Judaeorum sollicitudinem pro illa inferiori loco, pro quo
hodie laborant apud Soldanum, et multa milia talenta auri offerunt se daturos pro loco. Hoc
autem non faciunt, quod tantum afficiantur sepulcris Sanctorum et sanctitate loci, sed sperant,
se posse ad loculos regum pervenire et thesauros reperire. Credunt enim istos thesauros sibi ibi-
dem esse reservatos. Ideo noctibus saepe ibi euntes et scrutantes reperti sunt, et nonnunquam
artes magicas et incantationes ibi exercent.* DERS., Wanderings I, S. 304. In der deutschen Version steht im Vordergrund, dass es den Pilgern gelang, die nunmehrige Moschee zu besichtigen.
Das Begehren der Juden wird lediglich kurz und ohne jede Wertung erwähnt. In Fabris geistlichem Pilgerführer wird weder der Streit um die heilige Stätte thematisiert, noch darauf hingewiesen, dass es sich um eine Moschee handelt. Vgl. Dessau, StB, Hs. Georg 238, fol. 44v; FABRI, Die
Sionpilger, S. 123f.
[499] Vgl. ECKERT, Antisemitismus V: Mittelalter, S. 141.

das schändliche Handeln der Juden belegen sollen. In der Hoffnung, die Herrschaft über die Heilige Stadt zurückzugewinnen und den Tempel wiederaufzubauen, hätten sie den als Apostat geltenden Kaiser Julian noch mehr gegen die Christen aufzubringen versucht.[500] Bei der Eroberung Jerusalems 1099 schließlich hätten sich die Juden wiederum mit den Sarazenen gegen die Kreuzfahrer verbündet, nachdem sie mit diesen schon zu Zeiten Justinians ein großes Massaker unter den Christen verübt hätten.[501] In jedem der Fälle werden die Juden zu unversöhnlichen Feinden der Christen stilisiert, die die Überlegenheit des christlichen Glaubens nicht anerkennen wollen und ihren Vorteil darin suchen, sich mit anderen ‚Ungläubigen' zu verbünden.

Eng verbunden mit dem Attribut der Habgier ist das Stereotyp von den Juden als Betrügern und Wucherern, das sich mit dem Verweis auf angebliche Verfehlungen und Laster sowohl zur Ausgrenzung der Juden eignete als auch in Predigten dazu diente, die Christen durch eine moralisierende Auslegung des Wucherverbots zu disziplinieren.[502] In diese Richtung zielt offenbar Fabris Verwendung des Stereotyps in der Venedigdarstellung seines lateinischen Berichts.[503] Ein zweites Mal spielt er darauf an, wenn er die Predigt des Franziskanerguardians in Ramla wiedergibt. Laut Fabri habe dieser die Pilger nicht nur davor gewarnt, gegenüber Sarazenen und orientalischen Christen auf der Hut zu sein, sondern auch sich besonders vor den Betrügereien deutscher Juden in Acht zu nehmen. Mit allen Mitteln versuchten diese, die Pilger zu täuschen und um ihr Geld zu bringen.[504] Möglicherweise nimmt der Guardian hiermit speziell auf einige deutschsprachige Juden in Jerusalem Bezug.[505] Denkbar ist aber auch, dass es sich um einen eigenmächtigen Zusatz Fabris handelt, mit dem er eine generelle Vorsicht gegenüber Juden anmahnt.[506]

---

[500] FABRI, Evagatorium II, S. 215; DERS., Wanderings II, S. 237f. Julian (331–363) hat infolge seiner Absicht, Jerusalem den Juden zu überlassen und einen neuen Tempel zu errichten, deutliche Spuren in der frühchristlichen Literatur hinterlassen, obwohl seine Regierungszeit (361–363) nur sehr kurz ausfiel. Vgl. WILKEN, John Chrysostom and the Jews, S. 129f. und 138-148. Zu Julian Apostata siehe ROSEN, Julian.

[501] FABRI, Evagatorium II, S. 263; DERS., Wanderings II, S. 304.

[502] Zu dem Stereotyp des Wucherers siehe TOCH, Die Juden im mittelalterlichen Reich, S. 39f. und 100; FREY, Der „Wucherjude"; HSIA, The Usurious Jew; KIRN, Contemptus mundi, S. 168-173. Zu antijüdischen Polemiken in Predigten vgl. SCHULZE, Predigten zur Judenfrage. Zu ihrer Wirkung CLUSE, Blut ist im Schuh, S. 371-373.

[503] Vgl. Kap. III.1.2 Anm. 100.

[504] FABRI, Evagatorium I, S. 216: *Et ante omnia sit peregrinus providus et custodiat se a Judaeis theutonicis; quia toto nisu ad hoc tendunt, ut nos fallant, et pecuniis spolient.* DERS., Wanderings I, S. 253.

[505] Vgl. FASSBENDER, Bedvartt, S. 257: *dar qwamen III oder IV Joeden, die uns verkaufften, was uns van noit was, die konden ouch goyt duytze.*

[506] Dafür spricht, dass der entsprechende Artikel nicht in der *Eigentlichen beschreibung* enthalten ist und auch in allen übrigen Pilgerberichten fehlt, in denen die Predigt des Guardians wiedergegeben wird. Dagegen spricht wiederum die Äußerung, die Arnold von Harff im Zusammenhang der Erzählung von seiner Einkerkerung in Gaza macht. Seine Warnung, sich vor den Juden zu hüten,

Fabris Darstellung könnte hierbei von Bernhard von Breidenbach beeinflusst sein. Dieser rückt das wirkmächtige Vorurteil vom Wucherjuden, der die Christen in die „Zinsknechtschaft" treibe, ins Zentrum seiner Beschreibung der Jerusalemer Juden.[507] Der ungestraft ausgeübte exzessive Wucher füge den Christen großen merklichen Schaden zu und ruiniere alle Gemeinden, Städte und Länder, in denen sie in viel zu großer Zahl lebten. Darum sollen alle Christen ihre Kinder und Freunde vor den *schnoden hellhunden mit yren behenden listen* warnen.[508] Diese Ansicht untermauert Breidenbach sogar mit einer Zinskalkulation. Ausgehend von dem Geldwert von einem bzw. 20 Gulden werden die zu zahlenden Zinsen über eine Laufzeit von bis zu 20 Jahren aufaddiert, was deutlich machen soll, wie selbst kleinste Kreditsummen ausreichen, dem unschuldigen christlichen Opfer ein Vermögen abzupressen.[509] Darüber hinaus ist auf dem Holzschnitt, der dem Abschnitt über die Juden vorangeht, ein Jude in der Funktion als Geldhändler dargestellt. An einem Tisch sitzend, auf dem Münzen liegen, hält er in einer Hand einen gefüllten Geldbeutel, während er mit der anderen Hand eine fordernde Geste vollführt. Offenbar verhandelt er mit einem in zeitgenössischer Mode gewandeten Mann um einen Kredit.[510]

4.3 Ideologische Doktrin und praktische Umsetzung: Begegnungen im Alltag

Breidenbachs Darstellung ist jedoch eine Ausnahme. Kein anderer Pilger, auch nicht Fabri, bedient mit gleicher Wortgewalt antijüdische Stereotype. Dabei fällt auf, dass die

---

welche die Christen hintergingen, betrögen und ruinierten, bezieht sich ebenfalls allein auf die unter den ‚Heiden' lebenden Juden. Vgl. ARNOLD VON HARFF, Die Pilgerfahrt, S. 160.

[507] Der Wuchervorwurf überragt alle anderen vermeintlichen Verfehlungen und Irrtümer der jüdischen Religion, die bei Fabri und in den Vergleichsberichten kaum im Detail thematisiert werden. Breidenbach zählt hierzu, dass sie die Dreifaltigkeit ablehnen würden, Jesus nicht für den Sohn Gottes, sondern Josephs hielten, nicht an das Fegefeuer und die Erbsünde glaubten, noch immer den Messias erwarteten und viel Zauberei und verbotene Künste trieben. Vgl. BERNHARD VON BREIDENBACH, Die heyligen reyßen, fol. 104r; DERS., Peregrinatio, fol. 89r.

[508] BERNHARD VON BREIDENBACH, Die heyligen reyßen, fol. 104v; DERS., Peregrinatio, fol. 89v.

[509] BERNHARD VON BREIDENBACH, Die heyligen reyßen, fol. 104v-105r; DERS., Peregrinatio, fol. 89v-90r. Zu den Zinstabellen und zu Breidenbach siehe FREY, Zehen tunne goldes, S. 183f. HSIA, The Usurious Jew, S. 161, verweist auf ein antijüdisches Pamphlet des 16. Jahrhunderts, dessen Autor sich derselben Kalkulation bedient und wohl den Text von Breidenbach als Vorlage genutzt hat.

[510] BERNHARD VON BREIDENBACH, Die heyligen reyßen, fol. 103v; DERS., Peregrinatio, fol. 88v. Zu diesem Holzstich BETSCHART, Zwischen den Welten, S. 84; SCHRECKENBERG, Die Juden, S. 312; TIMM, Der Palästina-Pilgerbericht, S. 203-205. Betschart identifiziert den bewaffneten Mann irrtümlich als Pilger, weist aber auf Parallelen in der Wiedergabe des Juden zu zeitgenössischen Totentanzdarstellungen hin. Schreckenberg schließt aus dem Handzeichen des Juden, dass ein Mann abgebildet wird, der im Begriff ist, seinen Überrock an einen Juden in Jerusalem zu verkaufen oder zu verpfänden. Timm weist nach, dass das Gewand des Juden ebenfalls eine typische Tracht von Juden in Deutschland im 15. Jahrhundert ist.

zur Ausgrenzung und Diffamierung der Juden herangezogenen Beispiele nicht auf eigenen, während der Reise gemachten, Erfahrungen beruhen. Es handelt sich sämtlich um Ereignisse, die entweder an biblische oder vermeintlich historische Ereignisse anknüpfen. Konkrete eigene Reiseerfahrungen, mit denen das negative Bild des ‚theologischen Diskurses' über die Juden hätte untermauert werden können, sind mit einer Ausnahme weder bei Fabri noch bei den übrigen Verfassern enthalten.[511]

Zwar wird, wenn sich wie bei der Beschreibung des Aufenthaltes in Trient die Gelegenheit bietet, durchaus auf antijüdische Stereotype Bezug genommen. So erwähnt Fabri den 1475 verübten vermeintlichen Ritualmord an dem Knaben Simon und die grausamen Foltern, mit denen dessen jüdische Mörder vor ihrer Hinrichtung hierfür bestraft worden sind.[512] Beim Leser wird so der Eindruck erweckt, dass Juden unabhängig von dem Ort, an dem sie leben, immer darauf aus waren, den Christen Schaden zuzufügen. Doch entgegen dem großen Aufsehen, den der wenige Jahre vor Fabris Aufenthalt abgehaltene Prozess gegen die als Mörder angeklagten Trienter Juden erregt hatte, und trotz des großen Einflusses, den dieses Verfahren auf die Entfaltung der Judenfeindlichkeit hatte,[513] bleiben die Bemerkungen in Fabris *Evagatorium* sowie in den übrigen Berichten nur Marginalien. Die für das 15. Jahrhundert insgesamt konstatierte Tendenz, dass der Vorwurf des Ritualmordes an christlichen Kindern ebenso wie die Hostienschändung verstärkt erhoben wurde, spiegelt sich bei Fabri und in den Pilgerberichten insgesamt nicht wider.

Der Grund, warum die Pilger die Vorurteile und Stereotypen über die Juden kaum mit eigenen Erlebnissen in Zusammenhang bringen, liegt einmal an den eher seltenen Begegnungen zwischen Pilgern und Juden, wobei Letztere als zahlenmäßig große Gruppe kaum in Erscheinung traten. Auch verliefen diese wenigen Begegnungen offenbar nicht unbedingt in einer Weise, dass sie mit dem durch den ‚theologischen Diskurs' bestimmten Negativbild in Einklang gebracht werden konnten. Wie Sylvia Schein be-

---

[511] Allein Pietro Casola beschreibt ein negatives Erlebnis mit einem Juden, dem implizit das Bild vom verräterischen Juden innewohnt. Ein Jude habe die mamlukische Obrigkeit auf einige Pilger hingewiesen, die darüber diskutierten, wie Jerusalem bei einem neuen Kreuzzug zurückgewonnen werden könne. Casola zeigt sich enttäuscht über das Verhalten des Juden, dem er aufgrund dessen perfekter Beherrschung des Mailändischen Dialekts sein vollstes Vertrauen geschenkt habe. Der Parallelbericht des Anonymus bestätigt die Version Casolas, nach der die Pilger von einem Juden angezeigt worden seien. Vgl. CASOLA, Viaggio a Gerusalemme, S. 213f.; DERS., Pilgrimage, S. 271; ANONYMUS 1494, Die Reise, S. 222f.; DERS., Eine Pilgerfahrt, S. 451f.

[512] FABRI, Evagatorium I, S. 76; DERS., Wanderings I, S. 69. In vielen weiteren Reiseberichten wird ebenfalls auf das *ohnnschuldige Kiendtlein, wilches vonn denen schendtlichenn Judenn gemartert ist worden*, hingewiesen. Vgl. DIETRICH VON SCHACHTEN, Beschreibung, S. 169. Weitere Nachweise bei TREUE, Der Trienter Judenprozeß, S. 279-281.

[513] TREUE, Der Trienter Judenprozeß, S. 38-40 und 48; TOCH, Die Juden im mittelalterlichen Reich, S. 58-61 und 113-115. Einen Überblick über die Forschung zu dem Topos des Ritualmordes und dem Fall von Trient bietet BRANDSTÄTTER, Antijüdische Ritualmordvorwürfe. Zu der Verknüpfung antijüdischer Stereotypen mit der Bedrohung durch die Türken siehe RANDO, Antitürkendiskurs.

reits bemerkt hat, waren auf der Ebene des alltäglichen Zusammenlebens Kontakte und ein gegenseitiges Auskommen jenseits religiöser Dogmatik möglich. Sie verweist z.B. auf Peter Fassbender, der während seines Aufenthaltes in Jerusalem bei einem Juden wohnte und auf die Hinweise in Berichten sowohl des 14. als auch 15. Jahrhunderts, in denen Juden als Führer zu den heiligen Stätten genannt werden.[514] Ihre Quellenbelege können noch um Konrad Grünemberg erweitert werden, der sich von einem Juden bei dem Besuch eines Dampfbades begleiten ließ.[515] Arnold von Harff fügt auch seiner hebräischen Wortliste die Übersetzung einer Aufforderung zum Beischlaf bei.[516] Bernhard von Breidenbachs negative Darstellung der Juden in seinem Pilgerbericht schließlich kollidiert mit seinen Reiseinstruktionen für den Grafen von Hanau-Lichtenberg, wenn er diesem empfiehlt, Wein nur bei dem jüdischen Händler *Mardocheus* zu kaufen, der besonders vertrauenswürdig sei.[517]

Ein ähnlicher Befund ergibt sich aus den Berichten Fabris. Der *Eigentlichen beschreibung* zufolge wurde er bei seinen Einkäufen von einem Juden begleitet[518] und im *Evagatorium* berichtet er sogar von einem gemeinsamen Mahl, an dem neben zwei Franziskanern, einem Sarazenen und einem Mamluken auch zwei Juden teilgenommen hätten. Trotz der verschiedenen Religionszugehörigkeit und den fremden Bräuchen habe man in fröhlicher Atmosphäre zusammen gespeist.[519]

Wurden die Juden auf der Basis des ‚theologischen Diskurses‘ als Fremde gewertet, die aufgrund ihrer religiösen Verstocktheit und lasterhaften Eigenschaften nur als Gegenpol zu den Christen wahrgenommen werden können, so liegt in der Beschreibung situativer Begegnungen mit Juden in Jerusalem möglicherweise ein anderes Denkmuster zugrunde. Die Juden werden in diesem Fall eher als das ‚alltägliche oder normale‘

---

[514] SCHEIN, La Custodia Terrae Sanctae, S. 375f. Vgl. FASSBENDER, Bedvartt, S. 257: *Dar nahe ordineirte der pater Gardiain die pylgerim in etzlyche huysser, da yn sy sycher waren, und zo dem yersten dye duytzen in eyns Joeden (Heyden) huys, dye konde duytze, des name was Carele.*

[515] GRÜNEMBERG, Ritter Grünembergs Pilgerfahrt, S. 117-119. Beim Besuch der Badeanstalt sollte der Jude auf die Kleider der Pilger aufpassen. Er wurde allerdings von Muslimen beraubt und geschlagen, die bei den Kleidern auch die Geldbörsen der Pilger vermuteten.

[516] ARNOLD VON HARFF, Die Pilgerfahrt, S. 189: *plonosa anoge tzogeff eitzelga see halegla, vrauwe laist mich dese nacht bij uch slaeffen.*

[517] BERNHARD VON BREIDENBACH, Die Reiseinstructionen, S. 142: *ir findent umherren gutte wine allenhalbenn, und zu Jherusalem unther dene Cristianenn, do selbest denn bestenn, der uff erdenn ist, umb zymlichs, dess saill uch eyner gnugk bestellen, eyn judde zu Jherusalem heyst Mardocheus, daram ich uch schrifft gebenn will, und wollent soliches nit verachten, sy werdenn uch grosse truwe thune, mher dann ymant anders in der gantzenn heydennschafft.*

[518] Dessau, StB, Hs. Georg 238, fol. 119r: *An dem tag gieng ich mit einem tùtschen juden vnder die cramer ze jerusalem [...].* Im *Evagatorium* ist von einer Begleitung nicht die Rede. Zu den chronologischen Unstimmigkeiten in seiner Darstellung vgl. Kap. III.2.

[519] FABRI, Evagatorium II, S. 129: *Ingressi autem hospitium dominorum peregrinorum invitaverunt domini milites me et duos patres minores, et duos Judaeos et unum Sarracenum et unum Mamaluccum ad coenam, et habuimus simul laetam coenam, quamvis diversi essemus fide et moribus.* DERS., Wanderings II, S. 132.

Fremde angesehen. Sie dienen als Führer und Gastgeber und fungieren somit eher als Vermittler in der Fremde. Dies geht so weit, dass Breidenbach einen hochstehenden Adligen mit bestem Gewissen an einen jüdischen Händler verweist oder Arnold von Harff die Möglichkeit sexueller Kontakte nicht ausschließt. Ähnlich wie bei dem Umgang mit Muslimen war für die Pilger auch mit den Juden jenseits des Religionsdiskurses ein Kontakt und Austausch möglich.

Die insgesamt wenigen Bemerkungen in den Berichten lassen aber kein detailliertes Urteil über die Beziehungen zwischen Pilgern und Juden zu. Auch in der Forschung über die Juden im Mittelalter selbst ist umstritten, welche Stellung die Juden in der christlichen Gesellschaft einnahmen. Es ist nicht geklärt, ob die ablehnende bis dämonisierende Haltung der Kirche gegenüber den Juden, die im Spätmittelalter besonders durch eine diffamierende Polemik von Seiten der Bettelorden getragen wurde,[520] mit einer antijüdischen Einstellung weiter Teile der Bevölkerung gleichgesetzt werden kann. Zwar waren die Juden eine der am häufigsten verfolgten Minderheiten, die gerade in Krisenzeiten als Sündenböcke betrachtet und immer wieder Opfer von Pogromen wurden. Es sind aber auch Quellenbeispiele überliefert, die trotz der religiösen Differenzen auf intensive soziale sowie ökonomische Beziehungen und ein Zusammenleben im Alltag ohne gegenseitige Kontaktscheu hinweisen.[521] Gerhard Mentgen lehnt es daher ab, ihnen pauschal den Status einer Randgruppe in der mittelalterlichen Gesellschaft zuzuschreiben.[522] Für die Pilgerberichte und die Darstellung Fabris ist festzuhalten, dass im Zusammenhang mit der universalistischen Glaubenswahrheit des Christentums eine Abgrenzung zum Judentum vollzogen werden musste. Doch trotz der die Schilderungen dominierenden theologischen Ebene, mit der zahlreiche Vorurteile über die Juden einhergehen, scheinen die Kontakte auf der Reise nicht gänzlich von Misstrauen und Ablehnung geprägt gewesen zu sein.

---

[520] Zur Bedeutung der Bettelorden siehe COHEN, The Friars and the Jews. Differenzierend und kritisch hierzu LOTTER, Das Judenbild, S. 431; CLUSE, Blut ist im Schuh, S. 371; KIRN, Contemptus mundi, S. 147-149 und 174f. Zum Forschungsstand siehe TOCH, Die Juden im mittelalterlichen Reich, S. 126-132. Wanderprediger wie Johannes von Capestrano, Bernardino da Feltre oder Bernhard Schwarz zeichneten sich durch ihre Hetzreden besonders aus, wobei die Wirkung auf die Zuhörer kaum einzuschätzen ist.

[521] Vgl. hierzu MENTGEN, „Die Juden waren stets eine Randgruppe", S. 397-399.

[522] Mentgen wendet sich insbesondere gegen GRAUS, Randgruppen. Zur Forschungsdiskussion vgl. TOCH, Die Juden im mittelalterlichen Reich, S. 122.

5. Kulturelle Grenzen bei Felix Fabri

Aus der Analyse von Fabris Beschreibungen der Venezianer, Italiener, Muslime und Juden geht hervor, dass er die Menschen in Palästina und Ägypten nicht pauschal als fremd und unvertraut einordnet und er kulturelle Grenzen je nach beschriebener Situation und Deutungsabsicht immer neu konstruiert. Die Opposition (römisch-katholischer) Christ – Muslim bzw. ‚Heide‘ wird konsequent nur in den *Sionpilgern* und (mit kleinen Abstrichen) in der *Eigentlichen beschreibung* eingehalten. Im *Evagatorium* dagegen werden z.B. die Mamluken weder ausgegrenzt noch für ihren ‚Glaubensabfall‘ verdammt. Selbst den mamlukischen Sultan als islamisches Oberhaupt wertet Fabri in der lateinischen Version nicht ab. Die gemeinsame Herkunft und die Möglichkeit der sprachlichen Verständigung führen dazu, dass in ihnen nicht in erster Linie das ‚strukturell‘ Fremde gesehen wird. Vielmehr verhindert die Hoffnung, dass sie zum christlichen Glauben zurückkehren und in das Eigene reintegriert werden könnten, eine endgültige Abgrenzung, wie sie in der deutschen Version seiner Reisebeschreibung gerade mit Bezug auf die Abtrünnigkeit der Mamluken vorgenommen wird.

Auch die Juden werden sowohl von Fabri als auch von den übrigen Pilgern nicht als fremd im Sinne von unvertraut betrachtet. Sie sind das ‚alltägliche‘ und ‚normale‘ Fremde, welches ihm bereits aus der eigenen Lebenswelt bekannt ist. Nach seiner Darstellung nehmen sie in der fremden Kultur dieselbe Außenseiterstellung ein wie in der eigenen Gesellschaft. Indem er auf Vorurteile über die Juden als Gottesmörder und Wucherer zurückgreift, impliziert er, dass das Verhalten aller Juden unabhängig von Raum und Zeit immer gegen die Christen gerichtet sei. Er begreift deren vermeintliche christenfeindliche Haltung gewissermaßen als anthropologische Konstante.

Eine detaillierte Beschreibung der Lebensgewohnheiten der in Jerusalem oder Kairo lebenden Juden war daher überflüssig. Allein durch die Deklarierung einer Person als Jude konnten die in der Eigenkultur vorhandenen Wissensbestände und Stereotypen aktiviert werden. Ein Beispiel hierfür ist Fabris Darstellung des Kairoer Dragomans *Tanquardinus*. Dessen hinterlistiges und betrügerisches Verhalten findet seine sinnstiftende Erklärung in dem Hinweis, dass es sich um einen gebürtigen Juden handele, der aus Opportunismus mehrfach die Religion gewechselt habe. Das schädigende Verhalten von Seiten einer Person, deren Auftrag eigentlich der Schutz und die Betreuung der Pilger war, kann Fabri stereotypen Mustern folgend auf diese Weise schlüssig erklären.

5.1 Der ‚ethnographische Diskurs‘

Aus dem Vergleich von Fabris Beschreibung der Lebensgewohnheiten der verschiedenen Gruppen lässt sich demnach keine lineare Steigerung des Fremdheitsgrades ableiten, je weiter er sich von dem Ausgangspunkt seiner Reise entfernt. Vielmehr ist die Fremddarstellung bei Fabri hinsichtlich des ‚ethnographischen Diskurses‘ vielfach gebrochen und gelegentlich auch widersprüchlich. Zwar konstatiert er bei den Muslimen häufiger als bei den Venezianern und Italienern Abweichungen in den Sitten und Gebräuchen, wodurch die Differenz zwischen dem christlich und dem islamisch geprägten Kulturkreis einschneidender erscheint. Fabris Beschreibung der Sarazenen zeigt jedoch, dass diese Grenzlinien nicht undurchlässig sind.

Seiner Fremddarstellung liegt nicht wie bei Bernhard von Breidenbach oder Francesco Suriano ein Schwarz-Weiß-Schema zugrunde, in dem durchgängig die Überlegenheit und Fortschrittlichkeit der eigenen Kultur nachgewiesen wird und in dem die fremde Lebenswelt allenfalls ein Zerrbild des Eigenen darstellt. Nicht zuletzt deshalb greift Fabri im Vergleich zu anderen Pilgerberichten weniger häufig auf die rhetorische Figur der Inversion, der Umkehrung der Sitten und Gebräuche, zurück. Neben den die Andersartigkeit belegenden, aber nicht in jedem Fall mit einem negativen Werturteil versehenen Aberrationen stellt er immer wieder auch Gemeinsamkeiten mit der eigenen Kultur fest.

Das Verhältnis zwischen dem Eigenen und Fremden macht Fabri vor allem an situativen Momenten und Erlebnissen fest und funktionalisiert es im Hinblick auf die Leser. Dementsprechend beurteilt er weder alle Lebensgewohnheiten, mit denen er auf der Reise konfrontiert wurde, als fremd und unvertraut, noch wertet er pauschal fremde Sitten und Gebräuche gegenüber der eigenen Kultur ab. Fabri beschreibt im Gegenteil z.B. mit dem rhythmischen Klatschen der italienischen Seeleute einige ihm zuvor unbekannte Verhaltensweisen, die für ihn ein bereicherndes Erlebnis darstellten und durch die er veranschaulicht, dass sich mit der Reise auch über die religiösen Aspekte hinausgehende positive, horizonterweiternde Erfahrungen verbanden.

Wie Fabri am Beispiel der Sarazenen zeigt, war auf der Ebene der alltäglichen Begegnung sogar ein Austausch und Dialog möglich. Die kulturellen Verschiedenheiten stellten mithin keine unüberbrückbare Barriere zwischen dem Eigenen und Fremden dar. Für einige Bereiche macht Fabri sogar eine tugendhaftere Lebensweise der Muslime geltend. Dies ist jedoch weder auf eine ohnehin aus den Texten nicht herauszufilternde entweder tolerantere oder intolerantere Einstellung im Vergleich zu anderen Pilgern, noch auf eine verständnisvolle Aufgeschlossenheit oder hasserfüllte Haltung Fabris zurückzuführen. Die Hervorhebung positiver Eigenschaften bei den Venezianern und Muslimen dient vielmehr dem Zweck, mit Hilfe mehr oder weniger konstruierter, in der Fremde erfahrener Situationen Kritik an den Verhältnissen zu Hause zu üben. Fabri hält den Lesern einen gesellschaftlichen Spiegel vor, um ihnen mit diesen didaktischen und moralischen Hinweisen das richtige Verhalten vorzugeben.

Das Andere ist in diesem Zusammenhang nicht mehr fremd. Wie beispielsweise bei der den Venezianern zugestandenen großen Weisheit und Enthaltsamkeit oder bei der konstatierten Reinlichkeit und Barmherzigkeit der Sarazenen sind es idealisierte Vorstellungen des Eigenen, die auf die fremde Kultur projiziert werden, um einen Kontrast zu den für falsch gehaltenen gegenwärtigen Zuständen in der eigenen Gesellschaft herzustellen. Dies bedeutet jedoch nicht, dass die über das Fremde kritisierten sozialen

Verhältnisse in der Eigenkultur eine Realität widerspiegeln. Sie sind gleichfalls verzerrt und zugespitzt, um der Argumentation mehr Überzeugungskraft zu verleihen. Wie bereits Ursula Ganz-Blättler feststellte, ist der Pilgerbericht mehr ein Spiegel von gesellschaftlichen Idealen als von gesellschaftlicher Realität.[523] Dies gilt auch für Fabris Berichte.

Zugleich zeigt die Analyse seiner Fremddarstellung, dass in der Kritik und der Abwertung des Fremden ebenfalls moralische Fingerzeige für den Leser enthalten sind. Das Ergebnis des Abgrenzungsprozesses gegenüber dem lasterhaften Auftreten der Venezianerinnen oder der Leichtgläubigkeit der Sarazenen ist nicht nur als Konstruktion bzw. Verstärkung einer kollektiven oder personalen Eigenidentität zu verstehen, sondern fungiert immer auch als Negativbeispiel für eine moralisch untadelige Verhaltensweise.

5.2   Der ‚theologische Diskurs‘

Von der Ausnahme der Mamluken im *Evagatorium* abgesehen, sind für Fabri der Glaube, die menschliche Komplexion und die Sprache drei Kategorien, die das Eigene unter allen Umständen vom Fremden trennen. Sie sind in seinen Texten die entscheidenden Kriterien, sich einer bestimmten Gemeinschaft zuzuordnen bzw. andere von dieser Zugehörigkeit definitiv auszuschließen. Dabei zieht Fabri vor allem die Glaubensvorstellungen heran, um eine eindeutige und unüberwindliche Grenze zwischen dem Eigenen und Fremden aufzubauen. Abweichende religiöse Ansichten von jüdischer und islamischer (oder auch christlich-orthodoxer) Seite, die den Universalitätsanspruch des (römisch-katholischen) Christentums in Frage stellen, können und dürfen nicht toleriert werden. Die „Universalitätsfalle" erzeugt einen existentiellen Erfolgsdruck, der nicht aufgegeben werden darf. Kann der Nachweis, dass man auf der richtigen Seite steht, nicht geführt werden, bedeutet dies ein Scheitern des Eigenen.[524] Die von der Kirche vorgegebenen und in der Gesellschaft verankerten Positionen und Stereotypen mussten daher in den Pilgerberichten übernommen werden und prägen dementsprechend auch bei Fabri den ‚theologischen Diskurs‘ über Andersgläubige.

Die Abgrenzung von den anderen großen monotheistischen Religionen konnte demnach nur über eine Exklusion des Fremden erfolgen, die sich in der sprachlichen Diskriminierung oder noch gesteigert in der Dämonisierung der Muslime und Juden äußert.[525] Im Unterschied zum ‚juristisch-politischen‘ Diskurs, in dem beispielsweise die Herrschaftsstrukturen in Venedig oder dem Mamlukenreich im *Evagatorium* zwar als anders charakterisiert werden, aber nicht in Konkurrenz zum eigenen Verständnis von Herrschaft stehen und folglich nicht notwendigerweise mit diffamierenden Äußerungen

---

[523]   GANZ-BLÄTTLER, Andacht und Abenteuer, S. 238f.
[524]   FEISTNER, Vom Kampf gegen das ‚Andere‘, S. 293.
[525]   Zur Dämonisierung siehe GIESEN, Codes kollektiver Identität, S. 22-25.

versehen sind, muss Fabri nichtchristliche Glaubensvorstellungen und -praktiken sämtlich als falsch und häretisch entlarven. Dabei soll die häufige Betonung, dass seine Darstellung auf der eigenen Erfahrung und Beobachtung beruhe, noch die Glaubwürdigkeit erhöhen.

Edith Feistner hat darauf hingewiesen, dass die aus dem Universalitätsanspruch entstehende Ambivalenz zwischen Gott und dem Teufel, zwischen Gut und Böse, für die Selbstwahrnehmung funktionalisiert und auf den Bereich der konstitutiven Interaktion von Identität und Alterität angewendet wurde.[526] Auch an Fabris Texten lässt sich das Spannungsfeld aufzeigen, mit dem über die Dichotomie zwischen Christen und ‚Heiden‘ eine übergeordnete kollektive Identität und über den Gegensatz zwischen dem tugendhaften und sündigen Leben eine individuelle bzw. personale Identität konstruiert wird. Fabri stellt sich als Vertreter des einzigen wahren Glaubens dar, der anhand seiner Reise durch die Fremde die ‚Irrlehren‘ Andersgläubiger bestätigt und dem Leserpublikum die Gewissheit gibt, dass der Weg zum Seelenheil allein über das Christentum führt. Zwar nicht in expliziter Form wie im Bericht Bernhard von Breidenbachs, aber zumindest implizit wird der christliche Leser hierüber aufgefordert, den christlichen Glauben zu verteidigen und eine abwehrende Haltung gegenüber den Anhängern häretischer Religionen einzunehmen.

Besonders deutlich zeigt sich dies einerseits in den häufigen Beschreibungen der Gefahren und Übergriffe, denen die Pilger von Seiten der Muslime ausgesetzt waren, andererseits in der Negativcharakterisierung der Juden, die den Christen zu jeder Zeit und an jedem Ort Schaden zuzufügen suchten. Diese Schilderungen mussten beim Leser eine emotionale Ablehnung hervorrufen, die zu einer Solidarisierung mit dem Schicksal des Pilgers führen und das Zusammengehörigkeitsgefühl der Christen stärken sollte. So formiert sich eine ‚Wir‘-Identität, die im Fall der an den Pilgern verübten Bosheiten automatisch eine feindliche ‚Sie‘-Identität nach sich zieht.[527]

5.3   Der ‚biologisch-rassische Diskurs‘

Die mit dem Glaubensgegensatz vorgenommene strikte Abgrenzung zwischen der christlich und der islamisch geprägten Welt verstärkt Fabri mit seinen gelegentlichen Verweisen auf die grundsätzlich differierende körperliche Konstitution der im Osten lebenden Menschen, die bei Beduinen und Tataren auch mit einem befremdlichen bis abstoßenden Äußerlichen einhergehe. Diese Anklänge an einen ‚biologisch-rassischen Diskurs‘, der auf der Annahme einer unterschiedlichen Säftemischung basiert, bedingen ebenfalls eine scharfe und prinzipiell nicht überwindbare Trennlinie. Allerdings geht diese Abgrenzung nicht mit einer einseitig negativen Stereotypisierung einher, sondern

---

[526]   FEISTNER, Vom Kampf gegen das ‚Andere‘, S. 281f.
[527]   IMHOF, Stereotypen und Diskursanalyse, S. 69. Zum Verhältnis zwischen Stereotypen und Emotionen siehe auch ebd., S. 63.

umfasst auch durchaus positive Elemente, die in der Zuschreibung einer naturbedingten Gutherzigkeit der Sarazenen gipfelt. Schon hieraus wird ersichtlich, dass Fabri trotz der Kenntnis und häufigen Anlehnung an den Bericht Bernhards von Breidenbach nicht dessen Konzept folgt, welches nur eine einseitig negative Darstellung aller nicht dem eigenen Kulturkreis zugerechneten Entitäten ermöglichte.

Noch deutlicher zeigt sich die Abweichung von Breidenbach an Fabris Darstellung der sprachlichen Verständigung während der Reise. Diese stellt ein erstes wichtiges Kennzeichen „struktureller Fremdheit" dar[528] und ist – infolge der nicht mehr vorhandenen Möglichkeit einer direkten Kommunikation – zugleich ein sehr konkretes Anzeichen für eine kulturelle Grenzüberschreitung.[529] Fabris Beschreibung des Übergangs in einen anderen Sprachraum bei der Wanderung nach Italien und bei der Landung in Jaffa machen deutlich, dass die Sprache eines der wichtigsten Identifikationsmerkmale im Hinblick auf die Selbstzuschreibung einer kulturellen Identität ist.[530] Die Sprache ist für Fabri nicht nur ein Kommunikationsmittel, sondern darüber hinaus Ausdruck einer festgelegten und unveränderlichen körperlichen Disposition, die ihm dazu dient, die Überlegenheit der eigenen Sprache gegenüber allen anderen Idiomen zu belegen.

Dabei grenzt er sich zum einen von den Sarazenen ab. Indem er ihnen jegliche Fähigkeit zur Erlernung des Deutschen abspricht und ihre Sprache als rückständig und tierisch charakterisiert, stellt er einen asymmetrischen Gegensatz zwischen dem Eigenen und dem Fremden her.[531] Zum anderen baut er aber auch eine kulturelle Grenze zu den Italienern auf, die den hohen zivilisatorischen Entwicklungsstand der deutschen Sprache ebenfalls nicht erreichen könnten. Anders als bei Breidenbach verläuft die Trennlinie zwischen dem Eigenen und Fremden somit nicht nur zwischen Christen und ‚Ungläubigen', sondern auch zwischen den christlichen Nationen selbst. Entgegen der Annahme Claudia Zrenners, dass die These von einer kulturellen Einheit Westeuropas im Spätmittelalter durch die Pilgerberichte gestützt würde, zeigt sich sowohl bei Fabri als auch bei anderen Verfassern, dass die nationale und regionale Herkunft eine nicht unbedeutende Rolle für die Konstruktion von Fremdheitserfahrungen in den Pilgerberichten spielt.[532] Fabri setzt die deutsche Sprache als konstitutives Element einer nationalen Identität ein und konstruiert in Anlehnung an den humanistischen Diskurs die ‚vorgestellte Gemeinschaft' einer homogenen deutschen Nation.

---

[528] Siehe WALDENFELS, Phänomenologie, S. 72, der allerdings einschränkt, dass die Sprache nicht unbedingt den Beginn struktureller Fremdheit kennzeichnen muss, sondern dies beispielsweise schon die kulturell variierende Bedeutung und Verwendung des Blickkontaktes sein kann.

[529] DEEG, Das Eigene und das Andere, S. 164.

[530] OSTERHAMMEL, Kulturelle Grenzen, S. 114.

[531] Schon deshalb kann Fabri nicht auf die Alphabete und Wortlisten aus Breidenbachs Bericht zurückgreifen, die zeigen, dass es sich um ein entwickeltes Sprachsystem mit Regeln und grammatikalischen Strukturen handelt.

[532] ZRENNER, Die Berichte der europäischen Jerusalempilger, S. 123. Vgl. auch die Kritik bei GANZBLÄTTLER, Andacht und Abenteuer, S. 215.

5.4   Identifikationszeichen

Im Gegensatz zu anderen Pilgerberichten, vor allem zu jenen von Arnold von Harff,
Konrad Grünemberg, Pietro Casola oder Dietrich von Schachten, spielen äußere kollektive und partizipative Identifikationszeichen bei Fabri keine herausragende Rolle. Bei
der Beschreibung der Menschen misst er dem Körper, der sowohl Medium als auch
Träger gesellschaftlich geprägter Codes ist,[533] nur selten eine zentrale Bedeutung bei.

Lediglich vereinzelt erwähnt Fabri das Aussehen oder die Kleidung der ihm begegnenden Menschen.[534] Auf die Kleidung, die ein bedeutendes Merkmal zur Einschätzung
der Stellung, der Autorität und des Reichtums einer Person ist und somit einerseits ein
Mittel zur Distinktion darstellt,[535] andererseits ein Mittel zur Aneignung des Fremden
sein kann,[536] nimmt Fabri ebenfalls nur selten Bezug. Die Zuschreibung einer kollektiven Identität auf der Basis äußerer Merkmale findet sich bei ihm nur in Einzelfällen.
Ein Beispiel ist die Herabwürdigung der Mongolen als Tiere, die mit deren hässlichem
Äußeren begründet wird. Ein anderes Beispiel sind die Venezianer und Venezianerinnen, denen Fabri jeweils in Anlehnung an seine Quellen einen tugend- bzw. einen sündhaften Lebenswandel zuschreibt. Bereits ein einzelnes Merkmal – in beiden Fällen die
Kleidung – wird hier als repräsentativ dafür erachtet, um eine pauschale Einschätzung
dergesamten Gruppe zu treffen.[537]

Bei den Italienern, Mamluken, Sarazenen und Juden spielen äußere Merkmale insge-
samt eine eher geringe Rolle. Die Stereotypen und Vorurteile macht er eher an sittlichen
denn an ästhetischen Parametern fest. Auffallend ist vielmehr, dass sich Fabri an zwei
Stellen gängigen typisierenden äußerlichen Merkmalen entgegenstellt. Sowohl die roten
Haare des Judas als auch das hässliche Gesicht seines Eselstreibers nutzt Fabri, um die
Praktik, von der äußeren Erscheinung auf innerliche Eigenschaften zu schließen, in
Frage zu stellen. Er ist sich bewusst, dass eine wahrgenommene körperliche Andersar-
tigkeit eine „unmittelbare affektive Reaktion" hervorrufen kann.[538] Beide Anekdoten
dienen ihm jeweils als Beispiel, nicht vorschnell Urteile zu fällen und liegen in dem

---

[533] Vgl. JUCKER, Körper und Plurimedialität, S. 68, sowie übergreifend STICHWEH, Der Körper des
Fremden.

[534] Erst bei der Beschreibung der Beduinen und Tataren wird durch physiognomische Unterschiede
auch eine kulturelle Alterität hergestellt.

[535] Vgl. hierzu GROEBNER, Die Kleider des Kaufmannes; HÜLSEN-ESCH, Kleider machen Leute;
JÜTTE, Stigma-Symbole; KEUPP, Macht und Mode; MOOS, Das mittelalterliche Kleid.

[536] Die Pilger kauften auf der Reise häufig Kleidung, die nicht für den alltäglichen Gebrauch, sondern als Souvenir gedacht waren und repräsentativen Zwecken dienten. Vgl. hierzu SCHRÖDER,
Reiseandenken aus Jerusalem, S. 103f.

[537] Vgl. auch MOOS, Das mittelalterliche Kleid, S. 127.

[538] STICHWEH, Der Körper des Fremden, S. 181.

christlichen Ideal begründet, Menschen anhand ihrer Taten und nicht nach ihrem Äußeren zu be- oder verurteilen.[539]

5.5   Nähe und Distanz des ‚beschriebenen Ichs' zum Fremden

Die Heraushebung einzelner Personen aus der anonymen Masse ist ein charakteristisches Merkmal in Fabris Reisebeschreibungen, welches ihn von der überwiegenden
Mehrheit der zum Vergleich herangezogenen Pilgerberichte unterscheidet.[540] Sowohl
bei Abwertungen als auch bei einer positiven Darstellung ist die Personalisierung ein
wichtiges Mittel, um eine Distanzerfahrung geltend zu machen oder die Nähe zur eigenen Kultur zu betonen. An Einzelpersonen lassen sich gute und schlechte Eigenschaften
sowie das Wesen des Fremden plastisch beschreiben. Negative Charakterisierungen wie
im Fall des *Tanquardinus* und seines Jerusalemer Pendants *Sabathytanco* vergrößern
die kulturelle Distanz; die positive Beurteilung des Pilgerführers *Elphahallo* und des
Eselstreibers *Cassa* verringern dagegen die Entfernung zwischen dem Eigenen und
Fremden und schaffen einen Raum, in dem Vertrauen und sogar Freundschaft möglich
scheint.[541]

Die Darstellungsstrategie der „Vermenschlichung" ist dabei in beiden Fällen das Mittel, um den Schilderungen eine entsprechende Überzeugungskraft zu verleihen.[542] Fabri
tritt durch die Beschreibung einzelner fremder Charaktere nicht allein als ‚erzählendes'
bzw. ‚schreibendes Ich' hervor, sondern rückt sein ‚beschriebenes Ich' in den Vordergrund.[543] Sowohl bei den Übergriffen und den Bosheiten durch die Sarazenen als auch
bei den unerwarteten Hilfestellungen steht er als Protagonist im Zentrum des Geschehens und inszeniert sich entweder als Opfer oder als gutherziger Mensch, dem selbst
‚Ungläubige' nicht rücksichtslos gegenüberstehen können. Die Schilderungen sollen
emotionalisieren und zu einer Solidarisierung mit seinem ‚beschriebenen Ich' führen.

Das tugendhafte und einem Christenmenschen angemessene Verhalten Fabris in der
fremden und bisweilen feindlichen Umgebung sollte als Vorbild dienen. Demütig er-
duldet er Übergriffe und Beleidigungen von Seiten der Sarazenen, die seiner Frömmigkeit aber nichts anhaben können. Er verteidigt das Christentum aber auch aktiv, indem
er von den Muslimen verehrte Stätten zerstört und bei der Begegnung mit den Mamluken sogar dem missionarischen Gebot seines Ordens nachkommt. Sein Verhalten ist ein
Identifikationsangebot an den Leser, sich auf die kollektive Identität der Christen zu
besinnen und für den gemeinsamen Glauben einzutreten. Gerade die Betonung seiner

---

[539]   Gleichwohl gibt es in der Bibel auch Beispiele für das Verfahren, über äußere Kennzeichen auf
        den Charakter zu schließen. Vgl. ZIEGLER, Text and Context, S. 162f.
[540]   Parallelen zeigen sich vor allem zu Pietro Casola und Arnold von Harff.
[541]   Zu dem Aspekt der Nähe und Ferne siehe GINZBURG, Einen chinesischen Mandarin töten, S. 43.
[542]   LANDWEHR, Geschichte des Sagbaren, S. 115.
[543]   Vgl. auch KORMANN, Ich, Welt und Gott, S. 98; DÜRR, Funktionen des Schreibens, S. 21.

Missionsarbeit ist aber auch ein Beispiel dafür, wie sich Fabri hinsichtlich der Leserschaft des *Evagatoriums* seiner institutionellen Identität als Dominikanermönch zu vergewissern sucht.

In seinen Berichten gibt er sich immun gegenüber den Sinnenreizen, mit denen er während der Reise konfrontiert wurde und verliert das religiöse Ziel der Reise nie aus dem Blick. Schließlich weiß er – wie das Beispiel der Begegnung mit den verschleierten Sarazeninnen – die Vorstellungen, die die fremden Menschen von ihm bzw. seiner Ausgangskultur haben, zu entschlüsseln und bedient sich ihrer, um sich auch in der Fremde als allzeit souverän und überlegen handelndes Subjekt darzustellen. Mit der Selbstzuschreibung als vorbildlicher und frommer Christ grenzt er sich nicht nur von den Muslimen und Juden als Repräsentanten fremder Religionen ab, sondern wie die Beschreibung der Begegnung mit dem mamlukischen Sultan in der *Eigentlichen beschreibung* und den *Sionpilgern* zeigt, gelegentlich auch von seinen Reisegefährten, die der Neugier nicht widerstehen können.

Bei Fabri fungieren jedoch weder die beiden negativ gezeichneten Dragomane noch der positiv dargestellte *Elphahallo* und der Eselstreiber *Cassa* als Repräsentanten für die gesamte Gruppe der Sarazenen. Die pauschale Diffamierung bzw. positive Darstellung von Großgruppen, bei der sich der Rückgriff auf asymmetrische Gegenbegriffe besonders anbietet,[544] wird dadurch immer wieder aufgebrochen. Je nach der mit der Passage verbundenen Ausdeutung betont Fabri entweder eine Nähe oder eine Distanz zum Fremden. Eine klare und durchgängige Abgrenzung ist daher im Unterschied zu den Berichten von Bernhard von Breidenbach oder Paul Walther von Guglingen nicht gegeben.

---

[544] Vgl. KOSELLECK, Asymmetrische Gegenbegriffe.

V. Fremde Räume

Die Analyse der Stadtdarstellungen sowohl in Fabris Texten als auch in den Vergleichsberichten hat gezeigt, dass die Verfasser durchaus bestrebt waren, den Lesern auch eine Vorstellung von der Topographie des fremden Raumes zu bieten. Im Fall Venedigs ist hierbei die ungewöhnliche Lage der Stadt inmitten der Lagune der Anlass, näher auf die räumlichen Bedingungen einzugehen. Um dem Leser im Fall Jerusalems einen möglichst präzisen Nachvollzug der Passionsgeschichte zu bieten, ist die Beschreibung der Topographie der Stadt von großer Bedeutung. Immer wieder machen die Pilger Angaben über die Lage der heiligen Stätten und den dazwischen liegenden Entfernungen. Allein für Kairo enthalten die Berichte abgesehen von Paul Walther von Guglingen vergleichsweise wenig räumliche Angaben, was zum einen den Umständen des Aufenthaltes geschuldet ist, zum anderen auch an der Intention der Verfasser liegt, gerade durch die Unbeschreiblichkeit des Raumes die ungeheuren Dimensionen der Stadt zu verdeutlichen.

In Anlehnung an die Überlegungen Dick Harrisons können diese Städte als qualitativ bedeutungsvolle ‚Mikroräume' angesehen werden,[1] die sich durch die dort erbrachten bewundernswerten menschlichen Leistungen (Venedig: Kampf mit dem unberechenbaren Element des Wassers; Kairo: gewaltige Größe) oder ihre besondere Heiligkeit (Jerusalem) auszeichnen. Um zu diesen Mikroräumen zu gelangen, mussten die Pilger allerdings einen ‚Makroraum' durchqueren, der im Fall Fabris vom süddeutschen und norditalienischen Raum ausgeht und fast den gesamten östlichen Mittelmeerraum mit Palästina und Ägypten umfasst.

In der Sekundärliteratur wird für die vormodernen Reiseberichte angenommen, dass der Makroraum bei der Beschreibung der Reise nicht als Fläche wahrgenommen wird, sondern nur hinsichtlich der zu überwindenden Distanzen und den materiellen Reisebedingungen von Bedeutung ist. Entgegen den vom 18. Jahrhundert an verfassten Reisebeschreibungen, in denen Landschaft und Natur als Spiegelung persönlicher Befind-

---

[1] Harrison bietet verschiedene Definitionen des Mikroraumes, der einmal die empirisch bekannte Welt um uns herum, zum anderen eine Landmarke oder ein Orientierungspunkt im Makroraum oder zuletzt als ein durch einen besonderen qualitativen Aspekt ausgezeichneter Ort sein kann. HARRISON, Mittelalterliche Raumvorstellungen, S. 78-81.

lichkeiten eine zentrale Rolle zukommt, richtet sich die Aufmerksamkeit in den vormodernen Reisebeschreibungen beinahe ausschließlich auf die Stadt.[2] Für die hier untersuchten Pilgerberichte gilt dies nur eingeschränkt, selbst wenn Bernhard Jahn in der bislang differenziertesten Arbeit über die den Berichten zugrundeliegenden Raumkonzepte ebenfalls konstatiert, dass die Landschaft nur von marginaler Bedeutung sei.[3] Zumindest bei Felix Fabri, aber auch in den Berichten weiterer Pilger, scheint die Durchquerung des Makroraumes und die Beschreibung der Landschaft dennoch keinen geringen Stellenwert einzunehmen.[4] Gerade Fabri macht hierbei auch immer wieder persönliche Erfahrungen und Erlebnisse geltend.

Dies bedeutet nicht, in Fabri einen seiner Zeit vorauseilenden Autor zu sehen. Vielmehr ist zu berücksichtigen, dass die Beschreibung des Weges aus drei Gründen ein integraler Bestandteil der Pilgerberichte generell ist. Erstens kann er die Funktion eines Reiseführers für nachfolgende Pilger einnehmen. Entfernungsangaben in Form von Meilen oder Tagesreisen sowie Beschreibungen topographischer Besonderheiten enthalten demnach wertvolle Hinweise für eine eigene Jerusalemreise. Auf der Basis solcher Angaben lassen sich der Zeitaufwand sowie die zu erwartenden Schwierigkeiten und Kosten exakter vorausberechnen.[5] Zweitens dienen diese Angaben als Beglaubigungsmittel. Detaillierte und nachvollziehbare Hinweise auf Entfernungen, die Geographie und Landschaft sollen die Glaubwürdigkeit des Berichts erhöhen und stützen den Anspruch des Verfassers, die Reise tatsächlich absolviert und die Erlebnisse getreu aufgezeichnet zu haben.[6] Drittens stellt die Überwindung des Raumes ein wesentliches Mo-

---

[2] Vgl. LANDWEHR, Die Stadt auf dem Papier durchwandern, S. 53; DERS., Raumgestalter, S. 179; BRENNER, Der Reisebericht in der deutschen Literatur, S. 182-184; FOUQUET, Mit dem Blick des Fremden, S. 60f.; GOTTHARD, Wohin führt uns der „Spatial turn"?, S. 47f.; MACZAK, Perceptions of Europe, S. 76; ZEEDEN, Das Erscheinungsbild der Stadt, S. 80. Einen Forschungsbericht über das vormoderne Straßennetz und Reisebedingungen vor allem anhand von frühneuzeitlichen Belegen gibt DENECKE, Straßen, Reiserouten und Routenbücher.

[3] JAHN, Raumkonzepte, S. 27. Landschaft ist dabei zu verstehen als Konkretion von Raum, bezeichnet den Zustand und die Struktur der Erdoberfläche und schließt dabei auch die materiale Gestalt mit der Tier- und Pflanzenwelt mit ein. Sie ist dabei kein bestimmter Ausschnitt der Natur, dem eine ‚wirkliche' Landschaft zugrunde liegt, sondern eine primär ästhetische Kategorie. Sie ist ein Konstrukt, da sie nur entstehen kann, wenn „verschiedene Elemente der Realität zu einem gemeinsamen Konzept verschmolzen werden". Vgl. LANDWEHR/STOCKHORST, Einführung, S. 103f.; STURM, Wege zum Raum, S. 200-202.

[4] Ausgenommen hiervon ist Fabris geistlicher Pilgerführer. In den *Sionpilgern* spielen geographische Angaben nur eine untergeordnete Rolle. Entfernungen werden z.T. buchstäblich im Flug überwunden.

[5] Vgl. z.B. die Zeit- und Entfernungsangaben bei Hans Tucher.

[6] Ein Beispiel hierfür ist Arnold von Harff, der am Ende des Berichts über seine ausgedehnte Reise, die ihn zu allen drei christlichen Hauptpilgerorten und darüber hinaus nach Mekka und Indien geführt haben will, ein ausführliches Itinerar anhängt, in dem penibel nicht nur für die Passage über das Mittelmeer, sondern auch für die Abschnitte der Reise nach Afrika, nach Madagaskar und über den Indischen Ozean nach Indien festgehalten ist, wie viele Meilen er von Ort zu Ort zurückgelegt hat oder wie viele Tage bis zu dem nächsten Ziel verstrichen sind.

ment der Pilgerreise dar. Der Zweck der Wallfahrt erfüllt sich nicht allein in dem Erreichen der heiligen Stätten Jerusalems, an denen reichhaltige Ablässe zu erwerben sind und der Pilger von seinen Sünden reingewaschen wird. Sowohl dem Weg zum Ziel als auch der Rückreise kommt eine große Bedeutung zu. Der Pilger soll sich einer inneren Reinigung unterziehen und über sein bisheriges Leben reflektieren. Die Schwierigkeiten und Hindernisse der Reise werden als Prüfungen Gottes verstanden, in denen man sich bewähren und für würdig erweisen muss. Sündigt der Pilger während des Weges, sind die Heilsbemühungen vergeblich.[7]

In den Berichten Fabris ist besonders der letzte Faktor von Bedeutung. Seine geographischen Angaben will er – worauf er im Vorwort des *Evagatoriums* und der *Eigentlichen beschreibung* jeweils explizit hinweist – nicht als Informationen für andere Jerusalempilger verstanden wissen.[8] Seine Beschreibung der durchreisten Länder und Regionen hält die erfolgreich überstandenen körperlichen und geistigen Herausforderungen fest, die ihn erst dazu berechtigen, in Jerusalem den Sündenerlass zu erwerben. Seine Auseinandersetzung mit dem Makroraum umfasst dabei nicht die rein geographische Dimension zwischen dem Ausgangspunkt und dem Ziel der Reise. Mit dem Makroraum verbinden sich die Vorstellungen über das kosmologische Weltbild, über die fremden und unvertrauten Naturverhältnisse, die abweichenden klimatischen Bedingungen und unbekannten Naturerscheinungen, in denen sich die Vielfalt der Schöpfungstätigkeit Gottes widerspiegelt und sein stetes Wirken und Eingreifen zeigen.[9]

Die Auswertung dieser Passage steht im Mittelpunkt des folgenden Kapitels. Ich konzentriere mich erstens auf die Darstellung des Mittelmeeres, da dieser Abschnitt der Wallfahrt einen bedeutenden Teil der gesamten Reisezeit umfasst. In einem zweiten Unterkapitel steht die Darstellung Palästinas und Ägyptens mit den ungewohnten klimatischen Bedingungen und der fremden Fauna und Flora im Vordergrund, bevor schließlich drittens Fabris Beschreibung der Wüste Sinai analysiert wird, die ebenfalls einen zeitlich gewichtigen Teil des Reiseweges einnimmt.[10]

Für die Analyse sind hierbei die Erkenntnisse neuerer, unter den Begriffen des „spatial turn" oder „topographical turn" firmierender historischer Studien hilfreich.[11] Beeinflusst von den veränderten Rahmenbedingungen nach dem Ende des Ost-West-Konflikts, der deutschen Einigung und Erweiterung der Europäischen Union rückt der Faktor ‚Raum' als elementare und prägende Kategorie der Geschichte auch in der

---

[7]   HASSAUER, Eine Straße durch die Zeit, S. 414; KÖHLER, Die Reise, S. 7.
[8]   Vgl. oben Kap. II.1 und II.2.
[9]   Siehe HARRISON, Mittelalterliche Raumvorstellungen, S. 75 und 81.
[10] Unberücksichtig muss Fabris Alpenüberquerung bleiben, die eine der zeitlich frühesten Beschreibungen des Alpenraumes darstellt. Auch die zeitliche Dimension des Raumes, die sich in Fabris ausführlichen Exkursen zur Geschichte des Heiligen Landes, Ägyptens und der Mittelmeerinseln niederschlägt, muss hier außen vorbleiben.
[11] Vgl. u.a. WEIGEL, Zum ‚topographical turn', und MIDDELL, Die konstruktivistische Wende.

deutschsprachigen Forschung wieder verstärkt in den Mittelpunkt, nachdem er infolge der Vereinnahmung während der NS-Zeit lange Zeit gar tabuisiert wurde.[12]

Als ein wichtiges Ergebnis dieser neueren Forschungen ist festzuhalten, dass der Raum nicht mehr nur einfach als Kulisse zu begreifen ist, vor der soziale Handlungen stattfinden, sondern dass sich der Raum immer sozial konstituiert und in bestimmte Handlungskontexte eingebunden ist.[13] Die Soziologin Martina Löw bezeichnet dieses Raumverständnis als ‚relativistisch' und stellt es einem ‚absolutistischen' Raumverständnis gegenüber.[14] Während nach dem ‚absolutistischen' Verständnis der Raum unveränderlich ist und unabhängig von den darin lebenden und handelnden Menschen existiert, wird der Raum nach dem ‚relativistischen' Raumverständnis als „relationale (An)Ordnung von Körpern [definiert], welche unaufhörlich in Bewegung sind, wodurch sich die (An)Ordnung selbst ständig verändert."[15] Nach dieser Perspektive, die das konstruktivistische oder gestalterische Moment bei der Raumbeschreibung mehr in den Vordergrund rückt, ist der Raum kein konstanter Behälter, der die sich darin bewegenden Körper umfasst, sondern er wird gemäß den aktuellen Erfordernissen und jeweiligen Intentionen von den sich darin bewegenden Menschen verändert oder erst hergestellt. So verstanden konstituieren sich Räume durch den Prozess der „Syntheseleistung", in dem Gruppen von Menschen oder Güter miteinander in Beziehung gesetzt werden, und den Prozess des „Spacing", in dem Menschen und Güter im Raum platziert werden.[16] Auf diese Weise wird der Raum strukturiert, ihm „Sinn und Ordnung" verliehen und „Identitäten und Gegen-identitäten" geformt.[17]

Für die Pilgerberichte ist dies insofern nutzbar zu machen, als die Schilderungen raumbezogener Erfahrungen nicht allein dem Zweck dienen, eine Wiedergabe der physischen Wirklichkeit zu bieten. Die gedachten räumlichen Ordnungsvorstellungen („Mental Maps"), die die erfahrbare Umwelt strukturieren und auf kulturell und historisch entwickelten Modellen beruhen,[18] sind nicht an der korrekten oder falschen Erfas

---

[12] Vgl. hierzu OSTERHAMMEL, Die Wiederkehr des Raumes, S. 374f. und 379f.; GOTTHARD, Wohin führt uns der „Spatial turn"?, S. 16-20; SCHLÖGEL, Im Raume lesen wir die Zeit, S. 36-59. Zu der frühen geo-historischen Forschung siehe SCHULZ, Raumkonstrukte.

[13] CONRAD, Vorbemerkung, S. 339; LANDWEHR, Raumgestalter, S. 163f.; SCHRÖDER/HÖHLER, Welt-Räume, S. 19. Als programmatische Forderung findet sich ein so definiertes Raumverständnis bereits bei HASSAUER, Eine Straße durch die Zeit, S. 410.

[14] LÖW, Raumsoziologie, S. 17f.

[15] Ebd., S. 131. Ähnlich unterscheidet REICHERT, Räumliches Denken, S. 16f., zwischen einem real gegebenen und einem „logischen" Raum, in dem eine räumliche Ordnung gedacht oder erfunden wird.

[16] Vgl. LÖW, Raumsoziologie, S. 158-161 und 224-230; STURM, Wege zum Raum, S. 183. Vgl. hierzu auch LANDWEHR, die Erschaffung Venedigs, S. 36.

[17] SCHULZ, Raumkonstrukte, S. 374.

[18] Zur Definition siehe SCHENK, Mental Maps, S. 494f.; JAHN, Raumkonzepte, S. 12f.; SCHRÖDER/HÖHLER, Welt-Räume, S. 23-27. Dies bedeutet nicht, dass auf der Basis der Berichte die Mental Maps der Pilger erschlossen werden könnten. Vgl. auch die Kritik bei DÜNNE, Pilgerkörper – Pilgertexte, S. 84 und 91.

sung des geographischen Raumes zu messen, sondern daran, wie und warum der Raum mit Eigenschaften und Merkmalen charakterisiert wird, um jeweils einen Eigenraum von einem Fremdraum abzugrenzen.

Es kann also nicht nur danach gefragt werden, wie der Raum, der z.B. in Karten durch die Visualisierung von Grenzen kenntlich gemacht wird,[19] im Medium Pilgerbericht anhand von Worten beschrieben wird.[20] Es kann auch danach gefragt werden, wie der Raum durch den Bezug auf geographische und/oder kulturelle Grenzen gestaltet wird und welche Fremd- und Selbstzuschreibungen konstituiert werden.[21]

1. Das Mittelmeer

Wie Fabri selbst festhält, nahm die Passage über das Mittelmeer den größten zeitlichen Anteil an der Pilgerfahrt in Anspruch.[22] Bei seiner zweiten Wallfahrt 1483, die insgesamt 9½ Monate dauerte, erreichte er Jaffa nach beinahe vierwöchiger Seereise, während er für die Rückfahrt von Alexandria nach Venedig knapp sieben Wochen brauchte. Dies entspricht etwa dem unteren Durchschnitt der Reisedauer, die mit vier bis sechs Wochen für die Hinfahrt und acht bis zwölf Wochen für die Rückreise angesetzt wird.[23] Im Vergleich hierzu dauerte die Seereise auf seiner ersten Jerusalemwallfahrt 1480 deutlich länger. Laut dem Parallelbericht von Santo Brasca brauchten die Pilger 45 Tage für die Hinfahrt und gar 74 Tage für die Rückreise nach Venedig.[24] Die Ursache für die generell längere Rückreise liegt – wie der Luzerner Bürger Hans Schürpff richtig erkannte – in den ersten Auswirkungen der im Winterhalbjahr deutlich schlechteren Wind- und Wetterbedingungen begründet.[25]

Trotz dieses großen Zeitabschnitts wird der Darstellung der Überfahrt in den Berichten eine ganz unterschiedliche Bedeutung zugemessen. Der Mailänder Kaufmann Bernardino de Nali übergeht beispielsweise die Seereise und lässt den Bericht über seine

---

[19]   Vgl. hierzu REICHERT, Grenzen in der Kartographie.
[20]   Vgl. LANDWEHR, Raumgestalter, S. 174: „[...] den Raum also nicht mit dem Mittel der Visualisierung, sondern demjenigen der Verbalisierung in den Griff zu bekommen."
[21]   Zum Grenzbegriff siehe den Überblick bei JASPERT, Grenzen und Grenzräume; STAUBER/ SCHMALE, Einleitung: Mensch und Grenze; SCHLÖGEL, Im Raume lesen wir die Zeit, S. 137-147.
[22]   FABRI, Evagatorium I, S. 107: *Peregrinatio enim terrae sanctae pro majori parte in mari perficitur, et tempus longius in maritimo itinere transit.* DERS., Wanderings I, S. 111.
[23]   HYDE, Navigation, S. 526f. und 537-539; REICHERT, Erfahrung der Welt, S. 142.
[24]   HYDE, Navigation, S. 527. Neben den schwierigen Wetterverhältnissen erklärt sich die lange Reisedauer auch aus der Gefahr durch die osmanische Flotte.
[25]   WÄCHTER, Hans Schürpff, S. 33: *Jm summer kumpt jn denen landen kein regen, tonner, noch plitzgen, sunder alle tag schön. Aber sobald der herpst kumpt, so komen alle wuchen vast groß wind, tonner, plitzgen, hgel, als groß vnd vil, das es nieman glouben mag. Vnd ist am herpst vnd jm winther nieman sicher vff dem mer. Aber jm summer ist vast guott faren.* Vgl. auch BRAUDEL, Das Mittelmeer und die mediterrane Welt I, S. 354-368.

Wallfahrt 1492 erst mit der Landung in Jaffa beginnen.[26] Andere Pilger beschränken sich darauf, nur die Dauer der Überfahrt anzugeben oder einem Itinerar ähnlich lediglich die einzelnen Zwischenstationen aufzuführen.[27] Wiederum andere Verfasser sehen mit der Beschreibung der Hinfahrt und des Aufenthaltes in Jerusalem den Zweck ihres Pilgerberichts bereits erfüllt und übergehen die Rückfahrt.[28]

Für die meisten Pilgerberichte des 15. Jahrhunderts gilt aber, dass wenigstens die Hinreise in ausführlicherer Form beschrieben wird. Bernhard Jahn differenziert hier zwischen dem Konzept eines ‚Inselraums‘ und dem Konzept eines ‚Stationen- oder Kontinuitätsraumes‘. Als Beispiel für die Konzeption eines Inselraum gilt ihm der Bericht Ludolfs von Sudheim, der zwar den gesamten Mittelmeerraum mit den wichtigsten Städten und Inseln beschreibt, aber weder Informationen über die geographische Lage und Entfernungen zwischen diesen einzelnen Orten noch Angaben über den eigenen Reiseweg macht. Während so die irgendwo im oder am Meer liegenden Orte geographisch unverbunden nebeneinander stehen, stellt Sudheim vielmehr die vielfältigen und allegorisch gedeuteten Gefahren einer Seereise in den Vordergrund.[29]

Hiervon unterscheidet Jahn die Schilderung eines ‚Stationen- oder Kontinuitätsraum‘, für die der Bericht Hans Tuchers exemplarisch ist. Tucher verbindet die angefahrenen Städte und Inseln durch Entfernungsangaben und setzt diese durch kurze Beschreibungen der Zwischenräume in Beziehung zueinander.[30] Mit jeder erreichten Etappe, mit jedem Vermerk der zurückgelegten Meilen, nähert man sich zudem dem Ziel der Reise an. Jahn differenziert mit Verweis auf den Bericht Dietrich von Schachtens dieses grundlegende Schema weiter aus, indem die einzelnen Zwischenstationen nicht nur angeführt bzw. durch kurze Bemerkungen charakterisiert, sondern in ausführlicher Form beschrieben werden. Dabei beziehen die Pilger auch die nur im Vorbeifahren gesehenen bzw. vermuteten Landschaften und Orte ein.[31]

Dieses erweiterte Konzept der Darstellung des Mittelmeeres als Kontinuitätsraum gilt im Wesentlichen auch für Fabris Berichte, wobei sich durch die besonders im *Evagatorium* enthaltene detaillierte Beschreibung der Mittelmeerreise auch Abweichungen zeigen. Fabri schließt hier sowohl an Sudheims ‚Inselraum‘ mit einem Meer voller Gefahren als auch an Tuchers ‚Kontinuitätsraum‘ mit einer ausführlichen Beschreibung

---

[26] Vgl. Bernardino di Nali, La peregrinazione a Gerusalemme.

[27] Vgl. z.B. den Bericht über die Reise des Grafen Philipp von Hanau-Münzenberg in Anonymus 1484, Die Jerusalemfahrten, S. 90: *Item vff donnerßtagk nach dem heyligen pfingstag (10. Juni) gegen dem abent seyn mir pilgerym yn dy galeen gefaren vnd komen veff suntagk vor sandt Maria Magdalena tagk (18. Juli) gen Jäffa [...]*. Vgl. auch den Bericht über die Pilgerreise des Peter Rot 1453 in Rot, Pilgerreisen, S. 348-350.

[28] Vgl. Ketzel, Reise nach dem gelobten Land. Zum Mittelmeer in Reiseberichten siehe allgemein auch Deluz, Pélerins et voyageurs.

[29] Jahn, Raumkonzepte, S. 55.

[30] Ebd., S. 57.

[31] Ebd., S. 63f.

der Etappenstationen an.[32] Im Folgenden wird erstens näher darauf eingegangen, wie er das Mittelmeer als fremden und unberechenbaren Gefahrenraum beschreibt, der überwunden werden muss, um das Heilige Land zu erreichen. Das Meer ist jedoch nicht nur selbst ein fremder Raum, sondern stellt zweitens eine geographische und kulturelle Trennlinie zwischen den Kontinenten dar, um den eigenen und vertrauten europäischen Raum von Asien und Afrika abzugrenzen. Allerdings hebt Fabri drittens die auf der Basis seiner Quellen und eigener Erfahrungen vorgenommene Interpretation des Mittelmeerraums als trennende Barriere zuletzt wieder auf.

1.1   Das Mittelmeer als reeller und allegorischer Gefahrenraum

Bereits an der Gliederung seines Berichts zeigt sich der große Stellenwert, den Fabri der Überquerung des Mittelmeeres im *Evagatorium* beimisst. Der Schilderung der Mittelmeerpassage vorangestellt sind einige zum weiteren Verständnis unabdingbare Informationen über eine Seereise.[33] Sie bilden einen der längsten Exkurse in seinem Bericht überhaupt, der alle nur denkbaren Aspekte einer Schiffsreise berücksichtigt. Ausgangspunkt seiner Ausführungen ist der weltumspannende Ozean, bevor er mit der Beschreibung der Größe des Mittelmeeres und einer Erörterung der verschiedenen Theorien über den Ursprung des Salzgehaltes den Untersuchungsgegenstand immer weiter einengt.[34] Die sich diesen Ausführungen anschließende Beschreibung der Pilgergaleere umfasst neben Größe, Form und Aufbau des Schiffes auch eine in keinem anderen Bericht enthaltene detaillierte Übersicht über die Zusammensetzung der Mannschaft, der Befehlsgewalt oder Rechtsprechung an Bord. Auch die im Vorfeld zu treffenden Vorbereitungen und Einkäufe sowie das Alltagsleben auf See stellt Fabri ausführlich vor, wobei er besonders eindringlich die drangvolle Enge oder den täglichen Kampf gegen das Ungeziefer schildert.[35]

---

[32]   Bei der Darstellung der Hinreise stehen der Ablauf und die Wind- und Wetterbedingungen im Vordergrund. Fabri geht jeweils nur kurz auf die Zwischenstationen ein und verweist häufig auf die Rückreise, bei deren Schilderung er die einzelnen Mittelmeerinseln und Aufenthaltsorte in geographischer, politischer und historischer Hinsicht ausführlich beschreibt. Großes Gewicht legt er dabei auf die griechisch-römische Geschichte und Mythenwelt. Vgl. hierzu ausführlich REICHERT, Wanderer; FAUGERE, L'Antiquité. Auf diese Weise löst er das Problem, dem Leser auch nach dem Besuch aller heiligen Stätten interessante Informationen zu bieten und den Spannungsbogen der Erzählung aufrechtzuerhalten. Hierin unterscheidet sich das *Evagatorium* von der *Eigentlichen beschreibung*. Dort macht er bereits auf der Hinreise ausführlichere Angaben zu den Zwischenstationen. Die Rückreise wird dagegen vergleichsweise kursorisch unter der Perspektive beschrieben, inwiefern die Wetterverhältnisse das Vorankommen begünstigten oder erschwerten.

[33]   Vgl. das Kapitel *Sequuntur quaedam necessaria pro intellectu maritimae Evagationis*. FABRI, Evagatorium I, S. 107; DERS., Wanderings I, S. 111.

[34]   FABRI, Evagatorium I, S. 107-117; DERS., Wanderings I, S. 111-125.

[35]   Vgl. FABRI, Evagatorium I, S. 117-147; DERS., Wanderings I, S. 125-163. Zu Fabris Beschreibung der Galeere siehe LANE, Venetian Ships, S. 17-22. Zu den Reisevorbereitungen in Venedig

In einem Unterabschnitt des Exkurses geht er auf die mannigfachen Risiken ein, die den Pilger auf See erwarten. In diesem weitgehend aus dem Bericht von Ludolf von Sudheim übernommenen, dramaturgisch noch verstärkten Abschnitt[36] beschreibt Fabri die Gefahren, die sich aus der Beschaffenheit des Meeresgrundes mit seinen zahllosen Felsen, Klippen und Untiefen sowie Regionen mit tiefen Abgründen und reißenden Strudeln ergeben.[37] In den unberechenbaren Winden und Stürmen sieht er eine weitere Gefahrenquelle.[38] Eine größere Bedrohung seien jedoch Flauten, in denen das Schiff hilflos im Meer treibe und die Nahrungsvorräte verdürben. Die Passagiere müssten sich in einem solchen Fall nicht allein des sich rasend vermehrenden Ungeziefers erwehren. Auch der Charakter der Menschen an Bord verändere sich und führe zu Trägheit und Melancholie, aber auch zu Hitzigkeit und Missgunst. Nach seiner Ansicht fordert eine Flaute mehr Opfer unter den Passagieren als ein schwerer Sturm.[39] Neben den menschlichen Unzulänglichkeiten, die eine Seereise ebenfalls zu einem kaum kalkulierbaren Wagnis werden lassen,[40] führt Fabri schließlich einen Riesenfisch an, der in der Tiefe des Meeres sein Unwesen treibe und mit seinem spitzen Schnabel den Schiffsrumpf durchbohren könne.[41]

Mit diesen plastischen Beschreibungen stellt Fabri das Mittelmeer als einen „espace de la peur" dar.[42] Bevor er zur eigentlichen Beschreibung der Seereise übergeht, macht

---

siehe BALARD, Biscotto; DENKE, Venedig als Station und Erlebnis; RICHARD, Le Transport; SCHRÖDER, Reiseinstruktionen; TUCCI, L'Alimentazione. In anderen Berichten finden sich lediglich nur Teilaspekte. Vgl. Pietro Casolas Beschreibung der Galeere oder Konrad Grünembergs Angaben über die Besatzung. CASOLA, Viaggio a Gerusalemme, S. 110-116; DERS., Pilgrimage, S. 155-161; GRÜNEMBERG, Ritter Grünembergs Pilgerfahrt, S. 28-30.

[36] LUDOLF VON SUDHEIM, De Itinere Terrae Sanctae liber, S. 9-14. Vgl. dazu auch JAHN, Raumkonzepte, S. 51f. In Teilen könnte sich Fabri ebenfalls an Bartholomäus Anglicus orientiert haben, der in einem ausführlichen Abschnitt zum Meer auch auf die Gefahren eingeht. Vgl. BARTHOLOMÄUS ANGLICUS, De rerum Proprietatibus, S. 569-575, bes. 573f.

[37] FABRI, Evagatorium I, S. 115; DERS., Wanderings I, S. 122. Zu den reißenden Strudeln, deren Name Charybdis er aus der Antike herleitet und sich dabei von der antiken Fabel absetzt, siehe FABRI, Evagatorium I, S. 116f.; DERS., Wanderings I, S. 124f.

[38] Fabri differenziert dabei in Übernahme einer Passage von Ludolf von Sudheim zwischen plötzlich auftretenden Windböen, die die See aufwühlen und sich zu einem Sturm entwickeln und aus entgegengesetzter Richtung kommender Winde, in deren Kampf die Galeere hin- und hergeworfen würde. Vgl. FABRI, Evagatorium I, S. 115 und 117; DERS., Wanderings I, S. 123 und 125; LUDOLF VON SUDHEIM, De Itinere Terrae Sanctae liber, S. 10f.

[39] FABRI, Evagatorium I, S. 116: *Paucos vidi in navibus mori in tempestatibus, multos autem in bonazibus, hoc est in navis dicta quiete, vidi deficere et mori.* DERS., Wanderings I, S. 124.

[40] Fabri zählt hierzu die Ignoranz, Faulheit, Unvorsichtigkeit oder Schläfrigkeit der Kapitäne, was er selbst erlebt haben will. Vgl. FABRI, Evagatorium I, S. 116; DERS., Wanderings I, S. 123.

[41] FABRI, Evagatorium I, S. 117; DERS., Wanderings I, S. 125. Ludolf von Sudheim geht noch ausführlicher auf diesen bei ihm *troya* genannten Fisch ein. Vgl. LUDOLF VON SUDHEIM, De Itinere Terrae Sanctae liber, S. 12.

[42] MEYERS, Merveilleux et Fantastique, S. 442. Die Deutung des Meeres als Bedrohung ist durch zahlreiche Bibelverse bereits vorgegeben. Vgl. z.B. Ps. 46,4 und 107; Jes. 57,20; Jona 1,4-16,

er dem Leser demnach bewusst, welch schwieriges und risikoreiches Unterfangen die
Passage über das Meer darstellt.[43] Sowohl er selbst als auch die Jerusalempilger insgesamt müssen große körperliche Anstrengungen und Entbehrungen in Kauf nehmen.
Angesichts der lauernden Gefahren werden sie mit ihren schlimmsten Ängsten konfrontiert und lassen die Überquerung des Mittelmeeres nicht nur in seiner rein geographischen Dimension von Venedig nach Jaffa als Hindernis erscheinen.[44] Schon bei der
Schilderung, wie er und seine Reisegesellschaft von einem Hügel aus zum ersten Mal
die scheinbar endlose Wasserfläche erblicken, bringt er das Unbehagen und die zwie-
spältigen Gefühle angesichts des bevorstehenden Reiseabschnitts zum Ausdruck.[45] Das
Meer erscheint als eine kaum zu überwindende Grenze, die sie von dem ersehnten Ziel
der Reise trennt.

Die Risiken der Reise verdeutlicht Fabri aber nicht allein in seinem gelehrten Exkurs.
Auch während der Beschreibung seiner beiden Überfahrten schildert er immer wieder
Situationen, in denen das Schiff in schwere See gerät oder die Passagiere infolge von
Windstillen mit Lebensmittelknappheit und Wassernot zu kämpfen haben.[46] Ein Matro-
se, der laut Fabris dramatisierender Schilderung in unmittelbarer Nähe neben ihm stand,
wurde von einem herunterstürzenden Mast erschlagen.[47] Eine plötzliche Windböe
brachte die Galeere beinahe zum Kentern.[48] Während eines furchterregenden Sturms
gingen zu beiden Seiten des Schiffes zahllose Blitze nieder, so dass die aufgewühlte See

---

oder Lk. 21,25. Siehe hierzu DELUMEAU, Angst im Abendland I, S. 49-63; DERS., Die Angst der
Seefahrer.

[43]   Dies untermauert er noch durch seinen Vergleich, dass es für den Kundigen, der um all diese
Bedrohungen wisse, nur umso schlimmer sei. Denn dieser empfinde viel größere Furcht als der
Törichte, der nicht ahnt, welch vielfältige Schrecken ihn erwarten. Vgl. FABRI, Evagatorium I, S.
114; DERS., Wanderings I, S. 121f. Vgl. auch seine Darstellung der Bedrohung Venedigs durch
das Wasser in Kap. III.1.

[44]   Vgl. auch JAHN, Raumkonzepte, S. 52.

[45]   FABRI, Evagatorium I, S. 80; DERS., Wanderings I, S. 75. Dass das Mittelmeer für jemanden, der
zuvor noch nie zur See gefahren ist, eine emotionale Herausforderung war, macht Pietro Casola
deutlich. Vgl. CASOLA, Viaggio a Gerusalemme, S. 115: *Per la maiore parte de nui, tam peregrini, quam etiamdio altri amici erano venuti ad acompagnarme, eremo già tribulati dal mare; et io
più che li altri, per non essere mai stato in mare [...].* DERS., Pilgrimage, S. 161.

[46]   Vgl. Fabris Beschreibung des Weges von Zypern nach Rhodos auf der ersten Wallfahrt 1480.
FABRI, Evagatorium I, S. 44-46; DERS., Wanderings I, S. 28-30. Siehe hierzu ESCH, Gemeinsames
Erlebnis – Individueller Bericht, S. 409f. Vgl. BRASCA, Viaggio in Terrasanta, S. 119f.; ANONY-
MUS 1480, Le voyage de la Saincte Cité, S. 104-112; BARBATRE, Le voyage, S. 154-156.

[47]   FABRI, Evagatorium I, S. 34f.; DERS., Wanderings I, S. 15. Siehe hierzu ESCH, Gemeinsames
Erlebnis – Individueller Bericht, S. 397, der an diesem Beispiel anschaulich die verschiedenen
Stile der Darstellung zwischen Fabri und den Parallberichten über die Wallfahrt 1480 herausar-
beitet. Vgl. BRASCA, Viaggio in Terrasanta, S. 56; ANONYMUS 1480, Le voyage de la Saincte
Cité, S. 34f.; BARBATRE, Le voyage, S. 114.

[48]   FABRI, Evagatorium I, S. 155; DERS., Wanderings I, S. 172; Dessau, StB, Georg. Hs. 238,
fol. 18v-19r.

in Flammen zu stehen schien.[49] Die Wellen des normalerweise weichen und sanften Elements schlugen während des Sturms mit solcher Wucht gegen die Bordwände, als wenn Mühlsteine dagegen geworfen würden.[50] Noch angsteinflößender als die Gewalt der Wellen erschienen ihm die Geräusche des scheinbar berstenden Schiffes.[51] Auf der Rückreise seiner zweiten Wallfahrt schließlich kollidierte Fabris Galeere während eines Sturms sogar mit einem anderen Schiff, was ihn in Todesangst versetzt haben will.[52]

Dem Leser wird somit die Gefährlichkeit des Seeweges in allen Einzelheiten vor Augen geführt, selbst wenn Fabri zumindest einmal auch auf die Faszination des Elements Wasser hinweist.[53] Der Vergleich mit den übrigen Pilgerberichten zeigt, dass die Gefahren und die Lebensfeindlichkeit des Meeres dort ebenfalls im Vordergrund stehen. Vereinzelt werden nur die Gefahren durch Piraten[54] oder die Seekrankheit[55] stärker thematisiert. Die von Fabri präzise beschriebenen nautischen Hilfsmittel, mit denen die

---

[49] FABRI, Evagatorium I, S. 51; DERS., Wanderings I, S. 37.

[50] FABRI, Evagatorium I, S. 52; DERS., Wanderings I, S. 37.

[51] FABRI, Evagatorium I, S. 53; DERS., Wanderings I, S. 39.

[52] FABRI, Evagatorium III, S. 324f.; Dessau, StB, Georg. Hs. 238, fol. 217v-218r. Vgl. auch BREITENBACH, Die heyligen reyßen, fol. 161r-v; DERS., Peregrinatio, fol. 139v.

[53] Mit dem impliziten Hinweis auf seine Furchtlosigkeit lässt er den Leser wissen, dass er es sogar als große Freude empfand, sich während eines Sturmes an Deck aufzuhalten und den Wellengang zu beobachten. FABRI, Evagatorium I, S. 52: *Ego habui delectationem magnam in tempestatibus superius sedendo aut stando, et videndo mirabiles successus procellarum et occursus horribiles aquarum.* DERS., Wanderings I, S. 37. Eine Parallele hierzu findet sich bei Pietro Casola, der ebenfalls vom Oberdeck aus einen Sturm beobachtete und die Wellen mit gewaltigen Bergen verglich. Vgl. CASOLA, Viaggio a Gerusalemme, S. 260; DERS., Pilgrimage, S. 325.

[54] Diese Angst wird häufig anlässlich der Begegnung mit anderen Schiffen thematisiert. Ein am Horizont entdecktes Schiff, das infolge der Entfernung zunächst nicht als freundlich oder feindlich identifiziert werden konnte, weckte bei den Pilgern sogleich die Befürchtung, es könnte sich um Piraten oder osmanische Korsaren handeln. Vgl. ANONYMUS 1494, Die Reise, S. 167. Schon das Gerücht über auf den Seeweg kreuzende Korsaren führte zu Beunruhigung und Diskussionen, ob die Fahrt überhaupt fortgesetzt werden sollte. Vgl. als Beispiel die ausführliche Schilderung bei Pietro Casola und dem Anonymus bei ihrer Reise 1494. CASOLA, Viaggio a Gerusalemme, S. 164-167; DERS., Pilgrimage, S. 217-219; ANONYMUS 1494, Die Reise, S. 173. Siehe hierzu HYDE, Navigation, bes. S. 529; UTTERBACK, Pirates and Pilgrims.

[55] Die Pilger nutzten die Zeit in Venedig, um sich mit Bootstouren durch die Lagune gezielt auf die Passage vorzubereiten. Vgl. ANONYMUS 1494, Die Reise, S. 143. Dennoch stellte sich die Seekrankheit nicht erst bei starkem Wellengang oder Sturm ein. Viel schlimmer war nach Aussage mehrerer Pilger, wenn die Galeere vor Anker lag und keine Fahrt machte. Vgl. z.B. HEINRICH VON ZEDLITZ, Die Jerusalemfahrt, S. 91: *wornn die Pilgern fost schwach von dem, das sie am Ancker ligen solden, vnd solde es die lenge weren, sie musten sterben, wan die wail das schiff am Ancker lait, vst es vnstets vnd wackelt hin vnd her.* Vgl. auch GRÜNEMBERG, Ritter Grünembergs Pilgerfahrt, S. 63; ANONYMUS 1494, Die Reise, S. 176. Zu Venedig als Vorbereitungs- und Übergangsraum für die Seefahrt siehe zudem BALBI, Mare e pellegrini, S. 103f. Fabri gibt treffend zu Protokoll, dass bei starkem Seegang Nahrungsaufnahme und Erbrechen Hand in Hand gingen. Vgl. FABRI, Evagatorium I, S. 137 und Evagatorium III, S. 325; DERS., Wanderings I, S. 154.

Venezianer navigieren,[56] bedeuten zwar einen großen Fortschritt zur Positionsbestimmung und ermöglichen in der Regel eine grobe Orientierung,[57] eine sichere Passage garantieren sie jedoch nicht. Die Überquerung des Meeres blieb ein natürliches Hindernis, das den Pilgern sowohl große physische als auch psychische Stärke abverlangte. Trotz aller Dramatisierung in seiner Schilderungen und dem Eindruck der touristischen Pauschalreise, der sich bei dieser hochgradig organisierten Form der Wallfahrt aufdrängt, war die Mittelmeerpassage ein gefährliches Unterfangen. Eine gesunde und glückliche Rückkehr nach Venedig war keine Selbstverständlichkeit.[58] Krankheiten und Tod waren stetige Wegbegleiter. Besonders viele Opfer waren meist auf der Rückreise zu beklagen, wenn die Pilger von den Anstrengungen und dem heißen Klima im Heiligen Land oder Ägypten geschwächt waren.[59] Mit der Beschreibung des Meeres als Gefahrenraum unterstreicht Fabri seine Leistung, diese Reise gleich zweimal erfolgreich absolviert zu haben. Dies erfolgt nicht aus falschem Stolz, sondern dient dem Nachweis, allen Gefahren und Widrigkeiten getrotzt und unbeirrt am Ziel festgehalten zu haben.[60]

---

[56] Fabri nennt z.B. den Kompass, dessen Anzeige vom Schiffsführer nie aus den Augen gelassen werde, und geht beschreibt eine Seekarte, auf der in einem Liniennetzwerk die Regionen und Orte des Mittelmeeres mit Entfernungsangaben verzeichnet seien und mit deren Hilfe selbst ohne Sicht auf die Sterne navigiert werden könne. FABRI, Evagatorium I, S. 123f.; DERS., Wanderings I, S. 134f. Fabri gibt hiermit einen der raren Hinweise auf die Nutzung von Portolankarten. Vgl. hierzu ausführlich BAUMGÄRTNER, Reiseberichte und Karten, S. 92f.; DENKE, Venedig als Station und Erlebnis, S. 120.

[57] Fabri berichtet, dass während einer Nacht die Galeere vom Kurs abkam, was zu einem Streit zwischen Patron, Ruderführer und der Besatzung führte. Vgl. FABRI, Evagatorium I, S. 170f.; DERS., Wanderings I, S. 192.

[58] Dies geht besonders aus dem Bericht Stefan Baumgartners über die Jerusalemfahrt Herzog Heinrichs von Sachsen 1498 hervor. Vgl. BAUMGARTNER, Reise zum Heiligen Grab 1498, S. 65: *Item am 19. tag Octobris khamen wier wieder gehn Venedig mit gotes hulff, mit großen freuden nndt gesundt, unnd keinen pilgram aussen gelassenn, unndt alle wieder gehn Venedig bracht, inn der ehre der muter gotes. amen.*

[59] Sowohl Fabri als auch die Verfasser der Vergleichsberichte halten die Todesfälle unter Passagieren und Mannschaft fest. Sie erwähnen zumeist Namen und Stand des Pilgers, beschreiben in Einzelfällen auch den Krankheitsverlauf und Tod und bedauern, wenn eine Seebestattung unumgänglich ist. Konrad Beck, der 1483 derselben Reisegesellschaft wie Fabri angehörte, listet am Ende seines Parallelberichts die Pilger auf, welche die Reise nicht überlebt hatten. Vgl. BECK, Pilgerreise, S. 97: *Die sind tot uff der galle.| It. Her Hans von Friberg. | It. Her Haimprand notthaft. | It. Ringuff, des von Friberg knecht. | It. zwen Hollender. | It. ain priester uss Franckrich. | It. ain galiath ertranck.*

[60] Die Aufgabe der Pilgerfahrt dürfte dem Eingeständnis des Scheiterns gleichgekommen sein. Martin Ketzel berichtet von dem Fall, dass ein Pilger die Wallfahrt auf Korfu abbrechen musste, weil ihm das *Mer nit zimen wolt*. Vgl. KETZEL, Reise nach dem gelobten Land, S. 102. Auch im Bericht über die Wallfahrt Wilhelms von Thüringen wird vermerkt, dass aufgrund der Seekrankheit zwei Pilger umkehren mussten. Vgl. ANONYMUS 1461, Pilgerfahrt des Landgrafen Wilhelm von Thüringen, S. 83. Im Hinblick auf eine gute Memoria wird verschiedentlich beim Tod eines Pilgers festgehalten, dass er sich auf seiner Wallfahrt in jeglicher Hinsicht bewährt und ausge-

Damit geht eine allegorische Deutung des Meeresraums einher, bei dessen Durchquerung der Pilger in besonderem Maße auf Gott angewiesen ist. Die Schiffsreise kommt einer Prüfung gleich, die dem Pilger von Gott auferlegt wird und derer er sich würdig erweisen muss, um den in Jerusalem wartenden Lohn für seine Bemühungen zu empfangen.[61] Die Gewalt der Naturkräfte wird unmittelbar am eigenen Körper erfahren und als direkte Reaktion auf das eigene Verhalten begriffen. Stürme werden – wie das Beispiel Pietro Casolas zeigt – als göttliche Strafe für das Fehlverhalten der Pilger aufgefasst.[62] Das in den Berichten häufig erwähnte Phänomen des Elmsfeuers während eines Sturmes ist dagegen ein Zeichen göttlicher Gnade.[63] Fabri pocht bei seiner Schilderung des Phänomens auf der Wahrheit des Gesehenen, indem er darauf verweist, dass es zweihundert weitere Zeugen des Ereignisses gebe.[64]

Die guten oder schlechten Wetterbedingungen sind für Fabri ein wichtiges Maß, um die Richtigkeit oder Sündhaftigkeit des Verhaltens zu bestimmen. Anhand der Beschreibung des Mittelmeeres vermittelt er dem Leser auf anschauliche Weise, wie gewaltig die Kraft der von Gott geschaffenen Natur ist und wie Gott diese Natur zur Kommunikation nutzt und als strafendes bzw. belehrendes Instrument einsetzt. Auch deshalb fällt sein Urteil über das Glücksspiel, mit dem sich die Pilger während der Überfahrt die Zeit zu vertreiben pflegten, überaus hart aus. Nicht nur, dass einige durch das *verfliecht spil* fast ihr gesamtes Bargeld verloren und für den Rest der Reise auf die Unterstützung anderer Pilger angewiesen waren.[65] Im Gegensatz zur *Eigentlichen beschreibung* bezieht er in seinem lateinischen Bericht auch das Verhalten seiner Reise-

---

zeichnet hat. Vgl. hier Fabris Beschreibung des ‚rechten Sterbens' seines Reisegefährten Graf Johann von Solms in Alexandria oder die Schilderung des Todes von Francesco Trivulzio auf der Reise Pietro Casolas. FABRI, Evagatorium III, S. 199-201; Dessau, StB, Georg. Hs. 238, fol. 206r-v; CASOLA, Viaggio a Gerusalemme, S. 239-243; DERS., Pilgrimage, S. 300-305.

[61] Vgl. auch LEED, Die Erfahrung der Ferne, S. 25; BALBI, Mare e Pellegrini, S. 119.

[62] Casola beklagt sich, dass sich die Pilger nach einer Nacht, in der die Galeere außergewöhnlich gute Fahrt gemacht habe, sich Gott gegenüber nicht dankbar gezeigt hätten. Dies habe seinen Zorn heraufbeschworen, der in einen fürchterlichen Sturm mündete. Vgl. CASOLA, Viaggio a Gerusalemme, S. 258; DERS., Pilgrimage, S. 322f.

[63] Casola beschreibt zwar den Sturm und die Angst der Pilger, die Gott und die Heiligen um Hilfe anflehen und Wallfahrten im Fall ihrer Rettung geloben. Nur im deutschen Parallelbericht wird aber auch das plötzlich erscheinende Elmsfeuer erwähnt. Laut dem Anonymus leuchtete es in jenem Moment auf, als die Pilger eine Litanei zu Ehren des heiligen Thomas sangen. Bald darauf habe der Sturm aufgehört. Vgl. ANONYMUS 1494, Die Reise, S. 243f.; DERS., Eine Pilgerfahrt, S. 465. Siehe auch eine ähnliche Deutung bei RINDFLEISCH, Wallfartt, S. 342.

[64] FABRI, Evagatorium I, S. 54: *Nemo autem aestimet, quod jam dicta de luce sint ficta aut fabulosa, sed sunt verissima, et ea plus quam ducentorum testium assertione hodio in humanis viventium probaro possem.* DERS., Wanderings I, S. 40f. Vgl. auch die Erwähnung und gleiche Deutung in den Parallberichten: BRASCA, Viaggio in Terrasanta, S. 124f.; BARBATRE, Le voyage, S. 167.

[65] FABRI, Evagatorium I, S. 166f.; DERS., Wanderings I, S. 186f.; Dessau, StB, Georg. Hs. 238, fol. 23r. Immerhin konnte er – wie er im *Evagatorium* festhält – durch seine Predigten wenigstens einige von ihrem verhängnisvollen Weg abbringen. FABRI, Evagatorium I, S. 167; DERS., Wanderings I, S. 187.

begleiter mit ein und verurteilt, dass sie in törichter Manier jubiliert hätten, als einer seiner adligen Gönner beim Spiel ein vom Patron ausgelobtes wertvolles Tuch gewann.[66] Die Pilger sollten nicht nur in Jerusalem oder erst bei Erreichen des Heiligen Landes eine demütige Haltung gegenüber Gott einnehmen, sondern während der gesamten Reise. Hinsichtlich seiner Ordensbrüder wollte oder konnte er keine nachgiebige Haltung gegenüber seinen Reisegenossen einnehmen. Ihr Verhalten musste aus theologischer Sicht in aller Schärfe verurteilt werden. In der *Eigentlichen beschreibung* war eine vergleichbar harsche Kritik an seinen adligen Gefährten, die ihm die Wallfahrt finanziell ermöglicht hatten, nicht möglich, wollte er sie nicht bloßstellen und in ihrer Ehre verletzen.

1.2   Das Mittelmeer als geographische und kulturelle Trennlinie

Das Mittelmeer ist jedoch nicht nur ein bedrohlicher Naturraum, dessen Gesetzmäßigkeiten vom Menschen nicht beherrschbar sind. Das Meer stellt für Fabri darüber hinaus auch eine geographische Grenze zwischen den Kontinenten dar. Dies ist zunächst kein selbstverständlicher Befund. Klaus Oschema hat bereits darauf hingewiesen, dass in mittelalterlichen Reiseberichten kaum einmal auf die geographischen Grenzen Europas Bezug genommen wird.[67] Dies gilt – mit Ausnahme von Fabris *Evagatorium* – auch für die Pilgerberichte des 15. Jahrhunderts. Bei der Schilderung des Reiseverlaufs scheinen Grenzen nicht von Bedeutung gewesen zu sein, sofern sie kein Hindernis darstellten, das den Fortgang der Reise in Frage stellte. Wohl aus diesem Grund erwähnt Fabri die geographischen Grenzen in der *Eigentlichen beschreibung* nicht. Für die Schilderung des Reiseverlaufs waren sie eine zu vernachlässigende Information.

Anders stellt sich die Situation im *Evagatorium* dar, in dem die Beschreibung seiner Wallfahrt als Medium dient, seinen Ordensbrüdern die auf der Reise erfahrene Vielfalt von Gottes Schöpfung vor Augen zu führen. Die Beschreibung des Reiseweges verknüpft er daher mit grundlegenden Angaben über die Beschaffenheit der Erde, wofür er auch kartographische Abbildungen auswertet,[68] die für ihn ein wichtiges und Texten gleichgestelltes Informationsmedium darstellen.[69]

---

[66]   FABRI, Evagatorium I, S. 167: *Illo ergo die fuit laetitia magna licet stulta in societate mea, propter illius panni serici lucrationem.* DERS., Wanderings I, S. 187. Dessau, StB, Georg. Hs. 238, fol. 23r: *vnd nach dem wolleben gab er vs ein sÿdi tůch attlas vi gl wert vnd lies drum spilen, dz gewan einer von minen herren, her ber von rechberg.*

[67]   OSCHEMA, Der Europa-Begriff, S. 217.

[68]   So hat er während des Aufenthaltes in Venedig sehr wahrscheinlich ein Exemplar der Fra Mauro Karte studiert. FABRI, Evagatorium I, S. 106; DERS., Wanderings I, S. 110. Vgl. hierzu zuletzt BAUMGÄRTNER, Reiseberichte und Karten, S. 94f.; FALCHETTA, Fra Mauro's World Map, S. 24. Zu Fra Mauro siehe zudem BAUMGÄRTNER, Kartographie, Reisebericht und Humanismus; GAUTIER DALCHÉ, Weltdarstellung und Selbsterfahrung. Mehrfach verweist Fabri darüber hinaus auf

Seine geographischen Hinweise über das Mittelmeer bzw. über die Verteilung der Landmassen unterscheiden sich dabei nicht von der gängigen Vorstellung, wie sie durch die Werke Isidors von Sevilla oder Honorius Augustodunensis in der mittelalterlichen Gelehrtenwelt verankert war und in dem klassischen TO-Schema der Ökumenekarten zum Ausdruck kommt.[70] So ist dem *Evagatorium* zufolge Europa im Westen vom allumgebenden Ozean begrenzt, die Insel Irland die westlichste Landfläche überhaupt.[71] Im Osten bildet der Don die Grenze zu Asien. Im Süden schließlich ist das Mittelmeer sowohl zu Afrika als auch zu Asien die Trennscheide.[72]

Auf diese südliche Grenze Europas geht Fabri in zwei Bemerkungen näher ein. Indem er erneut auf den Bericht Ludolfs von Sudheim zurückgreift,[73] beschreibt er erstens die ihm aus eigener Anschauung nicht bekannte Straße von Gibraltar, an der die Erdteile Europa und Afrika direkt aufeinandertreffen. Die beiden Ufer seien so gering voneinander entfernt, dass laut Fabri eine Kommunikation über die Wasserfläche hinweg möglich sei, denn christliche und heidnische Wäscherinnen zu beiden Seiten würden sich an dieser Stelle regelmäßig gegenseitig beschimpfen.[74]

---

die 1482 in Ulm gedruckte Ausgabe der *Cosmographia* des Ptolemäus. Vgl. hierzu HERKENHOFF, Die Darstellung außereuropäischer Welten, S. 83-91; MEINE, Die Ulmer Geographia.

[69] Die Kenntnis und Verwendung von Karten in den Pilgerberichten ist dabei an sich nicht ungewöhnlich. Einige Verfasser fügen ihren Berichten auch selber Kartenskizzen bei. Vgl. hierzu mit weiteren Literaturangaben BAUMGÄRTNER, Reiseberichte und Karten; DELANO SMITH, The intelligent Pilgrim; HUSCHENBETT, Spätmittelalterliche Berichte; TIMM, Der Palästina-Pilgerbericht. Für Fabri spiegelt sich in den Karten der aktuelle Wissensstand seiner Zeit wider, mit denen die geographischen Erkenntnisse jüngerer Reisen wie z.B. von Odorico von Pordenone abgeglichen werden können. Dies zeigt sich an der Passage gleich zu Beginn des *Evagatoriums*, bei der Fabri sich mit dem Verweis auf neue Weltkarten, die den fernen Osten einschließlich der Insel *Zinpanga* – Marco Polos Japan – abbilden. Fabri setzt sich hiermit von älteren Wissensbeständen deutlich ab. Vgl. FABRI, Evagatorium I, S. 3. Allerdings handelt es sich um eine später zugesetzte Randbemerkung, die sich von *De extremis mundi* bis *Insuper conscripsi diligenter* erstreckt. Vgl. Ulm, StB, Hs. 19555-1, fol. 1v. Zu Japan siehe REICHERT, Zipangu.

[70] Vgl. zu den Grenzen Europas mit weiterer Literatur BAUMGÄRTNER, Europa in der Kartographie; OSCHEMA, Der Europa-Begriff, S. 196f.; DERS., Europa, S. 13. Zum TO-Schema siehe einführend BRINCKEN/EDSON/SAVAGE-SMITH, Der mittelalterliche Kosmos, S. 55-77; OBERWEIS, Die Darstellung Europas. Das antike Wissen um die Kontinente ist zusammengefasst bei GIRARDET, Kontinente und ihre Grenzen.

[71] FABRI, Evagatorium I, S. 289: *et usque in Hiberniam, quae ultima occidentis regio est [...]*. DERS., Wanderings I, S. 352.

[72] FABRI, Evagatorium III, S. 273f.: *Europa ab oriente Tanai flumine terminatur, ab occidente mari Gaditano, a meridie mediterraneo mari, et a septemtrione frigida zona*. Vgl. auch den Abschnitt über die Beschaffenheit der Erde in den *Sionpilgern*, in der er die östliche Grenze Europas um den Bosporus ergänzt, den die imaginären Nonnen auf ihrer Pilgerfahrt nach Konstantinopel ohne Mühe passieren. Vgl. DERS., Die Sionpilger, S. 295f.

[73] LUDOLF VON SUDHEIM, De Itinere Terrae Sanctae liber, S. 7; JAHN, Raumkonzepte, S. 51f.

[74] FABRI, Evagatorium I, S. 110: *Brachium autem illud, quod in Hispania oceano jungitur, vocatur, vulgariter strictum de Maroch, et dividet regnum Marochiae, quod est in Affrica, ab Hispania; inter quas regiones effluit mare mediterraneum ex oceano per praefatum brachium, quod in*

Zweitens geht Fabri näher auf die Grenze zu Asien ein, die nicht entlang der Küsten-
linien, sondern inmitten des Meeres verläuft. Die Pilger gelangen nicht erst mit der
Landung in Jaffa nach Asien, sondern schon mit der Abfahrt der Galeere von Kreta.[75]
Fabri schließt hier an die Vorstellung von Kreta als geographischem Schnittpunkt der
drei Erdteile an,[76] die sich auch in Giovanni Boccaccios Kommentar zu Dantes Göttlicher Komödie findet.[77] Fabri teilt das Mittelmeer hierzu in drei Teile ein, die er jeweils
als Küstenmeer einem der drei Erdteile zuschlägt.[78]

  In beiden Fällen markiert das Mittelmeer nicht nur eine geographische Grenze zwischen den Kontinenten. Es dient als Scheidelinie, die unterschiedlich konstituierte
Räume voneinander trennt. Die Straße von Gibraltar ist für Fabri zugleich eine Glau-

---

*latidudine vix habet quartale militaris. Stant enim foeminae lotrices in utraque parte, paganae in
Maroch, christianae in Hispania, et corixantur, et ibi dividitur Affrica ab Europa.* DERS., Wanderings I, S. 115.

[75] FABRI, Evagatorium I, S. 110: *Unde peregrinus, qui ad S. Katharinum transit, tres illas mundi
partes attingit in mari. In Europa enim navigaro incipit, et in Creta et Rhodo et Cypro Asiam
tangit, dum vero in Alexandriam Aegypti pervenit, in Affrica erit.* DERS., Wanderings I, S. 115.
Vgl. DERS., Die Sionpilger, S. 296: *Wenn vß __Europa__ komen si in __Asiam gen Rodis__.*

[76] Um Missverständnisse auszuschließen, schließt Fabri bei der Setzung Kretas einen Exkurs an, der
die verschiedenen Vorstellungen über den Mittelpunkt der Erde gegenüberstellt. Er macht deutlich, dass es sich bei Kreta nur um den geographischen Erdmittelpunkt bezogen auf die gesamte
Fläche der Landmassen handelt, während der Mittelpunkt der bewohnten Welt in Jerusalem liegt
(und infolge der Heilsbedeutung liegen muss). Bei der Beschreibung der Grabeskirche und der
Argumentation für den Erdmittelpunkt in Jerusalem weist er auf diesen Unterschied nicht hin.
Vgl. FABRI, Evagatorium III, S. 272f.: *Pro quo est notandum, quod de medio mundi possumus
loqui tripliciter. [...] De primo orbis medio, ubi sit, vere scit orbis conditor, qui et latitudinem
maris et terrae magnitudinem, profundum abyssi et coeli altitudinem dimensus est. Multi tamen
opinati sunt, hoc mundi medium in Jerusalem, in loco, ubi passus est Dominus, uti patet P. I. Fol.
117. Multi autem non credunt, in Jerusalem posse esse centrale medium mundi, et plures de hoc
disputationes fiunt. Dicunt tamen, quod medium mundi secundo modo acceptum est in Jerusalem.
Medium vero tertio modo est in Creta, quod patet, quia ad eam insulam maria trium orbis
parlium terminantur.* Auch nach Antonio da Crema liegt der Erdmittelpunkt bei Kreta, während
dies nach Bernhard von Breidenbach nur die Ansicht der antiken Autoren sei. Vgl. ANTONIO DA
CREMA, Itinerario al Santo Sepolcro, S. 74; BERNHARD VON BREIDENBACH, Die heyligen reyßen,
fol. 33r. In der lateinischen Fassung fehlt diese Angabe. Vgl. DERS., Peregrinatio, fol. 29r. In der
Kartographie hat Fabris Interpretation eine Parallele zu Fra Mauro, der auf seiner Weltkarte Jerusalem nicht ins Zentrum setzt und in der Legende erklärt, dass die Stadt nur auf der Basis der bewohnten Fläche, nicht aber bezogen auf die gesamte Ausdehnung der Landfläche, den Mittelpunkt darstellt. Da Fra Mauro aber aufgrund seiner Erkenntnisse eine größere Ausdehnung Asiens
annimmt, verlegt den geographischen Mittelpunkt im Gegensatz zu Fabri weiter nach Osten. Vgl.
hierzu BRINCKEN, Europa in der Kartographie, S. 303; BAUMGÄRTNER, Die Wahrnehmung Jerusalems, S. 329-331; DIES., Kartographie, Reisebericht und Humanismus, S. 178f.

[77] Vgl. KARAGEORGOS, Der Begriff Europa, S. 145.

[78] FABRI, Evagatorium III, S. 273: *Nam illi ab arctoo Aegeum est mare et ab occiduo Jonium seu
Myrteum, quae Europae sunt maria; a solis ortu est illi Icarium mare atque Carpacium sive
Aegyptium, quae Asiatica maria sunt. A meridie vero et occiduo Afro alluitur ponto, et sic tribus
orbis partibus terminus est.*

bensgrenze. Während auf der europäischen Seite rechtgläubige Christen leben, verharren die Menschen auf der afrikanischen Seite in ihrem Unglauben. Trotz der Nähe der beiden Ufer, die eine Kommunikation zwischen den Parteien erlaubt und somit nahe legt, dass die Meerenge eigentlich problemlos zu überqueren wäre, stellt Fabri das Mittelmeer durch den Gegensatz von Christen- und Heidentum als strikte und unüberwindliche Trennlinie dar.[79] Übergangen wird dabei, dass die Reconquista auf der Iberischen Halbinsel noch nicht vollständig abgeschlossen war und die geographische Grenze trotz der weitgehenden Machtlosigkeit des Nasridenreiches in Granada nicht die tatsächliche politische, gesellschaftliche und religiöse Situation widerspiegelte.[80]

Der bei Kreta verlaufende Schnittpunkt zwischen den drei Erdteilen nutzt Fabri, um die unterschiedlichen spezifischen Merkmale der Kontinente hervorzuheben. In Übernahme von Passagen aus dem enzyklopädischen Werk *De rerum Proprietatibus* von Bartholomäus Anglicus sieht Fabri Asien als größten der drei Erdteile an, in dem es viele Länder und zahllose Völker gebe. Afrika, der kleinste der drei Erdteile, zeichne sich durch eine hohe Sonneneinstrahlung, seinen Reichtum an Gold, Edelsteinen und Pflanzen aus und werde von allerlei menschlichen und tierischen Ungeheuern bevölkert. Europa schließlich sei zwar kleiner als Asien, diesem an Zahl der Völker aber nicht nur gleich, sondern hinsichtlich der Eigenschaften sogar überlegen. Mit Verweis auf Plinius als antike Autorität würden die Menschen in Europa alle anderen an Größe, Stärke, Kühnheit und Schönheit übertreffen.[81]

Das Selbstbild, das sich durch diese Abgrenzung ergibt, zeigt den Bewohner Europas als rechtgläubigen Christen, der mit hervorragenden und gegenüber allen anderen Menschen überlegenen Fähigkeiten ausgestattet ist.[82] Während Europa so als Ort erscheint, in dem die Menschheit zu höchster Kultur und Blüte gelangt ist, bleibt Asien infolge der

---

[79] An diesem Beispiel zeigt sich ein mit der Grenze verbundenes Paradoxon. Obwohl sie eine separierende Funktion hat, ist sie zugleich eine Kontaktzone, in der das eigentlich Getrennte wieder aufeinander trifft oder zumindest in Verbindung gebracht wird. Vgl. LANDWEHR, Das Territorium inszenieren, S. 222f.; SCHLÖGEL, Im Raume lesen wir die Zeit, S. 143.

[80] Gleichwohl war die Meerenge nach der Eroberung Algeciras 1344 durch Alfons XI. von Kastilien weitgehend unter christliche Kontrolle. Gibraltar selbst wurde 1462 erobert. Vgl. zur Situation auf der Iberischen Halbinsel HERBERS, Peripherie oder Zentrum?; MACKAY, Religion.

[81] FABRI, Evagatorium III, S. 273f. Fabri folgt hierbei recht wortgetreu Bartholomaeus Anglicus, ohne diesen namentlich anzuführen Vgl. BARTHOLOMAEUS ANGLICUS, De rerum Proprietatibus, S. 624f., 633f. und 647f.

[82] Diese Vorrangstellung wurde aus der biblischen Erzählung von den Söhnen Noahs abgeleitet, die die Welt unter sich aufteilten (Gen. 9,24-27). Japhet wurde nach mittelalterlicher Auffassung Europa, Sem Asien und Ham Afrika zugesprochen. Japhets Nachkommen kam ein Vorrang zu, da diesen der besondere Segen Noahs galt und die letzten danielischen Reiche (Makedonien und Rom) aus diesem Haus hervorgingen bzw. hervorgehen sollten. Mit den Bewohnern Afrikas wurde dagegen infolge des über ihren Stammvater Ham verhängten Fluchs Unfreiheit und Minderwertigkeit assoziiert. Vgl. BRAUDE, The Sons of Noah; BRINCKEN, Europa in der Kartographie, S. 296f.; REICHERT, Grenzen in der Kartographie, S. 34; FISCHER, Oriens – Occidens – Europa, S. 10-19.

gewaltigen Ausdehnung und Vielzahl an Völkern ein nicht näher zu definierender, unheimlicher Raum und Afrika trotz seinem Überfluss an Bodenschätzen letztlich ein unzugängliches und für Menschen lebensfeindliches Gebiet.

Von den Europäern und Europa als gemeinsamem Kulturraum spricht Fabri allerdings nicht. Zwar weisen diese raumbezogenen Abgrenzungen Fabris zumindest in Ansätzen auf die Vorstellung einer gemeinsamen kulturellen, christlich begründeten Verbindung der Völker des europäischen Kontinents hin. Es handelt sich aber nur um vereinzelte, noch dazu aus älteren Vorlagen übernommene, Äußerungen, denen seine über die deutsche Sprache vorgenommene Binnendifferenzierung entgegensteht. Die ab Mitte des 15. Jahrhunderts aufkommende semantische Neubestimmung des Europa-Begriffs, die Verknüpfung des geographischen Europa mit dem lateinischen Christentum und die Verwendung im Kontext der Türkengefahr z.B. bei Aeneas Silvio Piccolomini oder Nikolaus von Kues, setzen sowohl Fabri als auch die Verfasser der Vergleichsberichte nicht bewusst ein.[83]

Fabri knüpft mit seinen geographischen Angaben eher an die kollektivierende Ordnungseinheit der *christianitas* und den Gegensatz zwischen christlichem Okzident und heidnischem Orient an.[84] Vor dem Hintergrund der festen geographischen Grenzen zwischen den drei Erdteilen wirkt die von Fabri beschriebene politische Situation für den Leser noch bedrohlicher. Die Inseln Rhodos und Zypern bilden zwar noch die letzten christlichen Außenposten im asiatischen Erdteil. Diese „Frontstaaten"[85] sind aber aufgrund des osmanischen Expansionsdrucks kaum mehr ein Sprungbrett zur Rückeroberung des Heiligen Landes, sondern sehen sich selbst einer unmittelbaren Bedrohung durch türkische Heere gegenüber. Zur Verteidigung dieser äußersten christlichen Grenze hält es daher Fabri unbedingt für notwendig, in Zypern erfahrene und energische Bischöfe einzusetzen, die mit ihren Tugenden ein gutes Beispiel abgeben und sowohl die Standhaftigkeit der christlichen bzw. christlich-orthodoxen Bevölkerung erhöhen als auch bei den – hier von ihm als scheußlich oder widernatürlich diffamierten – Muslimen Bewunderung hervorrufen.[86]

---

[83]   Vgl. hierzu FISCHER, Oriens – Occidens – Europa; OSCHEMA, Der Europa-Begriff, S. 224-226; BORGOLTE, Vor dem Ende der Nationalgeschichten?, S. 572; SCHNEIDMÜLLER, Europa im Mittelalter, S. 12; DERS., Die mittelalterlichen Konstruktionen Europas, S. 13-15; HÖFERT, Den Feind beschreiben, S. 62f. Der Europa-Begriff und eine damit verbundene Vorrangstellung des Kontinents wird erst im Kontext der Kolonialisierung im 16. Jahrhundert zu einem wichtigen Bestandteil des Diskurses über das Eigene und das Fremde. Vgl. hierzu CÉARD, L'Image de l'Europe.

[84]   Vgl. OSCHEMA, Der Europa-Begriff, S. 192f., 214, 216 und 221; SCHNEIDMÜLLER, Die mittelalterlichen Konstruktionen Europas, S. 11. Verfehlt ist es m. E., den Begriff der *christianitas* als ,archaisch' zu klassifizieren und es einem ,modernen', sprich fortschrittlichen Europa-Begriff gegenüberzustellen. Siehe hierzu MÜLLER, Die Christenheit oder Europa, S. 17.

[85]   OTTHEINRICH VON DER PFALZ, Die Reise, S. 30f.

[86]   FABRI, Evagatorium III, S. 242: *Summe necessarium esset pro fidei catholicae dignitate, quod in finibus ultimis christianae religionis, ut est Cyprus, ponerentur episcopi maturi, fortes et in ecclesiis suis residentiam habentes, qui verbo et exemplo non solum sibi subditos, sed graecos, armenos, et caeteros schismaticos ac orientales haereticos ad ecclesiae romanae dilectionem inc-*

Noch schlimmer steht es um die Länder des Balkans. Hier waren die Türken bereits tief in den europäischen Raum vorgedrungen und hatten viele Städte tributabhängig gemacht. Mit Durazzo (Durres) wird am zehnten Segeltag eine von den Glaubensfeinden beherrschte Stadt erreicht, die Ausgangspunkt der Feldzüge gegen die Christenheit sei.[87] Dem Leser wird auf diese Weise verdeutlicht, dass das Christentum mehr und mehr in die Defensive gedrängt wird und das Meer kaum mehr eine trennende Funktion hat.[88] An anderer Stelle des *Evagatoriums* bringt Fabri eine im ausgehenden 15. Jahrhundert nicht ungewöhnliche Vorstellung zum Ausdruck, nach der die Muslime den Norden, Osten und Süden der bewohnten Welt bereits unterworfen und zahlreiche vormals christliche Länder in ihre Gewalt gebracht hätten. Lediglich ein letzter Winkel im Westen sei den Christen verblieben.[89]

1.3 Brüche im Raumkonzept

Sowohl in seiner Darstellung des Mittelmeeres als Gefahrenraum als auch in der Vorstellung vom Meer als geographischer Scheidelinie hebt Fabri den trennenden Charakter des Meeres hervor. In einem Fall wird das Meer selbst als fremder Raum beschrieben, der nur unter großen Schwierigkeiten und Risiken durchquert werden kann, um das Ziel der Reise zu erreichen. Fabri bringt nicht von ungefähr seine Dankbarkeit und große Freude zum Ausdruck, unversehrt und gesund wieder das Festland betreten zu können.[90] Im anderen Fall grenzt das Meer den eigenen vom fremden Raum ab und bildet gleichsam eine Barriere vor den ‚Ungläubigen‘, die auf der anderen Seite der Straße von Gibraltar leben, und den fremden Menschen und Fabelwesen, die Asien und Afrika

---

linarent et Sarracenos, Turcos in ammirationem verterent ob insignia virtutum. Praefatis enim monstruosis gentibus Cyprus undique circumdata est, et quottidie pro suis negotiis per insulae totius loca vagantur. Zum Terminus *monstrum* vgl. MÜNKLER/RÖCKE, Der *ordo*-Gedanke, S. 722-726.

[87] FABRI, Evagatorium I, S. 163; DERS., Wanderings I, S. 182.

[88] Vgl. auch JAHN, Raumkonzepte, S. 59.

[89] FABRI, Evagatorium III, S. 95: *Hi Sarraceni cum secundis in tantum multiplicati sunt, quod repleverint totam Asiam quasi Minorem et magnam partem Europae et dicuntur Sarraceni Turcomanni, quos nos Turcos dicimus, sub imperatore Turcorum degentes et partes fidelium sine cessatione invadentes. [...] Et illi dicuntur Sarraceni Soldanini, quia subsunt imperio Soldani regis Aegypti. Sed et Africam totam possederunt jam multis temporibus. Et illi Affri dicuntur Sarraceni Marrochiani, austrum occupantes. Sic ergo maledicta gens illa per Machometi industriam possidet Aquilonem, Austrum et Orientem, quae omnia de manibus Christianorum avulsit et in suam ditionem redegit, mansitque duntaxat angulus Occidentis tantum fidelibus.* Vgl. auch DERS., Die Sionpilger, S. 238. Fabris Ansicht erinnert auch ohne direkten Bezug auf Europa an Aenea Silvio Piccolominis berühmte Rede auf dem Frankfurter Reichstag 1454, in der er unter dem Eindruck der Eroberung Konstantinopels Europa als Heimatland und eigenes Haus bezeichnet, in dem man nun besiegt worden sei. Siehe mit Literaturhinweisen BORGOLTE, Vor dem Ende der Nationalgeschichte?, S. 566; HERBERS, Europa und seine Grenzen, S. 21f.

[90] FABRI, Evagatorium III, S. 437.

bevölkern. Allerdings verliert diese Grenze durch das Vordringen der Osmanen zunehmend seine schützende Wirkung.

Doch am Ende seines *Evagatoriums* schließt Fabri einen Exkurs an, in dem er den
trennenden und bedrohlichen Charakter des Meeres aufhebt und vielmehr die lebensspendenden Eigenschaften lobt, die Gott in seiner Güte dem Menschen durch das Meer
zuteil werden lasse.[91] Trotz seiner Gefahren ist demnach auch das Meer Teil der Schöpfung, aus dem der Mensch reichen Nutzen ziehen kann. Hierzu zählt er erstens den
großen Überfluss an Fischen, von denen sich Reich und Arm nähren können und zweitens die Lebensmittel und Nutzwaren, die bei ruhiger See von den fruchtbaren Inseln
auf die Märkte des Festlandes gebracht werden. Drittens hebt er die gesundheitsfördernde Wirkung des Salzwassers hervor.[92]

Auch würdigt er den maritimen Handel, der allerlei kostbare, unbekannte und exotische Waren mit großer Geschwindigkeit in die Heimat befördere.[93] Auf die übergrei-
fenden Handelsverbindungen hatte er dabei bereits bei der Beschreibung der randvollen
Depots der Venezianer in Alexandria[94] sowie seiner Überlegung hingewiesen, welche
Vorteile ein Kanal zwischen dem Nil und Roten Meer hätte. Im Gegensatz zu einer
Umrundung Afrikas oder gar dem Versuch einer Atlantiküberquerung[95] könnte ein
solcher Kanal einen direkten Handelsweg von Europa nach Asien bis hin zu den *aureos*

---

[91]   Vgl. das Kapitel *De maris commendatione*. FABRI, Evagatorium III, S. 437-439, hier S. 438: *Ex
       quo sic Deo sua liberalitate nostris opportunitatibus providente ingens mortalium commodum
       consecutum est.*

[92]   FABRI, Evagatorium III, S. 439.

[93]   FABRI, Evagatorium III, S. 438. Schon bei der Beschreibung seiner eigenen Reise hat er auf die
       Schnelligkeit hingewiesen, mit der ein Schiff binnen kürzester Zeit große Entfernungen zurückle-
       gen kann. Im Sturm oder bei starkem Wind sei die Galeere unendlich viel schneller als jeder Pfeil
       oder jedes Katapultgeschoss. Vgl. FABRI, Evagatorium I, S. 162; DERS., Wanderings I, S. 180f.

[94]   Vgl. FABRI, Evagatorium III, S. 163. Fabri zählt hier vor allem allerlei exotische Tiere auf. Die
       Bestrebungen des Papsttums, den Handel mit den Muslimen zu unterbinden, um zu verhindern,
       dass sie in den Besitz kriegswichtigen Materials gelangen, erwähnt er jedoch nicht. Joos van
       Ghistele dagegen weist darauf hin, dass insbesondere auf den Waffenhandel die Strafe der Ex-
       kommunikation stand. Vgl. ZEEBOUT, Tvoyage, S. 183. Gleichwohl waren alle diese Versuche
       kaum durchsetzbar. Sogar die Johanniter spielten eine wichtige Rolle im Rohstoffhandel. Vgl.
       SAINT-GULLAIN/SCHMITT, Die Ägäis als Kommunikationsraum, S. 223.

[95]   Fabri erwähnt den seiner Ansicht nach gescheiterten Versuch eines ungenannten spanischen
       Königs, den Osten über den westlichen Ozean zu erreichen, bei dem eventuell einige nutzbrin-
       gende Inseln entdeckt worden seien. FABRI, Evagatorium II, S. 536; DERS., Wanderings II, S. 662.
       Zitiert auch von BRAUNSTEIN, Du Danube au Sinaï, S. 296. Es ist nicht ausgeschlossen, dass Fabri
       sich hier auf die Amerikafahrt von Christoph Kolumbus bezieht, wie GUÉRIN DALLE MESE, Égyp-
       te, S. 260, und GANZ-BLÄTTLER, Andacht und Abenteuer, S. 241, annehmen. Dies würde bedeu-
       ten, dass Fabri noch bis weit in die 90er Jahre an seinem Bericht gearbeitet hat. Allerdings ist dies
       aus der kurzen Passage nicht eindeutig zu entnehmen. Genauso könnte sich Fabri auf die in Santi-
       ago-Berichten überlieferte Geschichte von einer portugiesischen Expedition zum Rand der Welt
       beziehen, auf der angeblich eine Insel mit überquellenden materiellen Reichtümern entdeckt wor-
       den sei. Vgl. GANZ-BLÄTTLER, Andacht und Abenteuer, S. 148.

montes eröffnen. Mit dem Schiff könne man so *von engenland, von brugg jn flandern, von franckrech, von welschen landen as von janua vnd von venedi bÿs gen alexandria* segeln und von dort *jndia mit aller kaufmanschatz* erreichen.[96]

Am wichtigsten ist Fabri aber die Tatsache, dass durch diesen schnellen Transport- und Reiseweg die Völker voneinander Kenntnis haben und sich infolge des Handelsaustauschs sogar Vertrauen und Freundschaften entwickeln könnten, wenn man sich gegenseitig über die fremden und unbekannten Gebräuche und Gesetze unterrichtet.[97] Fabri stellt in seinem die Seereise abschließenden Exkurs das Mittelmeer als verbindenden „Kommunikationsraum"[98] dar und illustriert dies an seiner eigenen Person, indem er in einer rhetorischen Frage aufzeigt, wie er durch die Überquerung des Meeres einen ganz unerwarteten, intimen Eindruck der Lebensverhältnisse von fremden Menschen in fernen Ländern gewonnen haben will: *Quis quaeso umquam F.F.F. credidisset futurum socium infidelium, et familiarem fieri irrenatorum, cui etiam necesse factum est applaudere Turco et confidere et connivere Sarraceno, concordare Tartaro, obtemperare Arabi et Aegyptio, reverentiam exhibere Mahometo, timorem ostendere barbaro? Hoc totum mare conglutinat.*[99]

In der Reise über das Meer sieht Fabri demnach eine vorzügliche Möglichkeit, sich mit dem Fremden auseinanderzusetzen. Die verbindenden Eigenschaften des Meeres führen zu einer Überwindung der Gegensätze, zu einer Vertiefung des Wissens und

---

[96] Fabri geht hierauf ein bei der Beschreibung der Überreste des antiken, von Pharao Sesostris begonnenen Projekts, einen solchen Kanal zu graben. Vgl. FABRI, Evagatorium II, S. 537f.; DERS., Wanderings II, S. 663-665; Dessau, StB, Georg. Hs. 238, fol. 173r. Fabri nutzte hierbei Bernhard von Breidenbach als Vorlage, der aber nur die antike Erzählung widergibt. BREIDENBACH, Die heyligen reyßen, fol. 146r-v; DERS., Peregrinatio, fol. 124r. Allerdings vermerkt er im *Evagatorium*, dass es von Glück sei, dass dieser Kanal nicht fertiggestellt wurde, da sonst die Wassermassen des Indischen Ozeans in das Mittelmeer gedrängt und sämtliche Küstenländer bis an den Alpenrand überschwemmt hätten. Fabri weist demnach auch wieder auf die Gefahren durch das Wasser hin. Vgl. hierzu GUÉRIN DALLE MESE, Égypte, S. 480f.

[97] FABRI, Evagatorium III, S. 438f.: *Sic et Hispanus Maurusque visitatus visitet Persas et Indos et Caucasum, et Thule ultima calcet Taprobanis littora. Et cum sua invicem permutant bona, non solum mores legesque et habitus mirentur, fit quinimo, qui se dum alterum intuetur, ex altero quasi sit mundo, nec uno eodemque secum illi ambiri oceano arbitratur, ritus misceat, fidem mercimoniis communicet, amicitias jungat, et dum sua docent, idiotica discant et aliena. Et sic fit, ut quos fecerat distantia locorum extraneos, navigatio jungat faciatque concordes.*

[98] Vgl. zur Thematik STEINDORFF, Meere als Kommunikationsräume.

[99] FABRI, Evagatorium III, S. 439. Übersetzung in DERS., Galeere und Karawane, S. 306: „Wer fürwahr hätte jemals geglaubt, der Bruder Felix Fabri würde ein Genosse von Ungläubigen und ein Hausfreund von Ungetauften, der auch nicht umhin konnte, einem Türken Beifall zu spenden, vertraut mit einem Sarazenen zu Tisch zu sitzen, befreundet mit einem Tartaren, gehorsam gegen Araber und Ägypter zu sein, dem Mahomet Reverenz zu erweisen und vor dem Barbaren Furcht zu zeigen? Dies alles kommt von dem verbindenden Meer."

Erweiterung des eigenen Horizontes. Das Fremde stellt dann keine Bedrohung mehr dar, sondern fördert die Gemeinsamkeiten der Menschen als Teil der Schöpfung zutage. Allerdings geht dies nicht mit einer Anerkennung oder einem Verstehen des Fremden einher. Eine Toleranz und Gleichstellung z.B. der Religionen ist hiervon ausgeschlossen. Fabri dürfte mit den im *Evagatorium* thematisierten verbindenden Eigenschaften vielmehr darauf anspielen, dass auf diese Weise die einzig gültige Glaubenswahrheit des Christentums in allen anderen Erdteilen verbreitet werden kann. Die schnellen Reisewege über das Meer bieten eine zu nutzende günstige Voraussetzung für die Missionierung der 'Ungläubigen'. Immerhin konstatiert er, dass der Kontakt mit dem Fremden zu einer Veränderung des Reisenden selbst führe, der nicht mehr mit dem Menschen vor Aufbruch der Reise vergleichbar sei und seine Vorstellungen und Vorurteile über das Fremde infolge des gewonnenen Wissens zumindest überdenken könnte.

2. Das Heilige Land und Ägypten

Wie Bernhard Jahn festgestellt hat, sind die für Jerusalem geltenden Raumstrukturen auch für das gesamte Heilige Land kennzeichnend.[100] Die zahlreichen biblischen und heilsgeschichtlichen Plätze charakterisieren ganz Palästina als heiligen Raum. Dies wird bereits an dem ersten vollkommenen Ablass deutlich, den die Pilger erwarben, sobald sie am Strand von Jaffa den Boden des Heiligen Landes betraten.[101] Im Zentrum der Berichte steht dementsprechend die Aufzählung und Beschreibung dieser heiligen Stätten, von denen die bedeutendsten abgesehen von Jerusalem die Geburtskirche in Bethlehem, die Taufstätte am Jordan, die Patriarchengräber in Hebron und der bei Hebron lokalisierte Ort der Erschaffung Adams und Evas sind. Nicht selten werden auch die heiligen Stätten aufgelistet, die nicht persönlich aufgesucht werden konnten. Hans Tucher oder Santo Brasca fügen ihren Reisebeschreibungen einen Katalog der nördlich bis Damaskus und südlich bis Hebron liegenden heiligen Stätten bei.[102] Die Berichte von Wilhelm Tzewers und Bernhard von Breidenbach enthalten gar eine umfangreiche – im Wesentlichen auf den Angaben Burchards von Monte Sion basierende – geographische

---

[100]   JAHN, Raumkonzepte, S. 86.
[101]   GRÜNEMBERG, Ritter Grünembergs Pilgerfahrt, S. 66: *fuhren wir in der Barke in den heidnischen Hafen Jaffe, und alsobald wir an das Land traten, hatten wir Ablaß [...].*
[102]   TUCHER, Die ,Reise ins Gelobte Land', S. 462-470; BRASCA, Viaggio in Terrasanta, S. 130-144. Fabri und Paul Walther von Guglingen berichten, dass sie und weitere Pilger während ihres langen Jerusalemaufenthalts gerne die Gelegenheit genutzt hätten, nach Galiläa zu pilgern, um Nazareth, den Berg Tabor und den See Genezareth zu besuchen. Dies sei aber an der Uneinigkeit der Pilger gescheitert. Vgl. FABRI, Evagatorium II, S. 110f.; DERS., Wanderings II, S. 108f.; PAUL WALTHER VON GUGLINGEN, Itinerarium in Terram Sanctam, S. 187. In der deutschen Version übergeht Fabri den Streit innerhalb der Pilgergruppe. Dessau, StB, Hs. Georg 238, fol. 103-104r.

Beschreibung des Heiligen Landes, in der die heiligen Stätten den Himmelsrichtungen folgend aufgeführt sind.[103]

Die Beschaffenheit des physischen Raums zwischen diesen heiligen Stätten spielt dabei nur eine untergeordnete Rolle und beschränkt sich – wie Jahn im Hinblick auf Hans Tucher und Bernhard von Breidenbach konstatiert – zumeist auf Entfernungs- und Richtungsangaben.[104] So geben beide Pilger zwar jeweils die zurückzulegende Entfernung zwischen Jaffa und Jerusalem oder zwischen Jerusalem und dem Jordan an, auf die Beschaffenheit der Landschaft nehmen sie aber kaum Bezug. Sie erwähnen lediglich, dass der Weg nach Jerusalem aufgrund der Hitze und des Staubes beschwerlich sei, was Tucher noch dadurch ergänzt, dass sich die 30 *welisch meyl* bis Jerusalem entgegen der Erwartung durchaus in die Länge ziehen.[105] Bei der Schilderung des Ritts zum Jordan beschränkt sich Tucher auf den Hinweis, dass ein *gepirg* zu überwinden war.[106] Abgesehen von der Andeutung, dass es sich offenbar um keine leicht zu bewältigende Wegstrecke handelt, kann der Leser keine weitere räumliche Vorstellung ableiten.[107]

Ein ähnlicher Befund ergibt sich auch für den Großteil der Vergleichsberichte. Die Beispiele Tuchers und Breidenbachs sind durchaus typisch für eine Darstellung des Heiligen Landes, in der es darauf ankommt, die mit dem Erwerb von Ablässen verbundenen heiligen Stätten in den Mittelpunkt zu stellen. Dies trifft überwiegend auch auf die Darstellung Ägyptens zu. Hier stehen die *loca sancta* ebenfalls im Vordergrund, obwohl die Pilger im Vergleich zu Palästina stärker auf die Landschaft Bezug nehmen, die sie auf der Nilfahrt von Kairo nach Alexandria durchquerten. Dies mag der Faszination an der exotischen und unvertrauten Welt geschuldet sein, der sich die Pilger nach dem Besuch der Heiligtümer Jerusalems und des Sinais nun verstärkt zuwenden konnten.[108] Jedoch ist Ägypten trotz einiger relevanter Stätten der Heilsgeschichte weniger als sakraler Raum charakterisiert, sondern gilt infolge der großen Fruchtbarkeit des Nildeltas und der exotischen Tierwelt schon seit der Antike als Land voller *mirabilia*.

---

[103] TZEWERS, Itinerarius, S. 238-389; BERNHARD VON BREIDENBACH, Die heyligen reyßen, fol. 57r-79v; DERS., Peregrinatio, fol. 50r-68v.

[104] JAHN, Raumkonzepte, S. 86. Sie schließen damit eine bereits im Frühmittelalter ausgebildete Tradition an, die bis zu Hieronymus und den ersten überlieferten Pilgerberichten des Anonymus von Bordeaux und der Egeria zurückreicht.

[105] TUCHER, Die ‚Reise ins Gelobte Land‘, S. 371: *Vnd eß waß gar heyß weter vnd wurden vast müd jm staub […]*. Ebd., S. 377: *Vnd jst von Rama gen Jherusalem xxx welisch meyl, die nit klein sein*. BERNHARD VON BREIDENBACH, Die heyligen reyßen, fol. 44v: *vnd ritten den selbigen gantzen tag gen jherusalem · ist · xxx · gůter welscher mylen von Rama*. DERS., Peregrinatio, fol. 39v.

[106] TUCHER, Die ‚Reise ins Gelobte Land‘, S. 461.

[107] Gleiches gilt für den Weg nach Bethlehem, bei dem meist ebenfalls nur die unterwegs aufgesuchten heiligen Stätten benannt werden. Vgl. TUCHER, Die ‚Reise ins Gelobte Land‘, S. 432-436; BERNHARD VON BREIDENBACH, Die heyligen reyßen, fol. 53r; DERS., Peregrinatio, fol. 46v.

[108] Vgl. KÄSTNER, Nilfahrt mit Pyramidenblick, S. 308: „Dieser ziemlich unvertrauten Welt schenkten nun auch die Autoren von Reiseberichten *mehr* Aufmerksamkeit als im Hl. Land, wo ihr Hauptinteresse auf die Wallfahrtsstätten (loca sancta) fixiert war.“

Sowohl Fabri als auch die übrigen Verfasser knüpfen in den meisten Fällen lediglich an bestehende, z.T. bis in die Antike zurückreichende Topoi an, die bereits fester Bestandteil mittelalterlicher Enzyklopädien und früherer Reiseberichte waren.

Trotz der Fokussierung auf die heiligen Stätten ist der Raum zwischen den besuchten Orten dennoch nicht gänzlich ohne Belang. Die Verfasser betten die Schauplätze der biblischen Begebenheiten in die umgebende Landschaft ein oder beschreiben diese, um die Mühen und Risiken der Reise zu verdeutlichen und die vollbrachte Leistung zu betonen. Dies hat zur Folge, dass in einigen Passagen die Unterschiede zu den physischen Gegebenheiten der Heimat hervorgehoben werden, der Raum somit in seiner Andersartigkeit erfasst wird.

Die quantitativ häufigsten und plastischsten Beschreibungen weist das *Evagatorium* auf, wobei Fabri zumeist an Angaben aus anderen Pilgerberichten anknüpft. Die Unterschiede zwischen dem Eigenen und Fremden gehen aus seiner Darstellung der klimatischen Bedingungen, dem Erscheinungsbild der Landschaft, die vor allem hinsichtlich der Einschätzung der Fruchtbarkeit bewertet wird, und anhand von Besonderheiten der Fauna und Flora hervor. Seine Bemerkungen zielen nicht nur darauf ab, dem Leser eine Vorstellung über einen anders beschaffenen Raum zu vermitteln. Vielmehr versucht Fabri zu einem tiefgründigeren Verständnis der Bibel zu gelangen, indem er seine Beobachtungen stets mit der biblischen Überlieferung abgleicht. Mit diesem exegetischen Zugang verbindet er zudem eine allegorische Deutung des Raumes, die ihm einen Erklärungsansatz für die vor Ort erlebte politische und ökonomische Situation bietet.

2.1   Differenzerfahrungen auf der Basis klimatischer Bedingungen

Die große Hitze war für die Pilger das erste Anzeichen, dass sie sich in einem Raum befanden, in dem andere als die ihnen bekannten Bedingungen herrschten.[109] Fabri weist hierauf bereits beim Ritt von Jaffa nach Jerusalem hin. Ohne den Esel als Transportmittel würden infolge der Hitze, des Durstes und den Anstrengungen in einem fremden Klima nur wenige Pilger die Heilige Stadt lebendig erreichen.[110] Als während des Jerusalemaufenthaltes einige erschöpfte Wallfahrer an der Besichtigung des Sionberges nicht teilnehmen können, macht er ebenfalls das heiße Klima dafür verantwortlich, in dem sie das anstrengende Besuchsprogramm zu den heiligen Stätten absolvieren müssen.[111] Auf dem Weg nach Hebron scheinen ihm die Temperaturen schließlich noch höher zu sein als in Jerusalem.[112]

Fabris Hinweise auf das außergewöhnlich heiße Klima, für die es in der *Eigentlichen beschreibung* keine entsprechende Parallelstelle gibt, stellen keinen Einzelfall dar. Auch

[109]   Ähnlich bereits LEPSZY, Die Reiseberichte des Mittelalters, S. 216.
[110]   FABRI, Evagatorium I, S. 210; DERS., Wanderings I, S. 244.
[111]   FABRI, Evagatorium I, S. 250; DERS., Wanderings I, S. 299.
[112]   FABRI, Evagatorium II, S. 339f.; DERS., Wanderings II, S. 408.

andere Verfasser erwähnen die für sie ungewohnten Temperaturen. Peter Fassbender vermerkt, dass viele Pilger während des Rittes von Jaffa nach Jerusalem ohnmächtig wurden.[113] Selbst nach dem Urteil des mit mediterranen Verhältnissen eher vertrauten Pietro Casola seien die Pilger *quasi morti de caldo e de sede* in Jerusalem angekommen.[114] Dass diese Bemerkung bei aller Überspitztheit nicht gänzlich verfehlt ist, geht aus dem Bericht Dietrichs von Schachten hervor. Er berichtet vom Tod eines Pilgers, der, durch Krankheit bereits geschwächt, sich auf dem Weg nach Jerusalem *des lebens nichtt lenger auffhaltenn [mochte] undt starb also auff dem Esell.*[115]

Die unerträgliche Hitze führen die Verfasser besonders während der Exkursion zum Jordan an. Nicht selten wird festgehalten, dass viele Pilger zu erschöpft waren, um die Exkursion zum Jordan in Angriff zu nehmen.[116] Auch Fabri hält sie infolge der Temperaturen für ein großes Wagnis, durch das viele Pilger dermaßen geschwächt würden, dass sie krank nach Jerusalem zurückkehrten und auf der Rückreise den Tod fänden.[117] In den zur Vorbereitung einer Wallfahrt dienenden Reiseinstruktionen wird ebenfalls wiederholt auf die Risiken durch das heiße Klima und die hohe Sonneneinstrahlung hingewiesen.[118]

Das Bild eines fremden Raumes, der durch extreme klimatische Bedingungen charakterisiert ist, präzisiert Fabri noch, indem er implizit von den vertrauten Gegebenheiten zu Hause ausgeht. Er hält fest, dass es im Heiligen Land nur höchst selten regne, in Ägypten sogar niemals Regen oder Schnee falle.[119] Das beinahe völlige Fehlen der

---

[113] FASSBENDER, Bedvartt, S. 255.

[114] CASOLA, Viaggio a Gerusalemme, S. 189; DERS., Pilgrimage, S. 244. Casola erwähnt während der Beschreibung des Weges nach Jerusalem mehrfach die große Hitze.

[115] DIETRICH VON SCHACHTEN, Beschreibung, S. 193. Die tragische Geschichte offenbart für Dietrich von Schachten zugleich den Charakter der begleitenden Muslime, denn noch ehe seine Reisegefährten dessen Tod wahrnahmen, hätten diese den Pilger bereits ausgeraubt. Vgl. auch PAUL WALTHER VON GUGLINGEN, Itinerarium in Terram Sanctam, S. 108.

[116] MEISENHEIMER, Die Reise des Grafen Johann Ludwig, S. 101; CASOLA, Viaggio a Gerusalemme, S. 209; DERS., Pilgrimage, S. 267; BRASCA, Viaggio in Terrasanta, S. 109. Hans Tucher vermerkt, dass sie bis zur Abreise in Richtung Katharinenkloster aufgrund der Hitze keine Exkursionen mehr unternahmen. TUCHER, Die ‚Reise ins Gelobte Land‘, S. 462.

[117] FABRI, Evagatorium II, S. 30; DERS., Wanderings II, S. 4f. Grünemberg berichtet über zwei Todesfälle. Vgl. GRÜNEMBERG, Ritter Grünembergs Pilgerfahrt, S. 122.

[118] Vgl. hierzu SCHRÖDER, Reiseinstruktionen, S. 175f.

[119] Fabri verweist hierbei im *Evagatorium* auf die Autoritäten Platon und Augustinus und vergleicht – ein biblisches Motiv aufgreifend (Dt. 28,23) – den Himmel über Ägypten mit Eisen, aus dem keinerlei Feuchtigkeit dringe. FABRI, Evagatorium III, S. 125: *habet enim coelum ferreum, quia, sicut de ferro nullus stillat liquor, sic de coelo supra nullus descendit humor, vel valde tenuis, quia teste Platone in Aegypto numquam pluit nec ningit. Et Augustinus in epistola de Pastoribus dicit: Possum obtinere, mundi meridiem esse partes Aegypti, et illas exustas sole regiones, ibi pluvia non apparet, quasi ipsa est meridies ubi floret medius dies.* Dessau, StB, Hs. Georg 238, fol. 173v: *vnd sitenmal dz egÿpten weder von himel noch von erd kein siesz wasser mag haben denn den nÿl, wen es regnet noch schnijet nit jn dem land, vnd wo man tief jn die erd graebt, so*

gewohnten und hinsichtlich der Landwirtschaft auch notwendigen Wetterphänomene erklärt die vor Ort herrschenden Verhältnisse als nahezu gegensätzlich zur Heimat.[120] Wie die Pflanzen dennoch das zum Wachstum benötigte Wasser erhalten, erklärt Fabri im Fall Ägyptens mit den regelmäßigen Überschwemmungen durch den Nil. Im Fall Palästinas kann er anhand eines ihm persönlich widerfahrenen Missgeschicks bei den Abendmahlsvorbereitungen erklären, dass die Pflanzen nicht auf Regenwasser angewiesen sind, sondern der morgendliche Tau die benötigte Feuchtigkeit spendet.[121] Zudem weist er bei der Beschreibung des Aufenthaltes in Alexandria auf die aus Europa nach Ägypten eingeführten Haselnüsse hin. Diese seien von den Muslimen sehr gefragt und würden als *köstlicher schleck* betrachtet, gediehen aber nicht auf den trockenen und heißen Böden des Orients. Dafür bleiben die importierten Haselnüsse nach seinen Angaben praktisch unbegrenzt frisch und seien selbst nach 100 Jahren noch essbar, während sie aufgrund der klimatischen Bedingungen zu Hause bereits nach einem Jahr nicht mehr genießbar seien.[122] Fabri konstruiert mit diesem Beispiel auch explizit zwei in ihren qualitativen Eigenschaften völlig unterschiedliche Räume. Der Pilger, der sich auf eine Wallfahrt nach Jerusalem begibt, ist mit gänzlich anderen Bedingungen konfrontiert. Die aus der Heimat gewohnten Regeln und Verhältnisse können auf den fremden Raum nicht angewendet werden. Der physische Raum des Heiligen Landes und Ägyptens ist nach den Bemessungskriterien von Bernhard Waldenfels somit durch eine ‚strukturelle‘ Fremdheit charakterisiert.[123] Die Verhältnisse unterscheiden sich fundamental, sind aber noch schlüssig erklärbar.

Gerade diese Erkenntnis ist aber im *Evagatorium* wichtig, um die Korrektheit der biblischen Angaben zu bestätigen. Bereits mit seiner Bemerkung über den morgendlichen Tau, der die Hostie für die Kommunion unbrauchbar machte, zielt Fabri nicht darauf ab, lediglich die andersartigen klimatischen Eigenschaften zu verdeutlichen. Er bestätigt hiermit die häufigen biblischen Angaben über den starken Taufall im Heiligen

---

fint man gesalzen wasser [...]. FABRI., Die Sionpilger, S. 258: *wenn im lannd egipta regnet es nÿmer.*

[120] In den Vergleichsberichten finden sich ähnliche Aussagen. Ludolf von Sudheim hält fest, dass es in Ägypten niemals regnet. Auch Francesco Suriano schließt die Möglichkeit eines Regenfalls kategorisch aus. Arnold von Harff zufolge kennen die Menschen in Ägypten weder Regen und Hagel noch Donner und Blitz, Wolken seien kaum einmal zu sehen. Hans Tucher dagegen berichtet von einem selbst erlebten Schauer in Alexandria (was Rieter nicht erwähnt), bezeichnet dies aber als große Ausnahme. Er schließt somit an die Position Wilhelms von Boldensele an, der von seltenen Regenfällen ausgeht. Vgl. LUDOLF VON SUDHEIM, De Itinere Terrae Sanctae liber, S. 60; SURIANO, Treatise, S. 191; ARNOLD VON HARFF, Die Pilgerfahrt, S. 97; TUCHER, Die ‚Reise ins Gelobte Land‘, S. 583; WILHELM VON BOLDENSELE, Des Edelherrn Reise, S. 248.

[121] Auf gewohnt dramatisierende Weise beschreibt Fabri, wie der Tau die Hostie für die Elevation unbrauchbar gemacht habe. Vgl. FABRI, Evagatorium II, S. 191; DERS., Wandrings II, S. 207f.

[122] FABRI, Evagatorium III, S. 153f.; Dessau, StB, Hs. Georg 238, fol. 201v.

[123] WALDENFELS, Phänomenologie, S. 72.

Land (z.B. Ri. 6,37-40; Gen. 27,28; Dan. 4,12; Hld. 5,2).[124] Sein zufällig erscheinendes Malheur ist ein verdeckter Hinweis zur Bibelexegese, die in diesem Fall ganz im buchstäblichen Sinne erfolgen kann.

Mit Verweis auf das im Heiligen Land herrschende Klima kann Fabri darüber hinaus nachweisen, dass die Hirten auch in der Winterzeit im Feld die Schafe hüten. In den Tälern um Bethlehem herrsche nicht nur ein Klima, in dem niemals Schnee oder Frost vorkomme. Auch die Vegetationsphasen seien gegenüber den heimischen Bedingungen verschoben, denn wie die Pflanzen in heimischen Gefilden ab April zu wachsen begännen, trieben sie dort ab September bei nachlassender Hitze aus.[125] Die vor Ort gemachte Beobachtung, die Fabri auch in seinen geistlichen Pilgerführer einfügt, während sie in der *Eigentlichen beschreibung* nur angedeutet ist,[126] ermöglicht somit ein besseres Verständnis der Weihnachtsgeschichte. Nicht die biblische Angabe von den im Dezember die Schafe hütenden Hirten sei falsch, sondern die Annahme, dass es im Winter im Heiligen Land ebenso kalt sein müsse wie zu Hause. Fabri betätigt sich mit seinen klimatischen Hinweisen als Bibelexeget, dessen auf der Reise gewonnene Erkenntnisse besonders seinem geistlich geschulten Leserpublikum im *Evagatorium* und den *Sionpilgern* zugute kommen sollen, während in der *Eigentlichen beschreibung* nur die Andersartigkeit der Verhältnisse angezeigt wird.

2.2 Die paradoxe Schönheit des Heiligen Landes

Die Pilger werden im Heiligen Land und Ägypten nicht nur mit – so vielleicht nicht erwarteten – hohen Temperaturen konfrontiert. Auch die Landschaft unterscheidet sich von den vertrauten Gegebenheiten in der Heimat. In den Berichten kommt dies vor allem in dem Gegensatz zwischen der Kargheit des Bodens und spärlichen Vegetation einerseits und der punktuell gegebenen großen Fruchtbarkeit andererseits zum Ausdruck.

Auf der einen Seite wird das Heilige Land als wüstenähnliches Terrain beschrieben, das für Pietro Casola den Gegensatz zu einem *locus amoenus* darstellt. Bei seiner Beschreibung des Weges von Jaffa nach Jerusalem hält er fest, dass dort weder fingerlange

---

[124] Zu den Klimaverhältnissen und zur Bedeutung des Taus in der Bibel vgl. KEEL/KÜCHLER/UEHLINGER, Orte und Landschaften der Bibel 1, S. 50f.

[125] FABRI, Evagatorium I, S. 456f.; DERS., Wanderings I, S. 573f. Sebald Rieter weist bei der Beschreibung der Gärten Alexandrias auf die abweichenden Vegetationszyklen hin. Aus der Parallelstelle bei Hans Tucher wird dieser Zusammenhang dagegen kaum noch deutlich. Vgl. RIETER, Das Reisebuch, S. 125; TUCHER, Die ‚Reise ins Gelobte Land', S. 589.

[126] FABRI, Die Sionpilger, S. 166: *In großer armůt in dem kalten winter Wenn bethlehem logt in der hoechi das es im winter do kalt ist schne vnd ÿs · Aber das tal der hierten ist im winter warm das das vich gůt waid dau fint vnd im sumer ist es so haiß das nieman drinn mag belÿben [...].* Dessau, StB, Hs. Georg 238, fol. 74v: *die stat ligt mitten jm veldt jm tal, das eben wit ist vnd ist besunder gůt schaff weid da auch a mitten jm winter.*

Pflanzen noch Früchte gedeihen oder schöne Wasserquellen zu sehen seien. In nichts gleiche der Raum des Heiligen Landes der Landschaft Italiens, die er somit im Umkehrschluss positiv würdigt.[127] Ein ähnliches Bild ergibt sich aus Fabris *Evagatorium*, wenn er denselben Weg als steinig und staubig schildert. Infolge des aufgewirbelten dichten Staubs könne man kaum Augen und Mund öffnen, der Nebenmann sei während des Ritts praktisch nicht erkennbar. Mit einem beinahe schon sarkastischen Unterton fügt er noch hinzu, dass es ihnen im gesamten Heiligen Land ähnlich ergangen sei, abgesehen nur von den Gegenden, in denen es steinig war.[128]

Auf der anderen Seite erwähnen die Pilger nicht selten fruchtbare Felder und Gärten. Trotz seiner Negativstilisierung der Landschaft Palästinas ist Casola von der nahe Jaffa gelegenen zwar baumlosen, aber durch viele Baumwollfelder kultivierten Ebene ebenso angetan wie Konrad Grünemberg, der sie als *anmutige und schöne Heide* charakterisiert.[129] Alessandro Rinuccini, der den seiner Schätzung nach 40 Meilen langen Weg von Jaffa nach Jerusalem in drei Abschnitte differenziert, vermerkt ebenfalls die in der Küstenebene angelegten Baumwollpflanzungen, bevor der Weg durch ein Terrain führe, das *saxosa, montuosa et sterile* gewesen sei und in dem kaum Pflanzen gedeihen würden. Entlang der letzten Etappe betrachten die Pilger wiederrum *buona e in gran parte coltivata* Äcker und Gärten, auf denen *vigne et alberi fructiferi in quantità* gediehen.[130]

Auch bei Fabri wechseln Beschreibungen von öden und brachliegenden Gebieten mit Angaben über höchst ertragreiche Landstriche ab. Durchaus mit den realen Bedingungen übereinstimmend, stellt er Palästina als äußerst kontrastreichen Naturraum dar. Weite Teile des Heiligen Landes – insbesondere östlich von Jerusalem – kämen einer Wüste gleich.[131] Fließende Gewässer seien nur selten zu finden.[132] Wie andere Pilger berichtet aber auch er von den fruchtbaren Landstrichen um Bethlehem, in denen es viele Feigen- und Olivenbäume gebe sowie Wein, Korn und Obst geerntet werde.[133]

---

[127] CASOLA, Viaggio a Gerusalemme, S. 187 und 189: *Stando sempre al sole e cavalcando per una pianura, unde non se trovata una pianta longa uno dito, consumavamo de caldo. [...] E cossì se aviassemo verso Jerusalem, per una via molto saxosa, montuosa e rincrescevole. [...] è paese al mio vedere molto arido e salvatico. Lì non se vedevano fructi, né incontravamo qualche bella fontana. Non sono de li paese de Italia.* DERS., Pilgrimage, S. 242 und 244. Schon in den mittelalterlichen Enzyklopädien wird die Fruchtbarkeit Italiens hervorgehoben, das als vornehmstes Land in Europa galt. Vgl. z.B. BARTHOLOMAEUS ANGLICUS, De rerum Proprietatibus, S. 664.

[128] Vgl. FABRI, Evagatorium I, S. 226; DERS., Wanderings I, S. 266.

[129] CASOLA, Viaggio a Gerusalemme, S. 182 und 184; GRÜNEMBERG, Ritter Grünembergs Pilgerfahrt, S. 78. Zitiert auch bei GANZ-BLÄTTLER, Andacht und Abenteuer, S. 170. Vgl. auch PAUL WALTHER VON GUGLINGEN, Itinerarium in Terram Sanctam, S. 108.

[130] RINUCCINI, Sanctissimo Peregrinaggio, S. 136. Vgl. auch ebd., S. 139.

[131] FABRI, Evagatorium II, S. 68; DERS., Wanderings II, S. 52; Dessau, StB, Hs. Georg 238, fol. 86r.

[132] Fabri erwähnt dies im Zusammenhang mit der biblischen Geschichte, wie sich der Kämmerer aus Äthiopien von Philippus an einem Bachlauf taufen ließ (Apg. 8,36-39). FABRI, Evagatorium II, S. 188; DERS., Wanderings II, S. 204; Dessau, StB, Hs. Georg 238, fol. 115r.

[133] FABRI, Evagatorium II, S. 19; DERS., Wanderings I, S. 630; Dessau, StB, Hs. Georg 238, fol. 84r. Vgl. auch FABRI, Evagatorium I, S. 428f.; DERS., Wanderings I, S. 541. Neben Fabri erwähnt

Auf dem Weg nach Hebron und Gaza verzeichnet er ebenfalls einzelne fruchtbare Ebenen und Täler.[134] Das Überangebot an Obst wird ihm sogar zum Verhängnis, denn Fabri hat wiederholt mit den Folgen des übermäßigen Genusses von Melonen und Feigen zu kämpfen.[135] Die vielfältigste und schönste Pflanzenpracht erlebt er seiner Schilderung zufolge in den von der Elias-Quelle gespeisten Gärten um Jericho.[136] Doch auch die einstigen Lustgärten Salomons in der Nähe Bethlehems sind für ihn noch immer durch große Fruchtbarkeit und Schönheit ausgezeichnet.[137]

Fabri erzielt durch die Detailliertheit der Angaben scheinbar ein hohes Maß an Realität.[138] Zwar spiegeln sie durchaus nicht unzutreffend die vor Ort gegebenen Verhältnisse wider. Er selbst hat aber bei seiner ‚Lesung' der Landschaft wie schon bei den klimatischen Verhältnissen vor allem die Angaben der Bibel vor Augen, die er durch seine Reise bestätigt finden will. Das Wunder der Verwandlung des bitteren in süßes Wasser durch den Propheten Elisa (2. Kön. 2,19-22) wirkt so bis in seine Gegenwart fort und lässt ihn die inmitten der Wüstenlandschaft des Toten Meeres gelegene heilige Stätte als fruchtbaren und geradezu idyllischen Ort beschreiben.[139] Landstriche, die wie der Garten Salomons oder eine Ebene bei Gaza, die in der Bibel als sehr schön oder fruchtbar beschrieben werden, charakterisiert auch er als anmutig oder ertragreich.[140] Stätten, die in der Bibel in einen negativen Kontext gestellt werden, beschreibt er dagegen als wüst und unfruchtbar.[141]

---

auch Casola die Fruchtbarkeit der Landstriche um Bethlehem. CASOLA, Viaggio a Gerusalemme, S. 206f.; DERS., Pilgrimage, S. 262.

[134] Vgl. FABRI, Evagatorium II, S. 338 und 356; DERS., Wanderings II, S. 406 und 424. Auch Tucher und Harff würdigen die fruchtbaren Ebenen bei Gaza und Hebron. TUCHER, Die ‚Reise ins Gelobte Land', S. 507; ARNOLD VON HARFF, Die Pilgerfahrt, S. 160.

[135] FABRI, Evagatorium II, S. 114f. und 136; DERS., Wanderings II, S. 113 und 139; Dessau, StB, Hs. Georg 238, fol. 105r-v. Zur Warnung vor dem Verzehr von Melonen in Reisevorschriften siehe SCHRÖDER, Reiseinstruktionen, S. 175. Zu seiner möglicherweise allergischen Reaktion auf den Genuss von Feigen siehe FABRI, Evagatorium II, S. 360; DERS., Wanderings II, S. 429f.; Dessau, StB, Hs. Georg 238, fol. 125r-v.

[136] FABRI, Evagatorium II, S. 60f. und 68; DERS., Wanderings II, S. 44-46 und 52; Dessau, StB, Hs. Georg 238, fol. 89r.

[137] FABRI, Evagatorium II, S. 183f.; DERS., Wanderings II, S. 198f.; DERS., Die Sionpilger, S. 167; Dessau, StB, Hs. Georg 238, fol. 114r-v.

[138] Zu Fabris plastischen Beschreibungen vgl. auch ESCH, Landschaften, S. 78-81.

[139] Die Heiligkeit des Wassers erhöhe, wie schon Flavius Josephus festhielt, die Fruchtbarkeit der Erde um ein Vielfaches. FABRI, Evagatorium II, S. 68; DERS., Wanderings II, S. 52. Vgl. FLAVIUS JOSEPHUS, Der Jüdische Krieg, Buch IV, Kap. 8, S. 367f.

[140] Zu Salomons Lustgärten vgl. oben Anm. 137. Die Ebene bei Gaza bringt Fabri in Verbindung mit einer biblischen Geschichte um Samson, der die Felder einst in Brand steckte (Ri. 15,4-5). FABRI, Evagatorium II, S. 366; DERS., Wanderings II, S. 436. In der *Eigentlichen beschreibung* spricht er nur von einer fruchtbaren Ebene. Vgl. Dessau, StB, Hs. Georg 238, fol. 125r.

[141] So zeichnet sich der Ort, an dem Kain Abel ermordete, durch dornenbesetzte Büsche aus. FABRI, Evagatorium II, S. 345; DERS., Wanderings II, S. 413; DERS., Die Sionpilger, S. 213. In der *Eigentlichen beschreibung* wird der Ort nicht näher beschrieben.

In Fabris Texten kommt demnach keine „Gleichgültigkeit gegen landschaftliche Schönheiten" zum Ausdruck.[142] Jedoch ist bei ihm auch nicht unbedingt ein „tiefes Empfinden für die Schönheit der Natur" zu konstatieren.[143] Sowohl ihm als auch den Verfassern der Vergleichsberichte geht es weniger um die Vermittlung eines Eindrucks der Schönheit oder Hässlichkeit des Heiligen Landes, der aus einem ästhetischen Selbstzweck heraus erfolgt. Wie seine Aufzählungen der an diesen Orten gedeihenden Früchte und Pflanzenarten zeigt, wird die Landschaft vielmehr hinsichtlich ihres Nutzens bewertet.[144] Fabri und die übrigen Autoren machen ihre Beurteilung nicht von der Ästhetik abhängig, sondern von der Frage, ob und wie das Land bebaut wird. Charakteristisch sind für Fabri die häufigen Feststellungen im *Evagatorium*, dass die Landschaft höchst ertragreich sein könnte, wenn sie nur kultiviert würde. Bereits auf dem Weg nach Jerusalem hebt er die Fruchtbarkeit der Erde hervor, nur fehlten die Menschen, dass Land zu bestellen.[145] Dass das Land einstmals sehr fruchtbar gewesen sein muss, schließt er hierbei sowohl aus den biblischen Angaben als auch aus eigenen Beobachtungen von alten Bebauungsspuren.[146]

2.3   Allegorische Deutungen der Landschaft als Kreuzzugsaufruf?

Bei dieser auf das ökonomische Potenzial zielenden Landschaftsbeschreibung geht es ihm jedoch nicht allein darum, die Leser seines lateinischen Berichts über den gegenwärtigen Zustand zu informieren. Vielmehr verknüpft Fabri mit seiner Darstellung eine allegorische Deutung. Dies geht aus einer Passage des *Evagatoriums* hervor, in der er

---

[142] So das für alle Pilgerberichte verallgemeinerte Diktum von BEHREND, Deutsche Pilgerreisen, S. 12. Vgl. auch KHATTAB, Das Ägypenbild, S. 251.

[143] LEPSZY, Die Reiseberichte des Mittelalters, S. 192.

[144] Dies gilt auch für Fabris Vergleich von Salomons Lustgärten mit einem wilden Wald. Durch die Auflistung der Baumsorten kennzeichnet er den Wald vielmehr als Nutzwald. Zum Wald als wildem und fremdem Raum siehe RAMIN, Symbolische Raumorientierung, S. 50-59 und 116f. Zum Aspekt der Nützlichkeit in den Pilgerberichten siehe DELUZ, Sentiment de la nature, bes. S. 74-79; GANZ-BLÄTTLER, Andacht und Abenteuer, S. 169; KHATTAB, Das Ägyptenbild, S. 255f., und zuletzt Gritje Hartmann in TZWEWERS, Itinerarius, S. 33, die zu Recht Kritik übt an der Position von LEPSZY, Die Reiseberichte des Mittelalters, S. 183 und 202. Lepszy zufolge verhindere die von der Kirche geprägte „Lebens- und Weltanschauung der Zeit", dass die Pilger die „Natur nur aus Freude an ihr zu beschreiben" wagten, da diese als „sichtbare und greifbare Macht des Teufels" gelte.

[145] FABRI, Evagatorium I, S. 210: *et est terra bona et fertilis, si in ea essent cultores et habitatores, est enim terra sancta pro majori sua parte deserta.* DERS., Wanderings, S. 245. Nur in Pietro Casolas Bericht findet sich bei der Beschreibung der Elisa-Quelle in Jericho eine ähnliche Interpretation. Vgl. CASOLA, Viaggio a Gerusalemme, S. 211; DERS., Pilgrimage, S. 269.

[146] Vgl. z.B. seine Bemerkung zum Tal Refaïm (Jes. 17,5) sowie zu den Weinbergen von En-Gedi (Hl 1,14). FABRI, Evagatorium II, S. 177 und 338; DERS., Wanderings II, S. 190 und 406; Dessau, StB, Hs. Georg 238, fol. 110v und 121v-122r. Zur eigenen Anschauung siehe z.B. FABRI, Evagatorium II, S. 355; DERS., Wanderings II, S. 423.

die vorgebliche Frage einiger Laienpilger erörtert, warum das Heilige Land, in dem Gottes Sohn wandelte und das als das beste und vortrefflichste gelte, nun brach liege und verwüstet sei. Fabri führt die Veränderung auf ein direktes Eingreifen Gottes zurück und sieht die Unfruchtbarkeit und Verwahrlosung des Heiligen Landes als Folge des im Alten Testament prophezeiten Bruchs des Bundes mit Gott (Dt. 29,21-24).[147]

Er interpretiert somit den Gegensatz zwischen der biblischen und gegenwärtigen Situation – den er beispielsweise an einem Landstrich nahe Hebrons illustriert, in dem einst Gärten mit Wein, Oliven, Orangen und anderen Früchte geblüht hätten, doch nunmehr lediglich noch Dornbüsche und andere nutzlose Pflanzen wachsen würden[148] – als Strafe für die Sünden der Menschen, die sich mehr und mehr von Gott entfernen. Die veränderte Beschaffenheit des Raumes stellt für ihn ein göttliches Zeichen und eine Warnung dar, sich wieder auf die Gebote Gottes zu besinnen. Zugleich zeigen ihm die verbliebenen fruchtbaren Orte an, dass dieser Prozess einer fortschreitenden Verwüstung weder abgeschlossen noch unumkehrbar ist. Er konstatiert, dass trotz der Ungläubigkeit und Schlechtigkeit der Bewohner alle zum Leben notwendige Dinge im Überfluss zur Verfügung stünden.[149]

Gerade aber mit dem Hinweis, dass es nur wenige und überdies ungläubige und schlechte Menschen seien, die die Felder des Heiligen Landes bestellen,[150] spielt Fabri auf den Verlust des Heiligen Landes an, das sich nicht mehr im christlichen Herrschaftsbereich befindet. Wie schon bei der Beschreibung der im Verfall begriffenen und von den Muslimen zweckentfremdeten heiligen Stätten Jerusalems[151] geht es ihm auch bei der Darstellung der Landschaft darum, dem Leser die Folgen zu verdeutlichen, die aus der muslimischen ‚Okkupation‘ entstanden sind. Er vermittelt dem Leser implizit das Bild, dass das von Gott ausersehene Gelobte Land nicht mehr bestellt wird. Die ‚ungläubigen‘ Muslime wissen das Land nicht zu nutzen und lassen es mehr oder weniger bewusst verkommen. In einer Passage in der *Eigentlichen beschreibung* macht er sie angesichts der einst prächtigen, nun verfallenen Weinberge auch explizit verantwort-

---

147 FABRI, Evagatorium I, S. 231f.: *Et dum mecum sic tacite conferrem, mox responsum occurrit, scilicet quod haec terrae duritia, ariditas et asperitas est maledictio promissa a Deo propter mandatorum ejus transgressionem, unde Deuteron 28. [...]. Murmur etiam nostrum et admiratio contra terram sanctam est ante multa millia annorum praenunciatus, sicut dicitur Deuter. 29. [...]. Et dicent omnes gentes: quare sic fecit Dominus terrae huie! quae est haec ira furoris ejus immensa? Et respondebunt eis: quia derelinquerunt pactum et transgressi sunt mandata Dei habitatores ejus: ideo et caetera.* DERS., Wanderings I, S. 273f.

148 FABRI, Evagatorium II, S. 339; DERS., Wanderings II, S. 408.

149 FABRI, Evagatorium I, S. 232: *Adhuc tamen, non obstante infidelitate et malitia inhabitantium terram, copiose germinant vita necessaria [...].* DERS., Wanderings I, S. 275.

150 FABRI, Evagatorium I, S. 232: *Insuper si terra praedicta maledictione careret adhuc, desertam esse et duruam necesse esset, cum non habeat habitatores, nisi paucos, malos et infideles.* DERS., Wanderings I, S. 275.

151 Vgl. oben Kap. III.2.

lich: das *verfliecht volck [der] sarracenen* sei *nùt wirdig, den gůten win trinckin, der da wiechsit.*[152]

Mit seinen Verweisen auf das vorhandene Potenzial der fruchtbaren Landschaft zeigt er an, was möglich wäre, wenn dem Heiligen Land die notwendige Aufmerksamkeit entgegengebracht und sich fromme Christen zum Bestellen der Felder finden würden. Fabris Landschaftsbeschreibung könnte somit eine politische Dimension enthalten, die in einem indirekten Aufruf zu einer Rückeroberung mündet. Die Erneuerung der christlichen Herrschaft in Palästina würde im Umkehrschluss auch Auswirkungen auf das Verhältnis zu Gott haben. Fabri hebt hervor, dass der ursprüngliche biblische Zustand wieder hergestellt werden könnte. So wie Gott die Christen mit dem Verlust des Heiligen Landes *vm vnser sind willen* bestraft hat,[153] so könnte mit der Rückeroberung und Nutzbarmachung Palästina ein Zeichen gesetzt und Gott gegenüber das Bemühen gezeigt werden, den geschlossenen Bund einzuhalten.[154]

Mit welch verheerendem Ergebnis Gott seine Macht zur Bestrafung einsetzen kann, offenbart sich den Pilgern in aller Deutlichkeit am Toten Meer. Der Verweis auf die bodenlose Tiefe des Meeres, der noch existierenden Salzsäule von Lots Ehefrau und den sogenannten Sodomsäpfeln, die zunächst schön und wohlschmeckend erscheinen, sich aber beim Aufschneiden als faulig erweisen und zu Staub zerfallen, sind traditionelle Bestandteile der Beschreibung des Toten Meeres.[155] Für Fabri sind das salzige Wasser, von dessen Bitterkeit er sich persönlich überzeugt haben will, und der von dem Meer ausgehende Gestank *offenliche zeichen dess grimen zorn gotz* gegen die Bewohner Sodoms und Gomorrhas.[156] Die vollkommene Veränderung einer einstmals dem Paradies oder Ägypten vergleichbaren Region (Gen. 12,10 und 13,7)[157] in eine Einöde,

---

[152] Dessau, StB, Hs. Georg 238, fol. 124v. Vgl. auch GANZ-BLÄTTLER, Andacht und Abenteuer, S. 195; SCHWAB, Das Andere anders sein lassen?, S. 154. Im *Evagatorium* erwähnt er dagegen nur kurz die Fruchtbarkeit. FABRI, Evagatorium II, S. 355; DERS., Wanderings II, S. 424.

[153] Fabri äußert dies im Kontext der Beschreibung einer noch lange nach dem Ende der Kreuzfahrerstaaten von Christen gehaltenen Festung, die erst infolge einer Seuche aufgegeben wurde. Dessau, StB, Hs. Georg 238, fol. 121v; FABRI, Evagatorium II, S. 336; DERS., Wanderings II, S. 404.

[154] Wie eine Rückeroberung konkret möglich sei, erläutert Fabri bei seiner Beschreibung Ägyptens. Erst müssten die dortigen fanatischen Anhänger des Islam besiegt werden. Dann sei es ein leichtes, auch das Heilige Land zu befreien. Vgl. FABRI, Evagatorium III, S. 196f. Diese Ansicht entsprach den spätmittelalterlichen Kreuzzugsplanungen, in denen Ägypten als Schlüssel für die Rückeroberung des Heiligen Landes angesehen wurde.

[155] Vgl. stellvertretend TUCHER, Die ‚Reise ins Gelobte Land‘, S. 457f.; SURIANO, Treatise, S. 144f. Auch Fabri weist in seinem eng an Ludolf von Sudheim angelegten Exkurs zum Toten Meer auf diese Aspekte hin. FABRI, Evagatorium II, S. 155-162; DERS., Wanderings II, S. 165-174; Dessau, StB, Hs. Georg 238, fol. 91r; LUDOLF VON SUDHEIM, De Itinere Terrae Sanctae liber, S. 90f.

[156] Dessau, StB, Hs. Georg 238, fol. 110v; FABRI, Evagatorium II, S. 154f.; DERS., Wanderings II, S. 164f.

[157] FABRI, Evagatorium II, S. 156: *Erat autem vallis amoena et fertilis, sicut paradisus Domini, et sicut Aegyptus, ut dicitur Genes. 13. Ob hoc enim diebatur vallis illustris Gen. 12., propter singularem abundantiam omnium bonorum.* DERS., Wanderings II, S. 165.

in der kein Leben möglich ist, beschreibt Fabri vor allem im *Evagatorium* und den *Sionpilgern* als stete Mahnung an die Menschen, zu welch schrecklichen Folgen ein sündhaftes Verhalten führen kann. Allerdings macht Fabri dies nicht in einer solch expliziten Form deutlich wie Bernhard von Breidenbach, der das Tote Meer als Exempel göttlichen Zorns anführt, *dar vß man mag mercken die streng gerechtigkeyt gots vnd erschrocklich vrteyl [...]*.[158]

2.4 Das fruchtbare Ägypten als Gegenbild zum Heiligen Land

Sowohl in den Reiseberichten des 14. Jahrhunderts als auch in der enzyklopädischen Literatur wird Ägypten als überaus fruchtbares Land dargestellt, in dem scheinbar alle Dinge im Überfluss vorhanden sind.[159] Dieses Bild wird von den Pilgern des 15. Jahrhunderts übernommen und ausgebaut, wenn bei der Beschreibung der Fahrt von Kairo nach Alexandria immer wieder auf die fruchtbaren Ebenen des Nildeltas und die üppige Pflanzenwelt verwiesen wird.[160]

Fabri stellt hier keine Ausnahme dar. Im Gegenteil findet er für seine Darstellung der Landschaft sowohl im *Evagatorium* als auch in der *Eigentlichen beschreibung* z.T. exaltierte Worte, wobei wie schon beim Heiligen Land der Aspekt des ökonomischen Nutzens im Vordergrund steht. So kommt er angesichts der dichtbesiedelten und durch ergiebige Felder gekennzeichneten Flusslandschaft zu der Einschätzung, dass es kaum eine fruchtbarere Region auf der Welt geben könne.[161] Das von Gärten gesäumte Ale-

---

[158] BERNHARD VON BREIDENBACH, Die heyligen reyßen, fol. 70r; DERS., Peregrinatio, fol. 60v. Dem am nächsten kommt noch Fabris Darstellung in den *Sionpilgern*. Danach empfinden die Nonnen auf ihrer fiktiven Reise zwar ob des schrecklichen Ortes Furcht, die sich aber in Wohlgefallen über Gottes Gerechtigkeit gegenüber dem schlimmen Vergehen der Sodomiter verwandelt. Im *Evagatorium* steht mehr die Furcht im Vordergrund, dass sich Gottes Zorn auch auf die Pilger erstrecken könnten, wenn sie sich länger dort aufhalten. Abweichend ist die Darstellung in der *Eigentlichen beschreibung*. Hier überwiegt die Neugier, auch diesen Ort aus der Nähe zu betrachten. Selbst die Ermahnung der ‚ungläubigen‘ Muslime, dass die Pilger eigentlich nach Palästina gekommen sind, um die heiligen Stätten zu besuchen, und nicht die von Gott verdammten, ist vergeblich. FABRI, Die Sionpilger, S. 178; DERS., Evagatorium II, S. 155; DERS., Wanderings II, S. 164f.; Dessau, StB, Hs. Georg 238, fol. 91r.

[159] Vgl. z.B. die Beschreibungen in WILHELM VON BOLDENSELE, Des Edelherrn Reise, S. 245; LUDOLF VON SUDHEIM, De Itinere Terrae Sanctae liber, S. 51 und 61. Vgl. GANZ-BLÄTTLER, Andacht und Abenteuer, S. 170; KHATTAB, Das Ägyptenbild, S. 250. Als Beispiel für die enzyklopädische Literatur siehe BARTHOLOMAEUS ANGLICUS, De rerum Proprietatibus, S. 650.

[160] Vgl. hierzu GUÉRIN DALLE MESE, Égypte, S. 274-279; KHATTAB, Das Ägyptenbild, S. 69-77.

[161] FABRI, Evagatorium III, S. 108: *Juxta villas erant amoenissimi horti, agri, viridaria, pomaria, in quibus canamelli, dactyli et quaeque dulcia crescebant.* Dessau, StB, Hs. Georg 238, fol. 194v-195r: *vnd hatten zů beden orten hübsch schen fruchtbar land as es jn der welt mag sin mit vil dörfer. [...] vff den tag hatten wir fruchtbarer land den gester mit vil dörfer vnd stetlinen as wer es als ain dörf zů beden orten.*

xandria sei eine *schmaltz grůb*, in der alle nur denkbaren Früchte der Welt wüchsen.[162]
Auch die Ergiebigkeit der vom Nilwasser bedeckten Felder schildert Fabri im *Evagatorium* in den höchsten Tönen. Im Vergleich zur Heimat, wo ein Hochwasser verheerend für den Boden sei und zu einer Teuerung oder Hungersnot führen könne, bewirke das Nilhochwasser das Gegenteil.[163] Während anderswo nur unter größten Mühen Getreide geerntet werden könne, werde in Ägypten eine überreiche Ernte schon mit geringstem Einsatz an Geld und Arbeitsaufwand erzielt. Infolge des saftigen Grases könne das Vieh zweimal im Jahr gebären, Schafe zweimal geschoren werden.[164]

Zwar mag der Eindruck des scharfen Kontrasts zwischen der blühenden Pracht an den Ufern der ökonomischen Lebensader und der unmittelbar angrenzenden unfruchtbaren Wüste durchaus einen Effekt auf Fabris Schilderung gehabt haben. Das Bild eines prosperierenden Ägyptens entspricht der wirtschaftlichen Situation im Mamlukenreich des 15. Jahrhunderts jedoch nur bedingt.[165] Wie ein erneuter Bezug im *Evagatorium* auf den alttestamentlichen Vergleich zwischen dem Paradies, Ägypten und der vormals fruchtbaren Ebene Sodoms und Gomorrhas (Gen. 13,7) zeigt, ist Fabris Darstellung darauf ausgerichtet, die biblischen Angaben durch seine vor Ort erworbenen Erkenntnisse zu bestätigen und religiös auszudeuten. Hatte sich in der infertilen Landschaft des Toten Meeres die strafende Hand Gott gezeigt, so geht es Fabri mit seiner Darstellung des fruchtbaren Nildeltas im *Evagatorium* darum, zu zeigen, dass Gott den physischen Raum mit Eigenschaften versieht, die dem Menschen auch Wohltaten bringen.[166]

---

[162] Dessau, StB, Hs. Georg 238, fol. 198v-199r; FABRI, Evagatorium III, S. 144. Demgegenüber wird in den von Fabri genutzten Berichten Hans Tuchers oder Bernhard von Breidenbachs im Hinblick auf die andersartigen klimatischen Bedingungen immerhin eingeschränkt, dass in jenen Gärten zwar *vberswencklichen vil obß wechst*, aber weder Äpfel noch Birnen gedeihen. Vgl. TUCHER, Die ‚Reise ins Gelobte Land', S. 587; BERNHARD VON BREIDENBACH, Die heyligen reyßen, fol. 154r; DERS., Peregrinatio, fol. 131r. Dies geht auf ältere Quellen zurück. Vgl. GANZ-BLÄTTLER, Andacht und Abenteuer, S. 170. Arnold von Harff erweitert den Katalog noch um Kirschen und Pflaumen. Diese könnten dort aufgrund der großen Hitze nicht wachsen, da sie von Natur aus kalt seien. Er spielt damit auf die je nach Klimazone unterschiedliche Natur der Pflanzen an. Wilhelm von Boldensele verdeutlicht dies in umgekehrter Richtung am Beispiel der Banane, die nicht in heimische Regionen überführt werden könne. Vgl. ARNOLD VON HARFF, Die Pilgerfahrt, S. 78; WILHELM VON BOLDENSELE, Des Edelherrn Reise, S. 249.

[163] Allerdings ist er sich den Folgen bewusst, wenn das Wasser zu stark ansteigt oder die Überflutung zu gering ausfällt. Vgl. FABRI, Evagatorium III, S. 126f.; DERS., Die Sionpilger, S. 258.

[164] FABRI, Evagatorium III, S. 125. Neben Fabri erwähnt auch Joos van Ghistele die fruchtbaren Ernten, die ohne großen Arbeitsaufwand erzielt würden. Vgl. ZEEBOUT, Tvoyage, S. 196.

[165] Durch äußere Bedrohungen, innere Parteikämpfe zwischen den Mamluken und zahlreiche Pestwellen waren ganze Landstriche Ägyptens entvölkert. Besonders die Landwirtschaft, aus denen die Mamluken einen beträchtlichen Teil ihrer Einkünfte erwirtschafteten, war betroffen. Da aber der Getreidehandel am Nil noch florierte, blieb dies den Pilgern verborgen. Siehe HAARMANN, Der arabische Osten, S. 246-248; FELDBAUER, Der islamische Osten, S. 201-204.

[166] Bei dem Verweis auf die Bibelstelle merkt er zudem an, dass es früher eine Verbindung zwischen Ägypten und Palästina gegeben habe. Laut Fabri mündete der Jordan, ebenfalls mit großer Fruchtbarkeit gesegnet, bis zur Vernichtung Sodoms in den Nil. FABRI, Evagatorium III, S. 138.

Dies zeigt sich an seiner Beschreibung des Nils. Wie er in allen drei Texten über seine Wallfahrt hervorhebt, liegt diese Fruchtbarkeit nicht in den Böden Ägyptens begründet, die an sich karg und sandig seien, sondern im Flusswasser selbst. Der Nil als einer der vier Paradiesflüsse schwemme *subtili edlen fructhbaren erdt* aus dem irdischen Garten Eden aus. Infolge der periodisch auftretenden Überschwemmungen mache diese kostbare Erde die Felder äußerst fruchtbar.[167] Die Pflanzen würden aus diesem Grund besonders gut duften, Palmen prächtiger gedeihen als an allen anderen Orten.[168] Das Wasser selbst sei infolge der mitgeführten Erde zwar von einer grauen Farbe, die an eine *mistlach* erinnere, und trüber als das Wasser des Tibers.[169] Dafür sei es aber so gesund wie kein anderes auf der Welt und überaus süß.[170] Zudem führe er auf seinem Weg nach Ägypten edles Aloeholz und andere unbekannte Pflanzen mit wunderbaren Eigenschaften mit sich.[171]

Die von Fabri hervorgehobenen lebensspendenden und wunderbaren Eigenschaften des Nils sind nicht neu. Vielmehr greift er weitgehend auf traditionelle Bilder aus anderen Pilgerberichten zurück.[172] Bereits Ludolf von Sudheim weist auf die fruchtbare und gesundheitsfördernde Eigenschaft des Wassers hin, mittels dessen auch das kostbare Holz der Aloe nach Ägypten gelange.[173] Die zweite wichtige Vorlage für Fabri stellt der Bericht Bernhards von Breidenbach dar. Der Mainzer Domdekan geht über Ludolf hinaus, indem er die Fruchtbarkeit des Nils auf die aus dem Paradies mitgeführte Erde zurückführt. Damit erklärt er nicht nur die konstatierte Trübung des Nilwassers, sondern

---

[167] Dessau, StB, Hs. Georg 238, fol. 179v-180v; FABRI, Evagatorium III, S. 126; DERS., Die Sionpilger, S. 263. Im *Evagatorium* diskutiert Fabri darüber hinaus ausführlich die antiken Meinungen über die Ursache des Anstiegs des Wasserpegels. Vgl. DERS., Evagatorium III, S. 128-130.

[168] FABRI, Evagatorium III, S. 136f.

[169] Der Vergleich mit dem Tiber ist dabei nur in der deutschen Version enthalten. Vgl. FABRI, Evagatorium III, S. 126 und 132; Dessau, StB, Hs. Georg 238, fol. 180r. Vgl. auch Anm. 174.

[170] Auch helfe das Wasser gegen Unfruchtbarkeit sowohl bei Tieren als auch Menschen. FABRI, Evagatorium III, S. 132 und 137; Dessau, StB, Hs. Georg 238, fol. 190v-191r.

[171] FABRI, Evagatorium III, S. 136f.; Dessau, StB, Hs. Georg 238, fol. 191r.

[172] Zum Nil in Reisebeschreibungen siehe KÄSTNER, Nilfahrt mit Pyramidenblick, S. 312f.; KHATTAB, Das Ägyptenbild, S. 59-66; ROSSEBASTIANO, La vicenda umana, S. 32. Größere Abweichungen von dieser üblichen Darstellung enthält der Bericht von Paul Walther von Guglingen, der lediglich die Fruchtbarkeit kurz erwähnt, auf eine gesonderte Darstellung aber verzichtet. Francesco Suriano gibt an, dass der Nil in Äthiopien über ein Bett aus reinem Gold fließt und deshalb eine besondere heilende und sättigende Wirkung habe. Vgl. PAUL WALTHER VON GUGLINGEN, Itineram in Terram Sanctam, S. 126; SURIANO, Treatise, S. 293. Arnold von Harff will bei seiner Reise zu den Mondbergen schließlich festgestellt haben, dass die starken örtlichen Regenfälle das Anschwellen des Flusses bewirken. Eine Meinung, die Fabri (bzw. seine Quelle DIODORUS SICULUS, Library of History I, Kap. 41) dem Philosophen *Agathargines* (Agatharchides von Knidos) zuordnet und ebenfalls für nicht unwahrscheinlich hält. Allerdings sieht Harff in den Mondbergen auch die wahre Quelle des Nils und lehnt faktisch ab, dass er aus dem Paradies kommt. Vgl. ARNOLD VON HARFF, Die Pilgerfahrt, S. 149f.; FABRI, Evagatorium III, S. 130.

[173] LUDOLF VON SUDHEIM, De Itinere Terrae Sanctae liber, S. 59f. Zur Darstellung in älteren Pilgerberichten siehe GRABOIS, Le description de l'Ègypte, S. 532.

verdeutlicht erstmals, dass das an sich unfruchtbare Land erst durch die regelmäßige Überschwemmung und Düngung mit Paradieserde die Möglichkeit erhält, üppige Ernten hervorzubringen.[174]

Während Fabri in der *Eigentlichen beschreibung* kaum über seine Vorlagen hinausgeht, stellt er im *Evagatorium* die Beschreibung des Nils in einen größeren Kontext. Unter Bezug auf die Weltgeschichte der antiken Autorität Diodor Siculus setzt er sich mit den dort überlieferten Lehrmeinungen sowohl über den Ursprung als auch möglichen Ursachen der periodischen Überschwemmung auseinander.[175] Dabei geht es ihm um den Nachweis, dass die Ansichten der antiken Gelehrten letztlich Spekulation seien. Durch die Bibel steht für ihn unzweifelhaft fest, dass der Nil einer der vier Paradiesflüsse ist (Gen. 2,13).[176] Da nach mittelalterlicher Auffassung den Menschen der Zugang zum irdischen Paradies versperrt ist, sind auch alle Versuche, dem Flusslauf bis zur Quelle zu folgen, zum Scheitern verurteilt.[177] Die in der Antike geäußerten Meinungen über die Ursache der regelmäßigen Überschwemmung verwirft er ebenfalls, wobei eine auffallende Parallele zum Bericht von Joos van Ghistele besteht. Beide erklären in Übernahme der Angaben Diodors die von griechischen Philosophen und Dichtern wie Thales, Euripides und Demokrit vorgebrachten Ansichten allesamt für unzutreffend.[178]

Dass die antiken Gelehrten mit ihren Erklärungsversuchen falsch liegen, ist nicht mit einem geringeren geographischen oder naturwissenschaftlichen Wissen begründet. Vielmehr können die Gelehrten keine befriedigende Lösung finden, da sie nur nach

---

[174] BERNHARD VON BREIDENBACH, Die heyligen reyßen, fol. 148v; DERS., Peregrinatio, fol. 126r. Die Beschreibung Ludolfs geht auch in den Bericht Hans Tuchers ein. Dieser erweitert Ludolfs Vergleich des Nils mit dem Rhein um den Vergleich des trüben Nilwassers mit dem Tiber, was wiederum Bernhard von Breidenbach übernimmt. Dabei ist fraglich, ob der Vergleich mit dem Tiber tatsächlich auf Tucher zurückgeht, da er sich bereits bei Jean und Anselme Adorno findet. Vgl. TUCHER, Die ,Reise ins Gelobte Land', S. 561; ADORNO, Itinéraire, S. 180.

[175] Diodors Weltgeschichte war ihm offenbar direkt aus einer zwischen 1472 und 1496 mehrfach gedruckten lateinischen Übersetzung (vgl. GW 8374-8377) sowie indirekt über das *Speculum Historiale* des Vinzenz von Beauvais bekannt. Vgl. FABRI, Evagatorium III, S. 128 und 130.

[176] FABRI, Evagatorium III, S. 120-122, hier S. 122: *Moyses autem legislator et Chronicae sacrae scriptor de Geon, id est, Nilum de paradiso egredi (dicit) Genesis II*. In der *Eigentlichen beschreibung* und den *Sionpilgern* wird lediglich die Herkunft aus dem Paradies genannt. Dessau, StB, Hs. Georg 238, fol. 179v-180r; FABRI, Die Sionpilger, S. 263.

[177] Fabri verweist hier auf die Legende des heiligen Macarius und auf die laut Fabri bereits bekannte Geschichte der von einem Sultan ausgerichteten Expedition, die unverrichteter Dinge zurückkehrte. Letztere wird bereits von Ludolf von Sudheim erwähnt, geht aber schon auf die Kreuzfahrerzeit zurück. Vgl. FABRI, Evagatorium III, S. 123f.; Dessau, StB, Hs. Georg 238, fol. 191r; LUDOLF VON SUDHEIM, De Itinere Terrae Sanctae liber, S. 59; SCAFI, Mapping Paradise, S. 52.

[178] Fabri gibt hier eine gekürzte Fassung der Nilbeschreibung Diodors wieder, in der dieser die in der Antike diskutierten möglichen Ursachen der Überschwemmung ausführlich erörtert und Argumente dafür und dagegen abwiegt. Demgegenüber lehnt sich Joos van Ghistele zwar eng an den Text von Diodor an, nennt aber hier weder seine Quelle noch führt er die antiken Philosophen namentlich auf. Vgl. FABRI, Evagatorium III, S. 128-130; DIODORUS SICULUS, Library of History I, Kap. 38-41; ZEEBOUT, Tvoyage, S. 195f.

einer natürlichen Erklärung für die Überschwemmung suchen. Hingegen zielen Fabri und Joos van Ghistele mit ihrer ausführlichen Erörterung antiker Lehrmeinungen darauf ab, Gott als die einzige und entscheidende Ursache für die Überschwemmung hervorzuheben.[179] Zweifellos auf Gottes Befehl bringt der Nil gemäß Fabri Wasser und kostbare Paradieserde nach Ägypten und allein durch Gottes wunderbare Fürsorge tritt der Fluss über sein Ufer.[180] Was in den Beschreibungen Ludolfs von Sudheim und Bernhards von Breidenbach nur indirekt angedeutet ist, bringt Fabri im *Evagatorium* somit explizit zum Ausdruck. Die kaum vorstellbare Fruchtbarkeit verdankt Ägypten Gottes Allmacht, die er zum Wohl der Menschen einsetzt.[181]

2.5 Die Fauna und Flora als Zeichen einer ‚strukturellen' Fremdheit

Ägypten unterscheidet sich nicht nur durch die große Fruchtbarkeit von den aus der Heimat gewohnten Verhältnissen, sondern auch durch die vielen Verweise auf exotische Pflanzen und Tiere. Bei der Beschreibung des Heiligen Landes nimmt Fabri in knappen Worten lediglich auf biblische Pflanzen wie die Terebinthe und den Johannesbrotbaum Bezug.[182] Die Tierwelt ist ausführlicher nur durch die am Toten Meer lebende Schlange Tyr[183] und nicht zuletzt durch den Mistkäfer vertreten.[184] Fabris Schilderung

---

[179] Möglicherweise orientieren sie sich hierbei auch an BARTHOLOMAEUS ANGLICUS, De rerum Proprietatibus, S. 560: *Nilus dispositione Dei totam Ægyptum semel in anno irrigat [...]*.

[180] FABRI, Evagatorium III, S. 124: *sicque totam Aegyptum amplexus haud dubium Dei ordinatione arenoso et sitienti solo aquam et terram inducit [...]*. Ebd., S. 127: *Fit autem inundatio haec fluminis quasi mirabili Dei providentia, suo namque tempore anni, non humana operatione aut industria ostia Nili, per quae mare ingreditur, cumulis arenae clauduntur, ne aqua in mare defluat et sic alveos suos transgrediens terram irrigat.* Bei Ghistele ist es die direkte Konklusion aus den zuvor besprochenen Lehrmeinungen. Vgl. ZEEBOUT, Tvoyage, S. 196: *Commet zo niet bij, inder waerheyt zo en esser niet af te sprekene, anders dan dat den wille Gods zo es.*

[181] Dies gilt auch für FABRI, Die Sionpilger, S. 258: *Vnd für den regen haut __Got__ dem land gegeben das wasser vß den paradÿs den edlen __Nÿl__ der sich selbs von der ordnung gottes zů denen zitten so es dem ertrich noutt ist schwelt vnd bedeckt das ganntz land daur von es gedunget vnd gewessret wirt.*

[182] Terebinthe: FABRI, Evagatorium I, S. 235; DERS., Wanderings I, S. 279; Dessau, StB, Hs. Georg 238, fol. 40r. Johannesbrotbaum: FABRI, Evagatorium II, S. 50; DERS., Wanderings II, S. 31.

[183] Die in den meisten Berichten stereotyp beschriebene Schlange soll am Toten Meer leben und äußerst giftig sein. Aus ihr werde ein wirksames Antidot hergestellt, das unter der Bezeichnung Theriak als Allheilmittel galt. Für den Sultan aus Ägypten, der hierauf das Monopol habe, sei dies ein großer Einnahmefaktor. Vgl. FABRI, Evagatorium II, S. 145f.; DERS., Wanderings II, S. 151-153. Fabri erweitert hier die Beschreibungen Ludolfs von Sudheim und Hans Tuchers. Vgl. LUDOLF VON SUDHEIM, De Itinere Terrae Sanctae liber, S. 89; TUCHER, Die ‚Reise ins Gelobte Land', S. 458f. Zur allegorischen Deutung der Schlange siehe JAHN, Raumkonzepte, S. 135.

[184] Die Beschreibung des Mistkäfers ist ein Beispiel für die in der Vorrede angekündigten Anekdoten, die den Leser belustigen sollen. Sie hat aber auch Lehrcharakter. Fabri berichtet, wie er in einem Stiefel Dung fand und vorschnell einen Pilger verdächtigte, ihm einen Streich spielen zu wollen. Neben dem moralischen Fingerzeig, anderen Menschen nicht grundlos ein schädliches

Ägyptens enthält dagegen erschöpfende Exkurse über den Balsam, die Banane und die
Palme. Hinsichtlich der Tierwelt geht er detailliert auf Aussehen und Verhalten von
Löwe, Leopard, Giraffe, Strauß, Papagei, Zibetkatze, Krokodil und Nilpferd ein. Dass
Fabri der Beschreibung der Fauna und Flora Ägyptens so breiten Raum einräumt, ist
dabei weder ungewöhnlich noch unerwartet. Pflanzen mit ihren besonderen Eigenschaften (Balsam) oder ihrer heilsgeschichtlichen Bedeutung (Banane) sowie exotische Tiere
wie Löwe, Elefant und Papagei, die an Fürstenhöfen als Statussymbole gehalten wurden
oder als Jahrmarktsattraktion für Aufsehen sorgten,[185] gehörten zum „erwartbaren In-
ventar einer jeden spätmittelalterlichen Ägyptenbeschreibung."[186] Die literarischen
Beschreibungsmuster und symbolischen Bedeutungen waren bereits durch die Pilgerberichte des 14. Jahrhunderts und durch die enzyklopädische Literatur wie beispielsweise
das „Buch der Natur" von Konrad von Megenberg vorgegeben.

Fabris Beschreibungen der einzelnen Tiere heben sich nur wenig von seinen Vorla-
gen ab. Dabei steht in allen seinen Texten weniger eine allegorische Bedeutung der
Tiere wie bei Ludolf von Sudheim noch die ökonomischen Zusammenhänge wie bei
Hans Tucher besonders im Vordergrund.[187] Beide Berichte nutzend, findet sich bei
Fabri einerseits die Geschichte um den Wurm, der sich vom Krokodil verschlingen
lässt, um es in drei Tagen von innen zu zerfressen, ohne die allegorische Auslegung auf
Christus, der nach seiner Kreuzigung drei Tage bei den Toten in der Hölle verbrachte,
explizit zu machen.[188] Anderseits vermerkt er auch die wirtschaftliche Nutzung der
Krokodilhaut, die zuweilen als Drachenhaut angepriesen wird.[189] Fabri geht es vor al-

---

bzw. böswilliges Verhalten zu unterstellen, verdeutlicht er anhand des Käfers die unterschiedliche
Größenordnung der Tiere im Vergleich zur Heimat und die Bedeutung des Skarabäus für die
Ägypter. FABRI, Evagatorium II, S. 165-167; DERS., Wanderings II, S. 177-180.

[185] Zu Tieren als unterhaltenden und repräsentativen Objekten an Fürstenhöfen siehe DIENER, Die
„Camera Papagalli"; MÄRTL, Von Mäusen und Elefanten; PARAVICINI, Tiere aus dem Norden.
Die adligen Pilger konnten solch einen Tierpark bei den Johannitern auf Rhodos besichtigen. Vgl.
hierzu KRAACK, Rhodos als Residenz, S. 225-227. Die Pilger erwarben zudem selbst gerne exotische Tiere, die sie als Souvenir mit nach Hause nahmen. Besonders Papageien waren bei den Pilgern gefragt. Nachweise hierzu bei SCHRÖDER, Reiseandenken, S. 105-107. Zum Elefanten in Venedig vgl. die Angaben oben in Kap. III.1.

[186] GANZ-BLÄTTLER, Andacht und Abenteuer, S. 174.

[187] Vgl. JAHN, Raumkonzepte, S. 132f., der die These aufstellt, dass die Tierbeschreibungen Ludolfs
stark an der mittelalterlichen Naturauslegung angelehnt sind, während Tucher den wirtschaftlichen Nutzen und die Verwertbarkeit der Tiere in den Vordergrund stellt.

[188] FABRI, Evagatorium III, S. 134. Zu Ludolf siehe LUDOLF VON SUDHEIM, De Itinere Terrae Sanctae
liber, S. 59. Zur allegorischen Bedeutung siehe KONRAD VON MEGENBERG, Das Buch der Natur,
S. 272f.

[189] FABRI, Evagatorium III, S. 134; TUCHER, Die ‚Reise ins Gelobte Land', S. 575. Der Verweis auf
die Drachenhaut fehlt in der deutschen Version. Dessau, StB, Hs. Georg 238, fol. 195r: *Die co-
codrillen vachen die fischer vnd verkoufen die hùt tùr den kouflùten.* Sowohl Fabri als auch Arnold von Harff beziehen sich auf Breidenbach, der erstmals die Drachenhaut erwähnt. Arnold von
Harff kann mit diesem Wissen eine in Rom angepriesene Drachenhaut als Krokodilshaut entlarven. Indirekt wird somit verdeutlicht, wie nutzbringend die Reiseerfahrungen sein können. Vgl.

lem darum, die Fremdartigkeit und den exotischen Charakter der Tiere hervorzuheben. Hierzu betont er zum einen die besonderen Eigenschaften beispielsweise der Zibetkatze, deren wohlriechendes Düsensekret wertvoller als Moschus bzw. Bisam sei.[190] Zum anderen beschreibt er die Wildheit der Tiere, die er im *Evagatorium* beispielsweise durch eine bedrohliche Begegnung mit einem Leoparden verdeutlicht.[191]

Das wichtigste Kriterium, um die Fremdartigkeit der Tierwelt Ägyptens hervorzuheben, ist aber deren ungewöhnliche äußere Gestalt. Wie auch andere Pilger beschreibt er das Aussehen z.B. der Giraffe und des Krokodils, indem er die Körperteile verschiedener Tierarten zum Vergleich heranzieht. Die Kreatur, die durch ihr fremdes Erscheinungsbild nicht als Ganzes erfasst und für den Leser veranschaulicht werden kann, wird anhand ihrer einzelnen Bestandteile mit vertrauten Lebewesen verglichen.[192] Die Giraffe, die aufgrund ihrer Gestalt und Größe als ein besonders exotisches Tier galt,[193] ist danach laut Fabri und der sehr ähnlichen parallelen Beschreibung durch Paul Walther von Guglingen *langer greser vnd höcher den ein grosz camel*. Infolge der ungewöhnlich hohen Vorderbeine könne ein Mensch *ungebogen vunder dem b[a]uch de[s] tier[es]* hindurchlaufen. Es habe zwei unterschiedlich lange Beinpaare, einen kleinen pferde- (Fabri) bzw. hirschähnlichen (Guglingen) Kopf mit spitzen Hörnern gleich einer Ziege, einen hundeähnlichen, aber weitgehend unbehaarten Schwanz und gespaltene Hufe wie ein Rind. Trotz seines langen Halses sei es nicht in der Lage, Nahrung vom Erdboden aufzunehmen, sondern sei gezwungen, *all sin speis nun jn der höchi [zu] nehmen.*[194]

BERNHARD VON BREIDENBACH, Die heyligen reyßen, fol. 154r; DERS., Peregrinatio, fol. 132r; ARNOLD VON HARFF, Die Pilgerfahrt, S. 82f.

[190] FABRI, Evagatorium III, S. 24. Breidenbach folgend, vergleicht Fabri in der deutschen Version das Zibet mit dem Bisam. Vgl. Dessau, StB, Hs. Georg 238, fol. 182r; BERNHARD VON BREIDENBACH, Die heyligen reyßen, fol. 149r; DERS., Peregrinatio, fol. 126v (dort wird ebenfalls von Zibet (*in modi musci*) ausgegangen). Paul Walther von Guglingen als dritter Verfasser dieser Gruppe erwähnt diese Begegnung nicht.

[191] In Alexandria steht er unvermutet direkt einem Leoparden mit glühenden Augen gegenüber und hält es für ein Wunder, dass dieser ihn in jenem Moment nicht angegriffen habe. Das Tier habe an einem anderen Tag einen Strauß angefallen und diesen äußerst schwer verletzt. FABRI, Evagatorium III, S. 150f. In der *Eigentlichen beschreibung* erwähnt er lediglich, dass er dort einen Leoparden gesehen habe. Vgl. Dessau, StB, Hs. Georg 238, fol. 205r. Siehe auch die Schilderung der schmerzhaften Erfahrung beim ‚Küsschengeben' mit einem scheinbar zahmen Papagei. FABRI, Evagatorium III, S. 28f.

[192] Zu dieser, bereits von Herodot angewandter Methode siehe HARTOG, The Mirror of Herodotus, S. 249-251; KÄSTNER, Nilfahrt mit Pyramidenblick, S. 313; NIEHR, Wahrnehmung und Darstellung des Fremden, S. 287.

[193] Vgl. z.B. ZEEBOUT, Tvoyage, S. 256: *Hemlieden waren ooc ghetoocht twee geraffen, dat alte schoone ende vremde dieren zijn [...].*

[194] FABRI, Evagatorium III, S. 30; Dessau, StB, Hs. Georg 238, fol. 181r-v; PAUL WALTHER VON GUGLINGEN, Itinerarium in Terram Sanctam, S. 229. Die enge Übereinstimmung zwischen *Evagatorium* und dem Bericht Paul Walthers legt eine Abstimmung der Beschreibungen nahe, allerdings finden sich Parallelen auch zu Jean und Anselme Adorno sowie Arnold von Harff. Vgl.

Durch solche „mehr oder weniger zutreffende Vergleiche soll das Unvertraute, Fremdartige dem Leser vorstellbar gemacht werden".[195] Auf das Medium der bildlichen Wiedergabe, das für Breidenbach das wesentliche Mittel der Vermittlung der Gestalt und Exotik der Tiere ist und nachfolgend auch von Konrad Grünemberg und Arnold von Harff angewendet wird,[196] verzichtet Fabri. Er verdeutlicht die Größe der Giraffe auf anschauliche Weise, indem er sie sich auf dem Ulmer Marktplatz vorstellt. Das Tier sei so groß, dass es seine Mahlzeit durch das Stubenfenster der patrizischen Schankstube einnehmen könne.[197] Um dem Leser die jedes normale und vertraute Maß sprengende Größendimension der Giraffe bewusst zu machen, platziert er das fremde Tier in eine vertraute (und jedem Ulmer wohlbekannte) Umgebung. Diese Assoziation trägt zwar dazu bei, die Giraffe dem Leser vorstellbar zu machen, erhöht aber zugleich den exotischen Grad des Tieres und auch des Raumes, in dem es normalerweise lebt.

Trotz des Anspruches, die fremden Tiere selbst gesehen und ihr Verhalten beobachtet zu haben, führt die eigene Anschauung nicht dazu, dass die tradierten Vorstellungen in Frage gestellt oder widerlegt werden. So ernährt sich auch bei Fabri der Strauß von Eisen, der Leopard kann nur mit Blut besänftigt werden und das Krokodil beklagt zuerst den getöteten Menschen, bevor es ihn frisst.[198] Durch Autoritäten verbürgte Topoi und eigene Beobachtungen bestärken sich hierbei sogar gegenseitig. Wie Fabri seiner Darstellung Gelehrsamkeit und Glaubwürdigkeit verleiht, indem er an Konrad von Megenberg und Bartholomaeus Anglicus anschließt, so werden durch Fabris präzise Beschrei-

---

ADORNO, Itinéraire, S. 192; ARNOLD VON HARFF, Die Pilgerfahrt, S. 102. Die Beschreibung folgt dabei nicht unbedingt der eigenen Anschauung, sondern vorgegebenen Mustern aus der enzyklopädischen Literatur, die wiederum auf antiken Vorbildern basieren. Vgl. zu den Quellen TIMM, Der Palästina-Pilgerbericht, S. 232-234.

[195] KÄSTNER, Nilfahrt mit Pyramidenblick, S. 313.

[196] Breidenbach will die vielen Tiere, die die Pilger während ihres Aufenthaltes in Kairo vorgeführt werden, *umb kurtze wegen* nicht beschreiben und fügt seinem Bericht einen Holzschnitt mit den angeblich auf der Reise gesehenen Tieren zu. Lediglich das Krokodil wird (in Übernahme der Beschreibungen Ludolfs von Sudheim und Hans Tuchers) mittels des Vergleichs mit anderen Tieren beschrieben. Vgl. BERNHARD VON BREIDENBACH, Die heyligen reyßen, fol. 149r; DERS., Peregrinatio, fol. 126v. Konrad Grünemberg und Arnold von Harff nutzen in Kenntnis des Berichts von Breidenbachs die Möglichkeit der bildlichen Wiedergabe und fügen ihren Berichten ebenfalls Abbildungen von Tieren zu. Ausführlich zu Breidenbach NIEHR, Wahrnehmung und Darstellung des Fremden, S. 284-300; TIMM, Der Palästina-Pilgerbericht, S. 229-242.

[197] FABRI, Evagatorium III, S. 30: *Si staret haec bestia in foro Ulmensi ante domum Zecharum dominorum civium et se erigeret, cibum capere posset de fenestra stufae.* Fabri ist hierbei wohl von den in eine ähnliche Richtung gehenden Vergleichen von Wilhelm von Boldensele und Jean de Mandeville beeinflusst, wenn sie zum Ausdruck bringen, die Giraffe könne vom Dach eines Hauses essen oder in die oberen Fenster schauen. Neu ist aber, dass er dieses an einem konkreten Beispiel in Ulm veranschaulicht. WILHELM VON BOLDENSELE, Des Edelherrn Reise, S. 248; JEAN DE MANDEVILLE, Reisen, S. 173.

[198] FABRI, Evagatorium III, S. 26 (Leopard), 27 (Strauß) und 134 (Krokodil); KONRAD VON MEGENBERG, Das Buch der Natur, S. 145 und 223; BARTHOLOMAEUS ANGLICUS, De rerum Proprietatibus, S. 1050f.

bungen der äußeren Gestalt der Tiere wiederum die autoritären Schriftquellen bestätigt. Tradition und Erfahrung bilden keinen Gegensatz, sondern stehen in diesem Fall unverbunden nebeneinander.

Auch wenn Fabri die (unheilvolle) Begegnung mit dem aus dem heimatlichen Lebensraum vertrauten Uhu festhält,[199] ist Ägypten durch die vielen unbekannten und exotischen Tiere als ‚strukturell‘ fremder Raum charakterisiert. Dies gilt mit einer kleinen Einschränkung im Wesentlichen auch für die Exkurse über die Pflanzenwelt. Die Einschränkung betrifft Fabris Beschreibung der Balsampflanze im *Evagatorium*, bei der er sich von der in anderen Pilgerberichten kolportierten Legende distanziert, dass der Balsam nur von Christen gepflegt werden könne, während die Pflanze sofort verdorre, wenn sich ‚Ungläubige‘ als Gärtner betätigen.[200] Die vor Ort gemachte Erfahrung, dass im Balsamgarten Muslime ohne schädliche Folgen für die Pflanzen arbeiten, lässt Fabri die überlieferte Sichtweise in Frage stellen, er verwirft sie aber nicht völlig.[201]

Hier gerät die eigene Anschauung mit den durch andere Schriftzeugnisse vorgegebenen Bildern in Konflikt. Sie ist aber kein Hinweis auf eine stärkere Gewichtung der eigenen Wahrnehmung gegenüber den autoritären Quellen. Gerade der ebenfalls bei dem Besuch des Balsamgartens beschriebene Bananenbaum zeigt, dass Fabri in diesem Fall an den herkömmlichen Deutungsmustern festhält. Die Banane gilt für die Pilger als Paradiesapfel, was ihnen durch die kreuzförmige Zeichnung im Fruchtfleisch angezeigt wird.[202] Diese durch eigene Anschauung überprüfte Ansicht ist für Fabri der Nachweis, dass es sich sehr wahrscheinlich um eine Frucht von der Art handeln muss, von der Adam im Paradies gekostet hat. Zwar wählt er gegenüber der *Eigentlichen beschreibung* im *Evagatorium* eine etwas distanzierende Formulierung, doch sichert er die traditionelle Auslegung durch den Hinweis ab, dass sich alle drei Religionsgruppen im Orient hierüber einig seien.[203]

---

[199] Fabri sinniert dabei über die symbolische Bedeutung des Uhus als Todesbote, was er trotz des wenige Tage später erfolgten Todes des Grafen zu Solms schließlich als Aberglaube verwirft. FABRI, Evagatorium III, S. 74f.

[200] Vgl. u.a. die Aussage bei Ludolf von Sudheim und Jean de Mandeville in der Übersetzung von Otto von Diemeringen. LUDOLF VON SUDHEIM, De Itinere Terrae Sanctae liber, S. 54; JEAN DE MANDEVILLE, Reisen, S. 225. Darüber hinaus ZEEBOUT, Tvoyage, S. 198. Zum Balsamgarten bei Fabri siehe ausführlich FEILKE, Felix Fabris Evagatorium, S. 70-108; GUÉRIN DALLE MESE, Égypte, S. 404-407.

[201] Er hält sich eine Hintertür offen, indem er festhält, dass orientalische Christen und Sarazenen sich in ihrem Aussehen kaum unterschieden. Dadurch bleibt die Möglichkeit bestehen, dass es sich bei den Gärtnern doch allesamt um Christen handeln könnte und die Tradition doch zutreffend sei. Vgl. FABRI, Evagatorium III, S. 15. In der *Eigentlichen beschreibung* und den *Sionpilgern* wird dies nicht erwähnt.

[202] Zur Banane siehe umfassend WIS, *Fructus in quo Adam preccavit*.

[203] FABRI, Evagatorium III, S. 6: *Hoc autem insigne habent mala ista, quod in qualibet particula rotunda decisa est crux, quae videtur obscure gerere Crucifixi imaginem: utique crucis stigma non est solum, sed aliquid superpositum apparet, quod nos Christiani putamus esse imaginem Crucifixi. Habet etiam quodlibet malum morsum, ut videtur ab utraque parte, ac si aliquis pomum*

Entscheidend für die Vermittlung der allegorischen Bedeutung der Tier und Pflanzenwelt als Beweis der fortdauernden Heilsgeschichte ist jedoch, dass Fabri in seiner Beschreibung der Banane die Tradition um den Paradiesapfel mit der Tradition um den Adamsapfel vermengt. Die Schale des Letzteren soll dabei deutliche Abdrücke von Adams Zähnen aufweisen, was ursprünglich aber an einer anderen Frucht festgemacht wurde.[204] Burchard von Monte Sion zählt in seinem Kapitel über die Früchte und Tiere des Heiligen Landes sowohl die Adamsäpfel als auch die Paradiesäpfel auf.[205] Konrad von Megenberg differenziert in seinem „Buch der Natur" dementsprechend zwischen dem *Paradis Paum* und *Adams Paum*.[206] In den spätmittelalterlichen Pilgerberichten wird jedoch sprachlich nicht zwischen Paradies- und Adamsäpfeln unterschieden,[207] was bei Fabri dazu führt, dass er die vermeintlichen Spuren von Adams folgenschwerer Handlung ebenfalls auf der Banane platziert, obwohl er durch die eigene Anschauung zu einem anderen Ergebnis hätte kommen können. So kann er aber argumentieren, dass sich in der Banane sowohl das Zeichen für den Sündenfall durch Adam als auch für die Erlösung durch Christus manifestiere.[208] In der fremden und exotischen Frucht sind damit auf wundersame Weise die für die Heilsgeschichte entscheidenden Ereignisse miteinander verbunden.

---

integrum inter dentes conaretur permordere. De hac arbore dicunt omnes Orientales concorditer, Christiano scilicet, Sarraceni et Judaei, quod sit illus speciei, cujus erat arbor illa in paradiso, scientiae boni et mail, de qua praecepit Dominus primis nostris parentibus, ne manducarent de fructu ejus, alias morte morirentur, Genes. II. Dessau, StB, Hs. Georg 238, fol. 178r-v: *vnd heisen musi vnd zerschnit man sÿ eben as retich jn tün rad stùckli vnd so vil man schnittli macht, so hat doch ein ielich schnitzli ein eigenlichs crùz. Die cristen vom orient halten dz vnd die heÿden vnd die juden, dz an der frucht adam vnd eva das gebot jn dem paradÿsz gebrochen haben. Wen ein ielicher epfel ein bÿss hat, also dz nach der ʾvbertrettung dess gebotz der bÿss vnd dz crútz mit dem der bÿss gebiest solt werden jn der frucht bileiben ist.* Siehe auch WIS, *Fructus in quo Adam preccavit*, S. 21. Im Kontext der gesamten Passage trifft die sich auf das *putamus* beziehende Interpretation eines sich gegen die Tradition stellenden Fabri m. E. nicht unbedingt zu. Vgl. GANZ-BLÄTTLER, Andacht und Abenteuer, S. 173, und GUÉRIN DALLE MESE, Égypte, S. 399f.
[204] Wohl eine Zitrusfrucht. Siehe WIS, *Fructus in quo Adam preccavit*, S. 23f.
[205] BURCHARD VON MONTE SION, Descriptio de Terrae Sanctae, S. 87; DERS., A Description of the Holy Land, S. 102.
[206] KONRAD VON MEGENBERG, Das Buch der Natur, S. 312f.
[207] Vgl. z.B. TUCHER, Die ‚Reise ins Gelobte Land', S. 587f.: *aber kein appfel oder piren wachsen nit do anderß dann musy, das sein Adams opffel.* Nach KHATTAB, Das Ägyptenbild, S. 253f., ist *Musy* ist die arabische Bezeichnung für Banane (arab. „musa").
[208] FABRI, Evagatorium III, S. 6: *Et totum genus humanum in damnationem demersit, pro Christus sua cruce satisfacere de coelo descendit, unde in signum praevaricationis retinuit nutu Dei pomum morsum dentium et in signum redemtionis repraesentat signum crucis.*

3. Die Wüste Sinai

Die Gelegenheit, von Jerusalem aus die Wallfahrt mit einem Besuch des Katharinenklosters auf dem Sinai fortzusetzen, nahmen nur wenige Pilger wahr. Trotz der hohen Bedeutung des Heiligtums, an dem zahlreiche weitere Ablässe zu erwerben waren und das Privileg mit sich brachte, das Symbol der heiligen Katharina im eigenen Wappen zu führen,[209] sprachen gleich mehrere Faktoren gegen die Reise. In erster Linie musste mit einem erheblichen logistischen und finanziellen Aufwand gerechnet werden. Dieser Reiseabschnitt war nicht mehr Bestandteil der von Venedig ausgerichteten Wallfahrt, sondern musste in Jerusalem mit den mamlukischen Behörden neu ausgehandelt werden.[210] Dabei waren die Verpflegungs- und Lohnkosten einer gesamten Karawane mit Führer, Eskorte, Treibern sowie Reit- und Transporttieren zu schultern.[211] Auch die zusätzliche Reisedauer von wenigstens zwei bis drei Monate war einzukalkulieren. Hinzu kamen die körperlichen Strapazen. Schon infolge des dichten Besuchsprogramms in der hochsommerlichen Hitze Palästinas gerieten viele Pilger an ihre physischen Grenzen. Die Entbehrungen einer Wüstenreise stellten ein großes Gesundheitsrisiko dar. Fehlende sprachliche Verständigungsmöglichkeiten[212] und die drohenden Überfälle durch Beduinen mögen ebenfalls abschreckend auf die Pilger gewirkt haben,[213] die nun

---

[209] Vgl. REICHERT, Erfahrung der Welt, S. 156.

[210] Die Vereinbarungen wurden in detaillierten Verträgen festgehalten, die die Pilger in ihren Berichten wiedergeben. Vgl. FABRI, Evagatorium II, S. 99-101; DERS., Wanderings II, S. 93-96; TUCHER, Die ‚Reise ins Gelobte Land‘, S. 501-505; BERNHARD VON BREIDENBACH, Die heyligen reyßen, fol. 136r-v; DERS., Peregrinatio, fol. 115v-116r.

[211] Für die vertraglich geregelten Leistungen (z.B. Übernahme aller auf der Reise anfallenden Steuern und Zölle durch den Dragoman) zahlte nach Angaben Fabris und Breidenbachs jeder Pilger 23 Dukaten, wobei Fabri mehr die anscheinend als unverschämt hoch empfundene Summe von zwei Dukaten für das Siegeln beschäftigte. Vgl. FABRI, Evagatorium II, S. 101; DERS., Wanderings II, S. 95f. Die gleiche Summe nennt auch Tucher für seine vier Jahre zuvor unternommene Reise. Hinzu kamen jedoch Ausgaben für die eigene Verpflegung, Kleidung und Trinkgelder, so dass die Vertragssumme nur einen Teil der Gesamtkosten ausmachte.

[212] Aus diesem Grund reiste Fabri 1480 nicht zum Sinai, da ihn lediglich zwei Pilger aus England begleiten wollten, er sich mit diesen aber nicht verständigen konnte. FABRI, Evagatorium I, S. 41f.: *Porro nemo mansit de Peregrinis in Jerusalem nisi duo Anglici volentes transire ad Sanctam Katharinam, cum quibus libenter mansissem, si Theutonicum aut latinam linguam novissent [...].* DERS., Wanderings I, S. 24. Dass er nicht unrecht daran tat, geht aus dem Bericht von Wolf von Zülnhart hervor, der sich darüber beklagt, dass er sich mit niemandem austauschen konnte. WOLF VON ZÜLNHART, Die Pilgerreise, S. 103: *und wasen unser nit mer dann 6, dar under was kainer, der teuschst, welchst oder latin kundt, also kundt ich mit kaim mer reden, darumb was es mir schwer [...].*

[213] Pietro Casola, der zumindest erwogen hatte, das Katharinenkloster zu besuchen, wird beschieden, dass Beduinen das Kloster überfallen und ausgeplündert hätten und eine Reise zu gefährlich sei. Vgl. CASOLA, Viaggio a Gerusalemme, S. 279; DERS., Pilgrimage, S. 345. Casola hat diese Information vielleicht direkt von Francesco Suriano, dem damaligen Prior der Franziskaner in Jerusalem, erhalten. Dieser berichtet von einem Klosterbesuch im Februar, wo ihm bei seiner Ankunft

nicht mehr auf die Betreuung durch den venezianischen Patron und die Franziskaner zurückgreifen konnten, sondern allein auf ihre muslimischen Reiseführer angewiesen waren.[214]

Infolgedessen enthalten nur wenige Jerusalemberichte die Schilderung einer Sinaireise. Im letzten Viertel des 15. Jahrhunderts machen außer der Reisegruppe um Felix Fabri nur Jean und Anselme Adorno (1470), Hans Tucher und Sebald Rieter (1479), Joos van Ghistele (1481), Francesco Suriano (1481), der Anonymus von Rennes (1486), Wolf von Zülnhart (1495) und Arnold von Harff (1496) Angaben über den Besuch des Katharinenklosters.[215] Die beiden Adornos und Arnold von Harff reisten dabei in umgekehrter Richtung. Mit Fabri, Paul Walther von Guglingen und Bernhard von Breidenbach berichten dagegen gleich drei Pilger über ihren Besuch im Jahr 1483.[216]

Fabri beschreibt diesen bedeutenden Abschnitt der Wallfahrt wiederum in aller Ausführlichkeit und gibt als Basis die umfassenden Notizen an, die er sich während der Wanderung auf einer Wachstafel gemacht habe, um diese dann bei einer Rast in sein Reisebuch zu übertragen.[217] In Aufbau und Konzeption zeigen sich Parallelen zur Darstellung des Mittelmeeres. Bevor er mit der Schilderung der von Gaza ausgehenden Durchquerung der Wüste einsetzt, bringt er in mehreren gelehrten Abschnitten des *Evagatoriums* zunächst Informationen, die aus seiner Sicht für das Verständnis des Folgenden essentiell sind. Allein durch diese Textstruktur kennzeichnet er den anstehenden Reiseabschnitt als einen ungewöhnlichen Raum, der nicht nur besondere Maßnahmen hinsichtlich der Reiseorganisation erfordert, sondern auch einer besonderen Form der Darstellung bedarf.

Zunächst thematisiert Fabri die Vorzüge des Esels und des Kamels, ohne die eine Durchquerung der Wüste unmöglich sei. Hierauf behandelt er in einem geographischen Teil Lage und Größe der Sinaiwüste im Vergleich zu anderen Wüstenregionen, bevor er

---

die Mönche vom Tod des Abtes bei einem Überfall berichten Vgl. SURIANO, Treatise, S. 187f., GANZ-BLÄTTLER, Andacht und Abenteuer, S. 143.

[214] Vgl. auch GANZ-BLÄTTLER, Andacht und Abenteuer, S. 137; HIESTAND, Der Sinai, S. 90; REICHERT, Erfahrung der Welt, S. 155f. Zur Sinaireise siehe zudem PASTRE, De Gaza au Sinaï.

[215] Auch Peter Fassbender erwähnt den Besuch des Sinaiklosters. Da er aber keinerlei weitere Informationen hierüber macht, ist seine Angabe nicht zu verifizieren. Vgl. FASSBENDER, Bedvartt, S. 275.

[216] Von einer Krankheit geschwächt, wurde Breidenbach den gesamten Weg über in einem an einem Kamel befestigten Tragekorb mitgeführt, was nur aus Fabris Berichten hervorgeht. Er erwähnt dies bei der Erzählung, wie Breidenbach in der Wüste seinen Geldbeutel mit 200 Dukaten verlor. Vgl. FABRI, Evagatorium II, S. 543; DERS., Wanderings II, S. 671f.; Dessau, StB, Hs. Georg 238, fol. 174r.

[217] FABRI, Evagatorium II, S. 437: *Ego in hoc valle rescripsi paene totum iter a Gaza usque huc; scripseram enim sedens in asino dispositiones et habitudines regionum et viarum in tabula de cera, quam cingulo portavi et ibi totum in libello rescripsi et de cera delevi, ut consequenter alia scriberem. Saepissime descendi de asino et itinera, montes et valles descripsi, quia non esset possibile mente retineri singula, nisi homo quasi singulis horis laboraret.* DERS., Wanderings II, S. 528f.

in zwanzig Artikeln die Beschaffenheit der Wildnis erörtert. Zuletzt schildert er das Aussehen und die Lebensgewohnheiten der Beduinen als Bewohner der Wüste.[218] Erst nach dieser Einführung beschreibt Fabri die 15tägige Reise der aus insgesamt 20 Pilgern bestehenden Gruppe durch den Negev und Sinai zum Katharinenkloster.[219]

Auch in der *Eigentlichen beschreibung* und in den *Sionpilgern* schildert er die Wüstenwanderung in ungewöhnlich umfassender Form.[220] Seine Tageseinträge sind dabei zwar gegenüber dem *Evagatorium* verkürzt, aber immer noch weitaus ausführlicher als die parallelen Angaben in den Berichten Breidenbachs und Paul Walthers von Guglingen.[221] Durch diese ausführliche Darstellung wird dem beschriebenen Raum ebenfalls eine besondere Bedeutung zugemessen. Einige Informationen, die Fabri im *Evagatorium* voranstellt, sind in seinen beiden anderen Texten in die Schilderung der Tagesreisen eingeflochten.

Fabri imaginiert ähnlich wie in seiner Darstellung des Mittelmeers auch die Wüste als allegorischen Raum, der durch vielfältige Gefahren und Prüfungen charakterisiert ist. Während er das Mittelmeer aber als Raum entwirft, der die verschiedenen Kontinente voneinander trennt, aber auch miteinander verbindet, stellt die Sinaiwüste bei Fabri ein Grenzgebiet dar, das den bekannten und bewohnten Teil der Erde von einer unvertrauten Welt trennt, über die nur ungesicherte Erkenntnisse vorliegen. Fabri erreicht die Grenzen des Bekannten und richtet infolge der großen „Transzendenz der Fremdheitserfahrung"[222] in der Wüste den Blick auf sich selbst und die vertraute Heimat.

3.1 Die Wüste als reeller und allegorischer Gefahrenraum

Um im *Evagatorium* die Beschaffenheit der Wüste in seinen vorab gegebenen 20 Artikeln anschaulich darzustellen, orientiert sich Fabri vornehmlich an den Namen, mit denen die Wüste in der Bibel be- oder umschrieben wird. Biblische Bezeichnungen wie der „böse Ort" (Nm. 20,5) oder das „Land, das niemand durchwandert und kein Mensch bewohnt" (Jr. 2,6) dienen ihm ebenso als Stichworte für seine Erläuterungen wie die biblischen Erzählungen von der Versuchung Jesu (Mk. 1,12-13; Mt. 4) und der Wanderung des Volkes Israel (Ex.). Auf diese Weise kann Fabri bei seiner eigenen Wüstenbeschreibung an Bilder anschließen, die seinen Ordensbrüdern bekannt waren. Zugleich bietet er mit seiner systematischen Zusammenstellung eine belehrende Exegese der

---

[218] FABRI, Evagatorium II, S. 379-403; DERS., Wanderings II, S. 452-484.

[219] FABRI, Evagatorium II, S. 403-451; DERS., Wanderings II, S. 485-548.

[220] Dessau, StB, Hs. Georg 238, fol. 129v-146r. Allein die Beschreibung dieser 15 Tage nimmt beinahe so viel Raum in Anspruch wie die Schilderung der siebenwöchigen Rückreise von Alexandria nach Venedig. FABRI, Die Sionpilger, S. 216-232.

[221] BERNHARD VON BREIDENBACH, Die heyligen reyßen, fol. 138r-140r; DERS., Peregrinatio, fol. 117-118r; PAUL WALTHER VON GUGLINGEN, Itinerarium in Terram Sanctam, S. 193-202.

[222] MÜNKLER/RÖCKE, Der *ordo*-Gedanke, S. 714; HIESTAND, Der Sinai, 101.

verschiedenen allegorischen und symbolischen Bedeutungen dieses Raumes.[223] Zwar ist die Wüste in der Bibel nicht ausschließlich negativ konnotiert – so stellt Fabri heraus, dass sie durch die Übergabe der zehn Gebote an Moses und die Gabe des Manna ein geheiligter und gesegneter Raum sei, an den man sich zur Meditation und Kontemplation zurückziehen und große Verdienste erwerben könne[224] –, doch überwiegt die Charakterisierung als menschenfeindliche Einöde. Seiner Ansicht nach hat Gott diesen Ort geschaffen, um dem Menschen die Schönheit der übrigen Teile seiner Schöpfung vor Augen zu führen.[225] Die Wüste ist als „anthithese du Paradis terrestre" definiert.[226]

Dementsprechend stehen die in der Wüste lauernden Gefahren im Mittelpunkt sowohl von Fabris vorab gegebenen gelehrten Ausführungen als auch in der eigentlichen Schilderung der Reise. Dabei greift er wie bei der Darstellung des Mittelmeeres auf Ludolf von Sudheim zurück, der die Wüste als schlimmen und überaus gefährlichen Ort beschreibt.[227] In Anlehnung an Sudheim sieht auch Fabri in den ständigen Veränderungen der Landschaft durch kräftige Winde und Sandstürme eine große Gefährdung. Wo an einem Tag sich hohe Sandberge erhoben hätten, sei schon am nächsten nur mehr eine flache Ebene, wo vorher ein tiefes Tal gewesen sei, rage nach einem Sturm nun ein hoher Berg auf.[228] Für ihn ist in der Wüste demnach eine Orientierung durch feste Straßen oder Wegmarken nicht möglich. Wie auf dem Meer müsse sich der Reisende an den Sternen orientieren,[229] wobei Fabri den sogenannten Stern der heiligen Katharina ähnlich wie Hans Tucher als astronomisches Richtungsmerkmal begreift,[230] während Fabris Reisegefährte Bernhard von Breidenbach den Stern mit einer religiösen Konnotation versieht und als persönliches Zeichen durch die Heilige interpretiert.[231]

---

[223] Zu den allegorischen Deutungen siehe DEEG/MICHEL/LEVIN GOLDSCHMIDT, Symbolik der Wüste.

[224] Vgl. FABRI, Evagatorium II, S. 397f.; DERS., Wanderings II, S. 476f.

[225] FABRI, Evagatorium II, S. 390: *A Deo quidem, quia vacua et inanis est, quasi Deus ea uti vellet ad universi meliorationem vel decorem.* DERS., Wanderings II, S. 466.

[226] GUÉRIN DALLE MESE, Égypte, S. 464.

[227] LUDOLF VON SUDHEIM, De Itinere Terrae Sanctae liber, S. 69: *Hoc desertum est pessimum et periculosissimum et in Arabia situm [...]*. Zitiert auch bei GANZ-BLÄTTLER, Andacht und Abenteuer, S. 170. Zu Sudheims Wüstendarstellung siehe JAHN, Raumkonzepte, S. 95-97.

[228] FABRI, Evagatorium II, S. 392; DERS., Wanderings II, S. 469; Dessau, StB, Hs. Georg 238, fol. 138r-v; LUDOLF VON SUDHEIM, De Itinere Terrae Sanctae liber, S. 69.

[229] FABRI, Evagatorium II, S. 387; DERS., Wanderings II, S. 462.

[230] Fabri wird vom muslimischen Führer auf diesen Stern hingewiesen und sagt, dass er ihn während der weiteren Reise häufig betrachtet habe. Erst auf der Rückreise auf der Höhe der Kykladen sei er nicht mehr erkennbar gewesen. Tucher beschreibt die Himmelsrichtung nach der Windrose eines Kompasses und streicht hierdurch seine astronomischen Kenntnisse heraus. Vgl. FABRI, Evagatorium II, S. 408; DERS., Wanderings II, S. 491; TUCHER, Die ‚Reise ins Gelobte Land', S. 523.

[231] BERNHARD VON BREIDENBACH, Die heyligen reyßen, fol. 140r; DERS., Peregrinatio, fol. 118v. Vgl. hierzu JAHN, Raumkonzepte, S. 103f.; PAUL WALTHER VON GUGLINGEN, Itinerarium in Terram Sanctam, S. 194f. Anm. 1.

Weitere große Gefahren stellen der Mangel an Wasser[232] und die fast täglichen Sandstürme dar, in denen wie bei einem Seesturm der Untergrund in Bewegung sei und man durch den aufgewirbelten Sand nichts mehr sehen könne.[233] Die drohenden Überfälle durch Beduinen machen die Wüstendurchquerung ebenfalls zu einem Wagnis. Für Fabri haben die Nomaden nichts Menschliches an sich. Vielmehr handele es sich um Teufel, die mehr nach Art der Tiere vegetieren.[234] Zuletzt sei die Wüste durch zahllose gefährliche Tiere wie Schlangen, Skorpione, Drachen, Faune und Satyrn bevölkert.[235] Die größte Gefahr sieht er beinahe noch in den sogenannten Läusen des Pharaos, die so *gros as haselnusz* seien und deren durch Bisse verursachte schlimmen Wunden kaum verheilten und schwere Folgen haben könnten.[236]

Schon diese zur Vorinformation gegebenen Angaben zeichnen das Bild eines furchteinflößenden Raumes, der nur unter großen Schwierigkeiten überwunden werden kann. Diese Perspektive führt er in seiner im Anschluss vorgenommenen Beschreibung der eigenen Wüstenwanderung weiter aus, in der die täglichen Herausforderungen, die Mühsal und die Ängste der Pilger auf plastische Weise wiedergegeben sind. Besonders die Sandstürme hebt Fabri hervor und beschreibt, wie der Sand gleich der Gischt bei einem Seesturm über das Land fegt und dem Wanderer jegliche Sicht nimmt.[237] Vor dem Sand, der selbst in Augen und Mund dringe, sei kein Schutz möglich. *Stoubig as*

---

[232] FABRI, Evagatorium II, S. 391; DERS., Wanderings II, S. 468.

[233] FABRI, Evagatorium II, S. 392f.; DERS., Wanderings II, S. 469.

[234] FABRI, Evagatorium II, S. 394: *et Arabes hodie ibi habitant, ducentes vitam bestialem, et non humanam. Sed quia dicitur, quod nec bestiae ibi possunt habitare; deinde, quod Arabes ibi vivunt, non ut filii Israel miraculose, nec ut S. eremitae angelice, nec ut bestiae absque humano opere, sed vivunt diabolice. [...] sique sunt corporei diaboli et ducunt vitam non humanam [...]*. DERS., Wanderings II, S. 472.

[235] FABRI, Evagatorium II, S. 395; DERS., Wanderings II, S. 472f. Fabri greift wiederum auf Ludolf von Sudheim zurück. Vgl. LUDOLF VON SUDHEIM, De Itinere Terrae Sanctae liber, S. 63 und 70. Zu den Satyrn siehe FABRI, Evagatorium II, S. 395; DERS., Wanderings II, S. 473. Fabri verdeutlicht in einem anderen Zusammenhang, dass die Satyrn nicht in den heimischen Wäldern existieren, sondern nur in der Wüste. Fabri könnte sich hierbei an Jean de Mandeville anlehnen, der die Satyrn ebenfalls der Wüste zuordnet. Bei Bartholomaeus Anglicus werden sie zu den Fabelwesen Äthiopiens und Indiens gerechnet, gelten aber auch als die Kreaturen, denen der heilige Antonius in der Einsamkeit begegnete. Vgl. FABRI, Evagatorium III, S. 72f.; JEAN DE MANDEVILLE, Reisen, S. 160; BARTHOLOMAEUS ANGLICUS, De rerum Proprietatibus, S. 650, 662 und 1067f.

[236] Vgl. FABRI, Evagatorium II, S. 395; DERS., Wanderings II, S. 473; Dessau, StB, Hs. Georg 238, fol. 93r. In der deutschen Version kommt er bereits während der Exkursion zum Jordan auf die Läuse zu sprechen und erwähnt im Vorgriff auf die Wüstenwanderung die böse Wunde, die ein Pilger davontrug. Fabri könnte damit auf Paul Walther von Guglingen anspielen, der von einer durch den Biß einer Laus hervorgerufenen Geschwulst am Bein berichtet. Die Verwendung von Zitronensaft zur Reinigung der Wunde kennt Fabri vermutlich aus dem Bericht Hans Tuchers, der dies in seinen Reiseinstruktionen für die Wüste vermerkt. Vgl. PAUL WALTHER VON GUGLINGEN, Itinerarium in Terram Sanctam, S. 196; TUCHER, Die ‚Reise ins Gelobte Land‘, S. 495.

[237] FABRI, Evagatorium II, S. 425; DERS., Wanderings II, S. 513.

die müller hätten die Pilger laut der *Eigentlichen beschreibung* ausgesehen,[238] während er dem *Evagatorium* zufolge die schwarze Farbe seines Hutes nicht mehr habe erkennen können.[239] In bewegenden Worten schildert er auch die verzweifelte Suche nach Wasser, nachdem die eigenen Vorräte erschöpft oder nicht mehr genießbar waren.[240] Zwar bleiben Begegnungen mit wilden Tieren weitgehend aus, doch bei undefinierbaren, nächtlichen Geräuschen zieht er im *Evagatorium* in Betracht, dass es sich um das Heulen von Satyrn handeln könnte.[241] Fabri erweitert den Gefahrenkatalog sogar noch, indem er die Wüste nicht nur als Ort beschreibt, der durch fürchterliche Hitze gekennzeichnet ist, sondern in dem nachts eine schneidende Kälte herrscht, auf die die Pilger nicht vorbereitet sind. Ihm sei so kalt gewesen, dass er Angst gehabt habe, *nas, hend vnd fies [zu] verlieren*.[242] Lediglich die Begegnungen mit den Beduinen verlaufen friedlicher, als es seine eingangs gegebene Diffamierung vermuten ließ. Um Zugang zu einer Wasserstelle zu bekommen, erwerben die Pilger in einem freundschaftlichen Wettstreit sogar deren Vertrauen und verbringen mit den Beduinen einige Stunden in einträchtiger Atmosphäre.[243] Gleichwohl ist die Begegnung mit fremden Menschen für die Pilger stets mit der Möglichkeit eines Überfalls verknüpft und wird zunächst als gefährlicher Moment dargestellt.

Indem Fabri die bei Ludolf von Sudheim skizzierten Gefahren in aller Breite ausführt und mit seinen Erlebnissen verbindet, charakterisiert er die Wüste als bedrohlichen Ort, in dem sich der Pilger bewähren muss. Dabei macht er deutlich, dass die besonderen

---

[238] Dessau, StB, Hs. Georg 238, fol. 136r.

[239] FABRI, Evagatorium II, S. 425; DERS., Wanderings II, S. 513; Dessau, StB, Hs. Georg 238, fol. 138v.

[240] FABRI, Evagatorium II, S. 434-436; DERS., Wanderings II, S. 525-528; Dessau, StB, Hs. Georg 238, fol. 141r-142r.

[241] FABRI, Evagatorium II, S. 407; DERS., Wanderings II, S. 490f. Diese Passage könnte aufgrund einer ähnlichen Aussage ein weiterer Hinweis auf die Kenntnis des Textes von Mandeville sein. Vgl. JEAN DE MANDEVILLE, Reisen, S. 160. In der *Eigentlichen beschreibung* hingegen beharrt Fabri darauf, dass es sich um das Geschrei von Menschen gehandelt haben müsse. Vgl. Dessau, StB, Hs. Georg 238, fol. 130v.

[242] Dessau, StB, Hs. Georg 238, fol. 138r; FABRI, Evagatorium II, S. 424; DERS., Wanderings II, S. 512. Vgl. auch die Schilderung der Kälte für den 17. bzw. 19. September. FABRI, Evagatorium II, S. 430; DERS., Wanderings II, S. 520; Dessau, StB, Hs. Georg 238, fol. 142r.

[243] FABRI, Evagatorium II, S. 426: *Mansimus autem ibi ad tres horas et societatem, quam potuimus habere cum Arabibus illis, habuimus. Nam juvenes nostri milites saltabant cum juvenibus eorum in campo et ad brevium simul currebant et lapides grandes levabant seque sic tentabant cum omni amicitia.* DERS., Wanderings II, S. 515. Dies übergeht er in der *Eigentlichen beschreibung* und den *Sionpilgern*. Der adlige Leser der deutschen Version hätte möglicherweise das Verhalten der Ritter, mit den sozial auf einer tieferen Rangstufe angesiedelten Beduinen einen Wettkampf auszutragen, nicht als geziemend empfunden. Im geistlichen Pilgerführer ist die Erwähnung ritterlicher Wettkämpfe ebenfalls unerheblich, da dies nur vom Ziel der Erbauung ablenken würde. In beiden Versionen wird lediglich beschrieben, wie die Pilger den Kindern der Beduinen Brot schenkten. Im *Evagatorium* stellt dies den ersten Schritt der Kontaktaufnahme dar. Dessau, StB, Hs. Georg 238, fol. 139r; FABRI, Die Sionpilger, S. 222f.

Bedingungen des fremdartigen Wüstenraumes dazu führen, dass sich auch die gesellschaftlichen Strukturen des eigenen sozialen Raumes verändern. Bei der Suche nach Feuerholz hätten sich abgesehen von den Kranken alle Pilger unabhängig ihres Standes und ihrer Rangstellung innerhalb der Gruppe beteiligen müssen.[244]

Seine Analogien zwischen Wüste und Meer machen deutlich, dass er den beiden Räumen eine vergleichbare Funktion zuschreibt, in denen die Gefahren die rein geographische Distanz zum Ziel vergrößern und die erbrachte Leistung der Reisenden noch überhöhen. Hierin unterscheidet er sich nicht von Bernhard von Breidenbach und Paul Walther von Guglingen, die viele der von Fabri ausführlich geschilderten Ereignisse aber nur andeuten. Auch in anderen Pilgerberichten wird die Gefährlichkeit dieses Reiseabschnitts hervorgehoben. Am drastischsten schildert Arnold von Harff die Konsequenzen, die eine Wüstenreise beinhalten kann. Er beschreibt die am Wegesrand liegenden sterblichen Überreste von Menschen und Tieren und berichtet sogar von dem traurigen Schicksal zweier Pilger der eigenen Reisegruppe, die durch Krankheit und Hitze entkräftet halbtot im Sand zurückgelassen werden mussten, um das Überleben der gesamten Karawane nicht zu gefährden.[245]

Dennoch können alle diese Hindernisse überwunden werden, wenn die Pilger ihrem Weg treu bleiben. Fabri steht besonders das Schicksal des Volkes Israel vor Augen, das sich auf dem 40 Jahre währenden Zug durch die Wüste vor Gott beweisen muss. Er vergleicht die Beschwerden der Israeliten und ihr Aufbegehren gegen Gott und Moses mit dem Wehklagen der eigenen Pilgergruppe und bekennt seine Angst, ob Gott ihre Mühsal bei der Durchquerung der Wüste als verdienstvoll anrechnet oder sie für ihre Klagen ebenfalls mit schrecklichen Strafen belegen könnte.[246]

Wie für die Israeliten stellt die Wüste demnach auch für Fabri einen Ort dar, in dem er von Gott auf seine Glaubenstreue geprüft wird. Diese Bewährungsprobe erlebt er nicht in einem Sandsturm oder als die Pilger entdecken, dass die mitgeführten Wasserreserven verdorben sind, sondern als er auf eigene Faust eine Erkundungstour unternimmt.[247] Um sich einen Überblick über die Umgebung zu verschaffen, erklimmt er

---

[244] FABRI, Evagatorium II, S. 412: *has cum radicibus de humo extraximus et cumulum magnum pro igne comportavimus, nec erat aliquis inter nos, qui ab hoc labore haberetur supportatus; currebant enim per campos sacerdotes religiosi, comites, carones et milites ad colligendum ligna aut materiam combustibilem.* DERS., Wanderings II, S. 497. Dessau, StB, Hs. Georg 238, fol. 131v: *do sind wir all, edel vnd vnedel, leÿ vnd priester, vs gnomen die siechen, jn dz wit veld geloffen vnd haben holtz gesůcht, da mit wir ettwaz kochtin.*

[245] ARNOLD VON HARFF, Die Pilgerfahrt, S. 119: *as leyder mir storuen ouch aff tzweyn broeder van groisser hitzden ind gebrech wassers haluen, die wir halff lebendich in dem sande moisten laissen lijgen, dat gantz erbermlych an zo sie was.* Vgl. hierzu HIESTAND, Der Sinai, S. 91. Ähnliches gilt auch für die Wüstenbeschreibungen in Pilgerberichten des 16. Jahrhunderts. Vgl. hierzu GOMEZ-GÉRAUD, *Peregrinus in eremo.*

[246] FABRI, Evagatorium II, S. 427; DERS., Wanderings II, S. 516. Zur Wüste als Ort der Bewährung siehe DEEG/MICHEL/LEVIN GOLDSCHMIDT, Symbolik der Wüste, S. 164-167.

[247] FABRI, Evagatorium II, S. 420-423; DERS., Wanderings II, S. 506-511.

einen hohen alleinstehenden Berg, von dem er sich einen guten Ausblick verspricht. Wie er im *Evagatorium* ausdrücklich bekennt, entfernt er sich von seinen Reisegefährten, indem er den Eindruck erweckt, er ziehe sich zum Beten zurück.[248] Die Besteigung des Berges erweist sich jedoch nicht nur schwieriger als gedacht, auf dem Rückweg verliert er darüber hinaus die Orientierung. Erst nach verzweifeltem Suchen und unter bitteren Selbstanklagen findet er seine schon halbverwehten Fußspuren wieder, die ihn gerade rechtzeitig vor Einbruch der Dunkelheit wieder zurück in das Lager führen.[249] Ungeachtet dessen, ob sich dies tatsächlich so zugetragen hat, führt Fabri mit dieser Erzählung noch einmal auf dramatische Weise den Charakter der Wüste vor Augen, in der man rettungslos verloren ist, wenn man die Orientierung verliert. Wäre die Sonne untergegangen, bevor er in das Lager zurückgefunden hätte, wäre er *dess tods eigen gewesen.*[250]

Doch verbindet sich mit dieser Anekdote vornehmlich eine allegorische Bedeutung. Der Pilger auf der Reise zum Wallfahrtsort, der Mensch auf seiner Suche nach Gott muss in seinem Streben nach dem Seelenheil einen tugendhaften Lebensweg einschlagen und darf sich von den auf dem Lebensweg lauernden Verlockungen nicht zu einem sündhaften Verhalten verleiten lassen.[251] Nirgends lässt sich dies augenfälliger darstellen als an Schauplätzen der Wanderung des Volkes Israel. Vor dem Hintergrund des fremden, lebensbedrohenden Raumes verdeutlicht Fabri an seiner eigenen Person die Folgen sündhaften Verhaltens, das er mit der detaillierten Schilderung seines Abenteuers bewusst herausstellt. Sein ‚beschriebenes Ich‘ ist geleitet von Neugier, Überheblichkeit und Leichtsinn. Die Neugier treibt ihn an, den Gipfel zu erklimmen. Seine Überheblichkeit lässt ihn glauben, den Berg ohne große Schwierigkeiten besteigen zu können. Sein Leichtsinn besteht schließlich darin, allein und ohne die übrigen Pilger über sein Vorhaben zu informieren, aufgebrochen zu sein. Überdies täuscht er sie sogar willentlich, da er sich anscheinend nur zum Gebet in die Wüste zurückzieht. Ebenso schonungslos, wie er den Lesern seine Verfehlungen bekennt, bringt Fabri auch seine Schuldgefühle und Reuebekundungen zum Ausdruck. Das ‚beschriebene Ich‘ erkennt, dass es sich durch sein Verhalten selbst isoliert hat. Es irrt allein durch die Wüste, die in

---

[248]   FABRI, Evagatorium II, S. 421: *Assumsi tamen animum et derelicto exercitur quasi oraturus solus in campum processi et in cumulos arenarum veni [...].* DERS., Wanderings II, S. 508.

[249]   FABRI, Evagatorium II, S. 423: *sed non inveni et infremui in me ipsum gravissime arguens de curiositate et de praesumtione et non longe aberat, quin mihi ipsi prae tristitia barbam evulsissem, faciem caecidissem, pectus durius verberassem, o, inquiens, heu me miserum, cur dereliqui socios meos! qua temeritate in hac terra invia et horribili recessi a fratribus! ubi eos putas inveniam? ad quam plagam pergam? Ecce, sol in occasum jamjam mergitur et tenebrae subsequuntur et ego jam non Felix, sed infelicissimus, quo ibo, quo curram? O Deus meus adjuva me!* DERS., Wanderings II, S. 510f. Zitiert auch bei GANZ-BLÄTTLER, Andacht und Abenteuer, S. 172; GUÉRIN DALLE MESE, Égypte, S. 472f.

[250]   Dessau, StB, Hs. Georg 238, fol. 137v.

[251]   Zur Symbolik der Wegelehre siehe SCHLOTHEUBER, Der Mensch am Scheideweg, S. 75-77; DIES., Die Autobiographie Karls IV., S. 572-574.

realer und symbolischer Hinsicht ein Ort der Leere und Einsamkeit ist. Die letzte verbliebene Aussicht auf Rettung stellt Gott dar, den er unter expliziten Selbstanklagen um Hilfe anfleht und die ihm in dem Moment gewährt wird, als er Psalmen rezitierend seine Fußspuren sucht.[252]

Angelehnt an biblische Bilder exemplifiziert Fabri somit im *Evagatorium* an sich selbst die ständige Gefahr moralischer Verfehlungen, zu denen der Mensch aufgrund seiner Unvollkommenheit neigt und die er nur durch Gottes Barmherzigkeit bezwingen kann. Die Offenheit, mit der er seine Intentionen und Gefühle beschreibt, ist dabei weniger Ausdruck von Individualität, sondern Mittel der Notwendigkeit, um einen Dreischritt von begangener Sünde, getätigter Reue und gewährter Gnade in jeder Einzelheit zu beschreiben.[253] Die Wüste dient hierbei als perfekte Kulisse eines ‚strukturell' fremden, außerhalb der eigenen Ordnung liegenden Raumes, in dem der Mensch hilflos und schwach ist, jedoch nur auf Gott vertrauen muss, um an sein Ziel zu gelangen. Originär ist Fabri somit vielmehr in der Art und Weise, wie er sein Abenteuer einsetzt, um in elaborierter Form seine Reiseerfahrung mit moralischen Hinweisen für den Leser zu verbinden. Gerade hierin besteht der Unterschied zur *Eigentlichen beschreibung*, in der er seinen Ausflug ebenfalls beschreibt, dieser aber lediglich ein Abenteuer bleibt, das den fremden und gefährlichen Charakter der Wüste offenbart.[254]

---

[252] Bezeichnenderweise handelt es sich um den siebten Bußpsalm (Ps. 143). FABRI, Evagatorium II, S. 423: *Et haec dicens subito prorupi in ultimum psalmum de VII. poenitentibus: Domine exaudi. Et orationem pulchram et efficacem in eo reperi. Processi ergo in incertum cum illo psalmo et saepe eum repetii et tandem ad unum altum arenarum cumulum veni, in ejus latere antiqua mea vestigia inveni; quae si libuisset, libenter deosculatus fuissem prae gaudio.* DERS., Wanderings II, S. 511.

[253] Der letzte Akt besteht darin, seine Reisegefährten zu informieren und somit auch vor ihnen seine Sünde zu bekennen. FABRI, Evagatorium II, S. 423: *Et post coenam eduxi eos foras et montem eis ostendi et, quae mihi acciderant, retuli et mirabantur, me tam cito revenisse.* DERS., Wanderings II, S. 511.

[254] Vgl. Dessau, StB, Hs. Georg 238, fol. 137v-138r: *vnd wolt sechen, wo vnser zelten stiendin, aber ich sech krum oder schlecht, dz her kond ich nùt arsechen. Da ward mir angst vnd fercht ich kend nùt me dar zů komen, doch trost ich mich mines eignen spurs, wen durch dz sand wz ich bÿs an den berg komen. Also gieng ich her ab vnd kond kein spùren jm sand, wo her ich komen was, wen derer wind hatt mir den spur gar nach verweit. Vnd wer ich noch a klein wil vff dem berg beliben, so wer der spur gantz verworfen worden, vnd wer ich jn angst vnd not komen. Wen wo ich dz herr nùt hett migen arsechen vnd finden, so wer ich dess tods eigen gewesen. Also kam ich doch zů minen gesellen vnd zeigt jna den berg, vff dem ich wz gewesen [...].* Fabri scheint in der *Eigentlichen beschreibung* zunächst nicht beabsichtigt zu haben, sein Erlebnis zu schildern. Er lässt den 14. September mit den Vorbereitungen für das Nachtlager enden und fährt mit dem 15. September fort. Ungefähr eine dreiviertel Seite der Beschreibung dieser Tagesreise ist ausgestrichen, um doch noch sein Abenteuer anzuschließen. Vgl. ebd., fol. 136v-137r.

3.2   Die fremde Landschaft der Wüste

Bernhard Jahn hat für die Berichte Hans Tuchers und Bernhards von Breidenbach vermerkt, dass die Verweise auf die Landschaft nicht allein dem Zweck dienen, die Be-
schwerlichkeit des Weges zu verdeutlichen, sondern dem Leser einen Eindruck von der
vollkommenen Andersartigkeit des Raumes zu verschaffen. Tucher und Breidenbach
beschreiben die Wüste einerseits als Raum bar jeder Kultur und menschlicher Zivilisation und gehen andererseits recht detailliert auf das durch Sand oder Geröllfelder geprägte Terrain ein, indem sie auf topographische und sogar farbliche Veränderungen der
Umgebung verweisen.[255]

Gleiches gilt für Fabri, der sich seinerseits nicht nur bei Ludolf von Sudheims Darstellung der Wüste als Gefahrenraum bedient, sondern auch die Berichte Tuchers und
Breidenbachs nutzt. Wie in diesen Vorlagen ist auch Fabris Darstellung durch den Gegensatz von Fruchtbarkeit und Kargheit bzw. Zivilisation und Natur bestimmt. Er definiert die Wüste als Landschaft, in der weder Mensch noch Tier überleben kann, da infolge der großen Hitze und des wenigen Wassers nichts wächst, was Lebewesen nähren
könnte.[256] Dies markiert den grundsätzlichen Unterschied zwischen Europa und dem
fremden Raum im Osten, den Fabri auch explizit macht: In Deutschland, Frankreich
oder Italien gebe es keine vergleichbaren wüsten und unfruchtbaren Landstriche.[257]

Von Breidenbach hat Fabri das Konzept übernommen, die Beschaffenheit der Wüste
mit dem zurückgelegten Weg in Beziehung zu setzen. Je tiefer die Pilger in die Wüste
vordringen, desto *ellender vnd vnmentschlicher* wird die Umgebung.[258] In ihren Einträgen zum 11. September berichten Fabri und Breidenbach, nunmehr eine Ebene erreicht
zu haben, in der weder Mensch noch Tier, weder Dörfer noch Häuser und auch keine
Pflanzen mehr zu sehen seien, sondern nur noch sandige, von der Sonne verbrannte
Erde.[259] Das Motiv, die Wüste als Mangellandschaft zu beschreiben, indem aufgezählt

---

[255]   JAHN, Raumkonzepte, S. 99f. und 102f.

[256]   FABRI, Evagatorium II, S. 389; DERS., Wanderings II, S. 464. Ähnlich auch ADORNO, Itinéraire, S.
210. Ludolf von Sudheim erwähnt jedoch, dass es vereinzelt wasserführende Oasen gebe. Vgl.
LUDOLF VON SUDHEIM, De Itinere Terrae Sanctae liber, S. 63.

[257]   FABRI, Evagatorium II, S. 389: *Tale desertum non reperitur in Alemannia nec in Francia nec in
Italia, quamvis deserta, primo, secundo et tertio modo dicta, ibi reperiantur.* DERS., Wanderings
II, S. 464.

[258]   FABRI, Die Sionpilger, S. 221.

[259]   FABRI, Evagatorium II, S. 411: *Porro in illis campestribus nec homines nec bestias vidimus, nec
habitationes, nec domos, nec arbores, nec gramina nec arbusta, sed solum terram arenosam et
solis ardoribus adustam.* DERS., Wanderings II, S. 496. Dessau, StB, Hs. Georg 238, fol. 131v: *vff
der veldung jst weder lút noch vich, noch stock noch studen, noch husz noch hoff, aber sÿ stat lu-
ter eud as die gantz wiesti fúrbas hin jn ist.* BERNHARD VON BREIDENBACH, Die heyligen reyßen,
fol. 139r: *vnd funden furhyn weder dorff noch statt · weder huß noch hoff weder ecker noch gart-
hen · weder baum noch weld · sunder allein ein vnfruchtbar erdtrich verbrennet von grosser hitze
der sunnen [...].* DERS., Peregrinatio, fol. 117v. Siehe hierzu JAHN, Raumkonzepte, S. 103. In

wird, was ihr im Gegensatz zu einem Kulturraum fehlt, greift Fabri in der *Eigentlichen beschreibung* bei der Schilderung des nächsten Reisetages in erweiterter Form nochmals auf, um den Übergang in die wirklich *grose[] wilde wiesti* hervorzuheben, in der nur noch *artorret, verbrent schwartz witinen vnd vnfructbar tot búchel* zu finden seien und in die sich *kein mensch, keni vich, weder zam noch wild mag began.*[260] Konstatiert er bereits hier, dass in diesem Gebiet keinerlei Leben, *weder fliegetz, noch laufetz, noch kriechetz*, möglich sei, erreichen die Pilger zuletzt eine *rucheri wüsti den bÿs her*, in der aufgrund gefundener Spuren im Sand scheinbar nur noch Strauße überleben könnten.[261]

Die Veränderungen der Umgebung hält Fabri sehr genau fest. Unter Angabe der arabischen Ortsbezeichnungen und Zeiteinheiten beschreibt er präzise den zurückgelegten Weg. In Anlehnung an die Vorgehensweise in den Berichten Tuchers bzw. Breidenbachs vermerkt er dabei ebenfalls die verschiedenen Farbgebungen. So vergleicht er die weißlichen Steine und Felsen eines Wüstengebietes mit schneebedeckten Bergen oder der Farbe ungelöschten Kalkes.[262] An einem anderen Ort sei das umgebende Gestein mal von weißer, mal von rötlicher Farbe, der Untergrund von der Sonne jedoch schwarz verbrannt,[263] was Fabri als Farbe des Todes und Charakteristikum der Wüste bezeichnet.[264] Kurz vor dem Ziel der Reise durchqueren sie schließlich ein Geröllfeld mit höchst verschiedenfarbigen Steinen.[265] Dazwischen liegen Gebiete mit langgestreckten Sanddünen, deren Sand einmal so fein wie in einer Sanduhr sei,[266] bei anderer Gelegenheit wie frisch gefallener Schnee erscheine.[267]

Fabri beschreibt die Wüste mit diesen so präzise scheinenden Beobachtungen als eine ‚strukturell‘ fremde Landschaft, die durch einen völligen Gegensatz zur vertrauten,

---

ähnlicher Weise äußert sich auch PAUL WALTHER VON GUGLINGEN, Itinerarium in Terram Sanctam, S. 196 und 197.

[260] Dessau, StB, Hs. Georg 238, fol. 132v.

[261] Dessau, StB, Hs. Georg 238, fol. 136r-v. Im *Evagatorium* fehlt dieser Hinweis, was ein weiteres Indiz dafür ist, dass sich Fabri bei der Abfassung seiner deutschen Version vornehmlich am Bericht Breidenbachs orientierte. BERNHARD VON BREIDENBACH, Die heyligen reyßen, fol. 139r: *Am · xiiij · kamen wir noch tyeffer yn ein grussenlich wůsteny da man weder menschen noch vyhe noch vogel mee vynder dan allein derren vogel strussen geheissen die nach yr art yn der wůsteny wonen.* DERS., Peregrinatio, fol. 118r.

[262] Vgl. die Beschreibungen unter dem 12. und 13. September. FABRI, Evagatorium II, S. 415 und 418; DERS., Wanderings II, S. 501 und 504; Dessau, StB, Hs. Georg 238, fol. 134r-v. BERNHARD VON BREIDENBACH, Die heyligen reyßen, fol. 139v; DERS., Peregrinatio, fol. 118r; TUCHER, Die ‚Reise ins Gelobte Land‘, S. 518. Vgl. auch JAHN, Raumkonzepte, S. 100.

[263] FABRI, Evagatorium II, S. 427 und 430; DERS., Wanderings II, S. 516 und 520; Dessau, StB, Hs. Georg 238, fol. 139v und 140v; BERNHARD VON BREIDENBACH, Die heyligen reyßen, fol. 140r; DERS., Peregrinatio, fol. 118v.

[264] FABRI, Evagatorium II, S. 391; DERS., Wanderings II, S. 467.

[265] FABRI, Evagatorium II, S. 440; DERS., Wanderings II, S. 533; Dessau, StB, Hs. Georg 238, fol. 143v. Zu den Farbgebungen siehe GUÉRIN DALLE MESE, Égypte, S. 413.

[266] FABRI, Evagatorium II, S. 393; DERS., Wanderings II, S. 470; Dessau, StB, Hs. Georg 238, fol. 135r.

[267] Dessau, StB, Hs. Georg 238, fol. 138r.

vom Menschen geformten Landschaft auszeichnet. Dabei kommt in Fabris Darstellung zum Ausdruck, dass die Wüste trotz der Lebensfeindlichkeit kein monotoner und gleichförmiger, sondern ein äußerst abwechslungsreicher Naturraum ist. In seinen Beschreibungen steht nicht mehr der bedrohliche Charakter der Wüste im Vordergrund. Vielmehr betont er die durch ihre Farbspiele und bizarren Felsformationen hervorgerufene Faszination dieser fremden Landschaft.[268] Die unfruchtbare Einöde entpuppt sich als staunenswerter Raum, als *terra mirabilia*,[269] der dem Beobachter immer etwas Neues zu entdecken gibt. Fabri gibt sich im *Evagatorium* geradezu begeistert von der Wüste. Er habe bei der Durchquerung der kargen Wildnis mehr Freude verspürt als bei der Reise durch das fruchtbare und durch alle wünschenswerte Schönheit ausgezeichnete Ägypten.[270]

Allerdings verdeutlicht gerade diese Bemerkung, dass Fabris Landschaftsbeschreibungen kaum allein aus einem naturästhetischen Interesse heraus erfolgen. Zwar dienen sie dem Zweck, den fremdartigen Charakter der Wüste zu betonen, doch ist hiermit auch die allegorische Bedeutung der Wüste als ein Raum der Weltabgewandtheit verknüpft. Die Wüste steht bei Fabri für Askese und Selbstbesinnung, während er mit Ägypten auf das fruchtbare Land anspielt, in dem das Volk Israel bei vollen Fleischtöpfen saß und Brot in Fülle zu essen hatte (Ex. 16,2; Nm. 11,4), jedoch in Unfreiheit lebte. Er verdeutlicht mit seinem Vergleich, dass in der Wüste die Schau Gottes viel unmittelbarer möglich ist als im mit Fruchtbarkeit gesegneten Ägypten, in dem die Gefahr besteht, in Sünde zu verfallen und Gott nicht genügend Ehre zu erweisen.[271] In diesem Zusammenhang spiegelt die Begeisterung, die Fabri empfindet, nicht eine sinnliche Freude an der Ästhetik der Natur um ihrer selbst Willen wider, sondern ist Ausdruck

---

[268] Vgl. auch die bereits von Breidenbach erwähnte farbliche Erscheinung der Felsen, wenn sie von der Sonne angestrahlt werden: BERNHARD VON BREIDENBACH, Die heyligen reyßen, fol. 139v; DERS., Peregrinatio, fol. 118r. Dazu JAHN, Raumkonzepte, S. 103. Besonders im *Evagatorium* beschreibt er es als individuell erfahrenes Erlebnis, bei dem er haptisch überprüft habe, ob die Felsen eine ölige Oberfläche haben, wie es aus der Ferne zunächst den Anschein hatte. Vgl. FABRI, Evagatorium II, S. 441; DERS., Wanderings II, S. 534; Dessau, StB, Hs. Georg 238, fol. 144r.

[269] Vgl. FABRI, Evagatorium II, S. 429: *Processimus ergo toto illo die in terra mirabili [...].* DERS., Wanderings II, S. 518.

[270] FABRI, Evagatorium II, S. 424: *Inter alia omnia, quae peregrinationem solitudinis reddunt tolerabilem, hoc principale est, quod cottidie, imo quasi omni hora, novas regiones intrant, quae alterius sunt conditionis et aeris et terra ac montes alterius formae et coloris, quibus homo miratur de praesentibus et futura videre desiderat. Semper enim aliquid novi occurrit, quo homo in admirationem rapitur, vel propter mirabiles habitudines montium, vel propter colorem terrae et rupium et lapillorum varietatem, vel propter nimiam asperitatem, sterilitatem et vastitatem, quae omnia curiosos delectant. Fateor hoc de me ipso, quod majorem delectationem habui in solitudinis vastitate, sterilitate et in ejus horribili dispositione, quam umquam habuerim in Aegypti fertilitate, habilitate et in ejus desiderabili pulchritudine.* DERS., Wanderings II, S. 512. Zitiert auch von GUÉRIN DALLE MESE, Égypte, S. 474.

[271] Zur Wüste als Ort der asketischen Gottsuche siehe DEEG/MICHEL/LEVIN GOLDSCHMIDT, Symbolik der Wüste, S. 178-184 und 202-208; DIESENBERGER, Lesungen der Landschaft, S. 30.

einer geistlichen Fröhlichkeit, gerade an einem von Menschenhand unberührten und wilden Ort wie der Wüste die Wirkung von Gottes Schöpfungskraft deutlich vor Augen geführt zu bekommen.[272] Implizit rechtfertigt er darüber hinaus noch einmal seine Wallfahrt, bei der nicht die Wunder Ägyptens als Symbol für die weltlichen und vergänglichen Dinge interessieren, sondern allein die Suche nach Gott.[273]

3.3   Die Wüste als Grenzraum zum wundervollen Osten

Die Wüste ist jedoch nicht nur hinsichtlich ihrer symbolischen Bedeutung ein Ort, an dem Fabri auf seiner Wallfahrt Gott nahe kommt. In geographischer Hinsicht nähert er sich auch dem irdischen Paradies an, das nach der aus der Bibel (Gen. 2,8) hergeleiteten mittelalterlichen Auffassung im Osten verortet wurde.[274] So führt der Weg zum Katharinenkloster die Pilger an einer Ebene entlang, von der es heißt, dass sie in östlicher Richtung bis zu den Bergen reiche, hinter denen das Paradies verborgen sei. Da Gott die Ebene mit einer großen Unfruchtbarkeit und Hitze versehen habe, verhindere er, dass je ein Mensch hindurch dringen könne.[275] Für Breidenbach markiert diese *torrida zona*, die gleich dem äquatorialen Hitzegürtel auf den Zonenkarten ein undurchdringlicher Schild ist,[276] gar das Ende der bewohnten Welt.[277]

---

[272]   Vgl. auch Dessau, StB, Hs. Georg 238, fol. 133r: *von der wiesti stat vil geschriben an allen orten der heilgen geschrift, darum ich sÿ von hertzen gern gesechen hab vnd gefiel mit die rùchi vnd tùrri vnd wildi wol von der geschrift wegen.* Einführend zum allegorischen Naturverständnis im Mittelalter mit weiteren Literaturangaben siehe HAYE, Erfahrene Natur in lateinischen Reisegedichten; SEITZ, Das Buch der Natur.

[273]   Zugleich kann dies auch als Aufforderung an den Leser dienen, sich nicht an der Lektüre der Wunder Ägyptens zu berauschen, sondern sein Augenmerk vielmehr auf die Wüste zu richten und daraus geistlichen Nutzen für den eigenen Weg zu Gott zu ziehen.

[274]   Dies wird besonders deutlich an den geosteten mittelalterlichen Weltkarten, auf denen das Paradies im oberen Bildraum einen prominenten Platz einnimmt und zumeist durch Adam und Eva sowie den Baum der Erkenntnis symbolisiert ist. Vgl. BAUMGÄRTNER, Biblische, mythische und fremde Frauen, S. 41-55; DIES., Biblical, mythical, and foreign women, S. 308-314; SCAFI, Mapping Paradise.

[275]   Im *Evagatorium* zufolge wird ihnen dies vom muslimischen Führer auf Anfrage bestätigt, während er in der *Eigentlichen beschreibung* auf die Gelehrten verweist. In den *Sionpilgern* ist es schließlich religiöse Gewissheit. FABRI, Evagatorium II, S. 380f. und 428; DERS., Wanderings II, S. 467 und 517; DERS., Die Sionpilger, S. 224; Dessau, StB, Hs. Georg 238, fol. 133r.

[276]   Einführend zu den Zonenkarten BRINCKEN/EDSON/SAVAGE-SMITH, Der mittelalterliche Kosmos, S. 59f.; WOODWARD, Medieval Mappaemundi, S. 300.

[277]   BERNHARD VON BREIDENBACH, Die heyligen reyßen, fol. 139r: *vnd vermeynen ettlich daz eß sy eyn teyl deß landes da keyn mensch mee wonet vff erden vmb wegen vberswenglicher hitze yn latin torrida zona genant · das do weret biß zů dem yrdischen paradiß.* DERS., Peregrinatio, fol. 118r. Vgl. auch JAHN, Raumkonzepte, S. 106. Paul Walther von Guglingen vermerkt zwar ebenfalls eine dort beginnende große Wüste, erwähnt aber das Paradies nicht. PAUL WALTHER VON GUGLINGEN, Itinerarium in Terram Sanctam, S. 197.

Zwar bleibt den Pilgern der direkte Weg zum Paradies versperrt, denn Fabri und Breidenbach deuten die Ebene als eine den Menschen von Gott gesetzte Barriere, die nicht überschritten werden kann und darf. Darüber hinaus wird aber deutlich, dass die Wüste durch die Gefahren und die Natur der Landschaft nicht allein ein fremder, den vertrauten Gegebenheiten entgegengesetzter Raum ist. Für Fabri stellt die Wüste die Grenze zu einem Raum dar, der durch einen noch größeren Fremdheitscharakter gekennzeichnet ist. Die ‚strukturelle‘ Fremdheit geht in eine ‚radikale‘ Fremdheit über, die außerhalb jeder Ordnung liegt. Die Grenzlage der Wüste zum Osten zeigt sich dabei nicht nur in der Nähe zum Paradies, sondern auch bei der Schilderung einer ungewöhnlichen Begegnung und in Fabris Angaben über die geographische Lage des Sinai.

Bei dem einschneidenden Erlebnis handelt es sich um die Sichtung eines Tieres, an dessen Existenz im Mittelalter (und bis weit in die Neuzeit) zwar nicht gezweifelt wird, da es fester Bestandteil des Physiologus und anderer Tierbücher ist,[278] dessen persönliche Begegnung dennoch einem besonderen Ereignis gleichkam und im Pilgerbericht entsprechend beglaubigt werden musste. Denn die Pilger – oder zumindest einige aus der Gruppe, denn Paul Walther von Guglingen berichtet hiervon nichts – sehen in einiger Entfernung ein Tier, das sie als Einhorn identifizieren.[279]

Die Beschreibung dieses Zusammentreffens bei Fabri stellt dabei einerseits ein Beispiel für die Übertragung kulturell vordeterminierter Vorstellungen auf die Wahrnehmung des Fremden dar.[280] Denn nach seiner Schilderung im *Evagatorium* und der *Eigentlichen beschreibung* deuten die Pilger das Tier zunächst als wildes Kamel, bis sie ihr Reiseführer infolge des einzelnen Horns darauf hinweist, dass es sich entweder um ein Rhinozeros oder ein Einhorn handeln könnte. Erst jetzt erkennen auch die Pilger das Tier als hochehrwürdiges Einhorn und bedauern, dass sie ihm nicht nahe genug sind, um es ausgiebig in Augenschein nehmen zu können.[281]

---

278   Zur Darstellung und Funktion des Einhorns in der mittelalterlichen Literatur und Kunst siehe EINHORN, *Spiritalis Unicornus*. Zu den Beschreibungen in den Reiseberichten ebd., S. 162-188.

279   Vgl. zum Folgenden NIEHR, Wahrnehmung und Darstellung des Fremden, S. 284-286. Siehe auch KELLERMANN, Zwischen Gelehrsamkeit und Information, S. 129.

280   BETSCHART, Zwischen zwei Welten, S. 158.

281   FABRI, Evagatorium II, S. 441: *Circa meridiem vidimus in montis cujusdam cacumine bestiam stare, quae contra nos deorsum respiciebat. Nos vero hanc videntes aestimavimus esse camelum et mirabamur quomodo camelus in solitudine viveret et, verbum inter nos ortum est, an etiam cameli silvestres reperirentur? Calinus autem ad nos accessit, bestiam illam rhinocerotem vel unicornu esse asseruit, demonstrans nobis unicum ejus cornu de fronte ejus procedens. Cum magna diligentia hanc nobilissimam bestiam respeximus et vehementer dolebamus, quod non proximior nobis fuit, ut magis determinate eam inspexissemus.* DERS., Wanderings II, S. 534. Dessau, StB, Hs. Georg 238, fol. 144r: *Da sachen wir hoch vff einer spitz stan ein grosz tier, dz hatt sich kert gegen vns vnd wir pilgrin wanden, es wer ein camel, aber der calin vnd die araben seiten vns vir war, es wer ein einhorn.* WEBER, *In absoluti hominis historia persequenda*, S. 130 Anm. 100, identifiziert das beschriebene Tier als Hornantilope.

Andererseits soll aber gerade die im Vergleich zu Breidenbach[282] ausführliche Darstellung des gesamten Herganges von der ersten Sichtung über die Expertise des mit der lokalen Fauna vertrauten Reiseführers (gemäß der deutschen Version auch der begleitenden Beduinen), über Zeit-, Orts- und Entfernungsangaben bis zur Autopsie mit den eigenen Augen die Glaubwürdigkeit herstellen und beim Leser keinen Zweifel aufkommen lassen, dass sich dieses einzigartige Zusammentreffen tatsächlich so zugetragen hat. Mit dem Einhorn, das in den enzyklopädischen Schriften vornehmlich im Zusammenhang der Beschreibung Indiens erwähnt wird,[283] ist der Übergang zu einem radikal fremden Osten angedeutet, der durch die Rezeption antiker Quellen und der Tradition des Alexanderromans als Land der Wunder galt.[284]

Auf diese jenseits des Sinai gelegene Wunderwelt geht Fabri bei seinem Panoramarundblick vom Gipfel des Horeb noch näher ein.[285] Er lehnt sich dabei an Breidenbach

---

[282] In Breidenbachs Bericht erfolgt der Beleg, das Einhorn gesehen zu haben, weniger durch die recht knappe Textbeschreibung, sondern durch eine Illustration, auf der das Einhorn neben Giraffe, Kamel, Krokodil und weiteren angeblich auf der Reise gesehenen Tieren abgebildet ist. BERNHARD VON BREIDENBACH, Die heyligen reyßen, fol. 139r: *Item da selber sahen wir eyn groß thyer was viel grosser dan eyn kemelthyer · vnnd saget vns vnser gleytzman daz eß warlich were eyn eynhornn [...].* DERS., Peregrinatio, fol. 118r-v. Zur Illustration siehe NIEHR, Wahrnehmung und Darstellung des Fremden, S. 284-300; TIMM, Der Palästina-Pilgerbericht, S. 236f. Timms Interpretation, dass Fabri „weit eher an das real existierende Nashorn denn an das sagenumwobene Einhorn zu glauben bereit war", ist nicht einsichtig. Gerade der folgende Exkurs über das Einhorn zeigt, dass er das gesehene Tier als solches wertet (zu dem Exkurs siehe FEILKE, Felix Fabris Evagatorium, S. 116-119). Zudem wird in der enzyklopädischen Literatur nicht klar zwischen den Bezeichnungen *unicornus*, *rhinoceros* oder *monoceros* getrennt. Vgl. den Abschnitt *De Rhinocerote* bei BARTHOLOMAEUS ANGLICUS, De rerum Proprietatibus, S. 1106f. Fabris Darstellung, wie die Kreatur sie lange angesehen und scheinbar begrüßt habe, kann infolge der symbolischen Bedeutung des Einhorns als Allegorie auf Christus und als besondere Auszeichnung verstanden werden. Vgl. FABRI, Evagatorium II, S. 442; DERS., Wanderings II, S. 535; KONRAD VON MEGENBERG, Das Buch der Natur, S. 161f.; SCHÖNBERGER, Physiologus, S. 38f. Dass Fabri diese symbolische Auslegung bewusst war, geht aus seinem geistlichen Pilgerführer hervor, in dem er Christus als Einhorn in Marias Schoß bezeichnet. FABRI, Die Sionpilger, S. 230.

[283] Vgl. EINHORN, *Spiritalis Unicornus*, S. 162-164, mit Verweis auf Honorius Augustodunensis und Isidor von Sevilla. Siehe auch BARTHOLOMAEUS ANGLICUS, De rerum Proprietatibus, S. 1106f. Allerdings gibt es auch eine Tradition, die das Einhorn in geographischer Sicht mit dem Sinai verbindet. Auf der Herefordkarte ist das Einhorn in der Nähe des Nils eingezeichnet. Einem Reisebericht des 14. Jahrhunderts zufolge entzieht es mit den wundersamen Kräften seines Horns einem Gewässer die Giftstoffe, so dass das Wasser trinkbar wird. Es setzt somit ein Wunder fort, dass der Bibel zufolge Moses dort gewirkt haben soll (Ex. 15,23-26). Vgl. WESTREM, The Hereford Map, S. 132f. und 182f.; JOHANNES WITTE DE HESE, Broader Horizons, S. 127f. und 242-244.

[284] Zum Indienbild vgl. WITTKOWER, Marvels of the East; BLUM, Die europäischen Entdeckungen Indiens; KNEFELKAMP, Der Reiz des Fremden; REICHERT, Erfahrung der Welt, S. 158-180; KRAGL, Die Weisheit der Fremden. Zur Umwertung der Tradition vom Wunderland in Asien in der Neuzeit siehe FISCH, Der märchenhafte Orient.

[285] Vgl. hierzu auch ERTZDORFF, Reisende berichten, S. 252f.; HIESTAND, Der Sinai, S. 94f. Die toposhafte Beschreibung des Aufstiegs und Ausblicks vom Gipfel nimmt bereits im Pilgerbericht

an, der die Aussicht vom höchsten Gipfel des Sinai ebenfalls zum Anlass nimmt, eine Beschreibung der angrenzenden Länder zu geben.[286] Fabri baut diesen Ansatz, mit dem er den Sinai in ein größeres geographisches System einordnet, im *Evagatorium* aber deutlich aus und gibt ihm dadurch eine andere Wertung. Denn die östlich der Wüste gelegenen Räume, die er auf Basis der in den enzyklopädischen Werken des Vinzenz von Beauvais und Bartholomaeus Anglicus tradierten Vorstellungen beschreibt, charakterisiert er überwiegend als unzugänglich und feindlich.

Fabri beschreibt Indien zwar als mit sagenhaften Reichtümern gesegnetes Land, es sei aber kaum innerhalb eines Jahres zu erreichen. Zudem würden dessen goldene Berge von Drachen und anderen riesigen Fabelwesen bewacht.[287] Arabien sei ebenfalls überreich mit Gold gesegnet, hier liege aber auch die Stadt Mekka mit dem Grabmal des ‚verfluchten‘ Mohammed.[288] Jenseits des Sinai warten jedoch noch größere Gefahren auf den Reisenden. Fabri verweist auf die Magnetberge, an denen keine unter Verwendung von Eisen erbauten Schiffe vorbeifahren können, und auf weitere unheimliche Steine, die nicht nur Eisen, sondern auch Menschen anziehen.[289] Darüber hinaus würden auf dem Berg Climax nahe des Roten Meeres furchterregende bärtige Frauen leben, die mit Tigern auf die Jagd gehen sowie Löwen und Leoparden züchten.[290]

Die Wüste Sinai mit der an der südlichen Spitze der Halbinsel gelegenen Stadt Thor, die für Fabri der östlichste Hafen ist,[291] stellt im *Evagorium* nicht das Tor zu einer anderen Welt dar, sondern ist für ihn vielmehr die Grenze und äußerster Punkt der Wallfahrt.[292] Nicht der Reiz des Fremden, die Verlockungen der ungeheuren Reichtümer oder die phantastische Welt der am Erdrand lebenden Völker und Tierwesen[293] stehen in seiner Beschreibung im Vordergrund, sondern die Schrecken, die mit einer

---

der Egeria breiten Raum ein. Vgl. DIESENBERGER, Lesungen der Landschaft, S. 41-46; LIMOR, Reading Sacred Space, S. 11f.

[286] BERNHARD VON BREIDENBACH, Die heyligen reyßen, fol. 142v-143r; DERS., Peregrinatio, fol. 120v-121r. Auch zu Tucher zeigen sich Übereinstimmungen. Vgl. TUCHER, Die ‚Reise ins Gelobte Land‘, S. 545.

[287] FABRI, Evagatorium II, S. 468; DERS., Wanderings II, S. 572. Fabri folgt hierbei BARTHOLOMAEUS ANGLICUS, De rerum Proprietatibus, S. 660.

[288] FABRI, Evagatorium II, S. 471f.; DERS., Wanderings II, S. 577. Breidenbach gibt demgegenüber an, dass die Schiffe von Thor aus Indien innerhalb von 16 Tagen erreichen könnten. Vgl. BERNHARD VON BREIDENBACH, Die heyligen reyßen, fol. 145; DERS., Peregrinatio, fol. 123v.

[289] FABRI, Evagatorium II, S. 469f.; DERS., Wanderings II, S. 574f.; BERNHARD VON BREIDENBACH, Die heyligen reyßen, fol. 145v; DERS., Peregrinatio, fol. 123v. Zum Magnetberg mit weiteren Quellenhinweisen siehe HIESTAND, Der Sinai, S. 94f.

[290] Fabri erwähnt dies in einem Exkurs zum Katharinenberg. Vgl. FABRI, Evagatorium II, S. 479 und Evagatorium III, S. 182; DERS., Wanderings II, S. 586f. Möglicherweise griff Fabri hierbei auf eine ähnlich lautende Passage bei Gervasius von Tilbury zurück. Vgl. GERVASIUS VON TILBURY, Otia Imperialia II,4, S. 214f..

[291] FABRI, Evagatorium II, S. 469; DERS., Wanderings II, S. 574.

[292] Vgl. auch HIESTAND, Der Sinai, S. 96f.

[293] Hierzu ausführlich mit umfassenden Literaturangaben MÜNKLER/RÖCKE, Der *ordo*-Gedanke.

Reise in eine Welt verbunden sind, in der Frauen wie Männer handeln und aussehen und in der das Normale in das Groteske und Monströse verkehrt ist.[294]

Während die Stadt Thor für Arnold von Harff der Ausgangspunkt seiner (fiktiven) Reise nach Mekka und Indien ist,[295] richtet Fabri angesichts dieser Grenze zu einer fremden und bedrohlichen Welt seinen Blick auf die vertraute *terra et patria nostra*. Die Freude über den nun beginnenden Rückweg könne nur derjenige begreifen, der selbst einmal ferne Länder durchwandert und sich unter fremden Menschen aufgehalten habe, deren Sitten, Sprache und Glauben ihm unbekannt waren.[296] Fabris emphatisches Bekenntnis kann jedoch nur bedingt als vormodernes Zeugnis eines wie auch immer gearteten Heimatgefühls gelten und gibt zudem kaum Aufschluss über die damit verbundene konkrete Raumvorstellung.[297]

Nicht von ungefähr steht diese Äußerung jedoch an einer Stelle seines Berichts, die einen Wendepunkt der Reise markiert. Seine Wallfahrt galt allein dem Erreichen der heiligen Stätten. Mit dem Besuch der Sinaihalbinsel hat er somit das letzte Ziel erreicht. Eine Ausweitung der Reise käme einer Abenteuerfahrt gleich, die für einen Pilger unziemlich wäre. Mit dem Ausblick auf die Gefahren jenseits dieser Grenze und der Freude über den nun anstehenden Rückweg kommt einer selbstreflexiven Disziplinierung sowohl vor Gott als auch dem Leser gleich. Die Abgrenzung eines vertrauten eigenen Raums von der bedrohlichen Fremde dient der eigenen Inszenierung als vorbildlicher Pilger, der allein zum Lob Gottes alle Fährnisse einer Wallfahrt zu den in der Fremde liegenden heiligen Stätten auf sich nimmt.[298]

---

[294] In eine ähnliche Richtung geht Fabri in den *Sionpilgern*, wo er bei dem Ausblick vom Berggipfel ebenfalls von den Magnetbergen und den bärtigen Frauen berichtet. Vgl. FABRI, Die Sionpilger, S. 238. In der *Eigentlichen beschreibung* hingegen fehlt jeder Hinweis auf die Wunder und Gefahren. Fabri übernimmt hier in weiten Teilen die Beschreibung bei Breidenbach. Nur kurz streift er bei der Beschreibung der Panoramaschau den Reichtum Indiens. Dessau, StB, Hs. Georg 238, fol. 155r; BERNHARD VON BREIDENBACH, Die heyligen reyßen, fol. 142v; DERS., Peregrinatio, fol. 120v.

[295] Vgl. ARNOLD VON HARFF, Die Pilgerfahrt, S. 133.

[296] FABRI, Evagatorium II, S. 466; DERS., Wanderings II, S. 569f. Vgl. die Übersetzung bei ERTZDORFF, Reisende berichten, S. 250. Auch hier ist die sinngemäß ähnliche Aussage von Breidenbach deutlich erweitert. Vgl. BERNHARD VON BREIDENBACH, Die heyligen reyßen, fol. 142v; DERS., Peregrinatio, fol. 120v.

[297] Es ist kaum zu klären, auf welchen konkreten Raum Fabri hiermit anspielt. Es kann sowohl das schwäbische, das gesamte deutschsprachige Territorium oder als kleinräumige Einheit zunächst Ulm gemeint sein. Zu Quellenaussagen mit Bezug zur Heimat und der Problematik der Interpretation siehe GOTTHARD, Vormoderne Lebensräume, bes. S. 41 und 54; DERS., Wohin führt uns der „Spatial turn"?, S. 33-47.

[298] Vgl. auch ERTZDORFF, Reisende berichten, S. 250f. Zur Selbstdisziplinierung siehe DÜRR, Funktionen des Schreibens, S. 31.

4. Raumkonzepte bei Felix Fabri

Aus der Analyse geht hervor, dass dem Raum keine unbedeutende Rolle in den Pilgerberichten zukommt. Zwar liegt der Schwerpunkt mit den heiligen Orten und den unterwegs besuchten Städten auf der Darstellung des Mikroraumes. Doch wird immer wieder
auch auf die Landschaften des Makroraumes Bezug genommen. Besonders in Felix
Fabris *Evagatorium* werden die Prozesse der „Syntheseleistung" und des „Spacing"
sichtbar. Mit seinen Landschaftsbeschreibungen strukturiert Fabri den Raum und nimmt
durch die Platzierung von Menschen und Gütern sowie der Setzung von geographischen
und politischen, vor allem aber kulturell definierten Grenzen Binnendifferenzierungen
in Eigen- und Fremdräume vor.

4.1 Christliche Ökumene vs. heidnischer Orient

So grenzt nach Fabris Darstellung das durch zahlreiche Gefahren charakterisierte Mittelmeer den ganz Europa umfassenden und christlich definierten Eigenraum von einem
Fremdraum ab, der von den feindlich gesinnten Muslimen beherrscht ist. Neben dem
gemeinsamen christlichen Glauben zeichnen sich die Europäer gemäß Fabri auch durch
von Gott verliehene Attribute aus, die ihnen ein individuell höheres Maß an Seinsvoll-
kommenheit gegenüber den Völkern Asiens und Afrikas zusprechen. Diese kulturellen
Übereinstimmungen sollen die kollektive Identität der Leser als Christen und Nachfahren Japhets stärken, die besondere körperliche Vorzüge für sich verbuchen können.
Doch während an der europäisch-afrikanischen Grenze bei Gibraltar der scheinbar sta-
bile und dauerhafte Status quo zwischen christlicher Ökumene und heidnischem Gebiet
vorherrscht, werden die Christen im Osten immer mehr in die Defensive gedrängt. Die
Machtverhältnisse, sichtbar an den auf der Reise überschrittenen politischen Grenzen
und Einflusssphären, verschieben sich immer mehr zuungunsten der Christen. Angesichts der anscheinend unaufhaltsamen Expansion der Osmanen verliert das Mittelmeer
an den östlichen Grenzen seine trennende Funktion.

   Die Muslime stellen in dieser raumbezogenen Identitätskonstruktion das ‚strukturell'
Fremde und Andere dar. Sie stehen den Christen unversöhnlich in einem Konflikt um
die Beherrschung des Raumes gegenüber. Allerdings ist dieses aus älteren Quellen
übernommene Konzept nicht frei von Widersprüchen. Wie bereits die von Fabri geltend
gemachten Unterschiede in der sprachlichen Entwicklung der Völker gezeigt haben,
nimmt er zum einen eine Binnendifferenzierung des europäischen Raumes vor. Die
ebenso fundamentalen kulturellen Unterschiede zwischen der vorgestellten Gemeinschaft der Deutschen und allen anderen in Europa beheimateten Nationen stehen in
Konkurrenz zu den bei der Darstellung des Mittelmeeres postulierten christlichen und
ethnographischen Gemeinsamkeiten der Europäer.

Zum anderen geht er nicht wie Ludolf von Sudheim oder Bernhard von Breidenbach nur von einer trennenden Funktion des Mittelmeeres aus, sondern stellt zugleich auch die verbindenden Eigenschaften des ‚Kommunikationsraumes Meer‘ heraus. Durch die schnellen Reise- und Handelsverbindungen über das Meer ist eine nicht auf Konflikt, sondern auf Austausch und Verständigung basierende Kulturbegegnung möglich. Die Zweiteilung des Mittelmeerraumes in eine christliche Ökumene und einen feindlich gesinnten ‚heidnischen‘ Orient ist aufgehoben zugunsten einer gemeinsamen Welt, die von Gott zum Wohl und Nutzen des Menschen geschaffen ist. In den lebensspendenden Eigenschaften des Meeres spiegelt sich die Perfektion seiner Schöpfung wider, die alle Unterschiede und Gegensätze aufhebt bzw. aufheben soll. Dies ist allerdings nicht gleichbedeutend mit einer Anerkennung und einem Verstehen des Fremden durch Fabri. Zwar sollen durch die Betonung seiner in der Fremde gemachten Erfahrungen die Verbundenheit und Einheit aller Menschen als Teil der Schöpfung verdeutlicht werden, doch ist der Universalitätsanspruch des Christentums hiervon unberührt. Alle Nicht-Christen bleiben vom Seelenheil ausgeschlossen, sofern sie an ihren falschen Lehren festhalten.

4.2 Kulturraum Mittelmeer vs. Fremdraum Osten

Bei Fabris Beschreibung der Durchquerung der Wüste zeichnet sich auf einer zweiten Ebene eine weitere binäre Teilung der Welt ab. Die Wüste markiert die Grenze zwischen den von Menschen bewohnten und bekannten Ländern um das Mittelmeer und einem weitgehend unbekannten Osten, der voller Wunder, aber auch voller Gefahren ist. Mit seinen Anspielungen auf die monströsen Tiere und Völker im Osten, den Magnetbergen und bärtigen Frauen am Berg Climax legt er dar, dass hinter der Wüste ein Raum liegt, der durch eine ‚radikale‘ Fremdheit charakterisiert ist und in dem die vertrauten Gesetzmäßigkeiten nicht mehr gültig sind. Der Übergang in diesen Raum deutet sich in der Begegnung mit dem Einhorn bereits an.

Im Fall der Wüste gilt, dass mit zunehmender Entfernung vom Ausgangspunkt der Reise der Grad an Fremdheit zunimmt. Jenseits der Wüste gibt es kaum mehr Berührungspunkte mehr zwischen dem Eigenen und Fremden. Zwar gibt es durch die Handelsverbindungen über die Stadt Thor einen Austausch von Gütern; aber sowohl die überaus lange und risikoreiche Schiffspassage in das sagenhaft reiche Indien als auch die durch todbringende Hitze charakterisierte Ebene, hinter der das irdische Paradies liegt, machen eine Ausweitung der Wallfahrt unmöglich. Auch die Legende um den Priesterkönig Johannes, der als christlicher Herrscher im Osten gebietet und eine Verknüpfung zum Eigenen darstellen könnte, erwähnt Fabri nicht.[299] Für den Reisenden generell, besonders aber für den Pilger, ist die Wüste Sinai der Endpunkt der Reise. Ein

---

[299] Zum Preisterkönig Johannes siehe einführend Friedrich, Zwischen Utopie und Mythos; Knefelkamp, Die Suche.

Ausgreifen in den Osten ist für Fabri nicht erstrebenswert und würde gar Gott herausfordern, der dem sterblichen Menschen durch die an die Wüste anschließende, noch
lebensfeindlichere Ebene den Zugang zum irdischen Paradies verwehrt.

Dies unterscheidet seine Darstellung insbesondere von dem Bericht Arnolds von
Harff. Der niederrheinische Adlige kann auf seiner fiktiven, an Mandeville angelehnten
Reise durch den Osten das Paradies zwar ebenfalls nicht erreichen, sonst aber sind ihm
keine Grenzen gesetzt. Durch das Grab des Apostels Thomas in Indien kann er auch
diesen Abschnitt seiner Reise in das Gewand einer Pilgerfahrt kleiden und ausführlich
auf die Begegnung mit diversen fremden Tieren und seltsamen Völkern eingehen.
Durch die Ausweitung der Wallfahrt in die geographische Ferne erhält er die Möglichkeit, zu geographischen und religiösen Grundfragen Stellung zu nehmen. Trotz aller
Gefahren steht ihm die Welt zur Erkundung offen. Das Fremde wird nicht ausschließlich als abschreckende Bedrohung dargestellt. Im Gegensatz zu Fabri steht bei Arnold
von Harff vielmehr der Reiz des Fremden im Vordergrund.

4.3   Die Natur als göttliches Kommunikationsmedium

Fabri betrachtet im *Evagatorium* die Wallfahrt nicht als Mittel zur Erkundung der Bin-
nen und Außengrenzen der Welt, sondern zur inneren Einkehr und Selbstfindung. Deutlich wird dies an seinem Abenteuer in der Wüste. Die eigenmächtige Exkursion zur
Befriedigung seiner Neugier endet beinahe in einer Katastrophe. Erst das Begreifen
seines sündigen Verhaltens und seine Reue führen ihn zurück auf den richtigen Weg.
Der fremde und lebensfeindliche Raum dient ihm als Kulisse, um dem Leser seine in
lebensbedrohlicher Situation bestandene Glaubensprobe auf besonders dramatische
Weise zu vermitteln. Das Ringen des ‚beschriebenen Ichs‘ mit sich selbst soll dem Leser warnendes und helfendes Beispiel für den eigenen Weg zu Gott zugleich sein.

In Anlehnung an Ludolf von Sudheim sind Fabris Darstellung zufolge sowohl die
Wüste als auch das Mittelmeer Regionen, die sich einer vollständigen Kontrolle durch
den Menschen entziehen. Trotz aller vorbereitenden Maßnahmen und technischer
Hilfsmittel zur Überwindung dieser Räume sind die Pilger auf göttliche Hilfe angewiesen. Die mannigfachen Gefahren, denen sie dort ausgesetzt sind, fungieren als von Gott
gesetzte Prüfungen. Die Bewährung in diesen Prüfungen ermöglicht dem Pilger letztlich
nicht nur, das geographische Ziel seiner Reise zu erreichen, sondern soll ihm vor Augen
führen, dass vor allem die eigene innere Einstellung entscheidend ist. Unbilden des
Wetters werden als Strafe für Verfehlungen aufgefasst, Phänomene wie das Elmsfeuer
als Zeichen göttlicher Gnade interpretiert. Der soziale Raum mit seinen festen hierar-
chischen Strukturen löst sich demgegenüber auf. Im Angesicht des Sturms spielen
Rangunterschiede genauso wenig eine Rolle wie in der Wüste, bei der alle Pilger unabhängig ihres Standes Feuerholz suchen müssen.

In diesen Räumen, die unveränderlich und bar aller menschlichen Zivilisation sind, tritt Gott durch die Natur unmittelbar mit den Menschen in Kontakt. Fabri kann sich deshalb dem durch Sturm aufgewühlten Meer gegenüber genauso fasziniert zeigen wie der Einöde der Wüste, die sich als höchst abwechslungsreicher Naturraum entpuppt. Es ist nicht die vordergründige ästhetische Schönheit der Natur, die ihn begeistert, sondern die Vielfalt der Schöpfung und Allmacht Gottes, die sich in der Gestalt des Terrains offenbart und von der er dem Leser durch seine detailreiche Beschreibung eine Vorstellung geben will.

Gleiches gilt auch für Fabris Beschreibung des Heiligen Landes und Ägyptens. Beide Regionen sind infolge des Klimas und der Tier- und Pflanzenwelt durch eine ‚strukturelle' Fremdheit im Vergleich zum Eigenraum gekennzeichnet. Auch hier versucht Fabri – vor allem im *Evagatorium*, häufig in den *Sionpilgern*, dagegen kaum einmal in der *Eigentlichen beschreibung* – hinter der Landschaftsfassade die allegorische, auf Gott gerichtete Bedeutung zu ergründen. Sowohl die überwiegend unfruchtbare Region Palästinas als auch die durch den Paradiesfluss Nil gegebene große Fruchtbarkeit Ägyptens gehen auf göttliches Eingreifen zurück. Gott hat die Voraussetzungen geschaffen, damit der Mensch den Raum in eine Kulturlandschaft verwandeln und für sich nutzen kann. Dabei wird am Heiligen Land deutlich, dass Gott den bei der Schöpfung geformten Raum nicht unverändert lässt, sondern weiterhin stets auf ihn einwirkt. In aller Deutlichkeit zeigt sich ihm dies am Toten Meer, das von der Sündhaftigkeit der Bewohner Sodoms und Gomorrhas zeugt und eine beständige Mahnung an die Menschen ist.

Fabri erklärt damit aber auch den Gegensatz von dem in der Bibel verheißenen Gelobten Land und dem gegenwärtigen zunehmend unfruchtbaren Zustand. Die Veränderung der Landschaft interpretiert er als Zeichen Gottes an die Christen, die sich mehr und mehr von Gott entfernen. Deren Verhalten ist somit unmittelbar an den heiligen Raum gekoppelt, in dem Gott seinen Sohn zur Erlösung der Menschen opferte. Während Gott hiermit den mit den Menschen geschlossenen Bund bekräftigt und erneuert, kommen die Menschen ihrem Part der eingegangenen Verpflichtung nicht mehr nach, sondern leben aufgrund ihrer Hinwendung zu weltlichen Dingen in Sünde. Symbolisiert ist dieser Bund dabei in der Banane. An der Schale dieser als Paradiesapfel interpretierten exotischen Frucht fänden sich die Spuren von Adams Biss als Zeichen der Erbsünde und im Fruchtfleisch das Kreuzzeichen als Zeichen der Erlösung.

Fabris wiederholte Hinweise auf die partiell fruchtbaren Plätze in Palästina und das große Potenzial des Bodens deuten aber darauf hin, dass dieser Prozess nicht unumkehrbar ist. Würden sich die Christen auf Gott besinnen, könnte die durch die Bibel bezeugte und partiell noch sichtbare einstige Fruchtbarkeit des Landes wiederhergestellt werden. Diese Interpretation ist nicht nur auf den christlichen Leser gemünzt, der durch Fabris Bericht über den Zustand des Heiligen Landes zum Nachdenken über sein eigenes Verhalten angehalten wird. Implizit scheint hiermit ein Kreuzzugsaufruf verknüpft

zu sein, zumal Fabri die ‚Ungläubigen‘ für nicht fähig hält, den (heiligen) Boden überhaupt entsprechend nutzen zu können.

4.4   Der Fremdraum als Gegenpol zum Heimatraum

Aus der Gegenüberstellung der im Fremdraum herrschenden klimatischen und topographischen Bedingungen ergibt sich auch ein Bild über den Heimatraum. Während in
Palästina und Ägypten übereinstimmend nach allen Berichten extreme und z.T. unerträgliche Temperaturen vorherrschen und es selten bis nie regnet, ist der Heimatraum
durch seine Ausgewogenheit charakterisiert. Zwar muss die Ernte im Gegensatz zu den
vom Nilschlamm bedeckten, höchst fruchtbaren Feldern, zu Hause erst durch mühsame
Arbeit eingefahren werden. Fabri macht aber auch deutlich, dass es vergleichbare Ein-
öden wie die Wüste Sinai in der Heimat nicht gibt. Auch an exotischen und kostbaren
Gütern scheint der Fremdraum viel mehr vorweisen zu können als der Heimatraum.
Den wohlschmeckenden Früchten, überquellenden Bodenschätzen sowie den nach Europa ausgeführten wertvollen Stoffen und fremden Tieren steht als heimischer Export-
schlager nur die Haselnuss gegenüber. Immerhin deutet Fabri hiermit an, dass der Eigenraum ebenfalls über materielle Güter und somit über Qualitäten verfügt, die in der
Fremde nicht vorhanden und dort sogar begehrt sind.

Ausdrückliche Verweise auf die Heimat zur Konstitution einer raumbezogenen Identität finden sich bei Fabri und in den Vergleichsberichten aber kaum. Einzig mit der auf
dem Gipfel des Sinai beschriebenen Freude der Pilger über die nun beginnende Rückreise wird explizit ein Gegenpol zum Fremdraum aufgebaut. Im Gegensatz zu dem
strukturell ähnlichen Hymnus auf Deutschland beim Anblick der Alpen bleibt hier jedoch unklar, auf welchen Heimatraum konkret hingewiesen wird.[300] Trotz der vielfa-
chen Vorzüge und Verlockungen des Fremdraums lässt sich der von seinem ‚beschriebenen Ich‘ verkörperte ideale Pilger Fabri nicht von seinem übergeordneten Reiseziel
abbringen. Dieses Ziel besteht nicht in dem Besuch der heiligen Stätten, sondern in der
geistigen Hinwendung zu Gott. Erst mit der Heimkehr ist es erreicht und die Wallfahrt
tatsächlich abgeschlossen.

---

[300]   Vgl. oben Kap. IV.2.3.

VI. Schlussbemerkungen

Das zentrale Anliegen der Arbeit bestand in der Untersuchung des Fremden und Eigenen in den spätmittelalterlichen Pilgerberichten des Ulmer Dominikaners Felix Fabri. In systematischer Weise wurde analysiert, wie er eine ihm unbekannte und unvertraute Umwelt dargestellt hat. Infolge der relationalen Eigenschaften des Fremden und des Eigenen treten neben die Fremdbilder auch Aussagen über das Eigene. Bei der Interpretation der Fremd- und Selbstzuschreibungen wurde daher zum einen gefragt, wie Fabri in seinen Texten Fremdheit herstellte, wie er sie vermittelte und durch welche Strategien er sie beglaubigte. Zum anderen wurde die Art und Weise der Funktionalisierung des Fremden in den Blick genommen, um durch Abgrenzungen entweder eigene Überzeugungen zu festigen, Identitäten zu schärfen oder um Kritik am Eigenen zu üben.

Fabris Pilgerberichte eigneten sich für eine solche Untersuchung in besonderer Weise, da gleich vier unterschiedlich konzipierte Texte über seine beiden Wallfahrten zum bedeutendsten Wallfahrtsort des Christentums überliefert sind. In Fabris Hauptwerk, dem für die Klosterbrüder verfassten lateinischen *Evagatorium*, schildert er die Reisen in allen Einzelheiten und ergänzt seine Erlebnisse durch eine Fülle an gelehrten Exkursen. Das im Autograph überlieferte Werk wurde in erster Linie mit der *Eigentlichen beschreibung*, in der er seine Reiseerfahrungen für ein Laienpublikum in deutscher Sprache niederlegte, und mit den für ein Frauenkloster verfassten *Sionpilgern* verglichen. Bei dem gereimten Pilgerbüchlein als vierter Schrift, die Fabris erste Wallfahrt 1480 zum Inhalt hat, ergaben sich nur wenige Überschneidungen zum *Evagatorium*, so dass dieses lediglich an einzelnen Stellen hinzugezogen wurde. Durch die abweichende Gestaltung und jeweilige Zielsetzung der vier Texte ergab sich die für das Genre der Pilgerberichte beinahe einzigartige Möglichkeit, die verschiedenen Bearbeitungen der gleichen Thematik aus der Hand desselben Verfassers einander gegenüber zu stellen. Unter Berücksichtigung der Rahmenbedingungen des Kontaktsystems Jerusalemreise sowie der gattungsspezifischen Konventionen, welche die Wahrnehmungs- und Deutungsmuster des Fremden strukturierten, konnte der Frage nachgegangen werden, wie Fabri das Medium Reisebericht eingesetzt hat, um jeweils unterschiedlichen Leserkreisen ein bestimmtes Bild vom Fremden und Eigenen zu vermitteln.

Ausgehend von dieser Perspektive wurde zunächst anhand der Stadtdarstellungen von Venedig, Jerusalem und Kairo erarbeitet, welche Fremdbilder Fabri in seinen Texten entwarf und wie er durch die Auswertung schriftlicher und mündlicher Quellen, durch den Vergleich in seinen verschiedenen Formen sowie durch Authentizitätsverweise seine Reiseerlebnisse anschaulich und glaubhaft zu vermitteln suchte. Auf der Basis der ethnographischen Beschreibungen der Venezianer, Italiener, Muslime und Juden wurde dann den kulturellen Grenzen in seinen Texten nachgegangen und ermittelt, anhand welcher Kriterien er das Fremde vom Eigenen abgegrenzt hat. Einen weiteren Schwerpunkt bildete die Analyse der Schilderung der Mittelmeerpassage, der Reise durch das Heilige Land und Ägypten sowie durch die Sinaiwüste, durch welche Fabris Raumkonzepte analysiert werden konnten.

Um die Fremd- und Selbstbilder Fabris in einen größeren Kontext zu stellen, wurden seine Texte mit Pilgerberichten des späten 13. bis 15. Jahrhunderts verglichen. Dadurch konnte einerseits bewertet werden, wie er Reisebeschreibungen für die eigene Darstellung genutzt und dabei modifiziert hat. Andererseits ermöglichte diese Vorgehensweise Übereinstimmungen und Abweichungen in den Fremd- und Selbstzuschreibungen zwischen Fabri und anderen Jerusalempilgern herauszuarbeiten, die z.T. im selben Jahr die Wallfahrt unternommen, aber unabhängig von ihm einen Bericht verfasst hatten.

Als übergeordnetes Ergebnis ist sowohl für Fabris Texte als auch für die Vergleichsberichte festzuhalten, dass sich weder eine einheitliche Grenzlinie bestimmen lässt, die das Eigene vom Fremden trennt, noch von einer Dichotomie zwischen einer ausschließlich positiv besetzten Eigenwelt und einer entsprechend negativ bewerteten Fremdwelt ausgegangen werden kann. Vielmehr war die Grenze zwischen dem Vertrauten und dem Fremden fließend.[1] Während der unter bestimmten Bedingungen erfolgten situativen Wahrnehmung wie auch während des Prozesses ihrer Verschriftlichung musste prinzipiell immer wieder neu bestimmt werden, was als fremd und was als eigen bezeichnet wurde. Je nach den von Fabri und den übrigen Pilgern zur Ab- und Ausgrenzung herangezogenen Kriterien lassen sich daher Abstufungen und unterschiedliche Grade des Fremden ausmachen.

Die von der mediävistischen und soziologischen Forschung über das Fremde und das Eigene betonte enge Verknüpfung von Fremdheit und Raum gilt auch für die spätmittelalterlichen Pilgerberichte. So zeichnen sich die Landschaften Palästinas und Ägyptens durch große Unterschiede zur Heimat aus. Doch waren für Fabri die andersartigen klimatischen und topographischen Gegebenheiten logisch erklärbar. Entgegen aller Unterschiede zur Eigenwelt unterliegt die Natur dieses nach den Bemessungskriterien von Bernhard Waldenfels ‚strukturell' fremden Raums ebenfalls einem zyklischen Rhythmus, so dass die Beobachtungen Fabris es sogar erlaubten, Passagen der Heiligen Schrift verständlich zu machen, die nur auf der Basis der Erfahrungen aus der Eigenwelt nicht nachvollziehbar gewesen wären.[2] Mit Erreichen der Wüste gelangte er hingegen in ein Gebiet, welches einen ‚radikal' fremden Raum darstellt, der eine Gegen-

---

[1]   Vgl. auch BRENNER, Erfahrung der Fremden, S. 18.
[2]   Vgl. WALDENFELS, Phänomenologie.

welt mit völlig anderen Gesetzmäßigkeiten markiert. Der ferne Osten stand weit außerhalb jeder einem Europäer bekannten Ordnung. Das Überschreiten dieser Grenze war nicht möglich, wie Fabri am Beispiel der lebensfeindlichen Einöde, hinter der das irdische Paradies liegen sollte, verdeutlicht. Zudem ist eine Ausdehnung der Reise über das Katharinenkloster hinaus nach seiner Auffassung von einer Wallfahrt nicht angemessen. Hier unterscheidet sich das in allen seinen Texten dominierende Raumkonzept maßgeblich von den Berichten von Jean de Mandeville und Arnold von Harff. Diese beiden Verfasser nutzten ihre als Pilgerfahrt deklarierte (imaginäre) Reise vielmehr dazu, in aller Ausführlichkeit die Wunder Asiens zu beschreiben. Fabri hingegen charakterisierte das ‚radikal' Fremde als gefährlich und unheilvoll. Sogar die Stadt Kairo wie auch die Muslime verloren angesichts der in Asien lokalisierten noch größeren Städte und dem seltsamen Aussehen der Mongolen ihre Unvertrautheit.

Eine lineare Steigerung des Fremdheitsgrades, wie sie Fabris Schilderung seiner Reise durch den Makroraum von seinem Ausgangspunkt Ulm bis zum Katharinenkloster nahelegt, geht damit nicht einher. Schon mit der Topographie Venedigs erreichte er einen Raum, den er als ‚strukturell' fremd eingestuft hat. Die umgebende Lagune löste bei Fabris ‚beschriebenem Ich' ein Gefühl der Beklemmung aus, das ihm einen dauerhaften Aufenthalt in Venedig unmöglich gemacht hätte. Demgegenüber stellt er Jerusalem infolge der zahlreichen heiligen Stätten, die einen genauen Nachvollzug der Heilsgeschichte erlaubten, grundsätzlich als vertraut dar. Lediglich die dort herrschenden Muslime waren ein ‚strukturell' fremdes Element. Fabri deutet sie als Besatzer, die als ein von Gott gesandtes Werkzeug die Christen für ihre Sünden bestrafen sollten und für den Niedergang der Stadt und des gesamten Landes verantwortlich seien. Das Heilige Land war für ihn kein fremdes Territorium im Sinne einer „potentielle[n] Beute".[3] Vielmehr beschreibt es Fabri als christliches und damit ureigenes Terrain, das zur Schande der Christen nun von Fremden beherrscht werde. Dieses christliche Element war in Kairo für die Pilger schon kaum mehr spürbar. Durch zahlreiche Attribute war die Nilmetropole als fremde Stadt charakterisiert. Vor allem die gewaltige Ausdehnung, die Vielzahl an Menschen und die überbordende Fruchtbarkeit durch den Nil riefen Staunen, gelegentlich aber auch Schrecken hervor. Die Hühnerbrutöfen jedoch, die in vielen Berichten als typisches Merkmal für die Andersartigkeit Kairos stehen, stufte Fabri nur in der *Eigentlichen beschreibung* als außergewöhnlich und wundersam ein. Dem *Evagatorium* zufolge ist die Verfahrensweise dagegen durchaus rational erklärbar. Die Passage trägt ebenso wie seine Ablehnung der von den Muslimen vermittelten Wundererzählungen dazu bei, Kairo nicht dem ‚radikal' fremden Raum zuzuordnen.

Obwohl Fabris Texte zuweilen in erheblichem Maße vom Bericht Bernhards von Breidenbach abhängig sind, verhindert Fabris erschöpfende Beschreibung des jeweiligen Mikroraums eine eindeutige und durchgehende Zuordnung, dessen was als fremd und was als vertraut zu gelten hat. Hinsichtlich der Fremdbilder ist die gegenüber dem

---

[3] Thum, Frühformen, S. 321 und 324f.

durch dogmatische Traktate Martin Raths erweiterten Bericht Breidenbachs oder der nach thematischen Kriterien geordneten und in Dialogform verfassten Heilig-Land-Beschreibung von Francesco Suriano überwiegend einer chronologischen Ordnung folgende Schilderung Fabris nicht kohärent. Wie an seiner Beschreibung der Topographie Venedigs im *Evagatorium* deutlich wird, können gegensätzliche Aussagen selbst innerhalb desselben Textes unverbunden nebeneinander stehen. Zudem hob Fabri Abgrenzungen zwischen dem Fremden und dem Eigenen gelegentlich auch wieder auf. So konstruiert er auf der Basis seiner schriftlichen Vorgaben mit dem Mittelmeer eine auf geographischen Angaben basierende Grenze zwischen dem Fremd- und Heimatraum, die mit fundamentalen kulturellen Unterschieden belegt ist. Diese Grenze ist in einer Passage – die als resümierende Erkenntnis seiner Erfahrungen auf der Wallfahrt gelesen werden kann – durch die Vorstellung vom Meer als verbindender Kontaktzone wieder zurückgenommen. Die Möglichkeiten einer Schiffsreise könnten (auf der Basis des Evangeliums) zu einer Verständigung und einem Ausgleich zwischen den Menschen beitragen. Aus der Perspektive der Vielfalt in der von Gott geschaffenen Welt spielen diese Gegensätze keine Rolle. Ähnlich wie Peter Brenner für den aus der Mitte des 16. Jahrhunderts stammenden Amerikabericht von Hans Staden festgestellt hat, gilt auch für Fabris lateinischen Bericht, dass die beobachteten Phänomene im Einzelnen zwar fremd und seltsam erschienen, aber nicht unerklärlich waren. In Gottes Schöpfung war auch das Fremde mit Sinn versehen und nahm einen festen Platz in der göttlich geordneten Welt ein.[4] Wie die Erzählung des durch den Glauben versetzten Berges in Kairo zeigt, war Gottes Allmacht selbst an einem Ort, der sich durch eine große Andersartigkeit auszeichnet, jederzeit erkennbar. Durch die in der Fremde bestätigte Einsicht, dass alles auf einen göttlichen Heilsplan zurückzuführen ist, sollte der Leser in seinem Glauben bestärkt werden.

Der Reiz des Fremden war für Fabri weder anziehend noch durfte die Pracht irdischer Dinge verlockend sein. Vielmehr diente die Fremde als Raum der Bewährung, in dem man sich demütig geben und seine Glaubensfestigkeit unter Beweis stellen musste. Falls er jedoch wie in der Schilderung seiner Wüstenwanderung doch einmal der Neugier nachgab und eigenmächtig die Landschaft erkundete, wurde ihm sein Fehlverhalten beinahe zum Verhängnis. Erst durch das explizite Schuldbekenntnis und seine Reue erlangte er nach seiner Deutung die göttliche Gnade zurück und konnte das drohende Unglück abwenden. An diesem Beispiel wird offenbar, dass in den Handlungen des ‚beschriebenen Ichs' nicht Fabris individuelle Persönlichkeit zum Ausdruck kommt. Originär ist nur die Art, wie er vorgebliche Reiseerfahrungen benutzt, um seinen Lesern eine Anleitung zu tugendhaftem Verhalten zu geben. Gegenüber der *Eigentlichen beschreibung* kommt dem *Evagatorium* weitaus stärker die Rolle zu, persönliche Erlebnisse zur Belehrung einzusetzen. Sein lateinischer Bericht stellt nicht einfach eine Wie-

---

4   BRENNER, Vom Augenschein zur Wissenschaft, S. 194 und 197.

dergabe der erinnerten Vergangenheit dar, sondern ist eine meist implizite dialogische Auseinandersetzung mit dem Leserkreis, für den Fabri den Text bestimmt hat.[5]

Dieser Kommunikationszusammenhang zwischen dem Verfasser mit seinen Modellierungen des ‚beschriebenen Ichs‘ und dem gedachten Leser kommt auch in Fabris Schilderungen der Kulturbegegnung zum Ausdruck. Analog zu den Vergleichsberichten ist auch in seinen Texten die Religion ein maßgebliches Kriterium, um das Fremde vom Eigenen zu unterscheiden und zugleich eine Ausgrenzung vorzunehmen. Gerade im Kontaktsystem Jerusalemwallfahrt musste der Pilger nachweisen, dass die eigene Glaubenswahrheit unanfechtbar ist. Andere Religionsentwürfe konnten nicht anerkannt werden, sondern wurden als falsch und häretisch entlarvt. Fabri greift bei der Darstellung der Übergriffe durch die Muslime in Jerusalem und der Expansion der Osmanen im Mittelmeer auf das Ordnungskonzept der *christianitas* zurück und unterscheidet zwischen den frommen ‚Rechtgläubigen‘, denen eine Überzahl von äußerst aggressiv agierenden ‚Ungläubigen‘ gegenüberstehen. Indem Fabri an stereotype Vorstellungen von Islam und Judentum anschließt, macht er die Leser auf die Bedrohung durch die fremde Religion aufmerksam. Die Heterostereotypen haben hierbei weder nur eine Orientierungsfunktion, um die fremde Wirklichkeit zu strukturieren, noch ausschließlich eine Authentizitätsfunktion, um vorhandenes Wissen über das Fremde zu bestätigen. Ihnen kommt auch eine Identitätsfunktion zu, da Fabris Widerlegungen der konkurrierenden Glaubenssätze eine christlich definierte Wir-Identität festigen und zu einer Solidarisierung der eigenen Gruppe führen sollte.[6]

Fabri rechnet aber weder alles Christliche zur Eigenwelt noch betrachtet er alles Nichtchristliche als fremd und feindlich. Die Kulturbegegnung mit den Muslimen, die nach der von Marina Münkler und Werner Röcke für das Mittelalter operationalisierten Fremdheitsskala zumeist als ‚kleine Transzendenz‘ gewertet werden kann,[7] ist nicht in jedem Fall mit einem Kulturkonflikt gleichzusetzen. Gerade von muslimischer Seite wurde Fabri, z.B. bei dem Sturz von seinem Reittier, mitunter ganz unerwartet Hilfe zuteil. Im *Evagatorium* verzeichnet er darüber hinaus bei den Muslimen sogar einige positive Eigenschaften und preist wie im Fall des *Elphahallo* die charakterlichen Vorzüge einzelner muslimischer Individuen. Der Fremde war ihm zuweilen näher als der christliche Reisegefährte. Hierdurch unterscheidet sich seine lateinische Version von vielen Vergleichsberichten, in denen die Lebensweise der Muslime nicht selten als radikaler Gegenentwurf zu den eigenen Gebräuchen und Normvorstellungen geschildert wird. Bei Fabri werden durch solche eingestreuten Passagen die asymmetrischen Fremd- und Selbstzuschreibungen von den frommen, sittsamen und zivilisierten Christen auf der einen und den häretischen, lasterhaften und barbarischen ‚Ungläubigen‘ auf der anderen Seite immer wieder aufgebrochen.

---

[5]   Zu diesem Aspekt siehe auch MARKUS, „Schreiben heißt sich selber lesen“, S. 166f.; DÜRR, Funktionen des Schreibens, S. 21.

[6]   Zu den Funktionen von Stereotypen siehe STROHMEYER, Wahrnehmungen des Fremden, S. 29f.

[7]   MÜNKLER/RÖCKE, Der *ordo*-Gedanke, S. 714.

Es soll nicht ausgeschlossen werden, dass sich manche der von Fabri beschriebenen Begebenheiten tatsächlich in dieser Form ereignet haben. Aller durch religiöse Differenzen aufgeladenen Agitation zum Trotz kommt bei Fabri verschiedentlich zum Ausdruck, dass auf zwischenmenschlicher Basis eine Annäherung durchaus möglich war. Im *Evagatorium* wird aber auch deutlich, dass solche Passagen zugleich die Funktion einnehmen, dem Leser einen Spiegel vorzuhalten. Fabri projiziert hier Teile des als exklusiv christlich verstandenen Wertekanons – Hilfsbereitschaft, Mildtätigkeit, Barmherzigkeit – auf die muslimische Gesellschaft, um Kritik an den heimischen Verhältnissen zu üben und den Leser anzuhalten, sich auf ein tugendhaftes Verhalten zu besinnen. Ganz bewusst wird also die Distanz zum Fremden aufgehoben. Eine Anerkennung des Fremden und Anderen ging damit nicht einher. Mit Hilfe der positiven Werturteile wird vielmehr ein ideales Wunschziel für die eigene Lebenswelt konzipiert. Wesentlich häufiger indes dient ihm das Fremde als Negativbeispiel, das dem Leser einerseits veranschaulichen sollte, welche Konsequenzen sündhaftes Verhalten hat. Andererseits sollte die durch teils drastische Werturteile erreichte Abwertung des Fremden zur Festigung der eigenen Überzeugungen, Normen und Werte beitragen: „Negative Fremde wird bewusst als unbekannt, nicht eigen, mitunter feindlich wahrgenommen und dient der Selbstdefinition über Fremdheitsdefinition."[8]

Die Religion ist in Fabris Texten nur ein Faktor, um Fremdheit herzustellen. Er nimmt Binnendifferenzierungen vor und grenzt sich nicht nur von Andersgläubigen wie Muslimen und Juden,[9] sondern auch von anderen europäischen ‚Nationalitäten‘ wie Venezianern, Italienern und Franzosen ab. Als Indikatoren der Fremddarstellung nutzt er hierzu weniger äußere Identifikationszeichen wie Hautfarbe und Kleidung.[10] Vielmehr ist neben der ethnischen Abkunft und den Verhaltensweisen im *Evagatorium* die Sprache von besonderer Bedeutung. Mittels der Sprache und Sprachfähigkeit, die Fabri als unveränderliche körperliche Disposition deutet, die jedem Volk in verschiedenem Maß gegeben sei, setzt er sich von den Sarazenen und den Italienern ab. Er greift auf die Sprache zurück, um die ‚vorgestellte Gemeinschaft‘ einer homogenen deutschen Nation zu konstruieren, die durch ihre naturgegebene Eigenschaft in der zivilisatorischen Rangfolge höhergestellt ist. Neben die christliche trat somit zusätzlich eine (prä-)nationale Wir-Identität. Dass die Sprache entgegen der These Florian Kragls[11] im Mittelalter durchaus als konstitutives Element zur Zuschreibung einer kulturellen Identität herangezogen wurde, belegen im Übrigen nicht nur die besonders beeindruckenden und ausgefeilten nationalen Selbstzuschreibungen in Fabris lateinischem Bericht, sondern

---

8   KRAGL, Die Weisheit des Fremden, S. 138.
9   Zu ergänzen wären die orthodoxen Christen, von denen sich Fabri ebenfalls abgrenzt. Siehe einführend WIEGANDT, Islam und Griechische Christen. Wiegandts Angaben könnten noch ausgebaut werden und müssten zudem in den kulturellen Kontext gestellt werden.
10   Diese kollektiven Identitätskategorien zur Konstruktion ‚struktureller‘ Fremdheit kommen erst bei der Beschreibung der Beduinen und Mongolen stärker zum Tragen.
11   KRAGL, Die Weisheit des Fremden, S. 105f.

auch die zahlreichen Verunglimpfungen der arabischen Sprache in den Vergleichsberichten, mit denen beispielsweise durch die Assoziation mit Tierlauten kulturelle Abgrenzungen vorgenommen wurden.

Gegenüber den prononcierten Abgrenzungen zwischen Christen und Nicht-Christen oder ‚Deutschen‘ und ‚Nicht-Deutschen‘ treten seine Selbstzuschreibungen hinsichtlich einer institutionellen oder regionalen Identität zurück. Verschiedentlich nimmt er im *Evagatorium* und in der *Eigentlichen beschreibung* auf seinen Status als Dominikanermönch Bezug, wobei er sich insbesondere von den Laien unter den Pilgern abgrenzt. Mit seinen Unterweisungen und seinem Tadel stilisiert er sich als vorbildlichen Jerusalempilger, der seinen Reisegefährten intellektuell und moralisch überlegen ist. Allerdings musste er sich in der deutschen Version bei seiner Kritik in Zurückhaltung üben, um nicht das Ansehen seiner adligen Wohltäter zu beschädigen. Im *Evagatorium* dienen die Verweise auf seinen Status als Dominikanerbruder zudem dem Nachweis, sich stets der besonderen Stellung des Ordens bewusst gewesen zu sein und dessen Interessen auch in der Fremde erfolgreich vertreten zu haben. So verweist Fabri zum einen auf seinen Beitrag zur vorgeblichen Missionierung einiger Mamluken. Zum anderen kritisiert er in seiner Venedigbeschreibung die nicht nach den Regeln der Observanten lebenden Dominikanern. Er prangert dabei nicht nur deren nachlässige Befolgung der Ordensregeln an, sondern zeigt auch auf, welchen schädlichen Einfluss sie auf die ungelehrten Gläubigen ausübten.

Bezüglich der regionalen Identität zieht Fabri zwar die Städte des oberdeutschen Raums immer wieder zum Vergleich mit dem Fremden heran, doch nimmt er nur gelegentlich auf seine Wahlheimat Ulm Bezug. Explizite Hinweise, die als Identifikationsangebot für eine regionale Identität hätten dienen können, finden sich in seinen Texten kaum. Lediglich am Wendepunkt der Reise, beim Ausblick vom Gipfel des Katharinenberges, bringt er im *Evagatorium* seine Freude darüber zum Ausdruck, dass nun der Rückweg in die Heimat bevorstehe. In seiner Bemerkung, dort nicht mit fremden Menschen konfrontiert zu sein, die einem anderen Glauben anhingen, deren Sitten unbekannt seien und mit denen man sich nicht verständigen könne, sollte eine Sehnsucht nach der vertrauten Umgebung anzeigen. Auf welchen konkreten Eigenraum Fabri mit dieser Bemerkung, in der die in seinen Texten dominierenden Abgrenzungskriterien Glaube, Verhalten und Sprache nochmals deutlich werden, aber anspielt und welche Vorzüge dieser gegenüber anderen Regionen und Ländern bot, geht aus seinen Reisebeschreibungen nicht hervor. Dies bleibt seinem Stadt- bzw. Landlob auf Ulm und Schwaben vorbehalten, die ursprünglich als zwölftes und letztes Kapitel des *Evagatoriums* konzipiert waren, infolge des großen Umfangs aber ausgegliedert und als eigenständiges Werk ausgearbeitet worden sind. Insgesamt ist sowohl für Fabris Texte als auch für die Vergleichsberichte festzuhalten, dass die den Fremd- und Selbstzuschreibungen innewohnenden Wert- und Normvorstellungen sowie die Identitätskonstruktionen nicht so sehr als Reflexion eines Zustandes, sondern eher als Reflexion eines Anspruchs dahingehend zu lesen sind, wie der Verfasser in seinem Umfeld wahrgenommen werden wollte bzw. wie dieses Umfeld im idealen Fall beschaffen sein sollte.[12]

Durch die Untersuchung verschiedener Aspekte des Fremden und Eigenen konnten die durch Xenja von Ertzdorff an einzelnen Beispielen skizzierten Unterschiede zwischen den Berichten Fabris konturiert und herausgearbeitet werden. Aus dem Vergleich seiner Texte geht hervor, dass er die auf der Reise gewonnenen Erfahrungen nicht unreflektiert verarbeitet, sondern auf die unterschiedlichen Gebrauchsfunktionen der Berichte und die Erwartungen der Leser abgestimmt hat. Hierdurch ergaben sich auch Abweichungen in den Fremd- und Eigenbildern, die in der unterschiedlichen Bewertung der Mamluken und des mamlukischen Sultans am deutlichsten hervortraten. Während Fabri sich in der *Eigentlichen beschreibung* und besonders in den *Sionpilgern* von den kulturellen Überläufern absetzt und deren Verhalten in beinahe jeder Hinsicht verurteilt, nimmt er im *Evagatorium* kaum einmal eine negative Wertung vor. Vielmehr lobt er den Sultan für dessen aufgeschlossene Haltung gegenüber den Christen. Zwar seien die Mamluken aus einer rein theologischen Perspektive für ihren Glaubenswechsel zu verdammen, er sah aber infolge der teils gemeinsamen Herkunft und ihrer daraus resultierenden Vermittlerrolle durchaus die Möglichkeit, sie durch Missionsarbeit für das Christentum zurückzugewinnen.

Im Hinblick auf eine Gesamtbewertung ist aber zu konstatieren, dass der Grad der Abweichung der Fremd- und Eigenbilder in seinen Texten trotz z.T. beträchtlicher inhaltlicher Unterschiede nicht sehr hoch ist. Eine bewusst herbeigeführte und jeweils stringent über den gesamten Text verfolgte unterschiedliche Darstellung, was als fremd und was als eigen zu gelten hatte, ist nicht auszumachen. Als Tendenz ist festzuhalten, dass Fabri das Fremde in den *Sionpilgern* vielfach abwertet und vornehmlich als Bedrohung darstellt. Personen oder Sachverhalte grenzt Fabri überwiegend in jenen Fällen als fremd aus, wenn die Andacht der frommen Nonnen auf ihrer imaginären Wallfahrt gestört wurde oder ihr vorbildliches und tugendhaftes Verhalten an einem Gegenbild festgemacht werden sollte.

In der *Eigentlichen beschreibung* steht die Dokumentation der Reiseereignisse im Vordergrund. Zwar gab Fabri auch hier häufig Werturteile ab. Aber im Vergleich zum *Evagatorium* steht sowohl sein ‚erzählendes‘ als auch sein ‚beschriebenes Ich‘ nicht in ähnlich exponierter Weise im Vordergrund. Zudem gehen durch die Kürzungen Informationen über das Fremde verloren. Wie die Stadtbeschreibung Kairos zeigt, beschreibt er das Fremde zwar als anders, unvertraut oder exotisch, funktionalisiert es aber nur selten im Hinblick auf das Eigene. Eine allegorische Ausdeutung der Erlebnisse, die er für sein theologisch geschultes Publikum in den *Sionpilgern* und im *Evagatorium* fast durchgängig anwandte, unterblieb in der deutschen Version nahezu vollständig.

Das *Evagatorium* selbst ist durch sein Bestreben charakterisiert, den Ordensbrüdern eine kommentierte Darstellung über das Heilige Land und den Nahen Osten zu bieten.

---

[12] Vgl. auch DÜRR, Funktionen des Schreibens, S. 24.

Mit dem Anspruch enzyklopädischer Vollständigkeit setzte sich Fabri mit dem aus Quellen zusammengetragenen Informationen und den eigenen Erfahrungen intensiv auseinander und interpretierte das gesammelte Wissen mit dem Ziel, seinen Lesern ein vertieftes Verständnis der Schöpfung Gottes zu ermöglichen. Das Sehen bzw. persönliche Erleben war hierbei das entscheidende Beglaubigungsmittel. Die Anwesenheit vor Ort und die körperliche Auseinandersetzung mit dem Fremden durch die sinnliche Wahrnehmung einschließlich eigener schmerzhafter Erfahrungen war für den Leser ein überlegenes Wahrheitssignal.[13] Fabri sicherte sich zwar nach Möglichkeit durch Verweise auf die Schriften der Autoritäten ab und zeigte auf diese Weise zugleich seine Gelehrsamkeit. Stimmten die Aussagen in den Quellen aber nicht mit den eigenen Erfahrungen überein, ging er mitunter sogar soweit, mit einer vorgeblichen Augenzeugenschaft seine Argumentation zu stützen.

Fabri zeigte keine Scheu oder Zurückhaltung vor dem Fremden, sondern versuchte stets, alles Gesehene genau zu ergründen. Aus dem *Evagatorium* und der *Eigentlichen beschreibung* sowie aus den Vergleichsberichten geht trotz der Einschränkung, als Pilger demütig auftreten zu müssen und sich nicht von irdischen Belangen leiten zu lassen, ein sichtbares, vornehmlich wissensorientiertes Interesse am Fremden hervor. Dies ist aber nur schwerlich als Ausdruck eines sich im Spätmittelalter steigernden gesellschaftlichen Verlangens nach neuen und exotischen Dingen zu deuten. Zahlreiche von Fabri beschriebene Verhaltens- und Deutungsmuster sind bereits in den Texten von Wilhelm von Boldensele und Ludolf von Sudheim angelegt, die wiederum ihrerseits auf Vorbildern beruhen dürften. Das wissbegierige Verhalten von Fabris ,beschriebenem Ich' war vielmehr besonders darauf ausgerichtet, die biblischen Erzählungen noch präziser erfassen und verorten zu können, sodass seine Neugier kein sündiges Vergehen darstellt. Gleichwohl versucht Fabri stets, seine Handlungen gegenüber der Leserschaft zu legitimieren, um dem Vorwurf einer nicht auf die Gotteserkenntnis gerichteten *curiositas* entgegenzuwirken. Dies zeigt sich neben dem Abenteuer seiner alleinigen Wüstenwanderung z.B. in seiner Haltung, nach der eine Ausdehnung der Reise über den Sinai hinaus nicht erstrebenswert sei, oder seiner Bemerkung über die Fremdartigkeit der kargen Wüstenlandschaft, die ihm doch mehr Erfüllung und Einsicht in das Werk Gottes verspreche als das fruchtbare Ägypten.

Als Konsequenz aus dem Vergleich von Fabris Schriften und den Vergleichstexten geht hervor, dass die Heilig-Land-Berichte zum einen eine wichtige Informationsquelle für Wissen über das Fremde gewesen sind. Es ist eine zunehmende Tendenz auszumachen, über die Beschreibung der heiligen Stätten hinaus die Wallfahrt des ,beschriebenen Ichs' umfassend aufzubereiten und durch zahlreiche Angaben über die durchreisten Länder zu ergänzen. Diese ausführlichen Schilderungen der Kulturbegegnung sind aber kaum auf einen über den Text letztlich nicht verifizierbaren Mentalitätswandel, sondern auf eine zunehmende Literarisierung der Texte zurückzuführen.

---

[13] Vgl. auch MERTENS, Katzenbart und Schlangenfraß, S. 33.

Fabris Umgang mit dem Fremden, seine Beschreibungs- und Deutungsmuster sind in vielerlei Hinsicht bemerkenswert und zeugen von einer intensiven Auseinandersetzung mit dem Erlebten. Sie sind aber vor allem das Ergebnis einer sorgfältigen Auswertung der ihm verfügbaren Schriftquellen. Vielfach war darin eine Ausdeutung der Fremdbilder bereits vorgegeben, an der sich Fabri orientierte. Darin äußert sich häufig der zirkuläre Charakter von Fremdwahrnehmungen, in dem vorhandenes Wissen und vorgefertigte Deutungsmuster auf der Grundlage eigener Beobachtungen bestätigt werden.[14] Nicht selten wandelte Fabri die Fremdbilder aber auch ab. Dies zeigt, dass im Prozess der Verschriftlichung eigenständige Lösungen möglich waren und den Verfassern ein Freiraum in der Gestaltung der Fremd- und Selbstbilder blieb. Tradiertes Wissen und die eigene empirische Erfahrung standen dabei offenbar in keinem Konflikt miteinander. Die eigene Erfahrung konnte wie im Fall der heiligen Stätten einerseits dazu beitragen, die Ereignisse der Passion Christi noch genauer zu erfassen. Andererseits konnten sich tradiertes Wissen und Erfahrung auch gegenseitig bestätigen und ergänzen. Trotz der hohen Gewichtung einer empirischen Überprüfung verzichtete Fabri nicht auf die allegorische Ausdeutung des Erlebten. Wie aus seiner Beschreibung der Banane hervorgeht, verknüpft er verschiedene Traditionen um den Paradies- und Adamsapfel, um die fremdartige und exotische Frucht als Manifestation der für den eigenen Glauben zentralen Momente der biblischen Geschichte zu interpretieren. Das wichtigste, für das eigene Weltbild auch essentielle Ergebnis der Kulturbegegnung seiner Jerusalemfahrt war somit die eigens erbrachte Bestätigung der Heilsgeschichte.

---

[14]   Vgl. STROHMEYER, Wahrnehmungen des Fremden, S. 33.

VII.   Anhang

1.   Abkürzungsverzeichnis

AHF	Archivum Franciscanum Historicum
AHR	The American Historical Review
AKG	Archiv für Kulturgeschichte
ASI	Archivio Storico Italiano
BLVS	Bibliothek des Literarischen Vereins Stuttgart
C	Copinger, Supplement
CPI	Corpus Peregrinationum Italicarum
DA	Deutsches Archiv für Erforschung des Mittelalters
DBI	Dizionario Biografico degli Italiani
DVjs	Deutsche Vierteljahrsschrift für Literaturwissenschaft und Geistesgeschichte
GJ	Gutenberg-Jahrbuch
GW	Gesamtkatalog der Wiegendrucke
GWU	Geschichte in Wissenschaft und Unterricht
H	Hain, Repertorium
HC	Hain, Repertorium & Copinger, Supplement
HJb	Historisches Jahrbuch
HZ	Historische Zeitschrift
IU	Islamkundliche Untersuchungen
JMH	Journal of Medieval History
JWCI	Journal of the Warburg and Courtauld Institute
LMA	Lexikon des Mittelalters
MGH	Monumenta Germaniae Historica
MIÖG	Mitteilungen des Instituts für Österreichische Geschichtsforschung
MVGN	Mitteilungen des Vereins für die Geschichte der Stadt Nürnberg
NM	Neuphilologische Mitteilungen
PPTS	Palestine Pilgrims' Text Society
PSBF	Publications of the Studium Biblicum Franciscanum
QFIAB	Quellen und Forschungen aus italienischen Archiven und Bibliotheken

RQS	Römische Quartalsschrift für christliche Altertumskunde und Kirchengeschichte
RSI	Rivista Storica Italiana
TRE	Theologische Realenzyklopädie
VD 16	Verzeichnis der im deutschen Sprachbereich erschienenen Drucke
VL	Die deutsche Literatur des Mittelalters. Verfasserlexikon
VSWG	Vierteljahrschrift für Sozial- und Wirtschaftsgeschichte
VuF	Vorträge und Forschungen
ZDPV	Zeitschrift des Deutschen Palästina-Vereins
ZfdA	Zeitschrift für deutsches Altertum und deutsche Literatur
ZfdPh	Zeitschrift für deutsche Philologie
ZfG	Zeitschrift für Geschichtswissenschaft
ZHF	Zeitschrift für Historische Forschung

2. Quellen- und Literaturverzeichnis

2.1 Ungedruckte Quellen

Dessau, Stadtbibliothek, Hs. Georg 238. 8° [Fabri, Felix, Pilgerfahrt nach dem Heiligen Land. Autograph, dt., 15. Jahrhundert]

Gießen, Universitätsbibliothek, Ms. 165. 4° [Anonymus 1494, Wahrhaffter Extract und Beschreibung des Wollgebornen Herrens, Herren Rheinhardi Freiherren zue Bemmelberg, Ritter und Rhodiser Ordens Herren, was er in seiner jüngsth verrichtenn Rhaiß gheenn Jerusalem unnd in das gelobt heilige Lanndt Aigenntlich gesechenn und erfharenn hatt [...] Anno Domini 1603]

Ulm, Stadtbibliothek, Hs. 19555-1&2. 2° [Fabri, Felix, Evagatorium in Terrae Sanctae, Arabiae et Egypti peregrinationem. Autograph, lat., 15. Jahrhundert]

Venedig, Biblioteca Nazionale Marciana, ms. it. VI 179 (6350). 8° [Contarini, Alvise, Viazo fatto in Terra Sancta, 1516]

2.2 Gedruckte Quellen

ADLER, Elkan Nathan (Hg.), Jewish Travellers in the Middle Ages. 19 Firsthand Accounts, New York ²1987.

[ADORNO, Jean], Itinéraire d'Anselme Adorno en Terre Sainte (1470-1471), hg. v. Jacques HEERS und Georgette de GROER (Sources d'histoire médiévale publiéers par l'Institut de Recherches et d'Histoire des Textes), Paris 1978.

[ANONYMUS], Niederrheinische Pilgerschrift des 15. Jahrhunderts, in: Vier niederrheinische Palästina-Pilgerschriften des 14., 15. und 16. Jahrhunderts, hg. v. Ludwig CONRADY, Wiesbaden 1882, S. 49-181.

[ANONYMUS 1461], Die Pilgerfahrt des Landgrafen Wilhelm des Tapferen von Thüringen zum heiligen Lande im Jahre 1461, hg. v. J. G. KOHL, Bremen 1868.

[ANONYMUS 1468], Eberhard im Bart und die Wallfahrt nach Jerusalem. Ein unbekannter Pilgerbericht, hg. v. Folker REICHERT, in: Zeitschrift für Württembergische Landesgeschichte 64 (2005), S. 57-83.

[ANONYMUS 1480], Le voyage de la Saincte Cité de Hierusalem, hg. v. Charles SCHEFER (Recueil de voyages et de documents 2), Paris 1882, Neudruck Amsterdam 1970.

[ANONYMUS 1484], Die Jerusalemfahrten der Grafen Philipp, Ludwig (1484) und Reinhard von Hanau (1556), hg. v. Reinhold RÖHRICHT, in: Zeitschrift des Vereins für hessische Geschichte und Landeskunde 26 (1891), S. 85-142.

[ANONYMUS 1494], Die Reise eines niederadligen Anonymus ins Heilige Land im Jahre 1494, hg. v. Gerhard FOUQUET (Kieler Werkstücke E 5), Frankfurt am Main 2007.

[ANONYMUS 1494], Eine Pilgerfahrt in das Heilige Land im Jahre 1494, hg. v. Theodor SCHÖN, in: MIÖG 13 (1892), S. 435-469.

ANTONIO DA CREMA, Itinerario al Santo Sepolcro 1486, hg. v. Gabriele NORI (CPI 3,1), Ospedaletto 1996.

ANTONINUS FLORENTINUS, Summarium [...] partis hystoriales domini Antonini archiepiscopi Florentini [Chronica sive opus historiarum], Nürnberg: Anton Koberger, 31. VII. 1484. 2°. [GW 2072, HC 1159]

[ARNOLD VON HARFF], Die Pilgerfahrt des Ritters Arnold von Harff von Cöln durch Italien, Syrien, Aegypten, Arabien, Aethiopien, Nubien, Palästina, die Türkei, Frankreich und Spanien, wie er sie in den Jahren 1496 bis 1499 vollendet, beschrieben und durch Zeichnungen erläutert hat. Nach den ältesten Handschriften und mit deren 47 in Holzschnitt herausgegeben, hg. v. Ewald von GROOTE, Köln 1860, Neudruck Hildesheim und New York. 2004.

[ARNOLD VON HARFF], The Pilgrimage of Arnold von Harff in the years 1496-1499, hg. v. Malcolm LETTS (Hakluyt Society 2. Ser. 94), London 1946.

[ARNOLD VON HARFF], Viaggio in Italia nel MCDXCVII del Cav. Arnoldo di Harff di Colonna sul Reno, hg. v. Alfred REUMONT, in: Archivio Veneto XI (1876), S. 124-146 und 393-407.

[ARNOLD VON HARFF], Rom – Jerusalem – Santiago. Das Pilgertagebuch des Ritters Arnold von Harff (1496-1498), hg. v. Helmut BRALL-TUCHER und Folker REICHERT, Köln, Weimar und Wien 2007.

[BARBATRE, Pierre], Le voyage de Pierre Barbatre à Jérusalem en 1480, hg. v. Pierre TUCOO-CHALA und Noel PINZUTI, in: Annuaire-Bulletin de la Société de l'histoire de France 1972/73, Paris 1974, S. 73-172.

BARTHOLOMÄUS ANGLICUS, De rerum Proprietatibus, Frankfurt am Main 1601, Neudruck Frankfurt am Main 1964.

BAUMGARTNER, Stefan, Reise zum Heiligen Grab 1498 mit Herzog Heinrich dem Frommen von Sachsen, hg. v. Thomas KRAUS (Göppinger Arbeiten zur Germanistik 445), Göppingen 1986.

[BECK, KONRAD], Konrád Beck Zarándokkönyve a XV. Századból, hg. v. József SZEGZÁRDI, Budapest 1916.

[BERNARDINO DI NALI], La peregrinazione a Gerusalemme di Bernardino di Nali (1492), in: Custodia di Terra Santa 1342-1942, hg. v. P. Virgilio CORBO, Jerusalem 1951, S. 208-257.

BERNHARD VON BREIDENBACH, Peregrinatio in terram sanctam, Mainz: Erhard Reuwich 11. II. 1486. 2°. [GW 5075; HC *3956]

BERNHARD VON BREIDENBACH, Die heyligen reyßen gen Jherusalem zů dem heiligen Grab, Mainz: Erhard Reuwich 21. VI. 1486. 2°. [GW 5077; HC 3959]

BERNHARD VON BREIDENBACH, Die heyligen reyssen gen Jherusalem, Augsburg: Anton Sorg, 22. IV. 1488. 2°. [GW 5078; HC 3960; Digitalisat der Herzog August Bibliothek Wolfenbüttel: http://diglib.hab.de/wdb.php?dir =inkunabeln/288-12-hist-2f]

BERNHARD VON BREIDENBACH, Viaje de la Tierra Santa, hg. v. Pedro TENA TENA, Saragossa 2003.

BERNHARD VON BREIDENBACH, Peregrinationes. Un viaggiatore del Quattrocento a Gerusalemme e in Egitto. Ristampa anastatica dell'incunabolo. Traduzione italiana e note di Gabriella BARTOLINI e Giulio CAPORALI, Rom 1999.

BERNHARD VON BREIDENBACH, Die Reise ins Heilige Land. Ein Reisebericht aus dem Jahre 1483 mit 15 Holzschnitten, 2 Faltkarten und 6 Textseiten in Faksimile, hg. v. Elisabeth GECK, Wiesbaden 1961.

[BERNHARD VON BREIDENBACH], Die Reiseinstructionen des Bernhard von Breitenbach 1483, in: Deutsche Pilgerreisen nach dem Heiligen Lande, hg. v. Reinhold RÖHRICHT und Heinrich MEISNER, Berlin 1880, S. 120-145.

BERNHARD VON CLAIRVAUX, *Ad milites templi. De laude novae militae*, in: DERS., Sämtliche Werke lateinisch/deutsch, hg. v. Gerhard B. WINKLER, Innsbruck 1990, Bd. 1, S. 257-326.

[BRASCA, Santo], Viaggio in Terrasanta di Santo Brasca 1480 con l'Itinerario di Gabriele Capodilista 1458, hg. v. Anna Laura MOMIGLIANO LEPSCHY (I cento viaggi 4), Mailand 1966.

[BRUNNER, Ulrich], Die Jerusalemfahrt des Kanonikus Ulrich Brunner von Haugstift in Würzburg, hg. v. Reinhold RÖHRICHT, in: ZDPV 29 (1906), S. 1-50.

BUGISLAUS VON POMMERN, Kurtze Summarische Beschreibung der Rheyß zum H. Grab / So der Durchleuchtige Hochgeborne Fuerst vnd Herr / Herr Bugislaus deß Namens der Zehend Hertzog in Pommern / im Jhar 1496 angefangen / vnd das folgendt Jhar gluecklich vollnbracht, in: Reyßbuch deß heyligen Lands […], hg. v. Sigmund FEYERABEND, Frankfurt am Main 1584, fol. 47v-49v.

BURCHARD VON MONTE SION, Descriptio Terrae Sanctae, in: Peregrinatores medii aevi quatuor, hg. v. J. C. M. LAURENT, Leipzig ²1873, S. 1-100.

BURCHARD VON MONTE SION, A Description of the Holy Land, hg. v. Aubrey STEWART (PPTS 12), London 1896, Neudruck New York 1971.

[CASOLA, Pietro], Canon Pietro Casola's Pilgrimage to Jerusalem in the year 1494, hg. v. Mary Margaret NEWETT, Manchester 1907.

[CASOLA, Pietro], Viaggio a Gerusalemme di Pietro Casola, hg. v. Anna PAOLETTI (Oltramare 11), Alessandria 2001.

[CASOLA, Pietro], Viaggio di Pietro Casola a Gerusalemme, tratto dall'autografo esistente nella Biblioteca Trivulzio, hg. v. Giulio PORRO, Mailand 1855.

CLAES VAN DUSEN, Waerachtighe Beschrijvinge der Steden ende plaetsen gheleghen an den wegh van Venetien, nae den H. Lande, ende Jerusalem, in: Vier niederrheinische Palästina-Pilgerschriften des 14., 15., und 16. Jahrhunderts, hg. v. Ludwig CONRADY, Wiesbaden 1882, S. 182-222.

COMMYNES, Philippe de, Memoiren. Europa in der Krise zwischen Mittelalter und Neuzeit, hg. v. Fritz ERNST, Stuttgart 1972.

DALMAR, Martin, Beschreibung Herzog Bugslaffen des 10. Peregrination nach dem Heyligen Lande. In welcher, wie in einem Diario, alle des H. B. Acten vnd Reisen von einem orth zuhm andern fleissig verzeichnet sein Durch Martin. Dalmar, Notar., welcher allewege mit dabey gewesen, in: Thomas Kantzow's Chronik von Pommern in Niederdeutscher Mundart. Sammt einer Auswahl aus den übrigen ungedruckten Schriften desselben, hg. v. W. BÖHMER, Stettin 1835, Neudruck Wiesbaden 1973, S. 300-326.

DANDOLO, Andrea, Chronica per extensum descripta aa. 46-1280 d.C., hg. v. Ester PASTORELLO (Rerum Italicarum Scriptores XII,1), Bologna 1938-1958.

DIETRICH VON SCHACHTEN, Beschreibung der Reise ins heilige landt, welche Herr landgraff Wilhelm, der ältere, anno 1483 (1491) Sontags nach Ostern vorgenommen, in: Deutsche Pilgerreisen nach dem heiligen Lande, hg. v. Reinhold RÖHRICHT und Heinrich MEISNER, Berlin 1880, S. 162-245.

DIODORUS SICULUS, Library of History in twelve Volumes (Loeb Classical Library), London 1933-1967.

DUFF, E. Gordon (Hg,), Information for Pilgrims unto the Holy Land, London 1893.

[FABRI, Felix], Fratris Felicis Fabri Evagatorium in Terrae Sanctae, Arabiae et Egypti peregrinationem, hg. v. Konrad Dietrich HASSLER (BLVS 2-4), 3 Bde., Stuttgart 1843-49.

[FABRI, Felix], The Wanderings of Felix Fabri, hg. v. Aubrey STEWART (PPTS 7-10), 4 Bde., London 1897, Neudruck New York 1971.

[FABRI, Felix], Les errances de Frère Félix, pèlerin en Terre sainte, en Arabie et en egypte, 1480-1483, hg. v. Nicole CHAREYRON und Jean MEYERS, 2 Bde., Montpellier 2000-2002.

[FABRI, Felix], Voyage en Egypte de Felix Fabri. Traduit du latin, présenté et annoté v. Jacques MASSON (Collection des voyageurs occidentaux en Egypte 14), 3 Bde., Kairo 1975.

FABRI, Felix, Galeere und Karawane. Pilgerreise ins Heilige Land, zum Sinai und nach Ägypten 1483, hg. v. Herbert WIEGANDT, Stuttgart u.a. 1996.

FABRI, Felix, Evagatorium über die Pilgerreise ins Heilige Land, nach Arabien und Ägypten, hg. v. Herbert WIEGANDT und Herbert KRAUß, Ulm 1998. [unveröffentlichtes Manuskript der vollständigen Übersetzung des Evagatoriums. Ulm, Stadtbibliothek, B1 1171, 1-2]

[FABRI, Felix], Die Reisen des Felix Faber durch Tirol in den Jahren 1483 und 1484, hg. v. Josef GARBER (Schlern-Schriften 3), Innsbruck und München 1923.

[FABRI, Felix], Venezia nel MCDLXXXVIII. Descrizione di Felice Fabri da Ulma, hg. v. Domenico ZASSO, Venedig 1881.

FABRI, Felix, Eigentliche beschreibung der hin vnd wider Fahrt zu dem Heyligen Land gen Jerusalem / von den wolgebornen / edelen / strengen / vnnd vesten Herrn / Herrn Hans Werli von Zimber / vnnd Herrn Heinrich von Stoeffel / Freyherrn / Herrn Hans von Truchseß von Waldpurg / vnnd

Herrn Bern von Rechberg zu hohen Rechberg / Vnd denn fuerter durch die grosse Wuesten zu dem heyligen Berg Horeb vnd Synai / von etlich andern / auch wolgebornen / edelen vnd strengen Herren / ec. im Jar nach Christi geburt / 1483. vorgenommen / vnd folgends 84. vollnbracht, in: Reyßbuch deß heyligen Lands [...], hg. v. Sigmund FEYERABEND, Frankfurt am Main 1584, fol. 122v-188r.

[FABRI, Felix], Die Pilgerfahrt des Bruders Felix Faber ins Heilige Land Anno MCDLXXXIII, nach der ersten deutschen Ausgabe 1556 bearbeitet und hg. v. Helmut ROOB, Heidelberg 1965. [Lizenzausgabe des Druckes Berlin (Ost) 1964]

[FABRI, Felix], In Gottes Namen fahren wir. Die Pilgerfahrt des Felix Faber ins Heilige Land und zum St. Katharina-Grab auf dem Sinai A.D. 1483, hg. v. Gerhard E. SOLLBACH, Kettwig 1990.

FABRI, Felix, Die Sionpilger, hg. v. Wieland CARLS (Texte des späten Mittelalters und der frühen Neuzeit 39), Berlin 1999.

[FABRI, Felix], Geistliche Pilgerfahrt, in: Deutsche Pilgerreisen nach dem heiligen Lande, hg. v. Reinhold RÖHRICHT und Heinrich MEISNER, Berlin 1880, S. 278-296.

[FABRI, Felix], Bruder Felix Fabers gereimtes Pilgerbüchlein, hg. v. Anton BIRLINGER, München 1864.

[FABRI, Felix], Fratris Felicis Fabri Tractatus de civitate Ulmensi, de eius origine, ordine regimine, de civibus eius et statu, hg. v. Gustav VEESENMEYER (BLVS 186), Tübingen 1889.

FAIX, Gerhard und REICHERT, Folker (Hg.), Eberhard im Bart und die Wallfahrt nach Jerusalem im späten Mittelalter (Lebendige Vergangenheit, Zeugnisse und Erinnerungen 20), Stuttgart 1998.

[FASSBENDER, Peter], Peter Vassbenders Bedvartt nahe dem heilgen Grabe zu Jerusalem. Eyn Bürger zu Covelentz, in: Deutsche Pilgerreisen nach dem heiligen Lande, hg. v. Reinhold RÖHRICHT und Heinrich MEISNER, Berlin 1880, S. 246-277.

FEYERABEND, Sigmund (Hg.), Reyßbuch deß heyligen Lands / Das ist Ein gründtliche beschreibung aller vnd jeder Meer vnd Bilgerfahrten zum heyligen Lande / so bißhero / in zeit dasselbig von den Unglaeubigen erobert vnd inn gehabt / beyde mit bewehrter Hand und Kriegsmacht / zu wider eroberung deren Land / denn auch auß andacht vnd Christlicher anmutung zu den heyligen Orten / von vielen Fuersten / Graffen / Freyen / vom Adel vnd andern fuertrefflichen / Ehr vnd Tugendliebenden / geistlichs vnd weltlichs Stands Herren / zu Wasser vnd Land vorgenommen / ins Werck gericht / vnd durch wunderbarlich Abentheuwr vor vnglaeublich grosse gefahr Leibs vnd Guts vollnbracht [...], Frankfurt am Main 1584, fol. 122v-188.

FLAVIUS JOSEPHUS, Der Jüdische Krieg, München [8]1996.

GEORGIUS DE HUNGARIA, Tractatus de moribus, condicionibus et nequicia Turcorum, hg. v. Reinhard KLOCKOW (Schriften zur Landeskunde Siebenbürgens 15), Köln, Weimar und Wien 1994.

GERVASIUS VON TILBURY, Otia Imperialia. Recreation for an Emperor, hg. und übersetzt v. S. E. BANKS und J. W. BINNS, Oxford 2002.

GREGOR VON NYSSA, Über die Jerusalempilger, an Kensitor, in: DERS., Briefe, hg. v. Dörte TESKE (Bibliothek der Griechischen Literatur 43), Stuttgart 1997, S. 39-43.

[GRÜNEMBERG, KONRAD], Ritter Grünembergs Pilgerfahrt ins Heilige Land 1486, hg. v. Johann GOLDFRIEDRICH und Walter FRÄNZEL (Voigtländers Quellenbücher 18), Leipzig 1912.

GUCCI, Giorgio, Viaggio al luoghi santi, in: Pellegrini scrittori. Viaggiatori toscani del Trecento in Terrasanta, hg. v. Antonio LANZA und Marcellina TRONCARELLI, Florenz 1990, S. 257-312.

[HANS BERNHARD VON EPTINGEN], Das Familienbuch der Herren von Eptingen. Kommentar und Transkription, hg. v. Dorothea A. CHRIST (Quellen und Forschungen zur Geschichte und Landeskunde des Kantons Basel-Landschaft 41), Liestal 1992.

[HEINRICH VON ZEDLITZ], Die Jerusalemfahrt des Heinrich von Zedlitz (1493), hg. v. Reinhold RÖHRICHT, in: ZDPV 17 (1894), S. 98-114, 185-200 und 277-301.

HERZ, Randall, HUSCHENBETT, Dietrich und SCZESNY, Frank (Hg.), Fünf Palästina-Pilgerberichte aus dem 15. Jahrhundert (Wissensliteratur im Mittelalter 33), Wiesbaden 1998.

HIERONYMUS, Adversus Jovinianum, in: Sancti Eusebii Hieronymi stridonensis presbyteri opera omnia II-III (Migne Patrologiae Latina 23), Paris 1883, S. 222-351.

[JACOBO DA VERONA], Le pèlerinage du moine augustin Jacques de Vérone (1335), hg. v. Reinhold RÖHRICHT, in: Revue de l'Orient Latin 3 (1895), S. 155-302.

JACOBUS PHILIPPUS DE BERGAMO, Supplementum chronicarum, Venedig: Bernardinus Rizus 15. V. 1490. 2°. [HC 2808]

JACOBUS DE VORAGINE, Die Legenda aurea des Jacobus de Voragine, hg. v. Richard BENZ, Gerlingen [11]1993.

JEAN DE MANDEVILLE, Reisen. Reprint der Erstdrucke der deutschen Übersetzungen des Michel Velser (Augsburg, bei Anton Sorg, 1480) und des Otto von Diemeringen (Basel, bei Bernhard Richel, 1480/81), hg. v. Ernst BREMER und Klaus RIDDER (Deutsche Volksbücher in Faksimiledrucken Reihe A, 21), Hildesheim u.a. 1991.

[JOHANNES VON HILDESHEIM], Die Dreikönigslegende des Johannes von Hildesheim. Untersuchungen zur niederrheinischen Übersetzung der Trierer Handschrift 1183/485 mit Textedition und vollständigem Wortformenverzeichnis, hg. v. Max BEHLAND, München 1968.

[JOHANNES WITTE DE HESE], Broader Horizons. A Study of Johannes Witte de Hese's *Itinerarius* and Medieval Travel Narratives, hg. v. Scott D. WESTREM, Cambridge (Massachusetts) 2001.

[KETZEL, Martin], Martin Ketzels von Augsburg Reise nach dem gelobten Lande im Jahr 1476, von ihm selbst geschrieben, hg. v. Friedrich RHENANUS, in: Altes und Neues für Geschichte und Dichtkunst, hg. v. F. H. BOTHE und H. VOGLER, Potsdam 1832, Bd. 1, S. 28-103.

KONRAD VON MEGENBERG, Das Buch der Natur. Die erste Naturgeschichte in deutscher Sprache, hg. v. Franz PFEIFFER, Stuttgart 1861, Neudruck Hildesheim und New York 1971.

LEONARDUS DE UTINO, Sermones aurei de sanctis. Mit Tabula von Felix Fabri, Ulm: Johann Zainer, 1475. 2°. [H 16133]

[LUDOLF VON SUDHEIM], Ludolphi rectoris ecclesiae parochialis in Suchem, de Itinere Terrae Sanctae liber, hg. v. Ferdinand DEYCKS (BLVS 25), Stuttgart 1851.

[LUDOLF VON SUDHEIM], De Itinere Terre Sancte, hg. v. G. A. NEUMANN, in: Archives de l'Orient Latin 2 (1884), S. 305-377.

[LUDOLF VON SUDHEIM], Ludolfs von Sudheim Reise ins Heilige Land, hg. v. Ivar von STAPELMOHR (Lunder germanistische Forschungen VI), Lund und Kopenhagen 1937.

[MEISENHEIMER, JOHANN], Die Reise des Grafen Johann Ludwig von Nassau-Saarbrücken nach dem heiligen Lande in den Jahren 1495 und 1496, hg. v. Albert RUPPERSBERG, in: Mitteilungen des Historischen Vereins für die Saargegend 9 (1909), S. 37-140.

[NIKOLAUS VON KUES], Cribratio Alkorani. Sichtung des Korans (Schriften des Nikolaus von Kues 20a-c), 3 Bde., Hamburg 1989.

NICCOLÒ DA POGGIBONSI, Libri d'Oltramare, in: Pellegrini scrittori. Viaggiatori toscani del Trecento in Terrasanta, hg. v. Antonio LANZA und Marcellina TRONCARELLI, Florenz 1990, S. 31-158.

NICCOLÒ DA POGGIBONSI, A voyage beyond the sea, übersetzt und hg. v. Theophilus BELLORINI und Eugene HOADE (PSBF 2), Jerusalem 1945, Neudruck Jerusalem 1993.

ODORICO DA PORDENONE, Memoriale Toscano. Viaggio in India e Cina (1318-1330), hg. v. Jeannine GUÉRIN DALLE MESE (Oltramare 5), Alessandria 1990.

[OTTHEINRICH VON DER PFALZ], Die Reise des Pfalzgrafen Ottheinrich zum Heiligen Land 1521, hg. v. Folker REICHERT, Regensburg 2005.

[PAUL WALTHER VON GUGLINGEN], Fratris Pauli Waltheri Guglingensis Itinerarium in Terram Sanctam et ad Sanctam Catharinam, hg. v. Matthias SOLLWECK (BLVS 192), Tübingen 1892.

PETRARCA, Francesco, Reisebuch zum Heiligen Grab, übersetzt und hg. v. Jens REUFSTECK, Stuttgart 1999.

PLINIUS SECUNDUS D. Ä., Naturkunde: lateinisch – deutsch, hg. v. Roderich KÖNIG (Sammlung Tusculum), 35 Bde., München 1973-2004.

Polo, Marco, Milione. Versione toscana del Trecento, hg. v. Valeria Bertolucci Pizzorusso, Mailand ²1994.

Pullan, Brian und Chambers, David (Hg.), Venice. A documentary history 1450-1630, Oxford 1992.

[Rieter, Sebald], Das Reisebuch der Familie Rieter, hg. v. Reinhold Röhricht und Heinrich Meisner (BLVS 168), Tübingen 1884.

[Rindfleisch, Peter], Wallfartt zum heiligen Grab Peter Rindfleischs Sehligen. 1496, in: Deutsche Pilgerreisen nach dem heiligen Lande, hg. v. Reinhold Röhricht und Heinrich Meisner, Berlin 1880, S. 315-348.

Rinuccini, Alessandro di Filippo, Sanctissimo Peregrinaggio del Sancto Sepolcro 1474. In appendice: Itinerario di Pierantonio Buondelmonti 1468, hg. v. Andrea Calamai (CPI 2), Ospedaletto 1993.

Röhricht, Reinhold und Meisner, Heinrich (Hg.), Deutsche Pilgerreisen nach dem Heiligen Lande, Berlin 1880.

[Rot, Hans und Peter], Hans und Peter Rot's Pilgerreisen 1440 und 1453, hg. v. August Bernoulli, in: Beiträge zur vaterländischen Geschichte N. F. 1 (1882), S. 326-408.

Sabellico, Marcus Antonius, Rerum Venetarum ab urbe condita in universum opus [Decades rerum Venetarum], Venedig: Andreas Torresanus, 21. V. 1487. 2°. [HC 14053]

Sanudo, Marino il Giovane, De origine, situ et magistratibus urbis Venetae ovvero le Città die Venetia (1493-1530), hg. v. Angela Caracciola Aricò (Collana di Teti inedite e rari 1), Mailand 1980.

Sanudo, Marino, Praise of the City of Venice, 1493, in: Venice. A Documentary History, 1450-1630, hg. v. David Chambers und Brian Pullan, Oxford und Cambridge (USA) 1992, S. 4-21.

Schedel, Hartmann, Weltchronik. Kolorierte Gesamtausgabe von 1493, hg. v. Stephan Füssel, Köln u.a. 2001.

Schönberger, Otto (Hg.), Physiologus. Griechisch – deutsch, Stuttgart 2001.

[Steigerwallder, Friderich], Tagebuch der Heilig Land-Reise des Grafen Gaudenz von Kirchberg, Vogt von Matsch/Südtirol im Jahre 1470. Bearbeitung und Kommentierung des von seinem Diener Friderich Steigerwallder verfaßten Reiseberichts, hg. v. Werner Kreuer (Essener Geographische Schriften 20), Paderborn 1990.

Suriano, Francesco, Treatise on the Holy Land, übersetzt und hg. v. Theophilus Bellorini und Eugene Hoade (PSBF 8), Jerusalem 1949.

Tobler, Titus, Descriptionis Terrae Sanctae ex Saeculo VIII., IX., XII. et XV., Leipzig 1874.

[Tucher, Hans], Die ‚Reise ins Gelobte Land' Hans Tuchers des Älteren (1479-180). Untersuchungen zur Überlieferung und kritische Edition eines spätmittelalterlichen Reiseberichts von Randall Herz (Wissensliteratur im Mittelalter 38), Wiesbaden 2002.

[Tucher, Hans], Das Reisebuch des Hans Tucher, hg. v. Erhard Pascher (Armarium 3), Klagenfurt 1978.

Tzewers, Wilhelm, Itinerarius terre sancte. Einleitung, Edition, Kommentar und Übersetzung von Gritje Hartmann (Abhandlungen des Deutschen Palästina-Vereins 33), Wiesbaden 2004.

Vinzenz von Beauvais, Speculum historiale, Nürnberg: Anton Koberger, 24. VII. 1483. 2°. [C 6248]

Wächter, Peter, Hje Jn disem büechlin sind ze vinden hüpsch, seltzam materien vnd geschichten, so den persönlich erfaren hatt Hans Schürpff, bürger vnd des rattes zuo Lucern mit anderen sinen mitbruodern als s denn vff dem mer vnd land gehalten vnd zuo dem helgen grab gereset hand; ouch nit me hie gsetzt wirt, denn das der obgenant hans Schürpff selbs gesechen vnd erfaren vnd nit nach hörsegen concipiert hatt. Vachet also an jn dem namen dess, dem alle ding müglich sindt, in: Luzerner und Innerschweizer Pilgerreisen zum Heiligen Grab in Jerusalem vom 15. bis 17. Jahrhundert, hg. v. Josef Schmid (Quellen und Forschungen zur Kulturgeschichte von Pilgerreisen von Luzern und der Innerschweiz II), Luzern 1957, S. 1-36.

[Wanner, Martin], Die Pilgerfahrt des Herzogs Friedrich II. von Liegnitz und Brieg nach dem heiligen Lande und die Descriptio templi Domini von Philippus de Aversa, hg. v. Reinhold Röhricht und Heinrich Meisner, in: ZDPV 1 (1878), S. 101-131 und 177-215.

[WILHELM VON BOLDENSELE], Des Edelherren Wilhelm von Boldensele Reise nach dem gelobten Land, hg. v. Karl Ludwig GROTEFEND, in: Zeitschrift des historischen Vereins für Niedersachsen 1852, S. 226-286.

[WILHELM VON BOLDENSELE], Liber de quibusdam ultramarinis partibus et praecipue de Terra Sancta, de Guillaume de Boldensele (1336), suivi de la traduction de Frère Jean de Long, untersucht und ediert v. Christiane DELUZ, Diss. (masch.) Paris (Sorbonne) 1974.

[WILHELM VON BOLDENSELE], Ottos von Neuhaus (Wilhelms von Boldensele) Pilgerfahrt im Jahre 1333, in: Zweier deutscher Ordensleute Pilgerfahrten nach Jerusalem in den Jahren 1333 und 1346. Nach ihren eigenen Aufzeichnungen erzählt. Nebst einer Beigabe: Beschreibung des Heiligen Landes durch Johann von Würzburg (1170), hg. v. Ferdinand KHULL, Graz 1895, S. 5-46.

[WOLF VON ZÜLNHART], Die Pilgerreise des Augsburger Domherrn Wolf von Zülnhart nach dem Heiligen Lande 1495/96, hg. v. Eduard GEBELE, in: Zeitschrift des historischen Vereins für Schwaben und Neuburg 50 (1932/33), S. 51-126.

ZEEBOUT, Ambrosius, Tvoyage van Mher Joos van Ghistele, hg. v. R. J. G. A. A. GASPAR (Middeleeuwse Studies en Bronnen 58), Hilversum 1998.

2.3 Handschriftenkataloge, Bibliographien und Hilfsmittel

AMAT DI SAN FILIPPO, Pietro, Biografia dei Viaggiatori Italiana ordinata cronologiamente ed illustrata, Rom 1874.

AMAT DI SAN FILIPPO, Pietro, Biografia dei Viaggiatori Italiani colla Bibliografia delle loro Opere (Studi Biografici e Bibliografici sulla Storia della Geografia in Italia I), Rom ²1882.

AUTENRIETH, Johanne und FIALA, Virgil Ernst, Die Handschriften der ehemaligen Hofbibliothek Stuttgart (Die Handschriften der Württembergischen Landesbibliothek Stuttgart 2/1), Wiesbaden 1968.

BAEDECKER, Karl (Hg.), Palästina und Syrien nebst den Hauptrouten durch Mesopotamien und Babylonien. Handbuch für Reisende, Leipzig ⁶1904.

BREITENBRUCH, Bernd, Die Inkunabeln der Stadtbibliothek Ulm. Besitzgeschichte und Katalog, Weißenhorn 1987.

COPINGER, Walter Arthur, Supplement to Hain's Repertorium bibliographicum. Pars 1 et 2, London 1895-1902.

DAVIDSON, Linda Kay und DUNN-WOOD, Maryjane, Pilgrimage in the Middle Ages. A Research Guide (Garland medieval bibliographies 16), New York und London 1993.

DAVIES, Hugh William, Bernhard von Breydenbach and his Journey to the Holy Land, 1483-4: A Bibliography, London 1911, Neudruck Utrecht 1968.

DEGERING, Hermann, Kurzes Verzeichnis der germanischen Handschriften der Preussischen Staatsbibliothek Band 1: Die Handschriften in Folioformat, Graz 1970.

DEGERING, Hermann, Kurzes Verzeichnis der germanischen Handschriften der Preussischen Staatsbibliothek Band 2: Die Handschriften in Quartformat, Graz 1970.

DEMANDT, Karl E., Der Personenstaat der Landgrafschaft Hessen im Mittelalter. Ein „Staatshandbuch" Hessens vom Ende des 12. bis zum Auftrag des 16. Jahrhunderts (Veröffentlichungen der Historischen Kommission für Hessen 42), 2 Bde., Marburg 1981.

Die deutsche Literatur des Mittelalters. Verfasserlexikon, hg. v. Kurt Ruh und Burghart Wachinger, 13 Bde., Berlin ²1978-2007.

Dizionario Biografico degli Italiani, hg. v. Instituto della Enciclopedia Italiana, 71 Bde. ff., Rom 1960ff.

GERMON, L. und POLAIN, L. (Hg.), Catalogue de la Bibliothèque de Feu M. le Comte Riant. Deuxième partie I, Nr. 1-1850, Paris 1899.

GERRITZEN, Christian (Hg.), Lexikon der Bibel. Orts- und Personennamen, Daten, Biblische Bücher und Autoren, Wiesbaden 1990.

Gesamtkatalog der Wiegendrucke, hg. v. der Kommission für den Gesamtkatalog der Wiegendrucke, 8 Bde., Leipzig 1925-1940, Neudruck Stuttgart und New York ²1968.

GOLUBOVICH, Girolamo, Biblioteca Bio-Bibliografica della Terra Santa e dell'Oriente Francescano, 6 Bde., Quaracchi (Florenz) 1906-1927.

GRIMM, Jacob und GRIMM, Wilhelm, Deutsches Wörterbuch, 33 Bde., Fotomechanischer Nachdruck der Erstausgabe 1854-1971, München 1984.

HAIN, Ludwig, Repertorium bibliographicum, in quo libri omnes ab arte typographica inventa usque ad annum MD. typis expressi... recensentur, 4 Bde., Stuttgart, Tübingen und Paris 1826-1838.

HALM, Karl und LAUBMANN, Georg, Catalogus Codicum Latinorum Bibliothecae Regiae Monacensis. Codices Num. 1-2329 complectens (Catalogus Manu Scriptorum Bibliothecae Regiae Monacensis 3,1), München 1892.

HALM, Karl und LAUBMANN, Georg, Catalogus Codicum Latinorum Bibliothecae Regiae Monacensis. Codices Num. 2501-5250 complectens (Catalogus Manu Scriptorum Bibliothecae Regiae Monacensis 3,2), München 1894.

HEINEMANN, Otto von, Die Augusteischen Handschriften. Codex Guelferbytanus 32.7. Augusteus 2° bis 77.3 Augusteus 2° (Kataloge der Herzog-August-Bibliothek Wolfenbüttel 6/3), Frankfurt am Main 1966.

HEINEMANN, Otto von, Die Augusteischen Handschriften. Codex Guelferbytanus 77.4. Aug. 2° bis 34 Augusteus 4° (Kataloge der Herzog-August-Bibliothek Wolfenbüttel 7/4), Frankfurt am Main 1966.

HERNAD, Béatrice (Hg.), Die Graphiksammlung des Humanisten Hartmann Schedel (Bayerische Staatsbibliothek. Ausstellungskataloge 52), München 1990.

HÜBL, Albert, Catalogus Codicum Manu Scriptorum qui in Bibliotheca Monasterii B. M V. ad Scotos Vindobonae servantur, Wien 1899, Neudruck Wiesbaden 1970.

JACOBSON SCHUTTE, Anne, Printed Italian Vernacular Religious Books 1465-1500: A Finding List, Genf 1983.

Lexikon des Mittelalters, 10 Bde., München und Zürich 1980-1999.

KAPELLI, Thomas, Scriptores Ordinis Praedicatorum Medii Aevi, 4 Bde., Rom 1970-1980.

Katalog der Handschriften der Sächsischen Landesbibliothek zu Dresden 1. Korrigierte und verbesserte, photomechanisch hergestellten Ausgabe von SCHNORR VON CAROLSFELD, Franz: Katalog der Handschriften der Königlichen öffentlichen Bibliothek zu Dresden, Leipzig 1882, Dresden 1979.

KLEIN, Michael, Die Handschriften der Sammlung J 1 im Hauptstaatsarchiv Stuttgart (Die Handschriften der Staatsarchive in Baden-Württemberg 1), Wiesbaden 1980.

MENHARDT, Hermann, Verzeichnis der altdeutschen literarischen Handschriften der Österreichischen Nationalbibliothek (Veröffentlichungen des Instituts für deutsche Sprache und Literatur 13/1), Berlin 1970.

MÜHLAU, F., Beiträge zur Kenntnis der Palästina-Literatur im Anschluß an Röhrichts Bibliotheca geographica Palestinae, in: ZDPV 16 (1893), S. 209-234.

MÜLLER, Ralf C., Prosographie der Reisenden und Migranten ins Osmanische Reich (1396-1611), 10 Bde., Leipzig 2006.

PARAVICINI, Werner (Hg.), Europäische Reiseberichte des späten Mittelalters. Eine analytische Biographie, Teil 1: Deutsche Reiseberichte, bearbeitet von Christian HALM (Kieler Werkstücke D: Beiträge zur europäischen Geschichte des späten Mittelalters 5), Frankfurt am Main u.a. 1994.

PARAVICINI, Werner (Hg.), Europäische Reiseberichte des späten Mittelalters. Eine analytische Biographie, Teil 2: Französische Reiseberichte, bearbeitet von Jörg WETTLAUFER (Kieler Werkstücke D 12), Frankfurt am Main u.a. 1999.

PARAVICINI, Werner (Hg.), Europäische Reiseberichte des späten Mittelalters. Eine analytische Biographie, Teil 3: Niederländische Reiseberichte, bearbeitet von Jan HIRSCHBIEGEL (Kieler Werkstücke D 14), Frankfurt am Main u.a. 2000.

PENSEL, Franzjosef, Verzeichnis der altdeutschen Handschriften in der Stadtbibliothek Dessau (Deutsche Texte des Mittelalters 70), Berlin 1977.

PERTZ, G. H., Archiv der Gesellschaft für ältere deutsche Geschichtskunde zur Beförderung einer Gesammtausgabe der Quellenschriften deutscher Geschichten des Mittelalters 6 [1831-1838], Hannover 1838.

PITISCUS, Martin Friedrich, Codd. Ms. geogr., Hamburg o.J. [Handschriftliches Gesamtverzeichnis der Handschriften der Stadtbibliothek Hamburg, Hamburg 1779ff.]

PORRO, Giulio, Catalogo di Codici Manoscritti nella Biblioteca Trivulziana, Turin 1884.

RÖHRICHT, Reinhold, Bibliotheca geographica Palaestinae. Chronologisches Verzeichnis der von 333 bis 1878 verfassten Literatur über das Heilige Land mit dem Versuch einer Kartographie, Berlin 1890, Neudruck Jerusalem 1963.

RÖHRICHT, Reinhold, Zur Bibliotheca geographica Palestinae, in: ZDPV 16 (1893), S. 269-296.

RÖHRICHT, Reinhold, Die Deutschen im Heiligen Lande. Chronologisches Verzeichnis derjenigen Deutschen, welche als Jerusalempilger und Kreuzfahrer sicher nachzuweisen oder wahrscheinlich anzusehen sind (c. 650-1291), Innsbruck 1894, Neudruck Aalen 1968.

RÖHRICHT, Reinhold, Deutsche Pilgerreisen nach dem Heiligen Lande, Innsbruck 1900, Neudruck Aalen 1967.

RUTH, Kurt u.a. (Hg.), Die deutsche Literatur des Mittelalters. Verfasserlexikon, 10 Bde., New York [2]1978-1999.

SANTORO, Caterina, I codici medievali della Biblioteca Trivulziana, Mailand 1966.

SCHNEIDER, Karin, Deutsche mittelalterliche Handschriften der Universitätsbibliothek Augsburg. Die Signaturengruppen Cod. I.3 und Cod. III.1 (Die Handschriften der Universitätsbibliothek Augsburg II,1), Wiesbaden 1988.

SCHNEIDER, Karin, Die deutschen Handschriften der Bayerischen Staatsbibliothek München. Die mittelalterlichen Handschriften aus Cgm 4001-5247 (Catalogus Codicum manu scriptorum Bibliothecae Monacensis 5,7), Wiesbaden 1996.

SCHNEIDER, Karin, Die deutschen Handschriften der Bayerischen Staatsbibliothek München: Cgm 351-500 (Catalogus Codicum manu scriptorum Bibliothecae Monacensis 5,3), Wiesbaden 1973.

SCHUR, Nathan, Jerusalem in pilgrims and traveller accounts. A thematic bibliography of Western Christian itineraries 1300-1917, Jerusalem 1980.

Theologische Realenzyklopädie, 38 Bde., Berlin 1977–2007.

THOMSEN, Peter, Die Palästina-Literatur. Eine internationale Bibliographie in systematischer Ordnung mit Autoren- und Sachregister, 8 Bde., Leipzig und Berlin 1908-1972.

TOBLER, Titus, Bibliographia geographica Palestinae. Zunächst kritische Uebersicht gedruckter und ungedruckter Beschreibungen der Reisen ins Heilige Land, Leipzig 1867, Neudruck Amsterdam 1964.

Verzeichnis der im deutschen Sprachbereich erschienenen Drucke des XVI. Jahrhunderts – VD 16 –, hg. v. der Bayerischen Staatsbibliothek in München in Verbindung mit der Herzog-August-Bibliothek in Wolfenbüttel, 25 Bde. ff., Stuttgart 1983ff.

VITZKELETY, András, Beschreibendes Verzeichnis der altdeutschen Handschriften in ungarischen Bibliotheken 2, Wiesbaden 1973.

WESCHER, Paul, Beschreibendes Verzeichnis der Miniaturen, Handschriften und Einzelblätter des Kupferstichkabinetts der Staatlichen Museen Berlin, Leipzig 1931.

YERASIMOS, Stéphane, Les voyageurs dans l'Empire Ottoman (XIV-XVIe siècles), Ankara 1991.

2.4   Forschungsliteratur

ABEELE, Boudouin van den und MEYER, Heinz (Hg.), Bartholomaeus Anglicus, De Proprietatibus rerum. Lateinischer Text und volksprachige Rezeption (De diversis artibus 74), Turnhout 2005.

ADLER, Nikolaus, Reuwichs Illustration zum Pilgerbericht des Mainzer Domdekans Bernhard von Breidenbach (1483/84), in: Das Heilige Land 84 (1952), S. 1-4.

ALLAIRE, Gloria, Noble Saracen or Muslim Enemy? The Changing Image of the Saracen in Late Medieval Italian Literature, in: David R. BLANKS und Michael FRASSETTO (Hg.), Western Views of Islam in Medieval and Early Modern Europe. Perception of Other, Bloomsburg 1999, S. 173-184.

ALTANER, Berthold, Zur Geschichte der anti-islamischen Polemik während des 13. und 14. Jahrhunderts, in: HJb 56 (1936), S. 227-233.

AMELUNG, Peter, Das Bild des Deutschen in der Literatur der italienischen Renaissance (1400-1559) (Münchner Romanistische Studien 20), München 1964.

ANDERSON, Benedict, Die Erfindung der Nation. Zur Karriere eines folgenreichen Konzepts, Frankfurt am Main [2]2005.

ANGENENDT, Arnold, Corpus incorruptum. Eine Leitidee der mittelalterlichen Reliquienverehrung, in: Saeculum 42 (1991), S. 320-348.

ANGENENDT, Arnold, Geschichte der Religiosität im Mittelalter, Darmstadt 1997.

ANGENENDT, Arnold, Wallfahrt, Grab und Reliquien, in: Internationale katholische Zeitschrift „Communio" 26 (1997), S. 227-236.

ANGENENDT, Arnold, Grundformen der Frömmigkeit im Mittelalter (Enzyklopädie deutscher Geschichte 68), München 2003.

ANGENENDT, Arnold, BRAUCKS, Thomas, BUSCH, Rolf, LENTES, Thomas, LUTTERBACH, Hubertus, Gezählte Frömmigkeit, in: Frühmittelalterliche Studien 29 (1995), S. 1-71.

ARMSTRONG, Megan, The Holy Land and Franciscan Reform, in: Wolfgang SCHMALE (Hg.), Kulturtransfer. Kulturelle Praxis im 16. Jahrhundert (Wiener Schriften zur Geschichte der Neuzeit 2), Innsbruck 2003, S. 155-165.

ARNOLD, Klaus, Städtelob und Stadtbeschreibung im späteren Mittelalter und in der Frühen Neuzeit, in: Peter JOHANEK (Hg.), Städtische Geschichtsschreibung im Spätmittelalter und in der Frühen Neuzeit (Städteforschung A/47), Köln u.a. 2000, S. 247-268.

ARNOLD, Klaus, Wallfahrten als Nürnberger Familientradition um 1500, in: DERS. (Hg.), Wallfahrten in Nürnberg um 1500. Akten des interdisziplinären Symposiums vom 29. und 30. September im Caritas Pirckheimer-Haus in Nürnberg (Pirckheimer Jahrbuch für Renaissance- und Humanismusforschung 17), Wiesbaden 2002, S. 133-141.

ARNULF, Arwed, Mittelalterliche Beschreibungen der Grabeskirche in Jerusalem, in: Colloquia Akademica. Akademievorträge junger Wissenschaftler, Stuttgart 1988, S. 7-33.

ARNULF, Arwed, Architektur- und Kunstbeschreibungen von der Antike bis zum 16. Jahrhundert (Kunstwissenschaftliche Studien 110), München und Berlin 2004.

ASHTOR, Eliyahu, Venezia e il pellegrinaggio in Terrasanta nel basso medioevo, in: Archivio Storico Italiano 524 (1985), S. 197-223.

ASHTOR, Eliyahu, A Social and Economic History of the Near East in the Middle Ages, London 1976.

ASHTOR, Eliyahu, Europäischer Handel im spätmittelalterlichen Palästina, in: Wolfdietrich FISCHER und Jürgen SCHNEIDER (Hg.), Das Heilige Land im Mittelalter. Begegnungsraum zwischen Orient und Okzident (Schriften des Zentralinstituts für fränkische Landeskunde und allgemeine Regionalforschung an der Universität Erlangen-Nürnberg 22), Neustadt an der Aisch 1982, S. 107-126.

ASSMANN, Aleida, Erinnerungsräume. Formen und Wandlungen des kulturellen Gedächtnisses, München 1999.

ASSMANN, Aleida, Vier Formen des Gedächtnisses, in: Erwägen, Wissen, Ethik. Streitformen für Erwägungskultur 13 (2002), S. 183-190.

ASSMANN, Jan, Kollektives Gedächtnis und kulturelle Identität, in: Jan ASSMANN und Tonio HÖLSCHER (Hg.), Kultur und Gedächtnis, Frankfurt am Main 1988, S. 9-19.

ASSMANN, Jan, Die mosaische Unterscheidung oder der Preis des Monotheismus, München und Wien 2003.

ASSMANN, Jan, Das kulturelle Gedächtnis. Schrift, Erinnerung und politische Identität in frühen Hochkulturen, München ⁵2005.

AYALON, David, The Circassians in the Mamluk Kingdom, in: Journal of the American Oriental Society 69 (1949), S. 135-147.

AYALON, David, Mamluk military aristocrazy: a non-hereditary nobility, in: Jerusalem Studies in Arabic and Islam 10 (1987), S. 205-210.

BABINGER, Franz, Mehmed der Eroberer und seine Zeit. Weltenstürmer einer Zeitenwende, München 1959.

BAILEY, Terence, Antiphon and Psalm in the Ambrosian Office (Musicological Studies 50,3), Ottawa 1994.

BALARD, Michel, Biscotto, vino e... topi: dalla vita di bordo nel mediterraneo medievale, in: L'uomo e il mare nella civiltà occidentale. Da ulisse a Christoforo Colombo. Atti del Convegno, Genova 1-4 Giugno 1992 (Atti della Società Ligure di Storia Patria N.S. XXXII, Fasc. 2), Venedig 1992, S. 241-254.

BALARD, Michel, The Urban Landscape of Rhodes as Perceived by Fourteenth- and Fifteenth-Century Travellers, in: Mediterranean Historical Review 10 (1995), S. 24-34.

BALBI, Giovanna Petti, Mare e pellegrini verso da Terra Santa: il reale e l'immaginario, in: L'uomo e il mare nella civiltà occidentale. Da ulisse a Christoforo Colombo. Atti del Convegno, Genova 1-4 Giugno 1992 (Atti della Società Ligure di Storia Patria N.S. XXXII, Fasc. 2), Venedig 1992, S. 97-122.

BART ROSSEBASTIANO, Alda, Palmieri a Venezia nei secoli XIV e XV, in: Emanuele KANCEFF und Gaudenzio BOCCAZZI (Hg.), Viaggiatori stranieri a Venezia. Actes du Congres de l'Ateneo Veneto 13.-15. Octobre 1979 (Biblioteca del Viaggio in Italia 9), Genf 1981, S. 1-18.

BASTL, Beatrix, Europas Aufbruch in die Neuzeit 1450-1650. Eine Kultur- und Mentalitätsgeschichte, Darmstadt 2002.

BAUER, Clemens, Venezianische Salzhandelspolitik bis zum Ende des 14. Jahrhunderts, in: VSWG 23 (1930), S. 273-323.

BAUERKÄMPER, Arnd, BOEDEKER, Hans Erich und STRUCK, Bernhard, Einleitung: Reisen als kulturelle Praxis, in: DIES. (Hg.), Die Welt erfahren. Reisen als kulturelle Begegnung von 1780 bis heute, Frankfurt am Main und New York 2004, S. 9-30.

BAUMGÄRTNER, Ingrid, Weltbild und Empirie. Die Erweiterung des kartographischen Weltbilds durch die Asienreisen des späten Mittelalters, in: JMH 23 (1997), S. 227-253.

BAUMGÄRTNER, Ingrid, Kartographie, Reisebericht und Humanismus. Die Erfahrung in der Weltkarte des venezianischen Kamaldulensermönchs Fra Mauro (†1459), in: Das Mittelalter 3 (1998), S. 161-197.

BAUMGÄRTNER, Ingrid, Die Wahrnehmung Jerusalems auf mittelalterlichen Weltkarten, in: Dieter BAUERS, Klaus HERBERS und Nikolas JASPERT (Hg.), Jerusalem im Hoch- und Spätmittelalter. Konflikte und Konfliktbewältigung – Vorstellungen und Vergegenwärtigungen, Frankfurt am Main und New York 2001, S. 271-334.

BAUMGÄRTNER, Ingrid, Biblische, mythische und fremde Frauen. Zur Konstruktion von Weiblichkeit in Text und Bild mittelalterlicher Weltkarten, in: Xenja von ERTZDORFF und Gerhard GIESEMANN

(Hg.), Erkundung und Beschreibung der Welt. Zur Poetik der Reise- und Länderberichte. Vorträge eines interdisziplinären Symposiums vom 19. bis 24. Juni 2000 an der Justus-Liebig-Universität (Chloe. Beihefte zum Daphnis 34), Amsterdam und New York 2003, S. 31-86.

BAUMGÄRTNER, Ingrid, Biblical, Mythical, and Foreign Women in the Texts and Pictures on Medieval World Maps, in: Paul D. A. HARVEY (Hg.), The Hereford Map. Medieval World Maps and their Context, London 2006, S. 305-334.

BAUMGÄRTNER, Ingrid, Reiseberichte und Karten. Wechselseitige Einflüsse im späten Mittelalter?, in: Gisela ECKER und Susanne RÖHL (Hg.), In Spuren Reisen. Vor-Bilder und Vor-Schriften in der Reiseliteratur (Reiseliteratur und Kulturanthropologie 6), Berlin 2006, S. 89-124.

BAUMGÄRTNER, Ingrid, Europa in der Kartographie des Mittelalters. Repräsentationen – Grenzen – Paradigmen, in: Ingrid BAUMGÄRTNER und Hartmut KUGLER (Hg.), Europa im Weltbild des Mittelalters. Kartographische Konzepte (Orbis mediaevalis 10), Berlin 2008, S. 9-28.

BAUSEWEIN, Ulrike, HERZ, Randall, HUSCHENBETT, Dietrich, SCHERER, Stefan, SCZESNY, Frank, WAGNER, Bettina, Deutsche und niederländische Pilgerberichte von Palästina-Reisenden im späten Mittelalter und in der Frühen Neuzeit, in: Horst BRUNNER und Norbert Richard WOLF (Hg.), Wissensliteratur im Mittelalter und in der Frühen Neuzeit (Wissensliteratur im Mittelalter 13), Wiesbaden 1993, S. 131-155.

BECHSTEIN, Reinhold, Rezension zu: [FABRI, Felix], Bruder Felix Fabers gereimtes Pilgerbüchlein, hg. v. Anton BIRLINGER, München 1864, in: Germania. Vierteljahresschrift für deutsche Altertumskunde 9 (1864), S. 370-376.

BECKERS, Hartmut, Zur Reisebeschreibung Arnolds von Harff. Bericht über zwei bisher unbekannte Handschriften und Hinweise zur Geschichte dreier verschollener Codices, in: Annalen des Historischen Vereins für den Niederrhein 182 (1979), S. 89-98.

BECKERS, Hartmut, Der Orientreisebericht Wilhelm von Boldensele in einer ripuarischen Überlieferung des 14. Jahrhunderts, in: Rheinische Vierteljahresblätter 44 (1980), S. 148-166.

BECKERS, Hartmut, Neues zur Reisebeschreibung Arnolds von Harff. Die Handschrift Dietrichs V. von Millendonk-Drachenfels und ihre Bedeutung für die Rezeptions- und Überlieferungsgeschichte, in: Rheinische Vierteljahresblätter 48 (1984), S. 102-111.

BECKERS, Hartmut, Zu den Fremdalphabeten und Fremdsprachenproben im Reisebericht Arnolds von Harff (1496-1498), in: Günter HEINTZ und Peter SCHMITTER (Hg.), Collectanea Philologica I. Festschrift für Helmut Gipper zum 65. Geburtstag (Saecula Spiritalia 14), Baden-Baden 1985, S. 73-86.

BECKERS, Hartmut und HONEMANN, Volker, Zu einer Neuausgabe der Reisebeschreibung des Arnold von Harff, in: ZfdPh 111 (1992), S. 392-396.

BEHREND, Fritz, Deutsche Pilgerreisen nach dem Heiligen Land 1300-1600, in: Festschrift für Georg Leidinger zum 60. Geburtstag, München 1930, S. 1-13.

BEJCZY, István, Between Mandeville and Columbus: *Tvoyage* by Joos van Ghistele, in: Zweder von MARTELS (Hg.), Travel Fact and Travel Fiction. Studies on Fiction, Literary Tradition, Scholary Discovery and Observation in Travel Writing, Leiden, New York und Köln 1994, S. 85-93.

BERGDOLT, Klaus, Schönheitspflege, in: LMA VII (1995), Sp. 1537.

BERSCHIN, Walter und KLÜPPEL, Theodor, Der Evangelist Marcus auf der Reichenau (Reichenauer Texte und Bilder 4), Sigmaringen 1994.

BERTOLOTTI, Giuditta, Un viaggio da Milano a Gerusalemme nel 1494, in: Brixia sacra 12 (1921), S. 68-77.

BETSCHART, Andres, Zwischen zwei Welten. Illustrationen und Berichte westeuropäischer Jerusalemreisender des 15. und 16. Jahrhunderts (Würzburger Beiträge zur deutschen Philologie 15), Diss. Univ. Zürich 1994, Würzburg 1996.

BIANCA, Stefano, Hofhaus und Paradiesgarten. Architektur und Lebensformen in der islamischen Welt, München 1991.

BIEBERSTEIN, Klaus und BLOEDHORN, Klaus, Jerusalem. Grundzüge einer Baugeschichte vom Chalkolithikum bis zur Frühzeit der osmanischen Herrschaft (Beihefte zum Tübinger Atlas des Vorderen Orients, Reihe B, 100), 3 Bde., Wiesbaden 1994.

BINDER, Helmut, Descriptio Sueviae. Die ältesten Landesbeschreibungen Schwabens, in: Zeitschrift für württembergische Landesgeschichte 45 (1986), S. 179-196.

BIRKHAN, Helmut, Die Juden in der deutschen Literatur des Mittelalters, in: DERS. (Hg.), Die Juden in ihrer mittelalterlichen Umwelt, Bern 1992, S. 143-177.

BITTERLI, Urs, Die „Wilden" und die „Zivilisierten". Grundzüge einer Geistes- und Kulturgeschichte der europäisch-überseeischen Begegnung, München 1976.

BLANKS, David R., Western Views of Islam in the Premodern Period. A Brief History of Past Approaches, in: David R. BLANKS und Michael FRASSETTO (Hg.), Western Views of Islam in Medieval and Early Modern Europa. Perception of Other, Basingstoke 1999, S. 11-53.

BLYTHE, James M., Ideal Government and the Mixed Constitution in the Middle Ages, Princeton 1992.

BOBZIN, Hartmut, Miszellen zur Geschichte der Äthiopistik, in: Wolfhart HEINRICHS und Georg SCHOELER (Hg.), Festschrift Ewald Wagner zum 65. Geburtstag, Band 1: Semitische Studien unter besonderer Berücksichtigung der Südsemistik (Beiruter Texte und Studien 54,1), Beirut 1994, S. 82-101.

BOHOLM, Åsa, The Doge of Venice, Göteburg 1990.

BONGRANI, Paolo, Sulla lingua di un viaggio al Santo Sepolcro (1486): L'Itinerario del Mantovano Antonio da Crema, in: Lingua Nostra 60 (1999), S. 1-10.

BORGOLTE, Michael, Vor dem Ende der Nationalgeschichten? Chancen und Hindernisse für eine Geschichte Europas im Mittelalter, in: HZ 272 (2001), S. 561-596.

BORGOLTE, Michael, Europa entdeckt seine Vielfalt: 1050-1250 (Handbuch der Geschichte Europas 3), Stuttgart 2002.

BORGOLTE, Michael, SCHIEL, Juliane, SCHNEIDMÜLLER, Bernd, SEITZ, Annette (Hg.), Mittelalter im Labor. Die Mediävistik testet Wege zu einer transkulturellen Europawissenschaft (Europa im Mittelalter 10), Berlin 2008.

BORST, Arno, Der Turmbau von Babel. Geschichte der Meinungen über Ursprung und Vielfalt der Sprachen und Völker, 4 Bde., Stuttgart 1957-1963.

BOSSELMANN-CYRAN, Kristian, Das arabische Vokabular des Paul Walther von Guglingen und seine Überlieferung im Reisebericht Bernhards von Breidenbach, in: Würzburger medizinhistorische Mitteilungen 12 (1994), S. 153-182.

BOSSELMANN-CYRAN, Kristian, Einige Anmerkungen zum Palästina- und Ägyptenkompendium des Bernhard von Breidenbach (1486), in: Kairoer Germanistische Studien 8 (1994/1995), S. 95-115.

BOSSELMANN-CYRAN, Kristian, Rezension zu: Werner PARAVICINI (Hg.), Europäische Reiseberichte des späten Mittelalters. Eine analytische Biographie, Teil 1: Deutsche Reiseberichte, bearbeitet von Christian HALM, Frankfurt am Main u.a. 1994, in: Mitteilungsblatt des deutschen Mediävistenverbandes e.V. 12,2 (1995), S. 29-35.

BOSSELMANN-CYRAN, Kristian, Dolmetscher und Dragomane in Palästina und Ägypten. Über sprachkundige Galeerensklaven, Renegaten und Mamluken im ausgehenden Mittelalter, in: Das Mittelalter 2,1 (1997), S. 47-65.

BOSSELMANN-CYRAN, Kristian, Walther, Paul (von Guglingen) OFM, in: VL 10 (1999), Sp. 655-657.

BRANDSTÄTTER, Klaus, Antijüdische Ritualmordvorwürfe in Trient und Tirol. Neuere Forschungen zu Simon von Trient und Andreas von Rinn, in: HJb 125 (2005), S. 495-536.

BRANTHOMME, Henry und CHELINI, Jean, Auf den Wegen Gottes. Die Geschichte der christlichen Pilgerfahrten, Paderborn 2002.

BRAUDE, Benjamin, The Sons of Noah and the Construction of Ethnic and Geographical Identities in the Medieval and Early Modern Periods, in: William and Mary Quarterly, Third Series 54,1 (1997), S. 102-142.

BRAUDEL, Fernand, Das Mittelmeer und die mediterrane Welt in der Epoche Philipps II., 3 Bde., Darmstadt 2001.

BRAUNSTEIN, Philippe, Du Danube au Sinaï: le passé et le présent du monde, in: L'Étranger au Moyen Âge. XXXe Congrès de la S.H.M.E.S. (Göttingen, juin 1999) (Série Histoire Ancienne et Médiévale 61), Paris 2000, S. 283-297.

BRAUNSTEIN, Philippe, Venedig und der Türke (1450-1570), in: Othmar PICKL (Hg.), Die wirtschaftlichen Auswirkungen der Türkenkriege (Grazer Forschungen zur Wirtschafts- und Sozialgeschichte 1), Graz 1971, S. 59-70.

BRAUNSTEIN, Philippe, Confins Italiens de l'Empire: Nations, Frontières et sensibilité Européene dans la seconde moitié du XVe siècle, in: La Conscience Européenne au XVe et au XVIe siècle. Actes du Colloque international organisé à l'Ecole Normale Supérieure de Jeunes Filles (30 septembre – 3 octobre 1980) avec l'aide du C.N.R.S. (Collection de l'Ecole Normale Supérieure de Jeunes Filles 22), Paris 1982, S. 35-48.

BREFELD, Josephie, A Guidebook for the Jerusalem Pilgrimage in the Late Middle Ages. A Case for Computer-Aided Textual Criticism (Middeleeuwse Studies en Bronnen XL), Hilversum 1994.

BREHM, C., Der Ulmer Dominikaner Felix Fabri, in: Diözesanarchiv von Schwaben 5 (1902), Jg. 20, S. 65-71.

BREMER, Ernst, Spätmittelalterliche Reiseliteratur – ein Genre? Überlieferungssymbiosen und Gattungstypologie, in: Xenja von ERTZDORFF und Dieter NEUKIRCH (Hg.), Reisen und Reiseliteratur im Mittelalter und in der Frühen Neuzeit (Chloe. Beihefte zum Daphnis 13), Amsterdam und Atlanta 1992, S. 329-355.

BREMER, Ernst und RÖHL, Susanne (Hg.), Jean de Mandeville in Europa. Neue Perspektiven in der Reiseliteraturforschung (MittelalterStudien 12), München 2007.

BRENNER, Peter J., Der Reisebericht in der deutschen Literatur. Ein Forschungsüberblick als Vorstudie zu einer Gattungsgeschichte (Internationales Archiv für Sozialgeschichte der deutschen Literatur, Sonderheft 2), Tübingen 1990.

BRENNER, Peter J., Die Erfahrung der Fremde. Zur Entwicklung einer Wahrnehmungsform in der Geschichte des Reiseberichts, in: DERS. (Hg.), Der Reisebericht. Die Entwicklung einer Gattung in der deutschen Literatur, Frankfurt am Main 1989, S. 14-49.

BRENNER, Peter J., Vom Augenschein zur Wissenschaft. Formen neuzeitlicher Welterfahrung in den Reiseberichten von Hans Staden und Jean de Léry, in: Daphnis 21 (1992), S. 179-217.

BRINCKEN, Anna-Dorothee von den, Die „Nationes christianorum orientalium" im Verständnis der lateinischen Historiographie von der Mitte des 12. bis in die zweite Hälfte des 14. Jahrhunderts (Kölner Historische Abhandlungen 22), Köln und Wien 1973.

BRINCKEN, Anna-Dorothee von den, Europa in der Kartographie des Mittelalters, in: AKG 55 (1973), S. 289-304.

BRINCKEN, Anna-Dorothee von den, *Occeani Anguistior Latitudo*. Die Oekumene auf der Klimatenkarte des Pierre d'Ailly, in: Johannes HELMRATH et al. (Hg.), Studien zum 15. Jahrhundert. Festschrift für Erich Meuthen, München 1994, Bd. 1, S. 565-581.

BRINCKEN, Anna-Dorothee von den, EDSON, Evelyn, SAVAGE-SMITH, Emilie, Der mittelalterliche Kosmos. Karten der christlichen und islamischen Welt, Darmstadt 2005.

BRÜCKNER, Wolfgang, Die Welschen, in: Franz K. STANZEL (Hg.), Europäischer Völkerspiegel. Imagologisch-ethnographische Studien zu den Völkertafeln des frühen 18. Jahrhunderts, Heidelberg 1999, S. 183-194.

BRUIN, Paul und MAYER, Fred, Hier hat Gott gelebt. Auf den Spuren Jesu im Heiligen Land, Bergisch Gladbach ²1994.

BRUNNBAUER, Barbara U., Die Darstellung der Fremde im englischen Palästina-Reisebericht des 19. Jahrhunderts (Grenzüberschreitungen 3), Trier 1995.

BURGOYNE, Michael Hamilton, Mamluk Jerusalem. An architectual Study, Jerusalem 1999.

BURKHARDT, Mike, Fremde im spätmittelalterlichen Deutschland – Die Reiseberichte eines unbekannten Russen, des Kastiliers Pero Tafur und des Venezianers Andrea de'Franceschi im Vergleich, in: Concilium medii aevi 6 (2003), S. 239-290.

BULST, Neithard, Zum Problem städtischer und territorialer Kleider-, Aufwands- und Luxusgesetzgebung in Deutschland (13. bis Mitte 16. Jahrhundert), in: André GOURON und Albert RIGAUDIÈRE (Hg.), Renaissance du pouvoir législatif et genèse del'État (Publications de la société d'histoire du droit et des institutions des anciens pays de droit écrit 3), Montpellier 1988, S. 29-57.

BULST, Neithard, Kleidung als sozialer Konfliktstoff. Probleme kleidergesetzlicher Normierung im sozialen Gefüge, in: Saeculum 44 (1993), S. 32-46.

BULST-THIELE, Marie Luise, Ludolf von Sudheim, in: VL 5 (1985), Sp. 984-986.

BULST-THIELE, Marie Luise und WORSTBROCK, F. J., Wilhelm von Boldensele, in: VL 10 (1999), Sp. 1092-1095.

BUSSE, Heribert, Islam und Christentum. Zwei Weltreligionen auf verschiedenen Wegen zum Heil, in: GWU 32 (1981), S. 726-737.

BUSSE, Heribert, Vom Felsendom zum Templum Domini, in: Wolfdietrich FISCHER und Jürgen SCHNEIDER (Hg.), Das Heilige Land im Mittelalter. Begegnungsraum zwischen Orient und Okzident (Schriften des Zentralinstituts für fränkische Landeskunde und allgemeine Regionalforschung an der Universität Erlangen-Nürnberg 22), Neustadt an der Aisch 1982, S. 19-32.

BYNUM, Caroline Walker, Wonder, in: AHR 102 (1997), S. 1-26.

BYNUM, Caroline Walker, Miracles and Marvels: The Limits of Alterity, in: Franz J. FELTEN und Nikolas JASPERT (Hg.), Vita Religiosa im Mittelalter. Festschrift für Kaspar Elm zum 70. Geburtstag (Berliner Historische Studien 31), Berlin 1999, S. 799-817.

CAMPBELL, Mary B., The Witness and the Other World. Exotic European Travel Writing, 400-1600, Ithaca und London 1988.

CAMPBELL, Mary, B., Travel Writing and its Theory, in: Peter HULME und Tim YOUNGS (Hg.), The Cambridge Companion to Travel Writing, Cambridge 2002, S. 261-278.

CALAMAI, Andrea, Il viaggio in Terrasanta di Alessandro Rinuccini nel 1474, in: Franco CARDINI (Hg.), Toscana e Terrasanta nel Medioevo (Italia, Oriente, Mediterraneo 1), Firenze 1982, S. 235-256.

CANNING, Kathleen, Problematische Dichotomien. Erfahrung zwischen Narrativität und Materialität, in: Historische Anthropologie 10,2 (2002), S. 163-182.

CARACCIOLO ARICÒ, Angela, Venezia nelle relazioni di viaggio nei secoli XIV e XV, in: Ilaria CROTTI (Hg.), Il viaggio in Italia. Modelli, stili, lingue. Atti del Convegno Venezia 3-4 dicembre 1997, Neapel 1999, S. 51-64.

CARDINI, Franco, Viaggiatori medioevali in terrasanta: a proposito di alcune recenti publicazioni italiane, in: RSI 80 (1968), S. 332-339.

CARDINI, Franco, Pellegrinaggio medievali in Terrasanta, in: RSI 93 (1981), S. 5-10.

CARDINI, Franco, Venezia e Veneziani in alcune memorie di pellegrini fiorentini in Terrasanta (secoli XIV-XV), in: Rivista di studi bizantini e slavi 2 (1982), S. 161-185.

CARDINI, Franco, In Terrasanta. Pellegrini italiani tra Medioevo e prima età moderna, Bologna 2002.

CARLEN, Louis, Wallfahrt und Recht, in: Lenz KRISS-RETTENBECK und Gerda MÖHLER (Hg.), Wallfahrt kennt keine Grenzen. Themen zu einer Ausstellung des Bayerischen Nationalmuseums und des Adalbert Stifter Vereins, München und Zürich 1984, S. 87-100.

CARLEN, Louis, Wallfahrt und Recht im Abendland (Freiburger Veröffentlichungen aus dem Gebiete von Kirche und Staat 23), Fribourg 1987.

CARMEL, Alex, Palästina im 19. Jahrhundert. Krise des Osmanischen Reiches und europäische Macht-politik 1799-1914, in: Hendrik BUDDE und Andreas NACHAMA (Hg.), Die Reise nach Jerusalem. Eine kulturhistorische Exkursion in die Stadt der Städte. 3000 Jahre Davidsstadt, Berlin 1995, S. 88-95.

CASAGRANDE, C., Enrico da Rimini, in: DBI 42 (1993), S. 756-757.

CASSANELLI, Roberto, Kunstdiebstähle. Der Schatz von San Marco auf dem Weg von Byzanz nach Venedig, in: DERS. (Hg.), Die Zeit der Kreuzzüge. Geschichte und Kunst, Darmstadt 2000, S. 219-234.

CAUCCI VON SAUCKEN, Paolo (Hg.), Pilgerziele der Christenheit. Jerusalem – Rom – Santiago de Compostela, Darmstadt 1999.

CÉARD, Jean, L'Image de l'Europe dans la littérature cosmographique de la Renaissance, in: La Con-science Européenne au XVᵉ et au XVIᵉ siècle. Actes du Colloque international organisé à l'Ecole Normale Supérieure de Jeunes Filles (30 septembre – 3 octobre 1980) avec l'aide du C.N.R.S. (Collection de l'Ecole Normale Supérieure de Jeunes Filles 22), Paris 1982, S. 49-63.

CHAREYRON, Nicole, Venise porte de l'Orient pour les pèlerins du saint voyage à Jérusalem (1350-1550), in: Bollettino del C.I.R.V.I. 35/36 (1997), S. 3-23.

CHAREYRON, Nicole, Les pèlerins de Jérusalem au Moyen Age. L'aventure du Saint Voyage d'après Journaux et Mémoires, Paris 2000.

CHAREYRON, Nicole, Pilgrims to Jerusalem in the Middle Ages, New York 2005.

CHOJNACKI, Stanley, Kinship Ties and Young Patricians in Fifteenth-Century Venice, in: Renaissance Quarterly 38 (1985), S. 240-270.

CHOJNACKI, Stanley, Political Adulthood in Fifteenth-Century Venice, in: AHR 91 (1986), S. 791-810.

CHOJNACKI, Stanley, Women and Men in Renaissance Venice. Twelve Essays on Patrician Society, Baltimore und London 2000.

CHRISTMANN, Gabriela B., Städtische Identität als kommunikative Konstruktion. Theoretische Überle-gungen und empirische Analysen am Beispiel von Dresden (Institut für Höhere Studien, Reihe So-ziologie 57), Wien 2003 [Oktober 2003, in: URL: http://www.ihs.ac.at/publications/soc/rs57.pdf; 21.02.2006].

CHRISTMANN, Gabriela B., Dresdens Glanz, Stolz der Dresdner. Lokale Kommunikation, Stadtkultur und städtische Identität, Wiesbaden 2004.

CIESLIK, Karin, Fremdheitserfahrung in deutschen Romanen des Spätmittelalters, in: Irene ERFEN und Karl-Heinz SPIEß (Hg.), Fremdheit und Reisen im Mittelalter, Stuttgart 1997, S. 277-288.

CLADDERS, Brigitta, Französische Venedig-Reisen im 16. und 17. Jahrhundert. Wandlungen des Ve-nedig-Bildes und der Reisebeschreibung (Kölner Romanistische Studien 82), Genf 2002.

CLASSEN, Albrecht, Medieval Europe and its Encounter with the Foreign World: Late-Medieval Ger-man Witnesses, in: Richard F. GYUG (Hg.), Medieval Cultures in Contact (Fordham Series in Me-dieval Studies 1), New York 2003, S. 85-103.

CLASSEN, Albrecht, Imaginary Experience of the Divine. Felix Fabri's *Sionspilger* – Late-Medieval Pilgrimage Literature as a Window into Religious Mentality, in: Studies in Spirituality 15 (2005), S. 109-128.

CLASSEN, Albrecht, Südwesteuropäische Grenzüberschreitungen aus deutscher Perspektive. Fremdbe-gegnung zwischen deutschsprachigen Reisenden und der iberischen Welt im Spätmittelalter, in: MIÖG 116 (2008), S. 34-47.

CLASSEN, Carl Joachim, Die Stadt im Spiegel der Descriptiones und Laudes urbium in der antiken und mittelalterlichen Literatur bis zum Ende des 12. Jahrhunderts (Beiträge zur Altertumswissenschaft 2), Hildesheim und New York 1980.

CLUSE, Christoph, Blut ist im Schuh. Ein Exempel zur Judenverfolgung des „Rex Armleder", in: Friedhelm BURGARD, Christoph CLUSE und Alfred HAVERKAMP (Hg.), *Liber amicorum necnon et amicarum* für Alfred Heit. Beiträge zur mittelalterlichen Geschichte und geschichtlichen Landes-kunde (Trierer Historische Forschungen 28), Trier 1996, S. 371-392.

COHEN, Amnon, The Expulsion of the Franciscans from Mount Zion, in: Turcica 18 (1986), S. 147-157.

COHEN, Amnon, Economic Life in Ottoman Jerusalem, Cambridge 1989.

COHEN, Jeremy, The Friars and the Jews. The Evolution of Medieval Anti-Judaism, Ithaka ²1986.

CONANT, Kenneth John, The original buildings at the Holy Sepulchre in Jerusalem, in: Speculum 31 (1956), S. 1-48.

CONKLIN AKBARI, Suzanne, The *diversity of mankind* in The Book of John Mandeville, in: Rosamund ALLEN (Hg.), Eastward Bound. Travel and travellers, 1050-1550, Manchester und New York 2004, S. 156-176.

CONRAD, Christoph, Vorbemerkung, in: Geschichte und Gesellschaft 28,3 (2002), S. 339-342.

CONSTABLE, Giles, Opposition to Pilgrimage in the Middle Ages, in: Studia Gratiana 19 (1976), S. 125-146.

CRAIG, Leigh Ann, ‚Stronger than men and braver than knights‘: women and the pilgrimages to Jeru-salem and Rome in the later middle ages, in: JMH 29 (2003), S. 153-175.

CRAMER, Valmar, Der Ritterorden vom Heiligen Grabe von den Kreuzzügen bis zur Gegenwart (Pa-lästinahefte des Deutschen Vereins vom Heiligen Lande 46-48), Köln 1952.

CRAMER, Valmar, Meister der Farbe und des Stiftes als Pilger in Jerusalem, in: Das Heilige Land 84 (1952), S. 5-18.

CROUZET-PAVAN, Élisabeth, Récits, images et mythes: Venise dans l'Iter Hiérosolomytain (XIVᵉ - XVᵉ siècles), in: Mélanges de l'École Francaise de Rome, Moyen Age – Temps Moderne 96,1 (1984), S. 489-535.

CROUZET-PAVAN, Toward an Ecological Understanding of the Myth of Venice, in: John MARTIN und Dennis ROMANO (Hg.), Venice Reconsidered. The History and Civilization of an Italian City-State, 1297-1797, Baltimore 2000, S. 39-64.

CROUZET-PAVAN, Élisabeth, Jeux d'identité: mémories collectives et mémoires individuelles – l'exemple vénitien, in: Hanno BRAND, Pierre MONNET und Martial STAUB (Hg.), Memoria, Com-munitas, Civitas. Mémoire et conscience urbaines en Occident à la fin du Moyen Âge (Beihefte der Francia 55), Sigmaringen 2003, S. 21-31.

D'ADDARIO, A., Antonino Pierozzi, santo, in: DBI 3 (1961), S. 524-532.

DALE, Thomas E. A., Stolen property: St Mark's first Venetian tomb and the politics of communal memory, in: Elizabeth VALDEZ DEL ALAMO (Hg.), Memory and the Medieval Tomb, Aldershot 2000, S. 205-225.

DALMAN, Gustav, Jerusalem und sein Gelände (Schriften des Deutschen Palästina-Instituts 4), Güters-loh 1930.

DANIEL, Norman, Islam and the West. The Making of an Image, Oxford ³1997.

DANSETTE, Beatrice, Le pelerinages occidentaux en Terre Sainte: une practique de la „Dévotion Mod-erne" à la fin du Moyen Age? Relation inédite d'un pèlerinage effectué en 1486, in: AFH 72 (1979), S. 106-133.

DANSETTE, Beatrice, Jérusalem et la Terre sainte au tournant des années 1500, un enjeu politico-religieux pour l'Occident? Une nouvelle lecture du Traité de la Terre sainte de l'Orient de Fran-cesco Suriano, in: Michel BALARD und Alain DUCELLIER (Hg.), Le Partage du monde. Échanges et colonisation dans la Méditerranée médiévale (Série Byzantina Sorbonensia 17), Paris 1998, S. 81-100.

DASTON, Lorraine, Neugierde als Empfindung und Epistemologie in der frühmodernen Wissenschaft, in: Andreas GROTE (Hg.), Macrokosmos in Microkosmos. Die Welt in der Stube. Zur Geschichte des Sammelns 1450 bis 1800 (Berliner Schriften zur Museumskunde 10), Opladen 1994, S. 35-59.

DASTON, Lorraine und PARKS, Katharine, Wunder und die Ordnung der Natur 1150-1750, Frankfurt am Main 2002.

DAVIS, Robert C., Pilgrim-Tourism in Late Medieval Venice, in: Paula FINDLEN, Michelle M. FONTAINE und Duane J. OSHEIM (Hg.), Beyond Florence. The Contours of Medieval and Early Modern Italy, Stanford 2003, S. 119-132.

DEEG, Stefan, Das Eigene und das Andere. Strategien der Fremddarstellung in Reiseberichten, in: Paul MICHEL (Hg.), Symbolik von Weg und Reise (Schriften zur Symbolforschung 8), Bern 1992 u.a., S. 163-191.

DEEG, Stefan, MICHEL, Paul, LEVIN GOLDSCHMIDT, Hermann, Symbolik der Wüste, in: Paul MICHEL (Hg.), Symbolik von Ort und Raum (Schriften zur Symbolforschung 11), Bern u.a. 1997, S. 159-217.

DELANO-SMITH, Catherine, The intelligent pilgrim: maps and medieval pilgrimage to the Holy Land, in: Rosamund ALLEN (Hg.), Eastward Bound. Travel and travellers, 1050-1550, Manchester und New York 2004, S. 107-130.

DELFS, Tobias, Der Verfasser und seine Kopisten. Eine Spurensuche, in: Gerhard FOUQUET (Hg.), Die Reise eines niederadligen Anonymus ins Heilige Land im Jahre 1494 (Kieler Werkstücke E 5), Frankfurt am Main 2007, S. 37-55.

DELUMEAU, Jean, Die Angst der Seefahrer vor dem Meer, in: Klaus BERGMANN und Solveig OCKENFUß (Hg.), Neue Horizonte. Eine Reise durch die Reisen, Reinbek bei Hamburg 1984, S. 51-68.

DELUMEAU, Jean, Angst im Abendland. Die Geschichte kollektiver Ängste im Europa des 14. bis 18. Jahrhunderts, 2 Bde., Reinbek bei Hamburg 1985.

DELUZ, Christiane, Sentiment de la nature dans quelques récits de pèlerinage du XIVe siècle, in: Actes du 102e congrès national des sociétées savantes, Limoges 1977, Section de philologie et d'histoire jusqu'à 1610, Bd. 2: Études sur la sensibilité, Paris 1979, S. 69-80.

DELUZ, Christiane, Pèlerins et voyageurs face à la mer (XIIe-XVIe siècles), in: Henri DUBOIS, Jean-Claude HOCQUET und André VAUCHEZ (Hg.), Horizons marins. Itinéraires spirituels (Ve-XVIIIe siècles), Bd. 2: Marins, navires et Affaires (Histoire ancienne et médiévale 21), Paris 1987, S. 277-288.

DELUZ, Christiane, Un monde en noir et blanc? Les couleurs dans les récits de voyage et pèlerinage, in: Les couleurs au Moyen Age (Sénéfiance 24), Aix-en-Provence 1988, S. 57-69.

DEMUS, Otto, The Mosaics of San Marco in Venice, 2 Bde., Chicago und London 1984.

DENECKE, Dietrich, Straßen, Reiserouten und Routenbücher (Itinerare) im späten Mittelalter und in der Frühen Neuzeit, in: Xenja von ERTZDORFF und Dieter NEUKIRCH (Hg.), Reisen und Reiseliteratur im Mittelalter und in der Frühen Neuzeit (Chloe. Beihefte zum Daphnis 13), Amsterdam und Atlanta 1992, S. 227-253.

DENKE, Andrea, Auf dem Weg ins Heilige Land: Venedig als Erlebnis, in: Das Mittelalter 3, 2 (1998), S. 107-126.

DENKE, Andrea, Venedig als Station und Erlebnis auf den Reisen der Jerusalempilger im späten Mittelalter (Historegio 4), Remshalden 2001.

DENKE, Andrea, Venedig als Station und Erlebnis auf den Reisen der Jerusalempilger im ausgehenden Mittelalter, in: Hans RUH und Klaus NAGORNY (Hg.), Pilgerwege. Zur Geschichte und Spiritualität des Reisens (Herrenalber Forum 34), Karlsruhe 2003, S. 69-100.

DICKERHOFF, Harald, „Canum nomine gentiles designantur". Zum Heidenbild aus mittelalterlichen Bibellexika, in: Gert MELVILLE (Hg.), Secundum regulam vivere. Festschrift für P. Norbert Backmund, Windberg 1978, S. 41-71.

DIENER, Hermann, Die „Camera Papagalli" im Palast des Papstes. Papageien als Hausgenossen der Päpste, Könige und Fürsten des Mittelalters und der Renaissance, in: AKG 49 (1967), S. 43-97.

DIESENBERGER, Maximilian, Lesungen der Landschaft. Naturwahrnehmungen im Heiligen Land im 4. Jahrhundert, in: Text als Realie (Österreichische Akademie der Wissenschaften, philosophisch-historische Klasse, Sitzungsberichte 704 = Veröffentlichungen des Instituts für Realienkunde des Mittelalters und der Frühen Neuzeit 18), Wien 2003, S. 23-47.

DIETZ, Bettina, Der Reisebericht als Redeform. Zur Rekonstruktion der historischen Kommunikationssituation in Frankreich 1650-1720, in: Francia 27 (2000), S. 59-81.

DIETZE, Ludwig, Das Pilgerwesen und die Wallfahrtsorte des Mittelalters, Diss. (masch.) Jena 1957.

DIJK, Hans van, Die Beschreibung der Orientreise des Joos van Ghistele (1481-1485) als Enzyklopädie in: Xenja von ERTZDORFF (Hg.), Beschreibung der Welt. Zur Poetik der Reise- und Länderberichte. Vorträge eines interdisziplinären Symposiums vom 8. bis 13. Juni 1998 an der Justus-Liebig-Universität Gießen (Chloe. Beihefte zur Daphnis 31), Amsterdam und Atlanta 2000, S. 263-271.

DOUMERC, Bernard, An Exemplary Maritime Republic: Venice at the End of the Middle Ages, in: John B. HATTENDORF und Richard W. UNGER (Hg.), War at Sea in the Middle Ages and the Renaissance, Woodbridge 2003, S. 151-165.

DUBOIS, Horst, Die Darstellung des Judenhutes im Hochmittelalter, in: AKG 74 (1992), S. 277-301.

DÜNNE, Jörg, Pilgerkörper – Pilgertexte. Zur Medialität der Raumkonstitution in Mittelalter und früher Neuzeit, in: Jörg DÜNNE, Hermann DOETSCH, Roger LÜDEKE (Hg.), Von Pilgerwegen, Schriftspuren und Blickpunkten. Raumpraktiken in medienhistorischer Perspektive, Würzburg 2004, S. 79-97.

DÜRR, Renate, Funktionen des Schreibens. Autobiographien und Selbstzeugnisse als Zeugnisse der Kommunikation und Selbstvergewisserung, in: Irene DINGEL und Wolf-Dietrich SCHÄUFELE (Hg.), Kommunikation und Transfer im Christentum der Frühen Neuzeit (Veröffentlichungen des Instituts für Europäische Geschichte Mainz, Abteilung für Abendländische Religionsgeschichte, Beiheft 74), Mainz 2007, S. 17-31.

ECKERT, Willehad Paul, Antisemitismus V: Mittelalter, in: TRE 3 (1978), S. 137-143.

EHLERS, Joachim, Hugo von St. Viktor. Studien zum Geschichtsdenken und zur Geschichtsschreibung des 12. Jahrhunderts (Frankfurter Historische Abhandlungen 7), Wiesbaden 1973.

EHLERS, Joachim, Die deutsche Nation des Mittelalters als Gegenstand der Forschung, in: DERS. (Hg.), Ansätze und Diskontinuität deutscher Nationenbildung im Mittelalter (Nationes 8), Sigmaringen 1989, S. 11-58.

EHRENSCHWENDTNER, Marie-Luise, Die Bildung der Dominikanerinnen in Süddeutschland vom 13. bis 15. Jahrhundert (Contubernium 60), Stuttgart 2004.

EINHORN, Jürgen W., *Spiritalis unicornis.* Das Einhorn als Bedeutungsträger in Kunst und Literatur des Mittelalters, München ²1998.

EIS, Gerhard, Altgermanistische Beiträge zur geistlichen Gebrauchsliteratur, Bern und Frankfurt am Main 1974.

ELM, Kaspar, La Custodia di Terra Santa. Franziskanisches Ordensleben in der Tradition der lateinischen Kirche Palästinas, in: DERS., Vitasfratrum. Beiträge zur Geschichte der Eremiten- und Mendikantenorden des zwölften und dreizehnten Jahrhunderts, hg. v. Dieter BERG (Saxonia Franciscana 5), Werl 1994, S. 241-262.

ELSIE, Robert, The Albanien Lexicon of Arnold von Harff, 1497, in: Zeitschrift für vergleichende Sprachforschung 97 (1984), S. 113-122.

ENGEL, Evamaria, Die deutsche Stadt im Mittelalter, München 1993.

ERBEN, Dietrich, Bartolomeo Colleoni. Die künstlerische Repräsentation eines Condottiere im Quattrocento (Studi Veneziani. Schriftenreihe des Deutschen Studienzentrums in Venedig 15), Sigmaringen 1996.

ERNST, Max, Frater Felix Fabri. Der Geschichtsschreiber der Stadt Ulm, in: Zeitschrift für württembergische Landesgeschichte 6 (1942), S. 323-367.

ERTZDORFF, Xenja von, Felix Fabris „Evagatorium" und „Eygentlich beschreibung der hin vnnd wider farth zuo dem Heyligen Landt ..." (1484) und der Bericht über die Pilgerfahrt des Freiherrn Johann

Werner von Zimmern in der „Chronik der Grafen von Zimmern". – Ein Vergleich, in: Jahrbuch für Internationale Germanistik 31 (1999), S. 54-86.

ERTZDORFF, Xenja von, „Die Ding muoss man mit gesunder Vernunft ansehen." Das Evagatorium des Ulmer Dominikaners Felix Fabri 1484-ca. 1495, in: DIES. (Hg.), Beschreibung der Welt. Zur Poetik der Reise- und Länderberichte. Vorträge eines interdisziplinären Symposiums vom 8. bis 13. Juni 1998 an der Justus-Liebig-Universität Gießen (Chloe. Beihefte zur Daphnis 31), Amsterdam und Atlanta 2000, S. 219-262.

ESCH, Arnold, Gemeinsames Erlebnis – Individueller Bericht. Vier Parallelberichte aus einer Reisegruppe von Jerusalempilgern 1480, in: ZHF 11 (1984), S. 385-416.

ESCH, Arnold, Anschauung und Begriff. Die Bewältigung fremder Wirklichkeit durch den Vergleich in Reiseberichten des späten Mittelalters, in: HZ 253 (1991), 281-312. [Wiederabgedruckt in: DERS. (Hg.), Zeitalter und Menschenalter. Der Historiker und die Erfahrung vergangener Gegenwart, München 1994, S. 70-92.

ESCH, Arnold, Vier Schweizer Parallelberichte einer Jerusalem-Fahrt 1519, in: DERS. (Hg.), Alltag der Entscheidung. Beiträge zur Geschichte der Schweiz an der Wende vom Mittelalter zur Neuzeit, Bern u.a. 1998, S. 355-399.

ESCH, Arnold, Antiken-Wahrnehmung in Reiseberichten des 15. und frühen 16. Jahrhunderts, in: Rainer BABEL und Werner PARAVICINI (Hg.), Grand Tour. Adeliges Reisen und europäische Kultur vom 14. bis zum 18. Jahrhundert. Akten der internationalen Kolloquien in der Villa Vigoni 1999 und im Deutschen Historischen Institut Paris 2000 (Beihefte der Francia 60), Ostfildern 2005, S. 115-127.

ESCH, Arnold, Landschaften der Frührenaissance. Auf Ausflug mit Papst Pius II., München 2008.

FALCHETTA, Piero (Hg.), Fra Mauro's World Map with a Commentary and Translations of the Inscriptions (Terrarum Orbis 5), Turnhaut 2006.

FAROQHI, Suraiya, Herrscher über Mekka. Die Geschichte der Pilgerfahrt, Düsseldorf und Zürich 2000.

FAUGÈRE, Annie, L'Antiquité dans le récits de voyage, in: Danielle BUSCHINGER und André CREPIN (Hg.), La Représentation de l'Antiquité au Moyen Age (Wiener Arbeiten zur germanischen Altertumskunde und Philologie 20), Wien 1982, S. 79-89.

FAUGÈRE, Annie, L'Autre et l'Ailleurs dans quelques récits de voyage allemands, in: Jean MESNARD (Hg.), Les récits de voyage, Paris 1986, S. 25-37.

FAUGÈRE, Annie, Le bonheur dans quelques recits de pelerinage en langue allemande, in: Danielle BUSCHINGER (Hg.), L'Idee de bonheur au moyen âge. Actes du Colloque d'Amiens de mars 1984 (Göppinger Arbeiten zur Germanistik 414), Göppingen 1990, S. 175-178.

FAUGÈRE, Annie, Arnold von Harff, un homme du monde, in: Nouveaux mondes et mondes nouveaux au Moyen Age. Actes du colloque du Centre d'Etudes Médiévales de l'Université de Picardie Jules Verne. Amiens, mars 1992 (Wodan 37), Greifswald 1994, S. 35-42.

FAVREAU-LILIE, Marie-Luise, Die Bedeutung von Wallfahrten, Kreuzzügen und anderen Wanderungsbewegungen (z. B. Gesellenwanderungen) für die Kommunikation in Mittelalter und Früher Neuzeit, in: Hans POHL (Hg.), Die Bedeutung der Kommunikation für Wirtschaft und Gesellschaft. Referat der 12. Arbeitstagung der Gesellschaft für Sozial- und Wirtschaftsgeschichte vom 22.-25.4.1987 in Siegen (VSWG Beiheft 87), Stuttgart 1989, S. 64-89.

FAVREAU-LILIE, Marie-Luise, Civis peregrinus. Soziale und rechtliche Aspekte der bürgerlichen Wallfahrt im Spätmittelalter, in: AKG 76 (1994), S. 321-350.

FAVREAU-LILIE, Marie-Luise, The German Empire and Palestine: German pilgrimages to Jerusalem between the 12th and 16th century, in: JMH 21 (1995), S. 321-342.

FEILKE, Herbert, Felix Fabris Evagatorium über seine Reise in das Heilige Land. Eine Untersuchung über die Pilgerliteratur des ausgehenden Mittelalters (Europäische Hochschulschriften Reihe 1, Bd. 155), Frankfurt am Main 1976.

FEISTNER, Edith, Der Körper als Fluchtpunkt: Identifikationsprobleme in geistlichen Texten des Mittelalters, in: Ingrid BENNEWITZ und Helmut TERVOOREN (Hg.), *Manlîchiu wîp, wîplîch man*. Zur Konstruktion der Kategorien ‚Körper' und ‚Geschlecht' in der deutschen Literatur des Mittelalters (Beihefte zur ZfdPh 9), Berlin 1999, S. 131-142.

FEISTNER, Edith, Vom Kampf gegen das ‚Andere'. Pruzzen, Litauer und Mongolen in lateinischen und deutschen Texten des Mittelalters, in: ZfdA 132 (2003), S. 281-294.

FELDBAUER, Peter, Der islamische Osten im Spätmittelalter, in: Peter FELDBAUER, Gottfried LIEDL und John MORRISSEY (Hg.), Mediterraner Kolonialismus. Expansion und Kulturaustausch im Mittelalter (Expansion – Interaktion – Akkulturation 8), Essen 2005, S. 191-214.

FINLAY, Robert, The Immortal Republic: The Myth of Venice during the Italian Wars (1494-1530), in: Sixteenth Century Journal 30 (1999), S. 931-944.

FISCHER, Jürgen, Oriens – Occidens – Europa. Begriff und Gedanke „Europa" in der späten Antike und im frühen Mittelalter (Veröffentlichungen des Instituts für Europäische Geschichte in Mainz, Abteilung Universalgeschichte 15), Wiesbaden 1957.

FLICK, Claudia, Jerusalem im Wandel der Architekturdarstellung des 15. und 16. Jahrhunderts, Köln 1998.

FOHRER, Georg, Erzähler und Propheten im Alten Testament. Geschichte der israelitischen und frühjüdischen Literatur, Heidelberg und Wiesbaden 1989.

FOLTIN, Hans-Friedrich, Die Kopfbedeckungen und ihre Bezeichnungen im Deutschen (Beiträge zur deutschen Philologie 23), Gießen 1963.

FORTINI BROWN, Patricia, The Self-Definition of the Venetian Republic, in: Anthony MOLHO, Kurt RAAFLAUB und Julia EMLEN (Hg.), City States in Classical Antiquity and Medieval Italy, Ann Arbor 1991, S. 511-548.

FORTINI BROWN, Patricia, Behind the Walls. The Material Culture of Venetian Elites, in: John MARTIN und Dennis ROMANO (Hg.), Venice Reconsidered. The History and Civilization of an Italian City-State, 1297-1797, Baltimore 2000, S. 295-338.

FOUQUET, Gerhard, Mit dem Blick des Fremden: Stadt und Urbanität in der Wahrnehmung spätmittelalterlicher Reise- und Stadtbeschreibungen, in: Ferdinand OPLL (Hg.), Bild und Wahrnehmung der Stadt (Beiträge zur Geschichte der Städte Mitteleuropas 19), Linz 2004, S. 45-65.

FOUQUET, Gerhard, „Kaufleute auf Reisen". Sprachliche Verständigung im Europa des 14. und 15. Jahrhunderts, in: Rainer C. SCHWINGES, Christian HESSE und Peter MORAW (Hg.), Europa im späten Mittelalter. Politik – Gesellschaft – Kultur (HZ Beiheft 40), München 2006, S. 465-487.

FOUQUET, Gerhard, Der Reisebericht nach Jerusalem 1494: ‚Erleben' – adelige Bewährung und Pilgerschaft, in: DERS. (Hg.), Die Reise eines niederadligen Anonymus ins Heilige Land im Jahre 1494 (Kieler Werkstücke E 5), Frankfurt am Main 2007, S. 19-35.

FRANÇOIS, Etienne und SCHULZE, Hagen, Einleitung, in: DIES. (Hg.), Deutsche Erinnerungsorte I, München 2001, S. 9-24.

FRANÇOIS, Etienne und SCHULZE, Hagen (Hg.), Deutsche Erinnerungsorte, 3 Bde., München 2001.

FRANK, Isnard W., Franziskaner und Dominikaner im vorreformatorischen Ulm, in: Hans Eugen SPECKER und Hermann TÜCHLE (Hg.), Kirchen und Klöster in Ulm. Ein Beitrag zum katholischen Leben in Ulm und Neu-Ulm von den Anfängen bis zur Gegenwart, Ulm 1979, S. 103-147.

FRANZOI, Umberto und DI STEFANO, Dina, Le Chiese di Venezia, Venedig 1976.

FRAESDORFF, David, Der barbarische Norden. Vorstellungen und Fremdheitskategorien bei Rimbert, Thietmar von Merseburg, Adam von Bremen und Helmold von Bosau (Orbis mediaevalis 5), Berlin 2005.

FRELLER, Thomas, Ein Osnabrücker Kleriker auf Malta. Ludolphs von Suchen Itinerar und der heilige Paulus. Neue Aspekte spätmittelalterlicher Fremdwahrnehmung, in: Jahrbuch für Niedersächsische Kirchengeschichte 94 (1996), S. 139-151.

FRENCH, Dorothea R., Journeys to the Center of the Earth: Medieval and Renaissance Pilgrimages to Mount Calvary, in: Barbara N. SARGENT-BAUR (Hg.), Journeys toward God. Pilgrimage and Crusade (Studies in Medieval Culture 30), Kalamazoo 1992, S. 45-81.

FRENCH, Dorothea R., Pilgrimage, Ritual and Power Strategies: Felix Fabri's Pilgrimage to Jerusalem 1483, in: Bryan F. LE BEAU und Menachem MOR (Hg.), Pilgrims and Travelers to the Holy Land (Studies in Jewish Civilization 7), Omaha 1996, S. 169-179.

FRENKEL, Yehoshua, Muslim Pilgrimage to Jerusalem in the Mamluk Period, in: Bryan F. LE BEAU und Menachem MOR (Hg.), Pilgrims and Travelers to the Holy Land (Studies in Jewish Civilization 7), Omaha 1996, S. 63-87.

FREY, Winfried, Das Bild des Judentums in der deutschen Literatur des Mittelalters, in: Karl. E. GRÖZINGER (Hg.), Judentum im deutschen Sprachraum, Frankfurt am Main 1991, S. 36-59.

FREY, Winfried, *Zehen tunne goldes.* Zum Bild des ‚Wucherjuden' in deutschen Texten des späten Mittelalters und der frühen Neuzeit, in: Carla DAUVEN-VAN KNIPPENBERG und Helmut BIRKHAN (Hg.), *sô wolt ich in fröiden singen.* Festgabe für Anthonius H. Touber zum 65. Geburtstag (Amsterdamer Beiträge zur Älteren Germanistik 43/44), Amsterdam und Atlanta 1995, S. 177-194.

FREY, Winfried, Der „Wucherjude" als Karikatur christlicher Praxis, in: Das Mittelalter 10,2 (2005), S. 126-135.

FREY, Winfried, *Woelt Gott man hing sie wie die Hund.* Vergleiche von Juden mit Hunden in deutschen Texten des Mittelalters und der frühen Neuzeit, in: Das Mittelalter 12,2 (2007), S. 119-134.

FREYTAG, Hermann, Preußische Jerusalempilger vom 14. bis 16. Jahrhundert, in: AKG 3 (1905), S. 129-154.

FRICKE, Wilhelm, Die Itinerarien des Konrad von Parsberg, des Reinhard von Bemelburg und ihrer Mitreisenden über eine Pilgerfahrt nach Jerusalem im Jahre 1494. Zugleich ein Beitrag zur Erforschung von Fremdenfurcht und Fremdenfeindschaft im Spätmittelalter, Diss. Univ. Dortmund, Bochum 2000.

FRIED, Johannes, Auf der Suche nach der Wirklichkeit. Die Mongolen und die europäischen Erfahrungswissenschaften im 13. Jahrhundert, in: HZ 243 (1986), S. 287-332.

FRIED, Johannes, Endzeiterwartung um die Jahrtausendwende, in: DA 45 (1989), S. 381-473.

FRIED, Johannes, *Gens* und *regnum.* Wahrnehmungs- und Deutungskategorien politischen Wandels im früheren Mittelalter. Bemerkungen zur doppelten Theoriebindung des Historikers, in: Jürgen MIETHKE und Klaus SCHREINER (Hg.), Sozialer Wandel im Mittelalter. Wahrnehmungsformen, Erklärungsmuster, Regelungsmechanismen, Sigmaringen 1994, S. 73-104.

FRIED, Johannes, Der Schleier der Erinnerung. Grundzüge einer historischen Memorik, München 2004.

FRIEDRICH, Udo, Zwischen Utopie und Mythos. Der Brief des Priester Johannes, in: ZfdPh 122 (2003), S. 73-92.

FRITSCH, Corinna, Der Markuskult in Venedig. Symbolische Formen politischen Handelns im Mittelalter und früher Neuzeit, Berlin 2001.

FUCHS, Reimar Walter, Die Mainzer Frühdrucke mit Buchholzschnitten 1480-1500, in: Archiv für Geschichte des Buchwesens 2 (1960), S. 1-129.

FUHRMANN, Bernd, Wege und Ziele – Pilger(n) im Mittelalter, in: Sozialwissenschaftliche Informationen 32 (2003), S. 24-35.

FUHRMANN, Horst, „Wer hat die Deutschen zu Richtern über die Völker bestellt?" Die Deutschen als Ärgernis im Mittelalter, in: GWU 46 (1995), S. 625-641.

FURRER, Konrad, Ein Jerusalem- und Sinaipilger aus Zürich im 15. Jahrhundert. Der Predigermönch Felix Schmid (Neujahrsblätter zum Besten des Waisenhauses in Zürich 62), Zürich 1899.

GÄRTNER, Kurt, Ein bisher unbekanntes Fragment von Priester Wernhers ‚Maria', in: ZfdA 101 (1972), S. 208-213.

GANZ-BLÄTTLER, Ursula, Andacht und Abenteuer. Berichte europäischer Jerusalem- und Santiago-Pilger (1320-1520) (Jakobus-Studien 4), Tübingen ²1991.

GANZ-BLÄTTLER, Ursula, Unterwegs nach Jerusalem. Die Pilgerfahrt als Denkabenteuer, in: Paul MICHEL (Hg.), Symbolik von Weg und Reise (Schriften zur Symbolforschung 8), Bern u.a. 1992, S. 83-107.

GANZ-BLÄTTLER, Ursula, „Und so schrieen sie in ihrer Sprache". Vom Umgang mit Fremd-sprach(ig)en in spätmittelalterlichen Pilgerberichten, in: Das Mittelalter 2,1 (1997), S. 93-100.

GANZ-BLÄTTLER, Ursula, „Ich kam, sah und berührte". Jerusalem als Pilgerziel im ausgehenden Mit-telalter, in: Barbara HAUPT und Wilhelm G. BUSSE (Hg.), Pilgerreisen in Mittelalter und Renais-sance (Studia humaniora 41), Düsseldorf 2006, S. 15-30.

GARBER, Jörn, Vom universalen zum endogenen Nationalismus. Die Idee der Nation im deutschen Spätmittelalter und in der frühen Neuzeit, in: Helmut SCHEUER (Hg.), Dichter und ihre Nation, Frankfurt am Main 1993, S. 16-37.

GAUSEMANN, Dagmar, „Ein Bild von einer Stadt". Eine Industriestadt auf der Suche nach ihrer Mitte. Das Beispiel Marl, in: Rolf LINDNER (Hg.), Die Wiederkehr des Regionalen. Über neue Formen kultureller Identität, Frankfurt am Main 1994, S. 158-183.

GAUTIER DALCHÉ, Patrick, Weltdarstellung und Selbsterfahrung: Der Kartograph Fra Mauro, in: Heinz-Dieter HEIMANN und Pierre MONNET (Hg.), Kommunikation mit dem Ich. Signaturen der Selbstzeugnisforschung an europäischen Beispielen des 12. bis 16. Jahrhunderts (Europa in der Geschichte 7), Bochum 2004, S. 39-51.

GEIGER, Gottfried, Die Reichsstadt Ulm vor der Reformation. Städtisches und kirchliches Leben am Ausgang des Mittelalters (Forschungen zur Geschichte der Stadt Ulm 11), Ulm 1971.

GENNES, Jean-Pierre de, L'ordre de la Chevalerie du Saint Sepulcre de Jerusalem (XIV-XIX siécles), in: Kaspar ELM und Cosimo Damiano FONSECA (Hg.), Militia Sancti Sepulcri. Idea e istituzioni. Atti del Colloquio Internazionale tenuto presso la Pontificia Università Laterano 10-12 aprile 1996 (Hierosolimitana: Acta et Monumenta), Città del Vaticano 1998, S. 311-326.

GERLACH, P., Hahn, in: Lexikon der christlichen Ikonographie 2 (1970), Sp. 206-210.

GHINZONI, P., Federico III. imperatore a Venezia, in: Archivio Veneto 37 (1889), S. 133-144.

GIERSCH, Paula und SCHMID, Wolfgang, Rheinland – Heiliges Land. Pilgerreisen und Kulturkontakte im Mittelalter (Armarium Trevirense 1), Trier 2004.

GIESEN, Bernhard, Codes kollektiver Identität, in: Werner GEPHART und Hans WALDENFELS (Hg.), Religion und Identität. Im Horizont des Pluralismus, Frankfurt am Main 1999, S. 13-43.

GINZBURG, Carlo, Einen chinesischen Mandarin töten. Die moralischen Implikationen der Distanz, in DERS., Holzaugen. Über Nähe und Distanz, Berlin 1999, S. 241-260.

GILBERT, Felix, The Venetian Constitution in Florentine Political Thought, in: Nicolai RUBINSTEIN (Hg.), Florentine Studies. Politics and Society in Renaissance Florence, London 1968, S. 463-500.

GILBERT, Felix, Biondo, Sabellico, and the beginnings of Venetian official historiography, in: John Gordon ROWE und W. H. STOCKDALE (Hg.), Florilegium Historiale. Essays presented to Wallace K. Ferguson, Toronto 1971, S. 275-293.

GIRARDET, Klaus M., Kontinente und ihre Grenzen in der griechisch-römischen Antike, in: Sabine PENTH et al. (Hg.), Europas Grenzen (Limites 1), St. Ingbert 2006, S. 19-65.

GLÜCK, Helmut, Deutsch als Fremdsprache in Europa vom Mittelalter bis zur Barockzeit, Berlin und New York 2002.

GOETZ, Hans-Werner, „Vorstellungsgeschichte": Menschliche Vorstellungen und Meinungen als Dimension der Vergangenheit, in: AKG 61 (1979), S. 253-271.

GOETZ, Hans-Werner, Moderne Mediävistik. Stand und Perspektiven der Mittelalterforschung, Darm-stadt 1999.

GOETZ, Hans-Werner, Proseminar Geschichte: Mittelalter, München ²2000.

GOETZ, Hans-Werner, Wahrnehmungs- und Deutungsmuster als methodisches Problem in der Geschichtswissenschaft, in: Das Mittelalter 8,2 (2003), S. 23-33.

GOMEZ-GÉRAUD, Marie-Christine, Le crépuscule du Grand Voyage. Les récits des pélerins á Jérusalem (1458-1612), Paris 1999.

GOMEZ-GÉRAUD, Marie-Christine, *Peregrinus in eremo*. Le lieu du désert dans les récits des pélerins de la Contre-Réforme, in: Revue des Sciences Humaines 258 (2000), S. 149-162.

GOTTHARD, Axel, Vormoderne Lebensräume. Annäherungsversuche an die Heimaten des frühneuzeitlichen Mitteleuropäers, in: HZ 276 (2003), S. 37-73.

GOTTHARD, Axel, Wohin führt uns der „Spatial turn"? Über mögliche Gründe, Chancen und Grenzen einer neuerdings diskutierten historiographischen Wende, in: Wolfgang WÜST und Werner K. BLESSING (Hg.), Mikro – Meso – Makro. Regionenforschung im Aufbruch, Erlangen 2005, S. 15-49.

GRABOIS, Aryeh, Christian Pilgrims in the Thirteenth Century and the Latin Kingdom of Jerusalem: Burchard of Mount Sion, in: Benjamin Z. KEDAR, Hans Eberhard MAYER und R. C. SMAIL (Hg.), Outremer. Studies in the history of the Crusading Kingdom of Jerusalem, Jerusalem 1982, S. 285-296.

GRABOIS, Aryeh, Islam and Muslims as seen by Christian Pilgrims in Palestine in the Thirteenth Century, in: Asian and African Studies 20 (1986), S. 309-327.

GRABOIS, Aryeh, Medieval pilgrims, the Holy Land and its image in European civilisation, in: Moshe SHARON (Hg.), The Holy Land in History and Thought. Papers Submitted to the International Conference on the Relations Between the Holy Land and the World Outside It, Leiden u.a. 1988, S. 65-79.

GRABOIS, Aryeh, Le pèlerin occidental en Terre Sainte au Moyen Age (Bibliothèque du Moyen Age 13), Brüssel 1998.

GRABOIS, Aryeh, La description de l'Égypte au XIVe siècle par les pèlerins et les voyageurs occidentaux, in: Le Moyen Age 109 (2003), S. 529-543.

GRADENWITZ, Peter, Das Heilige Land in Augenzeugenberichten: aus Reiseberichten deutscher Pilger, Kaufleute und Abenteurer vom 10. bis zum 19. Jahrhundert, München 1984.

GRADY, Frank, „Machomete" and Mandeville's Travels, in: John Victor TOLAN (Hg.), Medieval Christian Perceptions of Islam, New York und London 1996, S. 271-288.

GRAEFE, Erhart, A Propos der Pyramidenbeschreibung des Wilhelm von Boldensele 1335 (II), in: Erik HORNUNG (Hg.), Zum Bild Ägyptens im Mittelalter und in der Renaissance (Orbis Biblicus et Orientalis 95), Göttingen und Freiburg (Schweiz) 1990, S. 9-28.

GRAF, Klaus, Reich und Land in der südwestdeutschen Historiographie um 1500, in: Franz BRENDLE (Hg.), Deutsche Landesgeschichtsschreibung im Zeichen des Humanismus (Contubernium 56), Stuttgart 2001, S. 201-211.

GRAUS, František, Randgruppen der städtischen Gesellschaft im Spätmittelalter, in: ZHF 8 (1981), S. 385-437.

GRAUS, František, Nationale Deutungsmuster der Vergangenheit in Spätmittelalterlichen Chroniken, in: Otto DANN (Hg.), Nationalismus in vorindustrieller Zeit (Studien zur Geschichte des neunzehnten Jahrhunderts 14), München 1986, S. 35-53.

GRAUS, František, Troja und trojanische Herkunft im Mittelalter, in: Willi ERZGRÄBER (Hg.), Kontinuität und Transformation der Antike im Mittelalter, Sigmaringen 1989, S. 25-43.

GREENBLATT, Stephen, Wunderbare Besitztümer. Die Erfindung des Fremden. Reisende und Entdecker, Berlin 1994.

GREINER, J., Ulms Bibliotheken, in: Württembergische Vierteljahrshefte für Landesgeschichte 26 (1917), S. 64-120.

GREYERZ, Kaspar von, Erfahrung und Konstruktion. Selbstrepräsentation in autobiographischen Texten des 16. und 17. Jahrhunderts, in: Susanna BURGHARTZ, Maike CHRISTADLER und Dorothea

NOLDE (Hg.), Berichten – Erzählen – Beherrschen: Wahrnehmung und Repräsentation in der frühen Kolonialgeschichte Europas (Zeitsprünge. Forschungen zur Frühen Neuzeit 7, 2/3), Frankfurt am Main 2003, S. 220-239.

GRIEP, Wolfgang, In das Land der Garamanten oder: Die Macht der Texte, in: Philip BRACHER, Florian HERTWECK und Stefan SCHRÖDER (Hg.), Materialität auf Reisen. Zur kulturellen Transformation der Dinge (Reiseliteratur und Kulturanthropologie 8), Münster 2006, S. 25-64.

GROEBNER, Valentin, Die Kleider des Körpers des Kaufmanns. Zum „Trachtenbuch" eines Augsburger Bürgers im 16. Jahrhundert, in: ZHF 25 (1998), S. 323-358.

GROEBNER, Valentin, Haben Hautfarben eine Geschichte? Personenbeschreibungen und ihre Kategorien zwischen dem 13. und dem 16. Jahrhundert, in: ZHF 30 (2003), S. 1-17.

GROEBNER, Valentin, Ungestalten. Die visuelle Kultur der Gewalt im Mittelalter, München und Wien 2003.

GROEBNER, Valentin, Der Schein der Person. Steckbrief, Ausweis und Kontrolle im Europa des Mittelalters, München 2004.

GRONOVER, Annemarie, Die Pilgerreise als Gegengesellschaft. Religiöses Reisen aus der ethnologischen Sicht Victor Turners, in: Sozialwissenschaftliche Informationen 32 (2003), S. 36-42.

GROTZFELD, Heinz, Arnold von Harffs Aufenthalt in Kairo 1497 a.D. Wahrheit oder Dichtung?, in: U. VERMEULEN und J. M. F. van REETH (Hg.), Law, Christianity and Modernism in Islamic Society (Orientalia Lovaniensia Analecta 86), Löwen 1998, S. 199-211.

GUÉRIN DALLE MESE, Jeannine, Io o lui? (Il problema del narratore in alcune relazioni di viaggio del Trecento-Quattrocento), in: La letteratura di Viaggio dal Medioevo al Rinascimento. Generi e problemi (Contributi e Proposte 3), Alessandria 1989, S. 1-17.

GUÉRIN DALLE MESE, Jeannine, Égypte. La mémoire et le rêve itinéraires d'un voyage, 1320-1601 (Biblioteca dell' „Archivum Romanicum" 237), Florenz 1991.

GUTIERREZ, Beniamino, Visioni dell'Istria e della Dalmatia nel Diaro di un Canonico del Duomo di Milano del 1500, in: Milano. Rivista mensile del comune 49,2 (1933), S. 94-100.

HAARMANN, Ulrich, Der arabische Osten im späten Mittelalter 1250-1517, in: DERS. (Hg.), Geschichte der arabischen Welt, München [3]1994, S. 217-263.

HAARMANN, Ulrich, Mit dem Pfeil, dem Bogen. Fremde und einheimische Stimmen zur Kriegskunst der Mamluken, in: Kommunikation zwischen Orient und Okzident. Alltag und Sachkultur (Österreichische Akademie der Wissenschaften, philosophisch-historische Klasse, Sitzungsberichte 619 = Veröffentlichungen des Instituts für Realienkunde des Mittelalters und der Frühen Neuzeit 16), Wien 1994, S. 223-249.

HABERLAND, Sandra, „Herlich statt zu Venedige". Drei Reiseberichte aus dem Jahr 1519, in: Gabriela SIGNORI (Hg.), „Heiliges Westfalen". Heilige, Reliquien, Wallfahrt und Wunder im Mittelalter (Religion in der Geschichte 11), Bielefeld 2003, S. 227-238.

HÄBERLIN, Franz Dominicus, Dissertatio historica sistens vitam itinera et scripta Fr. Felicis Fabri monachi praedicatorii conventus Vlmani, Göttingen 1742.

HÄUSSLER, Max, Felix Fabri aus Ulm und seine Stellung zum geistigen Leben seiner Zeit (Beiträge zur Kulturgeschichte des Mittelalters und der Renaissance XV), Berlin und Leipzig 1914.

HAFTMANN, Werner, Das italienische Säulenmonument (Beiträge zur Kulturgeschichte des Mittelalters und der Renaissance 55), Hildesheim 1972.

HAHN, Alois, Die soziale Konstruktion des Fremden, in: Walter M. SPRONDEL (Hg.), Die Objektivität der Ordnungen und ihre kommunikative Konstruktion. Für Thomas Luckmann, Frankfurt am Main 1994, S. 140-163.

HAHN, Alois, „Partizipative" Identitäten, in: Herfried MÜNKLER (Hg.), Furcht und Faszination. Facetten der Fremdheit, Berlin 1997, S. 115-158.

HAHN, Alois, Wohl dem, der eine Narbe hat: Identifikationen und ihre soziale Konstruktion, in: Peter von MOOS (Hg.), Unverwechselbarkeit. Persönliche Identität und Identifikation in der vormodernen Gesellschaft (Norm und Struktur 23), Köln, Weimar und Wien 2004, S. 43-62.

HAHN, Alois und BOHN, Cornelia, Partizipative Identität, Selbstexklusion und Mönchtum, in: Gert MELVILLE und Markus SCHÜRER (Hg.), Das Eigene und das Ganze. Zum Individuellen im mittelalterlichen Religiosentum (Vita regularis 16), Münster 2002, S. 3-25.

HAHN, Ingrid, Zur Theorie der Personenerkenntnis in der deutschen Literatur des 12. bis 14. Jahrhunderts, in: Beiträge zur Geschichte der deutschen Sprache und Literatur 99 (1977), S. 395-444.

HALBWACHS, Maurice, Stätten der Verkündigung im Heiligen Land. Eine Studie zum kollektiven Gedächtnis, hg. v. Stephan EGGER (Edition discours 21), Konstanz 2003.

HALM, Christian, Wallfahrt und Recht in deutschen Reiseberichten des Spätmittelalters, in: Jacka WIESIOLOWSKIEGO (Hg.), Pielgrzmki w kulturze Sredniowiecznej Europy (Poznanskie Towarzystwo Przyjaciol NAUK. Sprawozdania Wydzialu NAUK o Sztuce 110/1992), Posen 1993, S. 85-97.

HALM, Heinz, Die Fatimiden, in: Ulrich HAARMANN (Hg.), Geschichte der arabischen Welt, München [3]1994, S. 166-199.

HALPERIN, Charles J., The Ideology of Silence: Prejudice and Pragmation on the Medieval Religious Frontier, in: Comparative Studies in Society and History 26 (1984), S. 442-466.

HAMM, Berndt, Frömmigkeit als Gegenstand theologiegeschichtlicher Forschung, in: Zeitschrift für Theologie und Kirche 74 (1977), S. 464-497.

HANNEMANN, Kurt, Fabri, Felix, in: VL 2 (1980), Sp. 682-689 und 11 (2004), Sp. 435f.

HARBSMEIER, Michael, Reisebeschreibungen als mentalitätsgeschichtliche Quellen: Überlegungen zu einer historisch-anthropologischen Untersuchung frühneuzeitlicher deutscher Reisebeschreibungen, in: Antoni MACZAK und Hans Jürgen TEUTEBERG (Hg.), Reiseberichte als Quellen europäischer Kulturgeschichte. Aufgaben und Möglichkeiten der historischen Reiseforschung (Wolfenbütteler Forschungen 21), Wolfenbüttel 1982, S. 1-31.

HARBSMEIER, Michael, Pilgrims Space: the Centre Out There in Comparative Perspective, in: Temenos 22 (1986), S. 57-77.

HARBSMEIER, Michael, Elementary Structures of Otherness. An Analysis of Sixteenth Century German Travel Accounts, in: Jean CÉARD und Jean-Claude MARGOLIN (Hg.), Voyager à la Renaissance. Actes du Colloque de Tours 1983, Paris 1987, S. 337-355.

HARBSMEIER, Michael, Wilde Völkerkunde. Andere Welten in deutschen Reiseberichten der Frühen Neuzeit (Historische Studien 12), Frankfurt am Main und New York 1994.

HARBSMEIER, Michael, Reisen in der Diaspora. Eigenes und Fremdes in der jüdischen Reiseliteratur des Mittelalters, in: Das Mittelalter 3,2 (1998), S. 63-80.

HARTINGER, Walter, Religion und Brauch, Darmstadt 1992.

HARRISON, Dick, Mittelalterliche Raumvorstellungen und Pilgerfahrten – eine komplizierte Geschichte, in: Pilgerreisen im Mittelalter (University of Southern Denmark studies in history and social sciences 267), Odense 2003, S. 73-96.

HARTOG, François, The Mirror of Herodotus, The Representation of the Other in the Writing of History (The New Historicism 5), Berkeley u.a. 1988.

HASECKER, Jyri, Die Johanniter und die Wallfahrt nach Jerusalem (1480-1522) (Nova Mediaevalia 5), Göttingen 2008.

HASSAUER, Friederike, Eine Straße durch die Zeit. Die mittelalterlichen Pilgerwege nach Santiago de Compostela, in: Hans Ulrich GUMBRECHT und Ursula LINK-HEER (Hg.), Epochenschwellen und Epochenstrukturen im Diskurs der Literatur- und Sprachhistorie, Frankfurt am Main 1985, S. 409-423.

HASSAUER, Friederike, Volkssprachige Reiseliteratur: Faszination des Reisens und räumlicher ordo, in: Hans-Ulrich GUMBRECHT, Ursula LINK-HEER und Peter-Michael SPANGENBERG (Hg.), La Litterature Historiographique de Origines a 1500 (Grundriß der romanischen Literaturen des Mittelalters XI), Heidelberg 1986, Bd. 1, S. 259-283.

HAUBRICHS, Wolfgang, *Habitus Corporis*. Leiblichkeit als Problem einer historischen Semantik des Mittelalters. Ein Beispiel physiognomischer Körperdarstellung, in: Klaus RIDDER und Otto LANGER (Hg.), Körperinszenierungen in mittelalterlicher Literatur (Körper – Zeichen – Kultur 11), Berlin 2002, S. 15-43.

HAUPT, Barbara, Der schöne Körper in der höfischen Epik, in: Klaus RIDDER und Otto LANGER (Hg.), Körperinszenierungen in mittelalterlicher Literatur (Körper – Zeichen – Kultur 11), Berlin 2002, S. 47-73.

HAUSHERR, Reiner, Ein Pfarrkind des heiligen Hauptherren St. Sebald in der Grabeskirche, in: Österreichische Zeitschrift für Kunst und Denkmalpflege 40 (1986), S. 195-204.

HAUSHERR, Reiner, Spätgotische Ansichten der Stadt Jerusalem (oder: war der Hausbuchmeister in Jerusalem?), in: Jahrbuch der Berliner Museen 29/30 (1987/1988), S. 47-70.

HAVERKAMP, Alfred, „Heilige Städte" im Hohen Mittelalter, in: František GRAUS (Hg.), Mentalitäten im Mittelalter. Methodische und inhaltliche Probleme (VuF 35), Sigmaringen 1987, S. 119-156.

HAVERKAMP, Alfred, The Jewish Quarters in German Towns during the Late Middle Ages, in: Ronnie Po-Chia HSIA und Hartmut LEHMANN (Hg.), In and Out of the Ghetto. Jewish-gentile Relations in late medieval and early modern Germany, Cambridge 1995, S. 13-29.

HAYDAR, Ahmad, Mittelalterliche Vorstellungen von dem Propheten der Sarazenen mit besonderer Berücksichtigung der Reisebeschreibungen des Bernhard von Breidenbach, Diss. (masch.), Berlin 1971.

HAYE, Thomas, Erfahrene Natur in lateinischen Reisegedichten des Mittelalters, in: Peter DILG (Hg.), Natur im Mittelalter. Konzeptionen – Erfahrungen – Wirkungen, Berlin 2003, S. 178-188.

HEACOCK, Roger, Jerusalem and the Holy Places in European Diplomacy, in: Anthony O'MAHONY, Göran GUNNER und Kevork HINTLIAN (Hg.), The Christian Heritage in the Holy Land, London 1995, S. 197-210.

HECKER, Norbert, Bettelorden und Bürgertum. Konflikt und Kooperation in deutschen Städten des Spätmittelalters (Europäische Hochschulschriften Reihe 23, Bd. 146), Bern und Frankfurt am Main 1981.

HEID, Stefan, Der Ursprung der Helenalegende im Pilgerbetrieb Jerusalems, in: Jahrbuch für Antike und Christentum 32 (1989), S. 41-71.

HEIMANN-SEELBACH, Sabine, Subjektivität zwischen Heilsordnung und Weltordnung: Stephans von Gumpenberg Warhafftige Beschreybung der Meerfart (1417/18), in: Xenja von ERTZDORFF und Gerhard GIESEMANN (Hg.), Erkundung und Beschreibung der Welt. Zur Poetik der Reise- und Länderberichte. Vorträge eines interdisziplinären Symposiums vom 19. bis 24. Juni 2000 an der Justus-Liebig-Universität (Chloe. Beihefte zum Daphnis 34), Amsterdam und New York 2003, S. 109-133.

HEITMANN, Klaus, Das Deutschenbild im italienischen Mittelalter, in: Gert PINKERNELL und Oskar ROTH (Hg.), Klaus Heitmann. Spiegelungen. Romanistische Beiträge zur Imagologie (Studia Romanistica 86), Heidelberg 1996, S. 163-201.

HELLER, Hartmut, Nürnberger Jerusalempilger in Kairo. Bemerkungen zur historischen Fremdenverkehrs- und Stadtgeographie in den Reiseberichten des Hans Tucher (1479) und Christoph Fürer (1565), in: Rasso RUPPERT und Karl-Ludwig STORCK (Hg.), Festschrift für Wigand Ritter zum 60. Geburtstag (Nürnberger Wirtschafts- und Sozialgeographische Arbeiten 46), Nürnberg 1993, S. 201-233.

HELLMANN, Manfred, Eine Pilgerreise ins Heilige Land im Jahre 1480, in: Knut SCHULZ (Hg.), Beiträge zur Wirtschafts- und Sozialgeschichte des Mittelalters. Festschrift für Herbert Helbig zum 65. Geburtstag, Köln und Wien 1976, S. 261-272.

HELLER, Kurt, Venedig. Recht, Kultur und Leben in der Republik 697-1797, Wien 1999.

HEMMERLE, Josef, Die Benediktinerklöster in Bayern (Germania Benedictina II), Augsburg 1970.

HENNINGSEN, Bernd et al., Einleitung, in: Bernd HENNINGSEN, Claudia BEINDORF, Heike GRAF, Frauke HILLEBRECHT und Antje WISCHMANN (Hg.), Die inszenierte Stadt. Zur Praxis und Theorie kultureller Konstruktionen (Södertörn Academic Studies 4), Berlin 2001, S. 7-17.

HERBERS, Klaus, Rezension zu: Gerhard FAIX und Folker REICHERT (Hg.), Eberhard im Bart und die Wallfahrt nach Jerusalem im späten Mittelalter (Lebendige Vergangenheit, Zeugnisse und Erinnerungen 20), Stuttgart 1998, in: HZ 269 (1999), S. 471-472.

HERBERS, Klaus, „Wol auf sant Jacobs straßen!" Pilgerfahrten und Zeugnisse des Jakobuskults in Süddeutschland, Stuttgart 2002.

HERBERS, Klaus, Felix Fabris „Sionpilgrin" – Reiseschilderung und ältester Kirchenführer Ulms. Ein Beitrag der Reichsstadt Ulm zur Pilgerliteratur des 15. Jahrhunderts, in: DERS. (Hg.), Die oberdeutschen Reichsstädte und ihre Heiligenkulte – Traditionen und Ausprägungen zwischen Stadt, Ritterorden und Reich (Jakobus-Studien 16), Tübingen 2005, S. 195-215.

HERBERS, Klaus, Pilgerwege im Mittelalter, Darmstadt 2005.

HERBERS, Klaus, Peripherie oder Zentrum? Spanien zwischen Europa und Afrika, in: Rainer C. SCHWINGES, Christian HESSE und Peter MORAW (Hg.), Europa im späten Mittelalter. Politik – Gesellschaft – Kultur (HZ Beiheft 40), München 2006, S. 99-124.

HERBERS, Klaus, Europa und seine Grenzen im Mittelalter, in: Klaus HERBERS und Nikolas JASPERT (Hg.), Grenzräume und Grenzüberschreitungen im Vergleich. Der Osten und der Westen des mittelalterlichen Lateineuropa (Europa im Mittelalter 7), Berlin 2007, S. 21-41.

HERBERS, Klaus und SCHMIEDER, Felicitas, Zur Einführung: Venedig im Schnittpunkt der Kulturen. Wahrnehmungen europäischer und nichteuropäischer Reisender im Vergleich, in: DIES. (Hg.), Venezia incrocio di culture. Percezioni di viaggiatori europei e non-europei a confronto. Atti del Convegno Venezia, 26-27 gennaio 2006 (Centro Tedesco di Studi Veneziani. Ricerche 4), Rom 2008, S. VII-XXV.

HERDE, Peter, Guelfen und Neoguelfen. Zur Geschichte einer nationalen Ideologie vom Mittelalter zum Risorgimento (Sitzungsberichte der wissenschaftlichen Gesellschaft an der Johann Wolfgang Goethe-Universität Frankfurt am Main 22,2), Stuttgart 1986.

HERKENHOFF, Michael, Die Darstellung außereuropäischer Welten in Drucken deutscher Offizinen des 15. Jahrhunderts, Diss. Bamberg 1994, Berlin 1996.

HERMANNS, Fritz, Sprache, Kultur und Identität. Reflexionen über drei Totalitätsbegriffe, in: Andreas GARDT, Ulrike HAß-ZUMKEHR und Thorsten ROELCKE (Hg.), Sprachgeschichte als Kulturgeschichte (Studia Linguistica Germanica 54), Berlin und New York 1999, S. 351-391.

HERWAARDEN, Jan van, Pilgrimages and Social Prestige. Some reflections on a theme, in: Wallfahrt und Alltag in Mittelalter und Früher Neuzeit. Internationales Round-Table-Gespräch Krems an der Donau, 8. Oktober 1990 (Österreichische Akademie der Wissenschaften, philosophisch-historische Klasse, Sitzungsberichte 592 / Veröffentlichungen des Instituts für Realienkunde des Mittelalters und der Frühen Neuzeit 14), Wien 1992, S. 27-79.

HERWAARDEN, Jan van, „No status, no Brother". Reflections on late-medieval Jerusalem pilgrimages, in particular pertaining to the Netherlands, in: Kaspar ELM und Cosimo Damiano FONSECA (Hg.), Militia Sancti Sepulcri. Idea e istituzioni. Atti del Colloquio Internazionale tenuto presso la Pontificia Università Laterano 10-12 aprile 1996 (Hierosolimitana: Acta et Monumenta), Città del Vaticano 1998, S. 263-288.

HERZ, Randall, Briefe Hans Tuchers d. Ä. aus dem Heiligen Land und andere Aufzeichnungen, in: MVGN 84 (1997), S. 61-92.

HERZ, Randall, Hans Tuchers d. Ä. ‚Reise ins Gelobte Land', in: Klaus ARNOLD (Hg.), Wallfahrten in Nürnberg um 1500. Akten des interdisziplinären Symposiums vom 29. und 30. September im Caritas Pirckheimer-Haus in Nürnberg (Pirckheimer Jahrbuch für Renaissance- und Humanismusforschung 17), Wiesbaden 2002, S. 79-104.

HERZ, Randall, Studien zur Drucküberlieferung der „Reise ins Gelobte Land" Hans Tuchers des Älteren. Bestandsaufnahme und historische Auswertung der Inkunabeln unter Berücksichtigung der späteren Drucküberlieferung (Quellen und Forschungen zur Geschichte und Kultur der Stadt Nürnberg 34), Neustadt an der Aisch 2005.

HERZ, Randall, Wolf von Zülnhart, in: VL 10 (1999), Sp. 1207-1309.

HERZNER, Volker, Die Baugeschichte von San Marco und der Aufstieg Venedigs zur Grossmacht, in: Wiener Jahrbuch für Kunstgeschichte 38 (1985), S. 1-58 und 269-280.

HIESTAND, Rudolf, Der Sinai – Tor zu anderen Welten, in: Peter WUNDERLI (Hg.), Reisen in reale und mythische Ferne. Reiseliteratur in Mittelalter und Renaissance (Studia humaniora 22), Düsseldorf 1993, S. 76-102.

HIGGINS, Iain Macleod, Defining the Earth's Center in a Medieval „Multi-Text". Jerusalem in *The Book of John Mandeville*, in: Sylvia TOMASCH und Sealy GILLES (Hg.), Text and Territory. Geographical Imagination in the European Middle Ages, Philadelphia 1998, S. 29-53.

HILL, Rosalind, The Christian view of the Muslims at the time of the First Crusades, in: Peter M. HOLT (Hg.), The Eastern Mediterrean Lands in the Periods of the Crusades, Warminster 1977, S. 1-8.

HILLENBRAND, Eugen, Die Observanzbewegung in der deutschen Ordensprovinz der Dominikaner, in: Kaspar ELM (Hg.), Reformbemühungen und Observanzbestrebungen im spätmittelalterlichen Ordenswesen (Berliner Historische Studien 14), Berlin 1989, S. 219-271.

HIRHAGER, Ulrike, Konrad Grünembergs Pilgerfahrt ins Heilige Land, in: Carla DAUVEN-VAN KNIPPENBERG und Helmut BIRKHAN (Hg.), *Sô wold ich in fröiden singen*. Festgabe für Anthonius H. Touber zum 65. Geburtstag (Amsterdamer Beiträge zur älteren Germanistik 43/44), Amsterdam und Atlanta 1995, S. 255-271.

HÖFERT, Almut, Den Feind beschreiben. „Türkengefahr" und europäisches Wissen über das Osmanische Reich 1450-1600, Frankfurt am Main 2003.

HÖFERT, Almut, Ist das Böse schmutzig? Das Osmanische Reich in den Augen europäischer Reisender des 15. und 16. Jahrhunderts, in: Historische Anthropologie 11 (2003), S. 176-192.

HOEPPNER MORAN CRUZ, Jo Ann, Popular Attitudes Towards Islam in Medieval Europe, in: David R. BLANKS und Michael FRASSETTO (Hg.), Western Views of Islam in Medieval and Early Modern Europa. Perception of Other, Basingstoke 1999, S. 55-81.

HOLLBERG, Cecilie, Handelsalltag und Spracherwerb im Venedig des 15. Jahrhunderts: das älteste deutsch-italienische Sprachlehrbuch, in: ZfG 47 (1999), S. 773-791.

HOLLBERG, Cecilie, Deutsche in Venedig im späten Mittelalter. Eine Untersuchung von Testamenten aus dem 15. Jahrhundert (Studien zur Historischen Migrationsforschung 14), Göttingen 2005.

HOLMAN, Sheri, Die gestohlene Zunge, München und Zürich 1997. [Titel der Originalausgabe: A Stolen Tongue, New York 1996]

HOLT, Peter M., The structure of government in the Mamluk sultanate, in: DERS. (Hg.), The Eastern Mediterranean Lands in the Period of the Crusades, Warminster 1977, S. 44-61.

HONEMANN, Volker, Zur Überlieferung der Reisebeschreibung Arnolds von Harff, in: ZfdA 107 (1978), S. 165-178.

HONEMANN, Volker, Arnold von Harff, in: VL 1 (1978), Sp. 471f.

HONEMANN, Volker, Rezension zu: Herbert FEILKE, Felix Fabris Evagatorium über seine Reise in das Heilige Land. Eine Untersuchung über die Pilgerliteratur des ausgehenden Mittelalters (Europäische Hochschulschriften Reihe 1, Bd. 155), Frankfurt am Main 1976, in: Anzeiger für Deutsches Altertum und Deutsche Literatur 90 (1979), S. 170-172.

HONEMANN, Volker, Fasbender, Peter, in: VL 2 (1980), Sp. 711.

HONEMANN, Volker, Rindfleisch, Peter, in: VL 8 (1992), Sp. 79-82.

HONEMANN, Volker, Die Heiligen des Arnold von Harff. Zum Umgang mit den Heiligen in einem spätmittelalterlichen Pilgerreisebericht, in: Gudrun LITZ, Heidrun MUNZERT und Roland LIEBENBERG (Hg.), Frömmigkeit – Theologie – Frömmigkeitstheologie. Contributions to European

Church History. Festschrift für Berndt Hamm zum 60. Geburtstag (Studies in the history of Christian traditions 124), Leiden und Bosten 2005, S. 211-233.

HONEMANN, Volker und ROTH, Gunhild, Dolmetscher und Dolmetschen im Mittelalter, in: Hana ANDRÁŠOVÁ, Peter ERNST und Libuše SPÁČILOVÁ (Hg.), Germanistik genießen. Gedenkschrift für Doc. Dr. phil. Hildegard Boková (Schriften zur diachronen Sprachwissenschaft 15), Wien 2006, S. 77-141.

HOTZ, Stephan, Mohammed und seine Lehre in der Darstellung abendländischer Autoren vom späten 11. bis zur Mitte des 12. Jahrhunderts (Studien zur klassischen Philologie 137), Frankfurt am Main u.a. 2002.

HOWARD, Deborah, Venice & the East. The Impact of the Islamic World on Venetian Architecture 1100-1500, London 2000.

HOWARD, Donald R., Writers and Pilgrims. Medieval Pilgrimage, Narratives and their Posterity, Berkeley u.a. 1980.

HSIA, Ronnie Po-Chia, The Usurious Jew: Economic Structure and Religious Representations in an Anti-Semitic Discourse, in: Ronnie Po-Chia HSIA und Hartmut LEHMANN (Hg.), In and Out of the Ghetto. Jewish-gentile Relations in late medieval and early modern Germany, Cambridge 1995, S. 161-176.

HÜLSEN-ESCH, Andrea von, Kleider machen Leute. Zur Gruppenrepräsentation von Gelehrten im Spätmittelalter, in: Otto Gerhard OEXLE und Andrea von HÜLSEN-ESCH (Hg.), Die Repräsentation der Gruppen. Texte – Bilder – Objekte (Veröffentlichungen des Max-Planck-Instituts für Geschichte 141), Göttingen 1998, S. 225-257.

HUGHES, Diane Owen, Distinguishing Signs: Ear Rings, Jews and Franciscan Rhetoric in the Italian Renaissance City, in: Past & Present 112 (1986), S. 3-59.

HUNDSBICHLER, Helmut, Im Zeichen der „verkehrten Welt", in: Gertrud BLASCHWITZ, Helmut HUNDSBICHLER, Gerhard JARITZ und Elisabeth VAVRA (Hg.), Symbole des Alltags – Alltag der Symbole. Festschrift für Harry Kühnel zum 65. Geburtstag, Graz 1992, S. 555-570.

HUSCHENBETT, Dietrich, Beck, Konrad, in; VL 1 (1978), Sp. 656f.

HUSCHENBETT, Dietrich, Bernhard von Breidenbach, in: VL 1 (1978), Sp. 752-754.

HUSCHENBETT, Dietrich, Dietrich von Schachten, in: VL 2 (1980), Sp. 146.

HUSCHENBETT, Dietrich, Ludwigs von Greiffenstein Pilgerfahrt, in: VL 5 (1985), Sp. 1015.

HUSCHENBETT, Dietrich, Die Literatur der deutschen Pilgerreisen nach Jerusalem im späten Mittelalter, in: DVjs 59 (1985), S. 29-46.

HUSCHENBETT, Dietrich, „Von landen und ynselen". Literarische und geistliche Meerfahrten nach Palästina im späten Mittelalter, in: Norbert Richard WOLF (Hg.), Wissensorganisierende und wissensvermittelnde Literatur im Mittelalter. Perspektive ihrer Erforschung. Kolloquium 5.-7.12.1985 (Wissensliteratur im Mittelalter 1), Wiesbaden 1987, S. 187-207.

HUSCHENBETT, Dietrich, Die volkssprachigen Berichte von Pilgerreisen nach Palästina im späten Mittelalter, in: Ria JANSEN-SIEBEN (Hg.), Artes Mechanicae in middeleeuws Europa. Handelingen van het Colloquium van 15 october 1987 (Archief- en Bibliotheekwezen in Belgie, extranummer 34), Brüssel 1989, S. 51-71.

HUSCHENBETT, Dietrich, Spätmittelalterliche Berichte von Palästinafahrten und mittelalterliche Kartographie, in: Hartmut KUGLER (Hg.), Ein Weltbild vor Columbus. Die Ebstorfer Weltkarte. Interdisziplinäres Colloquium, Weinheim 1991, S. 367-379.

HUSCHENBETT, Dietrich, Der tradierte und erfahrene Orient. Zur Frage der Traditionsgebundenheit sogenannter geistlicher und ausgeführter Pilgerreisen, in: Eijiro IWASAKI (Hg.), Begegnung mit dem „Fremden": Grenzen – Traditionen – Vergleiche (Akten des VIII. Internationalen Germanisten-Kongresses in Tokyo 1990, Band 7), München 1991, S. 296-306.

HUSCHENBETT, Dietrich, Fremderfahrung in Versroman, Pilgerreisebericht und Prosaroman des späten Mittelalters und der frühen Neuzeit, in: Anne FUCHS und Theo HARDEN (Hg.), Reisen im Diskurs.

Modelle der literarischen Fremderfahrung von den Pilgerberichten bis zur Postmoderne. Tagungsakten des internationalen Symposions zur Reiseliteratur. University College Dublin vom 10.-12. März 1994 (Neue Bremer Beiträge 8), Heidelberg 1995, S. 243-265.

HUSCHENBETT, Dietrich, Berichte über Jerusalem-Pilgerfahrten von Kaufleuten und adligen Kanonikern aus Augsburg im 15. Jh., in: Johannes JANOTA und Werner WILLIAMS-KRAPP (Hg.), Literarisches Leben in Augsburg während des 15. Jahrhunderts, Tübingen 1995, S. 240-264.

HUSCHENBETT, Dietrich, „Diu vart hin über mer." Die Palästina-Pilgerberichte als neue Prosa-Gattung in der deutschen Literatur des späten Mittelalters und der Frühen Neuzeit, in: Xenja von ERTZDORFF (Hg.), Beschreibung der Welt. Zur Poetik der Reise- und Länderberichte. Vorträge eines interdisziplinären Symposiums vom 8. bis 13. Juni 1998 an der Justus-Liebig-Universität Gießen (Chloe. Beihefte zur Daphnis 31), Amsterdam und Atlanta 2000, S. 119-151.

HUSCHENBETT, Dietrich, Rezension zu: Felix FABRI, Die Sionspilger (Texte des späten Mittelalters und der frühen Neuzeit 39), hg. v. Wieland CARLS, Berlin 1999, in: ZfdA 129 (2000), S. 364-369.

HUSE, Norbert und WOLTERS, Wolfgang, Venedig. Die Kunst der Renaissance. Architektur, Skulptur, Malerei 1460-1590, München 1985.

HYDE, John Kenneth, Navigation in the eastern Mediterranean in the fourteenth and fifteenth centuries according to Pilgrims' Books, in: Hugo M. BLAKE, Timothy W. POTTER und David B. WHITEHOUSE (Hg.), Papers in Italian Archaeology I: The Lancaster Seminar. Recent research in prehistoric, classical and medieval archaeology (British Archaeological Reports, Supplementary Series 41), Oxford 1978, S. 521-540.

HYDE, John Kenneth, Italian Pilgrim Literature in the late Middle Ages, in: Bulletin of the John Rylands Library of Manchester 72 (1990), S. 13-33.

IBRAHIM, Laila 'Ali, Residential Architecture in Mamluk Cairo, in: Muqarnas 2 (1984), S. 47-59.

ILLING, Kurt, Alexanders, Pfalzgraf am Rhein, Jerusalemreise, in: VL 1 (1978), Sp. 212f.

IMHOF, Michael, Stereotypen und Diskursanalyse. Anregungen zu einem Forschungskonzept kulturwissenschaftlicher Stereotypenforschung, in: Hans Hennig HAHN (Hg.), Stereotyp, Identität und Geschichte. Die Funktion von Stereotypen in gesellschaftlichen Diskursen (Mitteleuropa-Osteuropa 5), Frankfurt am Main u.a. 2002, S. 57-71.

ISENMANN, Eberhard, Die deutsche Stadt im Spätmittelalter 1250-1500. Stadtgestalt, Recht, Stadtregiment, Kirche, Gesellschaft, Wirtschaft, Stuttgart 1988.

ISRAEL, Uwe, Mit fremder Zunge sprechen. Deutsche im spätmittelalterlichen Italien, in: ZfG 48 (2000), S. 677-696.

ISRAEL, Uwe, Fremde aus dem Norden. Transalpine Zuwanderer im spätmittelalterlichen Italien (Bibliothek des Deutschen Historischen Instituts in Rom 111), Tübingen 2005.

JAHN, Bernhard, Raumkonzepte in der Frühen Neuzeit. Zur Konstruktion von Wirklichkeit in Pilgerberichten, Amerikareisebeschreibungen und Prosaerzählungen (Mikrokosmos. Beiträge zur Literaturwissenschaft und Bedeutungsforschung 34), Diss. Univ. München 1992, Frankfurt am Main u.a. 1993.

JAHN, Bernhard, Rezension zu: Werner PARAVICINI (Hg.), Europäische Reiseberichte des späten Mittelalters. Eine analytische Biographie, Teil 1: Deutsche Reiseberichte, bearbeitet von Christian HALM, Frankfurt am Main u.a. 1994, in: Arbitrium 15 (1997), S. 170-173.

JANDESEK, Reinhold, Wandel (?) des Weltbildes: Reisende des Mittelalters und ihr Beitrag zu den Asienkenntnissen der Neuzeit, in: Anzeiger des Germanischen Nationalmuseums 1991, S. 37-40.

JANDESEK, Reinhold, Das fremde China. Berichte europäischer Reisender des späten Mittelalters und der frühen Neuzeit (Weltbild und Kulturbegegnung 3), Pfaffenweiler 1992.

JANDESEK, Reinhold, Der Umgang mit dem „Fremden" in den Berichten mittelalterlicher Chinareisender, in: Odilo ENGELS und Peter SCHREINER (Hg.), Die Begegnung des Westens mit dem Osten, Kongreßakten des 4. Symposions des Mediävistenverbandes in Köln 1991 aus Anlaß des 1000. Todesjahres der Kaiserin Theophanu, Sigmaringen 1993, S. 89-98.

JANKRIFT, Kay Peter, Brände, Stürme, Hungersnöte. Katastrophen in der mittelalterlichen Lebenswelt, Darmstadt 2003.

JASPERT, Nikolas, Fremdheit und Fremderfahrung: Die deutsch-spanische Perspektive, in: Klaus HERBERS et al. (Hg.), „Das kommt mir spanisch vor". Eigenes und Fremdes in den deutsch-spanischen Beziehungen des späten Mittelalters (Geschichte und Kultur der Iberischen Welt 1), Berlin und Münster 2006, S. 31-62.

JASPERT, Nikolas, Die Wahrnehmung der Muslime im lateinischen Europa der späten Salierzeit, in: Bernd SCHNEIDMÜLLER und Stefan WEINFURTER (Hg.), Salisches Kaisertum und neues Europa. Die Zeit Heinrichs IV. und Heinrichs V., Darmstadt 2007, S. 307-340.

JASPERT, Nikolas, Grenzen und Grenzräume im Mittelalter: Forschungen, Konzepte und Begriffe, in: Klaus HERBERS und Nikolas JASPERT (Hg.), Grenzräume und Grenzüberschreitungen im Vergleich. Der Osten und der Westen des mittelalterlichen Lateineuropa (Europa im Mittelalter 7), Berlin 2007, S. 43-70.

JEHLE, Manfred, Parsberg (Historischer Atlas von Bayern, Teil Altbayern 51), München 1981.

JOHANEK, Peter, Die Mauer und die Heiligen. Stadtvorstellungen im Mittelalter, in: Bernd ROECK und Wolfgang BEHRINGER (Hg.), Das Bild der Stadt in der Neuzeit, 1400-1800, München 1999, S. 26-38.

JORGENSEN, Peter A., Die Bodleian Handschrift der Reisebeschreibung des Ritters Arnold von Harff, in: Rheinische Vierteljahrsblätter 52 (1988), S. 221-225.

JORGENSEN, Peter A. und FERRÉ, Barbara M., Die handschriftlichen Verhältnisse der spätmittelalterlichen Pilgerfahrt des Arnold von Harff, in: ZfdPh 110 (1991), S. 406-421.

JOSTKLEIGREWE, Georg, Das Bild des Anderen. Entstehung und Wirkung deutsch-französischer Fremdbilder in der volkssprachigen Literatur und Historiographie des 12. bis 14. Jahrhunderts (Orbis mediaevalis 9), Berlin 2008.

JUCKER, Michael, Körper und Plurimedialität. Überlegungen zur spätmittelalterlichen Kommunikationspraxis im eidgenössischen Gesandtschaftswesen, in: Das Mittelalter 8,1 (2003), S. 68-83.

JÜTTE, Robert, Stigma-Symbole. Kleidung als identitätsstiftendes Merkmal bei spätmittelalterlichen und frühneuzeitlichen Randgruppen (Juden, Dirnen, Aussätzige, Bettler), in: Saeculum 44 (1993), S. 65-89.

JÜTTE, Robert, Der anstößige Körper. Anmerkungen zu einer Semiotik der Nacktheit, in: Klaus SCHREINER und Norbert SCHNITZLER (Hg.), Gepeinigt, begehrt, vergessen. Symbolik und Sozialbezug des Körpers im späten Mittelalter und in der frühen Neuzeit, München 1992, S. 109-129.

KÄCKS, Ralf, Reisebedingungen bei spätmittelalterlichen Heilig-Land-Fahrten: Felix Fabri im Vergleich mit anderen Berichten deutschsprachiger Pilger aus der zweiten Hälfte des 15. Jahrhunderts, Examensarbeit Kassel 2001.

KÄSTNER, Hannes, Fortunatus. Peregrinator mundi. Welterfahrung und Selbsterkenntnis im ersten deutschen Prosaroman der Neuzeit, Freiburg im Breisgau 1990.

KÄSTNER, Hannes, Nilfahrt mit Pyramidenblick. Anvertraute Wunder und fremde Lebenswelten in abendländischen Reiseberichten an der Wende zu Neuzeit, in: Eijiro IWASAKI (Hg.), Begegnung mit dem „Fremden": Grenzen – Traditionen – Vergleiche (Akten des VIII. Internationalen Germanisten–Kongresses in Tokyo 1990, Band 7), München 1991, S. 307-316.

KÄSTNER, Hannes, Das Gespräch des Orientreisenden mit dem heidnischen Herrscher. Zur Typik und zu den Funktionen einer interkulturellen Dialogszene in der Reiseliteratur des Spätmittelalters und der frühen Neuzeit, in: Horst WENZEL (Hg.), Gespräche – Boten – Briefe. Körpergedächtnis und Schriftgedächtnis im Mittelalter (Philologische Studien und Quellen 143), Berlin 1997, S. 280-295.

KÄSTNER, Hannes und SCHÜTZ, Eva, Beglaubigte Information. Ein konstitutiver Faktor in Prosaberichten des späten Mittelalters und der frühen Neuzeit, in: Textsorten und literarische Gattungen. Dokumentation des Germanistentages in Hamburg vom 1. bis 4. April 1979, Berlin 1983, S. 450-469.

KARAGEORGOS, Basileios, Der Begriff Europa im Hoch- und Spätmittelalter, in: DA 48 (1992), S. 137-164.

KARTSCHOKE, Dieter, *Der ain was grâ, der ander was chal.* Über das Erkennen und Wiedererkennen physiognomischer Individualität im Mittelalter, in: Johannes JANOTA (Hg.), Festschrift Walter Haug und Burghart Wachinger, 2 Bde., Tübingen 1992, Bd. 1, S. 1-24.

KEDAR, Benjamin Z., The *Tractatus de locis et statu sancte terre ierosolimitane*, in: John FRANCE und William G. ZAJAC (Hg.), The Crusades and their Sources. Essays presented to Bernard Hamilton, Aldershot u.a. 1998, S. 111-133.

KEEL, Othmar, KÜCHLER, Max und UEHLINGER, Christoph, Orte und Landschaften der Bibel. Ein Handbuch und Studien-Reiseführer zum Heiligen Land. Bd. 1: Geographisch-geschichtliche Landeskunde, Zürich u.a. 1984.

KELLERMANN, Karina, Zwischen Gelehrsamkeit und Information. Wissen und Wahrheit im Umbruch vom Mittelalter zur Neuzeit, in: Ursula SCHÄFER (Hg.), *Artes* im Mittelalter, Berlin 1999, S. 124-140.

KEßLER, Jörg-Ronald, Die Welt der Mamluken. Ägypten im späten Mittelalter 1250-1517 (IU, Sonderband), Berlin 2004.

KEUPP, Jan, Macht und Mode. Politische Interaktion im Zeichen der Kleidung, in: AKG 86 (2004), S. 251-281.

KHATTAB, Aleya, Das Ägyptenbild in den deutschsprachigen Reisebeschreibungen der Zeit von 1285-1500 (Europäische Hochschulschriften Reihe 1, Bd. 517), Frankfurt am Main 1982.

KIENING, Christian, Identitäten und Identifikationen zwischen Alter und Neuer Welt, in: Peter von MOOS (Hg.), Unverwechselbarkeit. Persönliche Identität und Identifikation in der vormodernen Gesellschaft (Norm und Struktur 23), Köln, Weimar und Wien 2004, S. 355-377.

KING, David A., Architecture and Astronomy: The Ventilators of Medieval Cairo and Their Secrets, in: Journal of the American Oriental Society 104 (1984), S. 97-133.

KIRCHHOFF, Markus, Text zu Land – Die Palästinawissenschaft 1865-1919, in: Tel Aviver Jahrbuch für deutsche Geschichte 28 (1999), S. 403-427.

KIRN, Hans-Martin, Contemptus mundi – contemptus Judaei? Nachfolgeideale und Antijudaismus in der spätmittelalterlichen Predigtliteratur, in: Berndt HAMM und Thomas LENTES (Hg.), Spätmittelalterliche Frömmigkeit zwischen Ideal und Praxis (Spätmittelalter und Reformation 15), Tübingen 2001, S. 147-178.

KLEINSCHMIDT, Erich, Textstädte – Stadtbeschreibung im frühneuzeitlichen Deutschland, in: Bernd ROECK und Wolfgang BEHRINGER (Hg.), Das Bild der Stadt in der Neuzeit, 1400-1800, München 1999, S. 73-80.

KLINGNER, Jacob, *Just say happily: ‚Felix said so', and you'll be in the clear*: Felix Fabri OP (1440-1502) Preaching Monastic Reform to Nuns, in: Medieval Sermon Studies 46 (2002), S. 42-56.

KLOCKOW, Reinhard, Theologie contra Erfahrung. Die Argumentationsstruktur des „Tractatus de moribus, condicionibus et nequitia Turcorum" des Georg von Ungarn, in: Zeitschrift für Balkanologie 25 (1989), S. 60-75.

KLOCKOW, Reinhard, Bartholomäus Georgievits oder die Verwandlung von Leben in Literatur, in: Daphnis 26 (1997), S. 1-32.

KLOFT, Hans, Die Germania des Tacitus und das Problem eines deutschen Nationalbewußtseins, in: AKG 72 (1990), S. 93-114.

KLOPPROGGE, Ursprung und Ausprägung des abendländischen Mongolenbildes im 13. Jahrhundert. Ein Versuch zur Ideengeschichte des Mittelalters (Asiatische Forschungen 122), Wiesbaden 1993.

KLÜGERL, Johannes, Rezeption des himmlischen Jerusalem in Stadtplänen und Pilgerberichten, in: Protokolle zur Bibel 8 (1999), S. 113-129.

KNEFELKAMP, Ulrich, Auf der Suche nach dem Reich des Priesterkönigs Johannes, dargestellt anhand von Reiseberichten und anderen ethnographischen Quellen des 12. bis 17. Jahrhunderts, Gelsenkirchen 1986.

KNEFELKAMP, Ulrich, Der Reiz des Fremden in Mittelalter und Früher Neuzeit, in: Kommunikation und Alltag im Spätmittelalter und Früher Neuzeit (Österreichische Akademie der Wissenschaften, philosophisch-historische Klasse, Sitzungsberichte 596 = Veröffentlichungen des Instituts für Realienkunde des Mittelalters und der Frühen Neuzeit 15), Wien 1992, S. 293-321.

KNOBLAUCH, Hubert, Kommentar, in: Paul Münch, „Erfahrung" als Kategorie der Frühneuzeitgeschichte (HZ Beiheft 31), München 2001, S. 333-337.

KÖHLER, Bärbel, Die Reise als Thema der Religionsgeschichte, in: Zeitschrift für Religions- und Geistesgeschichte 49 (1997), S. 1-10.

KÖPF, Ulrich, Die Passion Christi in der lateinischen religiösen und theologischen Literatur des Spätmittelalters, in: Walter HAUG und Burghart WACHINGER (Hg.), Die Passion Christi in Literatur und Kunst des Spätmittelalters (Fortuna vitrea 12), Tübingen 1993, S. 21-41.

KÖTTING, Bernhard, Fußspuren als Zeichen göttlicher Anwesenheit, in: DERS., Ecclesia peregrinans. Das Gottesvolk unterwegs. Gesammelte Aufsätze (Münsterische Beiträge zur Theologie 54), Münster 1988, Bd. 2, S. 34-39.

KÖTTING, Bernhard, Gregor von Nyssas Wallfahrtskritik, in: DERS., Ecclesia peregrinans. Das Gottesvolk unterwegs. Gesammelte Aufsätze (Münsterische Beiträge zur Theologie 54), Münster 1988, Bd. 2, S. 245-251.

KOHL, Karl-Heinz, „Travestie der Lebensformen" oder „kulturelle Konversion". Zur Geschichte des kulturellen Überläufertums, in: DERS. (Hg.), Abwehr und Verlangen. Zur Geschichte der Ethnologie, Frankfurt am Main und New York 1987, S. 7-38.

KOHL, Stephan, Weltbild im mittelalterlichen Abenteuerroman, in: Günter BERGER und Stephan KOHL (Hg.), Fremderfahrung in Texten des Spätmittelalters und der frühen Neuzeit (Literatur – Imagination – Realität 7), Trier 1993, S. 15-21.

KOHLER, Philippe, Arnold von Harff (1471-1505). Chevalier, pèlerin, écrivain, Bordeaux 1974.

KOKOTT, Hartmut, Der Pilgerbericht des Arnold von Harff, in: Barbara HAUPT und Wilhelm G. BUSSE (Hg.), Pilgerreisen in Mittelalter und Renaissance (Studia humaniora 41), Düsseldorf 2006, S. 93-112.

KONRAD, Robert, Das himmlische und das irdische Jerusalem im mittelalterlichen Denken. Mythische Vorstellungen und geschichtliche Wirkung, in: Clemens BAUER, Laetitia BOEHM und Max MÜLLER (Hg.), Speculum historiale. Geschichte im Spiegel von Geschichtsschreibung und Geschichtsdeutung. Festschrift für Johannes Spörl, Freiburg und München 1965, S. 523-540.

KORMANN, Eva, Ich, Welt und Gott. Autobiographik im 17. Jahrhundert (Selbstzeugnisse der Neuzeit 13), Köln, Weimar und Wien 2004.

KORTÜM, Hans-Hennig, *Advena sum apud te et peregrinus*. Fremdheit als Struktuelement [sic!] mittelalterlicher *conditio humana*, in: Andreas BIHRER, Sven LIMBECK und Paul Gerhard SCHMIDT (Hg.), Exil, Fremdheit und Ausgrenzung in Mittelalter und früher Neuzeit (Identitäten und Alteritäten 4), Würzburg 2000, S. 115-135.

KOSELLECK, Reinhart, Zur historisch-politischen Semantik asymmetrischer Gegenbegriffe, in: DERS., Vergangene Zukunft. Zur Semantik geschichtlicher Zeiten, Frankfurt am Main 1979, S. 211-259.

KOSELLECK, Reinhart, ,Erfahrungsraum' und ,Erwartungshorizont' – zwei historische Kategorien, in: DERS., Vergangene Zukunft. Zur Semantik geschichtlicher Zeiten, Frankfurt am Main 1979, S. 349-374.

KRAACK, Detlev, Wallfahrt und Reise im Spätmittelalter – Selbstdarstellung von Adel und städtischem Patriziat in Inschriften, in: Jacka WIESIOLOWSKIEGO (Hg.), Pielgrzmki w kulturze Sredniowiecznej Europy (Poznanskie Towarzystwo Przyjaciol NAUK. Sprawozdania Wydzialu NAUK o Sztuce 110/1992), Posen 1993, S. 99-107.

KRAACK, Detlev, Monumentale Zeugnisse der spätmittelalterlichen Adelsreise. Inschriften und Graffiti des 14. bis 16. Jahrhunderts (Abhandlungen der Akademie der Wissenschaften in Göttingen Phil.-hist. Klasse, 3. Folge, Nr. 224), Diss. Universität Kiel 1994, Göttingen 1997.

KRAACK, Detlev, Die Johanniterinsel Rhodos als Residenz. Heidenkampf in ritterlich-höfischem Ambiente, in: Werner PARAVICINI (Hg.), Zeremoniell und Raum. Viertes Symposium der Residenzen-Kommission der Akademie der Wissenschaften in Göttingen (Residenzforschung 6), Sigmaringen 1997, S. 215-235.

KRAACK, Detlev, Jerusalem als Reiseziel brandenburgischer Fürsten im 15. und im 19. Jahrhundert. Mittelalterliche Markgrafen und neuzeitliche Monarchen auf dem Weg ins Heilige Land, in: Jahrbuch für Berlin-Brandenburgische Kirchengeschichte 62 (1999), S. 37-61.

KRAACK, Detlev, Vergessene Spuren der spätmittelalterlichen Adelsreise auf dem Sinai und in der ägyptischen Wüste, in: Pilgerreisen im Mittelalter (University of Southern Denmark studies in history and social sciences 267), Odense 2003, S. 52-72.

KRAACK, Detlev, Vom Ritzen, Kratzen, Hängen und Hinsehen. Zum Selbstverständnis der spätmittelalterlichen und frühneuzeitlichen Reisenden auf dem Weg von der Heidenfahrt zur Kavalierstour, in: Rainer BABEL und Werner PARAVICINI (Hg.), Grand Tour. Adeliges Reisen und europäische Kultur vom 14. bis zum 18. Jahrhundert. Akten der internationalen Kolloquien in der Villa Vigoni 1999 und im Deutschen Historischen Institut Paris 2000 (Beihefte der Francia 60), Ostfildern 2005, S. 145-171.

KRAGL, Florian, Die Weisheit des Fremden. Studien zur mittelalterlichen Alexandertradition (Wiener Arbeiten zur Germanischen Altertumskunde und Philologie 39), Bern u.a. 2005.

KRINSKY, Carole Herselle, Representations of the Temple of Jerusalem before 1500, in: JWCI 33 (1970), S. 1-19.

KRISS-RETTENBECK, Lenz und Ruth und ILLICH, Ivan, Homo Viator – Ideen und Wirklichkeiten, in: Lenz KRISS-RETTENBECK und Gerda MÖHLER (Hg.), Wallfahrt kennt keine Grenzen. Themen zu einer Ausstellung des Bayerischen Nationalmuseums und des Adalbert Stifter Vereins, München und Zürich 1984, S. 10-22.

KRISS-RETTENBECK, Lenz und MÖHLER, Gerda (Hg.), Wallfahrt kennt keine Grenzen. Themen zu einer Ausstellung des Bayerischen Nationalmuseums und des Adalbert Stifter Vereins, München und Zürich 1984.

KROLL, Gerhard, Auf den Spuren Jesu, Leipzig [5]1975.

KRÜGER, Jürgen, Der Abendmahlssaal in Jerusalem zur Zeit der Kreuzzüge, in: RQS 92 (1997), S. 229-247.

KRÜGER, Jürgen, Die Grabeskirche zu Jerusalem. Geschichte – Gestalt – Bedeutung, Regensburg 2000.

KRUIJF, Theo C. de, Antisemitismus III: Im Neuen Testament, in: TRE 3 (1978), S. 122-128.

KRUSE, Britta-Juliane, Witwen. Kulturgeschichte eines Standes in Spätmittelalter und Früher Neuzeit, Berlin und New York 2007.

KRUSENSTJERN, Benigna von, Was sind Selbstzeugnisse? Begriffskritische und quellenkundliche Überlegungen anhand von Beispielen aus dem 17. Jahrhundert, in: Historische Anthropologie 2 (1994), S. 462-471.

KÜHNEL, Harry, Das Fremde und das Eigene im Mittelalter, in: Peter DINZELBACHER (Hg.), Europäische Mentalitätsgeschichte. Hauptthemen in Einzeldarstellungen, Stuttgart 1993, S. 415-429.

KUGLER, Hartmut, Die Vorstellung der Stadt in der Literatur des deutschen Mittelalters (Münchener Texte und Untersuchungen zur deutschen Literatur des Mittelalters 88), München 1986.

KURZ, O., Mamluk Heraldry and Interpretatio Christiana, in: Myriam ROSEN-AYALON (Hg.), Studies in Memory of Gaston Wiet, Jerusalem 1977, S. 297-307.

LADNER, Gerhart B., Homo viator: Medieval ideas on alienation and order, in: Speculum 42 (1967), S. 233-259.

LAHRKAMP, Helmut, Mittelalterliche Jerusalemfahrten und Orientreisen westfälischer Pilger und Kreuzritter, in: Westfälische Zeitschrift 106 (1956), S. 296-346.

LAHRKAMP, Helmut, Nordwestdeutsche Orientreisen und Jerusalemwallfahrten im Spiegel der Pilgerberichte, in: Oriens Christianus 40 (1956), S. 113-130.

LANDOLT, Oliver, Mobilität und Verkehr im europäischen Spätmittelalter. Mit besonderer Berücksichtigung der Verkehrspolitik innerhalb der Eidgenossenschaft, in: Rainer C. SCHWINGES, Christian HESSE und Peter MORAW (Hg.), Europa im späten Mittelalter. Politik – Gesellschaft – Kultur (HZ Beiheft 40), München 2006, S. 489-510.

LANDWEHR, Achim, Die Stadt auf dem Papier durchwandern. Das Medium des Reiseberichts im 17. Jahrhundert, in: Jahrbuch für Kommunikationsgeschichte 3 (2001), S. 48-70.

LANDWEHR, Achim, Raumgestalter. Die Konstitution politischer Räume in Venedig um 1600, in: Jürgen MARTSCHUKAT und Steffen PATZOLD (Hg.), Geschichtswissenschaft und „performative turn". Ritual, Inszenierung und Performanz vom Mittelalter bis zur Neuzeit (Norm und Struktur 19), Köln, Weimar und Wien 2003, S. 161-183.

LANDWEHR, Achim, Geschichte des Sagbaren. Einführung in die Historische Diskursanalyse (Historische Einführungen 8), Tübingen ²2004.

LANDWEHR, Achim, Das Territorium inszenieren. Der politische Raum im frühneuzeitlichen Venedig, in: Andrea von HÜLSEN-ESCH (Hg.), Inszenierung und Ritual in Mittelalter und Renaissance (Studia humaniora 40), Düsseldorf 2005, S. 219-238.

LANDWEHR, Achim, Die Erschaffung Venedigs. Raum, Bevölkerung, Mythos 1570-1750, Paderborn u.a. 2007.

LANDWEHR, Achim und STOCKHORST, Stefanie, Einführung in die Europäische Kulturgeschichte, Paderborn 2004.

LANE, Frederic Chapin, Seerepublik Venedig, München 1980.

LANE, Frederic Chapin, The Enlargement of the Great Council of Venice, in: Benjamin G. KOHL und Reinhold C. MUELLER (Hg.), Studies in Venetian Social and Economic History, London 1987, S. 237-274.

LANE, Frederic Chapin, Ships and shipbuilders of the Renaissance, London ²1992.

LANGE, Nicholas R. M. de, Antisemitismus IV: Alte Kirche, in: TRE 3 (1978), S. 128-137.

LAUDAGE, Johannes, Alexander III. und Friedrich Barbarossa (Forschungen zur Kaiser- und Papstgeschichte des Mittelalters 16), Köln, Weimar und Wien 1997.

LAUFNER, Richard, Ein Mensch in seiner Gegenwart. Der Wallfahrtsbericht Peter Faßbenders von Molsberg, Bürger zu Koblenz, zum hl. Grab in Jerusalem 1492/93, in: Festschrift für Hermann Heimpel zum 70. Geburtstag (Veröffentlichungen des Max-Planck-Instituts für Geschichte 36), 2 Bde., Göttingen 1972, Bd. 1, S. 247-265.

LEED, Eric J., Die Erfahrung der Ferne. Reisen von Gilgamesch bis zum Tourismus unserer Tage, Frankfurt am Main und New York 1993.

LEHMANN, Paul, Die mittellateinischen Dichtungen der Prioren des Tempels von Jerusalem Acardus und Gaufridus, in: Corona Quernea. Festgabe Karl Strecker zum 80. Geburtstage dargebracht (Schriften der MGH 6), Stuttgart ²1952, S. 296-330.

LEHMANN-HAUPT, Hellmut, Die Holzschnitte der breydenbachschen Pilgerfahrt als Vorbilder gezeichneter Handschriftenillustrationen, in: GJ 4 (1929), S. 152-163.

LEMMENS, Leonhard, Die Franziskaner im Heiligen Lande. 1. Teil: Die Franziskaner auf dem Sion (1336-1551) (Franziskanische Studien Beiheft 4), Münster 1919.

LEPSZY, Hans-Joachim, Die Reiseberichte des Mittelalters und der Reformationszeit, Diss. (masch.) Hamburg 1952.

LEVANOVI, Amalia, The Mamluk Conception of the Sultanate, in: International Journal of Middle East Studies 26 (1994), S. 373-392.

LEWICKA, Paulina B., On Kitchens of Medieval Cairo, or Why Ordinarily the Saracens Did not Cook at Home and What Ensued From It, in: Rocznik Orientalistyczny 57 (2004), S. 95-105.

LIMOR, Ora, Reading Sacred Space: Egeria, Paula, and the Christian Holy Land, in: Ytzhak HEN (Hg.), *De Sion exibit lex et verbum domini de Hierusalem*. Essays on Medieval Law, Liturgy, and Literature in Honour of Amnon Linder (Cultural Encounters in late Antiquity and the Middle Ages 1), Turnhout 2001, S. 1-15.

LITTLE, Donald P., Communal Strife in later Mamluk Jerusalem, in: Islamic law and society 6 (1999), S. 69-96.

LITTLE, Donald P., The Governance of Jerusalem under Qāytbāy, in: Michael WINTER und Amalia LEVANONI (Hg.), The Mamluks in Egyptian and Syrian Politics and Society (The Medieval Mediterranean 51), Leiden und Boston 2004, S. 143-161.

LÖTHER, Andrea, Rituale im Bild. Prozessionsdarstellungen bei Albrecht Dürer, Gentile Bellini und in der Konzilschronik Ulrich Richentals, in: Andrea LÖTHER, Ulrich MEIER, Norbert SCHNITZLER, Gerd SCHWERHOFF und Gabriela SIGNORI (Hg.), *Mundus in imagine*. Bildersprache und Lebenswelten im Mittelalter. Festgabe für Klaus Schreiner, München 1996, S. 99-123.

LÖW, Martina, Raumsoziologie, Frankfurt am Main 2001.

LORENZETTI, Giulio, Venice and its Lagoon. Historical-artistic guide, Triest 1975.

LOTTER, Friedrich, Das Judenbild im volkstümlichen Erzählgut dominikanischer Exempelliteratur um 1300: Die „Historiae memorabiles" des Rudolf von Schlettstadt, in: Georg JENAL (Hg.), Herrschaft, Kirche, Kultur. Beiträge zur Geschichte des Mittelalters. Festschrift für Friedrich Prinz zu seinem 65. Geburtstag (Monographien zur Geschichte des Mittelalters 37), Stuttgart 1993, S. 431-445.

LOTTER, Friedrich, Judenfeindschaft (-haß, -verfolgung), in: LMA 5 (1991), Sp. 790-792.

LUCHITSKAJA, Svetlana, The image of Muhammad in Latin chronography of the twelfth and thirteenth centuries, in: JMH 26 (2000), S. 115-126.

LUFTI, Huda, Al-Quds al-mamlûkiyya. A History of Mamlûk Jerusalem Based on the Haram Documents (IU 113), Berlin 1985.

MACKAY, Angus, Religion, Culture, and Ideology on the Late Medieval Castilian-Granadan Frontier, in: Robert BARTLETT und Angus MACKAY (Hg.), Medieval Frontier Societies, Oxford 1996, S. 217-243.

MACZAK, Antoni, The Traveller's view: Perceptions of Europe in the 16th and 17th centuries, in: Heinz DUCHHARDT und Andreas KUNZ (Hg.), „Europäische Geschichte" als historiographisches Problem (Veröffentlichungen des Instituts für Europäische Geschichte in Mainz, Abteilung Universalgeschichte 42), Mainz 1997, S. 67-86.

MÄHL, Sybille, Jerusalem in mittelalterlicher Sicht, in: Die Welt als Geschichte. Eine Zeitschrift für Universalgeschichte 22 (1962), S. 11-26.

MARKUS, Sandra, „Schreiben heißt: sich selber lesen". Geschichtsschreibung als erinnernde Sinnkonstruktion, in: Clemens WISCHERMANN (Hg.), Vom kollektiven Gedächtnis zur Individualisierung der Erinnerung (Studien zur Geschichte des Alltags 18), Stuttgart 2002, S. 159-183.

MÄRTL, Claudia, Mohren und Möhrinnen. Zur Darstellung schwarzafrikanischer Menschen im Hoch- und Spätmittelalter, in: Eva SCHLOTHEUBER (Hg.), Denkweisen und Lebenswelten des Mittelalters (Münchner Kontaktstudium Geschichte 7), München 2004, S. 183-198.

MÄRTL, Claudia, Von Mäusen und Elefanten. Tiere am Papsthof im 15. Jahrhundert, in: DA 60 (2004), S. 183-199.

MAJOR, Alain, Vision externe sur l'empire vénitien. Les voyageurs méridionaux au XV siècle, in: La Moyen Age XCVIII (1992), S. 213-226.

MAIMON, Arye, BREUER, Mordechai und GUGGENHEIM, Yacov (Hg.), Germania Judaica III/2, 1350-1519, Tübingen 1995.

MANCINI, Ignazio, La custodia di Terra Santa e l'Investitura die Cavalieri del Santo Sepolcro, in: Kaspar ELM und Cosimo Damiano FONSECA (Hg.), Militia Sancti Sepulcri. Idea e istituzioni. Atti del Colloquio Internazionale tenuto presso la Pontificia Università Laterano 10-12 aprile 1996 (Hierosolimitana: Acta et Monumenta), Città del Vaticano 1998, S. 289-303.

MARX, Barbara, Venedig – 'Altera Roma'. Transformation eines Mythos, in: QFIAB 60 (1980), S. 325-373.

MAURER, Michael (Hg.), Neue Impulse der Reiseforschung, Berlin 1999.

MAYER, Hans Eberhard, Geschichte der Kreuzzüge, Stuttgart, Berlin und Köln [8]1995.

MAYER, Hans Eberhard, Rezension zu: Aryeh GRABOIS, Le pèlerin occidental en Terre Sainte au Moyen Age (Bibliothèque du Moyen Age 13), Brüssel 1998, in: DA 55 (1999), S. 852.

MAYER, L. A., Mamluk Costume. A Survey, Genf 1952.

MAYRAZ, Eitay, Place and Space in the Mediterranean: The (Mental) Map of a Pilgrim in the Holy Land, in: Mediterranean Historical Review 19 (2004), S. 25-33.

MAZAR, Amihai, Untersuchungen über die Wasserleitungen in Jerusalem, in: Wiel DIERX und Günther GARBRECHT (Hg.), Wasser im Heiligen Land. Biblische Zeugnisse und archäologische Forschungen (Schriftenreihe der Frontinus-Gesellschaft, Supplementbd. 3), Mainz 2001, S. 165-194.

MAZZAROTTO, Bianca Tamassia, Le feste veneziane. I giochi popolare, le ceremonie religiose e di governo, Florenz 1961.

MAZAR, Amihai, Jerusalem, in: Die Wasserversorgung antiker Städte (Geschichte der Wasserversorgung 2), Mainz 1987, S. 185-188.

MEGLI FRATTINI, L., Foresti, Giacomo Filippo (Iacobus Philippus Bergomensis), in: DBI 48 (1997), S. 801-803.

MEINARDUS, Otto F. A., The Copts in Jerusalem, Kairo 1960.

MEINARDUS, Otto F. A., The Ethopians in Jerusalem, in: Zeitschrift für Kirchengeschichte 76 (1965), S. 112-147 und 217-232.

MEINARDUS, Otto F. A., Die Pilgerfahrt Schleswiger Ritter zum Heiligen Land zum Sinai und nach Ägypten im Jahr 1436, in: Familienkundliches Jahrbuch Schleswig-Holstein 29 (1990), S. 8-22.

MEINARDUS, Otto F. A., Mittelalterliche Heilig-Land-Pilger aus dem norddeutschen Raum, in: Familienkundliches Jahrbuch Schleswig-Holstein 30 (1991), S. 15-23.

MEINARDUS, Otto F. A., Die Franziskaner in Bethlehem. Bruder Battista aus Lübeck, in: Zeitschrift für Lübeckische Geschichte und Altertumskunde 71 (1991), S. 349-351.

MEINARDUS, Otto F. A., The Copts in Jerusalem and the Question of the Holy Places, in: Anthony O'MAHONY, Göran GUNNER und Kevork HINTLIAN (Hg.), The Christian Heritage in the Holy Land, London 1995, S. 112-128.

MEINE, Karl-Heinz (Hg.), Die Ulmer Geographia des Ptolemäus von 1482 (Veröffentlichungen der Stadtbibliothek Ulm 2), Weißenhorn 1982.

MELLINKOFF, Ruth, Juda's Red Hair and the Jews, in: Journal of Jewish Art 9 (1982), S. 31-46.

MELVILLE, Gert, Troja – die integrative Wiege europäischer Mächte im ausgehenden Mittelalter, in: Winfried EBERHARD und Ferdinand SEIBT (Hg.), Europa – 1500. Integrationsprozesse im Widerstreit: Staaten, Regionen, Personenverbände, Christenheit, Stuttgart 1987, S. 415-433.

MELVILLE, Gert, Die Wahrheit des Eigenen und die Wirklichkeit des Fremden. Über frühe Augenzeugen des osmanischen Reiches, in: Franz-Reiner ERKENS (Hg.), Europa und die osmanische Expansion im ausgehenden Mittelalter (ZHF Beiheft 20), Berlin 1997, S. 79-101.

MELVILLE, Gert, Fiktionen als pragmatische Erklärungen des Unerklärbaren: Mohammed – ein verhinderter Papst, in: Fritz Peter KNAPP und Manuela NIESNER (Hg.), Historisches und fiktionales Erzählen im Mittelalter (Schriften zur Literaturwissenschaft 19), Berlin 2002, S. 27-44.

MERKLEY, Paul A. MERKLEY, Lora L., Music and Patronage in the Sforza Court (Studi sulla storia della musica in Lombardia 3), Brepols 1999.

MENTGEN, Gerd, Der Würfelzoll und andere antijüdische Schikanen in Mittelalter und Früher Neuzeit, in: ZHF 22 (1995), S. 1-48.

MENTGEN, Gerd, „Die Juden waren stets eine Randgruppe". Über eine fragwürdige Prämisse der aktuellen Judenforschung, in: Friedhelm BURGARD, Christoph CLUSE und Alfred HAVERKAMP (Hg.), *Liber amicorum necnon et amicarum* für Alfred Heit. Beiträge zur mittelalterlichen Geschichte und geschichtlichen Landeskunde (Trierer historische Forschungen 28), Trier 1996, S. 393-411.

MERTENS, Volker, Katzenbart und Schlangenfraß. Der Körper der Chinesen in Reiseberichten des 13. – 17. Jahrhunderts, in: Kerstin GERNIG (Hg.), Fremde Körper. Zur Konstruktion des Anderen in europäischen Diskursen, Berlin 2001, S. 30-57.

METKEN, Sigrid, Der Kampf um die Hose. Geschlechterstreit und Macht im Haus. Die Geschichte eines Symbols, Frankfurt am Main und Paris 1996.

MEUTHEN, Erich, Das 15. Jahrhundert (Enzyklopädie deutscher Geschichte 9), München [4]2006.

MEYER, Christian, Die „religiöse Reise". Zum Verständnis eines allgemeinen Erfahrungsmusters im Bereich der Religion, in: Zeitschrift für Religions- und Geistesgeschichte 49 (1997), S. 11-33.

MEYERS, Jean, Merveilleux et Fantastique dans le Récit de Voyage: Le Cas de L'Evagatorium de Frère Félix Fabri (c. 1435-1502), in: Francis GINGRAS et al. (Hg.), Furent les Merveilles pruvees et les Aventures truvees. Hommage à Francis Dubost (Colloques, congrès et conference sur le Moyen Age 6), Paris 2005, S. 437-463.

MEYERS, Jean, L'*Evagatorium* de Frère Félix Fabri: de l'errance du voyage à l'errance du récit, in: Le Moyen Age 114 (2008), S. 9-36.

MICHALSKI, Sergiusz, Vom himmlischen Jerusalem zu den Veduten des 18. Jahrhunderts – Symbolik und Darstellungsparadigmen der Stadtprofilansichten, in: Bernd ROECK und Wolfgang BEHRINGER (Hg.), Das Bild der Stadt in der Neuzeit, 1400-1800, München 1999, S. 46-55.

MICHEL, Paul, *Formosa deformitas*. Bewältigungsformen des Häßlichen in mittelalterlicher Literatur (Studien zur Germanistik, Anglistik und Komparatistik 57), Bonn 1976.

MICHELET, Fabienne L., Reading and Writing the East in ,Mandeville's Travels', in: Andreas SPEER und Lydia WEGENER (Hg.), Wissen über Grenzen. Arabisches Wissen und lateinisches Mittelalter (Miscellanea Mediaevalia 33), Berlin und New York 2006, S. 282-302.

MIDDELL, Matthias, Die konstruktivistische Wende, der *spatial turn* und das Interesse an der Globalisierung in der gegenwärtigen Geschichtswissenschaft, in: Geographische Zeitschrift 93 (2005), S. 33-44.

MIECK, Ilja, Zur Wallfahrt nach Santiago de Compostela zwischen 1400 und 1650. Resonanz, Strukturwandel und Krise, in: Gesammelte Aufsätze zur Kulturgeschichte Spaniens 29 (1978), S. 483-534.

MITCHELL, Rosamund Jocelyn, The Spring Voyage: The Jerusalem Pilgrimage in 1458, New York 1964.

MITSCH, Ralf, Körper als Zeichenträger kultureller Alterität. Zur Wahrnehmung und Darstellung fremder Kulturen in mittelalterlichen Quellen, in: Burkhard KRAUSE (Hg.), Fremdkörper – fremde Körper – Körperfremde. Kultur- und literaturgeschichtliche Studien zum Körperthema (Helfant Studien 9), Stuttgart 1992, S. 73-109.

MÖHRING, Hannes, Der Weltkaiser der Endzeit. Entstehung, Wandel und Wirkung einer tausendjährigen Weissagung (Mittelalter-Forschung 3), Stuttgart 2000.

MÖHRING, Hannes, Saladin. Der Sultan und seine Zeit 1138-1193, München 2005.

MOELLER, Bernd, Frömmigkeit in Deutschland um 1500, in: Archiv für Reformationsgeschichte 56 (1965), S. 5-31.

MOHR, Andreas, Das Wissen über die Anderen. Zur Darstellung fremder Völker in den fränkischen Quellen der Karolingerzeit (Studien und Texte zum Mittelalter und zur frühen Neuzeit 7), Münster u.a. 2005.

MOMIGLIANO LEPSCHY, Anna Laura, Santo Brasca: The Language of his Viaggio, in: Italian Studies 21 (1966), S. 31-41.

MOMIGLIANO LEPSCHY, Anna Laura, Brasca, Santo, in: DBI 14 (1972), S. 56-59.

MONNET, Pierre, Reale und ideale Stadt. Die oberdeutschen Städte im Spiegel autobiographischer Zeugnisse des Spätmittelalters, in: Kaspar von GREYERZ, Hans MEDICK und Patrice VEIT (Hg.), Von der dargestellten Person zum erinnerten Ich. Europäische Selbstzeugnisse als historische Quellen (1500-1850) (Selbstzeugnisse der Neuzeit 9), Köln, Weimar und Wien 2001, S. 395-430.

MONNET, Pierre, Das Selbst und die Stadt in Selbstzeugnissen aus deutschen Städten des Spätmittelalters: Einige Überlegungen zum räumlichen Rahmen der Erinnerung, in: Heinz-Dieter HEIMANN und Pierre MONNET (Hg.), Kommunikation mit dem Ich. Signaturen der Selbstzeugnisforschung an europäischen Beispielen des 12. bis 16. Jahrhunderts (Europa in der Geschichte 7), Bochum 2004, S. 19-37.

MOOS, Peter von, Einleitung. Persönliche Identität und Identifikation vor der Moderne. Zum Wechselspiel von sozialer Zuschreibung und Selbstbeschreibung, in: DERS. (Hg.), Unverwechselbarkeit. Persönliche Identität und Identifikation in der vormodernen Gesellschaft (Norm und Struktur 23), Köln, Weimar und Wien 2004, S. 1-42.

MOOS, Peter von, Das mittelalterliche Kleid als Identitätssymbol und Identifikationsmittel, in: DERS. (Hg.), Unverwechselbarkeit. Persönliche Identität und Identifikation in der vormodernen Gesellschaft (Norm und Struktur 23), Köln, Weimar und Wien 2004, S. 123-146.

MORITZ, Reiner, Untersuchungen zu den deutschsprachigen Reisebeschreibungen des 14.-16. Jahrhunderts, Diss. (masch.) München 1970.

MORRALL, Eric John, Der Islam und Muhammed im späten Mittelalter. Beobachtungen zu Michel Velsers Mandeville-Übersetzung und Michael Christians „Epistola ad Mahumetem" des Papstes Pius II., in: Christoph GERHARDT, Nigel F. PALMER und Burghart WACHINGER (Hg.), Geschichtsbewußtsein in der deutschen Literatur des Mittelalters. Tübinger Colloquium 1983, Tübingen 1985, S. 147-161.

MORRIS, Colin, The Sepulchre of Christ and the Medieval West. From the Beginning to 1600, Oxford und New York 2005.

MÜLLER, Andreas, Pilgerberichte des 15. und 16. Jahrhunderts als konfessionskundliche Quelle, in: Ostkirchliche Studien 42 (1993), S. 303-323.

MÜLLER, Gernot Michael, Die „Germania generalis" des Conrad Celtis. Studien mit Edition, Übersetzung und Kommentar (Frühe Neuzeit 67), Tübingen 2001.

MÜLLER, Jan-Dirk, *erfahrung* zwischen Heilssorge. Selbsterkenntnis und Entdeckung des Kosmos, in: Gerhild SCHOLZ-WILLIAMS und Lynne TATLOCK (Hg.), Literatur und Kosmos. Innen- und Außenwelten in der deutschen Literatur des 15. bis 17. Jahrhunderts (Daphnis 15, 2/3), Amsterdam 1986, S. 307-342.

MÜLLER, Rainer A., Die Christenheit oder Europa. Zum Europa-Begriff im Mittelalter, in: Reinhard C. MEIER-WALSER und Bernd RILL (Hg.), Der europäische Gedanke. Hintergrund und Realität, Grünwald 2000, S. 9-24.

MÜLLER, Ralf C., Franken im Osten. Art, Umfang, Struktur und Dynamik der Migration aus dem lateinischen Westen in das Osmanische Reich des 15./16. Jahrhunderts auf der Grundlage von Reiseberichten, Leipzig 2005.

MÜLLER, Ulrich, Toleranz zwischen Christen und Muslimen im Mittelalter? Zur Archäologie der Beziehungen zwischen dem christlich-lateinischen Okzident und dem islamischen Orient, in: Alois WIERLACHER (Hg.), Kulturthema Toleranz. Zur Grundlegung einer interdisziplinären und interkulturellen Toleranzforschung, München 1996, S. 307-353.

MÜNKLER, Herfried, Sprache als konstitutives Element nationaler Identität im Europa des Spätmittelalters, in: Dirk NAGUSCHEWSKI und Jürgen TRABANT (Hg.), Was heißt hier „fremd"? Studien zu Sprache und Fremdheit, Berlin 1997, S. 115-135.

MÜNKLER, Herfried und GRÜNBERGER, Hans, Nationale Identität im Diskurs der Deutschen Humanisten, in: Helmut BERDING (Hg.), Nationales Bewußtsein und kollektive Identität (Studien zur Entwicklung des kollektiven Bewußtseins in der Neuzeit 2), Frankfurt am Main 1994, S. 211-248.

MÜNKLER, Herfried und MAYER, Kathrin, Die Konstruktion sekundärer Fremdheit. Zur Stiftung nationaler Identität in den Schriften italienischer Humanisten von Dante bis Machiavelli, in: Herfried MÜNKLER (Hg.), Die Herausforderung durch das Fremde (Interdisziplinäre Arbeitsgruppen, Forschungsberichte 5), Berlin 1998, S. 27-129.

MÜNKLER, Marina, Erfahrung des Fremden. Die Beschreibung Ostasiens in den Augenzeugenberichten des 13. und 14. Jahrhunderts, Berlin 2000.

MÜNKLER, Marina und RÖCKE, Werner, Der *ordo*-Gedanke und die Hermeneutik des Fremden im Mittelalter. Die Auseinandersetzung mit den monströsen Völkern des Erdrandes, in: Herfried MÜNKLER (Hg.), Die Herausforderung durch das Fremde (Interdisziplinäre Arbeitsgruppen, Forschungsberichte 5), Berlin 1998, S. 701-766.

MUIR, Edward, The Doge as *primus inter pares*: Interregnum rites in early sixteenth-century Venice, in: Silvio BERTELLI und Gloria RAMAKUS (Hg.), Essays presented to Myron P. Gilmore (Villa I Tatti 2), Florenz 1978, Bd. 1, S. 145-160.

MUIR, Edward, Civic Ritual in Renaissance Venice, New Jersey 1981.

NAUMANN, Hans, Der wilde und der edle Heide, in: Paul MERKER und Wolfgang STAMMLER (Hg.), Vom Werden des deutschen Geistes. Festgabe Gustav Ehrismann, Berlin und Leipzig 1925, S. 80-101.

NAREDI-RAINER, Paul von, Salomons Tempel und das Abendland. Monumentale Folgen historischer Irrtümer, Köln 1994.

NEIDIGER, Bernhard, Stadtregiment und Klosterreform in Basel, in: Kaspar ELM (Hg.), Reformbemühungen und Observanzbestrebungen im spätmittelalterlichen Ordenswesen (Berliner Historische Studien 14), Berlin 1989, S. 539-567.

NEIDIGER, Bernhard, Der Armutsbegriff der Dominikanerobservanten. Zur Diskussion in den Konventen der Provinz Teutonia (1389-1513), in: Zeitschrift für die Geschichte des Oberrheins 145 (1997), S. 117-158.

NEUWIRTH, Angelika, Jerusalem – Ein Ort auch islamischer Erinnerung, in: Hendrik BUDDE und Andreas NACHAMA (Hg.), Die Reise nach Jerusalem. Eine kulturhistorische Exkursion in die Stadt der Städte. 3000 Jahre Davidsstadt, Berlin 1995, S. 24-31.

NEUWIRTH, Angelika, The significance of Jerusalem in Islam, in: Kaspar ELM und Cosimo Damiano FONSECA (Hg.), Militia Sancti Sepulcri. Idea e istituzioni. Atti del Colloquio Internazionale tenuto presso la Pontificia Università Laterano 10-12 aprile 1996 (Hierosolimitana: Acta et Monumenta), Città del Vaticano 1998, S. 141-159.

NEWETT, Mary Margaret, The Sumptuary Laws of Venice in the Fourteenth and Fifteenth Centuries, in: Thomas Frederick TOUT und James TAIT (Hg.), Historical Essays by Members of the Owen College, Manchester 1902, S. 245-277.

NEWTON, Stella Mary, The Dress of the Venetians 1495-1525 (Pasold Studies in Textile History 7), Aldershot 1988.

NIEDERBERGER, Antje, Das Bild der Türken im deutschen Humanismus am Beispiel der Werke Sebastian Brants (1456-1521), in: Marlene KURZ et al. (Hg.), Das Osmanische Reich und die Habsburgermonarchie. Akten des internationalen Kongresses zum 150-jährigen Bestehen des Instituts für Österreichische Geschichtsforschung; Wien, 22.-25. September 2004 (MIÖG Beiheft 48), München 2005, S. 181-204.

NIEHOFF, Franz, Umbilicus mundi – Der Nabel der Welt. Jerusalem und das heilige Grab im Spiegel von Pilgerberichten und -karten, Kreuzzügen und Reliquiaren, in: Anton LEGNER (Hg.), Ornamenta Ecclesiae, Köln 1985, Bd. 3, S. 53-72.

NIEHR, Klaus, *als ich das selber erkundet vnd gesehen hab*. Wahrnehmung und Darstellung des Fremden in Bernhard von Breydenbachs *Peregrinationes in Terram Sanctam* und anderen Pilgerberichten des ausgehenden Mittelalters, in: GJ 76 (2001), S. 269-300.

NIERO, Antonio, Reliquie e corpi di Santi, in: DERS. u.a. (Hg.), Culto dei Santi a Venezia (Biblioteca Agiografica Veneziana 2), Venedig 1965, S. 181-208.

NIERO, Antonio, Das Bebilderungsprogramm im Markusdom, in: Oreste PICARI (Hg.), San Marco. Die Mosaiken – Das Licht – Die Geschichte, München 1993, S. 69-81.

NOLDE, Dorothea, Religion und narrative Identität in Reiseberichten der Frühen Neuzeit, in: Franz X. EDER (Hg.), Historische Diskursanalysen. Genealogie, Theorie, Anwendungen, Wiesbaden 2006, S. 271-289.

NOLTE, Cordula, Erlebnis und Erinnerung. Fürstliche Pilgerfahrten nach Jerusalem im 15. Jahrhundert, in: Irene ERFEN und Karl-Heinz SPIEß (Hg.), Fremdheit und Reisen im Mittelalter, Stuttgart 1997, S. 65-92.

NOLTE, Cordula, Fürsten und Geschichte im Nordosten des Reiches. Zur literarischen Gestaltung der Jerusalemreise Herzog Bogislaws X. von Pommern, in: Chantal GRELL, Werner PARAVICINI und Jürgen VOSS (Hg.), Les princes et l'histoire du XIVe-XVIIIe siècle. Actes du colloque organisé par l'Université de Versailles – Saint-Quentin et l'Institut Historique Allemand Paris/Versailles, 13-16 mars 1996 (Pariser Historische Studien 47), Bonn 1998, S. 151-169.

NORA, Pierre (Hg.), Les lieux de mémoire, 7 Bde., Paris 1984-1992.

NORA, Pierre (Hg.), Erinnerungsorte Frankreichs, München 2005.

NORI, Gabriele, La Qubbat al-Sakhra di Gerusalemme. Una testimonianza inedita del 1486, in: RSI 93 (1981), S. 55-70.

NORI, Gabriele, Crema, Antonio da, in: DBI 30 (1984), S. 587-589.

NUSHDINA, Natalia, Die Darstellung des ‚Fremden‘ und des ‚Eigenen‘ in der Reiseliteratur des Mittelalters, Diss. Würzburg 2004. [http://opus.bibliothek.uni-wuerzburg.de/opus/volltexte/2005/1584/pdf/nushdina. pdf; 29.9.2006]

OBERMAN, Heiko Augustinus, Contra vana curiositatem. Ein Kapitel der Theologie zwischen Seelenheil und Weltall (Theologische Studien 113), Zürich 1974.

ODERMANN, Erich, Eine Seereise deutscher Pilger im 15. Jahrhundert, in: Archiv für Buchgewerbe und Gebrauchsgraphik 71 (1934), S. 821-828.

OBERWEIS, Michael, Die Darstellung Europas auf mittelalterlichen Weltkarten, in: Sabine PENTH et al. (Hg.), Europas Grenzen (Limites 1), St. Ingbert 2006, S. 67-91.

OEHME, Ruthardt, Die Palästinakarte aus Bernhard von Breitenbachs Reise in das Heilige Land 1486, in: Zentralblatt für Bibliothekswesen Beiheft 75 (1950), S. 70-83.

OHLE, Karlheinz, Das Ich und das Andere. Grundzüge einer Soziologie des Fremden (Sozialwissenschaftliche Studien 15), Stuttgart 1978.

OHLER, Norbert, Pilgerstab und Jakobsmuschel. Wallfahrten in Mittelalter und Neuzeit, Düsseldorf 2000.

OLK, Claudia, Reisen und Erzählen. Studien zur Entwicklung von Fiktionalität in narrativen Reisedarstellungen der englischen Literatur in Spätmittelalter und Renaissance (Literatur – Imagination – Realität 22), Trier 1999.

OPITZ, Alfred, Reiseschreiber. Variationen einer literarischen Figur der Moderne vom 18.-20. Jahrhundert, Trier 1997.

OSBORNE, John, Politics, diplomacy and the cult of relics in Venice and the northern Adriatic in the first half of the ninth century, in: Early Medieval Europe 8 (1999), S. 369-386.

OSCHEMA, Klaus, Der Europa-Begriff im Hoch- und Spätmittelalter. Zwischen geographischem Weltbild und kultureller Konnotation, in: Jahrbuch für Europäische Geschichte 2 (2001), S. 191-235.

OSCHEMA, Klaus, Europa in der mediävistischen Forschung – eine Skizze, in: Rainer C. SCHWINGES, Christian HESSE und Peter MORAW (Hg.), Europa im späten Mittelalter. Politik – Gesellschaft – Kultur (HZ Beiheft 40), München 2006, S. 11-32.

OSTERHAMMEL, Jürgen, Distanzerfahrung. Darstellungsweisen des Fremden im 18. Jahrhundert, in: Hans-Joachim KÖNIG, Wolfgang REINHARD und Reinhard WENDT (Hg.), Der europäische Beobachter außereuropäischer Kulturen. Zur Problematik der Wirklichkeitswahrnehmung (ZHF Beiheft 7), Berlin 1989, S. 9-42.

OSTERHAMMEL, Jürgen, Kulturelle Grenzen in der Expansion Europas, in: Saeculum 46 (1995), S. 101-138.

OSTERHAMMEL, Jürgen, Die Wiederkehr des Raums: Geographie, Geohistorie und historische Geographie, in: Neue politische Literatur 43 (1998), S. 374-395.

OSTERHAMMEL, Jürgen, Wissen als Macht. Deutungen interkulturellen Nichtverstehens bei Tzvetan Todorov und Edward Said, in: DERS., Geschichtswissenschaft jenseits des Nationalstaats. Studien zu Beziehungsgeschichte und Zivilisationsvergleich (Kritische Studien zur Geschichtswissenschaft 147), Göttingen 2001, S. 240-265.

OTT, Norbert H., Zur Ikonographie der Reise. Bildformeln und Strukturprinzipien mittelalterlicher Reise-Illustrationen, in: Dietrich HUSCHENBETT und John MARGETTS (Hg.), Reisen und Welterfahrung in der deutschen Literatur des Mittelalters. Vorträge des XI. Anglo-deutschen Colloquiums (Würzburger Beiträge zur Deutschen Philologie 7), Würzburg 1991, S. 35-53.

PACCIANI, Riccardo, Indicazioni di Gerusalemme antica nell'architettura del primo '500 in Italia, in: Gabriella AIRALDI (Hg.), Le Vie del Mediterraneo. Relazioni tra Genova e Gerusalemme nel Medioevo e nell'Età Moderna, Genua 1996, S. 45-58.

PALM, Reinhard, Pilgerwesen und Orienterfahrung in Feyerabends „reyssbuch", Mandeville, Breydenbach, Rauwolff, Diss. (mach.) München 1970.

PALMA, Marco, Castiglione, Girolamo, in: DBI 22 (1979), S. 91f.

PARAVICINI, Werner, Tiere aus dem Norden, in: DA 59 (2003), S. 559-591.

PARAVICINI BAGLIANI, Agostino, The Corpse in the Middle Ages: The Problem of the Division of the Body, in: The Medieval World, London und New York 2001, S. 327-341.

PARK, Katharine, The Criminal and the Saintly Body: Autopsy and Dissection in Renaissance Italy, in: Renaissance Quarterly 46 (1994), S. 1-33.

PASTRE, Jean-Marc, Un regard médiéval sur des mondes nouveaux: les récits de voyage de Sebald Rieter et de Hans Tucher, in: Nouveaux mondes et mondes nouveaux au Moyen Age. Actes du colloque du Centre d'Etudes Médiévales de l'Université de Picardie Jules Verne. Amiens, mars 1992 (Wodan 37), Greifswald 1994, S. 93-100.

PASTRE, Jean-Marc, De Gaza au Sinaï. Les récits de pèlerins allemands au XVe siècle, in: Jean MESNARD (Hg.), Les récits de voyage, Paris 1986, S. 13-24.

PATSCHOVSKY, Alexander, Toleranz im Mittelalter. Idee und Wirklichkeit, in: Alexander PATSCHOVSKY und Harald ZIMMERMANN (Hg.), Toleranz im Mittelalter (VuF 45), Sigmaringen 1998, S. 391-402.

PAULUS, Nikolaus, Geschichte des Ablasses im Mittelalter vom Ursprung bis zur Mitte des 14. Jahrhunderts, 3 Bde., Paderborn 1923.

PELEK, Jehuda, Unterirdische Wasserversorgungsanlagen biblischer Städte, in: Wiel DIERX und Günther GARBRECHT (Hg.), Wasser im Heiligen Land. Biblische Zeugnisse und archäologische Forschungen (Schriftenreihe der Frontinus-Gesellschaft, Supplementbd. 3), Mainz 2001, S. 148-158.

PERRY, Marilyn, Saint Mark's Trophies: Legend, Superstition, and Archaeology in Renaissance Venice, in: JWCI 40 (1977), S. 27-49.

PERRY, Marilyn, Die Trophäen von San Marco: Legende, Aberglaube und Altertumsforschung im Venedig der Renaissance, in: Die Pferde von San Marco, Berlin 1982, S. 17-23.

PETERS, Francis E., Jerusalem. The Holy City in the eyes of Chroniclers, Visitors, Pilgrims, and Prophets from the Days of Abraham to the Beginning of the Modern Times, New Jersey 1985.

PETERS, Francis E., Islamische Pilgerreisen, in: Hendrik BUDDE und Andreas NACHAMA (Hg.), Die Reise nach Jerusalem. Eine kulturhistorische Exkursion in die Stadt der Städte. 3000 Jahre Davidsstadt, Berlin 1995, S. 40-43.

PETKOV, Kiril, Infidels, Turks, and Women: The South Slavs in the German Mind ca. 1400-1600, Frankfurt am Main 1997.

PETRY, Carl F., Protectors or Praetorians? The Last Mamlūk Sultans and Egypt's Waning as a Great Power, Albany 1994.

PETSALIS-DIOMIDIS, Alexia, Narratives of Transformation: Pilgrimage Patterns and Authorial Self-Presentation in Three Pilgrimage Texts, in: Journeys 3 (2002), S. 84-109.

PHILLIPS Jr., William D., Voluntary Strangers: European Merchants and Missionaries in Asia during the Late Middle Ages, in: F. R. P. AKEHURST und Stephanie CAIN VAN D'ELDEN (Hg.), The Stranger in Medieval Society (Medieval Cultures 12), Minneapolis und London 1998, S. 14-26.

PINTO, Guiliano, I costi del pellegrinaggio in Terrasanta nei secoli XIV e XV (dai resoconti di viaggiatori italiani), in: Franco CARDINI (Hg.), Toscana e Terrasanta nel Medioevo (Italia, Oriente, Mediterraneo 1), Firenze 1982, S. 257-284.

PLASSMANN, Alheydis, Origo gentis. Identitäts- und Legitimitätsstiftung in früh- und hochmittelalterlichen Herkunftserzählungen (Orbis mediaevalis 7), Berlin 2006.

PROCHAT, Götz, Das Fremde im Mittelalter. Darstellung in Kunst und Kultur, Würzburg 1997.

POLAK, Lucie, Un récit de pèlerinage de 1488-1489, in: Le Moyen Age 87 (1981), S. 71-88.

POLASCHEGG, Andrea, Der andere Orientalismus. Regeln deutsch-morgenländischer Imagination im 19. Jahrhundert (Quellen und Forschungen zur Literatur- und Kulturgeschichte 35), Berlin und New York 2005.

POLASCHEGG, Andrea, Von chinesischen Teehäusern zu hebräischen Melodien. Parameter zu einer Gebrauchsgeschichte des deutschen Orientalismus, in: Klaus-Michael BOGDAL (Hg.), Orientdiskurse in der deutschen Literatur, Bielefeld 2007, S. 49-80.

PREGER, W., Die Briefbücher Susos, in: ZfdA 20 (1876), S. 373-415.

PRESCOTT, Hilda F. M., Friar Felix at Large: A Fifteenth Century Pilgrimage to the Holy Land, New Haven 1950.

PRESCOTT, Hilda F. M., Once to Sinai: The Further Pilgrimage of Friar Felix Fabri, London 1957.

PRESCOTT, Hilda F. M., Felix Fabris Reise nach Jerusalem, Freiburg 1960.

PRESSEL, Friedrich, Geschichte der Juden in Ulm, Ulm 1873.

PRZYBILSKI, Martin, Die Zeichen des Anderen. Fremdsprachenalphabete in den 'Voyages' des Jean de Mandeville am Beispiel der deutschen Übersetzung Ottos von Diemeringen, in: Mittellateinisches Jahrbuch 37 (2002), S. 295-320.

PUPPI, Lionello, Venezia, Archittetura, città e territorio tra la fine del '400 e l'avvio del '500, in: Florence and Venice: Comparisons and Relations. Acts of two Conferences at Villa I Tatti in 1976-1977 (Villa I Tatti 5). Band II: Cinquecento, Florenz 1980, S. 341-355.

RABBAT, Nasser O., The Citadel of Cairo. A new interpretation of royal mamluk architecture (Islamic history and civilization 14), Leiden, New York und Köln 1995.

RABY, Julian, Venice, Dürer and the Oriental Mode (The Hans Huth Memorial Studies 1), London 1983.

RACHMAN-SCHRIRE, Yamit, *Evagatorium in Terrae Sanctae*: Stones telling the story of Jerusalem, in: Annette HOFFMANN und Gerhard WOLF (Hg.), Erzählraum Jerusalem – Narrative Space Jerusalem, Florenz 2009 [im Druck].

RADKE, Gary M., Nuns and Their Art: The Case of San Zaccaria in Renaissance Venice, in: Renaissance Quarterly 54 (2001), S. 430-459.

RAINER, Thomas, Judas, der König und die Münze. Zur Wunderkraft des Geldes im Spätmittelalter, in: Markus MAYR (Hg.), Von Goldenen Gebeinen. Wirtschaft und Reliquie im Mittelalter (Geschichte und Ökonomie 9), Innsbruck, Wien und München 2001, S. 28-65.

RAMIN, Andreas, Symbolische Raumorientierung und kulturelle Identität. Leitlinien der Entwicklung in erzählenden Texten vom Mittelalter bis zur Neuzeit, München 1994.

RANDO, Daniela, Antitürkendiskurs und antijüdische Stereotypen: Formen der Propaganda im 15. Jahrhundert am Beispiel Trient, in: Franz FUCHS (Hg.), Osmanische Expansion und europäischer Humanismus (Pirckheimer Jahrbuch für Renaissance- und Humanismusforschung 20), Wiesbaden 2005, S. 31-52.

RAPP, Francis, Die Mendikanten und die Straßburger Gesellschaft am Ende des Mittelalters, in: Kaspar ELM (Hg.), Stellung und Wirksamkeit der Bettelorden in der städtischen Gesellschaft (Berliner Historische Studien 3), Berlin 1981, S. 85-102.

RAPP, Francis, Zur Spiritualität in elsässischen Frauenklöstern am Ende des Mittelalters, in: Peter DINZELBACHER und Dieter R. BAUER (Hg.), Frauenmystik im Mittelalter, Ostfildern bei Stuttgart 1985, S. 347-365.

RAYMOND, André, Cairo, Cambridge (Mass.) und London 2000.

REDDIG, Wolfgang F., *Jugurth ist Ir beste Speyse*. Türkische Sprache und Kultur im Spiegel spätmittelalterlicher und frühneuzeitlicher Reiseberichte, in: Das Mittelalter 2,1 (1997), S. 135-150.

REEVES, Marjorie, The Influence of Prophecy in the later Middle Ages. A Study in Joachimism, London [2]1993.

REICHERT, Dagmar, Räumliches Denken als Ordnen der Dinge, in: DIES. (Hg.), Räumliches Denken (Zürcher Hochschulforum 25), Zürich 1996, S. 15-45.

REICHERT, Folker, Fremde Frauen. Die Wahrnehmung von Geschlechterrollen in den spätmittelalterlichen Orientreiseberichten, in: Odilo ENGELS und Peter SCHREINER (Hg.), Die Begegnung des Westens mit dem Osten, Kongreßakten des 4. Symposions des Mediävistenverbandes in Köln 1991 aus Anlaß des 1000. Todesjahres der Kaiserin Theophanu, Sigmaringen 1993, S. 167-184.

REICHERT, Folker, Grenzen in der Kartographie des Mittelalters, in: Andreas GESTRICH und Marita KRAUSS (Hg.), Migration und Grenze (Stuttgarter Beiträge zur Migrationsforschung 4), Stuttgart 1998, S. 15-39.

REICHERT, Folker, Reisen und Kulturbegegnung als Gegenstand der modernen Mediävistik, in: Hans-Werner GOETZ (Hg.), Die Aktualität des Mittelalters (Herausforderungen 10), Bochum 2000, S. 231-254.

REICHERT, Folker, Pilger und Muslime im Heiligen Land. Formen des Kulturkonflikts im späten Mittelalter, in: Rolf KLOEPFER und Burckhard DÜCKER (Hg.), Kritik und Geschichte der Intoleranz, Heidelberg 2000, S. 3-21.

REICHERT, Folker, Erfahrung der Welt. Reisen und Kulturbegegnung im späten Mittelalter, Stuttgart, Berlin und Köln 2001.

REICHERT, Folker, *Zipangu*. Marco Polos Japan und das europäische Weltbild zwischen Mittelalter und Neuzeit, in: Sabine KLOCKE-DAFFA, Jürgen SCHEFFLER und Gisela WILBERTZ (Hg.), Engelbert Kaempfer (1651-1716) und die kulturelle Begegnung zwischen Europa und Asien (Lippische Studien 18), Lemgo 2003, S. 147-168.

REICHERT, Folker, Mohammed in Mekka. Doppelte Grenzen im Islambild des lateinischen Mittelalters, in: Saeculum 56 (2005), S. 17-31.

REICHERT, Folker, Ehre durch Demut. Wallfahrten des Adels im späten Mittelalter, in: Horst CARL und Sönke LORENZ (Hg.), Gelungene Anpassung? Adelige Antworten auf gesellschaftliche Wandlungsvorgänge vom 14. bis zum 16. Jahrhundert (Schriften zur Südwestdeutschen Landeskunde 53), Ostfildern 2005, S. 165-183.

REICHERT, Folker, Wanderer, kommst du nach Troja: Mittelalterliche Reisende auf den Spuren Homers, in: Gisela ECKER und Susanne RÖHL (Hg.), In Spuren Reisen. Vor-Bilder und Vor-Schriften in der Reiseliteratur (Reiseliteratur und Kulturanthropologie 6), Berlin 2006, S. 63-88.

REICHERT, Folker, Pilger und Patrone: Aspekte einer gespannten Beziehung, in: Klaus HERBERS und Felicitas SCHMIEDER (Hg.), Venezia incrocio di culture. Percezioni di viaggiatori europei e non-europei a confronto. Atti del Convegno Venezia, 26-27 gennaio 2006 (Centro Tedesco di Studi Veneziani. Ricerche 4), Rom 2008, S. 21-31.

REINHARD, Wolfgang, „Eine so barbarische und grausame Nation wie diese". Die Konstruktion der Alterität Spaniens durch die Leyenda Negra und ihr Nutzen für allerhand Identitäten, in: Hans-Joachim GEHRKE (Hg.), Geschichtsbilder und Gründungsmythen (Identitäten und Alteritäten 7), Würzburg 2001, S. 159-177.

RENNA, Thomas, Jerusalem in Late Medieval Itineraria, in: Bryan F. LE BEAU und Menachem MOR (Hg.), Pilgrims and Travelers to the Holy Land (Studies in Jewish Civilization 7), Omaha 1996, S. 119-131.

REXROTH, Frank, Tyrannen und Taugenichtse. Beobachtungen zur Ritualität europäischer Königsabsetzungen im späten Mittelalter, in: HZ 278 (2004), S. 27-53.

RICHARD, Jean, Les récits da voyage et de pèlerinage (Typologie des sources du moyen age occidental 38), Turnhout 1981.

RICHARD, Jean, Le transport outre-mer des croisés et de pèlerins (XIIe-XVe siècles), in: Klaus FRIEDLAND (Hg.), Maritime aspects of migration (Quellen und Darstellungen zur hansischen Geschichte N. F. 34), Köln und Wien 1989, S. 27-44.

RICHARD, Jean, „Manières de Crestiens": Les Chrétiens Orientaux dans le Relations de Pèlerinages aux Lieux-Saints (XIIe-XVe siècles), in: Stefano PITTALUGA (Hg.), Relazioni di Viaggio e Conoscenza del Mondo fra Medioevo e Umanesimo. Atti del V convegno internazionale di studi dell'Associazione per il Medioevo e l'Umanesimo Latini (AMUL). Genova, 12-15 dicembre 1991 (Columbeis 5), Genua 1993, S. 89-110.

RIDDER, Klaus, Jean de Mandevilles ‚Reisen'. Studien zur Überlieferungsgeschichte der deutschen Übersetzung des Otto von Diemeringen (Münchener Texte und Untersuchungen zur deutschen Literatur des Mittelalters 99), München und Zürich 1991.

RIDDER, Klaus, Gelehrtheit und Hässlichkeit im höfischen Roman, in: Klaus RIDDER und Otto LANGER (Hg.), Körperinszenierungen in mittelalterlicher Literatur (Körper – Zeichen – Kultur 11), Berlin 2002, S. 75-95.

RIKLIN, Alois, Die venezianische Mischverfassung im Lichte von Gasparo Contarini (1483-1542), in: Zeitschrift für Politik 37 (1990), S. 264-291.

RIKLIN, Alois, Machteilung. Geschichte der Mischverfassung, Darmstadt 2006.

RITTNER, Volker, Kulturkontakte und soziales Lernen im Mittelalter. Kreuzzüge im Licht einer mittelalterlichen Biographie (Kollektive Einstellungen und sozialer Wandel im Mittelalter 1), Köln und Wien 1973.

ROBERT, Jörg, Konrad Celtis und das Projekt der deutschen Dichtung. Studien zur humanistischen Konstitution von Poetik, Philosophie, Nation und Ich (Frühe Neuzeit 76), Tübingen 2003.

ROBEY, David und LAW, John, The Venetian Myth and the „De Republica Veneta" of Pier Paolo Vergerio, in: Rinascimento. Rivista dell'Istituto Nazionale di Studi sul Rinascimento 15 (1975), S. 3-59.

RÖCKE, Werner, Schreckensort und Wunschwelt. Bilder von fremden Welten in der Erzählliteratur des Spätmittelalters, in: Der Deutschunterricht 44 (1992), S. 32-48.

RÖCKE, Werner, Wunder der Fremde und der Traum vom Reisen. Darstellungsmuster neuer Welten in Augsburger Frühdrucken des 15./16. Jahrhunderts, in: Günter BERGER und Stephan KOHL (Hg.), Fremderfahrung in Texten des Spätmittelalters und der frühen Neuzeit (Literatur – Imagination – Realität 7), Trier 1993, S. 87-102.

RÖCKE, Werner, Die narrative Aneignung des Fremden. Zur Literarisierung exotischer Welten im Roman des späten Mittelalters, in: Herfried MÜNKLER (Hg.), Furcht und Faszination. Facetten der Fremdheit, Berlin 1997, S. 347-378.

RÖHL, Susanne, Venise, étape vers la Terre Saint, in: Jeannine GUÉRIN DALLE MESE (Hg.), Le voyage de l'aventure à l'ecriture, Poitiers 1995, S. 93-107.

RÖHL, Susanne, Der livre de Mandeville im 14. und 15. Jahrhundert. Untersuchungen zur handschriftlichen Überlieferung der kontinentalfranzösischen Version (MittelalterStudien 6), München 2004.

RÖSCH, Gerhard, Der venezianische Adel bis zur Schließung des Großen Rats. Zur Genese einer Führungsschicht (Kieler Historische Studien 33), Sigmaringen 1989.

RÖSCH, Gerhard, Venedig. Geschichte einer Seerepublik, Stuttgart, Berlin und Köln 2000.

RÖSCH, Eva Sybille und RÖSCH, Gerhard, Venedig im Spätmittelalter 1200-1500 (Ploetz Bildgeschichte 2), Würzburg 1991.

RÖSENER, Werner, Reise- und Länderbeschreibungen in autobiographischen Zeugnissen des Adels im Spätmittelalter, in: Xenja von ERTZDORFF und Gerhard GIESEMANN (Hg.), Erkundung und Beschreibung der Welt. Zur Poetik der Reise- und Länderberichte. Vorträge eines interdisziplinären Symposiums vom 19. bis 24. Juni 2000 an der Justus-Liebig-Universität (Chloe. Beihefte zum Daphnis 34), Amsterdam und New York 2003, S. 87-108.

ROHRBACHER, Heinrich, Bernhard von Breydenbach und sein Werk „Peregrinatio in Terram Sanctam" (1486), in: Philobiblon 33 (1989), S. 89-113.

ROLING, Bernd, *Paradysus carnalium?* Das körperliche Paradies in der christlich-islamischen Kontroverse, in: Das Mittelalter 10,2 (2005), S. 74-125.

ROMANO, Dennis, Patricians and Popolani. The Social Foundations of the Venetian Renaissance State, Baltimore und London 1987.

ROSEN, Klaus, Julian. Kaiser, Gott und Christenhasser, Stuttgart 2006.

ROSEN-AYALON, Myriam, Three Perspectives on Jerusalem: Jewish, Christian, and Muslim Pilgrims in the Twelfth Century, in: Lee I. LEVINE (Hg.), Jerusalem. Its Sanctity and Centrality to Judaism, Christianity, and Islam, New York 1999, S. 326-346.

ROSSEBASTIANO, Alda, La vicenda umana nei pellegrinaggi in Terra Santa del Secolo XV, in: Silvia BENSO (Hg.), La letteratura di viaggio dal Medioevo al Rinascimento (Contributi e Proposte 3), Alessandria 1989, S. 19-49.

ROSSEBASTIANO, Alda, Les pèlerins de Jérusalem et la culture littéraire du Moyen Age, in: Jeannine GUÉRIN DALLE MESE (Hg.), Le voyage de l'aventure à l'écriture, Poitiers 1995, S. 69-79.

ROSSI MINUTELLI, S., Casola, Pietro, in: DBI 21 (1978), S. 375-377.

ROTERMUND, Ernst, Das Jerusalem des Burchard vom Berge Sion, in: ZDPV 35 (1912), S. 1-27 und 57-85.

ROTH, Gunhild, Spiegelliteratur I: mittelalterliche Literatur; Spiegelliteratur III: deutsche und mittelniederländische Literatur, in: LMA 7 (1995), Sp. 2101-2105.

ROTH, Klaus, „Bilder in den Köpfen". Stereotypen, Mythen, Identitäten aus ethnologischer Sicht, in: Valeria HEUBERGER, Arnold SUPPAN und Elisabeth VYSLONZIL (Hg.), Das Bild vom Anderen. Identitäten, Mentalitäten, Mythen und Stereotypen in multiethnischen europäischen Regionen, Frankfurt am Main u.a. [2]1999, S. 21-43.

ROTTER, Ekkehart, Abendland und Sarazenen. Das okzidentale Araberbild und seine Entstehung im Frühmittelalter (Studien zur Sprache, Geschichte und Kultur des islamischen Orients, N.F. 11), Berlin u.a. 1986.

ROTTER, Ekkehart, Mohammed in Bamberg. Die Wahrnehmung der muslimischen Welt im deutschen Reich des 11. Jahrhunderts, in: Achim HUBEL und Bernd SCHNEIDMÜLLER (Hg.) Aufbruch ins zweite Jahrtausend. Innovation und Kontinuität in der Mitte des Mittelalters (Mittelalter-Forschungen 16), Ostfildern 2004, S. 283-244.

ROTTER, Ekkehart, Sarazenen, in: Reallexikon der Germanischen Altertumskunde 26 (2004), S. 461-465.

ROTTER, Ekkehart, Rezension zu: Frederike TIMM, Der Palästina-Pilgerbericht des Bernhard von Breidenbach und die Holzschnitte Erhard Reuwichs. Die *Peregrinatio in terram sanctam* (1486) als Propagandainstrument im Mantel der gelehrten Pilgerschrift, Stuttgart 2006, in: Das Mittelalter 12,2 (2007), S. 181f.

RUBIN, Rehav, Image and Reality. Jerusalem in Maps and Views, Jerusalem 1999.

RUBINSTEIN, Nicolai, Italian reactions to Terraferma expansion in the fifteenth century, in: John Rigby HALE (Hg.), Renaissance Venice, London 1973, S. 197-217.

RUH, K., Fuchs, Ludwig, in: VL 2 (1980), Sp. 998-999.

RÜTHER, Andreas, Bettelorden in Stadt und Land. Die Straßburger Mendikantenkonvente und das Elsaß im Spätmittelalter (Berliner Historische Studien 26), Berlin 1997.

SAGREDO, Agostino, Nota sul viaggio di Pietro Casola di Milano a Gerusalemme. Pubblicato dal co. Giulio Porro di Milano, in: Atti dell'Istituto Veneto di Scienze, lettere ed arti, Serie II 6 (1854/1855), S. 277-285.

SAID, Edward W., Orientalism, London ⁵2003.

SAINT-GULLAIN, Guillaume und SCHMITT, Oliver Jens, Die Ägäis als Kommunikationsraum im späten Mittelalter, in: Saeculum 56 (2005), S. 215-225.

SAMSON-HIMMELSTJERNA, Carmen, Deutsche Pilger des Mittelalters im Spiegel ihrer Berichte und der mittelhochdeutschen erzählenden Dichtung (Berliner Historische Studien 37), Berlin 2004.

SAVAGE, Henry L., Pilgrimages and Pilgrim Shrines in Palestine and Syria after 1095, in: Harry W. HAZARD (Hg.), The Art and Architecture of the Crusader States (A History of the Crusades 4), Madison 1977, S. 36-68.

SCAFI, Alessandro, Mapping Paradise. A History of Heaven on Earth, London 2006.

SCHÄFFTER, Ortfried, Modi des Fremderlebens. Deutungsmuster im Umgang mit Fremdheit, in: DERS. (Hg.), Das Fremde: Erfahrungsmöglichkeiten zwischen Faszination und Bedrohung, Opladen 1991, S. 11-42.

SCHAIK, R. W. M. van, „Wer weite Reisen macht...". Niederländische Palästinareisen und Palästina-reiseberichte aus dem fünfzehnten Jahrhundert, in: Martin GOSMAN und Jaap van OS (Hg.), *Non Nova, sed Nove*. Mélanges de civilisation médiévale dédiés à Willem Noomen (Mediavalia Groningana 5), Groningen 1984, S. 211-224.

SCHEFFER, Lia, A Pilgrimage to the Holy Land and Mount Sinai in the 15th Century, in: ZDPV 102 (1986), S. 144-151.

SCHEIN, Sylvia, La *custodia Terrae Sanctae* franciscaine et les juifs de Jérusalem à la fin du Moyen-Age, in: Revue des études juives 141 (1982), S. 369-377.

SCHEIN, Sylvia, Between Mount Moriah and the Holy Sepulchre: The changing traditions of the Temple Mount in the Central Middle Ages, in: Traditio 40 (1984), S. 175-195.

SCHEIN, Sylvia, Latin Hospices in Jerusalem in the Late Middle Ages, in: ZDPV 101 (1985), S. 82-92.

SCHEIN, Sylvia, From „Holy Geography" to „Ethnography". „Otherness" in the Descriptions of the Holy Land in the Middle Ages, in: Ilana ZINGUER (Hg.), Miroirs de l'Altérité et Voyages au Proche-Orient. Colloque international de l'Institut d'Histoire et de Civilisation Francaise de l'Universite de Haifa 1987, Genf 1991, S. 115-122.

SCHENK, Frithjof B., *Mental Maps*. Die Konstruktion von geographischen Räumen in Europa seit der Aufklärung, in: Geschichte und Gesellschaft 28,3 (2002), S. 493-514.

SCHIEWER, Hans-Jochen, Leben unter Heiden. Hans Schiltbergers türkische und tatarische Erfahrungen, in: Daphnis 21 (1992), S. 159-178.

SCHIMMELPFENNIG, Bernhard, Die Anfänge des heiligen Jahres von Santiago de Compostela im Mittelalter, in: JMH 4 (1978), S. 285-303 und 305.

SCHIRRMEISTER, Albert, Nationale- und Heterostereotypen um 1500: Frankreich und Deutschland in den Schriften Heinrich Bebels, in: Recherches Germaniques 25 (1995), S. 13-41.

SCHLÖGEL, Karl, Im Raume lesen wir die Zeit. Über Zivilisationsgeschichte und Geopolitik, Frankfurt am Main 2003.

SCHLOTHEUBER, Eva, Die Autobiographie Karls IV. und die mittelalterlichen Vorstellungen vom Menschen am Scheideweg, in: HZ 281 (2005), S. 561-591.

SCHLOTHEUBER, Eva, Der Mensch am Scheideweg. Personenkonzeptionen des Mittelalters, in: Gabriele JANCKE und Claudia ULBRICH (Hg.), Vom Individuum zur Person. Neue Konzepte im Spannungsfeld von Autobiographietheorie und Selbstzeugnisforschung (Querelles 10), Göttingen 2005, S. 71-96.

SCHMID, JOSEF, Hauptmann Hans Schürpf, des Rats von Luzern, in: DERS. (Hg.), Luzerner und Innerschweizer Pilgerreisen zum Heiligen Grab in Jerusalem vom 15. bis 17. Jahrhundert (Quellen und Forschungen zur Kulturgeschichte von Pilgerreisen von Luzern und der Innerschweiz 2), Luzern 1957, S. XIV-XXIII.

SCHMIDT, Paul Gerhard, Mittelalterliches und humanistisches Städtelob, in: August BUCK (Hg.), Die Rezeption der Antike. Zum Problem der Kontinuität zwischen Mittelalter und Renaissance (Wolfenbütteler Abhandlungen zur Renaissanceforschung 1), Hamburg 1981, S. 119-128.

SCHMIDT, Wieland, Johannes Kreutzer. Ein elsässischer Prediger des 15. Jahrhunderts, in: Festschrift für Helmut de Boor zum 75. Geburtstag am 24. März 1966, Tübingen 1966, S. 150-192.

SCHMIEDER, Felicitas, Europa und die Fremden. Die Mongolen im Urteil des Abendlandes vom 13. bis in das 15. Jahrhundert (Beiträge zur Geschichte und Quellenkunde des Mittelalters 16), Sigmaringen 1994.

SCHMIEDER, Felicitas, „…sind sie ganz normale Menschen"? Die Mongolen zwischen individueller Erscheinung und Typus des Fremden in der Wahrnehmung des spätmittelalterlichen Abendlandes, in: Christoph LÜTH, Rudolf W. KECK und Erhard WIERSING (Hg.), Der Umgang mit dem Fremden in der Vormoderne. Studien zur Akkulturation in bildungshistorischer Sicht (Beiträge zur Historischen Bildungsforschung 17), Köln, Weimar und Wien 1997, S. 195-210.

SCHMIEDER, Felicitas, Menschenfresser und andere Stereotype gewalttätiger Fremder – Normannen, Ungarn und Mongolen (9.-13. Jahrhundert), in: Manuel BRAUN und Cornelis HERBERICHS (Hg.), Gewalt im Mittelalter. Realitäten – Imaginationen, München 2005, S. 159-179.

SCHMIEDER, Felicitas, Produktive Kulturkonflikte. Zur Einführung, in: Das Mittelalter 10,2 (2005), S. 3f.

SCHMIEDER, Felicitas, Der mongolische Augenblick in der Weltgeschichte, oder: Als Europa aus der Wiege wuchs, in: Das Mittelalter 10,2 (2005), S. 63-73.

SCIOR, Volker, Das Eigene und das Fremde. Identität und Fremdheit in den Chroniken Adams von Bremen, Helmolds von Bosau und Arnolds von Lübeck (Orbis mediaevalis 4), Berlin 2002.

SMITH, Jane I., Old French Travel Accounts of Muslim Beliefs Concerning the Afterlife, in: Yvonne Yazbeck HADDAD und Wadi Zaidan HADDAD (Hg.), Christian-Muslim Encounters, Gainsville u.a. 1995, S. 221-241.

SCHMITT, Wolfram, Ketzel, Martin, in: VL 4 (1983), Sp. 1142.

SCHMITZ, Silvia, Die Pilgerreise Philipp d. Ä. Von Katzenelnbogen in Prosa und Vers. Untersuchungen zum dokumentarischen und panegyrischen Charakter spätmittelalterlicher Adelsliteratur (Forschungen zur Geschichte der älteren deutschen Literatur 11), München 1990.

SCHMOLINSKY, Sabine, Selbstzeugnisse im Mittelalter, in: Klaus ARNOLD, Sabine SCHMOLINSKY und Urs Martin ZAHND (Hg.), Das Dargestellte Ich. Studien zu Selbstzeugnissen des späteren Mittelalters und der frühen Neuzeit (Selbstzeugnisse des Mittelalters und der beginnenden Neuzeit 1), Bochum 1999, S. 19-28.

SCHMOLINSKY, Sabine, Selbstzeugnisse finden oder: Zur Überlieferung erinnerter Erfahrung im Mittelalter, in: Rudolf SUNTRUP und Jan R. VEENSTRA (Hg.), Self-Fashioning – Personen(selbst)-

darstellung (Medieval to Early Modern Culture – Kultureller Wandel vom Mittelalter zur frühen Neuzeit 3), Frankfurt am Main u.a. 2003, S. 23-49.

SCHMOLINSKY, Sabine, Sinneswahrnehmung als verschriftlichte Erfahrung? Zu Mustern des Hörens und Sehens in mittelalterlichen Selbstzeugnissen, in: Das Mittelalter 8,2 (2003), S. 107-120.

SCHMUGGE, Ludwig, Über ‚nationale‘ Vorurteile im Mittelalter, in: DA 38 (1982), S. 439-459.

SCHMUGGE, Ludwig, Die Anfänge des organisierten Pilgerverkehrs im Mittelalter, in: QFIAB 64 (1984), S. 1-83.

SCHMUGGE, Ludwig, Die Pilger, in: Peter MORAW (Hg.), Unterwegssein im Spätmittelalter (ZHF Beiheft 1), Berlin 1985, S. 17-47.

SCHMUGGE, Ludwig, Kollektive und individuelle Motivstrukturen im mittelalterlichen Pilgerwesen, in: Gerhard JARITZ und Albert MÜLLER (Hg.), Migration in der Feudalgesellschaft (Studien zur historischen Sozialwissenschaft 8), Frankfurt am Main und New York 1988, S. 263-290.

SCHMUGGE, Ludwig, Deutsche Pilger in Italien, in: Siegfried de RACHELWILTZ und Josef RIEDMAN (Hg.), Kommunikation und Mobilität im Mittelalter. Begegnungen zwischen dem Süden und der Mitte Europas (11. – 14. Jahrhundert), Sigmaringen 1995, S. 97-113.

SCHMUGGE, Ludwig, Jerusalem, Rom und Santiago – Fernpilgerziele im Mittelalter, in: Michael MATHEUS (Hg.), Pilger und Wallfahrtsstätten in Mittelalter und Neuzeit (Mainzer Vorträge 4), Stuttgart 1999, S. 11-34.

SCHNATH, Georg, Drei niedersächsische Sinaipilger um 1330. Herzog Heinrich von Braunschweig-Grubenhagen, Wilhelm von Boldensele, Ludolf von Sudheim, in: Peter CLASSEN (Hg.), Festschrift Percy Ernst Schramm zu seinem siebzigsten Geburtstag von Schülern und Freunden zugeeignet, Wiesbaden 1964, Bd. 1, S. 461-478.

SCHNATH, Georg, Neues über Wilhelm von Boldensele (1334/35), in: Niedersächsisches Jahrbuch für Landeskunde 48 (1976), S. 433-435.

SCHNEIDER, Cornelia (Hg.), Die Reise nach Jerusalem. Bernhard von Breydenbachs Wallfahrt ins Heilige Land, Mainz 1992.

SCHNEIDER, Karin, Felix Fabri als Prediger, in: Johannes JANOTA (Hg.), Festschrift Walter Haug und Burghart Wachinger I, Tübingen 1992, S. 457-468.

SCHNEIDER, Karin, Burchardus de Monte Sion, in: VL 1 (1978), Sp. 1117-1118.

SCHNEIDER, Wolfgang, *Peregrinatio Hierosolymitana*. Studien zum spätmittelalterlichen Jerusalembrauchtum und zu den aus der Heiliglandfahrt hervorgegangen nordwestdeutschen Jerusalembruderschaften, Diss. (masch.) Berlin 1982.

SCHNEIDMÜLLER, Bernd, Die mittelalterlichen Konstruktionen Europas. Konvergenz und Differenzierung, in: Heinz DUCHHARDT und Andreas KUNZ (Hg.), „Europäische Geschichte" als historiographisches Problem (Veröffentlichungen des Instituts für Europäische Geschichte in Mainz, Abteilung Universalgeschichte 42), Mainz 1997, S. 5-24.

SCHNEIDMÜLLER, Bernd, Europa im Mittelalter. Vorstellungen und Forschungsaufgaben, in: Heinz-Dieter WENZEL (Hg.), Integration und Transformation in Europa. Beiträge aus dem Forschungsschwerpunkt „Integration und Transformation in Europa (ITE)" (Forschungsforum. Berichte aus der Otto-Friedrich-Universität Bamberg 9), Bamberg 1999, S. 6-16.

SCHNELL, Rüdiger, Deutsche Literatur und deutsches Nationalbewußtsein in Spätmittelalter und Früher Neuzeit, in: Joachim EHLERS (Hg.), Ansätze und Diskontinuität deutscher Nationenbildung im Mittelalter (Nationes 8), Sigmaringen 1989, S. 247-319.

SCHNELL, Rüdiger, Die Christen und die „Anderen", in: Odilo ENGELS und Peter SCHREINER (Hg.), Die Begegnung des Westens mit dem Osten, Kongreßakten des 4. Symposions des Mediävistenverbandes in Köln 1991 aus Anlaß des 1000. Todesjahres der Kaiserin Theophanu, Sigmaringen 1993, S. 185-202.

SCHNITZLER, Norbert, Der Tod des Judas. Ein Beitrag zur Ikonographie des Selbstmordes im Mittelalter, in: Andrea Löther, Ulrich Meier, Norbert SCHNITZLER, Gerd SCHWERHOFF und Gabriela SIG-

NORI (Hg.), *Mundus in imagine.* Bildersprache und Lebenswelten im Mittelalter. Festgabe für Klaus Schreiner, München 1996, S. 219-245.

SCHÖNDORFER, Ilse, Orient und Okzident nach den Hauptwerken des Jakob von Vitry (Europäische Hochschulschriften Reihe 3, Bd. 743), Frankfurt am Main u.a. 1997.

SCHRECKENBERG, Heinz, Die Juden in der Kunst Europas. Ein historischer Bildatlas, Göttingen 1996.

SCHREINER, Klaus, „Er küsse mich mit dem Mund seines Mundes" (Osculetur me osculo oris sui, Cant 1,1). Metaphorik, kommunikative und herrschaftliche Funktionen einer symbolischen Handlung, in: Hedda RAGOTZKY und Horst WENZEL (Hg.), Höfische Repräsentation. Das Zeremoniell und die Zeichen, Tübingen 1990, S. 89-132.

SCHREINER, Klaus, ‚Peregrinatio laudabilis' und ‚peregrinatio vituperabilis'. Zur religiösen Ambivalenz des Wallens und Laufens in der Frömmigkeitstheologie des späten Mittelalters, in: Wallfahrt und Alltag in Mittelalter und Früher Neuzeit. Internationales Round-Table-Gespräch Krems an der Donau, 8. Oktober 1990 (Österreichische Akademie der Wissenschaften, philosophisch-historische Klasse, Sitzungsberichte 592 / Veröffentlichungen des Instituts für Realienkunde des Mittelalters und der Frühen Neuzeit 14), Wien 1992, S. 133-163.

SCHREINER, Klaus, Dauer, Niedergang und Erneuerung klösterlicher Observanz im hoch- und spätmittelalterlichen Mönchtum. Krisen, Reform- und Institutionalisierungsprobleme in der Sicht und Deutung betroffener Zeitgenossen, in: Gert MELVILLE (Hg.), Institutionen und Geschichte. Theoretische Aspekte und mittelalterliche Befunde (Norm und Struktur 1), Köln, Weimar und Wien 1992, S. 295-341.

SCHREINER, Klaus, *Nudis pedibus.* Barfüßigkeit als religiöses und politisches Ritual, in: Gerd ALTHOFF (Hg.), Formen und Funktionen öffentlicher Kommunikation im Mittelalter (VuF 51), Stuttgart 2001, S. 53-124.

SCHREINER, Klaus, Soziale, visuelle und körperliche Dimensionen mittelalterlicher Frömmigkeit. Fragen, Themen, Erträge einer Tagung, in: DERS. (Hg.), Frömmigkeit im Mittelalter. Politisch-soziale Kontexte, visuelle Praxis, körperliche Ausdrucksformen, München 2002, S. 9-38.

SCHRÖDER, Iris und HÖHLER, Sabine, Welt-Räume: Annäherungen an eine Geschichte der Globalität im 20. Jahrhundert, in: DIES. (Hg.), Welt-Räume. Geschichte, Geographie und Globalisierung seit 1900 (Campus Historische Studien 39), Frankfurt am Main und New York 2005, S. 9-47.

SCHRÖDER, Stefan, Um der ‚sele sellikyt' willen? Reiseinstruktionen für Jerusalempilger im 15. Jahrhundert, in: Anja K. MAIER und Burkhardt WOLF (Hg.), Wege des Kybernetes. Schreibpraktiken und Steuerungsmodelle von Politik, Reise, Migration (Reiseliteratur und Kulturanthropologie 4), Münster 2004, S. 160-185.

SCHRÖDER, Stefan, Reiseandenken aus Jerusalem. Funktionen sakraler und profaner Dinge nach spätmittelalterlichen Wallfahrtsberichten, in: Philip BRACHER, Florian HERTWECK und Stefan SCHRÖDER (Hg.), Materialität auf Reisen. Zur kulturellen Transformation der Dinge (Reiseliteratur und Kulturanthropologie 8), Münster 2006, S. 87-113.

SCHULZ, Hans-Dietrich, Raumkonstrukte der klassischen deutschsprachigen Geographie des 19./20. Jahrhunderts im Kontext ihrer Zeit, in: Geschichte und Gesellschaft 28,3 (2002), S. 343-377.

SCHULZE, Ursula, *wan ir unhai ... daz ist iwer hail.* Predigten zur Judenfrage vom 12. bis 16. Jahrhundert, in: DIES. (Hg.), Juden in der deutschen Literatur des Mittelalters. Religiöse Konzepte – Feindbilder – Rechtfertigungen, Tübingen 2002, S. 109-133.

SCHUSTER, Beate, Die freien Frauen. Dirnen und Frauenhäuser im 15. und 16. Jahrhundert (Geschichte und Geschlechter 12), Frankfurt am Main 1995.

SCHWAB, Heike Edeltraud, Das Andere anders sein lassen? Zur Darstellung des Fremden in den parallelen deutschen Pilgerberichten von Felix Fabri und Bernhard von Breydenbach (1483/84), in: Ulm und Oberschwaben. Zeitschrift für Geschichte und Kunst 50 (1996), S. 139-165.

SCHWAB, Heike, Toleranz und Vorurteil. Reiseerlebnisse spätmittelalterlicher Jerusalempilger (Spektrum Kulturwissenschaften 4), Berlin 2002.

SEEBOLD, Elmar, Mandevilles Alphabete und die mittelalterlichen Alphabetsammlungen, in: Beiträge zur Geschichte der deutschen Sprache und Literatur 120 (1998), S. 435-449.

SEIRING, Claudia, Fremde in der Stadt (1300-1800). Die Rechtsstellung Auswärtiger in mittelalterlichen und neuzeitlichen Quellen der deutschsprachigen Schweiz (Europäische Hochschulschriften Reihe 2, Bd. 2566), Frankfurt am Main u.a. 1999.

SEITZ, Dieter, Das Buch der Natur. Zur Naturwahrnehmung in theologischer und weltlicher Literatur des Mittelalters, in: Der Deutschunterricht 44 (1992), S. 50-63.

SIEBER-LEHMANN, Claudius, Der türkische Sultan Mehmed II. und Karl der Kühne, der „Türk im Occident", in: Franz-Reiner ERKENS (Hg.), Europa und die osmanische Expansion im ausgehenden Mittelalter (ZHF Beiheft 20), Berlin 1997, S. 13-38.

SIEBERS, Winfried, Technologietransfer durch Reisen politischer Funktionsträger im 18. Jahrhundert. Überlegungen zu einer interdisziplinären Forschungsaufgabe, in: Thomas FUCHS und Sven TRAKULHUN (Hg.), Das eine Europa und die Vielfalt der Kulturen. Kulturtransfer in Europa 1500-1850, Berlin 2003, S. 83-106.

SIEVERT, Henning, Der Herrscherwechsel im Mamlukensultanat. Historische und historiographische Untersuchungen zu Abū Hāmid al-Qudsī und Ibn Taġrībirdī (IU 254), Berlin 2003.

SIEWERT, Klaus, Das bretonische Glossar im Reisebericht des Ritters Arnold von Harff, in: Zeitschrift für Celtische Philologie 44 (1991), S. 239-272.

SIMEK, Rudolf, Erde und Kosmos im Mittelalter. Das Weltbild vor Kolumbus, München 1992.

SIMEK, Rudolf, Hierusalem civitas famasissima. Die erhaltenen Fassungen des hochmittelalterlichen Situs Jerusalem (mit Abbildungen zur handschriftlichen Überlieferung), in: Codices Manuscripti 16 (1992), S. 121-153.

SIMON, Anne, „Gotteserfahrung" oder „Welterfahrung": Das Erlebnis des Reisens in Pilgerberichten des fünfzehnten Jahrhunderts, in: Dietrich HUSCHENBETT und John MARGETTS (Hg.), Reisen und Welterfahrung in der deutschen Literatur des Mittelalters. Vorträge des XI. Anglo-deutschen Colloquiums (Würzburger Beiträge zur Deutschen Philologie 7), Würzburg 1991, S. 173-184.

SIMON, Anne, Mit verschiedenen Augen: ein Vergleich zweier spätmittelalterlichen Pilgerberichte, in: Anne FUCHS und Theo HARDEN (Hg.), Reisen im Diskurs. Modelle der literarischen Fremderfahrung von den Pilgerberichten bis zur Postmoderne. Tagungsakten des internationalen Symposions zur Reiseliteratur. University College Dublin vom 10.-12. März 1994 (Neue Bremer Beiträge 8), Heidelberg 1995, S. 266-287.

SIMON, Anne, Ein *wild volck*. Die Darstellung fremder Völker in deutschen Pilgerberichten, in: Kurt GÄRTNER, Ingrid KASTEN und Frank SHAW (Hg.), Spannungen und Konflikte menschlichen Zusammenlebens in der deutschen Literatur des Mittelalters, Tübingen 1996, S. 142-154.

SIMON, Anne, Publisher's prefaces – The sixteenth-century reader's digest? in: German Life and Letters 49 (1996), S. 387-404.

SIMON, Anne, Sigmund Feyerabend's *Das Reyßbuch deß heyligen Lands*. A Study in Printing and Literary History (Wissensliteratur im Mittelalter 32), Wiesbaden 1998.

SIMON, Anne, Wo Einhörner wandern: Die Wahrnehmung der Fremde in Reiseberichten über das Heilige Land und Südamerika, in: Anil BHATTI und Horst TURK (Hg.), Reisen, Entdecken, Utopien. Untersuchungen zum Alteritätsdiskurs im Kontext von Kolonialismus und Kulturkritik (Jahrbuch für Internationale Germanistik Reihe A 48), Bern u.a. 1998, S. 9-27.

SIMON, Anne, *Of smelly seas and ashen apples*: two German pilgrims' view of the East, in: Rosamund ALLEN (Hg.), Eastward Bound. Travel and travellers, 1050-1550, Manchester and New York 2004, S. 196-220.

SIMON-MUSCHEID, Katharina, „Und ob sie schon einen dienst finden, so sind sie nit bekleidet dernoch". Die Kleidung städtischer Unterschichten zwischen Projektionen und Realität im Spätmittelalter und in der frühen Neuzeit, in: Saeculum 44 (1993), S. 47-64.

SMITH, Jane I., Old French Travel Accounts of Muslim Beliefs Concerning the Afterlife, in: Yvonne Yazbeck HADDAD und Wadi Zaidan HADDAD (Hg.), Christian-Muslim Encounters, Gainsville u.a. 1995, S. 221-241.

SOMMERFELD, Martin, Die Reisebeschreibungen der deutschen Jerusalempilger im ausgehenden Mittelalter, in: DVjs 2 (1924), S. 816-851.

SOUTHERN, Richard W., Das Islambild des Mittelalters, Stuttgart u.a. 1981.

SPIESS, Karl-Heinz, Reisen deutscher Fürsten und Grafen im Spätmittelalter, in: Rainer BABEL und Werner PARAVICINI (Hg.), Grand Tour. Adeliges Reisen und europäische Kultur vom 14. bis zum 18. Jahrhundert. Akten der internationalen Kolloquien in der Villa Vigoni 1999 und im Deutschen Historischen Institut Paris 2000 (Beihefte der Francia 60), Ostfildern 2005, S. 32-51.

SPREITZER, Brigitte, Störfälle. Zur Konstruktion, Destruktion und Rekonstruktion von Geschlechterdifferenz(en) im Mittelalter, in: Ingrid BENNEWITZ und Helmut TERVOOREN (Hg.), Manlîchiu wîp, wîplîch man. Zur Konstruktion der Kategorien ‚Körper' und ‚Geschlecht' in der deutschen Literatur des Mittelalters (Beihefte zur ZfdPh 9), Berlin 1999, S. 249-263.

STACHEL, Peter, Identität. Genese, Inflation und Probleme eines für die zeitgenössischen Sozial- und Kulturwissenschaften zentralen Begriffs, in: AKG 87 (2005), S. 395-425.

STAGL, Hemma, Das Leben der nichtmuslimischen Bevölkerung im Osmanischen Reich im Spiegel von Reisebeschreibungen, in: Marlene KURZ et al. (Hg.), Das Osmanische Reich und die Habsburgermonarchie. Akten des internationalen Kongresses zum 150-jährigen Bestehen des Instituts für Österreichische Geschichtsforschung; Wien, 22.-25. September 2004 (MIÖG Beiheft 48), München 2005, S. 359-391.

STAGL, Justin, Die Methodisierung des Reisens im 16. Jahrhundert, Peter J. BRENNER (Hg.), Der Reisebericht. Die Entwicklung einer Gattung in der deutschen Literatur, Frankfurt am Main 1989, S. 140-177.

STAGL, Justin, Ars Apodemica: Bildungsreise und Reisemethodik von 1560 bis 1600, in: Xenja von ERTZDORFF und Dieter NEUKIRCH (Hg.), Reisen und Reiseliteratur im Mittelalter und in der Frühen Neuzeit (Chloe. Beihefte zum Daphnis 13), Amsterdam und Atlanta 1992, S. 141-189.

STAGL, Justin, Grade der Fremdheit, in: Herfried MÜNKLER (Hg.), Furcht und Faszination. Facetten der Fremdheit, Berlin 1997, S. 84-114.

STAGL, Justin, Eine Geschichte der Neugier. Die Kunst des Reisens 1550-1800, Wien 2002.

STAUBER, Reinhard und SCHMALE, Wolfgang, Einleitung: Mensch und Grenze in der Frühen Neuzeit, in: DIES. (Hg.), Menschen und Grenzen in der Frühen Neuzeit (Innovationen 2), Berlin 1998, S. 9-22.

STAUBER, Reinhard, „Auf der Grenzscheide des Südens und Nordens". Zur Ideengeschichte der Grenze zwischen Deutschland und Italien, in: Wolfgang SCHMALE und Reinhard STAUBER (Hg.), Menschen und Grenzen in der Frühen Neuzeit (Innovationen 2), Berlin 1998, S. 76-115.

STAUBER, Reinhard, Der Zentralstaat an seinen Grenzen. Administrative Integration, Herrschaftswechsel und politische Kultur im südlichen Alpenraum 1750-1820 (Schriftenreihe der historischen Kommission bei der Bayerischen Akademie der Wissenschaften 64), Göttingen 2001.

STAUBER, Reinhard, Kultur – Raum – Politik. Italiens Bild von sich selbst in der Renaissance, in: AKG 87 (2005), S. 285-314.

STEINDORFF, Ludwig, Meere als Kommunikationsräume. Vorwort, in: Saeculum 56 (2005), S. 169-171.

STELZER, Winfried, Grünenberg (Grünemberg), Konrad, in: VL 3 (1981), Sp. 288-290.

STEWART, William, Die Reisebeschreibung und ihre Theorie im Deutschland des 18. Jahrhunderts (Literatur und Wirklichkeit 20), Bonn 1978.

STICHWEH, Rudolf, Der Körper des Fremden, in: Michael HAGNER (Hg.), Der falsche Körper. Beiträge zu einer Geschichte der Monströsitäten, Göttingen 1995, S. 174-186.

STIEVERMANN, Dieter, Die württembergischen Klosterreformen des 15. Jahrhunderts. Ein bedeutendes landeskirchliches Strukturelement des Spätmittelalters und ein Kontinuitätsstrang zum ausgebildeten Landeskirchentum der Frühneuzeit, in: Zeitschrift für Württembergische Landesgeschichte 44 (1985), S. 65-103.

STOCCHI, Manlio, Note su alcuni itinerari in Terrasanta dei secoli XIV e XV, in: Rivista di Storia e Letteratura Religiosa 3 (1967), S. 185-202.

STOCCHI, Manlio, Itinerari in Terrasanta nei secoli XIV e XV., in: Dizionario critico della letteratura italiana 2, Turin 1986, S. 520-523.

STOLZ, Eugen, Die Heiliglandfahrt Ludwigs von Württemberg im Jahr 1493, in: HJb 47 (1927), S. 526-536.

STRACHAN, Diane Summerhays, Five Fifteenth Century German Reisebeschreibungen: A Study in Genre, Diss. (masch.) Univ. of Utah 1975.

STRAUB, Jürgen, Personale und kollektive Identität. Zur Analyse eines theoretischen Begriffs, in: Aleida ASSMANN und Heidrun FRIESE (Hg.), Identitäten (Erinnerung, Geschichte, Identität 3), Frankfurt am Main 1998, S. 73-104.

STRELKA, Joseph, Der literarische Reisebericht, in: Jahrbuch für Internationale Germanistik 3,1 (1971), S. 63-75.

STROHMEYER, Arno, Wahrnehmungen des Fremden: Differenzerfahrungen von Diplomaten im 16. und 17. Jahrhundert: Forschungsstand – Erträge – Perspektiven, in: Michael ROHRSCHNEIDER und Arno STROHMEYER (Hg.), Wahrnehmungen des Fremden. Differenzerfahrungen von Diplomaten im 16. und 17. Jahrhundert (Schriftenreiher der Vereinigung zur Erforschung der Neueren Geschichte 31), Münster 2007, S. 1-50.

STUMME, Hans, Das Arabische und das Türkische bei Ritter Arnold von Harff, in: Festschrift für Ernst Windisch zum 70. Geburtstag am 14. September 1914 dargebracht von Freunden und Schülern, Leipzig 1914, S. 127-137.

STURM, Gabriele, Wege zum Raum: methodologische Annäherungen an ein Basiskonzept raumbezogener Wissenschaften, Opladen 2000.

SUMPTION, Jonathan, Pilgrimage: An Image of Mediaeval Religion, London 1975.

TAMMEN, Silke, Kunsterfahrungen spätmittelalterlicher Spanienreisender, in: Gisela NOEHLES-DOERK (Hg.), Kunst in Spanien im Blick des Fremden. Reiseerfahrungen vom Mittelalter bis in die Gegenwart (Ars Iberica 2), Frankfurt am Main 1996, S. 49-71.

TATEO, F., Coggi, Marcantonio, detto Marcantonio Sabellico, in: DBI 26 (1982), S. 510-515.

TELLENBACH, Gerd, Zur Frühgeschichte abendländischer Reisebeschreibungen, in: Hans FENSKE, Wolfgang REINHARD und Ernst SCHULIN (Hg.), Historia Integra. Festschrift für Erich Hassinger zum 70. Geburtstag, Berlin 1977, S. 51-80.

TENA TENA, Pedro, La peregrinación a Jerusalén a finales del siglo XV, in: Sefarad 60 (2000), S. 369-395.

THEUERKAUF, Gerhard, *Accipe Germanam pingentia armina terram.* Stadt- und Landesbeschreibungen des Mittelalters und der Renaissance als Quellen der Sozialgeschichte, in: AKG 65 (1983), S. 89-116.

THUM, Bernd, Frühformen des Umgangs mit ‚Fremdem‘ und ‚Fremden‘ in der Literatur des Hochmittelalters. Der ‚Parzival‘ Wolframs von Eschenbach als Beispiel, in: Joachim KUOLT, Harald KLEINSCHMIDT und Peter DINZELBACHER (Hg.), Das Mittelalter – unsere fremde Vergangenheit. Beiträge der Stuttgarter Tagung vom 17. bis 19. September 1987 (Flugschriften der Volkshochschule Stuttgart, N. F. 6), Stuttgart 1990, S. 315-352.

THUMSER, Matthias, Türkenfrage und öffentliche Meinung. Zeitgenössische Zeugnisse nach dem Fall von Konstantinopel (1453), in: Franz-Reiner ERKENS (Hg.), Europa und die osmanische Expansion im ausgehenden Mittelalter (ZHF Beiheft 20), Berlin 1997, S. 59-78.

TIMM, Frederike, Der Palästina-Pilgerbericht des Bernhard von Breidenbach und die Holzschnitte Erhard Reuwichs. Die *Peregrinatio in terram sanctam* (1486) als Propagandainstrument im Mantel der gelehrten Pilgerschrift, Stuttgart 2006.

TOBLER, Titus, Zwei Bücher Topographie von Jerusalem und seinen Umgebungen, 2 Bde., Berlin 1853-1854.

TOCH, Michael, Die Juden im mittelalterlichen Reich (Enzyklopädie deutscher Geschichte 44), München 1998.

TOLAN, John V., Mirror of Chivalry: Salah al-Din in the Medieval European Imagination, in: David R. BLANKS (Hg.), Images of the Other. Europe and the Muslim World before 1700 (Cairo Papers in Social Science 19), Kairo 1997, S. 7-38.

TOLAN, John V., Saracens. Islam in the Medieval European Imagination, New York 2002.

TOMASEK, Tomas und WALTHER, Helmut G., *Gens consilio et sciencia caret ita, ut non eos racionabiles extimem*: Überlegenheitsgefühl als Grundlage politischer Konzepte und literarischer Strategien der Abendländer bei der Auseinandersetzung mit der Welt des Orients, in: Odilo ENGELS und Peter SCHREINER (Hg.), Die Begegnung des Westens mit dem Osten, Kongreßakten des 4. Symposions des Mediävistenverbandes in Köln 1991 aus Anlaß des 1000. Todesjahres der Kaiserin Theophanu, Sigmaringen 1993, S. 243-272.

TREUE, Wolfgang, Der Trienter Judenprozeß. Voraussetzungen – Abläufe – Auswirkungen (Forschungen zur Geschichte der Juden, Abteilung A 4), Hannover 1996.

TRILLINGER, Wolfgang, Gegner Jesu – Widersacher der Gemeinde – Repräsentanten der Welt. Das Johannesevangelium und die Juden, in: Horst GOLDSTEIN (Hg.), Gottesverächter und Menschenfeinde? Juden zwischen Jesus und frühchristlicher Kirche, Düsseldorf 1979, S. 190-210.

TUCCI, Ugo, I servizi marittimi Veneziani per il Pellegrinaggio in Terrasanta nel Medioevo, in: Studi Veneziani N. S. 9 (1985), S. 43-66.

TUCCI, Ugo, L'Alimentazione a Bordo delle navi Veneziane, in: Studi Veneziani N.S. 13 (1987), S. 103-145.

TÜCHLE, Hermann, Beiträge zur Geschichte des Ulmer Dominikanerklosters, in: Alice RÖSSLER (Hg.), Aus Archiv und Bibliothek. Studien aus Ulm und Oberschwaben. Festschrift für Max Huber zum 65. Geburtstag, Weißenhorn 1969, S. 194-207.

TURNER, Victor und TURNER, Edith, Image and Pilgrimage in Christian Culture. Anthropological Perspectives (Lectures on the History of Religions, N. S. 11), New York 1978.

UHLHORN, Friedrich, Zur Geschichte der Breidenbachschen Pilgerfahrt, in: GJ 9 (1934), S. 107-111.

ULPTS, Ingo, Stadt und Bettelorden im Mittelalter, in: Wissenschaft und Weisheit 58 (1995), S. 223-260.

UTTERBACK, Kristine T., The vision becomes reality. Medieval women pilgrims to the Holy Land, in: Bryan F. LE BEAU und Menachem MOR (Hg.), Pilgrims and Travelers to the Holy Land (Studies in Jewish Civilization 7), Omaha 1996, 159-168.

UTTERBACK, Kristine T., Pirates and Pilgrims on the Late-Medieval Journey to Jerusalem, in: Medieval Perspectives 12 (1997), S. 123-133.

UTTERBACK, Kristine T., A call to active devotion: pilgrimage to Jerusalem in the late Middle Ages, in: Ann W. ASTELL (Hg.), Lay Sanctity, Medieval and Modern. A Search of Models, Notre Dame 2000, S. 47-60.

VEESENMEYER, Gustav, Des Frater Felix Fabri Tractatus de civitate Ulmensi. Prolegomena zu einer neuen Ausgabe desselben, in: Verhandlungen des Vereins für Kunst und Alterthum in Ulm und Oberschwaben 2 (1870), S. 29-40.

VERDON, Jean, Travel in the Middle Ages, Notre Dame 2003.

VINKEN, Barbara, Curiositas/Neugierde, in: Ästhetische Grundbegriffe 1 (2000), S. 794-813.

VITALI, Achille, La moda a Venezia attraverso i secoli. Lessico Ragionata, Venedig 1992.

VITZKELETY, András, Zur Überlieferung der Weltchronik des Johannes de Utino, in: Wolfgang MILDE und Werner SCHUDER (Hg.), De captu lectoris. Wirkungen des Buches im 15. und 16. Jahrhundert dargestellt an ausgewählten Handschriften und Drucken, Berlin und New York 1988, S. 289-309.

VOGTHERR, Thomas, Seelenheil und Sündenstrafen. Der Ablass im spätmittelalterlichen Niedersachsen, in: Niedersächsisches Jahrbuch für Landesgeschichte 75 (2003), S. 35-51.

VOIGT, Italienische Berichte aus dem spätmittelalterlichen Deutschland. Von Francesco Petrarca zu Andrea de' Franceschi (1333-1492) (Kieler Historische Studien 17), Stuttgart 1973.

WAGNER, Peter, Fest-Stellungen. Beobachtungen zur sozialwissenschaftlichen Diskussion über Identität, in: Aleida ASSMANN und Heidrun FRIESE (Hg.), Identitäten (Erinnerung, Geschichte, Identität 3), Frankfurt am Main 1998, S. 44-72.

WALDENFELS, Bernhard, Phänomenologie des Eigenen und des Fremden, in: Herfried MÜNKLER (Hg.), Furcht und Faszination. Facetten der Fremdheit, Berlin 1997, S. 65-83.

WALDSTEIN-WARTENBERG, Berthold, Die mittelalterlichen Bauten von Rhodos auf der Grundlage von Beschreibungen zeitgenössischer Reisender, in: Annales de l'Ordre Souverain Militaire de Malte (Juli/Dez. 1977), S. 51-64.

WALTHER, Hans, Scherz und Ernst in der Völker- und Stämme-Charakteristik mittellateinischer Verse, in: AKG 41 (1959), S. 263-301.

WANSBROUGH, John, A Mamluk Ambassador to Venice in 913/1507, in: Bulletin of the School of Oriental and African Studies 26 (1963), S. 503-530.

WATTS, W. Montgomery, Der Einfluß des Islams auf das europäische Mittelalter, Berlin 1988.

WEBER, Bruno, *In absoluti hominis historia persequenda*. Über die Richtigkeit wissenschaftlicher Illustrationen in einigen Basler und Zürcher Drucken des 16. Jahrhunderts, in: GJ 61 (1986), S. 101-146.

WEGMANN, Susanne, Der Kreuzweg von Adam Kraft in Nürnberg. Ein Abbild Jerusalems in der Heimat, in: MVGN 84 (1997), S. 93-117.

WEHLTE, Christian, Die Kultur des Fremden, in: Wolfdietrich SCHMIED-KOWARZIK (Hg.), Verstehen und Verständigung. Ethnologie – Xenologie – Interkulturelle Philosophe. Justin Stagl zum 60. Geburtstag, Würzburg 2002, S. 36-48.

WEHRMANN, Martin, Die Reise Herzog Boguslaws X von Pommern in das Heilige Land, in: Pommersche Jahrbücher 1900, S. 35-50.

WEIGEL, Sigrid, Zum ,topographical turn'. Kartographie, Topographie und Raumkonzepte in den Kulturwissenschaften, in: KulturPoetik. Zeitschrift für kulturgeschichtliche Literaturwissenschaft 2 (2002), S. 151-165.

WEILER, Ingomar, Ethnographische Typisierungen im antiken und mittelalterlichen Vorfeld der „Völkertafel", in: Franz K. STANZEL (Hg.), Europäischer Völkerspiegel. Imagologisch-ethnographische Studien zu den Völkertafeln des frühen 18. Jahrhunderts, Heidelberg 1999, S. 97-118.

WEINMAYER, Barbara, Studien zur Gebrauchssituation früher deutscher Druckprosa. Literarische Öffentlichkeit in Vorreden zu Augsburger Frühdrucken (Münchener Texte und Untersuchungen zur deutschen Literatur des Mittelalters 77), München 1982.

WEISS, Gerhard, The Pilgrim as Tourist: Travels to the Holy Land as Reflected in the Published Accounts of German Pilgrims between 1450 and 1550, in: Marilyn J. CHIAT und Kathryn L. REVERSON (Hg.), The Medieval mediterranean: Cross-Cultural Contacts (Medieval Studies at Minnesota 3), St. Cloud (Minn.), 1988, S. 119-131.

WELTEN, Peter, Reisen nach der Ritterschaft. Jerusalempilger in der 2. Hälfte des 15. Jahrhundert, in: ZDPV 93 (1977), S. 283-293.

WENNINGER, Markus J., „Man bedarf keiner Juden mehr". Ursachen und Hintergründe ihrer Vertreibung aus den deutschen Reichsstädten im 15. Jahrhundert (Beiheft zum AKG 14), Wien 1981.

WENZEL, Edith, „Do worden die Judden alle geschant". Rolle und Funktion der Juden in spätmittelalterlichen Spielen (Forschungen zur Geschichte der älteren deutschen Literatur 14), München 1992.

WENZEL, Siegfried, The pilgrimages of Life as a late medieval genre, in: Mediaeval Studies 35 (1973), S. 370-388.

WESTRAM, Scott D., The Hereford Map. A Transcription and Translation of the Legends with Commentary (Terrarum Orbis 1), Turnhout 2001.

WIEGANDT, Herbert, Felix Fabri. Dominikaner, Reiseschriftsteller, Geschichtsschreiber 1441/42-1502, in: Robert UHLAND (Hg.), Lebensbilder aus Schwaben und Franken 15, Stuttgart 1983, S. 1-28.

WIEGANDT, Herbert, „...während wir ein Bethaus zum Kaufhaus machen." Auf den Spuren von Felix Fabri in Palästina, in: Damals. Das aktuelle Geschichtsmagazin 31 (1999), S. 76-81.

WIEGANDT, Herbert, Islam und Griechische Christen in den Reisebeschreibungen des Ulmer Dominikanermönchs Felix Fabri, in: Ulm und Oberschwaben. Zeitschrift für Geschichte und Kunst 51 (2000), S. 9-18.

WIELANDT, Friedrich, Münzen, Gewichte und Maße bis 1800, in: H. AUBIN und W. ZORN (Hg.), Von der Frühzeit bis zum Ende des 18. Jahrhunderts (Handbuch der deutschen Wirtschafts- und Sozialgeschichte 1), Stuttgart 1971, S. 658-678.

WIGHTMAN, Gregory J., The Walls of Jerusalem. From the Canaanites to the Mamluks (Mediterranean Archaeology Supplement 4), Sydney 1993.

WILKEN, Robert L., John Chrysostom and the Jews. Rhetoric and Reality in the 4th Century (The Transformation of the Classical Heritage 4), Berkely, Los Angeles und London 1983.

WILLIAMS, Stephen C., „Türkenchronik". Ausdeutende Übersetzung: Georgs von Ungarn „Tractatus de moribus, condictionibus et nequicia Turcorum" in der Verdeutschung Sebastian Francks, in: Dietrich HUSCHENBETT und John MARGETTS (Hg.), Reisen und Welterfahrung in der deutschen Literatur des Mittelalters. Vorträge des XI. Anglo-deutschen Colloquiums (Würzburger Beiträge zur Deutschen Philologie 7), Würzburg 1991, S. 185-195.

WILLIAMS, Wes, Pilgrimages and Narratives in the French Renaissance: The Undiscovered Country, Oxford 1998.

WIS, Marjatta, Ricerche sopra gli italianismi nella lingua tedesca (Mémoires de la société Néophilologique de Helsinki 17), Helsinki 1955.

WIS, Marjatta, Gottesacker und Campo Santo. Spuren mittelalterlicher Glaubensvorstellungen im deutschen und italienischen Wortschatz, in: NM 58 (1957), S. 71-108.

WIS, Marjatta, *Fructus in quo Adam preccavit*. Über frühe Bezeichnungen der Banane in Europa und insbesondere in Deutschland, in: NM 59 (1958), S. 1-34 und 61 (1960), S. 58-62.

WIS, Marjatta, Zur Bedeutung der mittelalterlichen Palästina-Pilgerberichte für Wortforschung und Quellenkunde in: NM 66 (1965), S. 273-297.

WIS, Marjatta, Ein deutscher Palästina-Pilgerbericht als Quelle italienischer Seetermini. Zur Bedeutung des deutschen mittelalterlichen Schrifttums für die italienische Lexikographie, in: Tauno NURMELA (Hg.), Mélanges de philologie et de linguistique, Turku 1967, S. 135-143.

WIS, Marjatta, Die dreißig Silberlinge, in: NM 71 (1970), S. 699-709.

WITTHÖFT, Christiane, Symbolische Raumordnung in der Literatur des Mittelalters. Zum *gedranc* als Raumkonstituente im ‚Frauendienst' Ulrichs von Liechtensteins, in: Christoph DARTMANN, Marian FÜSSEL und Stefanie RÜTHER (Hg.), Raum und Konflikt. Zur symbolischen Konstituierung gesellschaftlicher Ordnung in Mittelalter und Früher Neuzeit (Symbolische Kommunikation und gesellschaftliche Wertesysteme 5), Münster 2004, S. 19-37.

WITTHOFF, Ekkehard, Grenzen der Kultur. Differenzwahrnehmung in Randbereichen (Irland, Rußland) und europäische Identität in der Frühen Neuzeit, in: Michael MAURER (Hg.), Neue Impulse der Reiseforschung, Berlin 1999, S. 267-284.

WITTKOWER, Rudolf, Marvels of the East. A Study in the History of Monsters, in: JWCI 5 (1942), S. 159-197.

WOLF, Gerhard, Die deutschsprachigen Reiseberichte des Spätmittelalters, in: Peter J. BRENNER (Hg.), Der Reisebericht. Die Entwicklung einer Gattung in der deutschen Literatur, Frankfurt am Main 1989, S. 81-116.

WOLF, Gerhard, Das Individuum auf dem Weg zu sich selbst? Frühneuzeitliches Reisen nach Osten: Hans Dernschwarm, Balthasar Springer und Fortunatus, in: Dietrich HUSCHENBETT und John MAR-GETTS (Hg.), Reisen und Welterfahrung in der deutschen Literatur des Mittelalters. Vorträge des XI. Anglo-deutschen Colloquiums (Würzburger Beiträge zur Deutschen Philologie 7), Würzburg 1991, S. 196-214.

WOLFZETTEL, Friedrich, Die Entdeckung des „Anderen" aus dem Geist der Kreuzzüge, in: Odilo ENGELS und Peter SCHREINER (Hg.), Die Begegnung des Westens mit dem Osten, Kongreßakten des 4. Symposions des Mediävistenverbandes in Köln 1991 aus Anlaß des 1000. Todesjahres der Kaiserin Theophanu, Sigmaringen 1993, S. 273-295.

WOLFZETTEL, Friedrich, Die offene Pilgerfahrt. Zwei Thesen zur spätmittelalterlichen (Fern-)Reiseliteratur, in: Das Mittelalter 3,2 (1998), S. 33-44.

WOLFZETTEL, Friedrich, Zum Problem mythischer Strukturen im Reisebericht, in: Xenja von ERTZ-DORFF und Gerhard GIESEMANN (Hg.), Erkundung und Beschreibung der Welt. Zur Poetik der Reise- und Länderberichte. Vorträge eines interdisziplinären Symposiums vom 19. bis 24. Juni 2000 an der Justus-Liebig-Universität (Chloe. Beihefte zum Daphnis 34), Amsterdam und New York 2003, S. 3-30.

WOLTER, Gundula, Teufelshörner und Lustäpfel. Modekritik in Wort und Bild 1150-1620, Marburg 2002.

WOLTERS, Wolfgang, Der Bilderschmuck des Dogenpalastes. Untersuchungen zur Selbstdarstellung der Republik im 16. Jahrhundert, Wiesbaden 1983.

WOLTERS, Wolfgang, Die venezianische Skulptur von 1460 bis 1530, in: Giandomenico ROMANELLI (Hg.), Venedig. Kunst & Architektur, Köln 1997, S. 222-253.

WOODWARD, David, Medieval *Mappaemundi*, in: J. B. HARLEY und David WOODWARD (Hg.), Cartographic in Prehistoric, Ancient and Medieval Europe and the Mediterranean (The History of Cartography 1), Chicago und London 1987, S. 286-370.

WORM, Andrea, Steine und Fußspuren Christi auf dem Ölberg. Zu zwei ungewöhnlichen Motiven bei Darstellungen der Himmelfahrt Christi, in: Zeitschrift für Kunstgeschichte 3 (2003), S. 297-320.

ZACHER, Christian K., Curiosity and Pilgrimage. The Literature of Discovery in Fourteenth-Century England, Baltimore und London 1976.

ZAENKER, Karl A., Wirklichkeit und Fiktion in der spätmittelalterlichen Reiseliteratur, in: Klaus HER-BERS (Hg.), Deutsche Jakobspilger und ihre Berichte (Jakobus-Studien 1), Tübingen 1988, S. 123-131.

ZAHND, Urs Martin, Von der Heidenfahrt zur Hofreise. Formen und Funktionen adeliger und patrizischer Bildungsreisen im spätmittelalterlichen Bern, in: Rainer BABEL und Werner PARAVICINI (Hg.), Grand Tour. Adeliges Reisen und europäische Kultur vom 14. bis zum 18. Jahrhundert. Akten der internationalen Kolloquien in der Villa Vigoni 1999 und im Deutschen Historischen Institut Paris 2000 (Beihefte der Francia 60), Ostfildern 2005, S. 73-88.

ZEEDEN, Ernst Walter, Das Erscheinungsbild der frühneuzeitlichen Stadt, vornehmlich nach Reiseberichten und Autobiographien des 16. und 17. Jahrhunderts, in: Hans Eugen SPECKER (Hg.), Stadt und Kultur (Stadt in der Geschichte 11), Sigmaringen 1983, S. 70-84.

ZETTLER, Alfons, Politische Dimensionen des Markuskults im hochmittelalterlichen Venedig, in: Jürgen PETERSOHN (Hg.), Politik und Heiligenverehrung im Hochmittelalter (VuF 42), Sigmaringen 1994, S. 541-571.

ZIEGLER, Joseph, Text and Context: On the Rise of Physiognomic Thought in the Later Middle Ages, in: Ytzhak HEN (Hg.), *De Sion exibit lex et verbum domini de Hierusalem*. Essays on Medieval

Law, Liturgy, and Literature in Honour of Amnon Linder (Cultural Encounters in late Antiquity and the Middle Ages 1), Turnhout 2001, S. 159-182.

ZIKA, Charles, Hosts, Processions and Pilgrimages: Controlling the Sacred in Fifteenth-Century Germany, in: Past and Present 118 (1988), S. 25-64.

ZIWES, Franz-Josef, Territoriale Judenvertreibungen im Südwesten und Süden Deutschlands im 14. und 15. Jahrhundert, in: Friedhelm BURGARD, Alfred HAVERKAMP und Gerd MENTGEN (Hg.), Judenvertreibungen in Mittelalter und früher Neuzeit (Forschungen zur Geschichte der Juden A/9), Hannover 1999, S. 165-187.

ZORZI, Alvise, Venezia scomparsa, Mailand 1977.

ZORZI, Alvise, Venedig. Die Geschichte der Löwenrepublik, Düsseldorf 1985.

ZRENNER, Claudia, Die Berichte der europäischen Jerusalempilger (1475-1500). Ein literarischer Vergleich im historischen Kontext (Europäische Hochschulschriften Reihe 1, Bd. 382), Frankfurt am Main und Bern 1981.

ZWIJNENBURG-TÖNNIES, Nicky, Die Kreuzwegandacht und die deutschen Pilgertexte des Mittelalters, in: Randall HERZ, Dietrich HUSCHENBETT und Frank SCZESNY (Hg.), Fünf Palästina-Pilgerberichte aus dem 15. Jahrhundert (Wissensliteratur im Mittelalter 33), Wiesbaden 1998, S. 225-260.

3. Register

Das Register enthält Personen- und Ortsnamen sowie geographische Bezeichnungen. Kursiv gesetzte Namen stehen für Quellenbegriffe. Belege, die sich auf Nennungen nur in Fußnoten beziehen, sind durch einen Stern (*) gekennzeichnet. Sofern es zur eindeutigen Namenszuordnung nicht unumgänglich ist, sind die Jerusalempilger ohne weitere Angaben zu ihrer Person aufgenommen. Der Häufigkeit der Belege wegen wurde auf den Nachweis Felix Fabris im Register verzichtet.

Abkürzungen: ägypt. = ägyptisch; atl. = alttestamentlich; Bf. = Bischof; dt. = deutsch; Ebf. = Erzbischof; Fs. = Fürst; franz. = französisch; Gem. = Gemahlin; Gf. = Graf; griech. = griechisch; Hzg. = Herzog; hl. = heilige(r); Kard. = Kardinal; Kfs. = Kurfürst; Kg. = König; Kgn. = Königin; Ks. = Kaiser; Lgf. = Landgraf; maml. = mamlukisch; ntl. = neutestamentlich; P. = Papst; Pfgf. = Pfalzgraf; röm. = römisch; türk. = türkisch; venez. = venezianisch

3.1   Personennamen

Aaron, Bruder d. Moses 281*

Abel, Sohn Adams u. Evas 339*

Abraham, Stammvater Israels 149, 252f., 285*

Absalom, Sohn Kg. Davids 140, 143

Adam, biblischer Urvater 127, 285*, 332, 351f., 365*

Adam v. Bremen, Geschichtsschreiber 22

Adorno, Anselme 86f., 158, 169*, 170*, 171*, 172*, 173, 185, 240, 241*, 242, 243*, 248*, 261*, 264, 291*, 295, 346*, 349*, 354

Adorno, Jacob 86*

Adorno, Jean 86f., 91*, 148*, 151*, 158, 163*, 169*, 170*, 171*, 172*, 173, 185, 240, 241*, 242*, 243*, 247*, 248*, 249*, 251*, 253*, 261*, 264, 291*, 295, 346*, 349*, 350*, 354, 362*

Adorno, Oppicino 86

Adorno, Pieter 86*

Agatharchides v. Knidos, griech. Geschichtsschreiber 345*

Albertus Magnus, Theologe u. Philosoph 182*

Alexander d. Große, Kg. v. Makedonien 22, 367

Alexander III., P. 122

Alexander, Hzg. v. Zweibrücken u. Pfgf. am Rhein (s.a. Meisenheimer, Johann) 108*, 212, 216, 220

Alfons XI., Kg. v. Kastilien 327*

Amalrich I., Kg. v. Jerusalem 160*

Amram, Vater d. Moses 281*

Anonymus, Niederrheinischer 138*

Anonymus v. Bordeaux 127, 333*

Anonymus v. Rennes 354

Anonymus (1461) 322*

Anonymus (1468) 11*, 41*, 140, 294

Anonymus (1480) 80f., 320*

Anonymus (1484) 83*, 317*

Anonymus (1494) 45, 95f., 114*, 132*, 134*, 262*, 263, 266*, 301*, 321*, 323*

Antoninus Florentinus, Geschichtsschreiber 117*, 149*, 160*, 221*, 239*, 285*

Antonio da Crema 41*, 92f., 148*, 153f., 155*, 261, 291*, 294*, 326*

Antonius, hl. 357*

Archytas v. Tarent, griech. Philosoph 93

Arcimboldi, Guideantonio, Ebf. v. Mailand 95